MENSCHEN
DIE DIE WELT BEWEGTEN

MENSCHEN
DIE DIE WELT BEWEGTEN

Verlag Das Beste
Stuttgart · Zürich · Wien

INHALT

ALBERT SCHWEITZER

DAS SYMBOL
UND
DER MENSCH

EINE KURZFASSUNG DES BUCHES VON

Ilse Kleberger

Mit zahlreichen
zeitgenössischen Abbildungen

Albert Schweitzers Angehörige und Freunde waren entsetzt, als der Dreißigjährige ihnen ankündigte, er werde seine glänzende Laufbahn als Musiker und Theologe aufgeben, um nach Afrika zu gehen und dort den Menschen in Not zu helfen. Doch Schweitzer verfolgte unbeirrt sein Ziel. Er studierte Medizin und reiste dann nach Gabun, wo er unter schwierigsten Bedingungen ein Hospital in Lambarene errichtete. Über ein halbes Jahrhundert hinweg war Schweitzer unermüdlich als Urwalddoktor und Missionar tätig und wurde schon zu seinen Lebzeiten zum Symbol.

Ilse Klebergers Biographie gibt einen Überblick über Albert Schweitzers riesiges Lebenswerk und macht deutlich, warum seine Wertvorstellungen heute aktueller sind denn je.

Herkunft und Elternhaus

Dem Namen „Albert Schweitzer" haftet heute fast etwas Denkmalhaftes, Symbolträchtiges an. Es sind immer wieder die gleichen Bilder, die uns vor Augen stehen: der Urwalddoktor, der Orgelspieler, der große Weise – schöne, anrührende Bilder, aber ein wenig monoton und starr. Sie rufen Ehrfurcht hervor, scheinen uns aufzufordern, einem Vorbild nachzueifern.

Fast tritt das Persönliche dahinter zurück – der Mensch, der Freuden und Schmerzen erlebte, Erfolge und Mißerfolge hatte, Irrtümer beging, Erkenntnisse fand. Wo lagen die Wurzeln, was gab es für Einflüsse, wie wirkten Zeitumstände, menschliche und kulturelle Begegnungen, Familie und Weggenossen auf ihn?

Die Wurzeln lagen im Elsaß, jener Region westlich des Oberrheins, deren Geschick stets wechselhaft war. Schon in der Frühzeit lösten sich Kelten, Germanen und Römer in Besiedlung und Herrschaft ab. Die Sprache wurde geprägt durch den Einbruch der Alemannen während der Völkerwanderung. Die Franken brachten später das Christentum. Im Mittelalter war das Elsaß das Kernstück der königlichen Hausmacht der Staufer. Nach deren Untergang kam es zur Zersplitterung in weltliche und geistliche Territorien mit wechselnder Zugehörigkeit zur Schweiz, zu Burgund und Lothringen. Nach dem Westfälischen Frieden 1648 beeinflußte die Oberhoheit Frankreichs die Kultur; nach dem Deutsch-Französischen Krieg 1871 wurde das Elsaß, ohne daß die Einwohner gefragt wurden, dem deutschen Kaiserreich zugeschlagen.

In diesem Völkerschmelztopf, unter sich stets ändernden politischen und kulturellen Bedingungen, hatte sich schließlich ein durchaus eigenständiger Menschenschlag entwickelt mit einer deutsch-französischen Mischkultur und eigener Umgangssprache. Städte und Dörfer waren eng miteinander verflochten, entwickelten eine spezielle Hausbaukunst und vielfältiges bäuerliches Brauchtum. Seit der Reformation hatten immer wieder katholische und protestantische Einflüsse gewechselt, was schließlich zu einem eher ökumenischen Denken führte.

Das Eigenständige der Elsässer paßte nicht zum preußischen Geist der deutschen Verwaltungsbeamten und Militärbehörden, aber auch nicht zum straffen französischen Zentralismus. Es kam zu Unabhängigkeitsbestrebungen.

Ein unabhängiger Geist in diesem Sinne war Philippe Schweitzer, Alberts Großvater. Unter Kaiser Napoleon III. mußte er den Lehrerberuf aufgeben, weil er dem französischen Herrscher den Amtseid nicht leisten wollte. Er wurde Kaufmann in Pfaffenhofen im Unterelsaß. Doch war er auch nicht einverstanden mit einer Eingliederung ins Deutsche Reich. 1871 notierte er in seinem Tagebuch, durch diese Angliederung seien das Elsaß und Lothringen den Deutschen „geopfert" worden.

Die fruchtbare Elsässer Landschaft mit Ebenen, in denen Weizen, Zuckerrüben, Tabak, Obst und Gemüse wachsen, wo Vieh- und Geflügelzucht betrieben, mit den Vogesenhügeln, wo Wein angebaut und im waldreichen Gebirge Holz- und Almwirtschaft ausgeübt werden, mit Städten und Dörfern, in denen es kunstvolle Fachwerkhäuser und stattliche alte Kirchen gibt, dieses Land mit einem jahrhundertealten reichen kulturellen Erbe war Albert Schweitzers Heimat. Er blieb ihm stets tief verbunden, obgleich ihn das Leben schließlich weit fort in einen anderen Erdteil trieb.

GEBOREN wurde er am 14. Januar 1875 in Kaysersberg an der Weinstraße im Oberelsaß als zweites Kind des evangelischen Pfarrverwesers und Lehrers Ludwig Schweitzer und dessen Frau Adele, geborene Schillinger. Obgleich die Familie aus Kaysersberg wegzog, als Albert erst ein halbes Jahr alt war, dachte er später mit humorvollem Stolz an seinen Geburtsort, weil hier im Spätmittelalter einer der wachen, selbständigen, eigenwilligen Elsässer gelebt hatte: der Prediger Geiler von Kaysersberg, der wegen seiner derben, drastischen Volkstümlichkeit beliebt war.

Der Start ins Leben war zunächst nicht sehr vielversprechend. Die evangelische Gemeinde in dem überwiegend katholischen Ort war klein. Alberts Vater verdiente wenig, war auch häufig krank. Die Familie lebte ärmlich in einem kleinen Fachwerkhaus mit Glockentürmchen am oberen Ende des Ortes. Der Säugling war mager und kränklich. Bald nach der Geburt putzte die Mutter ihn heraus und lud die Frauen des Ortes ein, um den Sohn zu bewundern. Doch die Nachbarinnen waren verstört über das jämmerliche Aussehen des Kindes und wagten nicht zu gratulieren. Weinend zog sich die junge Mutter mit dem Baby in ein Hinterzimmer zurück. Auch in der kommenden Zeit machte Albert ihr Sorgen. Er kränkelte viel, und einmal hielt man ihn sogar für tot. Doch allmählich wurde er kräftiger und entwickelte sich vom dritten Lebensjahr an zu einem gesunden, widerstandsfähigen Kind.

Die Lebensbedingungen der Familie besserten sich etwas, als der Vater in Günsbach im Münstertal eine Stellung erhielt. Aus dieser Gegend stammte die Mutter, deren Vater Pfarrer in Mühlbach war. Albert Schweitzer erinnerte sich später gerne an die fröhliche Kindheit, die er trotz aller Bescheidenheit der Umstände in Günsbach erlebte. Oftmals spielte er mit den Geschwistern – einer älteren Schwester, zwei jüngeren und einem Bruder – im Garten. Hier hatte er auch eins der ersten bewußten Erlebnisse. Als er noch ein Röckchen trug, was damals bei sehr kleinen Jungen Sitte war, saß er auf der Wiese und beobachtete interessiert den als Imker hantierenden Vater. Plötzlich stach den Jungen eine Biene, und er brüllte lange und mit Hingabe, auch als es gar nicht mehr weh tat, weil er so angenehm bedauert wurde. Lange Zeit wurde das kleine Kind deshalb von schlechtem Gewissen gequält, an das sich der reife Mann noch erinnerte.

Obgleich der Vater oft krank war und sich dann wenig um die Kinder kümmern konnte – er litt unter Magenbeschwerden und Rheuma –, blieb er für den Jungen das bewunderte Vorbild. Ludwig Schweitzer forderte von den Kindern Disziplin, gestand ihnen aber auch viele Freiheiten zu. Auf langen Wanderungen zeigte er ihnen die Schönheit der Vogesen. Von respektheischender Ferne war er allerdings in seiner düsteren Studierstube, wo er zwischen vielen Büchern seine Predigten ausarbeitete und zu seinem Vergnügen „Dorfgeschichten" schrieb. Dabei durfte er nicht gestört werden. Groß und erhaben wirkte der Vater auf den Jungen in der Kirche. Er stand hoch über allen Menschen auf der Kanzel und sagte ihnen, was sie zu glauben und wie sie zu leben hatten. Albert verstand natürlich noch nicht viel von der Predigt, als er mit etwa drei Jahren das erste Mal in die Kirche gehen durfte. Die Magd saß neben ihm und legte ihm ihre Hand im Zwirnhandschuh auf den Mund, wenn er allzu laut sang oder auch einmal herzhaft gähnte. Aber er freute sich schon die ganze Woche über auf dieses Sonntagsereignis. Neben dem Schönen und Feierlichen fühlte sich das Kind gepackt von etwas Schaurigem: Im Hintergrund der Kirche meinte es den Teufel zu erspähen, der dem Vater natürlich nichts antun konnte, dazu war der viel zu „heilig". Später wurde Albert klar, daß das Gesicht mit dem zottigen Bart und struppigem Haar dem Organisten gehörte, der mit Hilfe eines Spiegels beobachtete, wann der Pfarrer mit der Predigt zu Ende kam oder an den Altar trat.

Für ein Kind gab es beim Gottesdienst in dieser Kirche viel zu sehen. Sie wurde von beiden Konfessionen genutzt und hatte einen geschmückten „katholischen" Chor. Der Raum bewog den evangelischen Pfarrer, den Gottesdienst nicht allzu nüchtern-protestantisch zu gestalten, sondern mit etwas „katholischer" Festlichkeit.

Später hat Albert Schweitzer immer wieder gefordert, daß auch beim evangelischen Gottesdienst Raum, Wort und Musik nicht ohne rituelle Feierlichkeit sein dürften. Die frühe Begegnung mit beiden christlichen Konfessionen legte bei ihm die Grundlage für sein späteres ökumenisches Denken. Als Theologe erstrebte Schweitzer die „religiöse Eintracht".

Noch ein Samen wurde durch die schlichten Predigten des Vaters gelegt. Er hielt an jedem ersten Sonntag des Monats einen Missionsgottesdienst und erzählte von Missionaren in fremden Ländern. Alberts Abenteuerlust und seine kindliche Phantasie fanden hier reichlich Nahrung. Bestärkt wurden sie noch, als der Junge in Colmar das Denkmal des Admirals Bruat sah. Frédéric Auguste Bartholdi, ein Elsässer Bildhauer, von dem auch die Freiheitsstatue in New York stammt, stellt hier den berühmten Offizier dar, der Frankreich zu Kolonialgebieten verhalf. Albert war weniger von der Hauptfigur, dem Admiral, beeindruckt, als von der Abbildung eines Farbigen am Fuße des Denkmals. „Sein Antlitz sprach mir von dem Elend des dunklen Erdteils", schrieb er später in den farbig und humorvoll erzählten Erinnerungen „Aus meiner Kindheit und Jugendzeit".

Der Einfluß Ludwig Schweitzers auf den Sohn war groß, auch Alberts Vertrauen zu ihm. Der Vater hatte ein offenes Ohr für die

Fragen des Jungen und dessen kindliche Ängste. Am allermeisten bewunderte Albert ihn, wenn er am Tafelklavier saß und improvisierte. Das war für das Kind die reinste Zauberei. Das Verlangen, selbst Musik zu machen, muß bei dem Kleinen so groß gewesen sein, daß der Vater ihn schließlich auf den Klaviersessel hob, die kleinen Finger den Tasten zuordnete und dem Fünfjährigen von nun an Unterricht gab. Er nahm an, der Junge werde bald die Geduld verlieren. Doch Albert war begeistert. Er kam rasch voran. Kurze Zeit darauf konnte er nach dem Gehör Choräle begleiten und improvisieren. Das war der Beginn einer vielversprechenden musikalischen Laufbahn. Schon mit acht Jahren durfte Albert Orgel spielen, obgleich seine Füße kaum die Pedale erreichten.

„Die Orgel lag mir im Blut", schrieb er später. Denn der Großvater väterlicherseits war Organist gewesen, und Pfarrer Schillinger, der Vater von Adele Schweitzer, beschäftigte sich neben seinem Beruf intensiv mit Orgelspiel und Orgelbau. Albert war fasziniert, als er einmal bei ihm in das Innere einer Orgel schauen durfte. Mit neun Jahren vertrat der Junge das erste Mal beim Gottesdienst den Organisten.

Dorfschulzeit in Günsbach – Gymnasium in Mülhausen

Obgleich Albert Schweitzer schon vier Jahre nach der problematischen Angliederung des Elsaß an Deutschland geboren wurde, scheint es in seinem Leben kaum Konflikte gegeben zu haben, welcher Nation er sich zugehörig fühlte. Er war Elsässer und hatte in beiden Ländern seine Wurzeln. Er wuchs zweisprachig auf, gewissermaßen sogar dreisprachig, wenn man das Elsässer Alemannisch als etwas Eigenständiges betrachtet. Diese Umgangssprache ist dem Deutschen so nahe, daß Schweitzer immer Deutsch als seine „Muttersprache" bezeichnete, in der er zählte, rechnete und träumte. Allerdings bediente man sich in der Familie im Alltag auch des Französischen. Zum Beispiel schrieb Albert Briefe an seine Eltern stets auf französisch. Später beklagte er „das unglückliche Erbe derer, die in zwei Sprachen leben und denken", denn er glaubte nicht ganz zu Unrecht, dadurch keine der Sprachen makellos zu beherrschen. Seine Frau half ihm häufig, die Predigten und wissenschaftlichen Manuskripte „schlackenrein" zu gestalten. Die eigene Übersetzung seines Bach-Buches ins Französische ließ er von einem Pariser Freund korrigieren. Trotz dieser Einschränkung war er immer der Meinung, daß gerade Menschen, die verschiedenen Kulturen angehören, Mittler zur Verständigung sein können.

In beiden Ländern hatte er verwandtschaftliche Bindungen. Da waren der Großvater mütterlicherseits mit dem deutschen Namen Schillinger und der väterliche Ahne Johann Nikolaus Schweitzer, der nach dem Dreißigjährigen Krieg aus Frankfurt ins Elsaß eingewandert war. Da gab es andererseits die nun französischen Brüder des Vaters: August in Paris, ein reicher Kaufmann, und Charles, Studienrat an einem Pariser Gymnasium. Charles war übrigens der Großvater von Jean Paul Sartre. Zu Sartre empfand Albert später große Sympathie, obgleich sie in ihren philosophischen Auffassungen Welten trennten. In der Lebensführung war beiden die Anspruchslosigkeit im Materiellen gemeinsam.

1880 kam Albert in die Günsbacher Dorfschule. Er ging nicht besonders gerne zum Unterricht, denn der schränkte seine Freiheit ein. Auch gab es Schwierigkeiten mit den Dorfkindern. Als Pfarrerssohn war er privilegiert. Er war besser gekleidet und bekam zweimal in der Woche „Fleischsuppe" zu essen. Das wurde von den anderen Kindern wohl aus Eifersucht als eine Art Verweichlichung betrachtet. Albert wollte kein Außenseiter sein. Er wollte brennend gerne dazugehören und versuchte, sich den Dorfkindern anzugleichen. Es gibt ein Foto des Siebenjährigen: Die Mutter hat das hübsche Kind mit einem steifen weißen Kragen und einer großen Schleife herausgeputzt. Mit wachen Augen schaut der Junge in die Kamera, die Unterlippe trotzig vorgeschoben und die rechte Hand in der Art eines kleinen Napoleon am Jackenknopf. Der feine Anzug war ihm, wie er in seinen Erinnerungen berichtet, zuwider. Die in dieser Hinsicht uneinsichtigen Eltern verstanden nicht, warum er unter der Woche keine Schuhe, sondern Holzpantinen, im Winter keinen Mantel und keine Matrosenmütze, sondern eine „Dorfbubenmütze" mit Ohrenschützern tragen wollte. Es gab sogar Schläge, oder er wurde in den Keller gesperrt, wenn er sich weigerte, bei sonntäglichen Besuchsgängen mit den Eltern „standesgemäß" gekleidet zu sein. Selbst beim Essen wollte er sich den Dorfkindern angleichen, und die Fleischsuppe wurde ihm „zum Ekel". Manchmal wehrte er sich in plötzlich aufbrausendem Jähzorn.

Er war kein sehr guter Schüler. Lesen und Schreiben machten ihm Mühe. Nur in der Musik war er Lehrern und Klassenkameraden voraus. Schon mit acht Jahren spielte er auf dem Harmonium Choräle und selbsterfundene Melodien.

Obgleich ihn die Dorfjungen nicht anerkannten, suchte er immer wieder deren Gemeinschaft. Er raufte gerne mit ihnen und beteiligte sich an ihren zuweilen groben Späßen. Zum Beispiel hänselten die Jungen mit großem Vergnügen Mausche, einen alten Juden, der als Viehhändler durch die Dörfer zog. Albert fand das anfänglich auch sehr komisch, bis er eines Tages das traurige, aber nachsichtige Lächeln des Mannes sah. „Dieses Lächeln überwältigte mich. Von Mausche habe ich zum ersten Male gelernt, was es heißt, in Verfolgung stille schweigen. Er ist ein großer Erzieher für mich geworden."

Um nicht als weichlich verschrien zu werden, überwand sich Albert, mit einem Freund auf die Vogeljagd zu gehen. Als er gerade die Schleuder anlegte, begannen die Kirchenglocken zu läuten. „Du sollst nicht töten!" schienen sie ihm zuzurufen. Er warf die Schleuder weg und verscheuchte zum Ärger des Freundes die Vögel. Als er mit den Jungen zusammen ein altes Pferd in Trab versetzt und einen Hund geschlagen hatte, ließ ihn die Reue nicht zur Ruhe kommen. Er tat so etwas von nun an nie wieder und ertrug lieber, daß die anderen ihn deshalb auslachten. Das Gefühl, anders zu sein, quälte ihn oft, änderte aber seine Entscheidungen nicht. Schon von früh an empfand er Not und Leiden anderer Lebewesen mit. In dieser Sensibilität war er den Dorfjungen weit überlegen. Die merkten das wohl, und so blieb er bis zum Abgang von der Dorfschule für sie das „Herrenbüble". Dennoch hat Albert die Dorfschulzeit immer als Lehre fürs Leben betrachtet, weil sie ihn vor Dünkel bewahrt hat.

Nach der dritten Klasse wechselte er in die Realschule in Münster über, eine höhere Schule ohne alte Sprachen. Latein lernte er in Privatstunden. Es war ein willkommener Wechsel, obgleich der Junge nun zweimal am Tage einen Weg von drei Kilometern zurücklegen mußte. Im Winter war das manchmal hart, aber meist genoß er die Freiheit bei diesen Wanderungen, entdeckte

Das Pfarrhaus in Günsbach, in dem Albert Schweitzer aufwuchs

1882: Der Versuch, selbstbewußt zu wirken

Die Familie Schweitzer. Drei Schwestern und ein jüngerer Bruder wuchsen mit Albert auf.

und beobachtete Pflanzen und Tiere. Er hockte sich oft an den Wegrand, um dieser zauberhaften Welt möglichst nahe zu sein. Manchmal versuchte er, sie in Versen oder Zeichnungen darzustellen. Doch nie gelang ihm das befriedigend. Künstlerisch schöpferisch war er wohl nur in der Musik, wo er immer vollendeter improvisieren konnte. Überhaupt war die Musik die Kunst, die ihn bis zur Ekstase anrührte. Er berichtet, als Kind sei er bei zweistimmigem Gesang und bei Blasmusik vor Begeisterung beinahe in Ohnmacht gefallen. Auch später ergriff die Musik nicht nur seine Seele, sondern den ganzen Körper. „Das Cembalo verursacht mir Durchfall und Koliken ... ich glaube, die Schwingung der ... Saiten wirkt direkt auf meine Eingeweide ein und läßt sie vibrieren."

Die Realschulzeit war für Albert ein glücklicher Lebensabschnitt, und er weinte fast, als er 1885 auf das Gymnasium in Mülhausen im Oberelsaß kam. Er mußte sich von dem ihm lieben Lehrer trennen, und vor allem konnte er nicht mehr in der häuslichen Geborgenheit leben, bei Vater und Mutter und den fröhlichen Geschwistern. Und doch war es eine Gunst, die ihm gewährt wurde. Mit seinem knappen Gehalt hätte der Vater dem Jungen keine Gymnasialausbildung ermöglichen können. Diese Leistung übernahm nun der Patenonkel, ein Halbbruder des Großvaters, der wie der Vater Louis (Ludwig) Schweitzer hieß und Albert in sein Haus aufnahm. Ihm unterstanden die Volksschulen von Mülhausen. Die lebhafte Stadt, in der hauptsächlich Französisch gesprochen wurde, war eine andere Welt als das dörfliche Günsbach. Albert sehnte sich oft nach Hause, nach der Heiterkeit und Wärme in der Familie und der Möglichkeit, Wald und Feld zu durchstreifen.

Das kinderlose Ehepaar übernahm die Aufgabe, sich um den Jungen zu kümmern, mit großer Verantwortung, hatte aber wohl wenig Verständnis für den Freiheitsdrang des Jugendlichen. In der düsteren Dienstwohnung in der Zentralschule führte Albert ein streng geregeltes Leben. Nach der Schule wurden die Aufgaben erledigt, und er mußte Klavier üben. Am Nachmittag war noch einmal Unterricht. Danach wurden wieder Aufgaben gemacht und Klavier geübt. Erst eine Viertelstunde vor dem Abendbrot gab es eine kleine Atempause. Albert mußte seine Schulbücher wegräumen, und der Tisch wurde gedeckt. Dann

17

bemächtigte der Junge sich der Zeitung, was Tante Sophie gar nicht gerne sah. Dem Onkel imponierte das Interesse, das schon der Elfjährige für Politik und Tagesereignisse zeigte, und er gestand ihm die Lektüre zu.

Aber obgleich Alberts Lesebedürfnis „grenzenlos" war, konnte er in der Woche nicht daran denken, ein Buch in die Hand zu nehmen, das nicht für die Schule gebraucht wurde. Nur an den Sonntagen durfte er lesen, nach einem gesitteten Spaziergang mit den Pflegeeltern.

Heutigen Jugendlichen wird das Leben des Jungen unerträglich eingeengt vorkommen. Doch er gewöhnte sich bald daran, weil er merkte, daß Onkel und Tante ihn liebten und nur sein Bestes wollten. Später meinte er, die strenge Zucht und Gewöhnung an Disziplin habe ihm sehr gut getan und im späteren Leben genützt.

Doch das Heimweh war oft groß. Auch quälten ihn in dieser Zeit Pubertätsnöte. Albert war zurückhaltend und verträumt und scheute sich, seine Gefühle zu zeigen. Außerdem reichten die Lateinkenntnisse, die er im Privatunterricht erworben hatte, am Gymnasium nicht aus. Schüchternheit, Trägheit und Wissensmangel ließen ihn deshalb am Anfang kaum am Schulunterricht teilnehmen. Schließlich bestellte der Direktor den Vater in die Schule, um ihm zu eröffnen, der Junge sei seiner Meinung nach nicht für ein Gymnasium geeignet. Auf Bitten des Vaters versuchte man es doch noch einmal mit ihm.

Wieder war es die persönliche Bindung an einen Lehrer, die ihm über die Schwierigkeiten hinweghalf. In der Quarta bekam Albert einen neuen Klassenlehrer. Dr. Wehmann war jung und gab einen interessanten Unterricht. Er war stets gut vorbereitet und brachte den Schülern eine vernünftige ökonomische Arbeitsweise bei. Albert wurde er zum Vorbild. Das wirkte besser als alles Zureden und alle Strafen zuvor. Der Junge fing an, sich zu konzentrieren und fleißig zu arbeiten. Selbst in Sprachen und Mathematik, die ihm schwerfielen, wurde er jetzt besser. Seine Lieblingsfächer waren Geschichte und Naturwissenschaften. Der Erste in der Klasse war er stets beim Aufsatz. Nach drei Monaten konnte er sein Osterzeugnis mit Stolz vorweisen. Er gehörte nun zu den besseren Schülern in der Klasse.

Auch im Konfirmandenunterricht gab es zunächst Schwierigkeiten. Die Ansicht des alten Pfarrers, der sie unterrichtete, vor dem Glauben müsse alles Nachdenken aufhören, konnte schon das Kind nicht teilen. „Das Denken, dachte ich mir, ist uns gegeben, daß wir darin alle, auch die erhabensten Gedanken der Religion, begreifen." Damals war es undenkbar, daß ein junger Mensch in Glaubensdingen Fragen stellte und Zweifel anmeldete. So verschloß sich Albert und wirkte widerspenstig und uninteressiert. Er konnte dem Pfarrer auch nicht zeigen, wie tief ihn schließlich doch die Konfirmation bewegte. Als Schweitzer später in Straßburg selbst Konfirmanden unterrichtete, zog er eine Lehre aus seiner Jugenderfahrung. Er gestand den Kindern zu, Fragen zu stellen, drang aber auch nicht in sie, wenn sie sich zurückhielten. „Es gibt nicht nur eine leibliche, sondern auch eine geistige Schamhaftigkeit, die wir zu achten haben."

Selbst mit der geliebten Musik wollte in Mülhausen anfänglich nicht alles glattgehen. Dem Musiklehrer Eugen Münch nötigte der Junge manchen Seufzer ab. „Albert Schweitzer ist meine Qual!" stöhnte Münch, wenn er sich dessen hölzernes, mechanisches Klavierspiel anhören mußte. Albert brachte es in dieser Zeit nicht über sich, Gefühle zu zeigen, nicht einmal in der Musik. Dem Lehrer fiel es schwer, ihm passende Literatur zu geben. Schließlich griff Münch verärgert nach einem besonders gefühlvollen Werk, Mendelssohns „Lieder ohne Worte", mit dem Hinweis, eigentlich sei der Schüler, der so wenig Empfindung aufbringe, nicht wert, so etwas zu spielen. Albert fühlte sich getroffen. Er wußte, daß er Gefühle hatte, und diesmal würde er sie zeigen. Er vertiefte sich in die Stücke und spielte sie schließlich zum Erstaunen des Lehrers mit intensivem Ausdruck.

Der Bann war gebrochen. Lehrer und Schüler begannen sich zu schätzen, und bald verband sie eine starke Sympathie, die schließlich zur Freundschaft wurde. Der Lehrer erkannte die große Begabung des Jungen und ließ ihn nun Beethoven und auch Bach spielen. Münch hatte an der Berliner Hochschule studiert und dort das erwachende Interesse an dem fast vergessenen Bach erlebt. Bei Albert entzündete er damit ein Feuer, das ein Leben lang hell brennen sollte.

Münch war Organist an der reformierten Stephanskirche in Mülhausen und ließ dort seinen vielversprechenden Schüler zu dessen großer Freude an die Orgel. Vom fünfzehnten Lebensjahr an hatte Albert nun erstklassigen Orgelunterricht. Der Meister war mit seinem Schüler so zufrieden, daß der ihn bald als Organist im Gottesdienst vertreten durfte. Als Sechzehnjähriger begleitete er bei der Aufführung des Requiems von Brahms den Chor auf der Orgel.

Die Bestätigung in der Musik half Albert wohl auch, mit seinen anderen Schwierigkeiten fertig zu werden. Er wurde aufgeschlossen und gesprächig. Aus der früheren Schweigsamkeit fiel er nun ins entgegengesetzte Extrem und entwickelte eine hemmungslose Diskutierwut. Später meinte er, es sei keine Rechthaberei gewesen, sondern der Versuch, im Gespräch Fragen von allen Seiten her zu betrachten und ehrlich zu beantworten. Doch wählte er dazu eine Form, die so stürmisch und heftig war, daß er damit manchmal störte und Gesprächspartner verärgerte. Aber „... nach dieser üblen Gärung klärte sich der Wein." Was zurückblieb, war eine Abneigung gegen oberflächliches Geschwätz.

In der Schule kam er von nun an gut mit, obgleich ihm Sprachen und Mathematik nach wie vor schwerfielen. Aber er gab sich Mühe und erreichte immer das Klassenziel. Nie nahm er etwas undurchdacht als gegeben hin. Im Naturkundeunterricht, der in vielem seine Neugier befriedigte, verabscheute er platte, rein rationale Erklärungen. Das Geheimnis und das Wunder des Daseins sollten seiner Meinung nach erfaßt werden.

Stets war sich Albert der bescheidenen Verhältnisse in seinem Elternhaus bewußt. Das niedrige Gehalt des Pfarrers und seine häufige Krankheit, durch die ihm wohl mancher zusätzliche Verdienst entging, machten es den Eltern nicht möglich, Albert wesentlich zu unterstützen. Er war auch viel zu bescheiden, um Forderungen zu stellen. Einen Winter lang lief er frierend im Sommeranzug herum. Während seines ganzen Lebens legte er keinen Wert auf eine „elegante Erscheinung". So dachte er auch nicht daran, seine Eltern im Juni 1893 um einen Gehrock für das mündliche Examen zum Abitur zu bitten, was damals erforderlich war. Er borgte sich den Gehrock des Onkels und ging damit zur Prüfung, ohne ihn vorher anprobiert zu haben. Es war ihm gar nicht in den Sinn gekommen, daß der Onkel kleiner und dicker war als er selbst. So erschien Albert vor den Prüfern als komische Figur. Die Studenten kicherten, und auch mancher Lehrer mußte sich mühsam das Lachen verkneifen. Der

Prüfungsvorsitzende war irritiert und meinte wohl, Schweitzer mache sich mit Absicht über die ganze Sache lustig. Er prüfte den Kandidaten hart, viel härter und gründlicher als die anderen. Da dessen schriftliche Prüfung nicht sehr gut ausgefallen war, schnitt Albert Schweitzer schließlich nur mit einem „Befriedigend" ab. Es gab allerdings eine Ausnahme: Für seine Geschichtskenntnisse erhielt er eine lobende Erwähnung.

Der Abschied von Mülhausen, den Freunden, von Münch und den Pflegeeltern fiel ihm schwer.

Straßburg, Paris und Berlin

Im Oktober 1893 begann Albert Schweitzer sein Studium in Straßburg. Die Hochschule dort war 1872 als deutsche Universität neu eröffnet worden und hatte schnell einen sehr guten Ruf erworben. Junge fortschrittliche Wissenschaftler und Professoren von hohem Rang lehrten hier. Schweitzer besuchte die Kollegs der theologischen und der philosophischen Fakultäten. Besonders packend fand er die Vorlesungen des bekannten Theologen Heinrich Julius Holtzmann über die „Synoptische Frage", die „Zusammenschau" der drei Evangelien Matthäus, Markus und Lukas, um Parallelen, Übereinstimmungen und Unterschiede festzustellen.

Weil Albert auf dem Gymnasium nur wenig Hebräisch gelernt hatte, mußte er sich für das Theologiestudium zusätzlich zum „Hebraicum" vorbereiten. Wieder fiel ihm wegen seiner mangelnden Sprachbegabung das Lernen schwer, und er beschäftigte sich lustlos mit dem schwierigen Stoff. So bestand er das Examen im Februar 1894 nur knapp. Später bei seinen wissenschaftlichen theologischen Arbeiten brauchte er diese Kenntnisse, um hebräische Quellen zu studieren. Da er immer mehr das Bedürfnis entwickelte, gerade das zu erobern, was ihm nicht lag, lernte er schließlich die alte Sprache doch noch zufriedenstellend.

Albert wohnte im theologischen Studienstift, dem „Collegium Wilhelmitanum St. Thomas". Er lebte gerne in Straßburg. Die geistig lebendige Atmosphäre an der Universität faszinierte ihn. Auch liebte er die Stadt. Ihm gefielen die malerischen alten Viertel, die neuen breiten Straßen und stattlichen Staatsbauten, und vor allem beeindruckte ihn Straßburgs steinernes Wahrzeichen: das gotische Münster.

Trotzdem zog es ihn nach Paris. Der Familienclan der Schweitzers funktionierte auch über die Landesgrenzen hinweg; Onkel August ermöglichte Albert in Paris Orgelunterricht bei dem berühmten Organisten und Komponisten Charles Marie Widor. Eigentlich nahm der große Meister nur ungern neue Schüler an. Doch als er den jungen Mann auf dessen Wunsch hin Bach spielen hörte, entschloß er sich, ihn zu unterrichten. Albert mußte nun „umlernen". Widor vertrat die französische Orgelschule, während Münch in Berlin die recht andere Auffassung der deutschen Organisten gelernt hatte. Trotzdem war Münchs Unterricht eine gute Basis und möglicherweise der Anstoß für Schweitzers spätere Versuche, zwischen französischer und deutscher Orgelkunst Brücken zu schlagen.

Neben dem Studium fuhr er nun häufig nach Paris zu Widor. Bald wurde aus dem Lehrer-Schüler-Verhältnis eine Freundschaft und Geistesgemeinschaft. Schließlich sollte sich das Verhältnis des Lehrenden zum Lernenden fast umkehren.

Von Musik konnte Albert nie genug bekommen. So nahm er später in Paris noch Klavierunterricht bei Isidore Philipp und gleichzeitig bei der damals hochberühmten Marie Jaël-Trautmann, einer Schülerin von Liszt, die eine neue physiologische Methode des Klavieranschlages entwickelt hatte. „Ich diente ihr als Versuchstier", schrieb Schweitzer, „und war als solches an Experimenten beteiligt." Dadurch wurde er immer mehr „Herr seiner Finger", was ihm auch beim Orgelspiel nützte.

1894/95 mußte Albert ein Militärjahr beim Infanterieregiment 143 in Straßburg abdienen. Es wurde ihm nicht schwergemacht. Sein Hauptmann Krull erkannte wohl, daß der junge Mann wichtigere Begabungen hatte als die, ein guter Soldat zu werden. Er ermöglichte ihm großzügig viel freie Zeit, um das Studium fortzusetzen. 1894 fand ein Manöver im Unterelsaß statt. Schweitzer packte sein „griechisches Testament" in den Tornister. Zu Beginn des Wintersemesters mußte er ein Examen ablegen, um ein Stipendium zu erwerben. Sein Lehrer Holtzmann würde ihn prüfen.

Die körperlichen Strapazen bei der militärischen Ausbildung waren erheblich, doch Schweitzers Leistungsfähigkeit war groß. Aus dem fast nicht lebensfähigen Kind war ein Mann geworden, der körperlich und geistig kaum ermüdbar war. Nachts, wenn die anderen Soldaten längst schliefen, brannte seine Lampe noch lange. Er beschäftigte sich intensiv mit der herrschenden Lehrmeinung, Jesus habe ein ethisches Gottesreich auf Erden gründen wollen und sich nicht im Bewußtsein der Endzeit als Messias gefühlt. Schweitzers Lehrer Holtzmann vertrat die These, für diese Deutung sei das Markusevangelium als das älteste maßgeblich und ausreichend. Matthäus und Lukas hätten in ihren Predigten nur aus dem Markusevangelium geschöpft.

Die genaue Lektüre besonders des zehnten und elften Kapitels des Matthäusevangeliums ließ Schweitzer an dieser Meinung zweifeln. Hier zeigt sich bereits die Unabhängigkeit seines Denkens: Holtzmann war für ihn durchaus eine verehrte Autorität, und doch wagte der junge Student, die Ideen des Lehrers anzuzweifeln. „Als ich vom Manöver nach Hause kam, hatten sich mir ganz neue Horizonte aufgetan", schrieb er.

Aber noch war der Gedanke zu wenig ausgereift, und der Prüfling war wohl auch zu bescheiden, um dem Professor im Examen seine Zweifel darzulegen. Doch der Keim für eine Forschung, mit der er sich lange Zeit beschäftigen sollte, war gelegt.

Neben den theologischen und philosophischen Studien hörte Schweitzer musiktheoretische Kollegs und hatte auch in Straßburg die Möglichkeit, selbst zu musizieren. Ernst Münch, der Bruder seines Mülhauser Orgellehrers, war Organist zu St. Wilhelm und Dirigent des Chores der Bach-Konzerte. Bald spielte Schweitzer bei den Proben die Orgelbegleitung. Zu den Konzerten kam anfänglich Eugen Münch aus Mülhausen herüber, später übernahm Schweitzer auch bei den Aufführungen den Orgelpart.

Der junge Student führte ein äußerst intensives Leben: Studium, wissenschaftliche Forschung, passive und aktive Beschäftigung mit Musik, Abende und Nächte über den Büchern oder im Gespräch mit Freunden, immer unterwegs zwischen Straßburg, Günsbach und Paris. Ein heftiger Hunger nach Erkenntnis und Wissen, nach Kunst und Leben erfüllte ihn.

Auf musikalischem Gebiet hatte er in dieser Zeit ein neues, fast rauschhaftes Erlebnis: die Begegnung mit den Opern Richard Wagners. Schon mit sechzehn Jahren hatte er „Tannhäuser" gehört und war überwältigt. Nun lernte er andere Wagner-Werke kennen, in Straßburg und auch in Bayreuth, wohin er ab und zu pilgerte. Es war wirklich jedesmal eine Pilgerfahrt, denn Albert hatte nicht das Geld, um in bequemen Eisenbahnabteilen zu reisen und sich in einem Hotel einzumieten. Die Karten zu den Festspielen schenkten ihm Pariser Freunde. Nur einmal am Tag konnte er sich auf diesen Reisen eine warme Mahlzeit leisten, und dann auch nur eine billige. Doch der geistige Hunger wurde ausreichend gestillt. Bei einer der Fahrten machte er auf der Rückreise einen Umweg über Stuttgart. Man hatte ihm dringend empfohlen, sich dort in der Liederhalle die neue Orgel anzuhören. Sie sei ein Wunderwerk moderner Orgelbaukunst. Doch Schweitzer war entsetzt. Die Bachschen Fugen verschwammen ihm „in einem Chaos von Tönen", der Klang war hart und ohne Wärme. Nein, diese technische Neuerung schien ihm kein Fortschritt zu sein!

Wie immer in seinem Leben, wenn ihn etwas stark beschäftigte, blieb es auch hier nicht bei der bloßen Äußerung seiner Empörung. Seine späteren Schriften über Orgelbau und die Aufführung Bachscher Werke wirken bis in die heutige Zeit hinein.

Besuche im Elternhaus waren nicht häufig, doch jedesmal beglückend. Er liebte das im Tal gelegene Günsbach mit seinem spitzen Kirchturm. Die Eltern waren in ein schöneres, stattlicheres Pfarrhaus gezogen. Durch ein kleines Erbe war ein bescheidener Wohlstand erreicht. Die Gesundheit des Vaters hatte sich wesentlich gebessert. Nach der Stadtatmosphäre genoß Albert die Nähe zur Natur. Mit seinem Fahrrad, das er sich in der Unterprima durch Nachhilfeunterricht verdient hatte, fuhr er in den Wald und über die Felder und Weinberge. In seinen Erinnerungen erzählt er, wie er an einem Pfingstmorgen im Bett lag, die Sonne durch das Fenster scheinen sah und die Vögel zwitschern hörte. Er fühlte sich eins mit der Welt und empfand tiefe Dankbarkeit für die reichen Möglichkeiten, die ihm geschenkt wurden. Wie würde sich sein Leben weiterentwickeln?

In dieser Stimmung fühlte er sich verpflichtet, einen Lebensplan aufzustellen, jetzt gleich! Er entschloß sich nun, bis zu seinem dreißigsten Lebensjahr für Wissenschaft und Kunst zu leben, danach aber praktisch für die Menschen tätig zu sein und denen zu helfen, die nicht so glücklich waren wie er selber. Was er konkret tun würde, wußte er noch nicht, aber sein Plan stand fest.

Fast alle jungen Menschen haben einmal überschwengliche

Zukunftsträume von großen Taten und einem glanzvollen und erfüllten Leben. Die allerwenigsten können das verwirklichen. Der eigene Charakter, die Kräfte und die Umstände des Lebens lassen es nicht zu. Doch dieser Einundzwanzigjährige wird in den kommenden Jahren alles daransetzen, sein Ziel zu erreichen. Er schaffte es, obwohl die Bedingungen nicht immer günstig waren. Er schaffte es, weil die romantische Aufwallung einen realen Hintergrund hatte – die Idee einer Verpflichtung –, weil ihm eine gute physische und psychische Konstitution gegeben war und ein erstaunlicher „Elsässer Dickkopf", wie er selber sagte. „Ich gebe nie auf!" war ein Leben lang einer seiner Wahlsprüche.

1897 HATTE Schweitzer seine erste theologische Prüfung zu absolvieren. Das Thema der Prüfungsarbeit hieß: „Schleiermachers Abendmahlslehre, verglichen mit den im Neuen Testament und in den reformatorischen Bekenntnisschriften niedergelegten Auffassungen". Das Prüfungsmanuskript mußte nach acht Wochen abgeschlossen sein; wieder wurde es eine Zeit der Tag- und Nachtarbeit. Am 6. Mai 1898 absolvierte Schweitzer sein theologisches Staatsexamen. Es wurde so gut beurteilt, daß er dafür das „Gollsche Stipendium" verliehen bekam. Sechs Jahre lang konnte er jährlich 1200 Mark erhalten. Spätestens dann mußte der Grad eines „Lizentiaten der Theologie", ein akademischer Grad ähnlich einer Promotion, erreicht sein oder das Geld zurückgezahlt werden.

Den Sommer über blieb Schweitzer noch in Straßburg, um sich intensiv mit Philosophie zu beschäftigen. Er hatte sich dazu entschlossen, eine philosophische Doktorarbeit über Kants Religionsphilosophie zu schreiben.

Ende Oktober 1898 wechselte er von der deutschen Straßburger Universität an die Pariser Sorbonne, um dort weiter Philosophie zu studieren. Aber an der französischen Universität gefiel es ihm gar nicht. Schon die Immatrikulation war unfeierlich nüchtern. Stets hatte er das Bedürfnis nach Festlichkeit bei besonderen Anlässen. Der Lehrbetrieb schien ihm nach dem „frischen Wind" in Straßburg veraltet, die Themen der Vorlesungen waren allzu spezialisiert. Albert besuchte nicht viele Kollegs. Trotzdem war sein Alltag wieder bis zum Rande ausgefüllt. Er beschäftigte sich hauptsächlich mit seiner Doktorarbeit und mit Kunst.

Häufig saß er an der Orgel. Widor unterrichtete ihn jetzt umsonst. Außerdem nahm er immer noch Musikstunden bei Isidore Philipp und bei Marie Jaël-Trautmann. Der Franzose und die Elsässerin konnten sich nicht ausstehen, und Albert mußte viele Tricks anwenden, damit keiner von beiden merkte, daß er auch bei dem anderen Unterricht nahm. Vor allem mußte er aufpassen, daß ihm die auffällige Fingerstellung der Jaël-Trautmann nicht bei Philipp unterlief. Doch er fand, daß sich die beiden vorzüglich ergänzten. Das Buch der Lehrerin, „Der Anschlag", übersetzte Schweitzer später anonym ins Deutsche.

Paris war teuer, und trotz des Stipendiums hatte Albert nur wenig Geld für seine Lebenshaltung zur Verfügung. Der Lehrer und Freund Widor merkte das wohl und nahm Schweitzer ab und zu mit in ein gutes Lokal. Auch die Brüder des Vaters kümmerten sich um ihn, luden ihn ein und brachten ihn mit interessanten Menschen zusammen. Durch Onkel Charles, Philologe und Sprachforscher, lernte er führende Männer der Universität persönlich kennen. Widor machte ihn mit einem Kreis von Musikern und Theologen bekannt. Albert wollte nichts auslassen. Er genoß das gesellschaftliche Leben in vollen Zügen. Trotz der enttäuschenden Universität gefiel ihm Paris. Nachts arbeitete er an seiner Doktorarbeit, da er am Tage kaum Zeit dafür hatte. Oft spielte er morgens Widor auf der Orgel vor, ohne auch nur eine Minute im Bett gewesen zu sein.

Trotz all der anderen Aktivitäten wurde aus der Doktorarbeit eine wissenschaftliche Leistung, die noch heute gewürdigt wird. In seiner Arbeit war Schweitzer auf sich selbst gestellt, denn bei den Bibliothekaren der Universitätsbibliothek fand er keine Unterstützung und mußte deshalb fast ohne Sekundärliteratur arbeiten. Aber die Beschäftigung mit Kant lag ihm, fühlte er sich doch selbst immer mehr als Philosoph denn als Theologe. Schweitzer entdeckte Widersprüche in Kants „Kritik der reinen Vernunft". Er stellte dar, daß bei ihm „eine kritische und eine Religionsphilosophie ... nebeneinander her" laufen würden und Kant vergeblich versuche, beide in Einklang zu bringen.

Schließlich wurde es eine Riesenarbeit von 325 Druckseiten, die noch jetzt in Fachkreisen Beachtung findet. Im März 1899 überreichte Schweitzer das Manuskript dem Doktorvater Theobald Ziegler in Straßburg.

Um sich auf die mündliche Prüfung vorzubereiten, hörte er im Sommer Vorlesungen über die Hauptwerke der alten und neuen Philosophen in Berlin. Er war nicht ungern von Paris fortgegangen. Der Universitätsbetrieb in Berlin war lebendiger und anregender als an der Sorbonne. Die Mentalität der Berliner mit ihrem gesunden Selbstbewußtsein, der unkonventionellen Lebensweise, dem Humor und der Neugier auf andere Menschen gefiel ihm und machte es ihm leicht, mit interessanten Leuten in Kontakt zu kommen.

Die Universität stand hier in Berlin im Blickpunkt, und um ihre wichtigsten Vertreter kreiste auch das gesellschaftliche Leben. Freunde nahmen Schweitzer mit in das Haus von Adolf von Harnack, dem liberalen Kirchenhistoriker und Kulturpolitiker. Anfänglich schüchterten den jungen Studenten dessen starke Persönlichkeit und sein großes Wissen ein, und er wagte kaum, den Mund aufzumachen. Später sollten Harnack und Schweitzer sich sehr nahe kommen, und Schweitzer erhielt von Harnack einige seiner berühmten Postkarten, die dieser nur an nahe Bekannte und enge Freunde schrieb.

NATÜRLICH war es für Schweitzer auch in Berlin nicht möglich, ohne Musik zu leben. Er hörte bei Karl Stumpf das Kolleg über die „Psychologie der Tonempfindung" und wurde bald, wie bei Frau Jaël-Trautmann, „ein Versuchstier" bei den praktischen Untersuchungen. Orgelspiel und Orgeln fand er in Berlin enttäuschend. Das Spiel der Organisten war für ihn zu äußerlich, der Klang der neuen Orgeln befriedigte ihn gar nicht. Trotzdem freundete er sich mit dem Organisten der neuen Kaiser-Wilhelm-Gedächtniskirche Heinrich Reimann an, der ihn auf seiner Orgel spielen ließ und den er im Urlaub vertrat. Durch Reimann kam Schweitzer auch in einen Kreis von Musikern, Malern und Bildhauern.

Der Abschied von Berlin fiel ihm nicht leicht. Doch Ende Juli kehrte er nach Straßburg zurück, um die mündliche Prüfung zur Promotion abzulegen. Sie gelang nicht ganz zur Zufriedenheit. Die Prüfer bemängelten, daß er zu viele Originalwerke und zu wenige Lehrbücher gelesen habe. Die schriftliche Dissertation allerdings wurde hoch gelobt.

Die Professoren schlugen Schweitzer vor, sich an der philosophischen Fakultät in Straßburg als Privatdozent zu habilitieren.

Doch schien ihm die wissenschaftliche Karriere allzu lebensfern zu sein. Bei allem geistigen Höhenflug stand er sein Leben lang immer mit beiden Beinen auf der Erde. Er wollte als Prediger wirken: „Ich empfand es als etwas Wunderbares, allsonntäglich zu gesammelten Menschen von den letzten Fragen des Daseins reden zu dürfen."

Obwohl seine theologische Lizentiatsarbeit nicht abgeschlossen war, konnte er nun ein Predigeramt übernehmen. Als zahlender Gast durfte er weiter im Thomasstift wohnen. Er war froh darüber, denn er liebte sein Zimmer, aus dessen Fenster er in einen stillen Garten mit großen Bäumen blickte.

Vikar in Straßburg

Am 1. Dezember 1899 trat Albert Schweitzer ein Predigeramt zu St. Nicolai in Straßburg an, zuerst als „Lehrvikar". Schweitzer übernahm die Nachmittagsgottesdienste, den Kindergottesdienst am Sonntag, den Religionsunterricht und den Konfirmandenunterricht für Knaben. Mit Kindern und jungen Menschen zu arbeiten machte ihm Freude. Er spürte dabei das „Schulmeisterblut" seiner Vorfahren. In Erinnerung an seinen eigenen qualvollen Konfirmandenunterricht wollte er nun erreichen, daß die Kinder gerne die dreimal wöchentlich stattfindenden Unterrichtsstunden besuchten. Das gelang ihm, weil er die biblischen Geschichten farbig schilderte, mit den Kindern deren Fragen diskutierte und auch eine ungewöhnliche Meinung ernst nahm. Er prägte ihnen ein, daß Religion nicht alles erklären könne, doch „wo der Geist Christi ist", sei „Freiheit". Er gab den Schülern wenig Hausaufgaben auf, bestand aber darauf, daß sie Lieder und Bibelsprüche auswendig lernten. Er meinte, daß ein solcher Schatz später im Leben sehr hilfreich sein konnte.

Er war ein sehr unkonventioneller Vikar. Den Nachmittagsgottesdienst übernahm er gerne, weil der meist wenig besucht war. Im Alter schrieb er: „Bis auf den heutigen Tag werde ich vor einer größeren Zuhörerschaft eine gewisse Befangenheit nicht los." Obgleich er die Predigten schriftlich ausarbeitete, hielt er sich meist nicht an den Text, sondern sprach frei. Seine Predigten sagten stets Wesentliches aus, waren aber oft sehr kurz. Ihm lag kein weitschweifiges Pathos. Einige alte Leute, die eine bestimmte Zeit in der Kirche „absitzen" wollten, beschwerten sich darüber, doch Schweitzer erklärte ihnen, er sei ein armer Vikar, der zu reden aufhöre, wenn er über den Text nichts mehr zu sagen wisse. Die Kirchenleitung trug ihm jedoch auf, nicht unter zwanzig Minuten zu predigen.

Im Jahre 1900 mußte er noch zwei Prüfungen absolvieren. Am 15. Juli bestand er das zweite theologische Examen nur knapp, weil er sich wegen der Arbeit an der Dissertation nicht genügend darauf vorbereitet hatte. Kurz danach, am 21. Juli, fand das Lizentiatenexamen statt, und Schweitzer legte seine Dissertation vor mit dem Thema: „Kritische Darstellung unterschiedlicher neuerer historischer Abendmahls-Auffassungen". Er hatte sich mit der Arbeit beeilt, um die Gollsche Stiftung für andere Studenten frei zu machen.

Im November erhielt er die Bestallung als „regulärer Vikar" in St. Nicolai. Nun mußte er auch Morgenpredigten übernehmen. Obgleich er und die beiden altgedienten Pfarrer von St. Nicolai im Theologischen oft sehr unterschiedlicher Meinung waren, arbeiteten sie friedlich und rücksichtsvoll zusammen. Die beiden älteren gestanden dem jungen genügend Freizeit für Wissenschaft und Kunst zu und gestatteten ihm auch, ausreichend Ferien zu machen.

Im Herbst war er meist in Günsbach, wo er ab und zu den Vater bei Predigten vertrat. Im Frühjahr fuhr er nach Paris, lebte beim Onkel und studierte weiter Musik bei Widor. Allerdings handelte es sich hier kaum noch um ein Lehrer-Schüler-Verhältnis, denn neben dem Orgelspiel erarbeiteten sie gemeinsam musikalische Theorien.

In Paris trat Schweitzer immer mehr aus der Rolle des Lernenden in die des Vortragenden und Lehrenden. In der *Société des langues étrangères* hielt er auf deutsch Vorträge über Arthur Schopenhauer, Gerhart Hauptmann, Hermann Sudermann, Friedrich Nietzsche und über Goethes „Faust". Er lernte dabei den Schriftsteller Romain Rolland kennen. Dessen glühende Begeisterung für Frieden und Völkerverbindung kam Schweitzers Idee sehr nahe. Die beiden jungen Männer wurden Freunde. Der Brückenschlag über Grenzen lag ihnen am Herzen, die

Verachtung von Nationalismus und Chauvinismus verband sie.
Auch musizierten sie öfter miteinander.

Jugendliche Fröhlichkeit und Gemeinschaft kamen in dieser
Zeit auch in Straßburg zu ihrem Recht. 1898 hatte Albert bei
einer Hochzeit von Freunden ein Mädchen kennengelernt, das
ihm gefiel. Helene Breßlau, eine protestantisch getaufte Jüdin,
war die Tochter eines bekannten Historikers, der an der Straßburger Universität lehrte. Sein „Handbuch der Diplomatie" ist
heute noch anerkannt. Sie war eine „Altdeutsche", wie die aus
Deutschland Zugezogenen im Elsaß genannt wurden. Albert war
erstaunt, wie anders dieses junge Mädchen lebte als die Elsässer
und französischen „Töchter aus gutem Hause", die, von der
Außenwelt abgeschirmt, hauptsächlich auf die Ehe vorbereitet
wurden. Helene Breßlau war Lehrerin geworden, eines der wenigen Studien, die damals für Mädchen möglich waren. Vorübergehend war sie Hauslehrerin in England und Rußland gewesen und
wandte sich dann sozialen Aufgaben in Straßburg zu. Sie war
ernsthaft und intelligent. Albert Schweitzer führte mit ihr einen
gehaltvollen Briefwechsel. Doch auch Lachen und Heiterkeit
kamen nicht zu kurz. Zusammen waren sie im „Radel-Klub".
Junge Straßburger beiderlei Geschlechts, was damals durchaus
ungewöhnlich war, trafen sich zu vergnügten Fahrten über Land.
Ungewöhnlich war auch, daß hier Elsässer und Altdeutsche
zusammenkamen, die in der Regel gesellschaftlich nicht miteinander verkehrten.

Eine Freundin von Helene, Elly Knapp – die spätere Frau von
Theodor Heuss –, schildert in ihrer Autobiographie diese Aus-
flüge: „Mit den Rädern lernten wir das ganze schöne Land kennen. Welchen Zuwachs an Freiheit und Lebensgenuß brachte
unserer Generation das Radfahren!" Von einem Besuch der
Gruppe im Pfarrhaus in Günsbach berichtet sie: „Einen wunderbaren Sonntag haben wir alle bei Albert Schweitzers Eltern in
Günsbach verlebt. Zuerst störte mich unser Hochdeutsch im
elsässischen, ländlichen Pfarrhaus, aber der warmherzige und
behagliche Vater und die kluge, etwas strenge Mutter Schweitzer
nahmen uns so herzlich auf, daß mir dieser Tag als schönstes
Zusammensein in Erinnerung blieb."

An jenem Pfingsttag 1903 steht der Name „Helene Breßlau"
das erste Mal im Günsbacher Gästebuch. Die Nichte Schweit-

zers, Susanne Oswald, schildert Helene: „Ich erinnere mich an ihre Hüte mit vorn aufgeschlagener Krempe, unter der ihre klassischen Züge, die großen, grauen Augen unter schön geschwungenen Brauen voll zur Geltung kamen... Wir Kinder hatten sie heimlich ‚Tante Anstand' getauft, weil wir in ihrer Nähe die zwingende Verpflichtung empfanden, uns ordentlich zu benehmen..."

Ob Schweitzer schon um die Jahrhundertwende den Plan hatte, sein Leben mit diesem zarten und doch willensstarken, ernsten Mädchen zu verbinden?

Erst einmal dachte er hauptsächlich an seine Habilitation. „Ich arbeite viel, in ununterbrochener Konzentration, aber ohne Hast...", schrieb er. Seit seinem Studium bei Professor Holtzmann beschäftigte er sich mit der Deutung des Lebens Jesu aus den Evangelien. Schon der junge Rekrut hatte sich ja im Manöver darüber seine eigenen Gedanken gemacht, die denen seines Lehrers widersprachen. Bei diesem Thema war Schweitzer in seiner theologischen Doktorarbeit geblieben. Der Titel der Habilitationsschrift hieß nun: „Das Messianitäts- und Leidensgeheimnis. Eine Skizze des Lebens Jesu."

Es wird Schweitzer nicht leichtgefallen sein, mit seinen Thesen die Lehrmeinung des verehrten alten Professor Holtzmann anzugreifen. Auch hätte es mancher Prüfling als sträflich ungeschickt empfunden, ausgerechnet dem Hochschullehrer, der für die Habilitation zuständig war, in entscheidenden Punkten zu widersprechen. Doch nichts konnte Albert Schweitzer davon abhalten, das zu sagen, was er für wahr hielt. Auch wenn er rücksichtslos sein mußte, empfand er Wahrheit stets als seine moralische Pflicht.

Die damals herrschende Lehrmeinung in der Leben-Jesu-Forschung und damit die Theorie von Holtzmann besagte, daß Jesus nicht an ein Ende der Welt geglaubt habe, nicht daran, daß er der zukünftige Messias sein würde, sondern daß das Gottesreich, das er auf Erden gründen wollte, ein rein ethisches sei.

Nach genauem Studium der Evangelien, besonders des Matthäusevangeliums, gelangte Schweitzer zu der Auffassung, Jesus habe im Sinne der spätjüdischen Erwartung durchaus an ein bevorstehendes Gottesreich geglaubt, bei dessen Anbruch er als der Messias offenbar würde. Wörtlich griff Schweitzer

Holtzmanns auf das Markusevangelium begründete These nicht
an, doch er rückte von ihr ab, indem er sie nicht erwähnte.

Wie Schweitzer später erfuhr, hatte man in der Fakultät Bedenken, ob seine Art der Forschung vertretbar sei. Man fürchtete,
daß ein so unkonventioneller Umgang mit der Wissenschaft, das
Ignorieren der Meinungen bewährter Professoren, „die Studenten verwirren würde". Doch der noble Holtzmann setzte sich
trotz allem für den Kandidaten ein. Albert Schweitzer habilitierte
sich am 1. März 1902.

Hochschullehrer, Stiftsdirektor, Pfarrer und Organist

Am 1. März 1902 hielt Schweitzer seine Antrittsvorlesung an
der Universität Straßburg. Die Hochschulkarriere begann,
und in der Folge hielt er Kollegs über die Leben-Jesu-Forschung
und über „Pastoralbriefe".

Noch andere Aufgaben beanspruchten ihn. Er wurde der Leiter des theologischen Studienstiftes, des „Collegium Wilhelmitanum", und ab 1. Oktober 1903 Stiftsdirektor mit einem jährlichen
Gehalt von 2000 Mark und einer schönen Amtswohnung. Sein
altes Studentenzimmer, das er liebte, behielt er zum Arbeiten. Der
Siebenundzwanzigjährige hatte viel erreicht. Die Eltern, besonders die Mutter, waren stolz auf ihn.

In seiner „Freizeit" beschäftigte ihn die Leben-Jesu-Forschung.
Meist arbeitete er nachts daran, weil ihn am Tage die Univer-
sitätsarbeit, die Verwaltung des Stiftes und sein Predigeramt voll
beanspruchten. Der Schlaf kam wieder einmal viel zu kurz. Das
blieb bis ins hohe Alter so.

Für die wissenschaftliche Arbeit war eine ungeheure Menge
Literatur zu bewältigen. In Schweitzers Zimmer stapelten sich
die Bücher nach Themen zu Türmen geordnet. Freunde, die ihn
besuchten, mußten ihren Weg mühsam durch diesen Dschungel
finden.

Doch war dieser dreifache Beruf – Wissenschaftler, Stiftsdirektor, Pfarrer – noch nicht alles, was Schweitzer jetzt leistete. Er gab
nun Orgelkonzerte und fuhr häufig zu Widor nach Paris, um mit
ihm zu musizieren und zu diskutieren. Schon seit einigen Jahren

war das Schüler-Lehrer-Verhältnis zum gegenseitigen Geben und Nehmen geworden.

In seinem Vorwort zu Schweitzers Bach-Buch erzählt Widor: „Eines Tages – es war anno 1899 –, als wir bei den Choralvorspielen standen, gestand ich ihm, daß mir in diesen Kompositionen manches rätselhaft sei. ‚So klar und einfach‘, äußerte ich zu ihm, ‚die musikalische Logik des Meisters in den Präludien und Fugen ist, so dunkel erscheint sie, sobald er eine Choralmelodie behandelt. Warum diese zuweilen fast übermäßig schroffen Antithesen von Gefühlen? Warum verwendet er zu einer Choralmelodie kontrapunktische Motive, die zu der »Stimmung« der Weise oft in keiner Beziehung stehen? ... Woher all dies Unbegreifliche in dem Entwurf und der Durchführung dieser Phantasien? Je mehr ich sie studiere, desto weniger verstehe ich sie...‘ ‚Natürlich‘, erwiderte der Schüler, ‚muß Ihnen in den Chorälen vieles dunkel bleiben, da sie sich nur aus den zugehörigen Texten erklären.‘ Ich schlug die Stücke, die mir am meisten Kopfzerbrechen gemacht hatten, vor ihm auf, und er übertrug mir die Dichtungen aus dem Gedächtnis ins Französische. Die Rätsel lösten sich. Während der folgenden Nachmittage gingen wir sämtliche Choralvorspiele durch. Indem Schweitzer ... mir eins nach dem andern erklärte, lernte ich einen Bach kennen, von dessen Vorhandensein ich vorher nur eine dunkle Ahnung gehabt hatte...“

Hier war der Schüler zum Lehrer geworden. Widor hat Schweitzer später gebeten, darüber für Pariser Konservatoriumsschüler und französische Organisten eine kleine Abhandlung zu Text und Melodie der Bach-Kantaten zu schreiben. Schweitzer beschloß, sie in den Herbstferien 1902 zu verfassen. Er begann, vertiefte sich immer mehr und mußte Widor am Ende der Ferien mitteilen, daß er trotz aller Mühe nicht über die Vorarbeiten hinausgekommen sei. Es gab viel mehr zu sagen, als anfänglich geplant, und er müsse ein Buch darüber schreiben. Nie konnte er etwas leicht, rasch und feuilletonistisch abtun, was ihn wirklich interessierte. Er wußte auch gleich, daß es wieder ein sehr umfangreiches Werk werden würde. „Mutvoll ergab ich mich in mein Schicksal!“ Neben aller anderen Arbeit entstand nun *J. S. Bach, le musicien-poète.*

Auch dafür kam eine Flut von Büchern in Schweitzers Studierstube, und Schweitzer machte sich mit Feuereifer an die Arbeit – wieder meist in den Nachtstunden. Eine neue gewaltige psychische und physische Leistung.

Eigentlich empfand Schweitzer das Unternehmen als „verwegen", weil er kein Musikwissenschaftler war. Doch ihm ging es nicht um eine wissenschaftliche Erkenntnis, sondern darum, den französischen Musikern und interessierten Laien von Bachs Leben zu erzählen und über die Wiedergabe seiner Musik im ursprünglichen Sinn zu sprechen. Er glaubte dazu berechtigt zu sein, weil die Franzosen noch relativ wenig von Bach wußten, während, wie er meinte, „in Deutschland die Bachgelehrsamkeit zu Hause" war.

Als schwierig und anstrengend empfand er das ständige Wechseln zwischen den Sprachen. Am Tage hielt er Vorlesungen und Predigten auf deutsch, nachts schrieb er französisch. Trotz seiner Zweisprachigkeit von Jugend an verwirrte ihn das oft. Doch gerade die Brückenfunktion, die er als Elsässer hier zwischen verschiedenen Sprachen und verschiedenem Geist leisten konnte, gab diesem Werk einen ganz besonderen Wert.

Das Bach-Buch erforderte zwei Jahre intensiver Arbeit. 1905 erschien es in Paris. Es war nicht allein ein Werk über Bach mit praktischen Ratschlägen für die Aufführung seiner Werke geworden, sondern ein Abriß der Geschichte der protestantischen Kirchenmusik. Widor lobte es hoch; Frankreich habe durch dieses Werk Bach erst richtig kennengelernt. Philosophie und Theologie seien in das Buch eingeflossen, auch kämen ihm Kenntnisse zugute, die der Autor als „ganz hervorragender Organist" besäße.

Das Buch wurde ein Erfolg, und zu Schweitzers Erstaunen war sogar in Deutschland das Echo groß. Der Verlag Breitkopf und Härtel legte ihm nun nahe, eine deutsche Übersetzung vorzunehmen. Schweitzer versuchte, das Werk selbst zu übertragen. Doch bei der Arbeit wurde ihm klar, daß die vorliegende Fassung ausschließlich für ein französisches Publikum geschrieben war, daß man für eine deutsche Ausgabe andere Bedingungen voraussetzen mußte. In Deutschland war die Bach-Renaissance auf dem Höhepunkt. Aber Schweitzer war mit der Art, wie Bach aufgeführt wurde, nicht immer zufrieden. Seine Kritik zu äußern und Vorschläge für eine Änderung zu machen schien ihm unumgänglich. Es mußte also ein ganz neues Buch entstehen.

Die ersten Seiten dafür schrieb er in Bayreuth. Nach einer *Tristan*-Aufführung, die ihn tief bewegt hatte, war er so erfüllt von Musik, daß er sich in seinem Zimmer im „Gasthof zum Schwarzen Roß" sofort an den Tisch setzte, um sich mit dem Bach-Manuskript zu beschäftigen. Aus dem Raum unter dem seinen, einer Bierhalle, hörte er Stimmengewirr und Gläserklirren. Die ersten Sätze fielen ihm schwer, doch plötzlich geriet alles in Fluß. Er schrieb und schrieb, und statt zu schlafen (wieder einmal!), hörte er damit erst auf, als die Sonne aufging.

Daß Schweitzer durch ein Wagner-Erlebnis zum Bach-Buch inspiriert wurde, mag auf den ersten Blick erstaunen, erklärt sich jedoch aus seiner Bach-Auffassung. Denn im Gegensatz zur gängigen Zeitmeinung, Bach habe „reine Musik" geschaffen, fand Schweitzer, er sei wie Wagner ein Dichter und Maler in Tönen gewesen. Er habe den Schmerz, die Freude, die Wellen des Sees, den Nebel, Sterbeglocken und einen Trauerzug „gemalt".

In einer Musikzeitschrift äußerte Schweitzer ein ganz persönliches Bekenntnis: „Was mir Bach ist? Ein Tröster... Um ihn zu verstehen, bedarf es keiner Bildung und keines Wissens, sondern nur des unverbildeten Sinnes für das Wahre."

Zum Schrecken der Verleger wurden aus den 455 Seiten der französischen Ausgabe in der deutschen nun 844. Das Werk erschien 1908 bei Breitkopf und Härtel und erregte großes Aufsehen. Es gab wieder einmal Kritik, aber mehr noch Anerkennung.

Das Buch wurde zum größten Bestseller der Musikliteratur. Auch heute ist es noch anerkannt. Der Musikwissenschaftler Christoph Rueger nennt es „eine bisher unerreichte, fundamentale Einführung in Bachs Leben und Werk".

Schweitzers Bach-Kenntnisse gründeten sich nicht nur auf Theorie. Er war inzwischen ein bekannter Organist, gab in Frankreich und Deutschland Konzerte und hatte sozusagen den „Rohstoff" unter den Händen. Das brachte ihn dazu, sich mit einem „Seitentrieb", wie er es nannte, zu beschäftigen: der Aufführung Bachscher Orgelwerke. Er stellte fest, daß die Orgeln in Frankreich und Deutschland sehr unterschiedlich waren. Die Deutschen bauten neuerdings Orgeln mit technischer Raffinesse, die billig waren, weil viele Teile nicht mehr mit der Hand, sondern in Fabriken hergestellt wurden. Man legte auch weniger Wert als bisher auf kostbare Materialien. Äußerlich sollten die Instrumente mächtig und „technisch" wirken.

Die Franzosen dagegen restaurierten ihre alten Orgeln und bauten die neuen in konventioneller Art. Sie berücksichtigten die Erfahrungen von Generationen über die besten Maßproportionen und Materialien.

Die Instrumente der beiden Länder waren so verschieden, daß Schweitzer Schwierigkeiten hatte, sich bei Konzertreisen jeweils entsprechend umzustellen. Auch waren die modernen Orgelkomponisten nur fähig, für die Orgeln des eigenen Landes zu komponieren. Es war fast nicht möglich, ihre Werke im Nachbarland aufzuführen. Schweitzer sprach von „Grenzwällen", die hier existierten und niedergerissen werden müßten. Denn jeder verurteilte die Orgeln des Nachbarlandes, ohne sie wirklich zu kennen. Er selber, der durch Münch die deutsche und durch Widor die französische Schule kennengelernt hatte und nun ständig auf Orgeln beider Länder spielte, war deshalb wieder einmal geeignet, Brücken zu bauen.

Für Bach-Aufführungen lagen ihm die französischen alten und nach alten Mustern gestalteten neuen Orgeln mehr. Er fand, daß sie Bach näherstünden als die deutschen. Durch einen „Erfindungstaumel" seien viele Instrumente in Deutschland kompliziert worden, und man versuche, mit ihnen orchesterähnliche Wirkungen zu erzielen. Bach werde auf diesen Orgeln oft verfälscht.

1905 veröffentlichte Schweitzer in der Straßburger Zeitschrift *Die Musik* einen Artikel: „Deutsche und französische Orgelbaukunst und Orgelkunst". Darin schrieb er: „Wenn die Zeichen nicht trügen, ist der Augenblick gekommen, voneinander zu lernen."

Bei seinen Reisen versuchte Schweitzer, auch in Deutschland alte Orgeln zu erhalten und ihre Restaurierung anzuregen. Oft stieg er selber in ihren Bauch, schaute, begutachtete und entfernte manchmal mühsam den Schmutz von Jahrzehnten. Viele seiner Appelle blieben vergeblich, weil die billigere und technisch raffiniertere Fabrikorgel eben doch lockte. Unzählige Briefe hat Schweitzer seiner knappen Zeit abgerungen, um alte Orgeln zu retten. Manchmal hatte er Erfolg. So wurde die Silbermann-Orgel zu St. Thomas in Straßburg erhalten. Doch machte er sich durch seine Hartnäckigkeit auch Orgelbauer und Organisten zu Feinden.

Nach und nach fand sein Anliegen jedoch Gehör. Es gab Menschen, die seine Meinung teilten und mit ihm zusammen für eine Reform des Orgelbaus eintraten. Auf dem Kongreß der Internationalen Musikgesellschaft im Mai 1909 in Wien wurde schließlich eine Sektion für Orgelbau gegründet. Schweitzer konnte bei dieser Tagung etwas Besonderes vorweisen: Er hatte Fragebögen über Probleme beim Orgelbau an die meisten Organisten und Orgelbauer verschickt, und zwar in deutsche und romanische Länder. Es ist kaum zu fassen, wie er neben allen anderen Aufgaben noch diese organisatorische Riesenarbeit leistete!

Die Antworten auf die Umfrage bildeten die Grundlage eines „Internationalen Regulativs für Orgelbau". In Tag- und Nachtarbeit, nach heftigen Diskussionen der Mitglieder, gegenseitigen Anfeindungen und Bekenntnissen, kam es schließlich doch einstimmig zur Fassung des Regulativs, das jedem Orgelbauer eine Richtschnur in die Hand gab, wie die ideale Orgel gebaut sein müsse. Die Schrift erschien 1909 in deutscher, französischer und englischer Sprache, 1914 auf italienisch. Sie wurde den entsprechenden Behörden, Orgelbauern und maßgeblichen Sachverständigen zugestellt.

Schweitzers Ideen hatten einen Sieg errungen. Alle späteren Orgelbewegungen griffen auf das Regulativ zurück, und noch heute akzeptieren Fachleute den Grundgedanken, obgleich im Technischen jetzt manches anders zu beurteilen ist.

Die Entscheidung

Ein erfülltes, fast überfülltes Leben! Und doch beschäftigte Schweitzer Anfang des Jahrhunderts im Innersten etwas ganz anderes. Der Plan, spätestens vom dreißigsten Lebensjahr an den Menschen auch praktisch zu dienen, sollte kein Traum bleiben. Er drängte jetzt zur Erfüllung, auch als Konsequenz der theologischen Studien. Er wollte nicht nur im Wort verkünden, daß man in der Nachfolge Jesu leben müsse, sondern es in die Tat umsetzen.

Zwar hatte er in den vergangenen Jahren immer wieder versucht, Menschen praktische Hilfe zu leisten. Als Student trat er der Vereinigung „Diaconat Thomana" bei, deren Mitglieder einmal in der Woche arme Familien besuchten, sich über deren Notlage informierten, Hilfsmöglichkeiten erdachten und finanzielle Unterstützung brachten. Die Mittel dazu mußten bei reichen Gönnern erbettelt werden, was Albert Schweitzer als qualvoll empfand. Er war schüchtern und fand bei den Bittgängen selten den richtigen Ton. Auch konnte er Zurückweisungen schwer ertragen. Doch nach und nach lernte er, mit Freundlichkeit und Takt um etwas zu bitten und eine Abfuhr mit Würde hinzunehmen. Es war eine nützliche Lehrzeit und bereitete ihn auf spätere Bittaktionen für Lambarene vor.

Während der Amtszeit in St. Thomas beteiligte sich Schweitzer an einer Aktion des Pfarrers August Ernst, der in der Mittagszeit täglich Sprechstunden für Vagabunden und entlassene Strafgefangene hielt, die dort Gehör und Hilfe fanden. Die nüchterne Seite in Schweitzer bewog ihn, mit dem Fahrrad durch die Stadt zu fahren und in den Wohnungen der Bittenden festzustellen, ob wirklich eine Notlage bestand. Wenn sich das erwies, setzte er sich bedingungslos für eine Hilfe ein. Um die Mittel dafür mußte wieder „gebettelt" werden.

Doch all diese sozialen Tätigkeiten schienen ihm nur Tropfen auf den heißen Stein zu sein. Er wollte im Großen helfen, und zwar selbständig, ohne den Regeln einer Organisation verpflichtet zu sein.

An einem Herbsttag im Jahre 1904 fand Schweitzer unter der Post auf seinem Schreibtisch ein grünes Heft – die Nachrichten einer französischen Missionsgesellschaft. Ähnliche Hefte hatte sein Vater auch erhalten, und Albert wurde an dessen Missionsgottesdienste erinnert, die ihn als Kind so bewegt hatten. Er blätterte das Heft durch und las sich an einem Artikel fest: *Les besoins de la Mission du Congo* („Was der Kongomission not tut."). Darin wurde beklagt, daß es der Mission in Gabun, im nördlichen Kongo, dringend an Helfern fehle. „Menschen, die auf den Wink des Meisters einfach mit: Herr, ich mache mich auf den Weg, antworten, dieser bedarf die Kirche!"

Das schlug bei Schweitzer wie ein Blitz ein. Auf den Wink des Meisters achten, in der Nachfolge Jesu handeln – hier war das endlich möglich! Ein tiefes Aufatmen und die Gewißheit: „Das Suchen hat ein Ende!"

Natürlich durchdachte Schweitzer die Angelegenheit noch längere Zeit gründlich. Doch ließ ihn der Gedanke nicht mehr los, daß er nun endlich gefunden hatte, was seinem Leben endgültig Sinn geben würde. Ein Plan reifte. Zuerst stand wohl der Wunsch, als Missionar zu dienen, im Vordergrund. Doch Schweitzers Sinn für das Praktische ließ ihn erkennen, daß die soziale und gesundheitliche Hilfe in dem unterentwickelten Land sicher ebenso nötig sei wie die seelische. Er entschloß sich, ein paar Semester Medizin zu studieren, um Elementarkenntnisse auf diesem Gebiet zu erwerben. Anfänglich dachte er sicher nicht daran, daß er in Gabun in erster Linie als Arzt tätig sein würde.

Ein dreiviertel Jahr lang trug Schweitzer diese Pläne mit sich herum, ohne jemandem davon zu erzählen. In seinen Selbstzeugnissen ist zu lesen, nur einem „treuen Kameraden" habe er seine Pläne anvertraut. Es war Helene Breßlau, seine spätere Frau.

Am 13. Oktober 1905 war er wieder einmal in Paris. Entschlossen setzte er sich ein paar Stunden an den Tisch, schrieb und warf endlich einen Berg von Briefen in den Postkasten in der Avenue de la Grande Armée – sicher nicht leichten Herzens. Er teilte der Familie und den Freunden mit, daß er seine Stellung als Leiter des theologischen Studienstiftes zu St. Thomas gekündigt habe und vom Wintersemester an Medizin studieren werde, um später in Gabun in Afrika als Missionar und Arzt zu arbeiten. Sein bis jetzt so glückliches und erfolgreiches Leben verpflichte ihn, Menschen, die im Elend lebten, zu helfen. Diese Möglichkeit bestünde in der unterentwickelten Zone am Äquator.

Ein Sturm der Verwunderung, des Erstaunens, des Unglaubens bis zum Entsetzen hin brach los. Besonders die Familie war erschüttert und verstört, daß der Sohn und Bruder seine großartige Karriere als Theologe, Wissenschaftler und Musiker für eine ungewisse Zukunft opfern wollte. Die Mutter war verzweifelt und hat die Enttäuschung nie ganz verwinden können. Beschwörende Briefe kamen, Gespräche wurden geführt, die Albert umstimmen sollten, doch sein „Elsässer Dickkopf" hielt

stand. Denn es war kein unbedachter Entschluß aus Abenteuerlust und Sentimentalität. Später schrieb er: „In meinem Fall hielt
ich das Wagnis für berechtigt, weil ich es mir lange und nach allen
Seiten überlegt hatte und mir zutraute, Gesundheit, ruhige Nerven, Energie, praktischen Sinn, Zähigkeit, Besonnenheit, Bedürf-
nislosigkeit und was sonst noch zur Wanderung auf dem Wege
der Idee notwendig sein konnte, zu besitzen und darüber hinaus
noch mit der zum Ertragen eines etwaigen Mißlingens des Planes
erforderlichen Gemütsart ausgerüstet zu sein."

Wie richtig er sich selbst eingeschätzt hat, sollte sich erweisen.
Doch erst einmal war es nicht leicht, die gesammelte Mißbilli-
gung von Familie und Freunden zu ertragen. Besonders der verehrte Charles Widor, der Albert wie einen Sohn liebte, zeigte sein
Entsetzen. Er sah für Schweitzer eine bedeutende Organisten-
laufbahn voraus und beschwor ihn, diese nicht zu gefährden. Er
meinte, Schweitzer werde sich unter seinem Wert verkaufen wie
ein General, der sich als einfacher Soldat mit der Flinte in den
Schützengraben lege.

Manche Menschen hielten Schweitzer für anmaßend, glaubten, er würde aus Unkenntnis der Verhältnisse in Afrika scheitern, während er hier in Europa mit Vorträgen und Predigten viel
mehr für die unterentwickelten Länder tun könne. Andere hielten ihn für ehrgeizig und nahmen an, er wolle mit einer spekta-
kulären Tat Aufsehen erregen. „Überhaupt, wieviel habe ich
damals darunter gelitten, daß so viele Menschen sich das Recht
nehmen wollten, alle Türen und Läden zu meinem Inneren auf-
zureißen." Gerade das aber machte ihn fester, denn er merkte,
daß die meisten gar nicht verstanden, worum es ihm ging. Es ging
ihm auch um sich selbst. Er wollte nicht im Berufsleben versau-
ern, wollte „sein Menschenleben neben dem Berufsleben retten".
Die Aufgabe, die er sich jetzt stellte, sollte ihn diesem Ziel näher
bringen. Er schrieb: „Je mehr ich über das Elend in Afrika nach-
dachte, desto unbegreiflicher kam es mir vor, daß wir Europäer
uns um die große humanitäre Aufgabe, die sich uns in der Ferne
stellt, so wenig bekümmern. Das Gleichnis vom reichen Mann
und armen Lazarus schien auf uns geredet zu sein. Wir sind der
reiche Mann, weil wir durch die Fortschritte in der Medizin im
Besitz vieler Kenntnisse und Mittel gegen Krankheiten und
Schmerz sind."

Elly Heuss-Knapp schrieb später: „Der bedeutendste, das war uns immer klar, war Albert Schweitzer, der Theologe, Philosoph, Bachbiograph und Orgelspieler. Plötzlich überraschte er uns mit der Mitteilung, er werde umsatteln und Medizin studieren, um im Urwald den Negern zu helfen. Er hat uns seine Gründe wohl gesagt, aber verstanden haben wir ihn nicht ganz... Wir ahnten indes, daß es Berufung im höchsten Sinne war, gegen die es keine Einwendungen gibt... Heute ist mir unverständlich, wie wenig wir ihn bewunderten."

Doch es gab einen Menschen, der Albert Schweitzer verstand, der die Idee ohne Zweifel akzeptierte und sich sogar dazu entschloß, den Weg mit ihm zu gehen: Helene Breßlau. Sie war zur guten Freundin und hilfsbereiten Kameradin geworden. Schon seit längerem hatte sie dem Wissenschaftler bei seinen Manuskripten geholfen. Schweitzers Vorhaben war ganz in ihrem Sinne, hatte sie selbst doch das dringende Bedürfnis, etwas gegen die Not in der Welt zu tun. Wie ihre Freundin Elly Knapp wirkte sie als städtische Sozialfürsorgerin in Straßburg. Sie wurde von ihren Vorgesetzten wegen ihres unermüdlichen Einsatzes und des Takts in heiklen Situationen hoch geschätzt, zum Beispiel wenn sie Eltern klarmachen mußte, daß ihr Kind eine fürsorgerische Aufsicht nötig hatte. Sie kümmerte sich besonders um ledige Mütter, die damals von der Gesellschaft verachtet und sozial kaum versorgt waren. Helene Breßlau setzte sich für die Gründung eines Heimes für diese Frauen und ihre Kinder ein. Von 1905 an arbeitete sie als Waisenhausinspektorin.

Amüsiert notierte Schweitzer später, daß manche Leute Liebeskummer als Grund für seine „Flucht nach Afrika" vermutet hatten. Im Gegenteil hat die Liebe zu Helene ihn wohl eher bestärkt. Sie entschloß sich wie Albert, die eigene Karriere zu opfern, Krankenpflege zu lernen und mit ihm zusammen in den Urwald zu ziehen.

SCHWEITZERS Immatrikulation an der medizinischen Fakultät brachte neue Schwierigkeiten. Der Dekan erklärte seine Verwunderung über den Entschluß, und Albert vermutete, der Fachvorsitzende hätte ihn lieber in eine psychiatrische Klinik eingewiesen als zum Studium zugelassen. Eigentlich war es nicht möglich, daß er als Angehöriger des Lehrkörpers der Universität

Oben: Albert Schweitzer während seiner Straßburger Studentenzeit

Oben rechts: St. Nicolai in Straßburg, wo Schweitzer als Vikar angestellt war

Rechts: Als junger Pastor an der Orgel seiner Kirche

Unten: Heirat mit Helene Bresslau in Günsbach. Sie hat sich bereit erklärt, mit nach Afrika zu gehen.

gleichzeitig als regulärer Student Kollegs hörte. Als Gasthörer aber wurde er nicht zu Prüfungen zugelassen. Auf Bitten des Professorenkollegiums gab ihm die Regierung schließlich eine Sondererlaubnis, die theologische Lehrtätigkeit weiter auszuüben, gleichzeitig Medizin zu studieren und die Prüfungen zu absolvieren.

Lehrtätigkeit, Predigeramt, Orgelspiel und wissenschaftliche Arbeiten wollte Schweitzer auf keinen Fall aufgeben. Aber konnte er das alles bewältigen? Sein Gang zum ersten Anatomiekolleg im dichten Nebel schien ihm symbolisch für seinen Zustand zu sein. Das erste Mal wohl war er jetzt nicht sicher, ob er das, was er sich vorgenommen hatte, schaffen würde. Denn keine seiner Tätigkeiten sollte nur halbherzig geleistet werden.

Fast an jedem Sonntag hielt er in der Kirche Gottesdienst ab. Die Predigten entwarf er oft in der Eisenbahn bei der Rückfahrt von Paris, wo er die Konzerte der Pariser Bach-Gesellschaft auf der Orgel begleitete. Er brauchte allerdings jeweils nur noch bei deren letzten Probe dabeizusein und fuhr sofort nach dem Konzert wieder nach Straßburg zurück, im Zuge schon mit einer seiner anderen Aufgaben beschäftigt und „im Kampf mit der Müdigkeit".

Als Organist war er nun bekannt und gesucht. Man lud ihn ein, bei der Bach-Aufführung des *Orféo Catalá* in Barcelona zu spielen. Zu diesem Zweck brauchte er einen Gehrock, den er aber nicht in einem teuren Modegeschäft in Paris anfertigen ließ, sondern bei dem einfachen Schneider in Günsbach in Auftrag gab. Ein halbes Jahrhundert später schrieb er über das Gespräch mit dem Schneider: „‚Du mußt mir einen Gehrock machen, denn ich muß vor dem König in Spanien spielen!' Er (der Schneider) fiel aus allen Wolken. ‚Du meinst im Ernst, Albert, ich muß den Gehrock machen, in dem du vor einem König spielen willst?' Dann sagte er mit sorgenvollem Gesicht: ‚Ich will mein möglichstes tun.' Es wurde ein wirklich schöner Gehrock; solide war er gemacht, und ich habe ihn immer zu allen großen Gelegenheiten getragen... Ich trug ihn, als ich Theodor Heuss (mit Elly Knapp) 1908 in St. Nicolai in Straßburg traute ... als ich den Goethe-Preis bekam, als ich den Nobelpreis erhielt und als die Königin von England mir einen Orden verlieh. Und Theodor Heuss sagte, als er ihn das letzte Mal sah: ‚Schau mal, Albert, du siehst wirklich elegant aus. Du mußt in Günsbach einen sehr guten Schneider haben.'" Wenn Schweitzer gefragt wurde, ob er denn immer noch denselben Gehrock trage, strahlte er über das ganze Gesicht und sagte: „Natürlich, das Ding taugt noch für zweihundert Jahre."

Das Geld, das Schweitzer bei Konzerten verdiente, brauchte er dringend, weil ihm nun das Gehalt des Direktors des theologischen Studienstiftes fehlte. Auch mußte er die Wohnung im Thomasstift für den neuen Direktor räumen. Das fiel ihm sehr schwer, denn er liebte das Zimmer und den Ausblick auf den Garten mit den großen Bäumen. Eine entsprechende andere Wohnung konnte er sich nicht leisten. Hilfe kam vom Präsidenten der lutherischen Kirche im Elsaß, Friedrich Curtius. Er bot Schweitzer an, im Thomaskapitel, wo er selber wohnte, vier kleine Zimmer im Giebelgeschoß zu beziehen. Im Hause von Curtius, dem Sohn des bekannten Berliner Altertumsforschers, wurde Albert herzlich aufgenommen.

Erst nachdem Schweitzer die Arbeit als Stiftsdirektor nicht mehr leisten mußte und die Leben-Jesu-Forschung vorläufig abgeschlossen war, hatte er vom Frühjahr 1906 an genügend Zeit für das Medizinstudium. Die Naturwissenschaften faszinierten ihn. Er erkannte, daß er sich bis jetzt fast ausschließlich mit Theorien beschäftigt hatte, und war froh, nun „den Boden der Wirklichkeit" unter die Füße zu bekommen. Er genoß es, mit Menschen zusammenzusein, die jede Behauptung durch Tatsachen bewiesen haben wollten, und fand, daß ein Teil seines Wesens bisher zu kurz gekommen war. Und doch sosehr ihn der Umgang mit dem „Feststellbar-Wirklichen" packte, war er fest überzeugt, daß daneben philosophisches Denken und Einbildungskraft nötig waren, um echte Erkenntnisse zu erringen.

Obgleich ihn die Naturwissenschaften brennend interessierten, fiel ihm das Studium nicht leicht. Das Gedächtnis des über Dreißigjährigen war nicht mehr so gut wie das eines jungen Studenten. Die Energie, die bei ihm nie alterte, mußte den Ausgleich bringen.

Er vergrub sich in die ihm für sein Vorhaben wichtig erscheinenden Fächer und merkte erst recht spät, daß er versäumt hatte, sich gezielt auf die Prüfungen vorzubereiten. Nun mußte er einem „Paukverband" beitreten, einer Gruppe von Studenten, die bekannte Professorenfragen und deren Antworten schematisch auswendig lernten. Das war für den erfahrenen Wissenschaftler sicher quälend und demütigend, aber für sein Ziel unvermeidbar. Dank dieser Vorbereitungen glückten die Prüfungen zum Physikum reibungslos.

Die Erschöpfung war groß. Doch die klinischen Semester empfand er als weniger anstrengend. Hier ging es darum, praktische Erfahrungen zu sammeln und Zusammenhänge zu begreifen. Das war für ihn befriedigender als das Auswendiglernen von naturwissenschaftlichen Fakten.

Nachdem das Bach-Buch erschienen war und sofort großen Erfolg hatte, besserten sich Schweitzers finanzielle Verhältnisse. Damit gab es für ihn eine Sorge weniger.

Bald nachdem er das klinische Studium begonnen hatte, wurde ihm klar, daß ein kurzes „Hineinriechen" in die Medizin ihm nichts bringen würde. Wie stets sträubte sich sein ganzes Wesen gegen Halbwissen. Er wollte sich gründlich mit der Materie beschäftigen, um als kenntnisreicher Arzt wirken zu können.

Dieser Entschluß verhalf ihm auch endlich zu der Zusage der Pariser Missionsgesellschaft. Sie bestand aus strenggläubigen Pietisten, die die freisinnige Richtung des Protestantismus ablehnten, die Albert Schweitzer und sein Vater vertraten. Der „Allgemeine Evangelische Missionsverein" in der Schweiz hätte seine Bewerbung sofort angenommen, um ihn in anderen notleidenden Gebieten der Welt einzusetzen. Doch Schweitzer hatte sich nun einmal Gabun in den Kopf gesetzt. Das Erlebnis der blitzartigen Eingebung hatte eine fast magische Abhängigkeit von diesem speziellen Plan bewirkt. Dabei wollten ihn die Leiter der Pariser Missionsgesellschaften nicht, denn er habe „die rechte christliche Liebe, nicht aber auch den rechten Glauben". Der Missionsdirektor Boegner, der Schweitzer schätzte, war deshalb sehr erleichtert, als dieser erklärte, er wolle „nur als Arzt" nach Gabun reisen. Das war nicht ganz ehrlich, denn auch diese Arbeit betrachtete er als Dienst in der Nachfolge Christi und war entschlossen, sich nicht nur um die Körper seiner Patienten zu kümmern.

In seinen Predigten beschäftigte er sich jetzt oft mit den Ideen, die ihn so sehr bewegten. Er prangerte die Völker an, die in den Kolonialländern nur das Interesse hätten, „etwas aus

45

dem Lande ziehen zu können", und rief die Europäer auf, den unterentwickelten Menschen zu helfen, statt sie auszunutzen. Die teuren Gebühren zum Examen verdiente Schweitzer bei einem französischen Musikfest in München, wo er unter Widors Leitung den Orgelpart von dessen *Symphonia Sacra* spielte.

Im Dezember 1911 bestand er das medizinische Staatsexamen im Gesamtergebnis mit „sehr gut". Die letzte Prüfung war in Chirurgie. Der Prüfer, Professor Madelung, trat danach zusammen mit Schweitzer in den dunklen Winterabend hinaus und sagte bewundernd: „Nur weil Sie so eine gute Gesundheit haben, haben Sie so etwas fertigbringen können!"

Der Kandidat hörte kaum hin. Ihm wurde schwindelig vor Glück, doch auch vor Erschöpfung.

Vorbereitung auf Afrika

Um die Zulassung als Arzt zu erhalten, mußte Schweitzer noch ein praktisches Jahr absolvieren. Die Arbeit in den Kliniken war etwas völlig Neues, das ihn am Tage ganz forderte. Doch auch die Wissenschaft ließ ihn nicht ruhen. So viel, was ihn bewegte, wollte er noch vor seiner Abreise niederschreiben. Wieder mußten die Nächte dazu herhalten. In der Theologie arbeitete er in dieser Zeit an einer Geschichte der Apostel-Paulus-Forschung.

Die Doppelrolle des Lernenden und Lehrenden gab der wissenschaftlichen Arbeit neue Impulse. Auch die medizinische Doktorarbeit, die er nun in Angriff nahm, entstand aus einer Symbiose beider Fachrichtungen.

Im Frühjahr 1912 gab Schweitzer seine Lehrtätigkeit an der Universität und sein Predigeramt auf. Beides fiel ihm sehr schwer. Die letzte Predigt in St. Nicolai hielt er über den Segensspruch des Apostels Paulus im Brief an die Philipper: „Der Friede Gottes, welcher höher ist denn alle Vernunft, bewahre eure Herzen und Sinne in Christo Jesu."

Ein Segen, den er wohl auch für sich selber erflehte.

Daß er keinen Kontakt mehr mit seinen Hörern und der Gemeinde hatte, war ihm so schmerzlich, daß er es von nun an vermied, an Kirche und Universität vorbeizugehen.

46

In der praktischen Medizin versuchte er jetzt möglichst viel von dem zu lernen, was er in Afrika brauchen würde, besonders in der Chirurgie und in der Tropenmedizin. Letztere studierte er im Frühjahr 1912 in Paris.

Er hatte nun auch ganz konkrete Vorstellungen, wohin er in Gabun gehen wollte. Ende 1911 war er bei medizinischen Lehrgängen einer jungen Missionarin, Frau Morel, begegnet, die mit ihrem Mann zusammen seit 1908 in Lambarene eine Missionsstation führte. Bei diesem Europaurlaub wollte sie die Zeit nutzen, um mehr medizinische Kenntnisse zu erwerben, die in jener unterentwickelten zentraläquatorialen Gegend dringend nötig waren. Sie war sich aber darüber klar, daß das Wissen, das sie erlangen konnte, bei weitem nicht ausreichen würde; deshalb war sie erfreut zu hören, daß Schweitzer in Afrika als Arzt wirken wollte. Lambarene war 1876 von dem amerikanischen Missionar und Arzt Dr. Nassau als evangelische Mission gegründet worden. 1892 wurde Gabun französischer Besitz, und die Pariser Missionsgesellschaft übernahm die Mission. Ein ausgebildeter Arzt war dort nicht tätig. Lambarene schien also für Schweitzer genau das Richtige zu sein. Er teilte der Pariser Missionsgesellschaft seinen Plan mit, erhielt aber die Nachricht, dafür sei kein Geld vorhanden. So schlug er vor, auf eigene Kosten dort zu arbeiten. Ein schwerwiegender Entschluß!

Trotzdem war die Pariser Gesellschaft immer noch zurückhaltend. Die strenggläubigen Pietisten verlangten, Schweitzer solle erst ein „Glaubensexamen" über sich ergehen lassen, worauf er nicht einging. Seine Bemerkung, die Mission dürfe selbst einen Mohammedaner nicht ablehnen, wenn er sich erböte, die Kranken dort zu behandeln, hat ihm wahrscheinlich eher geschadet als genützt. In seiner Einstellung zu religiösen Fragen stand immer die Ethik der praktischen Nächstenliebe im Vordergrund.

Die Mitglieder der Missionsgesellschaft zögerten immer noch. Schweitzer schlug nun vor, jedem einzelnen einen persönlichen Besuch abzustatten. Das wurde schließlich akzeptiert. Manche der Herren empfingen ihn kalt, hörten sich an, was er zu sagen hatte, nahmen aber keine Stellung dazu. Andere sagten offen, sie hätten Angst, er würde schließlich doch als Prediger auftreten und „den falschen Glauben" verbreiten. Schweitzer erklärte energisch, er wolle nur als Arzt tätig, sonst aber „stumm wie ein

Karpfen" sein. Nach vielem Hin und Her erhielt er endlich die Erlaubnis. Allerdings erklärten daraufhin einige ihren Austritt aus der Kommission.

Er atmete auf. Aber daß er nun „grünes Licht" bekommen hatte, bedeutete keineswegs, daß nun alles leicht war. Geld mußte gesammelt werden, möglichst viel Geld!

Er ging wieder einmal „betteln", wurde oft als Phantast belächelt und vor die Tür geschoben. Andere meinten, er sei ein Theoretiker und sicher nicht fähig, in Afrika etwas Brauchbares auf die Beine zu stellen. Doch viele spendeten reichlich, besonders die deutschen Professoren. Zusätzlich verdiente Schweitzer noch Geld mit Konzerten und Bach-Vorträgen. Wenn man sich klarmacht, daß das alles neben den wissenschaftlichen und praktischen klinischen Arbeiten herlief, scheint einem die physische und psychische Leistung ungeheuer. Man kann verstehen, daß viele Zeitgenossen glaubten, bei einem solchen Pensum müsse er bald ausgebrannt sein.

Außer der Paulus-Forschung und der Überarbeitung des Buches über die Leben-Jesu-Forschung für die zweite Auflage schrieb er nun noch mit Widor zusammen an einem Werk über die Aufführungen der Bachschen Orgelwerke, wohl um die bittere Enttäuschung des alten Freundes über seinen Entschluß, nach Afrika zu gehen, etwas zu mildern.

Die praktischen Vorbereitungen auf Afrika forderten ebenfalls Zeit und Mühe. Listen wurden aufgestellt, was im Hospital und im persönlichen Haushalt nötig war, Kataloge studiert, Waren ausgesucht. Schweitzer mußte sich orientieren, welche Instrumente, Verbandstoffe und Medikamente im Urwald geeignet und notwendig waren. Schließlich mußte das Erworbene in Kisten gepackt, mußten neue Listen für den Zoll geschrieben werden – eine riesige Arbeitsleistung. Es war nur zu schaffen, weil es Menschen gab, die ihm dabei halfen, zum Beispiel Anni Fischer, die junge Witwe eines Chirurgieprofessors in Straßburg, die später, als Schweitzer in Afrika war, in Europa viele Arbeiten für Schweitzer übernahm.

Natürlich half vor allem Alberts Braut Helene Breßlau. Sie hatte in Frankfurt und Stettin bei den Diakonissen eine Krankenschwesterausbildung absolviert und wußte nun, was für die Krankenpflege in einem Hospital benötigt wurde.

AM 18. JUNI 1912 heirateten Helene und Albert Schweitzer in Günsbach. Im Garten blühten üppig die Pfingstrosen, und die Dorfkinder schleppten immer neue bunte Sträuße herbei zu Alberts Leidwesen, denn er fand, den Blumen würde das Leben unnötig verkürzt. Die Wohnung in Straßburg wurde aufgegeben; Albert und Helene zogen für die letzten Monate vor der Abreise ins Günsbacher Pfarrhaus. Die dort lebenden Neffen und Nichten waren glücklich, den geliebten „Onkel Bery" noch eine Zeitlang bei sich zu haben. Das romantische Vorhaben des Onkels, nach Afrika zu gehen und kranken Schwarzen zu helfen, begeisterte sie mehr als die Erwachsenen. Albert erzählte davon, wenn er mit ihnen durch die Landschaft streifte. Die Nichte Susanne Owalds schrieb später: „Er lehrte uns die Schnecke vom Weg nehmen und sie ins Gras setzen, damit sie nicht zertreten werde, den Wurm vom harten Asphalt der Straße, auf dem er verdurstet und verdorrt wäre, auf weiche Erde tragen. Es schmerzte ihn, wenn man Blumen pflückte – wir taten es nicht, aber es fiel mir schwer." Wie klar sind hier schon die Wurzeln für sein späteres großes philosophisches Werk erkennbar!

Doch es blieb nicht viel Zeit zum Spazierengehen. Neben dem Packen und Organisieren waren die wissenschaftlichen Arbeiten möglichst zu beenden, was nicht ganz gelang. Abgeschlossen wurden die Dissertation und die erweiterte Fassung des Leben-Jesu-Buches. Schwer rang er um die Herausgabe der Orgelwerke Bachs. Er mußte deshalb öfter nach Paris zu Widor fahren, manchmal kam Widor auch nach Günsbach.

Schweitzer und Widor erklärten in ihrem Buch, wie die Werke auf Orgeln der Bach-Zeit aufgeführt wurden und wie man sie auf den modernen Orgeln, ohne ihren Stil wesentlich zu verfälschen, spielen konnte.

Bis zu Schweitzers Abreise schafften die beiden Musikwissenschaftler nur die ersten fünf Bände über die Sonaten, Konzerte, Präludien und Fugen. Es fehlten noch die drei Bände der Choralvorspiele.

Auf vielen Gebieten war Schweitzer nun als Wissenschaftler so anerkannt, daß er am 14. Dezember vom kaiserlichen deutschen Statthalter den Professorentitel verliehen bekam. Anfang 1913 promovierte der so Geehrte noch einmal: Das medizinische war sein drittes Doktordiplom.

WIEDER einmal stellte die Bürokratie Schweitzer ein Bein; das Pariser Kolonialministerium wollte ihm nicht die Erlaubnis geben, in Gabun zu arbeiten, weil er sein medizinisches Staatsexamen in Deutschland absolviert hatte und kein französisches Doktordiplom besaß. Einflußreiche Pariser Freunde beseitigten auch diese Hürde. Nun konnten siebzig Kisten zugeschraubt und als Fracht nach Bordeaux geschickt werden.

Durch die Bittgänge, die Konzerte und die Vorträge hatte Schweitzer etwa 30 000 Franken zusammengebracht, was ihm die Garantie gab, ungefähr zwei Jahre lang arbeiten zu können. Für die Reise nahm er 2000 Franken in Gold mit. Helene war entsetzt darüber und fürchtete, daß man sie bestehlen könne. Sie meinte, Papiergeld wäre leichter zu verstecken. Doch Albert erklärte, Gold behielte immer seinen Wert, auch im Kriegsfalle, das Papiergeld würde dann wertlos, und Bankguthaben könnten gesperrt werden. Die politischen Spannungen in Europa ließen ihn mit Sorge an eine Kriegsgefahr denken. Ein Indiz dafür schien ihm zu sein, daß Frankreich und Deutschland Gold aus dem Verkehr zogen und statt dessen Scheine ausgaben.

Am Karfreitag 1913 nahmen sie Abschied. Günsbach lag im strahlenden Sonnenschein, und die Glocken läuteten zum Gottesdienst, als sie am Waldrand den Zug herandampfen sahen. Die unterschiedlichsten Gefühle müssen Albert und Helene Schweitzer bewegt haben: Freude, daß sie das erstrebte Ziel erreicht hatten, Abschiedsschmerz, Abenteuerlust, Ungewißheit, ob das Werk, das sie sich vorgenommen hatten, auch zu leisten war. Es gab Umarmungen, Küsse, Tränen, bevor sie ins Abteil stiegen. Der Zug setzte sich in Bewegung. Der heimatliche Kirchturm verschwand bald hinter einer Biegung, die geliebte Landschaft mit ihren Feldern und Wäldern glitt vorbei, auch Straßburg, auch das Münster.

In Paris wurde haltgemacht. Wieder galt es Abschied zu nehmen von Verwandten und Freunden. Am Ostersonntag konnten sie noch einmal Widor beim Orgelspiel in St. Sulpice hören. Sicher wird Albert Schweitzer dabei das Herz schwer gewesen sein. Doch es überwog die Freude auf das Kommende. Ein gutes Omen schien zu sein, daß die Weiterfahrt nun durch eine strahlend sonnige Landschaft ging, die in österlicher Aufbruchstimmung war. Von Bordeaux aus mußten sie noch anderthalb

Stunden bis zum Hafen von Pauillac reisen, von wo aus die Kongodampfer abfuhren. Neue Schwierigkeiten mit den Behörden wurden im Sturm genommen: Eigentlich war das Zollamt im Hafen geschlossen, aber Schweitzer fand und überredete einen verständnisvollen Beamten, der die Kisten ohne eine Kontrolle auslieferte. Am 26. März schifften sie sich ein.

Das Schiff hieß *Europe*. In der geräumigen Kabine, die weit vom Maschinenraum entfernt lag, fühlten sie sich wohl. Beim Mittagessen lernten sie die Offiziere und den Schiffsarzt kennen und auch die anderen Passagiere: einen Militärarzt, Kolonialbeamte und ihre Frauen, die nach ihrem Europaurlaub wieder zurückfuhren. Schweitzers waren die einzigen „Afrikaneulinge" und hörten etwas beklommen, doch neugierig den „Insidergesprächen" zu. Dieser erste Tag, noch im Hafen, war voller Spannung. Sie durchstöberten das Schiff und beobachteten, wie die Ladung an Bord genommen wurde. Auch war nun Zeit, sich genauer mit der Geschichte und dem Zustand des fremden Landes vertraut zu machen, in dem sie eine Heimat finden wollten.

Gabun liegt im westlichen Zentralafrika in der Nähe des Äquators am Meer. Im feuchtheißen Klima gibt es an der Küste Savannen und Mangrovenwälder, im Inneren tropischen Regenwald mit vielfältiger Flora und Fauna. Ende des 15. Jahrhunderts wurde das Land von den Portugiesen entdeckt. Sie „kauften" mit Rum, Stoffen, Glasperlen, Tabak, Gewehren und Salz Sklaven ein, die mit Ketten aneinandergeschmiedet verschleppt und hauptsächlich nach Brasilien und Kuba verkauft wurden. Bereits im 16. Jahrhundert siedelten an der Küste katholische Missionare. Die Kirche trieb hier nicht nur Seelsorge, sondern wollte gleichzeitig den eigenen Reichtum mehren. Jesuiten gründeten große Plantagen, die sie auch mit Sklaven bewirtschafteten. Doch 1839 errichtete der französische Kapitän Bouet-Willaumez in der Bucht von Gabun einen Stützpunkt zur Bekämpfung des Sklavenhandels, und 1848 gründeten Franzosen und Engländer „Libreville", wie der Name andeutet, eine Siedlung für befreite Sklaven. Aber wieder waren die Motive nicht ganz uneigennützig, denn von diesem Stützpunkt aus wurde Kolonialgebiet erobert. Schweitzer meinte allerdings, hier eines der wenigen Argumente zugunsten der Kolonisation zu entdecken: Die

Kämpfe zwischen den einheimischen Stämmen, den Bantus, den Pygmäen und den Kannibalen aus dem Inneren, in welchen sie sich gegenseitig blutig aufrieben, wurden dadurch eingeschränkt. Doch das Hauptziel der Kolonisation war, das Land auszubeuten. Plantagen wurden von den Europäern gegründet, Händler kamen ins Land, erwarben Elfenbein, Gummi und Edelhölzer, Holzfällerlager entstanden. Für die Eingeborenen bedeutete das geringe Fortschritte in der Zivilisation, aber immer noch Sklaverei, neue unbekannte Krankheiten, die eingeschleppt wurden, und die Geißeln Alkohol und Schießpulver.

Jetzt, 1913, waren die Quellen von Elfenbein und Gummi durch rigorose Jagd und Raubbau fast versiegt, der Holzhandel aber im Aufblühen. Seit Ende des Jahrhunderts gab es Kakao- und Kaffeepflanzungen und die Ernte von Palmkernen.

Lambarene, wo die Schweitzers ihr Hospital errichten wollten, liegt an einem Parallelfluß des Kongo, dem Ogowe, der sich in den letzten 200 km in viele Arme verzweigt, die bei Kap Lopez in den Atlantischen Ozean fließen. Bei Lambarene ist der Ogowe nicht mehr für größere Flußdampfer schiffbar, sondern nur für spezielle Schraubendampfer. Am besten geeignet sind die Kanus der Eingeborenen.

Die ersten protestantischen Missionare am Ogowefluß waren Amerikaner gewesen, die 1892, als Gabun französischer Besitz wurde, ihre Stützpunkte der Pariser Missionsgesellschaft übergeben mußten, weil sie keinen französischen Schulunterricht halten konnten. Für Europäer war das Leben in dem ungewohnten Tropenklima hart. Es gehörte viel Willenskraft dazu, in der feuchten Wärme nicht zu erschlaffen und sich dem Alkohol zu ergeben. Die Missionare hatten neben dem Schulunterricht und dem Gottesdienst schwere soziale Probleme zu lösen und wurden auch in der Heilkunde immer wieder gefordert, meist überfordert. Die Regierungsärzte in der Kolonie waren hauptsächlich für die weißen Kolonisten und Truppen bestimmt. Die Schwarzen wurden im wesentlichen den Medizinmännern in den Dörfern mit ihren dort oft barbarischen „Heil"-Methoden überlassen. Die Missionare versuchten einzugreifen, scheiterten aber oft, weil sie keine ausreichenden medizinischen Kenntnisse hatten. Da die Morels keinen Kaiserschnitt machen konnten, starb kurz vor Schweitzers Ankunft eine schwarze Schwangere. Wie erleichtert waren sie nun, daß ihnen bald ein ausgebildeter Arzt zur Seite stehen würde.

Am Beginn der Seereise war der Himmel bewölkt, das Meer grau, und bald darauf befanden sich die Schweitzers mitten in einem heftigen Sturm. Der Dampfer, der für den niedrigen Kongo flach gebaut sein mußte, bebte und schwankte. Die Koffer sausten in der Kabine herum, und man mußte aufpassen, nicht von herabfallenden Gepäckstücken getroffen zu werden. Es war ein Chaos, das erst der Steward milderte, indem er den Schweitzers zeigte, wie man die Koffer mit Stricken festband. Drei Tage lang dauerte das Unwetter. Einige der Passagiere wurden verletzt, und weil die Köche die Herde nicht anzünden konnten, gab es nur kalte Gerichte. Endlich, in der Nähe von Teneriffa, beruhigte sich das Wetter, der Sturm ließ nach, und die Wogenberge glätteten sich. Nun war es möglich, in den Deckstühlen zu sitzen und sich mit den anderen Mitreisenden zu unterhalten. Die Schweitzers versuchten möglichst viel von deren Tropenerfahrungen zu erkunden, und Albert befragte intensiv den Militärarzt, der ihm von Tropenkrankheiten berichtete und seine Kenntnisse über die einschlägigen Medizinen weitergab.

In Dakar, im Senegal, betraten sie das erste Mal afrikanischen Boden. In ihrer weißen Kleidung und den Tropenhelmen fühlten sie sich seltsam fremd und „feierlich". Wie fremd war auch dieser neue Kontinent mit seinen unbekannten Pflanzen, den dunklen, buntgekleideten Menschen, der Sonne, die in nie geahnter Glut auf sie herabbrannte! Die Füße wirbelten Staub auf, und der schwere, duft- und fäulnisgeschwängerte Geruch Afrikas hüllte sie wie ein Tuch ein. Doch die Freude an dieser fremden Welt wurde den Schweitzers rasch genommen, als sie die vielen verkommenen, elenden Tiere im Hafen sahen. Sie machten einen Spaziergang, wohl auch, um diesem traurigen Anblick zu entrinnen, stießen aber bald auf einen hochbeladenen Wagen, der in einem Straßenloch steckengeblieben war. Zwei Schwarze auf dem Bock schlugen unbarmherzig auf das elende Maultier ein, das die Last aus dem Loch ziehen sollte. Das war zuviel für Albert Schweitzer. Bis jetzt hatte er noch das Gefühl gehabt, sich in dieser fremden Welt nicht einmischen zu dürfen. Doch nun wallte der alte Jähzorn seiner Kinderzeit wieder auf. Er schrie die beiden Burschen an, die ihn kaum verstanden, zerrte sie vom Wagen und zwang sie, die schwere Fuhre mit ihm zusammen aus dem Loch zu schieben.

Vor der Weiterfahrt der *Europe* kamen schwarze Fahrgäste an Bord. Schweitzer betrachtete sie neugierig. So ähnlich würden seine zukünftigen Patienten aussehen. Manche der Männer und Frauen, die nun an Deck hockten und lagen, hätten dringend einen Arzt gebraucht. Die dünnen, elenden Gestalten hatten nicht viel Kleidung am Leibe, waren aber mit schweren Amuletten aus Metall behangen. Zum Schlafen stülpten sie sich Säcke über die Köpfe. Im klaren Wasser waren jetzt manchmal Haie zu sehen. Trotzdem tauchten in Küstennähe die Schwarzen mit großem Lärm, um die Haie zu vertreiben, nach von den Weißen ins Meer geworfenen Münzen. Nach und nach gingen in den verschiedenen Häfen die Regierungsbeamten von Bord. Der Hauptwunsch beim Abschiednehmen hieß stets: „Gute Gesundheit!" Schweitzer schrieb: „Das Wort ... hat unter diesem Himmel einen ernsten Klang."

Sie fuhren jetzt meist an der Küste entlang, die über große Strecken hin dicht bewaldet war. Die Gegend mit ihrer wunderbaren und geheimnisvollen Natur, in die Europäer und Amerikaner eingebrochen waren, aus der sie Schätze wie Elfenbein, Gold oder Pfeffer geraubt und Menschen als Sklaven gekauft und wieder verkauft hatten wie eine Ware, diese Welt hatte mehr Not, Angst und Unrecht erlebt als andere Länder. Hier wollten die Schweitzers Not lindern und Unrecht gutmachen.

Die Hitze und die Feuchtigkeit nahmen zu. Gewitter und Wirbelstürme machten den Reisenden zu schaffen. Helene litt unter dem schwankenden Schiff, dem Klima, an das sie noch nicht gewöhnt war, fühlte sich elend und konnte nachts nicht schlafen. Albert dagegen spürte keine Beschwerden. Er genoß das Abenteuer, die neuen Bilder, Geräusche und Gerüche und war hingerissen vom Zauber des nächtlichen Meeresleuchtens. Schon jetzt deutete sich an, daß die junge Frau dem mörderischen Klima nicht gewachsen war, daß alle Energie und Einsatzfreude nicht ausreichen würden, um auf Dauer an der Seite dieses psychisch und physisch starken Mannes wirken zu können. Es war die Tragik ihres Lebens.

Am 13. April landeten sie in Libreville und wurden dort von dem amerikanischen Missionar Ford mit Blumen und üppigen tropischen Früchten herzlich empfangen. Sie besuchten die Missionsstation Baraka und hatten danach noch acht Stunden Schiffsfahrt bis Kap Lopez zu überstehen. Die berüchtigten Zollformalitäten dort erlebten sie mit Herzklopfen, doch alles ging glatt. Nun verbrachten sie ihre letzte Nacht auf dem Schiff, eine unruhige Nacht, weil die Fracht entladen wurde und die erwartungsvolle Spannung sie nicht schlafen ließ.

Am nächsten Morgen nahmen sie Abschied von Schiff und Mannschaft, bekamen den Wunsch für „gute Gesundheit" mit auf den Weg und bestiegen den sehr flachen Flußdampfer *Alembe*. Früh um neun Uhr begann die Fahrt, weil man die höchste Flut ausnutzen mußte, um die Sandbänke an der Mündung des Ogowe zu überwinden.

Ankunft in Lambarene

Der schwarze Steuermann lenkte das Schiff geschickt an Sandbänken, treibenden Holzstämmen und Stromschnellen vorbei, nachdem sie in den Ogowe eingefahren waren. Hier entdeckten sie nun die Bilderbuchwelt der afrikanischen Landschaft.

„Es ist uns, als ob wir träumten!" schrieb Albert Schweitzer darüber.

Die vielen Flußarme liefen nebeneinander, trafen sich ab und zu in kleinen Teichen, auf denen struppige Inseln schwammen, und teilten sich wieder. An den Ufern zog sich wie ein dichtes Gewebe der Urwald hin: mächtige Bäume, Palmen und Papyrusstauden, von Lianen überwuchert, glühend bunte Blüten prunkten. Manchmal flatterten märchenhafte Vögel beim Nahen des Schiffes auf. Langbeinige Reiher blieben ungerührt am Ufer stehen, Pelikane segelten über dem Schiff, stießen auf die Wasserfläche herab und tauchten mit einem blitzenden Fisch im Schnabel auf. Affen schwangen sich durch das Gezweig der Bäume, begleiteten eine Weile das Schiff und stießen kreischende Schreie aus. Die runden graurosa Rücken der Nilpferde ragten aus dem flachen Fluß. Aus dem Innern des Urwalds klangen Vogellaute und heiseres Tiergebrüll. Es roch schlammig, süß und faulig, nach einer fruchtbaren, mörderischen, geheimnisvollen Welt.

Am Ufer tauchten Eingeborenendörfer auf, die meisten verlassen und verfallen. Ein Holzkaufmann erzählte, daran sei der Schnaps schuld. Die Bewohner seien zu Alkoholikern geworden und hätten nicht mehr ihre Felder bebaut, nicht mehr gejagt und gesammelt. Ganze Landstriche seien dadurch vom Urwald zurückerobert worden. Händler brächten ständig Alkohol ins Land, die Holzfäller in den Lagern versuchten damit ihr Heimweh zu bekämpfen und würden oft auch damit bezahlt. Durch den Schnaps nehme die Demoralisierung der Farbigen ständig zu, die für eine echte Sucht viel anfälliger seien als die Weißen. Allerdings seien in den Tropen auch die Europäer mehr gefährdet als zu Hause.

An einem der noch bewohnten Dörfer legten sie an und kauften Holz für die Feuerung des Dampfers. Gegen Mitternacht ankerten sie in einer Bucht und lauschten den Geräuschen, die aus dem nächtlichen Urwald herüberdrangen. Schon um fünf Uhr früh wurden wieder die Anker gelichtet. Am Nachmittag sahen sie endlich als weiße Pünktchen die Häuser von Lambarene vor sich. Der Dampfer tutete, um die Ankunft zu melden. Gegen vier Uhr kamen sie an die Flußabzweigung des Nebenarmes, der zur Missionsstation führte. Von hier aus mußten sie mit Kanus weiterfahren, und auch das Gepäck wurde in Boote umgeladen. Zwei der flachen, schmalen, ausgehöhlten Baumstämme kamen ihnen entgegen. In jedem Boot saß ein weißer Missionar, umgeben von einer Schar hübscher, lachender und singender schwarzer Jungen, die im Stehen ihre Paddel im Takt ins Wasser tauchten. In das wackelnde Kanu zu steigen war ungewohnt und etwas beängstigend. Doch als die Schweitzers saßen, genossen sie das Gleiten und Wiegen und sahen mit Freude, wie sie sich den von der untergehenden Sonne vergoldeten Häusern der Mission näherten.

In der kleinen Bucht wurden sie von übermütig winkenden schwarzen Kindern und ein paar Erwachsenen empfangen. Einige weiße Missionare waren darunter. Im Triumphzug geleitete man sie zu ihrem Haus, das etwa fünfzig Meter hoch auf einem Hügel stand. Es war aus Holz und einen halben Meter über der Erde auf Eisenpfählen errichtet, um Schlangen und anderem Getier das Eindringen zu erschweren. Das Dach war mit Bambusstäben und ziegelartig angeordneten Palmblättern gedeckt.

Eine Holzveranda lief rings um den Bau. Die Kinder der Schule hatten das Häuschen mit Palmblättern und Blumen festlich geschmückt. Innen gab es vier einfach möblierte Räume. Die Fenster waren mit dichten Drahtgittern versehen, um Insekten fernzuhalten, besonders die gefährliche Anophelesmücke, die Malaria überträgt, und die Tsetsefliege, die die Schlafkrankheit bringt.

Helene und Albert traten auf die Veranda. Fluß, Urwald und Berge lagen wie in Gold gebadet. Als die Glocke der kleinen Kirche zur Andacht läutete, war ihnen feierlich zumute. Ohne Dämmerung fiel gegen sechs Uhr die Nacht herein. Nach dem Abendessen gingen sie wieder auf die Veranda. Vor dem Häuschen standen Kinder mit bunten Papierlampions und sangen. Die schwarzen Gesichter konnte man im Dunkeln nicht erkennen, aber man hörte die hellen, heiteren Stimmen. Lachend liefen die Kleinen danach den Berg hinab. Nun ertönte eine andere Musik – das Zirpen zahlloser Grillen.

Trotz aller Müdigkeit fanden die Schweitzers nach diesem ereignisreichen Tag keinen Schlaf. In dem lange nicht benutzten Haus hatten sich unter dem Blätterdach Kakerlaken und riesige Spinnen eingenistet, die nun ihre nächtlichen Streifzüge im Schlafraum begannen. Schweitzer brachte es nur mit Gewissensqualen fertig, einige zu töten, viele fing er und setzte sie vor die Tür – eine mühsame Arbeit.

Am nächsten Morgen machten sie sich mit der neuen Umwelt vertraut. Helene versuchte einen Haushalt zu organisieren. Ratschläge dazu erhielt sie von den Missionarsfrauen. Wie schwierig war hier alles! Es gab keine Elektrizität, kein Gas, keine Wasserleitung. Das Wasser mußte aus dem Fluß geholt, gefiltert und abgekocht werden. Es gab keinen Kaufladen und keinen Kühlschrank, um Vorräte zu lagern. Verderbliche Lebensmittel hielten sich höchstens zwei Tage lang. Alle Vorräte mußten des vielen Ungeziefers wegen gut verschlossen aufbewahrt werden. Die nächste Faktorei zum Einkaufen war im Ort Lambarene. Mit einem Kanu und Ruderern brauchte man für den Hin- und Rückweg je eine Stunde. Es war nötig, daß Helene selber Gemüse anbaute, doch noch fehlte die Erfahrung, was hier wuchs und wie es zu ziehen war. Ein Boy, ein Koch und ein Wäscher waren ihre Hilfen. Es wurde Helene dringend geraten, bei ihnen sehr auf Hygiene zu achten und möglichst alle Lebensmittel abzuschließen, weil der Begriff „Eigentum" für die Schwarzen keine große Bedeutung hätte.

OBGLEICH die Missionare den Eingeborenen gesagt hatten, der neue Doktor könne erst in drei Wochen praktizieren, strömten die Kranken herbei. Durch die Urwald-Trommel-Telegrafie war auch in entferntere Gegenden die Nachricht gedrungen, daß der Arzt eingetroffen war. Schon am ersten Morgen war das Haus umlagert. Zu Schweitzers Enttäuschung war die Wellblechbaracke, die man ihm als Konsultationsraum versprochen hatte, noch nicht aufgestellt, weil es an Arbeitern fehlte. Die meisten zogen eine Beschäftigung beim Holzfällen vor, was zwar anstrengend und gefährlich war, aber mehr Geld einbrachte. Auch fehlte es an Instrumenten und Medikamenten, weil die Kisten erst mit einem der nächsten Schiffe eintreffen würden. Als dritte Schwierigkeit stellte sich heraus, daß der versprochene und schon angestellte schwarze Dolmetscher nicht erschienen war. Er war ein Lehrer aus einem etwa hundert Kilometer entfernten Dorf und sollte auch als Heilgehilfe angelernt werden. Schweitzer erfuhr, der Mann müsse erst noch zu Hause ein Palaver wegen einer Erbangelegenheit erledigen. Diese oft tagelang dauernden Besprechungen waren für die Eingeborenen eine fast heilige Handlung.

Trotz all dieser Probleme brachte es Schweitzer nicht fertig, die Leute, die zum Teil aus weit entfernten Urwalddörfern gekommen waren, wieder fortzuschicken. Seine erste Sprechstunde fand unter freiem Himmel bei glühender Sonne statt, denn es war nicht möglich, die Patienten ins Wohnhaus zu lassen, weil viele an Infektionskrankheiten litten. Schweitzer war erschrocken, „daß das körperliche Elend unter den Eingeborenen nicht geringer, sondern eher noch größer war, als ich angenommen hatte".

So saß er nun im Staub vor seinem Häuschen, schaute sich Wunden und elende, ausgemergelte Körper an, versuchte sich durch Gesten mit den Patienten zu verständigen, da er die beiden Eingeborenensprachen Galoa und Pahouin nicht beherrschte, und begann mit allerersten und zwangsläufig primitiven Behandlungen.

Am Abend, als eine leichte Brise aufkam, machten Albert und Helene gemeinsam einen Spaziergang und besichtigten die

Missionsstation, die auf drei Hügeln gebaut war und aus einem Missionshaus, einer Mädchen- und einer Knabenschule, dem Magazin und dem Doktorhäuschen bestand. Zitronen- und Orangenbäume wuchsen um die Häuser und verströmten einen betäubenden Duft. Außerdem hatten die Missionare Kaffeesträucher, Kakao- und Papayabäume und Ölpalmen angepflanzt. Gleich hinter den Hügeln begann der Urwald, der immer wieder versuchte, das Gelände um die Mission zu erobern. Es war ständig harte Arbeit nötig, um ihn zurückzudrängen.

Jetzt, im April, befanden sie sich im tropischen Sommer, der Regenzeit. Ende Mai beginnt der tropische Winter, die trockene Jahreszeit, die bis Anfang Oktober dauert.

Das bedeutete für Schweitzer, daß er bei seiner Sprechstunde im Freien eine Temperatur von etwa 28–35 Grad Celsius bei hoher Luftfeuchtigkeit zu ertragen hatte und häufig vor heftigen Regengüssen unter das Verandadach des Hauses flüchten mußte.

In der Nacht vom 26. zum 27. April brachte der Flußdampfer die Kisten. Sie wurden bei der katholischen Mission, die am Hauptstrom lag, ausgeladen und dann mit Kanus auf dem Nebenfluß zur evangelischen Missionsstation gebracht. Schwierigkeiten bereitete die größte, mit Zink ausgeschlagene Kiste, in der Schweitzer sein Klavier mit Orgelpedalen transportieren ließ, das ihm die Pariser Bachgesellschaft zum Abschied geschenkt hatte. Die kleinen leichten Kanus konnten die Last nicht bewältigen. Schließlich lieh eine Faktorei in der Nähe Schweitzer einen Einbaum aus einem riesigen Stamm, ein mächtiges Boot, in dem das Instrument sicher ankam. Es war keine leichte Arbeit, all die Kisten vom Ufer her zum Doktorhaus auf den Hügel zu bringen. Die ganze Station half dabei, und die Schulkinder machten sich einen großen Spaß daraus. Es dauerte drei Tage lang.

ZWAR hatte Schweitzer jetzt Medikamente und Instrumente zur Verfügung und konnte gründlicher untersuchen und behandeln, doch fehlte noch vieles, was in den als Fracht geschickten Kisten war. Außerdem wurde die Arbeit im Freien immer schwieriger. Schließlich entschloß er sich, die Sprechstunde in den alten Hühnerstall zu verlegen, der neben dem Haus stand. Er mußte erst gründlich gesäubert werden und war auch sonst durchaus nicht ideal. Die in dem fensterlosen Raum stehende Luft war noch

Vor der Abreise in den Kongo hilft
Helene ihrem Mann bei der Fertig-
stellung wissenschaftlicher Arbeiten.

Das Wohnhaus der Schweitzers in
der Anfangszeit in Lambarene

Die Anlegestelle am alten Spital

Das Ehepaar Schweitzer in Tro-
penkleidung vor dem Doktorhaus
des neugegründeten Hospitals in
Lambarene

stickiger als draußen, und weil durch die Löcher im Dach die Sonne hereinschien, mußte der Doktor auch hier den Tropenhelm tragen. Doch bei Regengüssen war er nun mit seinen Patienten einigermaßen geschützt, und die Kranken waren bei den Untersuchungen von den Wartenden abgeschirmt.

Als ein Glücksfall erwies sich die Begegnung mit einem kranken schwarzen Koch. Er war sehr intelligent, sprach Französisch und die Eingeborenensprachen. Da der angekündigte Dolmetscher sich immer noch nicht blicken ließ, engagierte Schweitzer den Patienten als Dolmetscher, Heilgehilfen und Koch. Joseph war eine Perle, gescheit, lerneifrig und dem Doktor bald ergeben. Obgleich er in seinem eigentlichen Beruf mehr verdient hätte, blieb er in Lambarene. Durch ihn lernte Schweitzer eine Menge über Sitten, Bräuche und die Mentalität der Eingeborenen. Manchen psychologischen Fehler konnte er dadurch vermeiden. Um ihm zu erklären, was die Patienten für Beschwerden hatten, benutzte Joseph stets die „Küchensprache", zum Beispiel: „Die Frau hat Schmerzen in den linken Koteletten und im Filet."

Als Ende Mai der Dolmetscher endlich auftauchte, schien er Schweitzer wenig zuverlässig zu sein, und er behielt Joseph als erste Hilfskraft.

Bald spielte sich der Tageslauf ein. Morgens um 8.30 Uhr begann die Sprechstunde. Die Patienten warteten auf Bänken vor dem Hühnerstall, wo Joseph ihnen in den Eingeborenensprachen die von Albert und Helene ausgearbeitete Hausordnung mitteilte.

Vieles verwunderte die andächtig Lauschenden, zum Beispiel, daß sie nicht auf den Boden spucken und nicht laut schwatzen sollten. Und warum durften sie nicht ohne Erlaubnis des Doktors auf der Missionsstation übernachten? Ohne Schwierigkeiten sahen sie dagegen ein, daß sie die Flaschen und Blechschachteln, in denen sie die Medikamente bekamen, bei der nächsten Behandlung wieder mitbringen sollten, denn in Papier oder Pappschachteln eingepackte Medizin wäre in dem feuchtheißen Klima sofort verdorben. Für den Tag, den die Kranken meist durch An- und Abreise und das Warten auf die Behandlung fern von ihrem Dorf verbrachten, mußten sie sich selber Nahrungsmittel mitbringen. Joseph legte den Leuten nahe, in den Dörfern diese „Gesetze" zu verbreiten, damit die Patienten schon vor Antritt ihrer Reise zum Doktor Bescheid wüßten.

Der Ansturm von Patienten nahm immer mehr zu, denn man hielt Schweitzer bald für einen berühmten „Oganga", was Fetischmann oder auch Zauberer bedeutet. Man traute ihm zu, Krankheiten forthexen zu können. Die Fetischmänner in den Dörfern hatten schon zu oft versagt, während man beim Doktor überraschende Heilungen oder wenigstens Linderung von Krankheiten erlebte. Doch Schweitzer empfand seine ersten Erfolge keineswegs als überragend. Er erreichte einige Besserungen bei Herzkrankheiten, wo das Wundermittel Digitalis meist rasch Atemnot und Ödeme fortzauberte, bei Durchfällen und bei tropischen Geschwüren, die sich durch antiseptische Puder und Verbände erst einmal besserten. Sehr günstig war die Behandlung der Krätze mit einer von Schweitzer selbst angefertigten Krätzesalbe. Die in dem feuchtheißen Klima oft quälend juckenden und häufig infizierten Hauterscheinungen verschwanden schnell.

Doch bei vielen Krankheiten fühlte sich der Doktor vorläufig noch hilflos, was ihn sehr bedrückte. Wie für einen kommenden Totentanz zogen die schweren Fälle von Malaria, Schlafkrankheit und Lepra an ihm vorbei, und die Qualen der schweren Knocheneiterungen konnte er im Augenblick auch noch nicht lindern.

Helene beschäftigte sich vormittags mit der Haushaltsführung und half anschließend Albert in der Sprechstunde. Sie reinigte und verband Geschwüre, assistierte bei ersten kleinen chirurgischen Eingriffen, verwaltete das noch kärgliche Instrumentarium und Medikamentenlager und teilte Medizin aus, zusammen mit Joseph, der den Kranken eindringlich erklären mußte, wie die Mittel zu nehmen waren. Zum Schluß erhielten die Patienten eine Pappscheibe an einer Schnur ausgehändigt, auf der eine Nummer vermerkt war, die sich der Doktor neben Diagnose und Therapie in ein Behandlungsbuch eintrug und die die Kranken bei der nächsten Behandlung wieder mitbringen sollten. Sie hängten sich die Scheibe um den Hals, und selten ging eine verloren, denn sie galten als kostbar. Manche trugen sie auch noch nach der Behandlung als Fetisch, als Zaubermittel.

Von 12.30 bis 14 Uhr war Mittagspause, dann wieder Sprechstunde. Um 18 Uhr, wenn die tropische Dunkelheit hereinbrach, mußte mit der Arbeit aufgehört werden. Man konnte kein Licht anzünden, denn dadurch wären die gefährlichen, Malaria übertragenden Moskitos angelockt worden.

Schweitzer hatte geplant, keine größeren chirurgischen Eingriffe vorzunehmen, bevor der Bau des Hospitals fertiggestellt war. Doch diesen Vorsatz mußte er aufgeben, als eines Tages ein Patient mit einem eingeklemmten Leistenbruch erschien. Dieser Mann mußte sterben, wenn er nicht sofort operiert wurde. Schweitzer, als chirurgischer Anfänger, ging mit Herzklopfen ans Werk, vor allem auch, weil die äußeren Bedingungen alles andere als ideal waren. Er operierte im Missionshaus im Schlafzimmer der Missionare. Helene gab die Narkose. Die Erleichterung war groß, als der Eingriff gelang. So kraftvoll Schweitzer schien, war er in bezug auf seine Verantwortung als Arzt extrem sensibel. Er erklärte später: „Ich gehöre leider zu den Ärzten, die das zu dem Beruf erforderliche robuste Temperament nicht besitzen und sich in ständiger Sorge um das Ergehen ihrer Schwerkranken und Operierten verzehren."

Er sagte sich vergeblich, daß dieser Patient ohne seinen Eingriff auf jeden Fall gestorben wäre, daß vor seiner Ankunft fast jedes Jahr Eingeborene an eingeklemmten Brüchen starben. Er erwarb diesen Gleichmut Schwerkranken gegenüber nie. Es war immer ein kostbares Menschenleben, das er zu retten hatte. Gelang ihm das nicht, empfand er es fast als Schuld. Seine schwarzen Patienten waren viel gleichmütiger, auch dem eigenen Tod gegenüber. Nur verlangten sie vom Doktor eine ehrliche Auskunft über ihren Zustand. Versäumte er das, würde man ihm anlasten, er habe die Krankheit nicht erkannt.

Ende Juli wurde endlich durch eine Konferenz der Missionare beschlossen, daß Schweitzer an einem bestimmten Platz am Fluß sein Hospital errichten konnte und dafür 2000 Franken Zuschuß erhielt.

Zuerst mußte der Bauplatz von Gestrüpp befreit und eingeebnet werden – eine schwierige Aufgabe. Mit Mühe fand Schweitzer fünf Männer, die keine Lust hatten, beim Holzfällen zu arbeiten, und die auch hier kaum etwas leisteten. Schließlich lieh ihm ein Holzkaufmann acht seiner kräftigsten schwarzen Gehilfen. Nun ging es voran, aber auch nur, wenn Joseph und Schweitzer selbst mit rodeten und schippten. Nach zwei Tagen war die Arbeit geschafft. Mit Kummer sah Schweitzer, daß die Arbeiter den erhaltenen Lohn sofort vertranken.

Neben den Sprechstunden im Hühnerstall bauten der Doktor und Joseph nun das Hospital ganz allein auf. Schweitzer hatte vorher gründlich geplant. Alles sollte praktisch und zweckmäßig werden. In einer Wellblechbaracke gab es vier Zimmer. In den beiden größeren (je 4 × 4 m) waren das Sprechzimmer und der Operationsraum untergebracht, in den kleineren die Apotheke und die Sterilisationsapparate. Der Zementfußboden war leicht zu säubern. Die großen Fenster überspannte Moskitodraht. Durch den Draht und die Ritzen im Dach konnte die Luft zirkulieren. Um zu verhindern, daß durch die Dachlücken Moskitos eindrangen, wurden dort weiße Tücher aufgespannt. Drei Holzhütten mit Blätterdächern wurden errichtet: als Warteraum, Josephs Wohnhaus und Krankenschlafraum mit anfänglich 16 Schlafstätten. Die Betten mußten Angehörige der Kranken bauen. Die Matratzen bestanden aus getrocknetem Gras. In einem Bett konnten zwei bis drei Personen nebeneinanderliegen: der Kranke mit den ihn betreuenden Angehörigen. Wenn die Betten nicht ausreichten, mußten Angehörige auf dem Fußboden und mehrere Kranke in einem Bett schlafen. Die dringend erforderlichen Moskitonetze brachten die Patienten selber mit, ebenso ihre Lebensmittel. Die Kisten, Kochgeschirr und Bündel von Bananen (das Hauptnahrungsmittel) wurden unter den Betten abgestellt. Im Schlafraum gab es keine Trennung von Geschlechtern.

Zum Fluß hinab wurde ein Weg geschaffen, auf dem die Kranken von den Booten aus bequem zum Hospital transportiert werden konnten. Die meisten kamen in ihren Kanus auf den Nebenflüssen des Ogowe angerudert. Es dauerte nicht lange, bis Schweitzer ein Gebiet von etwa 300 Quadratkilometern betreute.

Es ist erstaunlich, wie er in so kurzer Zeit ein für die damaligen Verhältnisse außergewöhnlich funktionstüchtiges Krankenhaus bauen und einrichten konnte. Andere erwarben sich diese Kenntnisse erst in vielen Tropenjahren. Schweitzer hatte sich nach keinem Vorbild richten können. Doch sein brennendes Interesse und der Sinn für das Praktische ließen ihn aus den Erkenntnissen der Missionare, den Ratschlägen des unentbehrlichen Joseph und ersten eigenen Erfahrungen die richtigen Lehren ziehen.

Als das Hospital stand, war endlich eine wirksame Behandlung möglich. Vormittags blieb es bei den Sprechstunden, doch am Nachmittag wurde von jetzt an operiert. Joseph assistierte, Helene sterilisierte die Instrumente und gab die Narkosen. Seltsamerweise drängten sich die Schwarzen danach, operiert zu werden. Ein Grund war, daß vor ein paar Jahren ein französischer Militärarzt hier einige Patienten mit Erfolg operiert hatte. Mißerfolge hätten das Blatt nun rasch wenden können. Doch Schweitzer hatte Glück. Anfänglich gelang ihm alles. Dabei mußte er manchmal sehr schwere Fälle versorgen, vor allem eingeklemmte Leistenbrüche, eine wegen der Gewebeschwäche der Eingeborenen häufige Erkrankung. Die Patienten kamen oft in sehr bedrohlichem Zustand im Hospital an, nachdem sie auf langen Wegen durch den Urwald und in gefährlichen Bootsfahrten über Stromschnellen transportiert worden waren. Trotzdem starb vorerst niemand. Auch konnte er eine langwierige, übel aussehende Knocheneiterung am Bein eines Jungen heilen. Nun faßten, wie er schrieb, „die Neger in erschreckender Weise Zutrauen zu meinen Operationen".

Der Ansturm wurde bald fast zu groß. Neue Bettenhäuser mußten errichtet werden und eine Isolierstation für infektiöse Fälle.

VIELES an Schweitzers Wirken, nicht nur die Heilungen, schienen den Eingeborenen geheimnisvoll und purer Zauber zu sein, zum Beispiel die Narkosen. Ein Mädchen aus der Missionsschule schrieb an eine europäische Sonntagsschule: „Seit der Doktor hier ist, erleben wir merkwürdige Sachen. Zuerst tötet er die Kranken, dann heilt er sie; nachher weckt er sie wieder auf."

Oft mußte Schweitzer schwere Unfallverletzungen versorgen. Aus den Holzfällerlagern wurden Arbeiter mit zermalmten Gliedern und infizierten Wunden gebracht oder mit Stich- und Schlagverletzungen, die sie sich gegenseitig beibrachten, wenn sich aufgestaute Aggressionen entluden. Auch bei Jagden im Urwald gab es schwere Verletzungen durch wilde Tiere, die schlimmsten durch Flußpferde, wenn ein Boot gekentert war.

Häufig hatte Schweitzer Fälle von Elephantiasis zu operieren. Bei dieser tropischen Form setzen sich Erreger in die Lymphbahnen, verstopfen sie und erzeugen riesige Tumoren.

Bei Frauen waren Kaiserschnitte und die Entfernung gutartiger Unterleibstumoren nötig. Krebserkrankungen gab es seltsamerweise nicht, auch keine Blinddarmentzündungen.

Die häufigsten nicht operativen Krankheiten waren tropische Geschwüre, Malaria, Lepra, Tuberkulose, Rheuma, Gicht, Würmer. Außerdem gab es, was Schweitzer anfangs überraschte, trotz der Hitze viele Erkältungsinfekte, Rippenfellentzündungen und Lungenentzündungen, an denen alte Leute oft starben. In der trockenen Jahreszeit waren die Nächte etwas frischer, und nach dem Schwitzen am Tage froren die Eingeborenen nachts in ihren Hütten. Zu Beginn der trockenen Jahreszeit gebe es in den Gottesdiensten „ein Geschneuze und Gehuste wie in Europa bei einem Silvestergottesdienst", berichtete Schweitzer.

Die tragischsten Fälle waren die Geisteskranken. Es gab davon viele. Sie zeigten oft starke Erregungszustände, schrien, tobten und waren häufig für ihre Umwelt eine Gefahr. Deshalb hatten sie in den Dörfern ein schweres Leben. Man glaubte, sie seien von bösen Geistern besessen, fesselte sie und sperrte sie ein. Manchmal wurden sie sogar getötet. Die erste Geisteskranke, die Albert Schweitzer erlebte, fand er eines Tages in einem Dorf. Sie war an einen Baum gebunden und tobte. Die Familie stand ängstlich um sie herum. Auf Schweitzers Geheiß hin lösten die Angehörigen zögernd die Stricke, flohen dann aber in ihre Hütten. Die Frau sprang auf den Doktor zu und schlug ihm seine Laterne aus der Hand. Er sprach beruhigend auf sie ein und zeigte keine Angst. Sie wurde still, faßte Vertrauen und ließ sich sogar Morphium spritzen. Schweitzer behandelte sie vierzehn Tage lang mit Spritzen von Skopolamin und Morphium. Dann war der Erregungszustand abgeklungen.

Diese „Heilung" trug weiter zum Ruhm des Arztes bei, und mehr und mehr dieser Fälle wurden ins Hospital gebracht. Sie störten den Klinikbetrieb oft erheblich. In der trockenen Jahreszeit ließ Schweitzer sie deshalb mit Begleitern auf einer etwas entfernten Sandbank im Fluß übernachten. Ein eigenes Haus für sie blieb vorläufig ein Wunschtraum. Manche dieser Patienten litten an endogenen Geisteskrankheiten, wie sie auch in Europa vorkommen, andere aber waren durch Gifte in diesen Zustand geraten.

Joseph klärte Schweitzer über die Ursache einiger dem Arzt anfangs rätselhafter Krankheitsbilder auf. Manchmal waren es Vergiftungen durch Überdosierung der Arzneien, die Fetischmänner verabreichten. Häufiger aber handelte es sich um Gifte, die dem eingebildeten oder wirklichen Feind absichtlich und oft über lange Zeiträume hin eingegeben wurden. Schweitzer erlebte zum Beispiel, daß ein Kranker, der von Angehörigen gepflegt wurde, jede Nahrung verweigerte. Unter dem Vorwand einer besonderen Diät erhielt er Kost aus der Klinikküche, die er heißhungrig verzehrte. Offensichtlich fürchtete er, von seinen Verwandten vergiftet zu werden.

Die durch Gifte hervorgerufenen Erregungszustände waren viel schwerer zu behandeln als die der echten Geisteskranken. Schweitzer versuchte, etwas Näheres darüber zu erfahren, um vielleicht Gegengifte entwickeln zu können. Doch das gelang ihm nicht, denn kundige Eingeborene durften ihre Kenntnisse keinesfalls weitergeben. Durchbrach jemand diese Regel, wurde er sofort getötet. In niedrigen Dosen nahmen schwarze Ruderer die Gifte als Drogen zur Aktivitätssteigerung ein.

Das meiste über diese geheimnisvollen Dinge erfuhr Schweitzer von Joseph, der ihm immer unentbehrlicher wurde. So viel Medizinisches der Pfleger bei Schweitzer lernte, war er doch andererseits in Fragen der Eingeborenenmentalität des Doktors Lehrmeister. Er konnte weder lesen noch schreiben, sprach aber neben acht Eingeborenensprachen Englisch und Französisch. Er begriff rasch, war zu einer ungewöhnlich hohen Arbeitsmoral zu gewinnen und erstaunlich vorurteilsfrei. Ohne mit der Wimper zu zucken, wechselte er blutige und eitrige Verbände, während die meisten Eingeborenen das als magisch gefährlich ansahen. Joseph erklärte Schweitzer viele Motive und Gewohnheiten der Schwarzen, so daß der Arzt manche vorher unverständliche Reaktion begreifen lernte. Er konnte sich dadurch besser einfühlen, was die Behandlungserfolge entscheidend beeinflußte. Doch einen Rat von Joseph befolgte Schweitzer nicht: hoffnungslose Fälle sofort abzuweisen, um seinen Ruf als großer Heiler nicht zu gefährden. Das täten die Fetischmänner in den Dörfern auch.

Die Mentalität der Schwarzen brachte anfänglich beiden Schweitzers manche Probleme. Helene erkannte bald, daß das Wort „Eigentum" bei ihren Hausangestellten kaum bekannt war. Sie empfanden es als ganz natürlich, sich Dinge anzueignen, die Helene und Albert gehörten. Sie lebten ja mit den Schweitzers zusammen, waren deren Freunde und konnten deshalb ihrer

Meinung nach alles von ihnen beanspruchen. Es wurden manchmal die seltsamsten Dinge gestohlen, die dem Dieb gar nichts nützten – nur so zum Vergnügen. So ließ der Hausboy einmal Alberts Bach- und Wagner-Partituren mitgehen. Es nutzte nichts, wenn man den Leuten ins Gewissen redete. So trug Helene schließlich, wenn sie im Hospital half, stets einen dicken, klappernden Schlüsselbund mit sich herum.

Die schwarzen Angestellten arbeiteten nur soviel wie unbedingt nötig. In bezug auf Hygiene konnten sie vieles nicht einsehen und mußten ständig beaufsichtigt werden, im Haushalt wie im Hospital. Schweitzer wurde manchmal zornig und ungeduldig. Das ist ihm von Schwarzen und Weißen zum Vorwurf gemacht worden. Doch verstand er die Menschen und erkannte auch den Grund für ihre nach europäischen Begriffen mangelnde Arbeitsmoral. „Der Neger ist nicht faul, sondern er ist ein Freier", schrieb er. Für seine Familie, seine Sippe könne der Eingeborene sehr fleißig arbeiten, zum Beispiel mit unsäglicher Mühe Urwald roden, um Bananen anzupflanzen. Aber er schaffe nur so lange wie unbedingt nötig.

Schweitzer sah den Grund für diese andere Einstellung zum Leben, erkannte aber auch, daß diese Haltung nur in den geschlossenen Gemeinschaften funktionieren konnte, wie sie früher existierten. Die kleinen, im Urwald fast isolierten Dörfer waren Selbstversorger gewesen, ihre soziale Gemeinschaft war intakt, der enge Familienzusammenhalt eine moralische Stütze. Doch der Kolonialismus hatte alles verändert. Die Schwarzen wurden von den Weißen mißbraucht, viele aus der Dorfgemeinschaft herausgelöst, die Gemeinwesen durch Straßen zur „Welt" geöffnet. Durch den Handel war das Verlangen nach Besitz aufgekommen, nach Glasperlen, Stoffen und Salz. Und man wollte Alkohol trinken. Der Alkohol war das Verderblichste, was die Weißen den Eingeborenen gebracht hatten. Für ihn verkauften sie ihre Kinder, verließen die Familien, um in die Holzfällerlager zu ziehen, wurden abhängig und haltlos, elend und krank.

Schweitzer empfand die Schuld der Weißen ganz persönlich. Er wollte wiedergutmachen, gegen das Elend ankämpfen, die Not lindern, auch indem er den Schwarzen zeigte, wie sie wieder in ein menschenwürdiges Leben zurückfinden konnten. Er sah sich als den großen Bruder, der dem kleinen klarmachte, wie das

Leben zu meistern sei. Aber den „kleinen Brüdern" war sein Leistungsstreben schwer begreiflich. Bei den Arbeiten für das Hospital verlor der „große Bruder" oft die Geduld und brauste auf. Doch es bekümmerte ihn, dem anderen etwas aufzuzwingen, was der nicht verstand. Er stellte fest: „Daß es hier so schwer ist, sich die reine humane Persönlichkeit und damit das Vermögen, Kulturträger zu sein, zu wahren, ist die große Tragik des Problems von Weiß und Farbig, wie es sich im Urwald stellt." Anfang der 50er Jahre hat Schweitzer seine Äußerung vom großen Bruder relativiert. Sein Verhalten blieb allerdings das gleiche, denn die Bedingungen änderten sich zu seinen Lebzeiten nur wenig.

Schweitzer erkannte, daß die Schwarzen zwar an den geistigen Errungenschaften der Weißen wenig interessiert waren, aber moralische Werte wie Güte, Wahrhaftigkeit und Gerechtigkeit achteten. Allzu häufig waren sie darin von den das Land ausbeutenden Kolonisten enttäuscht worden. Dem Doktor und seiner Frau vertrauten sie bald.

ZWISCHEN den Eingeborenen herrschte damals im wesentlichen Tauschhandel, Geld war rar. So erwartete Schweitzer von seinen Patienten statt der Bezahlung für eine Behandlung eine Mithilfe beim Ausbau und Erhalt des Hospitals. Die Kranken, die dazu fähig, und die Angehörigen, die mit ins Hospital gekommen waren, um die Patienten zu versorgen, sollten in ihrer Freizeit Urwald roden, Bäume fällen und beim Bau der neuen Baracken helfen. Besonders von Patienten, die in der Nähe wohnten, verlangte er Bananen, Hühner und Eier, um die ganz Armen oder jene zu ernähren, die aus weit entfernten Urwalddörfern kamen und bei längerem Aufenthalt nicht für Lebensmittelnachschub sorgen konnten. Von dem Geld, das er manchmal erhielt, kaufte er Reis. Er hatte den Eindruck, daß die Eingeborenen die Leistungen des Hospitals viel mehr schätzten, wenn sie selber etwas dafür getan hatten.

Mit den Missionaren der Station kam Schweitzer gut aus, und man war sich einig, daß hier im Urwald das praktische Christentum viel wichtiger war als religiöse Fragen. Schließlich forderten die Missionare trotz der ablehnenden Haltung der Pariser Missionsgesellschaft Schweitzer auf, Gottesdienste zu übernehmen, was er mit Freuden tat. Die sprachlichen Schwierigkeiten wurden dadurch überwunden, daß ein schwarzer Lehrer der Mission die Predigten Satz für Satz in die beiden häufigsten Eingeborenensprachen übersetzte.

Die Idee der Mission ist etwas Problematisches. Darf man Völkern ihre ererbten und landschaftlich bedingten Religionen nehmen, die oft die Grundlagen ihrer Kultur, ihrer Sitten und Gebräuche bilden? Kann das Christentum dafür ein Ersatz sein und eine kulturelle Höherentwicklung bewirken? Schweitzer glaubte fest daran. Er erlebte in Gabun, wie viele der Eingeborenen an ihren oft barbarischen Naturreligionen festhielten und in einem Gewebe von Zauber und Magie verfangen waren, das sie im höchsten Grade unfrei machte. Die starke Bindung an Fetische belastete sie. Der Fetisch gab seinem Besitzer Zauberkräfte, schützte ihn vor bösen Geistern und Menschen. Auch konnte er Erfolge bei der Jagd und Reichtum verschaffen, dem Freunde Glück und dem Feinde Krankheiten und sogar den Tod anhexen. Der Glaube an die Macht eines solchen Fetischs war groß, und mancher Verfluchte starb allein aus purer Angst. Fetische konnten gewisse Vogelfedern sein, Leopardenklauen, Zähne und eine bestimmte rote Erde. Einer der wirksamsten Fetische aber war ein Stück einer menschlichen Hirnschale. Albert Schweitzer erlebte, daß ein Mann nur zu diesem Zwecke ermordet wurde.

Die Fetische bewahrte man in Säckchen, Büchsen oder Büffelhörnern auf. Sie wurden am Körper getragen oder in der Hütte aufgehängt. Schweitzer besaß später einen solchen Fetisch. Dessen ehemaliger Besitzer war angeblich im Traum „angewiesen worden", ihn dem Missionar zu geben, weil sonst der Doktor die Frau des Schwarzen nicht heilen könnte. Der Missionar gab Schweitzer später den Fetisch.

In der ersten Zeit von Schweitzers Aufenthalt in Gabun gab es in der Gegend noch Kannibalismus. Obgleich schwere Strafen darauf standen, fand ein solch grausiger Ritus im Inneren des Urwalds immer wieder einmal statt. Die Eingeborenen glaubten, Seele und Kraft eines Getöteten würden dadurch in sie übergehen und sie stärken. Ein Kind, das Schweitzer behandeln wollte, zeigte panische Angst vor ihm. Es glaubte, er wolle es töten und verspeisen. Für den Fall, daß ihm selbst dieses Schicksal beschieden sein sollte, bestimmte Schweitzer mit dem ihm auch in ernsten Situationen eigenen Humor die Grabinschrift: „Wir haben ihn gegessen, den Doktor Albert Schweitzer. Er war gut bis zu seinem Ende."

Wegen des Unmenschlichen dieser Naturreligionen hatte Schweitzer gar keine Bedenken, er könne den Eingeborenen mit der Übermittlung des Christentums etwas nehmen. Im Gegenteil, er war überzeugt, ihnen ein kostbares Geschenk zu bringen. Schon im Jahre 1905 hatte er in einer Predigt gesagt: „Wenn mich jemand fragte, warum ich das Christsein für die höchste und einzige Religion halte, würde ich alles, was man so gelernt hat über das Verhältnis und die Rangordnung der Religionen und wie man die Vorzüge der besten herausfindet, getrost hinter den Ofen werfen und nur das eine sagen: Weil in dem ersten Befehl, den der Herr auf Erden gegeben hat, nur das eine Wort *Mensch* vorkommt. Er redet nicht von der Religion, vom Glauben, von der Seele oder sonst was, sondern einzig vom Menschen.

‚Ich will euch zu Menschenfischern machen!' Da ist's, als sagte er zu allen kommenden Jahrhunderten: Aufs erste gib mir acht, daß mir der Mensch nicht zugrunde geht! Geht ihm nach, weil ich ihm nachgegangen bin, und findet ihn da, wo die anderen ihn nicht mehr finden – im Schmutz ... in der Verachtung, und tut euch zu ihm, bis er wieder ein Mensch ist..."

Heilerfolge und Tropenerfahrungen

Es war ein mühevoller Alltag, den Albert und Helene Schweitzer und ihre beiden Heilgehilfen zu bewältigen hatten. Fast alle Krankheiten erforderten aufwendige Heil- und Pflegemethoden. Die tropischen Geschwüre waren meist durch Vernachlässigung ausgebreitet, verschmutzt und stinkend, häufig auch sehr infektiös. In den Dörfern wurden diese Kranken deshalb oft allein in einer Hütte liegengelassen und starben. Im Hospital überwanden der Doktor und seine Helfer den Ekel, bissen die Zähne zusammen und pinselten, puderten und verbanden immer neu. Die schlimmsten Geschwüre mußten in Narkose gründlich ausgeschnitten und gereinigt werden. Dadurch konnten viele früher als hoffnungslos angesehene Fälle geheilt werden.

Erfolglos blieb Schweitzer vorerst bei der schlimmsten tropischen Infektionskrankheit, der Lepra. Dieses sich lange hinziehende Leiden, das mit Hautveränderungen beginnt und nach und nach eine Verstümmelung der Glieder und Entstellung der Gesichter bringt, ist heute heilbar. Damals konnte der Doktor nur lindern, indem er die Hauterscheinungen und offenen Wunden mit Chaulmoograöl bepinselte, einem Medikament, das leider sehr teuer war. In dieser Zeit konnte Schweitzer die Kranken noch nicht isolieren. Das machte ihm Sorgen, bis er merkte, daß die Ansteckungsgefahr nicht sehr groß war, wenn die Patienten saubergehalten wurden, denn die Krankheit wird durch Schmierinfektion übertragen.

Die Aufgabe, die Baracken in einem möglichst hygienischen Zustand zu erhalten, hatte Helene übernommen, doch mußte sie oft verzweifelt dagegen ankämpfen, daß die Schwarzen ihre Forderungen als unsinnig ansahen. Zu Hause in den Dörfern waren sie gewohnt, Kot und Urin irgendwo abzusetzen und mit schmutzigen Händen Essen zu bereiten. Und doch erkrankten nicht sehr viele an Lepra. Die Krankheit wurde eher als unausweichliches Schicksal angesehen.

Oft mußten Albert oder Helene nachts am Bett eines im Fieberdelirium tobenden Malariakranken wachen. Die von der Anophelesmücke übertragene Krankheit verläuft meist in Schüben. In regelmäßigen Abständen kamen dieselben Patienten ins Hospital, von Schub zu Schub elender, mit Blutarmut und Milzschwellung. Sie wurden mit Chinin und Arsen behandelt, was nicht allen mehr half.

Fast noch größere Sorgen bereiteten Schweitzer die Schlafkranken. Die Infektion wird durch die Tsetsefliege von Mensch zu Mensch übertragen. Früher, als die Dörfer noch abgeschlossen waren, gab es in manchen Gebieten immer wieder Erkrankungen, die sich aber kaum ausweiteten und bald wieder zum Stillstand kamen. Doch durch die Öffnung zur Umwelt, den Straßenbau und dadurch, daß die Weißen Träger, Arbeiter und Ruderer aus den verschiedensten Stämmen holten, wurde die Krankheit aus ihren Dörfern in andere Gegenden verschleppt, wo sie oft viel schlimmer wütete als in den die Endemie gewohnten Gebieten.

Kurz nach Schweitzers Arbeitsbeginn herrschte im Ogowegebiet eine schwere Epidemie. Ganze Dörfer wurden dadurch entvölkert. Der Beginn der Krankheit war uncharakteristisch. Zuerst zeigten sich beim Infizierten unregelmäßige Fieberschübe, ohne daß sich der Betroffene ernsthaft krank fühlte. Er klagte höchstens über Kopfschmerzen, Schlaflosigkeit, Depressionen und Gliederschmerzen. Ganz allmählich, oft erst innerhalb von mehreren Jahren, stieg der Erreger schließlich vom Blut in das Zentralnervensystem. Der Patient nickte nun häufig ein, wurde immer müder und zeigte bald ein unstillbares Schlafbedürfnis. Zum Schluß kam es zu Abmagerung, extremer Schwäche und zum Koma. Der Tod erfolgte meist durch Lungenentzündung. Wenn die uncharakteristischen Beschwerden am Anfang richtig gedeutet wurden, solange sich die Erreger noch im Blut befanden, war eine erfolgreiche Behandlung möglich. Doch diese Diagnose zu stellen bedeutete ein anstrengendes und zeitraubendes Mikroskopieren. Manchmal saß Schweitzer einen ganzen Vormittag lang über dem Mikroskop, ungeduldig, endlich die nicht häufigen Erreger zu finden, und verzweifelt, weil soviel andere Arbeit auf ihn wartete. Er schrieb in einem Brief: „Von diesem Gehetztsein und von der Ungeduld der Patienten werde ich oft so nervös, daß ich mich selber nicht mehr kenne." Doch die erschreckende Zunahme von Schlafkranken zwang ihn, bei jedem unklaren Fieberfall nachzuschauen, denn er fragte sich immer wieder angstvoll: „Werden wir Herr der Epidemie werden?"

Wenn er die Diagnose gestellt hatte, spritzte er alle fünf Tage Atoxyl. Aber auch diese Behandlung bereitete ihm Sorgen, denn sie konnte zur Erblindung führen, was er allerdings nur bei einem einzigen Schwerkranken erlebte.

Vielen Kranken konnte Albert Schweitzer helfen. Doch woher sollte er das Geld nehmen, um weiterhin die teuren Heilmittel und Verbandstoffe in genügender Menge zu beschaffen? Die Freunde daheim taten, was sie konnten. Aber die politische Situation in Europa blockierte die Spendefreudigkeit. Was würde aus Lambarene werden, wenn es zum Krieg kam?

Der Ansturm von Patienten nahm ständig zu. Schweitzer entschloß sich, eine Extrabaracke für die Schlafkranken zu bauen. Das würde Betten für die übrigen Patienten frei machen und diese vor einer Infektion schützen. Er wählte einen Platz am gegenüberliegenden Flußufer. Wieder mußte er nun, neben seinen sonstigen Pflichten, die Bauaufsicht übernehmen, denn ohne daß er selber tüchtig mit anpackte, würde das Haus nie fertig werden. Aus früherer Zeit hatten viele Schwarze eine gewisse

Sklavenmentalität bewahrt. Sie sahen im Doktor ihren Vater und Herrn, von dem sie erwarteten, daß er sie beaufsichtigte und betreute. Es gab im Lande auch immer noch Sklaverei. In abgelegenen Pflanzungen verdingten sich Eingeborene aus Hungergebieten nur für Kleidung, Unterkunft und Ernährung, und viele Kinder wurden von ihren Familien als Sklaven dorthin verkauft. Sie fühlten sich als Eigentum des Pflanzers, leiteten aber auch einige „Sklavenrechte" ab, zum Beispiel, daß der Herr sie bis ins Alter versorgte und ihnen vielleicht eine Frau kaufte.

Auch der intelligente und selbstbewußte Joseph hatte in dieser Beziehung eine seltsame Bindung an den Doktor. Er war verschwenderisch, besonders in bezug auf Kleidung. Gerne stolzierte er in neuen Sachen einher und lebte über seine Verhältnisse. Als seine Frau ihn verließ, um mit einem Weißen zusammenzuleben, wollte er sich eine neue kaufen. Es war üblich, eine erhebliche Summe an den zukünftigen Schwiegervater zu zahlen. Das Mädchen wurde allerdings gefragt und konnte den Bräutigam ablehnen, wenn er ihr nicht gefiel. Diese Sorge quälte Joseph allerdings nicht. Er war ansehnlich und in relativ guter wirtschaftlicher Situation. Nur brachte er es nicht fertig, sein Geld zusammenzuhalten. Schließlich bat er den Doktor, die Sache für ihn in die Hand zu nehmen. Schweitzer legte eine Sparbüchse für Joseph an und bewahrte für ihn besondere Gratifikationen und die Trinkgelder von weißen Patienten auf.

Den „Brautkauf" fand Schweitzer nicht unmoralisch, sondern betrachtete ihn als „Mitgift" in umgekehrter Richtung. Wie sehr sich der unkonventionelle christliche Theologe auf die Bedürfnisse der Eingeborenen einstellte, zeigte sich darin, daß er sogar die herrschende Polygamie verteidigte. Dem Praktiker erschien es nur von Vorteil, daß den mit Arbeit meist schwer überlasteten Frauen dadurch das Leben erleichtert wurde. Die Frauen sahen es übrigens genauso.

AUCH die Bildung der Eingeborenen sah Schweitzer ganz vom Standpunkt des Nützlichen her. Was half ihnen Lesen und Schreiben, meinte er, wenn sie verlernt hatten, ihr Leben im Praktischen zu meistern. Für weit wichtiger als eine gute Schulbildung hielt er in dieser Frühphase, daß fast vergessenes Handwerk wiederaufgenommen wurde, wie der Bau von Hütten, Töpferarbeiten und der Bootsbau, oder daß man die Schwarzen neues Handwerk lehrte wie Tischlern, Schmieden und Mechanikerarbeiten. Er versuchte, seine Arbeiter und Patienten in diese Richtung zu leiten, doch blockierte oft der Alkoholismus diese Bestrebungen. Wie viele Menschen sahen die Schweitzers durch den Alkohol unfähig zu einer geregelten Arbeit werden und schließlich zugrunde gehen! Wie andere verantwortungsvolle Weiße in Gabun plädierten sie für ein Verbot der „Schnapseinfuhr", doch die Behörden waren auf diesem Ohr taub, denn der Alkoholzoll war die größte Einnahmequelle der Kolonie.

Unermüdlich versuchten Albert und Helene Schweitzer, die Eingeborenen zu einer selbständigen Arbeitsweise zu erziehen. Es war ihnen klar, daß dieses Land aus der Notlage nur herausfinden konnte, wenn seine Bewohner mit eigener Kraft und Verantwortung daran arbeiteten. Die Idee der „Hilfe zur Selbsthilfe", heute ein Grundsatz jeder sinnvollen Entwicklungshilfe, war damals etwas Neues, fast Revolutionäres.

Doch vorerst begriff kaum einer der Patienten und Angestellten des Hospitals diese Gedanken. Mit Ausnahme von Joseph tat niemand etwas aus freien Stücken. Wie mühsam war es, die Frauen der Patienten am Samstagnachmittag dazu zu bewegen, Lebensmittelreste und leere Konservenbüchsen aufzusammeln und fortzuwerfen! Sie konnten nicht glauben, daß dieser Abfall eine Brutstätte für Ungeziefer und Moskitos war und dadurch Krankheiten übertragen wurden.

Weil die finanzielle Situation immer schwieriger wurde, mußte Schweitzer darauf bestehen, daß die näher gelegenen Siedlungen dem Hospital Lebensmittel wie Bananen, Jamswurzeln, Eier, Hühner, Bataten und Maniok lieferten. In stundenlangen Palavern mußten die Dorfältesten von der Notwendigkeit überzeugt werden. Ohne diese üblichen Gruppengespräche war nichts zu erreichen. Ständig mußte Schweitzer seine Ungeduld bezähmen, und das zerrte an den Nerven.

So üppig der Urwald auch wucherte, gab es in dieser Gegend immer Nahrungsprobleme. Wenig, was der Wald bot, war eßbar, das Land mußte ihm in unsagbar mühsamer Rodungs- und Feldarbeit abgerungen werden. Auch wurde das, was die Eingeborenen anbauten, oft durch ungünstige Witterung oder Parasiten zerstört. Elefanten trampelten die Felder nieder, und Leoparden rissen Ziegen und Hühner. In einigen Bezirken Gabuns herrschte chronische Hungersnot. Hier hatten sich die Menschen zu „Erdessern" entwickelt. Schweitzer erlebte im Hospital, daß ein solches Erdesserkind jede andere Nahrung verweigerte.

Immer häufiger kamen Patienten aus weit entfernten Gegenden nach Lambarene. Die Urwaldtrommeln hatten von Dorf zu Dorf verkündet, daß der Doktor dort ein bedeutender „Oganga" sei. Die Reise der Kranken zum Hospital war oft sehr beschwerlich. Sie mußten sich durch den Urwald kämpfen und Steppen durchqueren, waren Moskitos, Tsetsefliegen und dem Überfall wilder Tiere ausgesetzt, litten Hunger und Durst, ertrugen Hitze am Tage und nächtliche Kälte, bis sie endlich an den Fluß kamen. Viele Kranke kamen nach solchen Strapazen in hoffnungslosem Zustand im Hospital an, was die Schweitzers jedesmal schwer bedrückte.

Auch die Heimkehr der Geheilten in entfernt gelegene Gebiete war schwierig. Der Doktor mußte auf dem Fluß Vorbeifahrende bitten, seine Patienten mitzunehmen, oder die Bootsleute mit Lebensmitteln, Tabak und dem begehrten Salz bestechen. Hatte er ein Boot gefunden und mit dem dazugehörenden endlosen Palaver den Schiffer zur Zusage bewegt, lief Joseph rasch mit einer Glocke laut läutend durch die Baracken, um die Kranken zusammenzusuchen, die aus der Gegend stammten, die das Boot ansteuerte. Die Sorgen, ob die Patienten dann wirklich heil zu Hause ankamen, konnte der Doktor nie abschütteln.

Trotz aller Mühe und Sorgen schrieb er später: „Die Ausübung der Medizin im Urwald ist nicht eine tragische, trostlose oder niederdrückende Tätigkeit. Sie ist ein Abenteuer voller Leidenschaft und spannender Momente."

Es gab auch viele Freuden: Operationserfolge und Heilungen von früher als hoffnunglos angesehenen Fällen, die Dankbarkeit der Patienten und ihre Zuneigung zum „großen weißen Doktor". Freude machten Schweitzer die Bootsfahrten mit den Schwarzen, ihr Übermut und ihre Heiterkeit. Wie lachten sie, wenn er von dem seltsamen Land der Weißen erzählte, wo man eine Frau heiraten konnte, ohne für sie zu bezahlen, wo manchmal ganze Wälder abbrannten, während man hier Mühe hatte, ein Stück Urwald durch Brände zu roden. Großes Gelächter rief jedesmal hervor, daß es in Europa Leute gab, die einfach so zum Vergnügen ruderten, ohne sich dafür bezahlen zu lassen.

Freude machte den Schweitzers die Beobachtung der vielfältigen Tierwelt, auch die Aufzucht einer jungen Antilope, die der Doktor geschenkt bekam. Ein immer neues Glück war der Blick von der Veranda auf die Fluß- und Urwaldlandschaft; am Morgen, wenn alles aus Nebelschleiern auftauchte, und am Abend, wenn die Landschaft in Gold gebadet war.

Entspannung und Befriedigung fanden sie an den Abenden, an denen sie sich nicht um Schwerkranke kümmern mußten. Die leisen Geräusche der Tropennacht drangen herein, und Albert saß am Orgelklavier und spielte im Schein der Petroleumlampe Bach. Weil er hier keine Konzerte vorbereiten mußte, hatte er Ruhe und Gelassenheit, die Werke gründlich durchzustudieren, auch die modernen Komponisten wie César Franck, Max Reger und Charles Widor. In diesen stillen Stunden arbeitete er auch an der amerikanischen Ausgabe des Bachschen Orgelwerkes.

Das Hospital lief nach einiger Zeit besser, als die Schweitzers erwartet hatten, und ihr Alltag war durch gute Organisation geregelt. Aber wenn einer von ihnen ausfallen würde, wäre alles gefährdet. So waren sie ängstlich bemüht, nicht krank zu werden. Eine große Gefahr war die Malaria. Die besonders nachts aktive Anophelesmücke mußte, wenn die Lampe brannte, durch Fliegendraht ferngehalten werden, und bei nächtlichen Gängen im Freien schützte man sich durch alles bedeckende Kleidung.

Wichtig war, einen Sonnenstich zu vermeiden, der bei Europäern manchmal tödlich sein konnte. Nie durfte man am Tage ohne Kopfbedeckung hinausgehen. Auf vielen Bildern sieht man Albert Schweitzer mit einem Tropenhelm und Helene mit einem breitkrempigen Hut und in weißen Kleidern. Das Weiß war auch ein Schutz vor dem Stich der Tsetsefliege, die dunkle Stoffe bevorzugt und nur tagsüber aktiv ist.

Doch etwas, wogegen man nichts tun konnte, war das feuchtheiße Klima, selten unter 30 Grad – für Weiße ermüdend und kreislaufbelastend. Es gab fast nie Wind, nur abends eine leichte Brise und ab und zu kurze, heftige Gewitterstürme. Albert hatte sich bald daran gewöhnt, doch Helene litt darunter. Aber mit großer Tapferkeit überwand sie ihre Erschöpfung und bewältigte den anstrengenden Alltag ohne Klagen. Wie sehr das an ihr zehrte, zeigte sich erst später. Trotz allem war diese Zeit wohl die schönste in Helenes Leben, an der Seite des geliebten Mannes bei sinnvoller und erfolgreicher Arbeit. Für ihn war Helene, wie er später in der Widmung zu seinem Buch „Kultur und Ethik" schrieb, sein „treuester Kamerad", und von den Eingeborenen wurde sie mit großer Hochachtung „Madame Docteur" genannt.

DAMIT Europäer gesundheitlich die klimatischen Bedingungen durchhalten können, müssen sie sich nach zwei bis zweieinhalb Tropenjahren möglichst mehrere Monate in der Heimat erholen. Für die Schweitzers war dieser Urlaub für 1915 vor Beginn der trockenen Jahreszeit geplant. Doch es kam anders.

Seit Juli 1914 waren die Nachrichten von Verwandten und Freunden ausgeblieben. Am 4. August schickte der Doktor Joseph mit einem Kanu zum Flußdampfer, um Medikamente für eine erkrankte Weiße in Kap Lopez mitzugeben. Der Pfleger brachte die Nachricht von der Mobilmachung in Europa mit. Erst später erfuhren sie, daß bereits Krieg herrschte.

Albert und Helene ahnten, daß für sie als deutsche Staatsangehörige in einem französischen Kolonialland Probleme entstehen würden. Sie und die Missionare sahen dem Kommenden mit Sorge entgegen. Sie hatten auch Angst um die Familien und Freunde in Europa.

Die Schwarzen nahmen die Nachricht zuerst gelassen auf. Alles war so fern von ihnen. Sie äußerten nur ihre Verwunderung, daß sich die Weißen, die ihnen als Missionare das Evangelium der Liebe predigten, nun gegenseitig umbringen sollten.

Bald waren die Schwarzen durch den Krieg in Europa persönlich betroffen. Von dort wurden kaum noch Waren eingeführt, und der Holzhandel kam zum Erliegen. Arbeitslosigkeit und Geldknappheit waren die Folge.

Am Abend des 5. August erfuhren Albert und Helene, daß sie als deutsche Staatsbürger zu „feindlichen Ausländern" erklärt wurden und ihre Arbeit nicht fortsetzen durften. Sie konnten zwar in ihrem Haus bleiben, galten aber als Gefangene und wurden von schwarzen Soldaten bewacht. Sie durften das Haus nicht verlassen und mußten jeden Verkehr mit anderen Weißen und den Schwarzen abbrechen. Dem Elsässer Ehepaar Morel widerfuhr das gleiche Schicksal. Nun waren die Patienten im Hospital ohne ärztliche Versorgung. Die Empörung unter den Eingeborenen war groß. Außerdem rebellierte ihr Gerechtigkeitssinn. Sie wußten, wieviel die Schweitzers für die Einwohner Gabuns getan hatten, und sie beschimpften nun die schwarzen Soldaten, die sich einbildeten, „Herren für den Doktor" zu sein.

So schwer diese Verfügung Schweitzer traf, war es gegen seine Natur, den Kopf hängenzulassen. Er beschloß, die Zeit für eine wissenschaftliche Publikation zu nutzen, die er schon lange plante, zu der ihm die Arbeit im Spital aber nie Zeit gelassen hatte. Er begann mit dem Manuskript: „Das Problem unserer Kultur."

Albert Schweitzer kam es bis zu einem gewissen Grad entgegen, sich jeden Morgen ungestört an den Schreibtisch setzen zu können, denn er brauchte stets den Wechsel zwischen Denken und Tun. Seine philosophischen und religiösen Erkenntnisse hatten ihn dazu bewogen, in der Praxis als Arzt nach diesen Idealen zu leben. Nun schöpfte er aus der Praxis neue theoretische Erkenntnisse.

Für Helene dagegen muß diese Zeit unsagbar schwer gewesen sein. Zu den materiellen Sorgen kamen die Untätigkeit und die demütigende Abgrenzung von den französischen Weißen. Ein hitziger, bösartiger Nationalismus flammte gerade in den Kolonien auf. Die Menschen glaubten die dümmsten Gerüchte. So wurde behauptet, Schweitzer habe im doppelten Boden seines Koffers ein geheimes Dokument versteckt, einen vom deutschen Kaiser persönlich unterzeichneten Erlaß, der ihn zum Gouverneur ernannte, sobald die Deutschen von Kamerun aus Gabun erobert hätten. All das bedrückte Helene. Sie litt auch unter der stickigen Hitze im Haus, das sie nicht mehr, wie gewohnt, zu einem Spaziergang in der Abendbrise am Fluß verlassen konnte.

Alberts Humor half ihm über vieles hinweg. Als die Schweitzers zusammen mit den Morels einen dringend notwendigen Erholungsurlaub am Meer in Kap Lopez erleben durften, beobachtete er, daß sich die weißen Franzosen, mit denen sie früher gut bekannt gewesen waren, rasch in die Häuser zurückzogen, wenn sie die Spaziergänger aus Lambarene sahen. Schweitzer spottete: „Sie verschwinden wie die Krabben in ihren Löchern."

Bis Ende November blieben die Schweitzers Gefangene. Doch das Chaos der mangelnden Krankenversorgung wurde allzu offensichtlich. Außerdem setzten die Freunde in Paris alle Hebel in Bewegung, um den Schweitzers ihre Arbeit wieder zu ermöglichen. Entscheidend war aber wohl, daß nun auch die Weißen in der Gegend medizinisch nicht versorgt wurden, weil Schweitzer in weitem Umkreis der einzige Arzt war. Als ein hoher Regierungsbeamter von ihm behandelt werden wollte, kehrte der Doktor seinen „Elsässer Dickkopf" hervor und erklärte, er werde die Behandlung nur übernehmen, wenn er auch wieder seinen schwarzen Patienten zur Verfügung stehen dürfe.

Ende November konnten die Schweitzers endlich die Arbeit im Hospital neu aufnehmen. Mit dem letzten Schiff aus Europa hatte der Doktor noch Medikamente und Verbandszeug erhalten, die ihn längere Zeit über Wasser hielten. Doch wurde es immer schwieriger, genügend Lebensmittel für das Hospital zu beschaffen.

Am Weihnachtsabend 1914 saßen Helene und Albert bedrückt am „Christbaum". Sie hatten eine kleine Palme mit Lichtern besteckt. Als die Kerzen zur Hälfte niedergebrannt waren, stand Albert auf und löschte sie. „Was tust du?" fragte Helene erstaunt. Er sagte: „Es sind unsere einzigen ... und sie müssen noch für nächstes Jahr halten!" Helene schüttelte den Kopf, doch der Skeptiker sollte recht behalten.

Das Jahr 1915 begann mit zusätzlicher harter Arbeit. Ein starker Gewitterregen hatte die Baracken unterspült. Schweitzer entschloß sich, den Platz zu ummauern und die Wasserabflußgräben zu pflastern. Große Steine mußten nun mit Booten herbeigeholt und mühevoll an Ort und Stelle gewälzt werden. „Immer muß ich dabeisein, immer anfassen!" klagte Schweitzer. Für seine Ungeduld ging die Arbeit viel zu langsam voran. Ein schwerer Schlag war auch, daß Joseph ihn verließ. Da sie von Europa abgeschnitten waren, hatte der Doktor dem Pfleger das Gehalt radikal kürzen müssen. Das war für Joseph nicht tragbar, weniger aus Habgier als aus dem Gefühl heraus, kein Sklave zu sein, der für einen Weißen „umsonst" arbeitete. Er erklärte, das „ginge gegen seine Würde".

Wie wichtig Joseph für das Hospital gewesen war, merkten beide Schweitzers, als sie nun viele der Arbeiten des Pflegers selber übernehmen mußten. Doch auch Joseph war nicht glücklich. Er wohnte bei seinen Eltern am anderen Flußufer und hatte nichts zu tun. Die Aussicht, eine Frau zu kaufen, war in unerreichbare Ferne gerückt, denn das Brautgeld aus der Sparbüchse, das Schweitzer ihm beim Abschied aushändigte, hatte er sofort in modischen Schnickschnack umgesetzt.

Eine weitere Belastung – fast eine kleine Katastrophe – war die Invasion von Termiten in Medikamenten- und Verbandstoffkisten. Die Schweitzers merkten es früh, weil sie den Geruch kannten, den die Tiere ausströmten. Noch war kaum etwas zerstört. Doch mußte nun alles mühsam umgepackt und fest verschlossen werden.

Der Kampf gegen Ungeziefer hörte nie auf. Helene lernte löten, um Büchsen mit Lebensmitteln vollkommen verschließen zu können. In dieser Tropenwelt gab es viele giftige und gefährliche Parasiten, zum Beispiel kleine Skorpione, die sich gerne in Schubladen verkrochen. Nur mit großer Vorsicht konnte man deshalb Dinge aus Fächern holen.

Bei ihren abendlichen Spaziergängen trafen Albert und Helene manchmal auf einem engen Pfad, der zu einem Eingeborenendorf führte, auf Wanderameisen, auch „Kriegerameisen" genannt. Diese unheimlichen Tiere konnten in Minuten ein Huhn, sogar ein Baby oder einen kranken Menschen töten. Schweitzer nahm dann den jungen Hund Caramba auf den Arm, Helene raffte die Röcke, und sie sprangen über den „Kriegszug" hinweg.

Das Haus der Schweitzers lag leider an der großen „Heerstraße" der Ameisen, die meist nachts aktiv wurden. Wenn Helene und Albert durch die dünne Holzwand ein aufgeregtes Scharren und Gackern der Hühner hörten, sprangen sie sofort aus dem Bett. Albert öffnete die Stalltür und ließ das Federvieh heraus. Im Freien konnten die Hühner sich besser gegen die Ameisen wehren. Helene blies in ein Horn, und nun eilten die Männer des Spitals herbei, trugen Wasser vom Fluß herauf, vermischten es mit Lysol und gossen es auf die Erde vor und unter dem Haus. Die Ameisen wurden dadurch getötet. Doch ehe es soweit war, verbissen sich einige in die Beine der Menschen und mußten mühsam und schmerzhaft gelöst werden. Die Hühner wurden meist gerettet, die Küken aber nicht.

Das Geld wurde immer knapper. Anfänglich hatte Schweitzer besser gestellte Patienten für die Behandlung und die Medikamente zahlen lassen. Doch bald konnten sich auch diese das nicht mehr leisten und mußten umsonst behandelt werden. Als schließlich die ganze Hospitalarbeit wegen Geldmangels gefährdet war, erhielt Schweitzer auf sein Bitten hin von der Pariser Missionsgesellschaft einen Kredit von 17 000 Franc.

Im Doktorhaus lagen jetzt häufig weiße Patienten, die malariakrank waren oder durch zu langen Tropenaufenthalt kreislaufgeschädigt. Sie blieben oft viele Wochen. Albert hatte ihnen sein Schlafzimmer abgetreten und schlief auf der mit einem Drahtgitter versehenen Veranda. Helene verwöhnte die Kranken mit möglichst guter Kost. Aber das war ein Opfer, denn die Schweitzers mußten sich selbst so gut wie möglich ernähren, um ihre Kräfte zu erhalten. Auch für sie wurde der Eiweißmangel bald zum Problem. Schließlich entschlossen sie sich dazu, wie die Schwarzen Affenfleisch zu essen. Wenn man Albert Schweitzers Einstellung zu Tieren kennt und bedenkt, daß er später vorwiegend vegetarisch lebte, kann man sich vorstellen, was das für eine Überwindung für ihn bedeutete.

Auch bei Albert und Helene traten nun als Folge der langen Tropenzeit die ersten körperlichen Beschwerden auf. Besonders Helene war erschöpft und litt unter der Tropenanämie. Beide hatten Zahnschmerzen und lernten nach Lehrbüchern, sich gegenseitig Füllungen einzulegen. Sie wurden auch zunehmend nervöser. Doch Albert hatte seine geistige Frische so weit bewahrt, daß er die Abende genießen konnte, wenn er auf der Veranda in der Abendbrise saß, auf seinen Füßen die kleine Zwergantilope, die er zärtlich liebte, und an seiner Kulturphilosophie schrieb. Die Geräusche der afrikanischen Nacht drangen zu ihm herein, das Rauschen des Windes in den Palmen, Grillengesumm, Unkenrufe und der Schrei eines Vogels. Die Poesie der Tropennacht erfrischte ihn und gab ihm Auftrieb, seine Gedanken auf dem Papier niederzulegen. „Geistige Arbeit muß man haben, um sich in Afrika aufrecht zu erhalten", schrieb er. „Wer das nicht hat, geht an der furchtbaren Afrikaprosa zugrunde."

DIE SCHWARZEN hatten geglaubt, der Krieg fände in einer so fernen Welt statt, daß er sie nicht beträfe. Doch es blieb nicht bei den Einschränkungen, die sie durch ihn erleiden mußten, er kam ihnen auch tatsächlich ganz nahe. Britische und französische Truppen griffen das benachbarte Kamerun an, das seit 1884 deutsches Schutzgebiet war. Anderthalb Jahre lang mußten viele Eingeborene als Träger mit in den Kampf ziehen. Manche fielen, andere kehrten krank oder verwundet zurück.

Als Schweitzer einmal erlebte, wie ein Schiff mit jungen Schwarzen abfuhr, die in den Krieg geschickt wurden, sah er auf einem Stein eine alte Frau sitzen, die um ihren Sohn weinte. Er ergriff ihre Hand. „Plötzlich fühlte ich, daß ich mit ihr weinte, lautlos in die untergehende Sonne weinte wie sie."

Schweitzer führte oft mit Eingeborenen philosophische Gespräche. Ihn beeindruckte deren intensives Nachdenken über die „letzten Fragen des Lebens". Immer wieder versuchte er, ihnen das Christentum nahezubringen, um sie von den schweren Ängsten ihres Fetisch- und Tabuglaubens zu befreien. Weil sie geschichtslos lebten, interessierte sie Jesus als historische Gestalt nicht. Doch vieles, was Jesus gesagt hatte, sprach zu ihnen, zum Beispiel die Idee der Nächstenliebe. Wenn Schweitzer ihnen die Bergpredigt auslegte oder Sprüche des Apostels Paulus aufsagte, wurde er verstanden. Sein Wirken in der kleinen Kirche der Mission war ihm wichtig geworden. Er versuchte nicht, den Schwarzen die christlichen Gebräuche aufzudrängen, sondern gestand ihnen kleine „Rückfälle in den Aberglauben" zu.

Die intensive Arbeit der Missionare erkannte Schweitzer an. Doch zu seinem Kummer erlebte er, wie der Krieg auch in Afrika nationale Emotionen auslöste, die der Einheit des Missionsgedankens widersprachen. Auch zeigte sich jetzt stärker die Konkurrenz der katholischen und evangelischen Missionen. Beides verwirrte die schwarzen Christen, denn es sprach gegen die geforderte Nächstenliebe. Schweitzer, der von Kindheit an ökumenisches Denken geübt hatte, versuchte dagegen anzugehen.

Mit der Missionsstation in Lambarene gab es für ihn keine ernsten Probleme. Er empfand das gleiche wie die Missionare dort: „Eine große Schuld lastet auf uns und unserer Kultur... Was wir den Schwarzen Gutes erweisen, ist nicht Wohltat, sondern Sühne."

Schon seit seiner Jugend beschäftigte sich Schweitzer mit Kulturphilosophie. Während des Philosophiestudiums hatten ihn neben Kant und Schopenhauer vor allem Nietzsche und Tolstoi beeindruckt. Seiner zupackenden Wesensart gefiel Nietzsches Lebensbejahung, doch die „Herrenmoral" im „Willen zur Macht" stieß ihn ebenso ab wie die Idee des Übermenschen mit der Forderung, „die schwächende Sklavenmoral der Liebe" aufzugeben. Albert war damals enttäuscht gewesen, daß Kirche und Wissenschaft Nietzsche nicht genügend widerlegten. Er sah in der Ablehnung des Ethischen einen Niedergang der Kultur.

Die späten Schriften des russischen Dichters Leo Tolstoi mit der Forderung nach schlichter Frömmigkeit und Verantwortung anderen Lebewesen gegenüber schätzte er hoch.

Diese Probleme bewegten Schweitzer auch in Lambarene ständig neben seiner vielen praktischen Arbeit. Durch die enge Beziehung zu notleidenden Menschen und die Begegnung mit der wilden, großartigen Natur hatte er neue Impulse erhalten. Die Befürchtung des Niedergangs der Kultur sah er durch den Krieg bestätigt. Er war überzeugt, daß bei einem anderen ethischen Bewußtsein der Menschen der Krieg nicht möglich gewesen wäre.

Es drängte ihn, seine Gedanken niederzuschreiben, obgleich er skeptisch war, daß das Manuskript jemals gedruckt würde. Trotzdem schrieb er in jeder freien Minute mit seiner kleinen, klaren Schrift. Er besaß keine Schreibmaschine, nicht einmal Büroklammern. Die Manuskriptseiten wurden mit Fäden zusammengeheftet.

Doch allein mit dem Niederschreiben der Gedanken war es nicht getan. Der Wissenschaftler verlangte danach, sich gründlich mit vergangenen und bestehenden fremden Kulturen auseinanderzusetzen. Er las alles, was er an philosophischer Literatur mit in den Urwald genommen hatte, und bat schließlich Züricher Freunde um Hilfe, die ihm über die Büros für Zivilinternierte in Genf Fachbücher schickten. Die Arbeit erhielt ein Fundament.

Schweitzer definierte: „Als Wesen der Kultur ist die ethische Vollendung der einzelnen wie der Gesellschaft anzusehen. Zugleich aber hat jeder geistige und jeder materielle Fortschritt Kulturbedeutung. Der Wille zur Kultur ist also universeller Fortschrittswille, der sich des Ethischen als des höchsten Wertes bewußt ist. Bei aller Bedeutung, die den Errungenschaften des Wissens und Könnens zukommt, ist doch offenbar, daß nur eine ethischen Zielen zustrebende Menschheit des Segens materieller Fortschritte in vollem Maße teilhaftig und der mit ihnen gegebenen Gefahren Herr werden könne."

Dieser Gefahren, so sah er jetzt, war die Menschheit nicht Herr geworden. Der Fortschritt von Wissenschaft und Technik ohne eine ethische Grundlage hatte den Menschen entwurzelt. Durch allzu große Enge war sein Verhältnis zum Mitmenschen unpersönlich geworden. „In ganz eigenartiger Weise geht der moderne Mensch in der Gesamtheit auf", schrieb Schweitzer. Er sprach ihm ein „geistiges Eigendasein" ab und meinte, daß er sich hauptsächlich von der „Zugehörigkeit zu Gemeinschaften" leiten ließe. Das eigene Denken, die eigene Initiative verkümmere dadurch. „Aus dem Handwerkmeister wird der Fabrikarbeiter." Schweitzer nannte den modernen Menschen den „Unfreien, Ungesammelten, Unvollständigen". All das habe schließlich die psychologische Grundlage für den Krieg geschaffen.

Fortschrittswillen und Fortschrittsglauben sah er als etwas Europäisches. Der Mensch in Asien sei nicht auf den Fortschritt, sondern auf Verinnerlichung bedacht; Tatenlosigkeit und den Versuch, das eigene Sein durch Meditation auszulöschen und im großen All aufzugehen, dort als hohe Tugend angesehen, empfand der aktive, dem Leben zugewandte Albert Schweitzer als „widernatürlich". Er glaubte an die Notwendigkeit eines Fortschritts mit neuen ethischen Grundlagen, weil die alten versagt hatten. Aber wie mußten die neuen aussehen?

Er wollte, er mußte die Lösung finden! Diese Forderung an sich selbst war wie ein Krampf. Er konnte sich von dem Gedanken daran nicht befreien. Selbst die Arbeit im Hospital lenkte ihn in diesem Sommer 1915 nicht davon ab. Das ständige konzentrierte Denken wurde zur Qual. „Ich stemmte mich gegen eine eiserne Tür, die nicht nachgab."

Als die Schweitzers im September 1915 wegen Helenes geschwächter Gesundheit eine kurze Erholungszeit in Kap Lopez am Meer verbringen durften, hatte Albert ein entscheidendes Erlebnis. Als Arzt wurde er zu einer erkrankten weißen Missionarin nach N'Gômô gerufen, einem Ort, der 200 km stromaufwärts von Kap Lopez lag. Als zufällig ein kleiner Dampfer mit Schleppkahn auf dem Weg zu diesem Ort im Hafen hielt, stieg Schweitzer unvorbereitet ein. Er konnte sich nicht einmal mehr Proviant besorgen. Außer ihm waren nur Schwarze an Bord. Sie kochten und luden Schweitzer herzlich ein, an ihrer Mahlzeit teilzunehmen. Die Fahrt dauerte lange. Das Wasser stand wegen der Trockenheit sehr niedrig, und so mußten immer wieder umständlich und vorsichtig Sandbänke umschifft werden. Schweitzer saß in seinem Deckstuhl in ungewohnter Beschäftigungslosigkeit. Doch die Gedanken gingen ihm wie ein Mühlrad im Kopf herum. Wo fand er die neuen ethischen Grundlagen, die dem Menschenleben wieder einen Sinn geben konnten? Ideen blitzten auf. Er schrieb sie nieder, doch das meiste strich er wieder aus. Er sah den vergnügten Schwarzen zu, hörte ihr herzhaftes Lachen und Singen und schaute auf das Wasser und den Urwald mit seinem vielfältigen Leben, der Lebensgier, Lebensfreude, Lebens- und Todesangst.

Am Abend des dritten Tages schwammen, vom Sonnenuntergang vergoldet, drei Inseln auf dem Ogowe. Eine Herde Nilpferde badete davor im flachen Wasser, die Mütter spielten mit ihren Jungen, es war ein Bild heiterer Lebensbejahung. In diesem Augenblick, erzählte er später, „stand urplötzlich von mir nicht geahnt und nicht gesucht das Wort ‚Ehrfurcht vor dem Leben‘ vor mir. Das eiserne Tor hatte nachgegeben; der Pfad im Dickicht war sichtbar geworden. Nun war ich zu der Idee vorgedrungen, in der Welt- und Lebensbejahung und Ethik miteinander enthalten sind! …"

Eigentlich war es vorerst eher ein überwältigendes Gefühl als ein Gedanke, entstanden aus der Freundschaft mit den schwarzen Menschen, dem Anblick der Tiere und der Natur. Doch Schweitzer wußte nun die Richtung: die Mitmenschen, die Tiere und die Natur – all das gehörte in das Gebäude der neuen Ethik hinein.

Sein ganzes Leben lang wird er nun an dem Gedankengebäude weiterbauen, aber die Grundidee veränderte sich nicht. Keine ethische Lehre des Abendlandes bezog Tiere und Pflanzen mit ein. Auch das Christentum forderte nur: „Liebe deinen Nächsten wie dich selbst." Zwar hatte der heilige Franz von Assisi die Tiere als „Brüder und Schwestern" betrachtet, doch seine Ideen wurden als rührende Legenden überliefert und hatten keine größere Wirkung. Es war der Mensch, der seit der Antike als Maß aller Dinge galt, er allein.

Seit Ende des 19. Jahrhunderts gab es in Europa Menschen, die sich für den Tierschutz einsetzten, doch sie wurden im allgemeinen nicht ernst genommen, sondern als sentimental belächelt.

Schweitzer erkannte: „Tatsächlich ist die Ethik, die nur mit dem Verhalten zum Nebenmenschen beschäftigt ist, unvollständig. Vollständig ist nur die, die alles Leben als ein Geheimnis empfindet und durch diese Ehrfurcht vor dem Leben zur Überzeugung kommt, daß der Mensch in seinem Verhalten gegen den Nebenmenschen und alle Kreatur sich durch Anteilnahme und Gütigkeit leiten lassen muß."

Gerade hier in Afrika wurde ihm immer wieder vor Augen geführt, wie wenig konsequent er diese Lehre leben konnte. Tiere mußten getötet werden, um den Menschen Nahrung und damit das nötige Eiweiß zu liefern, man mußte die kriegerischen Ameisen und Giftschlangen vernichten, um andere Tiere und sich selbst zu schützen. Schweitzer entzog sich diesem Töten nicht, aber er vernichtete nur, wenn es unumgänglich war, und wog jedesmal ab, ob es sich nicht vermeiden ließ. Als ethisch denkender Mensch wollte er sich von den herrschenden Naturgesetzen frei machen, wenn es irgend ging. Denn: „Die Natur kennt keine Ehrfurcht vor dem Leben." Sie schafft Leben und zerstört Leben „in sinnloser Weise … Die Wesen leben auf Kosten des Lebens anderer Wesen … die Natur ist schön und großartig von außen betrachtet, aber in ihrem Buch zu lesen ist schaurig."

Der Mensch sei das einzige Lebewesen, so Albert Schweitzer weiter, das Leiden lindern, Leben erhalten und sich mit den anderen Wesen freuen und mit ihnen leiden könne. Die Anteilnahme und Opferfähigkeit der Menschen sei jedoch verschieden. Die Lehre von der „Ehrfurcht vor dem Leben" könne eine Richtschnur sein.

Trotz all der praktischen Probleme, die in den nächsten beiden Kriegsjahren auf Schweitzer zukommen sollten, trotz der Schwierigkeiten, für das Hospital genügend Lebensmittel und Medikamente zu erhalten, trotz der Seuchen und Hungersnöte und der eigenen Tropenmüdigkeit war es für ihn eine glückliche und erfüllte Zeit. „Als eine große Gnade empfand ich es jeden Tag, daß während andere töten mußten, ich Leben erretten und daneben noch für das Kommen des Zeitalters des Friedens arbeiten durfte." Er war der festen Überzeugung, daß die Menschen eher zum Weltfrieden bereit seien, wenn sie seine Idee von der „Ehrfurcht vor dem Leben" begriffen.

Seine Forderung war einfach: „Dies ist das denknotwendige absolute Grundprinzip des Sittlichen... Gut ist: Leben erhalten und fördern, böse ist: Leben vernichten und schädigen..."

Heimkehr als Gefangener

Helenes körperlicher Zustand verschlechterte sich. Sie war matt und elend und ertrug die schwüle Hitze in Lambarene immer weniger. Ein befreundeter Holzhändler bot den Schweitzers deshalb an, die besonders belastende Regenzeit 1916/17 in einem Floßwärterhaus, das ihm gehörte, am Meer bei Kap Lopez zu verbringen. Dort fühlten sie sich viel wohler, das Klima war angenehmer und auch die Ernährung besser, weil Albert das nötige Eiweiß durch Fischen von Heringen herbeischaffen konnte. Aus Dankbarkeit half er den schwarzen Arbeitern des Händlers, das als Flöße angetriebene Okuméholz an Land zu rollen. Trotz der langen Tropenzeit muß Schweitzers Gesundheitszustand noch erstaunlich gut gewesen sein, denn der Transport der bis zu drei Tonnen schweren Stämme war unsagbar anstrengend. Es war wohl nicht nur Dankbarkeit, was ihn zu dieser Beschäftigung bewog. Er wollte möglichst viel kennenlernen, um es beurteilen zu können, und war sich für keine Arbeit zu fein. Auch hatte er stets Lust an körperlicher Betätigung.

Im September 1917 zogen Albert und Helene zurück nach Lambarene. Kurz darauf erhielten sie den Befehl, umgehend nach Europa in ein französisches Gefangenenlager zu reisen. Sie waren erleichtert, daß das angekündigte Schiff Verspätung hatte, denn so konnten sie noch einiges Notwendige regeln. Mit Hast und großer Mühe packten sie die kostbaren Instrumente und Medikamente in Kisten und verstauten sie in einer Wellblechbaracke, die relativ tropenfest war.

Die Idee, Gold aus Europa mitzunehmen, bewährte sich jetzt. Mit deutschen Scheinen hätten die Schweitzers nichts anfangen können, doch das Gold war leicht in französisches Papiergeld umzutauschen, das Helene in beider Kleidung einnähte. Albert sorgte sich um das Manuskript seiner Kulturphilosophie. Es mitzunehmen, wagte er nicht, und so bat er den amerikanischen Missionar Ford, es für ihn aufzubewahren. Schweitzer meinte,

Ford hätte es wohl lieber in den Ogowe geworfen, weil er Philosophie für etwas Teuflisches hielt. Doch aus „christlicher Nächstenliebe" nahm er es schließlich widerstrebend in Empfang.

Zwei Tage bevor sie abfuhren, wurde ein Patient mit einem eingeklemmten Bruch gebracht. Schweitzer operierte den Mann sofort und konnte ihm so das Leben retten. Wie viele Menschen würden in der kommenden Zeit in Lambarene sterben müssen, weil kein Arzt ihnen mehr beistehen konnte! Dieser Gedanke wird die Schweitzers bewegt haben, als sie schließlich auf dem Deck des Flußdampfers standen und zum Ufer hinüberblickten, wo ihnen die Schwarzen und die Missionare traurig nachwinkten. Es war eine große Erleichterung, daß sie – besonders Helene – nach viereinhalb Tropenjahren endlich aus dem belastenden Klima herauskamen, aber trotzdem schmerzte und bekümmerte sie, daß sie ihr Werk verlassen mußten. Einen Ersatz für sie gab es nicht, und es war ungewiß, ob sie die Arbeit je wiederaufnehmen konnten.

Die Heimfahrt auf dem Schiff *Afrique* war demütigend und belastend. Die Schweitzers wurden wie Aussätzige behandelt. Außer mit dem Steward durften sie mit niemandem sprechen. Die Kabine, die man ihnen zuwies, war tief unten im Bauch des Schiffes, heiß und stickig. Nur eine Stunde täglich durften sie auf Deck verbringen und mußten wie auf einem Gefängnishof, vom Steward bewacht, im Kreise laufen. Niemand von den anderen Passagieren beachtete die *boches*, die gehaßten Deutschen.

Während die Fahrt für Helene eine Tortur war, verstand es Albert wieder einmal, sich eine Beschäftigung zu schaffen, die ihn ausfüllte. Er durfte zwar nicht schreiben, doch nahm er sich Partituren vor und lernte Bachsche Fugen und Orgelwerke von Widor auswendig.

Im Hafen von Bordeaux wurden sie von zwei Gendarmen, französischen Polizisten, empfangen und angewiesen, ihr Gepäck aufzunehmen, um zu Fuß unter Bewachung die Stadt bis zur *Caserne de passage*, wo „verdächtige Ausländer" interniert waren, zu durchqueren. Es war ein trauriger Zug: In der Mitte gingen die beiden Schweitzers, die mühsam schwere Taschen, Koffer und Pakete mit sich schleppten, rechts und links die grimmig blickenden Uniformierten. Die Passanten beobachteten sie mißtrauisch. Was hatten die beiden verbrochen?

Die erschöpfte Helene hielt die körperliche und seelische Belastung nicht mehr aus und brach mitten auf der Straße zusammen. Die Menschen rückten näher. Niemand wollte helfen – im Gegenteil. Man nahm an, daß es sich um Verbrecher handelte, möglicherweise um deutsche Spione, „Ungeziefer", das man totschlagen mußte. Der Haß auf den Kriegsfeind drohte sich zu entladen. Für die Schweitzers wurde die Lage kritisch. Die Gendarmen bekamen Angst, daß ihre Gefangenen gelyncht werden könnten. „Haben Sie Geld für eine Droschke?" flüsterte der eine. Schweitzer nickte. Die Polizisten hielten eine vorüberfahrende Droschke an, ließen die Schweitzers einsteigen, stiegen selber nach und fuhren rasch davon. Die Gendarmen schauten diskret zum Fenster hinaus, während Schweitzer das Futter seiner Jacke auftrennte und Geld hervorholte, das er eigentlich nicht hatte einführen dürfen.

Waren sie auf dem Schiff vor Hitze bald umgekommen, froren sie nun in der Gefängniszelle. An den Wänden glitzerten Eiskristalle, und die Novembernässe drang herein. Dieses klimatische Wechselbad war besonders für Helene eine neue schwere Belastung. Doch auch Albert wurde nun ernsthaft krank. Die hygienischen Verhältnisse waren, wie in vielen französischen Gefängnissen damals, nicht sehr gut, und Schweitzer steckte sich an einer grassierenden Dysenterie, einer Darmkrankheit, an. Da er auch in Afrika stets damit hatte rechnen müssen, befanden sich in seinem Gepäck entsprechende Medikamente. Es ging ihm bald besser, doch die Folgen der Krankheit quälten ihn noch lange Zeit.

Es ist nicht ganz erklärbar, warum Schweitzer, der so viele Freunde und auch Verwandte in Frankreich hatte, von dort keinen Beistand erhielt. Vielleicht lag es daran, daß er nie verstand, für sich selber um Hilfe zu bitten, während er es unterdessen für sein Werk in Lambarene gelernt hatte. Vielleicht nahm man ihm aber auch übel, daß er nicht, wie viele Elsässer, für Frankreich optierte. Doch seine Frau war Altdeutsche. Auch hatte er wohl in Afrika und Bordeaux den Chauvinismus der Franzosen zu stark erlebt, um die französische Staatsangehörigkeit beantragen zu wollen.

Drei Wochen lang blieben die Schweitzers in der Caserne de passage. Dann wurden sie in das große Internierungslager

Garaison in den Pyrenäen verlegt. Garaison war früher ein Kloster gewesen. Seit der Französischen Revolution stand es leer und verfiel langsam. Hier waren nun seit Kriegsausbruch zahlreiche Männer, Frauen und Kinder interniert, die als Angehörige feindlicher Staaten galten, unter ihnen viele Handwerker, die den Bau einigermaßen instand setzten. Der Blick vom Kloster auf die Pyrenäen war schön. Im Hof und im Haus wimmelte ein buntes Völkergemisch, Menschen, die in den Kolonialgebieten interniert oder auf feindlichen Schiffen gefangengenommen worden waren. Man sah die verschiedensten Hautfarben, und viele Menschen trugen ihre heimatlichen Trachten: Afrikaner, Südamerikaner, Inder, Chinesen und verschleierte Türkinnen.

Direktor Vecchi, ein pensionierter Kolonialbeamter, zeigte keinerlei nationale Vorurteile. Er war gerecht und gütig. Die Schweitzers begrüßte er freundlich. Doch das Einleben war in diesem Menschengewühl nicht leicht.

Am zweiten Tag standen sie im kalten Wind frierend auf dem Hof und fühlten sich fremd, als ein Mann auf Albert zutrat und sich höflich als Mühleningenieur Borkeloh vorstellte. Er sei hoch geehrt, den Mann kennenzulernen, der seine Frau gesund gemacht habe. Zwar hatte Schweitzer die Frau nie gesehen, aber sie war durch Medikamente, die er mit genauen Angaben einem Holzkaufmann aus Gabun in die Gefangenschaft mitgegeben hatte, geheilt worden. Borkeloh fragte, ob er für Schweitzer etwas tun könne, und da er ein geschickter und praktischer Mann war, stahl er von einem alten Schuppen ein paar Bretter und baute einen Tisch, an dem Albert schreiben und „Orgel spielen" konnte. Diese Technik, am leeren Tisch zu musizieren, hatte er schon seit seiner Kindheit geübt. Die Finger bewegten auf der Tischplatte gedachte Manuale, die Füße auf dem Fußboden „Pedale". Nach der Entlassung schrieb er in einem Brief: „Im Orgelspiel hab' ich nichts verlernt, sondern viel dazugelernt, indem ich im Internierungslager stundenlang auf dem Tisch übte und nun viele Orgelsachen im Detail studiert habe und auswendig spiele. Als ich auf meine Orgeln kam, war es, als hätte ich sie erst am Tage zuvor verlassen."

Obgleich Schweitzer zunächst nicht als Arzt arbeiten durfte, war sein Leben nun wieder erfüllt. Er „musizierte" und schrieb an der Kulturphilosophie. Er beobachtete die Menschen, die er hier traf, studierte ihre zum Teil fremden Lebensweisen und schloß Freundschaften.

Im Lager waren viele Fachleute der verschiedensten Berufe, Akademiker, Künstler, Kaufleute, Industriearbeiter und vor allem Handwerker. Schweitzer unterhielt sich mit ihnen und ließ sich von ihrer Arbeit berichten. Sein Lerneifer war stets groß und blieb es bis ins hohe Alter. Sicher dachte er jetzt auch daran, was er davon vielleicht einmal in Lambarene verwenden könnte. Später erzählte er: „Von dieser einzigartigen Gelegenheit zu lernen habe ich reichlich Gebrauch gemacht. Über Bankwesen, Architektur, Mühlenbau und Mühlenwesen, Getreidebau, Ofenbau und so vieles andere eignete ich mir Kenntnisse an, die ich sonst wohl nie erlangt hätte."

Schließlich wurde Schweitzer gestattet, wieder als Arzt tätig zu sein. Der Direktor stellte ihm sogar einen kleinen Behandlungsraum zur Verfügung. Albert hatte seine Instrumente und Medikamente unbeschadet durch die verschiedenen Kontrollen gebracht und konnte jetzt vielen helfen, besonders auch denen, die an Tropenkrankheiten litten. Von nun an hatte er wieder fast zuviel zu tun und kaum Zeit, sich mit den eigenen Nöten zu beschäftigen.

Doch Helene litt. Sie fühlte sich körperlich nicht wohl, die vielen Menschen störten und bedrückten sie, und sie hatte Heimweh. Sie durften nicht mit ihren Eltern und Alberts Vater, sondern nur mit den französischen Verwandten und Bekannten korrespondieren. Der Anblick des Elends, das sie umgab, belastete Helene noch stärker als Albert: die vielen Kranken, die schwer Erschöpften, vor allem die Depressiven. Einige sehnten sich verzweifelt nach ihren Angehörigen, andere wußten nicht, was aus ihnen werden sollte, wenn sie entlassen wurden. Viele hatten Angst vor der Zukunft, obgleich sie sich wünschten, endlich frei zu sein.

Es war ein langer, harter Winter für die Schweitzers. Doch hatten sie sich so weit im Lager eingelebt, daß sie lieber dort geblieben wären, als bekannt wurde, daß sie in ein Lager speziell für Elsässer in St. Rémy verlegt werden sollten. Der Antrag des Direktors, Garaison seinen einzigen Arzt zu erhalten, wurde abschlägig beschieden.

Auch in St. Rémy war das Lager in einem ehemaligen Kloster

untergebracht. Als sie den großen, kahlen Tagesraum betraten, kam Albert der eiserne Ofen, dessen langes Rohr an der Decke entlanglief, seltsam bekannt vor. Obgleich er nie in St. Rémy gewesen war, wußte er, daß er ihn schon einmal gesehen hatte. Plötzlich fiel es ihm ein: Er kannte das Bild, das Vincent van Gogh als Patient der Nervenheilanstalt gezeichnet hatte, die früher in dem Bau untergebracht war.

Mit dem Direktor des Lagers, Monsieur Bagnaud, hatten sie wieder Glück. Er war liberal, hatte viel Humor und freundete sich bald mit Schweitzer an. Weil er dessen Nachnamen nicht aussprechen konnte, nannte er ihn „Monsieur Albert".

In St. Rémy trafen sie auch Elsässer Bekannte: einen jungen Lehrer aus Günsbach und einen Pfarrer, der einmal Schweitzers Schüler gewesen war und ihn nun als Vikar annahm. So konnte Albert sonntags ab und zu predigen oder den Gottesdienst auf einem alten Harmonium begleiten, was ihm beides große Befriedigung gab. Als Arzt durfte er vorerst nicht arbeiten, weil ein Internist unter den Gefangenen war, der die Kranken versorgte. Als der Kollege aber das Lager verließ, wurde Schweitzer Lagerarzt.

So viel Arbeit wie in dem großen internationalen Lager in Garaison hatte er hier nicht. Das war auch gut, denn gesundheitlich stand es bei ihm nicht zum besten. Der Magen-Darm-Infekt war noch nicht ausgeheilt, Albert hatte immer wieder Beschwerden und fühlte sich ungewöhnlich schlapp.

Helene ging es wieder schlechter. Die rauhen Winde der Provence machten ihr zu schaffen. Sie fror ständig, Schwäche und Heimweh quälten sie, und sie merkte, daß sie schwanger war. Der Direktor sah mit Anteilnahme, wie sie sich quälte. Als beide Schweitzers an den Spaziergängen, die den Internierten ab und zu erlaubt waren, nicht mehr teilnehmen konnten, weil sie das rasche Wandertempo überforderte, ging der Direktor selber mit ihnen kurze Wege.

Anfang Juli 1918 wurde bekannt, daß die meisten der Lagerinsassen gegen französische Kriegsgefangene ausgetauscht wurden. Albert hatte die Gelegenheit, die Listen einzusehen, und mußte entdecken, daß er selber darauf nicht genannt war. Er verschwieg es Helene, um sie in ihrem Zustand nicht neu zu deprimieren. Doch schließlich kam in letzter Minute der telegrafische Befehl, alle Gefangenen zu entlassen. In der Nacht des 12. Juli wurden sie geweckt. Sie packten eilig und schleppten bei Sonnenaufgang ihre Koffer auf den Hof zur Kontrolle. Der Direktor verabschiedete sich von ihnen mit Wehmut. Ihm würden die Gespräche mit Schweitzer fehlen.

Die Reise ging zuerst nach Tarascon, wo sie sich bis zur Abfahrt des Zuges in einem abgelegenen Schuppen aufhalten mußten, um die Begegnung mit der Bevölkerung zu vermeiden.

An den Zug wurden unterwegs immer neue Wagen mit Internierten angehängt. Auf einem kleinen Bahnhof zwischen Tarascon und Lyon holten einige Damen und Herren die Internierten aus den Abteilen, führten sie an üppig gedeckte Tische und baten sie, tüchtig zuzulangen. Es war ein Fest. Die Reisenden tauten auf und begannen fröhlich auf elsässisch miteinander zu schwatzen. Nur wenige erkannten wie die Schweitzers, daß sie das Mahl einem Irrtum verdankten. Die Gastgeber wurden zusehends verlegener, denn die Festtafel war für die Franzosen bestimmt gewesen, die gegen die Elsässer ausgetauscht wurden. Alberts Sinn für Komik kam hier auf seine Kosten.

Nachdem sie die Grenze zur Schweiz überquert hatten, atmeten sie auf. Nun waren sie freie Menschen, keine Gefangenen und Gedemütigten mehr. Die vom Krieg unberührte heile und fröhliche Welt der Schweiz gab ihnen Hoffnung, auch einmal wieder so leben zu können. Sie wußten allerdings, daß die Lage in Deutschland keineswegs günstig war.

In Zürich holten Freunde Albert aus dem Zug, begrüßten und beglückwünschten ihn. Er war wieder ein unabhängiger, geehrter und anerkannter Mann. Das Leben konnte neu beginnen.

WIE SCHWIERIG dieses neue Leben erst einmal sein würde, davon bekamen die Schweitzers einen Begriff, als sie aus der Schweiz nach Konstanz kamen. Sie sahen vernachlässigte Straßen und Plätze, auf denen blasse, ausgehungerte Menschen gingen, Kriegsinvaliden bettelten und Hausfrauen nach Lebensmitteln anstanden. Die Gesichter waren matt und bekümmert, viele der Frauen waren schwarz gekleidet, und selbst die Kinder lachten kaum einmal.

Aber Helenes Eltern waren da, umarmten die Tochter und den Schwiegersohn, froh, sie endlich wieder bei sich zu haben, doch auch besorgt über deren elendes Aussehen. Helene reiste gleich mit den Eltern weiter nach Straßburg, während Albert mit den anderen Ausgetauschten warten mußte, bis alle Formalitäten erledigt waren. Erst spät in der Nacht kam er in Straßburg an, wo wegen der Gefahr von Fliegerangriffen alles verdunkelt war. In der Finsternis war es unmöglich, das Haus der Schwiegereltern in einem Außenbezirk zu erreichen. So übernachtete er schließlich bei Frau Fischer, der treuen Helferin für Lambarene.

In der nächsten Zeit bemühten sie sich um die Erlaubnis, Alberts Vater zu besuchen. Das war schwierig, weil Günsbach dicht an der Front lag. Schließlich durfte zunächst Albert reisen. Der Zug fuhr nur bis Colmar. Von dort aus waren noch fünfzehn Kilometer zu Fuß zu bewältigen. Es war ein trauriger „Spaziergang". Wie in einem Käfig ging man zwischen mit Stroh bedeckten Drahtgittern, die den feindlichen Fliegern den Verkehr auf der Straße verbergen sollten. Überall gab es Stellungen für Maschinengewehre; Gräben und Bombenkrater hatten die Felder verdorrt. Beim Gehen wirbelte Albert Staub auf. Von fern hörte er den Kanonendonner der Front. Er sorgte sich, wie er den Vater antreffen würde.

Die Mutter konnte er nicht mehr in die Arme schließen. Sie war im Juli 1916 von einem scheuenden Militärpferd überrannt und getötet worden. Doch der Vater hatte so viel mit dem Alltag zu tun, daß er sich ein Versinken im Kummer nicht leisten konnte. Er amtierte noch als Pfarrer und mußte vielen Menschen mit Rat und Tat zur Seite stehen. Auch war er erfüllt von der Sorge, daß die Trockenheit die Ernte vernichten könnte und das Vieh kein Futter mehr bekäme. An die Beschießung sowie an die Einquartierung von Soldaten hatte er sich gewöhnt und ging bei Fliegeralarm nicht mehr in den Keller.

Er war glücklich, den Sohn bei sich zu haben, und bald konnte auch Helene nachkommen. Doch nun wurde der sonst so robuste Albert ernsthaft krank. Die Dysenterie flammte wieder auf mit quälenden Koliken und hohem Fieber. Zwischen den Anfällen konnte er sich vor Mattigkeit kaum auf den Beinen halten. Schließlich verschlimmerte sich der Zustand beängstigend. Albert mußte dringend zur klinischen Behandlung nach Straßburg. Doch wie sollte er dorthin gelangen? Von Helene gestützt, schleppte er sich sechs Kilometer weit bis zu einem Ort, wo sie eine Fahrgelegenheit nach Straßburg fanden. Am 1. September wurde er dort am Darm operiert.

WIEDER genesen, fand Albert Schweitzer zu seiner Erleichterung eine Stellung als Assistenzarzt in der Hautklinik des Bürgerspitals. Gleichzeitig wurde er wieder Vikar in St. Nicolai. Man bot ihm die Wohnung im leerstehenden Pfarrhaus an, und Helene richtete beglückt ihr erstes eigenes Heim ein.

Das Kriegsende brachte für die Schweitzers nicht nur Erleichterung. Elsaß-Lothringen fiel durch den Versailler Vertrag an Frankreich zurück. Ein Teil der Elsässer begrüßte die einrückenden französischen Truppen mit Jubel, doch die vielen Altdeutschen hatten unter dem aufflammenden Chauvinismus zu leiden, dem Haß auf den Kriegsfeind, der nun auch Menschen wie Helenes Vater, den alten Professor Breßlau, traf. Anfang Dezember 1918 wurde er unter höhnischem Geschrei von französischen Nationalisten mit seinem Koffer über die Rheinbrücke in das deutsche Kehl getrieben. Anderen Freunden der Schweitzers ging es ebenso. Am selben Tag sollte Albert in St. Nicolai die Gedenkpredigt für die Gefallenen halten. Was erwartete man von ihm? Bei den hochgeputschten nationalen Emotionen war die Gefahr groß, mißverstanden zu werden. Und doch wagte er auch in dieser Situation den Versuch eines Brückenschlags. Er beklagte den Tod so vieler junger Menschen auf *beiden* Seiten und bezeichnete die französischen und die deutschen Gefallenen als „eine Schar".

Die zwiespältige politische Situation im Elsaß erlebte Schweitzer auch direkt in seiner kirchlichen Arbeit. Während der deutschen Besatzung war einer der Pfarrer von St. Nicolai wegen antideutscher Äußerungen von seinem Posten entfernt worden. Nun passierte das gleiche dem anderen Pfarrer wegen antifranzösischer Gesinnung. Schweitzer mußte den Kirchendienst eine Zeitlang allein versehen. Obwohl er eine deutsche Frau hatte und nie ein Blatt vor den Mund nahm, traute man ihm wohl nicht zu, sich politisch eingleisig zu verhalten. Wenn er im Pfarrhaus Besucher empfing, beobachtete er häufig Spitzel, die notierten, wer bei ihm aus- und einging. Helene als Deutsche hatte weniger Bewegungs- und Reisefreiheit als der Elsässer Albert. All das war deprimierend.

Ruhe und Frieden fand Schweitzer immer wieder an der Orgel. Wenn er abends Zeit hatte, sich in Bachs Fugen zu versenken, ließ er die Türen der Kirche offen. Immer saßen dann bald in den Bankreihen des dunklen Kirchenschiffes belastete und bekümmerte Menschen und fanden Trost durch die Musik, die Albert ihnen an dem von ein paar Kerzen erhellten Orgeltisch spielte.

DER ALLTAG war mühsam, die Lebensmittelversorgung karg, doch immer noch besser als im besiegten Deutschland. Oft ging Albert nun, einen Rucksack voll Nahrungsmittel auf dem Rücken, über die Rheinbrücke, um von Kehl aus Freunde mit dem Notwendigsten zu versorgen, vor allem den sehr alten Maler Hans Thoma und Cosima Wagner. Hans Thoma kannte er seit Jahren durch die Witwe eines Jugendfreundes.

Helenes Schwangerschaft näherte sich ihrem Ende. Albert machte sich Sorgen. Helene war fast vierzig Jahre alt und durch die lange Tropenzeit und die Gefangenschaft geschwächt. Wahrscheinlich wirkte schon die später ausbrechende Tuberkulose in ihr. Doch die Geburt verlief glatt. Am 14. Januar 1919, an Alberts vierundvierzigstem Geburtstag, wurde die Tochter Rhena geboren. Albert war glücklich. Als Mutter und Kind nach der Anstrengung schliefen, lief er in die Nicolaikirche. Die halbe Nacht saß er an der Orgel und verströmte seine Erleichterung, sein Glück und seinen Dank in Musik.

Beruflich begann jetzt für ihn eine harte Zeit, vielleicht die bitterste in seinem Leben. Nach seinen Plänen befragt, schrieb er: „Klar ist mir nur so viel, daß ich zur Zeit keine Pläne machen darf. Nämlich ich bin ein Mensch mit Schulden."

Die Schulden, die er bei der Missionsgesellschaft zur Erhaltung des Lambarene-Hospitals gemacht hatte, mußten zurückgezahlt werden. Das Geld, das vor seiner Abreise nach Afrika auf einer deutschen Bank in Straßburg bereitgelegen hatte, aber wegen des Krieges nicht transferiert werden konnte, war nun entwertet. Schweitzer mußte 20 000 Franc aufbringen und wußte nicht, wie er das bewerkstelligen sollte. Er schrieb: „Es ist tragisch, die fünf Jahre solche Arbeit getan zu haben, und als Schlußresultat eine so schwere Schuldenlast zu tragen…"

In der Musik war er, wie Widor vorausgesagt hatte, „weg vom Fenster", so daß vorerst Einnahmen durch Konzerte ausblieben.

Ebenso ging es ihm in der Wissenschaft, wo ihn nicht nur der Verdienstausfall durch fehlende Vortragsreisen schmerzte, sondern vor allem, daß man sich nicht mehr für ihn interessierte, obgleich er meinte, etwas unerhört Wichtiges mitteilen zu müssen. Er erklärte später in bitterer Ironie, er habe „die ganze Zeit nach dem Krieg ... das Gefühl eines unter die Möbel gerollten und dort vergessenen Groschens gehabt".

Auch körperlich ging es ihm wieder schlechter. Die Darmbeschwerden wollten sich nicht bessern, und die Mattigkeit machte ihn ungewöhnlich antriebslos. Im Sommer mußte er ein zweites Mal operiert werden, erholte sich nur langsam und schrieb an Freunde in der Schweiz: „Ich muß erst wieder auftauen. Manchmal habe ich wirklich Angst, daß vieles in mir erfroren ist."

Aus Zürich erhielt er endlich wieder eine Anerkennung seiner wissenschaftlichen Leistungen. Die theologische Fakultät verlieh ihm die Ehrendoktorwürde. Auch auf musikalischem Gebiet war er nicht ganz vergessen. Aus Barcelona kam eine Einladung, im Oktober 1919 beim *Orféo Català* auf der Orgel zu spielen. Nur mit Mühe bekam er einen Paß für diese Reise. Bei der Ankunft wurde er von den spanischen Musikern herzlichst empfangen und konnte schließlich vor einem sehr kunstverständigen Publikum beweisen, daß er in Afrika nichts von seinem Können als Organist eingebüßt hatte.

Große Freude und Erleichterung brachte ihm endlich kurz vor Weihnachten ein Brief aus Schweden. Erzbischof Nathan Söderblom lud ihn ein, nach Ostern 1920 an der Universität Uppsala Vorlesungen zu halten.

In DIESEM schweren Jahr 1919 ließ Schweitzer trotz aller persönlichen und familiären Nöte die Idee von der „Ehrfurcht vor dem Leben" nicht ruhen. Da er das umfangreiche Originalmanuskript in Lambarene gelassen hatte, versuchte er, einiges neu aufzuzeichnen und weiter auszuarbeiten. Vor allem aber setzte er sich in zwölf Predigten damit auseinander, in denen er von den praktischen Anwendungsmöglichkeiten seiner Lehre sprach und ihre theologische Begründung darlegte. Wie sehr ihn das Thema packte, zeigt, daß er einige dieser Predigten in krankem Zustand hielt, andere hatte er noch im Hospitalbett skizziert.

In der ersten Predigt sprach er über das „Grundwesen der Sittlichkeit". Die ethischen Forderungen des Christentums seien nicht zu einer wirklichen Macht in der Welt geworden und müßten deshalb neu formuliert werden. Auch müsse man ihre praktische Anwendbarkeit im Leben aufzeigen. Vernunft und Herz seien dabei gleichermaßen zu befragen.

Eine der wichtigsten Forderungen stellte Schweitzer aus seinem Erlebnis von Nationalismus und Chauvinismus heraus: „Aus Ehrfurcht zu dem unbegreiflichen Unendlichen und Lebendigen, das wir Gott nennen, sollen wir uns niemals einem Menschenwesen gegenüber als fremd fühlen dürfen, sondern uns zu helfendem Miterleben zwingen." Hier stand er ganz auf dem Boden des Christentums. Neu war, daß er auch „die Aufhebung der Fremdheit" zwischen dem Menschen und anderen Lebewesen forderte. Eine Orientierung auf diesem Weg solle die „Ehrfurcht vor dem Leben" sein.

Das waren die Grundgedanken, die Schweitzer in den weiteren Predigten ausführte. Er sprach von dem großen Feind der Sittlichkeit, der „Abstumpfung": „Gut bleiben, heißt wach bleiben!" Nur der Mensch sei fähig zu erkennen, daß die Natur keine Ehrfurcht vor dem Leben kennt. Jedes Wesen lebe auf Kosten anderer Wesen, werde also schuldlos schuldig. „Unser Wissen ist eine Einsicht in unlösbare Gegensätze." Aber das Wissen des Menschen verpflichte ihn zur „Ehrfurcht vor dem Leben". Auch für den Menschen sei es allerdings schwierig, danach zu handeln. Allzuleicht sei er durch Mißerfolge zu entmutigen, und die Fähigkeit mitzuleiden überfordere ihn oft und lasse ihn abstumpfen. Dagegen müsse der Mensch mit allen Kräften ankämpfen, denn Mitgefühl rufe zur Tat auf. Dem Tier gegenüber sei der Mensch zwar immer wieder zu Kompromissen gezwungen, denn er müsse Tiere töten, um zu leben. Doch dürfe er nie aus Gedankenlosigkeit vernichten, sondern müsse sich seiner großen Verantwortung stets bewußt sein. Das Töten von Tieren als Schauspiel oder Sport, wie beim Stierkampf oder durch die Jagd, verurteilte Schweitzer scharf.

Dieselben ethischen Grundsätze verlangte er auch für den Umgang mit Pflanzen. Er fragte: „Wissen wir, ob nicht auch Pflanzen Empfindungen haben?"

In seiner vierten Predigt erklärte er: „Die Ehrfurcht vor dem Leben beginnt mit der Ehrfurcht vor dem eigenen Dasein." Fast jeder Mensch spüre einmal eine „Selbstmordsehnsucht", die „Ehrfurcht vor dem Leben" verbiete aber die Ausführung.

Ein höchst aktuelles Anliegen war für ihn die Frage, ob man in diese Welt von Not und Leid überhaupt Kinder setzen solle. Er bejahte das ohne Zögern, denn jedes „Menschenwesen" war für ihn etwas Wertvolles, durch die „Ehrfurcht vor dem Leben" geschützt.

Geburt und Tod – hierher gehörte auch die Frage, ob man kranken Menschen aktive Sterbehilfe leisten dürfe. Das lehnte Schweitzer entschieden ab, denn „Sittlichkeit ist also, daß mir das eigene Dasein und das Dasein jedes Menschen heilig ist und: daß ich von der höheren Bestimmung meines eigenen Wesens, wie der jedes Menschenwesens, überzeugt bin und danach verfahre."

„Jedes Menschenwesen" – und wie stand es mit dem Feind? Die Forderung Christi: „Liebet eure Feinde!" empfand Schweitzer durchaus als ideal, doch unsagbar schwer zu leben. Seine physische und psychische Stärke verlangte danach, sich zu wehren. Feinden gegenüber, die unsere Existenz bedrohen, meinte er, habe man das Recht zur Abwehr, doch dürfe man nicht aus Haß andere schädigen.

Als er die Predigten später als Buch herausgab, hatte er an dieser Stelle an den Rand des Manuskriptes geschrieben: „Bis wie weit darf ich mich verteidigen?" Beantwortet hat er die Frage nicht. Es blieb die Erkenntnis, daß der Feind ein Mensch wie man selber und jeder Mensch ein Geheimnis sei, von dem man nicht wisse, was in ihm stecke. Wie konträr waren diese Gedanken zu dem noch immer herrschenden Zeitgeist, der von nationalistischen Feindbildern geprägt war.

Es war ein relativ kleines Publikum, zu dem Schweitzer predigte, aber ein aufmerksames. Die einfache Art, in der er wesentliche Dinge sagte, sprach auch wenig gebildete Menschen an. Für Schweitzer selber waren diese Predigten ein Anliegen, denn er konnte es nie ertragen, Theorien einfach im luftleeren Raum stehenzulassen. Er mußte stets ihre praktischen Konsequenzen herausarbeiten.

Ein neuer Aufbruch

Bald sollte Schweitzer seine Ideen einem viel größeren Publikum mitteilen können. Im Frühling 1920 fuhr er mit seiner Frau nach Schweden. Erzbischof Nathan Söderblom, der ihn eingeladen hatte, kannte Schweitzers wissenschaftliche Arbeiten über Kant, die Leben-Jesu- und die Paulus-Forschung. Die Kulturethik interessierte den Bischof brennend, und er bat Schweitzer, darüber die geplanten Vorlesungen zu halten.

Noch nicht gesund, mit Schulden belastet, als Wissenschaftler und Orgelspieler entmutigt und fast ohne Aussicht, seine Arbeit als Urwaldarzt wiederaufnehmen zu können, kam Schweitzer in Schweden an. Sofort wurde er in einen interessierten und einflußreichen Kreis eingeführt, der ihn in jeder Beziehung bestätigte und ermutigte. Besonders Freiherr Claes Lagerfelt und dessen Frau Greta wurden zu Freunden. Greta Lagerfelt übertrug später Manuskripte von Schweitzer aus dem Deutschen ins Schwedische. Im erzbischöflichen Haus wurden die Schweitzers liebevoll aufgenommen, umsorgt und verwöhnt. Albert erholte sich körperlich rasch und nahm seine Vorlesungen auf, die ein großer Erfolg wurden. Nicht nur die Studenten interessierten sich für seine Ideen. Es gab einen regen geistigen Austausch zwischen den Hörern und ihm.

Auf einem Spaziergang bat ihn der Erzbischof, von seinem Urwaldhospital zu erzählen. Als er von den Schulden und der fast aussichtslosen Lage hörte, die Arbeit in Lambarene wiederaufzunehmen, riet er Schweitzer, eine Zeitlang in Schweden Vorträge zu halten und Orgelkonzerte zu geben, um sich so das Geld für die Abdeckung der Schulden und die Weiterarbeit im Urwald zu verdienen.

Albert hatte hier seine Kraft und Unternehmungslust wiedergewonnen und ging auf diesen Vorschlag sofort ein. Er reiste durch das Land und musizierte an vielen Orten. Eine zusätzliche freudige Überraschung war für ihn, daß es in Schweden viele unveränderte alte Orgeln gab. Seine Konzerte waren bald berühmt und gut besucht. Bei Vorträgen bestand die Schwierigkeit, daß er kaum Schwedisch sprach, doch ein Theologiestudent, Elias

Rechts: Als Zivilinternierter 1917 in Frankreich
Unten: Albert und Helene Schweitzer mit Tochter Rhena etwa 1923

Oben: Kranke warten auf die Behandlung.

Rechts: In einem Spital mit einfachster Ausstattung erzielte Albert Schweitzer beeindruckende Heilerfolge.

Söderstrom, bot sich an zu dolmetschen. Schweitzer ging mit ihm vorher jeden Vortrag durch und gab sich Mühe, kurze, klare Sätze zu sprechen. Der Student übersetzte das Gesagte Satz für Satz so lebendig, daß das Publikum begeistert den Schilderungen aus Lambarene folgte.

Es dauerte nur wenige Wochen, bis Schweitzer seine Schulden abzahlen konnte. Er blieb noch bis zum Juli in Schweden und verdiente so viel, daß das erneute Afrikaprojekt kein Traum mehr bleiben mußte. Die schwedischen Freunde baten ihn, ein Buch über seine Erfahrungen in Lambarene zu schreiben. Baronin Lagerfelt wollte es ins Schwedische übersetzen. Sie interessierte den Lindbladschen Verlag in Uppsala dafür, der sich bereit erklärte, das Manuskript zu verlegen.

Zu Hause machte Schweitzer sich sofort ans Werk, und es entstand das Buch „Zwischen Wasser und Urwald“. Schon 1921 erschien es auf schwedisch, im selben Jahr in der Schweiz und in Deutschland, schließlich auf englisch, holländisch, französisch und dänisch. Auch heute noch begeistert die lebendige, humorvolle Erzählweise, und Entwicklungshelfern kann es wichtige praktische Hinweise geben.

MIT FRISCHEM Mut und neuen Plänen war Schweitzer ins Elsaß zurückgekehrt. Er glaubte zu wissen, daß er nun durch Orgelkonzerte und schriftstellerische Arbeit genügend Geld verdienen könne, um die Familie sicherzustellen und seine Arbeit in Afrika aufzunehmen. Das Leben war wieder reich und vielversprechend. Am Palmsonntag spielte er in Barcelona im *Orféo Catalá* die Orgel bei der Aufführung der Bachschen Matthäuspassion.

Im April 1921 gab er die Stellung als Arzt in der Hautklinik und als Vikar von St. Nicolai auf, um mit seiner Familie nach Günsbach zum Vater zu ziehen. Hier würde er genügend Ruhe haben, um an der Kulturphilosophie zu arbeiten.

Für Helene war der Abschied vom eigenen Haushalt schwer. Aber wie immer fügte sie sich klaglos. Auch konnte sie des Kindes wegen nur an wenigen Reisen teilnehmen, die Albert immer wieder von Günsbach forttrieben, um Konzerte zu geben oder Vorträge zu halten. Im Herbst 1921 fuhr Albert in die Schweiz. Fast während des ganzen Winters 1921/22 lebte er in Schweden als Gast in verschiedenen Familien. Aber nicht nur die Schweden hatten seine Bedeutung neu entdeckt. Ende Januar 1922 hielt er Vorlesungen in England an der Universität Oxford, in Birmingham, Cambridge, London und gab auch Konzerte. Dort las er im März 1922 vor einer religionswissenschaftlichen Gesellschaft über die „Mystik des Apostels Paulus" und an anderer Stelle über die moralische Pflicht der Weißen, unterentwickelten Völkern zu helfen. Außerdem gab er wieder Konzerte in Schweden und hielt Vorträge über Lambarene. Es war eine anstrengende Tour mit vielen Eisenbahnfahrten. Hier im Lande war er rasch zu einer Berühmtheit geworden.

Nach erneutem Aufenthalt in der Schweiz kehrte Schweitzer endlich erschöpft heim und verbrachte den Sommer 1922 im Günsbacher Pfarrhaus, um ungestört an der Kulturphilosophie zu arbeiten. Da ihm das Originalmanuskript aus Lambarene geschickt worden war, ging die Arbeit gut voran. Im Herbst brach er noch einmal in die Schweiz, nach Dänemark und im Januar 1923 nach Prag auf.

Eine der interessantesten Vorlesungen hielt er im Selly Oak College in Birmingham über „Das Christentum und die Weltreligionen".

„Meine Zuhörer bestanden zu einem großen Teil aus Missionaren oder solchen, die es werden wollten, d. h. aus Christen, die das Christentum gegenüber den anderen Weltreligionen, besonders dem Buddhismus und dem Hinduismus, zu verteidigen haben...", berichtete er.

Die pessimistische Weltschau der beiden asiatischen Religionen, die Vorstellung, daß „Leben Leiden sei", erkannte Schweitzer als in vielem berechtigt an, doch wehrte sich der aktive Europäer gegen die Folgerung, sich deshalb vom Leben zurückzuziehen in Meditation und Gottesschau. Das Christentum, erklärte er, sei „eine pessimistische Religion mit optimistischen Adern", denn es lebe „von der glühenden Hoffnung auf eine bessere Welt". Jesus forderte „ein Freiwerden von der Welt und zugleich ein Handeln in der Welt". Der Fatalismus in den asiatischen Religionen war für Schweitzer unannehmbar: „Sie rennen der Illusion nach, als ob Religion sich aus Erkenntnis der Welt rechtfertigen könne." Der aktive Christ setzte dagegen: „Dem furchtbaren Rätsel, das uns die Welt bietet, ins Auge schauend ringen wir danach, nicht an Gott irre zu werden." Für ihn waren die östlichen „logische Religionen", religiöse Naturphilosophien. „Aber die Religion hat nicht nur die Welt zu erklären. Sie hat auch darauf zu antworten, was ich mit meinem Leben will. Das letzte Maß, das an sie gelegt werden muß, ist, ob sie wahrhaftig und in lebendiger Weise ethisch ist oder nicht."

Ethik war für Schweitzer nur durch Handeln möglich. So mußte für ihn der Christ ein Handelnder sein.

PERSÖNLICH gab es in dieser Zeit neue Sorgen. Helenes Gesundheitszustand wurde immer schlechter. Schließlich hatte sie einen schweren Zusammenbruch. Nach einem Blutsturz wurden in der Lunge drei offene Kavernen entdeckt, die zeigten, daß Helene schon längere Zeit an einer Tuberkulose litt – in der damaligen Zeit eine bedrohliche Diagnose. Der Ansteckungsgefahr wegen mußte sich die junge Mutter sofort von ihrem Kind trennen. Ein Sanatoriumsaufenthalt war nötig. Auch das Herz war nicht gesund, und der Traum, an Schweitzers Seite wieder in Afrika wirken zu können, war auf lange Zeit, vielleicht für immer, unmöglich geworden.

In einem Brief heißt es: „Daß ihre kostbare Hilfe mir fehlen wird, wird meine Tätigkeit zwangsläufig einschränken, aber das läßt sich nicht ändern." Denn nichts, aber auch gar nichts konnte Albert Schweitzer von seinem Plan abhalten, das Urwaldhospital wieder aufleben zu lassen. Es wäre durchaus möglich gewesen, sich eine befriedigende Existenz in Europa aufzubauen. Die theologische Fakultät in Zürich trug ihm einen Lehrstuhl an. Doch er schrieb an den Dekan: „Ich weiß wohl, daß ich auch neben dem Lehrberuf durch Wort und Schrift für das Werk hätte wirken können. Aber die Wahrheit des Wortes ‚Im Anfang war die Tat' gilt für die ärztliche Mission in besonderem Maße. Das Elend, das ich draußen gesehen habe, zwingt mich, dem Gedanken, daß wir Ärzte hinaussenden, meine Kraft in jeder Art zu leihen…"

Er brachte Opfer, verlangte aber auch immer wieder welche von den Menschen, die zu ihm gehörten. Schon seiner Mutter hatte er das Opfer der Trennung abverlangt, jetzt erlegte er es seiner Frau und dem kleinen Kind auf. Es war unsäglich hart für Helene, den verlockenden europäischen Aussichten nicht nachgeben zu können und den Ehemann ziehen zu lassen zu einer

Arbeit, an der sie nicht mehr teilhaben konnte. Sie beschwor ihn nicht, seinen Plan ihretwegen zu ändern. Tochter Rhena schrieb später: „... sie ließ ihn ziehen und brachte damit das größte Opfer ihres Lebens."

Schweitzer versuchte, für Frau und Tochter alles so gut wie irgend möglich zu regeln und ihnen ein Heim in einer angenehmen Atmosphäre zu schaffen. In Königsfeld im Schwarzwald, in einer für Herz und Lunge günstigen Lage, baute er ein schönes Haus. Hier gab es eine Niederlassung der „Brüdergemeinde", einer aus dem Pietismus hervorgegangenen Religionsgemeinschaft, die nach den Idealen urchristlicher Brüderlichkeit lebte. Bei ihnen, deren Ansichten den seinen nahestanden, glaubte er Helene und Rhena gut aufgehoben.

In Günsbach und Königsfeld arbeitete er weiter an der Vollendung der ersten beiden Bände der Kulturphilosophie. Nebenbei sammelte er Geld für Lambarene, hielt Vorträge und Konzerte. Auch bereitete er sich praktisch auf seine ärztliche Tätigkeit vor, indem er in Straßburger Kliniken versuchte, soviel wie möglich als Chirurg, in der Geburtshilfe, der Zahnheilkunde und in der Augenheilkunde zu lernen. In Hamburg hörte er Vorträge über Tropenmedizin. Wieder einmal steckte er mit allen Sinnen und Kräften in einer Fülle verschiedener Unternehmungen.

Ende des Jahres 1923 leistete Albert wieder praktische Vorbereitungsarbeit für Lambarene. Es mußte sorgfältig überlegt werden, was alles in den Urwald mitzunehmen war. Einkäufe wurden gemacht und schließlich Medikamente, Verbandstoffe, Instrumente und andere Geräte im Keller des Thomasstifts in Kisten gepackt. Studenten halfen dabei. Außerdem suchte Schweitzer einen jungen Mann, der ihn als Sekretär nach Afrika begleiten und einige Aufgaben von Helene übernehmen sollte.

Nebenbei korrigierte er die Druckfahnen der ersten Bände der Kulturphilosophie. Grundsätzlich hatte sich an den in Afrika erarbeiteten Gedanken und an der auf dem Ogowe so emotional geborenen Idee nichts geändert. Es war nur alles durch historische Vergleiche und philosophische Betrachtungen weiter vertieft worden. Schweitzer wollte erreichen, daß nicht nur die Intellektuellen, sondern ein breites Publikum seine Ideen aufnahm. Er bemühte sich deshalb um eine klare, einfache Sprache ohne Fachjargon.

Gleich nach dem Erscheinen der beiden Bände kam es zu stürmischer Zustimmung und stürmischer Kritik. Beides ist bis heute nicht verstummt. Den Glauben, daß man durch philosophisches Denken die Welt erneuern könne, fanden manche Kritiker naiv, andere glaubten, unsere moderne Welt sei gar nicht zu erneuern, sondern stürbe, den Naturgesetzen folgend, als veraltet ab. Manche zeigten sich beeindruckt von dem hoffnungsvollen „Aufschrei", wie der Theologe und Philosoph Karl Barth Schweitzers Schrift nannte.

Einen Widerspruch glaubte man darin zu sehen, daß Schweitzers ethische Forderungen nicht konsequent zu leben seien und damit ad absurdum geführt würden. Doch betonte Schweitzer in seinem Buch, daß eine absolute Harmonisierung nicht möglich sei, daß man nur „relativ" ethisch sein könne und sich dieses Mangels immer bewußt sein müsse: „Wo ich irgendwie Leben opfere oder schädige, bin ich nicht in der Ethik, sondern werde schuldig…" Trotzdem, verlangte er, müsse der Mensch immer nach den ethischen Zielen streben.

Andere Kritiker meinten, Ähnliches wäre schon gedacht und gesagt worden, doch konnten sie nicht leugnen, daß in Schweitzers ethischen Forderungen etwas Neues war: Die scharfe Grenze zwischen dem Menschen und anderen Lebewesen wurde nicht mehr anerkannt, ja Schweitzer weigerte sich, in einer Bewertungsskala den Menschen obenan zu stellen: „Wer von uns weiß, was das andere Lebewesen an sich und im Weltganzen für eine Bedeutung hat?" Diese Ansichten waren damals vielen Menschen fremd. Hier war er ein Vordenker. Erst heute, durch all unsere ökologischen Probleme, beginnen wir einzusehen, daß der Mensch nicht „die Krone der Schöpfung" ist.

Zum zweitenmal in Afrika

Am 14. Februar 1924 verabschiedete sich Albert Schweitzer am Straßburger Bahnhof von Helene und Rhena. Es war eine schmerzliche Trennung. Die Sorgen um Helenes Gesundheit bestanden fort, und das stille fünfjährige Kind, das Albert sehr liebte, würde den Vater entbehren. Doch für ihn gab es keinen Zweifel, daß dieser Abschied unvermeidbar war.

Am 21. Februar reiste er mit einem holländischen Handelsschiff aus Bordeaux ab. Noël Gillespie, ein Student der Chemie und Geologie aus Oxford, begleitete ihn für ein paar Monate als Sekretär. Er sollte einige von Helenes früheren Aufgaben übernehmen. Außerdem sollte er Schweitzer englischen Sprachunterricht geben.

Albert genoß die Seereise als Erholung, schlief sich endlich einmal aus, ließ sich auf der Kapitänsbrücke die Astronomie und Nautik erklären und beantwortete Berge von Post. Er hatte vier Kartoffelsäcke voller Briefe mitgenommen, Briefe von Spendern, Verehrern, Wissenschaftlern, Freunden, für die er sich nun Zeit nahm. Doch wieder einmal konnte er sich nicht nur mit seinen eigenen Angelegenheiten beschäftigen. Die einzige Passagierin auf dem Schiff war eine junge Frau, die während der Seefahrt zu früh ihr Baby bekam. Schweitzer stand ihr bei der Geburt bei, trug das schreiende Kind nachts stundenlang herum und bereitete in der Schiffsküche Fläschchen.

In Duala verließen Schweitzer und Gillespie das Handelsschiff und setzten die Reise auf dem Postdampfer *Europe* fort, der sie nach Port Gentil brachte, dem einstigen Kap Lopez. Bei der Ankunft wurde Schweitzer von Eingeborenen erkannt, die ihren Doktor mit Jubel begrüßten.

Am 19. April landeten sie schließlich gegen Mittag in Lambarene. Noël Gillespie überwachte das Auspacken, während Albert allein „wie ein Träumender" zum Hospital ging. Er fand eine Dornröschenwelt vor, die der Urwald zurückerobert hatte: verfallene, von Lianen umsponnene und in Pflanzen eingewachsene Ruinen. Nur die Wellblechbaracke, das aus Hartholz gearbeitete Gerippe einer großen Hütte und das Doktorhäuschen, dessen Dach aber schwer beschädigt war, standen noch. Schweitzer sah, daß er wieder ganz von vorn beginnen mußte. Und doch war er glücklich. Er wußte nun, wie man alles anpacken mußte, und er hatte viel mehr Geld zur Verfügung als das erste Mal. Langsam watete er im hohen Gras zum Doktorhaus hinauf. Auf diesem Weg packte ihn bei aller Wiedersehensfreude ein heftiger Schmerz: Helene konnte nicht bei ihm sein, konnte nicht mit ihm zusammen auf der Veranda stehen und über den Fluß blicken!

Im Doktorhaus richteten sie sich notdürftig in zwei Zimmern ein und begannen am nächsten Tag mit dem unsäglich schweren

Neuaufbau. Da der Holzhandel wieder auflebte, gab es kaum Arbeiter fürs Hospital. Auch wurden deshalb in den Dörfern die zum Dachdecken nötigen Blätterziegel nicht mehr hergestellt. Albert ließ sich in die nächsten Orte rudern, bat, schmeichelte, machte Geschenke, drohte auch, daß er die Kranken des Dorfes nicht behandeln würde, wenn er keine Ziegel erhielte. Zwar wurde das nicht ernstgenommen, aber er bekam schließlich eine Anzahl Ziegel für das Allernotwendigste zusammen.

Das Tamtam des Urwalds hatte sofort verbreitet, daß der Doktor wieder im Lande war. Die Patienten strömten herbei, und er mußte sie schon am Ostermontag mitten in der Wildnis versorgen. Er war erschrocken über die vielen schweren Fälle von Herzinsuffizienz, Malaria, Lepra, Schlafkrankheit, Geschwüren und Unfällen. Er war froh, daß ihm ein schwarzer Holzhändler fünf seiner Arbeiter zur Verfügung stellte, denn die Kranken mußten umgehend untergebracht werden. Nicht nur der Untersuchungsraum und die Apotheke, sondern auch eine Baracke für klinische Fälle wurden nun einigermaßen rasch eingerichtet.

Immer wieder kämpfte er verzweifelt um Ziegel, denn es regnete durch das Dach, und die Patienten konnten sich leicht erkälten. Zu Himmelfahrt war das Dach relativ dicht. Doch nun hörten die schwarzen Gehilfen mit ihrer Arbeit auf. Schweitzer mußte die arbeitsfähigen Patienten und Angehörigen zum Bau einer zweiten Baracke verpflichten und selber den Aufseher spielen, was ihm Zeit für die Behandlung der Kranken nahm.

Zu seiner Freude fand er einen guten Gehilfen. G'Mba war ein williger und ehrlicher Mann und konnte lesen und schreiben. Allerdings verstand er noch nichts von Medizin, war aber ein guter Aufseher beim Bau und geschickt im Heranschaffen von Baumaterial. Der frühere Heilgehilfe Joseph arbeitete im Spital in Libreville. Er wollte gerne wieder beim Doktor arbeiten, mußte aber in der Stadt erst einmal Schulden abdienen. Schweitzer streckte ihm schließlich Geld vor, damit er frei wurde.

In einem Brief schrieb Schweitzer, es finde ein „unheimlicher Gärungsprozeß in Afrika" statt, ein modernes, materialistisches Denken sei zu beobachten und gleichzeitig eine seltsame atavistische Rückbesinnung auf alten Aberglauben und primitive Riten. Eine Ausgeburt dieser Entwicklung war die „Gesellschaft der Leopardenmenschen", eine Geheimgruppe von Schwarzen,

Nach langer Fahrt in ihren Einbäumen landen Eingeborene mit ihren Angehörigen an der Anlegestelle des Hospitals.

Der Heilgehilfe Joseph Bissangoi bereitet Injektionen vor.

Bei einer Flußfahrt auf dem Ogowe 1915 findet Albert Schweitzer den Begriff „Ehrfurcht vor dem Leben".

die von dem Wahn besessen waren, Leoparden zu sein und als solche töten zu müssen. Sie liefen dabei auf allen vieren und banden sich Krallen an die Füße, um „Leopardenspuren" zu hinterlassen. Ihre Opfer töteten sie, indem sie ihnen die Halsschlagadern verletzten. Es gab noch weitere ähnliche Auswüchse, die bei den Eingeborenen Angst und Unsicherheit hervorriefen. Schweitzer hatte sich wieder mit dem Einfluß der Dorfmagier, von Fetischen und Tabus auseinanderzusetzen. Es kam vor, daß der Doktor und Gillespie selbst das Grab für einen Verstorbenen aushoben, den Toten, wie es Sitte war, in Tücher und Palmblätter hüllten, die Leiche zur Grube trugen und hineinlegten, denn die Berührung von Toten war für viele Eingeborenen tabu.

Schweitzer hatte kaum Zeit, sich mit solchen Erscheinungen zu beschäftigen. Er baute, beaufsichtigte die Arbeiter und schaffte mit Mühe Baumaterial und Lebensmittel heran, er operierte und behandelte Kranke, mußte aufpassen, daß die Patienten auch wirklich ihre Medizin nahmen und sich nicht gegenseitig ansteckten – ein endloser, täglich wiederkehrender und erschöpfender Kreislauf. Die schlimmsten Stunden am Tage waren für ihn, wenn die Rationen an Reis, Salz, Bananen und Maniok verteilt wurden. Sie standen außer den ganz Armen und den Arbeitern für das Hospital eigentlich nur denen zu, die aus weit entfernten Gegenden stammten. Alle anderen sollten sich selber verpflegen. Doch da im Lande Hungersnot herrschte, mußte Schweitzer immer wieder von diesem Grundsatz abgehen. Das Drängen und Flehen der Hungrigen belastete ihn stark.

Noël Gillespie baute eine dringend nötige Extrazelle für die gefährlichen Geisteskranken. Es war ein zeitraubendes Werk, weil einer der Kranken die Baracke immer wieder zerstörte.

Die sehnsüchtig erwarteten 73 Kisten kamen Ende Juni an. Zum Auspacken fehlte allerdings erst einmal die Zeit. Sie wurden in einem offenen Bootsschuppen untergebracht und von zwei Eingeborenen ständig bewacht. Ein weißer Rekonvaleszent baute endlich aus Dankbarkeit verschließbare Schränke für Verbandstoffe, Instrumente und Medikamente.

Wie beim ersten Aufenthalt arbeitete Schweitzer so schwer, daß er abends meist am Rande seiner Kräfte war und zu seinem Kummer nicht fähig, an dem geplanten Buch über die „Mystik des Apostels Paulus" zu schreiben. Das einzige, was er sich als

111

Erholung leistete, war das Bach-Spiel auf dem Orgelklavier, das die lange Ruhepause in seiner Metallkiste gut überstanden hatte. „...wer sich mit der Orgel beschäftigt, wird über alles Menschliche und Allzumenschliche hinausgetragen", schrieb er.

Es war eine schwere Zeit. Und doch konnte Schweitzer hoffnungsvoll in die Zukunft blicken. Er stand nicht mehr allein da. In Europa waren Menschen tätig, sein Werk bekanntzumachen, Gelder zu sammeln und Materialien zu besorgen. In Straßburg leitete die Aktion die tüchtige Emmy Martin, in Basel der sehr rührige Pfarrer Hans Bauer, den Albert seinen „Nothelfer" nannte, in Oberhausbergen war es Alberts Schwager, der Pfarrer Albert Woytt, und in Schweden Baron Lagerfelt mit seiner Frau.

Im Juli traf die erste weiße Pflegerin in Lambarene ein, Mathilde Kottmann, die von nun an viele Jahrzehnte an Schweitzers Seite wirken sollte.

„Das Dunkel beginnt sich zu lichten", schrieb er.

Im August mußte der tüchtige Noël heimfahren. Es war ein schwerer Verlust. Aber im Herbst kam der Elsässer Arzt Viktor Nessmann. Er war wie geschaffen für diese Aufgabe, denn er war nicht nur ein fähiger Arzt, sondern hatte auch Organisationstalent und Humor, ohne den man, wie Schweitzer meinte, in Afrika nicht auskommen konnte. Er verstand es gut, mit den schwarzen Patienten umzugehen, und so war die medizinische Versorgung gesichert, wenn sich Albert dem Bauen widmete.

Vor der Regenzeit mußten möglichst viele Baracken mit möglichst dichten Dächern fertig sein. Immer wieder kämpfte Schweitzer um Baumaterial. Nachdem er ein schwerkrankes Baby geheilt hatte, ließ er sich vom glücklichen Vater 500 Ziegel besorgen. „Meine Mentalität beginnt wirklich zu sinken", schrieb er selbstironisch. „Wie ich als Knabe jede auf Besuch kommende Tante fragte, ob sie mir auch etwas mitgebracht habe, so heische ich jetzt von jedem ... Blätterziegel und dergleichen. Mein Traum ist, einmal ausgebaut zu haben und wieder nur Arzt sein zu dürfen, nicht mehr Blätterziegel erpressen zu brauchen, nicht mehr Fronvogt zu sein, der die Leute von den Kochtöpfen zur Arbeit aufjagt und alle ihre Schliche, sich dem Fronen zu entziehen, kennen und zunichte machen muß. Aber bis dahin ist es noch lange."

Vorläufig wurde er noch nicht von dieser Last befreit, denn die Zahl der Kranken, die untergebracht werden mußten, nahm ständig zu, außerdem mußte ein Haus für die weißen Patienten und den neuen Doktor gebaut werden.

Mit den Eingeborenen umzugehen war schwieriger als früher. Viele Patienten kamen aus den Holzfällerlagern. Es waren meistens Bendjabis, Angehörige eines primitiven Stammes im Landesinneren, die dem Leben am Fluß nicht gewachsen waren. Als Holzarbeiter wurden sie schlecht bezahlt, waren wurzellos und hatten Heimweh. Fisch zu essen waren sie nicht gewohnt. Sie bekamen dadurch Magenbeschwerden. Durch den geschälten Reis aus Europa litten sie an Beriberi, einer Vitaminmangelkrankheit, die mit Lähmungen, Herzinsuffizienz und Ödemen einhergeht. Da sie keine Hygiene gewohnt waren, tranken sie verschmutztes Wasser und bekamen Durchfall. Mit ihren tropischen Geschwüren steckten sie sich gegenseitig an. Weil sie in ihrer Bergheimat keine Moskitonetze brauchten, verkauften sie die Netze, die sie im Holzfällerlager erhalten hatten, für Tabak und Alkohol. Die Folge war Malaria.

Diese Kranken erschwerten den Betrieb im Hospital und mußten ständig beaufsichtigt werden. Sie warfen Unrat umher, zündeten unter ihren Pritschen Feuer an, um sich zu wärmen und zu kochen. Es blieb Schweitzer nichts anderes übrig, als manchmal zu strafen, notfalls mit Essensentzug. Niemand, der nicht eine ähnlich verzweifelte Situation erlebt hat, kann das kritisieren. Albert wünschte, sich öfter mit den Leuten zusammen ans Feuer setzen und schwatzen zu können. Er meinte, damit wäre viel gewonnen. Aber noch waren die Ärzte und Mathilde Kottmann im Kampf um Krankheit und Leiden so eingespannt, daß alles andere zu kurz kam.

Zu Beginn des Jahres 1925 waren alle drei krank. Dr. Nessmann litt an Furunkulose, Mathilde Kottmann war schwer erschöpft, und Schweitzer selbst quälte sich mit Fußgeschwüren herum. Manchmal konnte er keinen Schritt gehen und ließ sich zum Hospitalbau tragen. Trotz starker Schmerzen beaufsichtigte er aber weiter die Arbeiten. Sobald es ihm etwas besserging, packte er wieder selber mit an.

Der schwarze Zimmermann fiel wochenlang aus, als seine Frau an Schlafkrankheit starb. Wie es Sitte war, saß er mit zerrissenen Kleidern am Feuer und trauerte. Schweitzer rechnete es Joseph hoch an, daß er, als seine Mutter starb, schon nach drei Wochen

Trauerruhe ins Hospital zurückkehrte. Er lobte ihn deshalb, und Joseph erklärte mit liebevoller Ironie: „Der Doktor ist ein Sklave der Arbeit, und der arme Joseph ist der Sklave des Doktors."

Die europäischen Freunde überlegten, wie sie weitere Erleichterungen für das Hospital schaffen könnten. Die Schweden stifteten ein Motorboot. Dadurch bewegte man sich auf dem Wasser schneller und sicherer, hatte ein Sonnenverdeck und konnte die teuren Ruderer entbehren, die schwierig zu beköstigen waren.

Anfang März kam zu aller Erleichterung der Schweizer Arzt Dr. Marc Lauterburg zu Hilfe, ein erfahrener Chirurg. Nun konnte Dr. Nessmann sich mehr Zeit für das Labor nehmen. Die gründlichere Labortätigkeit empfand Schweitzer als einen großen Fortschritt. Viele Krankheiten konnten erst jetzt richtig diagnostiziert und behandelt werden.

Anfang Mai gab es auf einem Holzplatz eine Dysenterieepidemie. Schweitzer fuhr mit dem Motorboot dorthin, behandelte leichter Erkrankte und veranlaßte, daß die Schwerkranken ins Hospital gebracht wurden. Auf dem Heimweg schrieb er einen längeren Brief an den Vater, nicht ahnend, daß dieser gerade an jenem 5. Mai 1925 starb.

Beim Bau fehlte es oft an Fachkräften, zum Beispiel Tischlern. Schweitzer wurde später kritisiert, daß er das Erlernen eines Handwerks für wichtiger hielt als die von der Mission geförderte Schulbildung der Eingeborenen. Er plädierte dafür, Lesen und Schreiben nur in Verbindung mit einer praktischen Fertigkeit zu lehren, damit die Schwarzen fähig wurden, die Probleme ihres Landes selbst zu bewältigen. Das Handwerk, sagte er, sei die Grundlage einer jeden Kultur.

Die gebildeten Schwarzen lehnten meist körperliche Arbeit entschieden ab. Als Schweitzer einen schwarzen Krankenbesucher bat, beim Heranschleppen von Balken zu helfen, sagte dieser: „Ich bin ein Intellektueller und trage kein Holz." Der Doktor konterte: „Hast du Glück, auch ich wollte ein Intellektueller werden, aber es ist mir nicht gelungen."

Ende Juli wurde die ärztliche Tätigkeit wieder vordringlich. Amöben- und Bazillenruhrfälle häuften sich, eine Krankheit, die viel Arbeit machte. Viele der Geschwächten mußten gefüttert werden, auch war immer Aufsicht nötig, daß sie nicht mit den anderen Kranken zusammenkamen und sich gegenseitig ansteckten.

Durch die Hungersnot in der Gegend kamen jetzt oft bis zum Skelett Abgemagerte und mußten ernährt werden. Schweitzer hatte gut vorgesorgt, aber wie lange würden die gehorteten Lebensmittel reichen, wenn die Hungersnot andauerte? Da die trockene Jahreszeit diesmal ausgeblieben war, hatten die Eingeborenen nicht wie üblich gerodete Bäume verbrennen und Mais, Maniok und Bananen anbauen können. Auch waren manche Pflanzungen nicht bestellt worden, weil die Männer in den Holzfällerlagern arbeiteten. Nun wurde sogar das Saatgetreide gegessen, und es gab Plünderungen in günstiger gelegenen Plantagen, so daß auch dort nichts mehr angebaut wurde. Der Fatalismus der Schwarzen ließ sie resignieren.

„Willenlos sitzen die Leute in ihren Dörfern und erwarten ihr Schicksal", schrieb Schweitzer. Es machte ihn ungeduldig, daß die Eingeborenen sich gar nicht bemühten, sich den schwierigen Verhältnissen anzupassen, daß sie keine unbekannte Nahrung akzeptierten und nicht einmal mehr auf die Jagd gingen. Er versuchte ihnen zu erklären, daß sie auch ohne Bananen und Maniok existieren könnten, und wollte sie aufrütteln, etwas zu tun, hatte aber wenig Erfolg. Viele saßen nur da und warteten auf den Tod. „Was bin ich doch für ein Dummkopf, daß ich der Doktor solcher Wilden geworden bin!" stöhnte Albert einmal. Der schwarze Philosoph Joseph meinte: „Ja, auf Erden bist du ein großer Dummkopf, aber nicht im Himmel!"

Mitte Oktober kam eine neue Pflegerin aus Europa: Emma Haussknecht. Nun konnten die Ruhrkranken besser überwacht werden. Doch die Patientenzahl wuchs und wuchs. Infektiöse, Geisteskranke und Sterbende waren nicht genügend isoliert, und in den Behandlungsräumen drängten sich die Menschen. Obgleich so viel Grund war zu Erschöpfung und Nervosität, arbeitete das weiße Team vorzüglich miteinander. Ärzte und Schwestern waren nicht befriedigend untergebracht, aber niemand klagte darüber. Doch Schweitzer erkannte, daß so die Arbeit auf die Dauer nicht zu leisten war. Ich brauche ein neues Hospital! dachte er und entschloß sich, es zu bauen.

Eigentlich hatte Schweitzer zwei Jahre nach seiner Ankunft wieder nach Hause fahren wollen. Daraus konnte nun nichts werden. Es war kein leichter Entschluß, weil er Helene wieder einmal enttäuschen mußte. Er wußte, was er ihr zumutete. In einem Brief an Freunde schrieb er: „Sie hat so wenig von mir..." und sprach von den „...schweren Opfern, die sie bringt, um mir zu erlauben, meinem Beruf treu zu bleiben."

Doch das überbelegte Hospital konnte er so nicht zurücklassen. Er schaute sich nach geeignetem Land um und entdeckte einen Platz drei Kilometer stromaufwärts an einer Gabelung des Ogowe. Es war eine Talmulde am Fluß, umgeben von Hügeln. Früher hatten hier Dörfer gestanden, und so war der Wald noch jung und leicht zu roden. Schweitzer besprach den Plan mit dem Bezirkshauptmann, der einer „provisorischen Bebauung" zustimmte. Siebzig Hektar Wald und Busch durften genutzt werden. Zur Bedingung wurde gemacht, wertvolle Exportgüter wie Kaffee und Kakao anzupflanzen und das Gebiet durch einen Zaun abzugrenzen. Es war ein einsamer Entschluß Schweitzers. Die Mitarbeiter erfuhren erst davon, als er von dieser Besprechung zurückkehrte. Die Freude war groß, doch alle wußten: „Schwere Arbeit steht uns bevor!"

Schweitzer entschloß sich, rund um das Hospital größere Pflanzungen anzulegen, um vor Hungersnöten sicher zu sein. Er begann sofort damit, noch während des Baus. Erstaunlich ist, wie er sich wieder einmal in Windeseile neues Wissen aneignete und sich zum landwirtschaftlichen Fachmann entwickelte. Woher erwarb er all die detaillierten Kenntnisse?

Gleich nach der Rodung wurde Mais gepflanzt. Auf Bataten und Maniok verzichtete er, weil sie meist von Wildschweinen und Ratten gefressen wurden. Vordringlich waren Bananen, eines der wichtigsten Nahrungsmittel. Doch Kochbananen laugten den Boden sehr aus, mehr als süße, die von den Eingeborenen jedoch wenig geschätzt wurden. Sie nahmen sie höchstens als Beilage zum Reis, während sie auf Kochbananen nicht verzichten konnten. Einige kleine Erdnußkulturen wurden angelegt und ein paar Brotfruchtbäume gepflanzt. Deren Aufzucht war mühsam, aber ihre Früchte waren ein wertvolles Nahrungsmittel. Später wurden auch Kaffee und Kakao in kleinen Mengen angebaut, wie die Behörden es forderten. Beim Roden, das wegen der Schlangen und roten Ameisen nicht ungefährlich war, entdeckten sie zu ihrer Freude ganze Ölpalmenhaine, die frühere Dorfbewohner einst angelegt hatten. Von Lianen befreit, fingen die Palmen

sofort an zu tragen. Die Palmkerne waren ein wertvoller Fettlie-
ferant, doch mußten sie zur Verarbeitung nach Europa geschickt
werden. Schweitzer wollte später auch Obstbäume, vor allem
Mangobäume, pflanzen. Er träumte von einem „Garten Eden"
rund um das Hospital.

Doch zum Träumen hatte er nicht viel Zeit. Für ihn war die
Hauptarbeit jetzt wieder das Bauen. An Arbeitern bestand diesmal kein Mangel, weil der Holzhandel darniederlag. Auch halfen
genesene Patienten und Angehörige, weil sie dafür Reis erhielten.
Ohne Aufsicht lief allerdings nach wie vor nichts. Besonders
bewährte sich dabei Mathilde Kottmann, denn die Schwarzen
gehorchten lieber weißen Frauen als Männern. Die Arbeiter
erwarteten für ihre Hilfe „Geschenke", am liebsten Tabak und
Alkohol. Schweitzer gab ihnen statt dessen Kochtöpfe, Moskitonetze und Handwerkszeug.

Weil die schönen, mit Blätterziegeln gedeckten Bambushütten
zu wenig haltbar waren, entschloß er sich, Wellblechbaracken
mit einem Gebälk aus Hartholz und wegen der Hochwasserge-
fahr als Pfahlbauten aufzustellen. „Ich werde also ein prähisto-
risch-moderner Mensch und baue das Spital als ein Pfahlbaudorf
aus Wellblechbaracken", schrieb er. Die schweren Stämme wurden mit Kanus befördert. Ihr Transport zum Bauplatz erforderte
pro Stamm sechs bis acht Mann und war sehr gefährlich. Oft
packte Albert selber mit an, um Unfälle zu verhindern.

Die anstrengende Arbeit war selbst für den robusten Schweit-
zer fast zuviel. In einem Brief schrieb er: „Wäre nicht der
Gedanke an das Gute, das man tun kann, so würde man dieses
Leben in Afrika nicht aushalten."

Die Freunde in Europa nahmen an allem teil und bemühten
sich zu helfen. Ihre Geldspenden ermöglichten überhaupt erst
diesen aufwendigen Bau. Zu Alberts großer Erleichterung kam
schließlich ein junger Schreiner aus St. Gallen zu Hilfe, der gut
mit den schwarzen Arbeitern umgehen konnte und den Doktor
entlastete.

Der wurde auch wieder dringend im Hospital benötigt. In letzter Zeit häuften sich die Unfälle beim Straßenbau und durch blutige Kämpfe zwischen den überreizten und hungrigen Arbeitern
auf den Holzplätzen. Eines Tages wurde ein Eingeborener
gebracht, den ein anderer im Wald aus Versehen angeschossen

hatte. Der Schütze begleitete ihn, weil er ihn als Sühne im Hospital pflegen mußte. Als das Opfer starb, war die Gefahr groß, daß der Schütze und dessen ganze Familie von den Angehörigen des Verstorbenen getötet wurden. Schweitzer ließ die Familie zu ihrem Schutz ins Hospital kommen und begleitete den Mann zum Bezirkshauptmann. Da es sich nur um fahrlässige Tötung handelte, wurde er verurteilt, der Familie des Toten Geld und etwas Lebendiges – eine Ziege – als Entgelt zu geben. Weil sich der Mann nicht mehr in sein Dorf zurückwagte, behielt der Doktor ihn als Arbeiter und Holzfäller.

Als die Bauten des neuen Krankenhauses schließlich standen, wurden sie mit Kalkfarbe geweißt, eine Arbeit, die sehr sorgfältig vorgenommen werden mußte. Alle Ärzte und Schwestern beteiligten sich daran, auch Schweitzer, obgleich sich an seinen Händen Schürfwunden übel entzündet hatten.

Endlich – Anfang des Jahres 1927 – konnten die Kranken in das neue Hospital umziehen. „Den ersten Abend im neuen Spital werde ich niemals vergessen", schrieb Schweitzer. „Von allen Feuern und aus allen Moskitonetzen schallt mir entgegen: ‚Das ist eine gute Hütte, Doktor, eine gute Hütte!' " Er war tief bewegt und glücklich.

Die Kranken waren nun endlich menschenwürdig untergebracht. Für die Dysenteriepatienten gab es ein Extrahaus, das gegen das Spital geschlossen und vom Fluß durch einen Zaun abgegrenzt war. Ein geräumiges Haus für die Geisteskranken enthielt acht Zellen und einen offenen Aufenthaltsraum. Bis zu 250 Patienten konnten nun untergebracht werden. Die große Hauptbaracke enthielt den Untersuchungs- und Behandlungsraum, den Operationssaal und einen kleinen Operationsraum, die Apotheke, ein Labor und zwei Lagerräume. Außerdem gab es noch eine Hütte mit Verbandsraum für die infektiösen Geschwüre.

Schweitzer hatte sein Haus nun gut bestellt, Ärzte und Helfer vorzüglich eingearbeitet. Er konnte endlich am 21. Juni 1927 heimkehren.

Heimkehren? Er schrieb in einem Brief: „Und immer wieder bricht das Weh durch, daß ich nun für eine Zeit aus dieser Arbeit fort muß und von Afrika, das mir zur Heimat geworden, mich losreißen soll."

Das Werk wird gefestigt

In den Jahren 1927 bis 1939 verbrachte Schweitzer abwechselnd ein bis zwei Jahre jeweils in Europa und in Afrika. In Lambarene hatte er fast immer gute Mitarbeiter, die eine Zeitlang das Hospital allein versorgen konnten. Zwar wechselten Ärzte und Pfleger öfter, doch blieb stets ein fester Kern, zu dem Emma Haussknecht und Mathilde Kottmann gehörten. So konnte sich Schweitzer in Europa mit seinen literarischen Arbeiten beschäftigen, Konzerte geben und Vorträge halten. Er war nun als Wissenschaftler und als Organist berühmt und durch sein Lambarene-Werk und die Berichte darüber sehr populär geworden. Der Ruhm bedeutete ihm nicht allzuviel. Schmeicheleien lehnte er unwirsch ab. Zu einem Bewunderer sagte er: „Lassen wir das, junger Mann, ich vertrage keine Superlative der Eigenschaftswörter!" Zwar freute er sich über die Ehrendoktorwürden, die ihm mehrere Universitäten verliehen, und darüber, daß die Menschen in seine Konzerte und Vorträge drängten, aber wichtiger war ihm, möglichst viel Geld für das Hospital zu verdienen.

Am 28. August 1928 verlieh ihm die Stadt Frankfurt am Main den Goethe-Preis. Die Stadtväter hatten eine gute Wahl getroffen, ohne allerdings von der tiefen Beziehung Schweitzers zu Goethe und dessen Werk zu wissen. In seiner Dankrede bei der Preisverleihung bekannte er zum erstenmal öffentlich, was ihm Goethe seit seiner Jugend bedeutete. Er empfand ihn als verwandten Menschen, obgleich er sich selbst als „armseliges Möndlein" vor der „gewaltigen Sonnenscheibe Goethes" sah. Stets sei ihm Goethe ein „lächelnder Tröster" gewesen.

Goethes Naturphilosophie und Ethik standen den Auffassungen Schweitzers sehr nahe. Daß Goethe sich „keine geistige Beschäftigung denken konnte ohne Nebenhergehen des praktischen Tuns", sah er als Bestätigung seines eigenen Lebensanspruchs. Auch in Goethes Sicht der Naturwissenschaften als Bewußtseinserweiterung und Ergänzung der literarischen Arbeit entdeckte Schweitzer geistige Verwandtschaft. Später in Afrika wurden die „Faust"-Dramen zum „Kultbuch", in dem er immer wieder las. Wenn er mühsam Urwald rodete, fühlte er sich Faust gleich, der dem Meer Land abrang, „damit Menschen darauf wohnen und Nahrung finden könnten".

Bei der Preisverleihung konnten endlich auch einmal Helene und Rhena dem Ehemann und Vater nahe sein. Denn selbst wenn er in Europa war, trennten sie seine vielen Reisen oft. Er hielt Konzerte und Vorträge in Schweden, Dänemark, Holland, der Schweiz, Deutschland, der Tschechoslowakei und London, wo sein Orgelspiel auf Schallplatten aufgenommen wurde. Nur flüchtig kehrte er ab und zu in Königsfeld bei der Familie ein. Außerdem baute er in Günsbach ein Haus. Hier hatte er immer seine Wurzeln behalten, und der Goethe-Preis brachte ihm nun die finanzielle Grundlage für den Bau. Es war eines der ganz seltenen Male, daß er sich einen persönlichen Herzenswunsch erfüllte. Allerdings wurde das Haus dann auch wieder dem Werk dienstbar gemacht als ein Zentrum für die Lambarene-Arbeit in Europa unter Emmy Martin und als Heim für die Mitarbeiter des Hospitals, um sich von Afrika zu erholen. Für Helene war es sicher bitter, daß sie aus gesundheitlichen Gründen dort nicht Hausherrin sein durfte, sondern in der guten Luft von Königsfeld bleiben mußte.

ENDE 1929, als Schweitzer sich wieder einmal rüstete, nach Afrika zu fahren, bestand Helene darauf, ihn zu begleiten. Albert sträubte sich zuerst, doch sie setzte sich durch. Endlich wollte sie das neue Hospital kennenlernen. Doch schon als sich das Schiff den Tropen näherte, ging es ihr von Tag zu Tag schlechter. Sie hatte Fieber und lag fast den ganzen Tag über im Liegestuhl an Deck. Albert hatte nicht viel Zeit, sich um sie zu kümmern. Er arbeitete an dem letzten Kapitel seines neuen Buches, „Die Mystik des Apostels Paulus", das fristgemäß fertig sein mußte.

Die Freude Helenes, als sie endlich ankamen, war groß. In einem Brief schrieb sie: „Wer beschreibt die Gefühle, die wach wurden, als gegen Abend des 23. Dezember der Ruf ertönte: ‚Die Lichter von Port Gentil!' Zwölf lange Jahre waren vergangen, seit ich jene Küste zum letzten Mal gesehen, als sie im Oktober 1917 hinter uns am Horizont versank... Es wird Nacht, bis wir zum Spital hinüberfahren können. Im Fackelschein unterscheiden wir nur ein Durcheinanderwimmeln von Gestalten mit freudig erregten Gesichtern, die sich uns zuwenden... Am anderen Morgen ein kleiner Rundgang durchs Spital und die nächstgelegenen Teile der Pflanzung. Was immer wieder überwältigt, ist der Eindruck, wieviel in der verhältnismäßig kurzen Zeit geleistet worden ist. Dabei die praktische Anordnung der Bauten, die vor allem Bedacht darauf nimmt, daß die Sonne die Wände so wenig wie möglich trifft und daß der Luft überall soviel wie möglich Zutritt gewährt wird."

Doch hielt das Glück, wieder teilnehmen zu können, nicht lange an. Helene ging es zunehmend schlechter. Sie hatte sich zuviel zugemutet. Nach drei Monaten mußte sie, mit Trauer und Bitterkeit im Herzen, nach Europa zurückkehren. Ein langer Sanatoriumsaufenthalt war nötig. Bei den Liegekuren dachte sie mit Kummer an Albert in Lambarene und daß sie kaum Aussicht hatte, je wieder in der Arbeit mit ihm verbunden zu sein. Und sie sorgte sich um Rhena, die in Königsfeld bei fremden Menschen sein mußte. Doch Helenes Frömmigkeit und ihr Gottvertrauen halfen ihr immer wieder über die Depressionen hinweg.

Auch Alberts Gedanken waren, trotz aller Belastungen im Spital, viel bei seiner Frau. In einem Brief vom 23. Dezember 1930 an die Lagerfelts heißt es: „Eine große Erleichterung für mich ist, daß es Helene wirklich bessergeht. Ich verlange wenig Dinge mehr für mein Glück. Aber der eine Wunsch, daß es Helene gesundheitlich erträglich gehe, der steht immer in meinen Gedanken." Doch ihretwegen einen anderen Lebensweg einzuschlagen war ihm nicht möglich. Wieder lehnte er einen Ruf ab, den die theologische Fakultät der Universität Leipzig ihm sandte.

In Lambarene wurde wieder gebaut, neue Baracken für die Geisteskranken, weil die alte durch eine wiederholte Dysenterieepidemie mit Durchfallkranken belegt werden mußte. Das Hospital war überfüllt. Trotz allem war die Arbeit für Schweitzer nun leichter, weil er genug weiße und schwarze Mitarbeiter hatte und durch die Spenden und Sammlungen der Freunde in Europa das Hospital mit Instrumenten und Medikamenten viel besser ausstatten konnte. „So ist es jetzt ein schönes Arbeiten in Lambarene", schrieb er. Obgleich er immer noch viel leistete, ging es nicht mehr über seine Kräfte.

Abends hatte er genügend Zeit, zu musizieren und an einem Bericht über seinen Werdegang und das Wirken in Afrika zu schreiben. Weil die Missionsstation zu weit entfernt war, als daß die Kranken und deren Angehörige dort Gottesdienste besuchen konnten, hielt Schweitzer an jedem Sonntag im Spital eine Andacht. Die Glocke an einer Palme rief dazu. Unter dem vorspringenden Dach einer Krankenbaracke hockten die Zuhörer im Schatten rund um ihn. Zwei Übersetzer übertrugen Satz für Satz der Predigt in die beiden häufigsten Eingeborenensprachen. Schweitzer erzählte in einfacher Form Geschichten aus der Bibel und zeigte an ihnen die christliche Ethik auf. Manchmal mußte er die Stimme heben, um das Gezwitscher der vielen Webervögel zu übertönen, die ihre Nester in den nahe stehenden Palmen hatten. Das gefiel ihm, er kam sich ein wenig wie der heilige Franz von Assisi vor, der den Vögeln gepredigt hatte.

Schweitzer liebte alle Tiere. Viele hatten sich zu seiner Freude im Hospital angesammelt: Ziegen, Hunde und ein paar lustige elternlose Schimpansenkinder, die Eingeborene im Urwald gefunden hatten. Es war für Schweitzer nicht leicht, den Schwarzen klarzumachen, daß Tiere wie sie selber eine Seele hätten und nicht bedenkenlos getötet werden dürften. Meist akzeptierten sie seine Forderungen nur, weil es beim Abliefern eines hilflosen Tieres eine Belohnung gab, doch ab und zu fiel Schweitzers Lehre auch auf fruchtbaren Boden. So hörte er einmal, wie ein Arbeiter, von dem er es nie erwartet hätte, beim Pfählesetzen erklärte, man müsse die kleinen Tiere aus den vorbereiteten Gruben nehmen, sonst würde Gott „ein großes Palaver machen".

1930 ERSCHIEN Schweitzers Buch „Die Mystik des Apostels Paulus" im Tübinger Verlag J. C. B. Mohr. In vierzehn Kapiteln weist Schweitzer hier die „Zusammengehörigkeit der Lehre Pauli mit dem Evangelium Christi" nach. Fachleute erklärten das Werk später zum Höhepunkt seiner theologischen Schriften.

Schweitzer würdigt Paulus als unabhängigen Denker, der die Lehre Christi „weitergedacht", ja „zu Ende gedacht" hat, und sieht in ihm den „christlichen Bruder, den man findet, wenn man müde und verzagt ist …"

Die Forderung des Apostels, das ganze Dasein des Menschen nach der Taufe müsse ein stets neues Nacherleben des Lebens, Sterbens und Auferstehens Christi sein, denn sein Tod fordere vom gläubigen Christen eine Ethik des Handelns und keine Passivität, betrachtete Schweitzer als sein ganz persönliches Credo.

„AUS MEINEM LEBEN UND DENKEN" hieß das Buch, an dem der unabhängige Denker Schweitzer von nun an abends arbeitete. Er erzählt darin von seinem Werdegang, den wissenschaftlichen Werken, dem Aufbau des Urwaldhospitals und der Entdeckung der „Ehrfurcht vor dem Leben". Im Schlußwort eifert er gegen die „Mißachtung des Denkens". Er opponiert dagegen, daß soziale Gemeinschaften dem einzelnen Menschen ihre Ideologien aufzwingen wollen, statt ihn zum Denken zu bringen. 1931 ahnte Schweitzer noch nicht, in welcher exzessiven Form sich seine These in Deutschland bestätigen sollte. „Verzicht auf Denken ist geistige Bankrotterklärung!" schrieb er.

Im Januar 1932 fuhr er wieder nach Europa, um am 22. März in der Frankfurter Oper eine Rede zu Goethes hundertstem Todestag zu halten. Anschließend folgten weitere Goethe-Vorträge in anderen Städten, wieder Berichte über Lambarene und Konzerte in Deutschland, Holland und England. In Oxford und Edinburgh wurde ihm die Ehrendoktorwürde verliehen.

IM APRIL 1933 fuhr Schweitzer wieder nach Afrika, „... damit der Karren nicht knirscht!" wie er erklärte. An den Abenden entstanden dort zwei neue Manuskripte: „Die Weltanschauung der indischen Denker" und die belletristische Schrift „Afrikanische Geschichten", in der er Heiteres und Ernstes aus dem Lande erzählt und über die Geschichte des Geländes berichtet, auf dem jetzt das Hospital steht.

Als 1933 die Nationalsozialisten in Deutschland an die Macht kamen, berührte das auch die Familie Schweitzer. Helene war Jüdin und deshalb gezwungen, das liebgewordene Haus in Königsfeld zu verlassen, um ins Ausland zu gehen. Zuerst zog sie mit Rhena in die Schweiz nach Lausanne. Dort feierte Albert auch seinen sechzigsten Geburtstag. Ein paar Tage lang war die Familie hier endlich einmal beisammen – ein sehr seltenes Erlebnis! Obgleich es Helene besserging, war für sie an einen Aufenthalt in Afrika vorläufig nicht zu denken. Doch hielt sie Vorträge über Lambarene, schließlich auch in Amerika, wohin sie 1937 mit Tochter Rhena reiste. Hier gewann sie viele Freunde für Schweitzers Werk, die sich später zur „Albert Schweitzer Fellowship" zusammenschlossen und ohne deren Hilfe das Urwaldhospital im Zweiten Weltkrieg kaum hätte überleben können.

Porträt aus dem Jahr 1927

Oben:
Auch Tiere wurden im Hospital gesund gepflegt.

Rechts:
Die Schweitzers 1942 am Ogowe

In Lambarene sind Tiere Freude und Aufgabe zugleich.

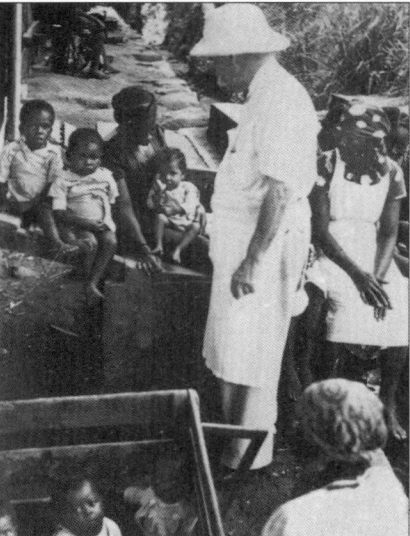

Auf der Veranda vor dem Doktorhaus werden Kinder, die ihre Mutter verloren haben, tagsüber betreut, bis ihre Väter sie abends wieder abholen.

Die politische Lage in Europa bewegte Schweitzer, obgleich er vorerst kaum öffentlich Stellung bezog. Aber er hatte sich nie sehr für Politik interessiert. Theodor Heuss charakterisierte später bei der Rede zum Friedenspreis des Deutschen Buchhandels diese Seite von Schweitzers Charakter sehr genau: „Ihre Ethik ist, es mag manchem seltsam klingen, Individualethik. Ich glaube, die Gruppe, der Stand, die Klasse, die Rasse, auch das ‚Volk‘ und die ‚Nation‘, alle diese Dinge oder Begriffe haben Sie im Letzten nie sehr interessiert – aber diese Menschen, dieses Schicksal…“

So waren es auch jetzt wieder die einzelnen Menschen, für die er sich einsetzte: jüdische Freunde, denen er geldliche Unterstützung und das Haus in Günsbach als Refugium anbot, Emigranten, denen er, besonders in Amerika, den Kontakt mit einflußreichen Persönlichkeiten vermittelte und für die er Hilfe erwirkte.

Die Gedanken um den moralischen Verfall der alten Heimat ließen ihn trotz der vielen Arbeit im Hospital nicht ruhen. An die Freunde in Schweden schrieb er: „Wir müssen die Menschen sein, die das wahre Denken bewahren auf eine kommende Zeit hin. Wie verstehe ich jetzt die Propheten, die in der Zeit der kommenden und vollendeten Zerstörung Jerusalems auf die Zukunft, die nachher lag, dachten und ausschauten, über die Gegenwart sich erhebend…“

SCHWEITZER ahnte die kommende Zerstörung Europas, „witterte“ den Krieg, als er im Januar 1939 nach Europa fuhr. Im Elsaß wollte er nach langer Zeit wieder mit Helene und Rhena zusammentreffen. Doch wartete er deren Ankunft nicht ab. Die Kriegsgefahr schien ihm so drohend zu sein, daß er zwölf Tage nach seiner Landung, als er die wichtigsten Angelegenheiten für das Hospital erledigt hatte, mit demselben Schiff, mit dem er gekommen war, von Bordeaux aus wieder nach Afrika fuhr. In einem Brief aus Lambarene heißt es: „Was würde bei Ausbruch eines Krieges aus den Leuten hier, wenn *Mesures contre les étrangers* (Maßnahmen gegen Ausländer) ergriffen würden! Da muß ich hier sein, es ist meine Pflicht gegen die, die mir helfen.“

Wie schmerzlich wird es für Frau und Tochter gewesen sein, daß wieder einmal das Hospital wichtiger war als die in Europa durchaus gefährdete Ehefrau! Rhena nahm die Entscheidung nicht ohne weiteres hin, sondern besuchte den Vater kurze Zeit darauf das erste Mal in Lambarene. Schweitzer notierte in einem Brief: „Rhena war tief beeindruckt, mein Werk hier kennenzulernen." Und doch verlief diese Begegnung wohl nicht unproblematisch, denn die Zwanzigjährige wollte Medizin studieren, was der Vater – wer weiß, warum – ablehnte. Sie ließ sich später zur Laborantin ausbilden, heiratete den französischen Orgelbauer Jean Eckert und bekam vier Kinder.

Während des Krieges lebte Helene zuerst bei Rhena und ihrer Familie in Paris und floh später mit dem Ehepaar und der kleinen Enkelin Monique vor den Deutschen durch ganz Frankreich. Sie blieb schließlich bei Freunden in der Nähe von Bordeaux, während die Tochter mit ihrem Mann und dem Kind in die unbesetzte französische Zone zog. Helene schien nun ihre körperliche Stabilität wiedergewonnen zu haben, denn sie entwickelte eine erstaunliche Energie und großen Mut, um zu Albert nach Afrika zu gelangen. Einen Paß, die Visa und die Erlaubnis zum Verlassen von Frankreich zu erhalten erforderte einen nervenaufreibenden Kampf. Doch sie gab nicht auf. Schließlich hatte sie alles zusammen bis auf den Paß, der erst eine halbe Stunde vor Abfahrt des neutralen portugiesischen Schiffes eintraf. Die Reise ging über Portugal und war sicher nicht ohne Gefahren. Schließlich landeten sie in Angola. Von hier aus war die Weiterreise mit dem Schiff nicht möglich. Helene berichtete später: „Ich hatte mich mit einiger Angst auf eine lange, einsame Reise von drei Monaten durch den Urwald in unbekanntem Land gefaßtgemacht, aber zu meiner großen Erleichterung wurde daraus nur eine einwöchige Autofahrt auf neuen Straßen und schließlich eine Wasserfahrt auf dem wohlbekannten Fluß bis zum Spital, wo ich am 2. August 1941 eintraf. Bei meiner Ankunft stellte ich fest, daß ich die erste, und soweit ich weiß, bisher einzige Person war, der es gelungen war, seit 1940 legal von Frankreich hierher zu kommen."

Im Jahr vor Helenes Ankunft war es in Lambarene zu Kampfhandlungen gekommen. In seinen „Briefen aus dem Lambarene-Spital" berichtet Schweitzer über die Kriegszeit: „In den Kämpfen zwischen den Truppen General de Gaulles und denen von Vichy, die im Oktober und November 1940 um den Besitz von Lambarene stattfinden, bleibt unser Spital vor Schaden bewahrt. Dies hat es sowohl seiner Lage als auch der Rücksichtnahme der beiden kämpfenden Parteien zu verdanken. Von ihren Befehls-

habern werden die Flugzeugbesatzungen beider Parteien angewiesen, vom Bombenabwurf auf das Spital abzusehen. So wird es
zu einem Zufluchtsort für Weiße und Schwarze. Gegen die zahlreichen verirrten Geschosse schützen wir uns durch starke Well-
blechplatten, mit denen wir die Holzwände unserer Häuser in der
Richtung gegen Lambarene zu verstärken. Zum Glück besitze ich
einen ziemlichen Vorrat an Wellblech.

Dadurch, daß unsere Kolonie vom Herbst 1940 an eine mit den
Alliierten zusammengehende Regierung besitzt, sind wir von
Frankreich und dem europäischen Kontinent abgeschlossen,
können nunmehr aber mit England und den Vereinigten Staaten
von Amerika verkehren. Es dauert jedoch geraume Zeit, bis die
Postverbindungen mit diesen Ländern einigermaßen zu funktionieren beginnen."

Helene vertrug diesmal das tropische Klima so gut, daß sie
fähig war, wieder aktiv am Hospitalleben teilzunehmen. Sie vertrat Pflegerinnen, die dringend einen Erholungsurlaub in den
Bergen oder am Meer brauchten, kümmerte sich um die Operati-
onsinstrumente und erledigte Korrespondenzen für Albert. Eine
Freude war für sie, daß das Hospital nun hauptsächlich durch
Spenden aus Amerika gestützt wurde, die vor allem ihren Aktivitäten zu verdanken waren.

Sie sorgte sich um Albert, der nun neun Jahre lang fast ohne Un-
terbrechung dem Tropenklima ausgesetzt war. Doch er vertrug die
feuchte Hitze erstaunlich gut und vertrat immer wieder andere
Ärzte, die oft mehrere Monate lang Erholung am Meer brauchten.
Im Hospital arbeiteten jetzt drei Ärzte und vier Pflegerinnen.

Am 14. Januar 1945 feierten sie zusammen Albert Schweitzers
siebzigsten Geburtstag. Es war ein extrem heißer Tag. Am Abend,
als die leichte Brise etwas Erfrischung brachte, versammelten sich
Ärzte, Schwestern und Pfleger im Zimmer eines Patienten, der
einen besonders guten Radioapparat besaß, um das Ehepaar
Schweitzer. Von draußen ertönte das Rascheln des Windes in den
Palmen, das schrille Gesumm der Grillen und das Tamtam der
Eingeborenen, aus dem Lautsprecher hörten sie vorerst nur ein
Kratzen und Rauschen. Doch plötzlich kam die Stimme des
Ansagers ganz klar, als säße er mitten unter ihnen und spräche
nicht über den Äther aus London. Er sagte an, es werde nun die
Plattenaufnahme einer Bachschen Fuge mit Albert Schweitzer an

der Orgel gesendet. Der Siebzigjährige hörte im Urwald in diesem Augenblick die Übertragung. Mit ihrer frommen Feierlichkeit füllte Bachs Musik den kleinen Raum. Der so Geehrte war tief bewegt.

Es war ein glücklicher Tag. Aber sonst gab es in dieser Zeit viele Sorgen. In Gabun herrschte wieder einmal Hungersnot. Doch die vielen Spenden zu seinem Geburtstag ermöglichten Schweitzer nun, Reis zu kaufen.

Neben den alltäglichen Problemen bangten Albert und Helene um die Familie und die Freunde in Europa. Schweitzer schrieb: „Obwohl wir nicht ständig auf dem laufenden sind, sind wir doch stets durch das Furchtbare, was sich fort und fort ereignet, beschäftigt und bedrückt, wir sorgen uns um so viele uns nahestehende Menschen, die durch die Ereignisse gefährdet sind ... Miteinander erleben wir es ... als etwas Unbegreifliches, daß wir, während andere zum Leiden verurteilt sind oder eine Leiden und Tod verursachende Tätigkeit ausüben müssen, das mitleidvolle Helfen zum Beruf haben dürfen. Daß wir in dieser Weise begnadigt sind, gibt uns täglich neue Kraft zur Arbeit und macht uns diese kostbar."

Am 7. Mai 1945 erfuhren sie durch das Radio von der bevorstehenden Kapitulation Deutschlands. Teils mit Erleichterung, teils mit Sorgen dachten sie an die Heimat. Ob und wie mochten Angehörige und Freunde auf beiden kriegführenden Seiten diese schlimme Zeit überlebt haben, und was war wohl an geliebten Landschaften und Bauten zerstört, was erhalten?

Am Abend holte Albert ein Buch von Laotse hervor, das er liebte, und las, was der chinesische Philosoph im sechsten Jahrhundert geschrieben hatte: „Die Waffen sind unheilvolle Geräte, nicht für den Edlen. Nur wenn er nicht anders kann, gebraucht er sie ... Ruhe und Frieden sind ihm das Höchste. Er siegt, aber er freut sich nicht daran. Wer sich daran freuen würde, würde sich des Menschenmords freuen..."

Ruhm und neue Verantwortung

Helene fuhr 1946 nach Europa zurück und lebte dort teils im Schwarzwald, teils in der Schweiz bei Rhena und deren Familie. Albert konnte sie vorerst noch nicht begleiten. Die von den Tropen erschöpften Ärzte und Pflegerinnen mußten heimfahren, und neue Kräfte mußten eingearbeitet werden. Auch machte die durch die Weltlage überall auftretende Teuerung den Betrieb des Hospitals so schwierig, daß Schweitzer ständig an Ort und Stelle ums Überleben kämpfen mußte. In einem Brief an Albert Einstein schrieb er: „für die ganzen Verwaltungen habe ich niemand, der die erforderlichen Entscheide und Verantwortungen übernehmen könnte. Ein Beispiel: Als es nach Franken-Abwertung zu riechen begann ... mußte ich das Risiko wagen, alle verfügbaren Gelder in Reis, Petroleum, Stoffen und allem, was überhaupt in den Faktoreien zu haben war, anzulegen, um rechtzeitig noch Sachwerte an Stelle des Schwundpapiergeldes zu setzen. Dabei riskierte ich, nachher die Mittel nicht mehr zu haben, um noch außenstehende Rechnungen zu bezahlen und das schwarze (zahlreiche) Personal des Spitals zu entlohnen. Kein anderer konnte riskieren, eventuell das Spital in große Zahlungsschwierigkeiten durch solches Ausschöpfen der sowieso in übler Situation befindlichen Kasse zu bringen ..."

Der praktische Alltag ließ den über Siebzigjährigen nicht los. Neben der Verwaltung des Hospitals kümmerte er sich um die Apotheke. Er versuchte, die Heilpflanzen der Eingeborenen zu erforschen und sie, wenn er ihre Nützlichkeit festgestellt hatte, einzusetzen. In der Klinik betreute er hauptsächlich die urologischen und die Leprafälle. Neue Heilmittel aus Amerika schienen hier vielversprechend zu sein.

Helene in Europa sorgte sich um Albert. 1948 schrieb sie an Freunde: „Wie mein Mann das Leben dort erträgt bei dem unermüdlichen Schaffen, das ist auch ein Wunder – er ist halt so völlig akklimatisiert, daß man sich fragen muß, ob man ihm überhaupt zureden darf, sich einem europäischen Winter auszusetzen – so sehr man ihm ein Ausruhen wünschen und gönnen möchte! Aber kann er überhaupt noch ausruhen?"

ERST im Herbst 1948 war alles so weit geregelt, daß Schweitzer das Hospital endlich anderen überlassen und heimkehren konnte. Im Oktober kam er nach zehnjähriger Tropenzeit in Bordeaux an. Aber zum Ausruhen kam er in Europa keineswegs. Offiziell lebte er teils in Königsfeld oder in seinem Haus in Günsbach, war jedoch ständig auf Konzert- oder Vortragsreisen. Die

Musikkritiker wunderten sich einhellig, daß der Urwalddoktor trotz der schweren Arbeit in Afrika das Orgelspiel nicht verlernt, sondern es sogar noch zu größerer Meisterschaft gebracht hatte.

Im Juli 1949 fuhren die Schweitzers zusammen nach Amerika. Albert sollte in Aspen, Colorado, die Festrede zu Goethes zweihundertstem Geburtstag halten. Er bereitete auf dem Schiff die Rede in einer deutschen und einer französischen Fassung vor, weil er nicht genügend Englisch beherrschte, und hatte das Manuskript gerade vollendet, als sie in New York in den Hafen einliefen. Gleich nach der Ankunft stürmten Journalisten und Fotografen das Deck, und Schweitzer mußte sich ihren Fragen und den Blitzlichtern stellen. Helene hielt sich bescheiden im Hintergrund. Der Pressewirbel sollte von nun an die ganze Amerikareise über andauern, und Schweitzer meinte, er käme sich „wie ein vom Weihrauch betäubter Esel" vor.

Amerikanische Freunde zu besuchen war nicht nur ein Herzensbedürfnis, sondern für den Fortbestand des Urwaldhospitals dringend erforderlich, denn die bitter notwendigen Spenden dafür kamen immer noch hauptsächlich aus den USA.

Nicht nur in Amerika empfand Schweitzer den Ruhm belastend. Berge von Post mußten in Günsbach ständig beantwortet, für Spenden gedankt, Autogramme gegeben werden. Schulen, Universitätsinstitute, Siedlungen und Tierheime wollten seinen Namen führen. Immer sollte er sich dazu äußern und tat es meist auch. Er wurde gemalt und plastisch abgebildet. Ein Theaterstück und ein Film über sein Leben entstanden. Fast floh er im November 1949 wieder nach Lambarene. Helene begleitete ihn.

Mit beinahe 75 Jahren war er immer noch unermüdlich als Verwalter, Apotheker, Aufseher, Maurer, Zimmermann, Pflanzer und Arzt tätig. Beim Wechsel von Ärzten mußte er ab und zu wieder als Chirurg einspringen. Schon lange meinte er, er müsse „sein Haus bestellen", einen Nachfolger finden und einarbeiten. Doch das wollte ihm nicht gelingen. Für einen jungen Mediziner war es kein leichter Entschluß, sich ein ganzes Leben lang der Arbeit in dem mörderischen Klima zu verschreiben. Vielleicht lag es aber auch an Schweitzers Alterscharakter. Ungeduld und Herrschsucht nahmen zu. Der höchst Effiziente konnte die Fehler und Nachlässigkeiten anderer immer schwerer ertragen.

Sanft war er stets mit Tieren, von denen die verschiedensten Arten jetzt im Hospital lebten. Der Urwalddoktor fand, daß sie zu seinem „Garten Eden" unbedingt gehörten. Hühner, Gänse und Ziegen wurden zur Ernährung gehalten, Katzen und Hunde, meinte er, müßten sowieso in jedem Haushalt sein. Lieblingstiere hatten Namen und wurden von Albert mit langen Ansprachen geehrt, je nach Wesensart und Charakter auf französisch oder elsässisch. Die Eingeborenen brachten oft junge oder kranke Tiere, die sie hilflos im Urwald gefunden hatten. So zog ab und zu eine junge Antilope in Schweitzers Arbeitszimmer ein, lag unter seinem Schreibtisch, stelzte im Raum umher und wurde liebevoll mit der Flasche großgezogen, bis sie in ein Gehege auf dem Gelände entlassen werden konnte, wo andere Antilopen mit einem ähnlichen Schicksal lebten. Junge Affen, Papageien und Pelikane tummelten sich auf dem Gelände zwischen den Baracken. Wenn sie geheilt oder erwachsen waren, brachte man sie in den Urwald oder die Flußlandschaft zurück. Manche aber wollten immer im Hospital bleiben, so „des Doktors Pelikan", der sich einfach nicht vertreiben ließ. Alle Menschen im Spital hatten Angst vor seinem schlagkräftigen Schnabel. Der Doktor aber konnte ihn am Schnabel hinter sich herziehen und wie eine Gans unter dem Arm tragen. Er wurde sogar zu einer literarischen Figur, denn zu den Fotos einer Ärztin schrieb Schweitzer das hübsche Kinderbuch: „Ein Pelikan erzählt aus seinem Leben". Wenn er in der Tropennacht in seinem Zimmer an der Lampe saß und arbeitete, hockte sich der große Vogel draußen auf die Verandabrüstung und schaute durchs Fenster herein. Ab und zu gab es dann lange Gespräche zwischen den beiden, und viele Menschen wären überrascht gewesen, wenn sie gehört hätten, wie der grimmige Alte zärtlich flüsterte: „Lieber Pelikan, lieber Pelikan!"

Die Nachtarbeit war ihm eigentlich von befreundeten Ärzten verboten worden, doch er hörte nicht darauf. Die Flut von Post schwemmte auch nach Lambarene und wollte beantwortet werden. Obgleich seine „Hilfstruppen" davon einiges übernahmen, blieb noch sehr viel, bei dem Schweitzer in den Nachtstunden selbst zur Feder griff. Angehörige und Freunde erhielten regelmäßig Post, vor allem aber Menschen, die ihn ganz persönlich zu brauchen schienen. Wie intensiv er auf die Nöte von Leidenden einging, zeigt der Auszug aus einem Brief an ein behindertes Mädchen: „Dir ist ein schweres Leben des Duldens beschieden. Gott will dir zum rechten Dulden helfen, zum Dulden in der Stille, daß die Leute die Kraft, die dir über das Unglück hinaus hilft, an dir spüren und durch dich lernen das Dulden, das ihnen beschieden ist…"

Wichtig war Albert Schweitzer auch die Korrespondenz mit Großen der Zeit über Probleme, die die Welt bewegten. Sie gehörten ganz verschiedenen Berufen und Ländern an: Dag Hammarskjöld, Max Tau, Jean Paul Sartre, Nikos Kazantzakis, Hermann Hesse, Thornton Wilder, Wilhelm Furtwängler, Wieland und Wolfgang Wagner, Nehru und viele andere – vor allem aber Albert Einstein, den er seinen Freund nannte.

Die Europaurlaube hielt er von nun an immer kürzer, bemüht, nur das Allerwichtigste zu erledigen, um schnell wieder nach Afrika fahren zu können. Gleich nach seiner Ankunft in Europa kaufte er stets Medikamente, Verbandstoffe, ärztliche Instrumente, Haushaltswaren und Ersatzteile für das Hospital ein, ließ alles in Kisten packen und nach Afrika schicken. Dann ging es an die Vortrags- und Konzertreisen, deren Erlös fast vollständig Lambarene zugute kam. Um dafür zu sparen, lebte er so bescheiden wie möglich, fuhr in der Bahn stets in der niedrigsten Klasse, trug sein Gepäck selber, gönnte sich keine neue Kleidung. Sein Äußeres war ihm recht gleichgültig. Sein Anzug, der Hut und die Schuhe waren alt, die Ledertasche, in der er die Manuskripte seiner Vorträge und Noten trug, abgeschabt. Und doch konnten die Fotografen sich nicht genugtun, ihn zu knipsen, was er geduldig über sich ergehen ließ. Er war eine imponierende Erscheinung, gerade und aufrecht, mit dem strubbeligen weißen Haar, dem Schnauzbart und den aufmerksamen Augen im faltigen Gesicht.

Das, was ihn in den nächsten Jahren in Europa am meisten belastete, waren die vielen Preise, die man ihm zusprach. So groß die Ehre war und so gut er die Preisgelder für Lambarene gebrauchen konnte, waren die Reisen an Ort und Stelle, die Aktionen der Presse und vor allem die eigenen Reden, die er dabei halten mußte, eine große Anstrengung.

Er erhielt 1951 in Frankfurt als zweiter Preisträger nach dem Schriftsteller und Verleger Max Tau den 1950 eingerichteten Friedenspreis des Deutschen Buchhandels. Der alte Freund und damalige Bundespräsident Theodor Heuss hielt die Laudatio. 1952 wurde Schweitzer die Paracelsus-Medaille verliehen. Es war seine erste medizinische Ehrung. Im selben Jahr empfing er aus der Hand der schwedischen Königin die Prinz-Carl-Medaille für verdienstvolle humanitäre Betätigung und wurde in Frankreich als Nachfolger Pétains in die *Académie des sciences morales et politiques* gewählt.

Am 4. November 1954 erhielt er, rückwirkend für 1952, den Friedensnobelpreis. Helene nahm an der Feier in Oslo teil. Auf den Pressefotos wirkt sie neben dem stattlichen alten Schweitzer zart und zerbrechlich, mit schneeweißem Haar, früh gealtertem Gesicht und rundem Rücken. Sie versuchte sich meist vor den Fotografen zu verstecken und hielt oft die Hände vors Gesicht, wenn die Blitzlichter aufleuchteten. Doch diese Feier zu Ehren ihres Mannes war auch für Helene ein anrührendes Erlebnis. Als Höhepunkt brachten am Abend dreißigtausend junge Norweger den Schweitzers einen Fackelzug. Das Ehepaar stand nebeneinander auf dem Balkon des Osloer Rathauses, sah auf die jungen Menschen im flackernden Licht hinab, die feierlich einen Choral anstimmten, und Helenes verklärtes Gesicht glich auf einmal wieder dem einer jungen Frau.

DAS GELD, das Schweitzer für den Nobelpreis erhielt, zusammen mit der doppelt so hohen Summe, die begeisterte Norweger für Lambarene gesammelt hatten, wurde für den Bau des schon lange erträumten Lepradorfs verwendet. Der Zulauf von Leprakranken war in den letzten Jahren immer größer geworden, einerseits, weil sich herumgesprochen hatte, daß neue, aus Amerika eingeführte Medikamente wirklich eine Besserung der Krankheit brachten, aber auch, weil die Kranken im Hospital eine Heimat fanden. In ihren Dörfern waren sie immer Außenseiter. Obgleich sich die Eingeborenen nicht sehr vor einer Ansteckung fürchteten, fühlten sie sich abgestoßen von den Geschwüren der Kranken, den verstümmelten Gliedern und zerstörten Gesichtern. Als der Doktor erklärte, er wolle für die Leprösen ein eigenes Dorf errichten, war die Begeisterung groß, und viele der Kranken waren bereit, beim Aufbau zu helfen. Doch wollten sie nur unter der Aufsicht und Anleitung von Albert Schweitzer arbeiten, den sie zu ihrem Häuptling ernannt hatten.

Das Dorf sollte auf einem Hügel liegen, weil die Moskitos im stickigen Tal die Malaria verbreiteten. Um den Bauplatz zu ebnen und zu terrassieren, waren schwierige und teure Erdarbeiten nötig. Die Baracken wurden wegen der Termiten aus Hartholz gebaut und mit Wellblech gedeckt – eine mühsame Arbeit, bei der der alte Doktor wieder oft selber zugriff. „Ich kann mich nie zurückziehen", schrieb er. „Ich muß dem Spital dienen, solange ich lebe. Es hat mich notwendig. Aber ich hoffe, wenn das Dorf ... fertig ist, doch wieder Zeit für den Schreibtisch zu finden."

Im Mai 1955 konnten die Kranken in ihre Hütten einziehen. Der Jubel war groß. Jetzt hatte der Doktor auch viel bessere Möglichkeiten, gezielt zu behandeln. Als erster Arzt in Zentralafrika wandte er Sulfonamid-Antibiotika an, wodurch er nicht nur Besserungen der Krankheit, sondern auch Heilungen erreichte. Zu Recht erhielt der Ort den Namen *Village de Lumière* (Lichtdorf).

IN LAMBARENE-STADT gab es nun einen Flughafen, der mit unruhigen Touristen Störungen des Hospitalbetriebes brachte, aber auch Erleichterungen und Freuden. So war es Helene, die bei ihrem schlechten Gesundheitszustand eine längere Seereise kaum hätte wagen können, 1955 möglich, von Paris aus zu Alberts achtzigstem Geburtstag zu fliegen. Sie überreichte ihm einen Strauß Tannenzweige aus Günsbach, der mit seinem frischen, strengen Duft heimatliche Atmosphäre in die Urwaldwelt brachte. Für Helene war das Klima jetzt kaum noch zu ertragen. Sie saß gebückt, mit müden Augen im schmalen Gesicht, am liebsten im kühlen Speisesaal, von dem aus man einen wunderschönen Blick über die Palmen und Krankenhütten hinweg zum Fluß hatte. Auch Rhena kam zum Geburtstag des Vaters. Die Familie war endlich wieder einmal beisammen. Das, was Schweitzer an solchen Ehrentagen aber am meisten freute, waren die zahlreichen Spenden für das Hospital. So schickte die Stadt Frankfurt Arzneimittel im Werte von 10 000 DM: Antibiotika, Tropenmedizin und Mittel gegen Darminfekte.

Eine besondere Ehre war eine Festschrift aus Frankreich: „Hommage à Albert Schweitzer" mit Beiträgen vieler berühmter Zeitgenossen, unter anderen des Cellisten und Komponisten Pablo Casals, des Pianisten Alfred Cortot und des Physikers Albert Einstein. An letzteren schrieb Schweitzer: „Daß ich einen

Einfluß ausübe in unserer Zeit, kann ich nicht fassen und nicht verstehen. Es begleitet mich dies wie ein Geheimnis auf der letzten Strecke meines Lebensweges…"

IM HERBST 1955 mußten wieder Vortragseinladungen in Europa wahrgenommen werden, Veranstaltungen in England, Paris, Deutschland und der Schweiz. Im November wurden Albert Schweitzer in Bonn die Insignien des Ordens Pour le mérite der Friedensklasse überreicht.

Doch im Januar 1956 reiste er schon wieder nach Lambarene zurück. Helene bestand darauf, in diesem Jahr noch einmal mit nach Afrika zu fahren, obgleich ihr Gesundheitszustand nicht gut war. Sie vertrug nun das Tropenklima extrem schlecht. Es war eine bedrückende und für beide belastende Zeit. Helenes Rücken hatte sich immer mehr gekrümmt, sie litt unter schwerer Atemnot und beängstigenden Herzbeschwerden. Die Ärzte konnten ihr keine Linderung verschaffen, vor allem nicht, weil es im Hospital kein Sauerstoffgerät gab. Schließlich, im Mai 1957, brachte Albert sie zum Flugzeug. Eine Krankenschwester begleitete sie. Es war ein unsagbar trauriger Abschied. Als Schweitzer dem abhebenden Flugzeug nachblickte, wußte er, daß er die treue Lebensgefährtin nicht wiedersehen würde.

Rhena nahm die Mutter in Zürich in Empfang und brachte sie dort in ein Krankenhaus. Man konnte die Beschwerden mit Hilfe der modernen Medizintechnik lindern, aber heilen konnte man sie nicht. Eine Woche nach ihrer Ankunft, am 1. Juni 1957, starb Helene Schweitzer.

An eine Freundin schrieb Albert: „Nun ist also Helene zur Ruhe eingegangen … und hat nicht das Leiden durchmachen müssen, was das Erleben des immer mehr zusammensinkenden Brustkorbs ihr hätte bringen können. Sie selber hat … verlangt, nach Europa zu fliegen. Sie ertrug die Hitze nicht mehr. – Auf die Heimkehr hat sich Helene wirklich gefreut. Sie war heiter. In der letzten Zeit war sie hier ruhig und still. Was ich alles erlebt habe und wie tief mich das bewegt hat, weißt du…"

Ihre letzte Ruhe fand Helene in Afrika. Die Urne wurde in Lambarene unter einem Palmenbaum beigesetzt. Albert ließ ein weißes Steinkreuz errichten, in das er eigenhändig den Namen seiner Frau und ihre Lebensdaten einritzte.

Eigentlich hatte Schweitzer mit Politik nie aktiv etwas zu tun haben wollen. Er schätzte keine Kongresse, war gegen Manifeste und Resolutionen, nahm selten öffentlich Stellung. Er glaubte, zu wenig Fakten zu kennen, um sich wirklich einschalten zu können, obgleich ihn die Sorgen um den Zustand der Welt nicht zur Ruhe kommen ließen.

Die Beunruhigung über die Atombombe verstörte ihn zunehmend. Blieben seine Ideen von der „Ehrfurcht vor dem Leben" nicht lebensfremde Theorie, wenn er hier nicht eingriff? Er begann sich sachkundig zu machen und verbrachte von nun an täglich mindestens zwei Stunden mit dem Studium der Atomphysik. Trotz seines hohen Alters gelang es ihm immer noch, sich neues Wissen anzueignen. Mit wahrer Besessenheit sammelte er für seine „Atomneugier" eine große Bibliothek an und befragte brieflich und persönlich befreundete Fachleute wie Heisenberg, Joliot-Curie und Einstein.

Schließlich trat er an die Öffentlichkeit. Am 23. April 1957, elf Tage nach dem Göttinger Appell der achtzehn Wissenschaftler gegen die atomare Bewaffnung der Bundeswehr, schickte Schweitzer erstmalig über das Radio Oslo einen „Appell an die Menschheit" hinaus. Er protestierte gegen die Versuche der Amerikaner und Russen mit Wasserstoffbomben und konnte auf Grund seiner Faktenkenntnisse die Gefahren benennen. Obgleich es nach amtlichen Versionen im Augenblick angeblich keine direkten Schäden durch radioaktive Partikel gab, äußerte Schweitzer die Besorgnis, daß durch Dauerbelastung Blut- und Knochenmarkerkrankungen, Tot- und Mißgeburten zu erwarten seien. Eine Gefahr, die damals nur wenige erkannten. „Wir sind also genötigt", schrieb er, „jede Steigerung der bereits bestehenden Gefahr durch weiterhin stattfindende Erzeugung von radioaktiven Elementen durch Explosionen von Atombomben als ein Unglück für die Menschheit anzusehen, das unter allen Umständen verhindert werden muß!"

Er rief die Öffentlichkeit auf, den Politikern ihre Meinung deutlich mitzuteilen. Ganz gegen seine frühere Einstellung verlangte er von allen Menschen, mit Protesten, Briefen und Resolutionen eine Friedensbewegung im Sinne von Gandhis gewaltlosem Widerstand hervorzurufen. Er selber trat der SANE bei, einer amerikanischen Friedensgruppe. Mitstreiter fand er in Dag Hammarskjöld, Max Tau, Erich Fromm, Martin Buber, Pablo Casals und Martin Niemöller.

1958 sendete er über Radio Oslo erneut drei Appelle. Die Aufrüstung der Großmächte unter dem Vorwand des „Gleichgewichts der Kräfte" beunruhigte ihn. Am 28. April plädierte er im ersten Aufruf für den „Verzicht auf Versuchsexplosionen", wozu die Sowjetunion einen Plan vorgelegt hatte.

Der zweite Appell am 29. April setzte sich mit der „Gefahr eines Atomkrieges zwischen den USA und der Sowjetunion" auseinander. Schweitzer kritisierte die Aufrüstung der Großmächte und den trügerischen Glauben, durch Stärke und militärische Überlegenheit den Frieden sichern zu können. Seit 1945 überboten sich die USA und die UdSSR in der Produktion immer stärkerer, immer gefährlicherer, technisch immer effizienterer Vernichtungsmaschinen. Sicher, meinte er, sei dadurch keines der Länder geworden, denn „...in einem Atomkrieg gibt es keine Sieger, sondern nur Besiegte", es handele sich nur um „einen gemeinsamen Selbstmord". Einen „folgenschweren Entscheid" nannte er den Entschluß der USA, auch die Armeen der Verbündeten atomar aufzurüsten. Dadurch fühle sich die Sowjetunion stärker bedroht und ihrerseits zur Aufrüstung Verbündeter veranlaßt. Er warnte: Allein die Existenz der Kriegsmaschinen sei schon im höchsten Maße beängstigend. Wie viele Irrtümer seien möglich! Schon ein politischer Wandel oder ein „Wahnsinniger" an der Schaltstelle könnte die Welt gefährden.

Der dritte Appell vom 30. April empfahl „Verhandlungen auf höchster Ebene". Schweitzer forderte eine gute Vorbereitung der Konferenzen und einen sachlichen Verhandlungston ohne Emotionen. Das in der neutralen Schweiz gelegene Genf schien ihm ein geeigneter Ort für das Treffen zu sein. Der Praktiker durchdachte alles genau, empfahl auch, was uns heute vertraut klingt: gegenseitige Garantien und Kontrollen bei der Abrüstung. Da die Sowjetunion in der konventionellen Rüstung im Vorteil sei, müsse sie diese Waffen einseitig verringern.

Die wichtigste Forderung war aber, daß die Vertragspartner endlich anfangen sollten, sich wieder gegenseitig zu vertrauen. „Wir können in diesem uns lähmenden Mißtrauen nicht weiter verharren... Das Bewußtsein, daß wir miteinander Menschen

sind, ist uns in Kriegen und Politik abhanden gekommen...
Der Geist der Vernünftigkeit und Menschlichkeit wird aufgerufen!"

Wie aktuell das heute für uns klingt! Aber damals, 1958, wurde
Schweitzer von vielen nicht ernst genommen.

Die letzten Jahre

Ende 1959 fuhr Albert Schweitzer wieder einmal nach Europa.
Unermüdlich reiste der alte Mann, hielt Vorträge und hatte
Gespräche mit Wissenschaftlern, oft über das Problem der Atombombe. Endlich fand er zurück nach Günsbach und Straßburg,
wo es auch keine Ruhe gab, weil wieder einmal Einkäufe für
Lambarene nötig waren, 200 Kisten gepackt und zollfertig
gemacht werden mußten. Die Reise nach solchen Anstrengungen
war immer eine Erholung. Auf dem Schiff schmiedete er Reisepläne für das nächste Jahr. Dazu kam es allerdings nicht mehr. Es
war sein letzter Europaaufenthalt.

In Lambarene lief der klinische Betrieb befriedigend, aber neue
Bauvorhaben forderten Schweitzers Anwesenheit. Straßen zum
Hospital mußten erneuert, Fundamente für Pumpen gebaut, eine
Brücke über den Fluß errichtet werden. Wieder packte er selber
kräftig zu, denn die Brücke mußte vor der Regenzeit stehen. Die
Schwestern und Ärzte sorgten sich um ihn, doch Schweitzer
nahm es gelassen: „...ich habe mich darein gefunden, daß, wenn
eine schwere Arbeit vollendet ist, gleich eine andere gleich
schwere und gleich dringende auftaucht und so fort in meinem
Lambarene-Dasein, bis meine Pilgerfahrt auf Erden ihr Ende
erreicht..."

1960 wurde Gabun selbständig. Die schwarze Regierung hatte
keine Bedenken, den alten Doktor und seine weißen Helfer weiterarbeiten zu lassen – im Gegenteil. Albert Schweitzers Porträt
wurde auf einer der ersten Briefmarken der neuen Regierung
abgedruckt, und 1961 erhielt er den Großkreuzorden verliehen. Schon 1951 hatte er sich im Vorwort zur französischen Ausgabe seines Buches „Zwischen Wasser und Urwald" mit den
Selbständigkeitsbestrebungen der Schwarzen auseinandergesetzt
und sein früheres Wort vom „großen und dem kleinen Bruder"

kommentiert: „Jetzt müssen wir uns darein finden, uns nicht mehr als die älteren Brüder zu fühlen und nicht mehr als solche zu handeln." Doch aus dem Zusatz: „So hat der Zeitgeist entschieden" klingt leise Skepsis. Waren die schwarzen Brüder wirklich schon fähig, allein fertig zu werden? Schweitzer meinte, er müsse die Eingeborenen zu Disziplin, Arbeitseifer und Unabhängigkeit von den Naturreligionen erziehen, bevor sie ihr Schicksal selber meistern konnten. So blieb er trotz der politischen Veränderung der Patriarch, der ihnen, manchmal recht herrisch, Anweisungen gab und über ihr Leben bestimmte. Aber er tat es nicht aus Herrschsucht, denn er liebte und achtete sie als Mitmenschen. Wie oft saß er nachts am Bett eines Kranken, legte ihm beruhigend die Hand auf die Stirn, wenn er sich ängstigte, und gab ihm Mittel gegen Schmerzen. Er schrieb: „... daß ich die Tage der Qual von ihm nehmen darf, das ist es, was ich als die große, immer neue Gnade empfinde. Der Schmerz ist ein furchtbarerer Herr als der Tod."

Die Eingeborenen verstanden und liebten ihn, sie schenkten ihm ihr Vertrauen, und mancher Stamm ernannte ihn zum Häuptling. Immer mehr Schwarze wirkten nun auch im Hospital als ausgebildete Pfleger, Krankenschwestern und im Labor.

Dort war 1960 Tochter Rhena eingezogen, nachdem ihre Kinder nahezu erwachsen waren. Sie brachte das Labor auf einen hohen Standard. Vielleicht hat der Vater manchmal bedauert, daß er die Tochter nicht hatte Medizin studieren lassen, denn die kluge Frau, die denselben ethischen Forderungen gehorchte wie der Vater, wäre vielleicht die richtige Nachfolgerin geworden. So sehr Schweitzer danach Ausschau hielt, konnte er den „Kronprinzen" nicht finden. Die meisten Ärzte wollten nur eine Zeitlang in den Tropen bleiben, auch der junge amerikanische Arzt Dr. David Miller, den Rhena in Lambarene kennenlernte und nach der Scheidung von ihrem Mann 1970 heiratete.

Vielleicht lag aber die Schwierigkeit, einen Nachfolger zu finden, auch darin, daß der autoritäre Herrscher nicht nur den Schwarzen, sondern in gleichem Maße den Weißen gegenüber immer mehr zutage trat. So jugendlich lebendig Albert Schweitzers Geist sonst war, wurde er im Umgang mit der Umwelt im Alter immer starrer, unduldsamer und reizbarer. Niemand wagte ihm ernsthaft zu widersprechen außer Rhena, die den Elsässer

Dickkopf des Vaters und auch seinen Humor geerbt hatte. Er selber sah seine Schwäche nicht ohne Selbstironie und meinte, er habe „einige Tropfen wilder Mann" in sich. Unter den vielen Tieren auf dem Gelände war ein bösartiger Truthahn, der alle Leute attackierte. Auf Beschwerden antwortete Schweitzer: „Er ist eben so, und er ist mir seit langem lieb, weil er in dem gleichen Wahn lebt wie ich: Er meint auch, er sei der Herr vom ganzen Spital."

Rhena schrieb über ihren Vater: „Wenn er ein Alleinherrscher war, so war er es voll guten Willens", und sie berichtet auch von der „Kraft und dem Zauber seiner Persönlichkeit", mit der er vor allem junge Menschen anzog.

Auf komplizierten Reisen, trampend, wandernd, radfahrend, kamen sie nach Lambarene, wollten „das lebende Denkmal" sehen und vielleicht auch bei ihm mitarbeiten. Manche trieb seine Herrschsucht rasch wieder fort, aber viele blieben eine Zeitlang, manche für immer. Woher sie kamen und was sie sonst trieben, war Schweitzer gleichgültig. Wenn sie sich in die Welt von Lambarene einfügten, nahm er sie an. Sie halfen beim Bau des Lepradorfs, in den Pflanzungen und im Hospital.

Für all diese jungen Menschen hatte Schweitzer stets ein offenes Ohr. Er hörte sich ihre Sorgen und Nöte an, beriet sie und gab ihnen, solange sie in Lambarene blieben, ein Zuhause. Sie liebten ihn, weil er mit ihnen über die Probleme der Welt sprach und ihre Ansichten ernst nahm, weil er noch immer die Fähigkeit zur Begeisterung und Freude hatte, mit ihnen lachte und ihnen Geschichten erzählte. Er war ein wunderbarer Erzähler.

Zunehmend kamen nun viele Touristen, störten den Hospitalbetrieb, starrten den Urwalddoktor an, wo immer sie ihn erwischen konnten, wollten ein Wort von ihm, wollten ihn fotografieren, wollten Autogramme. Manchmal versteckte er sich, aber ab und zu gab er ihren Wünschen nach. „Er ist eitel!" sagten die Kritiker, doch er erklärte: „Ich darf mich keinem Menschen, der glaubt, daß ich ihm helfen kann, und sei es auch nur durch ein Autogramm, versagen. Vielleicht empfängt er davon einmal in einer dunklen Stunde Ermutigung."

Zeitgenossen, die ihn damals erlebten, berichteten, wie er in ausgebeulten Hosen und im kurzärmeligen Hemd, mit strubbeligem Haar und struppigem Bart wenig Wert auf seine äußere Erscheinung legte. Doch er hatte eine Ausstrahlung, die begeisterte. Die Aufmerksamkeit, mit der er aus seinen hellbraunen Augen die Menschen ansah, signalisierte, daß für ihn jeder Mensch wichtig war, daß bei ihm jeder ein Recht auf Anteilnahme hatte.

Auch jedes Tier, meinte er, hatte ein Recht auf seine Anteilnahme, die großen und die kleinen. Den Regenwurm, den er bei einem Spaziergang im Straßenstaub fand, setzte er ins Gras, ein Insekt fischte er mit einem Halm aus dem Wasser, in das es gefallen war, und wenn er abends bei der Lampe saß, schloß er lieber das Fenster und ertrug die stickige Luft, damit sich die hereinflatternden Motten nicht die Flügel verbrannten. Er wurde zornig, als ein Gast achtlos eine Ameise zerdrückte: „Hier im Spital gehört die Ameise mir!"

ALBERT SCHWEITZER liebte die Welt und verzehrte sich in tiefer Sorge, daß der Mensch durch sein gefährliches und leichtsinniges Spiel mit der Technik, seinen Machthunger und seine Feindseligkeit alles zerstören könnte. In dieser allerletzten Zeit seines Lebens wurde er deshalb in der Politik aktiver als je zuvor.

Schon 1957/58 hatte er seine Radioappelle an den damaligen amerikanischen Präsidenten Eisenhower geschickt, der daraufhin mit Schweitzer korrespondierte. Noch enger wurde der Kontakt mit Eisenhowers Nachfolger John F. Kennedy.

1962 hielt die Welt den Atem an aus Angst, die Kubakrise könne den schon längst befürchteten Krieg zwischen den USA und der Sowjetunion auslösen. Der Urwaldarzt schrieb an den Präsidenten der Vereinigten Staaten von Amerika. Eine Mitarbeiterin übersetzte den Brief ins Englische. Die Aktion wirkt fast naiv, die Forderungen waren einfach: Verzicht auf die Machtpolitik zugunsten der Friedenspolitik. Doch dieser Präsident horchte auf. Er antwortete Albert Schweitzer sofort, und es ist ziemlich sicher, daß der Brief des alten Arztes Kennedy in seinem Entschluß bestärkte, in Kuba auf den Einsatz von Gewalt zu verzichten. Kennedy achtete Schweitzer hoch. Er korrespondierte mit ihm seit Schweitzers ersten Appellen, auf Atomtests zu verzichten und mit der Sowjetunion zu verhandeln. Kennedy berichtete Schweitzer über den Stand der Verhandlungen zur Einstellung der Versuche, die schließlich zu dem Abkommen von 1963 führten. In einem Brief heißt es: „Sie sind einer der überragenden

Unermüdlich geht Albert Schweitzer auf Konzertreisen, um Geld für das Hospital zu verdienen.

Ganz oben: Zusammen mit Tochter Rhena in Lambarene
Oben: 1954 mit Helene in Oslo bei der Verleihung des Friedensnobelpreises

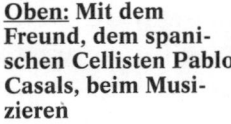

Oben: Mit dem Freund, dem spanischen Cellisten Pablo Casals, beim Musizieren

Rechts: Albert Schweitzers Grab in Lambarene

moralischen Einflüsse unseres Jahrhunderts. Ich hoffe sehr, daß Sie das große Gewicht Ihres Einflusses zugunsten der Bewegung für eine generelle und vollständige Abrüstung einsetzen."

Nach dem Moskauer Abkommen von 1963 zwischen den USA und der UdSSR gingen von Lambarene aus zwei Briefe ab, der eine nach Washington an John F. Kennedy, der andere nach Moskau an Nikita Chruschtschow: „Ich schreibe Ihnen, um Sie zu beglückwünschen und Ihnen zu danken, daß Sie den Weitblick und Mut besaßen, eine Politik zum Weltfrieden einzuleiten. – Endlich wird ein Lichtstrahl in der Dunkelheit sichtbar, in der die Menschheit ihren Weg sucht, und gibt uns Hoffnung, daß die Dunkelheit dem Licht weichen wird. – Der Vertrag zwischen dem Osten und dem Westen über den Verzicht auf Kernwaffenversuche in der Atmosphäre und unter Wasser ist eines der größten Ereignisse in der Weltgeschichte. – Es gibt uns die Hoffnung, daß der Krieg mit Atomwaffen zwischen Ost und West vermieden werden kann. – Als ich von dem Moskauer Vertrag hörte, dachte ich an meinen Freund Einstein, mit dem ich in dem Kampf gegen Atomwaffen verbunden war. Er starb in Princeton in Verzweiflung. – Und ich bin dank Ihres Weitblicks und Mutes in der Lage, zu beobachten, daß die Welt den ersten Schritt auf dem Weg zum Frieden getan hat."

Schweitzer hielt John F. Kennedy für einen Präsidenten, der sich mit allem Ernst und hoher Moral den Problemen der Welt stellte. Es traf ihn schwer, als Kennedy im November desselben Jahres ermordet wurde.

Am 14. Januar 1965 feierte Albert Schweitzer in Lambarene seinen neunzigsten Geburtstag. Er war an diesem Tag noch relativ rüstig und empfing Besucher aus aller Welt. Und doch war ihm klar, daß sein Lebensweg nun bald zu Ende sein würde. Im Sommer zuvor hatte er in der Tischlerei des Hospitals nach seinen Angaben einen Sarg herstellen lassen und Anordnungen für den Fall seines Todes gegeben. Bald nach seinem Geburtstag setzte ein Kräfteverfall ein. Zwar raffte er sich immer wieder auf, ließ sich durch das Spitalgelände fahren und ging auch bedächtig kürzere Wege. Er war sanft in dieser letzten Zeit und betrachtete liebevoll alles, was er geschaffen hatte: die Spitalhäuser, den Hof mit seinem wimmelnden Leben von Menschen und Tieren, die

Pflanzungen und das Lepradorf. Der damalige Mitarbeiter Dr. Munz erzählt, wie Schweitzer bei einem Spaziergang auf der Straße oberhalb des alten Spitals plötzlich anhielt, auf das Krankenhaus und das Aussätzigendorf blickte und in seiner Elsässer Mundart sagte: „S' het doch e Charme, das Spital, gell?"

Die Spaziergänge wurden seltener und kürzer, immer häufiger schlief er lange, schien nachzuholen, was er sein Leben lang an Schlaf versäumt hatte. Schließlich lag er nur noch, meist mit geschlossenen Augen. Tochter Rhena und die Schwestern stellten auf seinen Wunsch das Grammophon an. Er lauschte andächtig der Musik von Beethoven und Bach und flüsterte: „Wie wunderbar, wie wunderbar!" Als er schließlich nur noch dahindämmerte, durften die Mitarbeiter und die Einwohner der umliegenden Dörfer einer nach dem andern an sein Bett treten und von ihrem Doktor Abschied nehmen. Dann gingen sie auf die Terrasse zurück, hockten sich dorthin und warteten.

Am Abend des 4. September 1965 rauschte nach einem schwülen Tag ein erfrischender Regen herab. Friedlich und entspannt lag der alte Doktor in seinem schmalen Bett und schlummerte noch vor Mitternacht sanft hinüber.

Wie er es bestimmt hatte, legte man ihn mit seinem alten Hut und dem abgetragenen Mantel, mit einem Säckchen Reis, das er für die Tiere immer bei sich getragen hatte, und Blättern der wilden Rebe von seinem Günsbacher Haus in den vorbereiteten Sarg. Unter der alten Palme wurde er neben Helene begraben.

Die Schwarzen brachten ihm ihre eigene Totenfeier. In den nächsten Wochen erschienen immer neue Gruppen vor dem Haus, sangen, beteten, stampften mit ihren nackten Füßen den Boden im Tanz zum Trommelklang des Tamtams. Sie wollten ihm danken und ihn ehren – ihren Arzt und weißen Häuptling, ihren „Oganga".

DIE WELT erfuhr es bald: Der große Mann war nicht mehr. Sein Tun und Denken hatte viele Menschen verändert; vielleicht nur ein wenig, aber seine Ideen waren wie Steine, die, ins Wasser geworfen, Kreise zogen und Strömungen erzeugten, die unerwartete und bedeutende Ereignisse hervorrufen können.

Was wirkt nach?

Das Hospital in Lambarene ist heute ein großes, voll funktionierendes Krankenhaus mit 300 Betten, einer Zahnklinik, einer Kinderklinik, einer technisch gut ausgerüsteten Röntgenstation und einem Forschungslabor. Es sind Neubauten. Die alten Krankenbaracken, die Schweitzer gebaut hat, stehen noch und beherbergen psychisch Kranke und Sozialfälle. Das Lepradorf hat sich ausgeweitet. Die Patienten, die nicht mehr von ihren alten Dörfern aufgenommen wurden, haben hier eine Heimat gefunden und Familien mit vielen gesunden Kindern gegründet. Durch die Heilmittel, die Schweitzer als erster in Afrika einführte, gibt es nur noch wenig Neuerkrankungen an Lepra, denn die Krankheit ist im Frühstadium gut heilbar.

Die umliegenden Dörfer können jetzt auch ambulant betreut werden. Hier ist Schweitzers Idee einer Vorsorgemedizin ausgebaut worden, besonders bei der Mütterberatung. Immer wieder werden den Eingeborenen die Vorteile des Gemüseanbaus und damit einer vitaminreichen Kost und die Notwendigkeit von Hygiene klargemacht. Obligatorisch sind Schutzimpfungen gegen Diphtherie, Tetanus, Poliomyelitis und Tuberkulose. Im Hospital arbeiten sieben Ärzte und viele einheimische Pfleger und Pflegerinnen. Auch einer der Ärzte ist Gabunese. Wie Schweitzer es sich erträumt hatte, ist es nach und nach gelungen, die Schwarzen in den Arbeitsprozeß für das Krankenhaus einzubinden, ein großer Schritt auf dem damals neuen Weg der „Hilfe zur Selbsthilfe".

Daß Schweitzer diesen Prozeß nur durch eine langsame Evolution für möglich hielt, verdenken ihm noch heute viele Menschen, Schwarze wie Weiße, ebenso, daß er sich in seinen späten Jahren wehrte, das Hospital allzu schnell zu technisieren. Viele moderne Afrikaner sind technikverliebt, fast technikgierig. Doch Schweitzer wollte die kostbaren Spendengelder nicht für Maschinen ausgeben, die im Tropenklima rasch verkamen und für die es im Lande keine Ersatzteile und Fachkräfte gab. Was er aber mit den Möglichkeiten des Landes für Lambarene erdacht und gestaltet hat, war wegweisend. Seine luftigen, praktischen Krankenbaracken sind oft kopiert worden, und sein Buch „Zwischen Wasser und Urwald" kann in weiten Teilen ein Lehrbuch für Entwicklungshelfer sein.

Obwohl Gabun etwa ein Drittel der Kosten trägt, existiert das Hospital immer noch hauptsächlich von Spendengeldern. „Was ich hier geschaffen habe, ist ein Symbol meines Denkens", sagte Schweitzer. Überall in der Welt leisten Menschen ihren Beitrag, weil sie an der praktischen Umsetzung seiner Ethik teilhaben wollen. In zahlreichen Ländern sind Albert-Schweitzer-Vereine entstanden, die Spenden sammeln und darüber hinaus durch Bücher und andere Veröffentlichungen Schweitzers Ideen verbreiten.

Die Idee der „Ehrfurcht vor dem Leben", damals von wenigen wirklich verstanden, ist angesichts der Zerstörung der Natur von höchster Aktualität. Allmählich begreifen wir, daß der Mensch kein Recht hat, Tiere und Pflanzen als sein Eigentum zu betrachten, das er rücksichtslos ausnutzen oder gar ausrotten darf. Wenn wir das Gleichgewicht der Natur stören, gefährden wir unsere eigene Existenz. Hätte man schon damals Schweitzers Mahnung ernstgenommen, sähe unsere Erde jetzt vielleicht anders aus. In Natur- und Tierschutzorganisationen auf der ganzen Welt setzen sich heute besonders junge Leute aktiv für die Verwirklichung von Schweitzers Ideen ein, auch wenn sich nicht alle direkt auf ihn berufen.

Wohl noch stärkeren Einfluß haben bis heute seine Appelle gegen die Atomgefahr und für die Abrüstung. Die internationale Vereinigung der Ärzte gegen den Atomkrieg IPPNW beruft sich ausdrücklich auf Albert Schweitzer. Er gehörte zu den ersten, die Proteste und Aufrufe aus der ganzen Bevölkerung gegen die atomare Gefahr forderten. Ein wachsendes Vertrauen zwischen den Großmächten und der Beginn einer wirksamen Abrüstung sind auch dem Druck der Bevölkerung vieler Länder zu verdanken.

Menschen in unterentwickelten Ländern zu helfen war für Schweitzer „… nicht Wohltat, sondern Sühne", denn „eine große Schuld lastet auf unserer Kultur". Ein noch heute höchst aktueller Grundsatz jeder Entwicklungshilfe!

Auf der ganzen Welt, in Ost und West, tragen Hilfsorganisationen für bedürftige Länder den Namen Albert Schweitzers.

Die in ihrer Konsequenz seltene Übereinstimmung von Denken und Handeln ist es wohl, die gerade junge Leute immer wieder anregt, sich mit Schweitzers Leben und Werk zu beschäftigen. 150 Schulen tragen allein in der Bundesrepublik Deutschland seinen Namen.

Schon zu seinen Lebzeiten sahen ihn viele Menschen als Vorbild, manche erhoben ihn sogar zum Idol. Dagegen wehrte er sich. Er sagte: „Ich bin gar nichts als einer, der das Selbstverständliche tut. Das Selbstverständliche aber ist die Güte. Man überliefert sie der Welt, damit sie um sich greift, schafft und wächst."

1875	14. Januar: Schweitzer wird im oberelsässischen Kaysersberg geboren. Im Sommer Übersiedlung der Familie nach Günsbach
1893	Abitur. Beginn des Theologie- und Philosophiestudiums in Straßburg Orgelunterricht in Paris bei Charles Marie Widor
1894	Militärdienst in Straßburg
1896	Pfingsten: Entschluß, nach dem 30. Lebensjahr sein Leben in den Dienst seiner Mitmenschen zu stellen
1898/99	Fortsetzung des Studiums in Paris und Berlin Promotion zum Dr. phil. Intensive Beschäftigung mit Musik
1900	Vikar in St. Nicolai in Straßburg
1902	Schweitzer übernimmt die Leitung des theologischen Studienstifts in Straßburg.
1905	Schweitzers erstes Buch über Bach erscheint. Kündigung der Stellung als Stiftsdirektor Beginn des Medizinstudiums
1910	Medizinisches Staatsexamen
1912	Aufgabe des Vikariats in St. Nicolai Eheschließung mit Helene Breßlau
1913	Promotion zum Dr. med. 21. März: Abreise des Ehepaars nach Lambarene
1913–17	Erster Aufenthalt in Afrika

1915	Arbeit an der Kulturphilosophie. Erkenntnis der „Ehrfurcht vor dem Leben"
1917/18	Rücktransport nach Europa und Internierung in mehreren Lagern
1919	14. Januar: Geburt der Tochter Rhena
1920–23	Vortrags- und Konzertreisen in Europa. Freie künstlerische und schriftstellerische Tätigkeit
1924	Rückkehr nach Afrika ohne Helene. Wiederaufbau des Hospitals
1927–39	Abwechselnd immer ein bis zwei Jahre Aufenthalt in Lambarene und Europa. Vortragsreisen und Konzerte
1928	Goethe-Preis der Stadt Frankfurt
1939–48	Ununterbrochen in Lambarene
1949	Amerikareise mit Helene
1951	Friedenspreis des Deutschen Buchhandels
1954	Rückwirkend für 1952 Friedensnobelpreis in Oslo
1956	In Lambarene mit Helene
1957	1. Juni: Helene stirbt in Zürich.
1957/58	Über Radio Oslo Appelle gegen Kernwaffenversuche
1965	4. September: Tod Albert Schweitzers in Lambarene

KAISERIN
JOSÉPHINE

NAPOLEONS
GROSSE LIEBE

EINE KURZFASSUNG DES BUCHES VON
BERNARD CHEVALLIER
UND
CHRISTOPHE PINCEMAILLE

MIT ZAHLREICHEN
HISTORISCHEN ABBILDUNGEN

Paris, 2. Dezember 1804: Napoleon Bonaparte setzt nach der Krönung von eigener Hand auch seiner Gemahlin Joséphine die Kaiserkrone aufs Haupt. Dieser Moment stellt den Höhepunkt eines Lebens voller Abenteuer, Exzentrizitäten und Affären dar.

Joséphines problematische erste Ehe mit Alexandre Beauharnais, ihr schillerndes Auftreten in der Welt von Gesellschaft und Politik, die Heirat mit dem jungen General Bonaparte, ihre zügellose Verschwendungssucht, wenn es um Kleider und Schmuck geht, ihre Leidenschaft für Kunst und Botanik, aber auch ihre grenzenlose Hilfsbereitschaft – all dies hat sie zu einer Legende werden lassen.

Auf der Grundlage jüngster Forschungsergebnisse wirft diese fesselnd geschriebene Biographie ein neues Licht auf das Leben dieser widerspruchsvollen Frau.

Vom Kaiser gekrönt

2. DEZEMBER 1804. Im Hof der Tuilerien und auf den beflaggten Balkonen wartet eine große Menschenmenge gespannt auf das Erscheinen der Kaiserin. Kurz vor zehn Uhr tritt sie auf die Freitreppe des Palastes hinaus, eskortiert von ihren Schwägern, den Prinzen Joseph und Louis.

Joséphines majestätische Anmut beeindruckt die Höflinge. Sie sieht einfach hinreißend aus, nicht wie einundvierzig, sondern wie zwanzig. Der Friseur und die Schneider haben ein wahres Wunder vollbracht. An diesem kalten, aber schönen Morgen trägt Joséphine eine weiße Satinrobe, bestickt mit goldenen Bienen und übersät mit Diamanten, die in der Wintersonne funkeln. Ihr Haar ist hochgesteckt und zu Ringellocken frisiert, wie es unter Ludwig XIV. modern war, und das Diadem aus Perlen und Diamanten paßt zum übrigen kostbaren Schmuck.

Nun erscheint auch Napoleon in einem mit Gold bestickten Galarock aus rotem Samt. Mit unvergleichlicher Anmut besteigt Joséphine als erste die Karosse. Der Kaiser nimmt rechts von ihr Platz. Seine Brüder Joseph und Louis setzen sich auf die Vorderbank, mit dem Rücken zur Fahrtrichtung.

Man könnte glauben, Joséphine wäre eigens für den Thron geboren worden, so selbstsicher und natürlich tritt sie auf. Mit strahlendem Lächeln genießt sie zu Recht ihren Erfolg, denn sie hat es großartig verstanden, Widerstände zu besiegen und ständige Intrigen zu überstehen, besonders von seiten der Familie ihres Mannes. Die Gefahr einer Scheidung – diese Schreckensvision, die sie noch vor kurzem verfolgte – scheint endgültig gebannt. Napoleon hat sich geweigert, die Ratschläge seiner Brüder zu befolgen, von denen besonders Lucien der Schwägerin ausgesprochen feindselig gesonnen ist. Gewiß, sie hat ihren Aufstieg Bonapartes Triumph zu verdanken, der sie als Napoleon erst zu Joséphine gemacht hat, aber dennoch hat sie ihr Schicksal mit bewundernswertem Geschick auch selbst mitgestaltet.

Um zehn Uhr verkündet Kanonendonner allen Parisern, daß der Festzug sich in Bewegung setzt. An der Spitze reitet Marschall Murat, Gouverneur von Paris, umgeben von seinem gesamten Generalstab. Ihnen folgen Schwadronen von Kürassieren und Karabiniers, dann die Gardejäger und die Mamelucken.

Nach den Waffenherolden sowie den zehn Berlinen – viersitzigen gefederten Kutschen – für Minister, Würdenträger und Prinzessinnen kommt endlich die Karosse des Kaiserpaares in Sicht, ungeduldig erwartet von der Menschenmenge, die schon im Morgengrauen zusammengeströmt ist und entlang der Straßen von einer Doppelreihe Infanteristen in Schach gehalten wird. Die prächtige Karosse aus vergoldetem Holz wird von acht Pferden gezogen, hat acht Fenster und ist reich verziert mit geschnitzten Blumengirlanden, Palmwedeln und Lorbeerkränzen. Auf dem Dach prangt, auf vier Adler gestützt, eine imposante Krone. Die Menschen können den Kaiser und die Kaiserin durch die Scheiben gebührend bewundern, denn die Kutsche bewegt sich mit feierlicher Langsamkeit. Im Labyrinth der schmalen Straßen, die zur Kathedrale Notre-Dame führen, wäre ein zügigeres Tempo sowieso nicht möglich, zumal der Festzug durch die Zuschauermassen – schätzungsweise eine halbe Million – zusätzlich behindert wird. Es herrscht eine Atmosphäre allgemeinen Jubels, woraus man allerdings nicht zwangsläufig schließen sollte, daß die Untertanen von glühender Begeisterung und Liebe für ihren Herrscher erfüllt sind.

Es ist fast Mittag, als die Karosse Ihrer Kaiserlichen Majestäten vor dem erzbischöflichen Palast hält. Napoleon und Joséphine legen die Krönungsgewänder an. Ein Diadem aus Amethysten ziert nun das Haupt der Kaiserin, und man befestigt den schweren Krönungsmantel an ihren Schultern.

Papst Pius VII., der seit mehreren Stunden in der eisigen Kathedrale wartet, macht den resignierten Eindruck eines Mannes, der durch sein Wohlverhalten eine bevorzugte Behandlung seiner Staaten zu erkaufen hofft.

Die Salbung der Kaiserin ist ein bewegender Augenblick, nicht so sehr wegen der religiösen Zeremonie als vielmehr wegen Joséphines Persönlichkeit. Alle Blicke folgen ihr bewundernd, als sie anmutig zum Altar schreitet und vor den Stufen niederkniet.

**2. Dezember 1804: Napoleon Bonaparte krönt erst sich, dann Joséphine.
Gemälde von Jacques Louis David, 1806/07**

Napoleon läßt sich vom Papst zwar salben, doch die Krone aus Lorbeerblättern setzt er sich selbst aufs Haupt. „Er hatte große Ähnlichkeit mit einer antiken Medaille", berichtet Madame de Rémusat, eine von Joséphines Hofdamen, „aber er war sehr bleich, wirklich erschüttert, und sein Gesichtsausdruck wirkte streng und ein klein wenig verwirrt." Danach krönt er eigenhändig die vor ihm kniende Kaiserin. Joséphine erhebt sich und will neben ihrem Gemahl zum Thron schreiten, kommt aber nicht von der Stelle, weil der mit Hermelin besetzte Samtmantel sie nach hinten zu ziehen droht: Die Prinzessinnen, die auf Befehl ihres kaiserlichen Bruders die Schleppe tragen sollen, haben diese aus bösartigem Neid plötzlich fallen gelassen. Der Zwischenfall entgeht Napoleon nicht, und er ruft seine Schwestern scharf zur Ordnung.

Der Papst segnet den Kaiser und ruft: *„Vivat Imperator in aeternum!"* Die Chöre stimmen das Tedeum an.

Um fünfzehn Uhr ist die Zeremonie beendet, und der Festzug formiert sich zur Rückkehr in die Tuilerien. Eine noch dichtere Menschenmenge als am Vormittag säumt die Straßen. Die Dunkelheit bricht herein, lange bevor das Kaiserpaar den Palast

155

erreicht. Man hat Fackeln entzündet, deren Flammen die vergoldete Karosse schillern lassen. Ganz Paris erliegt dem Zauber dieser Stunde, die etwas Märchenhaftes an sich hat. Auch Joséphine ist nicht mehr ganz dieselbe wie noch am Morgen. Sie steht jetzt sogar über den Königinnen von Frankreich, die alle nicht gesalbt waren, mit Maria von Medici als einziger Ausnahme. Schweifen Joséphines Gedanken zurück in die Vergangenheit? Erinnert sie sich an den weiten Weg, der hinter ihr liegt, an die ferne Kindheit auf Martinique, an ihre erste Ehe, die zwar scheiterte, ihr aber zwei heißgeliebte Kinder bescherte, an die düsteren Tage des Schreckens, an das unsichere Leben im Gefängnis, an den Schatten der Guillotine, an Alexandres Hinrichtung?

Napoleon bewundert die Anmut, mit welcher Joséphine das Diadem trägt, und bittet, sie möge die Krone während des ganzen Abendessens aufbehalten, das sie in trauter Zweisamkeit einnehmen. Sehr viel später vertraut die Kaiserin Mademoiselle Ducrest an, das fast drei Pfund schwere Diadem sei ihr schier unerträglich gewesen. „Obwohl sie es mit dickem Samt unterlegte, drückte es sich tief in ihre Stirn ein, und sie bekam davon fast immer Migräne."

Die kleine Amerikanerin (1763–79)

Als Gaspard-Joseph de Tascher, Seigneur de la Pagerie, im Jahre 1726 nach Martinique aufbricht, hofft er zwar, dort sein Glück zu machen, kann sich aber bestimmt nicht einmal in seinen kühnsten Träumen vorstellen, daß eine seiner Enkelinnen dereinst Kaiserin der Franzosen werden wird.

Die Taschers sind eine alte Adelsfamilie aus dem Blésois. Ihr Stammbaum läßt sich bis zur Mitte des 15. Jahrhunderts zurückverfolgen. Es gab nie besonders glänzende Partien, aber stets Eheschließungen mit Mädchen aus gutem Hause. Trotzdem brachten es die Junker zu keinem Vermögen. Aus Tradition stellte man sich in den Dienst des Königs: Als „Schwertadelige" opferten die Taschers ihre Söhne und ihre mageren Geldmittel dem Kriegshandwerk. Doch in einem Regiment standesgemäß aufzutreten und eine eigene Kompanie zu unterhalten war eine kostspielige – für die Taschers geradezu ruinöse – Angelegenheit.

Gaspard-Joseph hat deshalb gute Gründe, sich auf das Abenteuer einer Umsiedlung in die Kolonien einzulassen. Amerika ist im ersten Drittel des 18. Jahrhunderts für viele Unzufriedene das Land ihrer Träume. Allerdings hat er nicht bedacht, daß man auch auf den Inseln ohne ein gewisses Anfangskapital nicht weiterkommt, daß man finanziell in der Lage sein muß, Sklaven zu kaufen, wenn man Erfolg haben will. Außerdem bedarf es guter Beziehungen, um eine Konzession für die einträglichsten Domänen zu erhalten. Mit diesen Grundvoraussetzungen kann man in den Kolonien innerhalb von zwei Generationen ein Vermögen erwerben. Dann folgt eine triumphale Rückkehr nach Frankreich, wo man sich bei Hofe oder in den Pariser Salons im Ruhme sonnt und von den kolonialen Einkünften auf großem Fuße lebt.

Aber Gaspard-Joseph verfügt weder über Geld noch über gute Beziehungen, und sogar seine Vorstellungen, wie er es zu Reichtum bringen könnte, sind reichlich vage. Auf der Insel Martinique ist er anfangs gezwungen, eine Stellung bei einem Pflanzer anzunehmen – für einen Adeligen eine entwürdigende Situation.

Diese Lage bessert sich, als er im August 1734 Marie-Françoise Boureau de la Chevalerie heiratet, deren Mitgift aus einigen Ländereien auf der Insel Sainte-Lucie besteht, wo das Ehepaar sich niederläßt. Monsieur de Tascher erweist sich jedoch als miserabler Gutsbesitzer. Bald häufen sich die Schulden, er muß Hypotheken aufnehmen, und schließlich wird der Besitz konfisziert. Die enteignete Familie nimmt daraufhin ihren Wohnsitz in Fort-Royal auf Martinique. Inzwischen gilt es, fünf Kinder zu versorgen: zwei Söhne, Joseph-Gaspard und Robert-Marguerite, geboren 1735 bzw. 1740, und drei Töchter, Marie-Euphémie-Désirée, Marie-Paule und Marie-Françoise-Rose. Der amerikanische Traum vom Glück ist geplatzt, und die Situation der Taschers sieht alles andere als rosig aus. Gaspard-Joseph nimmt verschiedene Stellungen als Verwalter an, doch sein Gehalt reicht nicht zum Unterhalt der großen Familie aus. Ihm bleibt nur ein einziger Ausweg aus der Notlage: Er wendet sich hilfesuchend an einen Bruder, den Abbé de Tascher, Schloßkaplan der Dauphine. Der Abbé bringt seinen Neffen Joseph-Gaspard tatsächlich als Page am Hofe von Maria-Josepha von Sachsen unter, der Mutter des zukünftigen Ludwig XVI. Der Sechzehnjährige verläßt Martinique im Jahre 1751 und tritt in die Dienste von Madame la

Dauphine. Vier Jahre später kehrt er mit einem Leutnantspatent auf seine Heimatinsel zurück, und nun kommt sein jüngerer Bruder als Page an den Hof der Dauphine.

Um diese Zeit läßt England, obwohl es sich im Frieden mit Frankreich befindet, zwei französische Schiffe beschießen und schmiedet Pläne zum Generalangriff auf alle französischen Kolonien. Ludwig XV. ist sich über Londons Absichten im klaren und organisiert die Verteidigung der Antillen. Er will vor Ort einen vertrauenswürdigen, energischen und fähigen Mann haben. Auf Empfehlungen hin ernennt der König am 1. November 1756 einen zweiundvierzigjährigen Militär, Messire François de Beauharnais, zum Gouverneur und Generalleutnant der Inseln Martinique und Guadeloupe und der französischen Antillen.

Die Karriere des neuen Gouverneurs hat sich bis dahin ausschließlich in seiner Heimatstadt Rochefort abgespielt, wo er mühelos alle militärischen Ränge durchlief und es 1754 bis zum Major der Kriegsmarine brachte. Größtenteils verdankt er das der Protektion eines einflußreichen Verwandten, des mächtigen Marineintendanten Bégon, und ohne dessen tatkräftige Unterstützung hätte er wohl auch nie die Küste der Vendée verlassen.

Die Beauharnais, im 15. Jahrhundert in Orléans, der Wiege der Familie, in den Amtsadel erhoben, haben es durch vorteilhafte Eheschließungen und durch kluge Verwaltung ihrer Güter zu beträchtlichem Einfluß und Vermögen gebracht. Dem Kriegshandwerk dienen sie seit dem 17. Jahrhundert, und innerhalb von zwei Generationen haben sie sich in der Marine einen Namen gemacht. Claude, François' Vater, ist Schiffskapitän und hat eine reiche Erbin geheiratet, eine Demoiselle Hardouineau, deren Familie riesige Plantagen auf Saint-Domingue besitzt. Man kann dem neuen Gouverneur von Martinique, der am 13. Mai 1757 die Reise dorthin antritt, folglich nicht absprechen, daß er ein vornehmer Herr ist. Abgesehen von seinem Gehalt – 150 000 Livres – verfügt er über 100 000 Livres persönliches Einkommen.

Die Taschers hingegen sind inzwischen völlig verschuldet und können schon längst nicht mehr standesgemäß leben. Doch wenngleich Armut entwürdigend ist, so ändert sie doch nichts am Stolz auf eine vornehme Abstammung. Zwischen Adligen, die ursprünglich aus derselben Provinz stammen, müssen sich doch

Beziehungen knüpfen lassen, sagt sich Gaspard-Joseph. Es gelingt ihm, sich beim neuen Gouverneur einzuschmeicheln, der für Taschers drei Töchter geeignete Stellungen findet. Désirée wird von François de Beauharnais in dessen Haus aufgenommen, zunächst als Gesellschafterin für seine junge Frau. Mademoiselle de Tascher ist fest entschlossen, aus ihrer demütigenden Situation herauszukommen, und sie versteht es, sich ihren Gönnern in kürzester Zeit unentbehrlich zu machen – als Freundin und Vertraute von Madame, als Geliebte von Monsieur.

Nun strebt Désirée eine reiche Heirat an. Den Beauharnais mangelt es nicht an Beziehungen, und der Gouverneur ist fest entschlossen, den größten Wunsch seiner Geliebten zu erfüllen. Er wirft sein Auge auf den jungen Alexis de Renaudin, dessen Vater auf Martinique eine bedeutende Persönlichkeit ist und auf Sainte-Lucie riesige Ländereien besitzt. Die Eltern Renaudin wollen zwar von einer derartigen Verbindung nichts wissen, denn die Taschers haben ein schlechtes Renommee. Doch der Gouverneur ist keineswegs gewillt, seinen Plan aufzugeben, und verfolgt diese Angelegenheit mit solcher Beharrlichkeit, daß seine Dienstmoral erheblich darunter leidet. An sich wäre es nämlich seine Pflicht, die Verteidigung der Antillen zu organisieren, Befestigungen errichten zu lassen, Truppenübungen durchzuführen und die Milizen auf den Ernstfall vorzubereiten.

Am 16. Januar 1759 versucht Admiral Moore eine Landung in Fort-Royal, aber seine Männer werden von Freiwilligenverbänden der Kolonisten zurückgeschlagen. Daraufhin wendet der Engländer seine Aufmerksamkeit Guadeloupe zu. Basse-Terre wird am 22. Januar eingenommen; der französische Oberleutnant Nadau du Treil versucht Widerstand zu leisten, muß aber am 26. April kapitulieren. Während dieser ganzen Zeit hat Monsieur de Beauharnais Fort-Royal nicht verlassen, da ihn das Schicksal seines unglückseligen Offiziers weit weniger interessiert als die Verhandlungen mit Alexis' Eltern. Der plötzliche Tod von Monsieur de Renaudin befreit ihn von einem unnachgiebigen Gegner. Die Witwe hat nicht mehr den Mut, ihre Zustimmung zu verweigern. Sogleich wird der Ehekontrakt unterzeichnet; die Hochzeit findet am 22. April 1759 statt.

Von nun an scheint die Zukunft der Taschers etwas gesicherter. Die junge Madame de Renaudin setzt sich nach Kräften für ihre

Familie ein. Sie verheiratet ihre Schwester Marie-Paule mit einem reichen Musketier, verschafft ihrem Vater eine Kommandantur bei den Milizen und bringt ihren Bruder Joseph-Gaspard – Oberleutnant der Küstenartillerie – als Adjutanten des Gouverneurs unter, dessen Geliebte sie trotz ihrer Eheschließung bleibt.

Sobald der König von der Katastrophe auf Guadeloupe erfährt, befiehlt er eine Untersuchung. Um seine eigene Haut zu retten, belastet François de Beauharnais den armen Nadau du Treil und dessen Offiziere. Die Angeklagten werden von einem Kriegsgericht mit Degradierung und Gefängnis in Frankreich bestraft. Doch auch Beauharnais wird seines Postens enthoben. Er nimmt die Schwangerschaft seiner Frau zum Vorwand, um Martinique – und somit seine Mätresse – nicht gleich verlassen zu müssen. Am 28. Mai 1760 bringt Madame de Beauharnais in Fort-Royal einen Knaben zur Welt, der den Vornamen Alexandre-François-Marie erhält. Ein knappes Jahr später läßt sich die Abreise allerdings nicht länger aufschieben. Am 17. April 1761 geht das Ehepaar Beauharnais an Bord der Fregatte *L'Hébé*, deren Ziel Frankreich ist – wo sich seit kurzem auch Madame de Renaudin aufhält! Da man ein Kleinkind unmöglich den Risiken einer solchen Überfahrt aussetzen kann, wird Alexandre der Obhut von Désirées Mutter, Madame de Tascher, anvertraut.

Vor ihrer Abreise nach Frankreich hat Désirée noch die Zeit gefunden, die Heirat ihres Bruders Joseph-Gaspard mit Rose-Claire des Vergers de Sannois zu arrangieren. Die Hochzeit wird am 9. November 1761 gefeiert. Die Braut gehört einer der angesehensten Adelsfamilien der Kolonie an und erhält als Mitgift Liegenschaften auf Sainte-Lucie und auf Martinique.

Südlich der Bucht von Fort-Royal erstreckt sich eine Art Halbinsel, und dort besitzen die Sannois eine große Zuckerrohrplantage namens Petite-Guinée, die nach Rose-Claires Heirat in „La Pagerie" umbenannt wird. Hier läßt sich das junge Ehepaar nieder. Der Besitz – etwa fünf Hektar – erstreckt sich von der Küste bis weit ins Landesinnere. In dem tropischen Klima gedeiht eine Vielzahl von Obstbäumen und Zierpflanzen. Die Gärten der „Pagerie" sind voller Pflaumen-, Kaffee-, Mango- und Mandelbäume, voller Lilien, Lorbeerrosen und anderer Blumen.

Im August 1766 richtet ein heftiger Zyklon schwere Verwüstungen auf der Plantage an, kostet zahlreiche Sklaven das Leben und zerstört das Herrenhaus. Da die nötigen Mittel zum Wiederaufbau fehlen, zieht die Familie ins obere Stockwerk der Zuckerraffinerie. Statt der einst 150 Sklaven werden auf der Plantage nur noch etwa zwanzig beschäftigt.

Wie sein Vater gerät auch Joseph-Gaspard bald in finanzielle Schwierigkeiten. Er ersucht schließlich bei Hofe um eine Beihilfe als Anerkennung für seine militärischen Dienste. François de Beauharnais, soeben zum Marquis erhoben, setzt sich in Versailles für ihn ein, und die königliche Administration gewährt ihm daraufhin eine Pension von 450 Livres, obwohl er keine besonderen Heldentaten vollbracht hat. Die von Engländern belagerte Insel Martinique mußte am 15. Februar 1762 kapitulieren, und in seiner Eingabe konnte sich Monsieur de la Pagerie – damals Kommandant der Batterie von Pointe-des-Nègres – nur rühmen, dem Feuer dreier feindlicher Schiffe neun Stunden lang widerstanden zu haben, bevor man zum Rückzug gezwungen war. Die Kolonie war in britischen Besitz übergegangen und erst im März 1763, nach dem Friedensvertrag von Paris, wieder an Frankreich gefallen.

Die Notlage, in der sich Joseph-Gaspard befindet, ist zum Teil selbst verschuldet, hauptsächlich jedoch auf den Zyklon des Jahres 1766 zurückzuführen. Hinzu kommt, daß die Familie sich inzwischen vergrößert hat. Am 26. Juni 1763 hat Madame de la Pagerie ein Mädchen zur Welt gebracht, das die Vornamen Marie-Joseph-Rose erhält, nach dem Großvater mütterlicherseits, Joseph des Vergers de Sannois, und der Großmutter väterlicherseits, Marie-Françoise Boureau de la Chevalerie. Das ist die zukünftige Kaiserin Joséphine. Zwei weitere Mädchen sind gefolgt: Cathérine-Désirée, geboren 1764, und Marie-Françoise, geboren 1766.

Das erste Kind hätte nach den Wünschen der Eltern ein Sohn sein sollen, doch zumindest Rose-Claire tröstet sich rasch darüber hinweg, daß Gott ihnen nur eine Tochter geschenkt hat. „Sollten wir unser Geschlecht nicht viel höher einschätzen, als wir es gewöhnlich tun?" schreibt sie ihrer Schwägerin, Madame de Renaudin. „Ich kenne Frauen, die so prächtige Eigenschaften in sich vereinen, wie sie beim anderen Geschlecht nie anzutreffen sind. Die mütterliche Liebe macht mich schon jetzt blind und läßt mich hoffen, daß meine Tochter solchen Frauen gleichen wird.

Doch selbst wenn mir diese Befriedigung zuteil werden sollte, könnte ich sie darum nicht mehr lieben als jetzt."

Madame de la Pagerie hält die anmaßende Einstellung der Männer, daß sie den Frauen überlegen seien, keineswegs für eine unumstößliche Wahrheit. Der Charakter ihres Ehemanns läßt sie sogar sehr daran zweifeln. Die kleine Marie-Joseph-Rose, die zärtlich Yeyette genannt wird – ein Kosename, den die zukünftige Kaiserin in ihrer Korrespondenz mit der Mutter immer wieder erwähnt –, wächst hauptsächlich in weiblicher Gesellschaft auf, umgeben von ihren Schwestern, ihrer Großmutter Tascher, ihrer Amme Marion und den Sklavinnen.

Über Joséphines erste Lebensjahre ist so gut wie nichts bekannt. Sie selbst spricht auf dem Gipfel ihres Ruhmes nur selten von ihrer Kindheit und begnügt sich mit einigen Anekdoten, die geeignet sind, zur Legendenbildung beizutragen. Ansonsten bleibt diese Zeit in undurchdringliches Dunkel gehüllt.

Madame de la Pagerie möchte ihren Kindern eine möglichst gute Erziehung angedeihen lassen. Deshalb kommt Joséphine 1773 zusammen mit ihrer ein Jahr jüngeren Schwester nach Fort-Royal ins Pensionat der „Dames de la Providence", des Ordens der göttlichen Vorsehung. Das Pensionat stellt sich zur Aufgabe, die Mädchen „frühzeitig zu jener Schamhaftigkeit und Sittsamkeit anzuhalten, welche die schönste Zierde ihres Geschlechts sind, sie in jener Sanftmut und Güte zu unterweisen, die man in der Gesellschaft von ihnen erwarten wird, in ihnen die Tugenden des Fleißes, der Ordnungsliebe und der Sparsamkeit zu fördern, die zur Führung eines Haushalts unabdingbar sind".

Vom letzten Punkt einmal abgesehen, fallen viele dieser Lehren bei Joséphine durchaus auf fruchtbaren Boden und werden ihr später – nicht zuletzt auch als Kaiserin – zugute kommen. Was manche Leute als angeborene Charaktereigenschaften priesen – ihre Güte, ihre natürliche Anmut –, ist ihr von den Kapuzinerinnen auf den „amerikanischen Inseln unter dem Wind" anerzogen worden. Die Nonnen wollen freilich tugendhafte Katholikinnen heranbilden, keine gelehrten Frauen, und deshalb wird die Bildung bedauerlicherweise sträflich vernachlässigt. Man begnügt sich damit, den Schülerinnen die elementarsten Kenntnisse zu vermitteln. Joséphine lernt lesen und schreiben, aber darüber hinaus nicht allzuviel. Ihr späteres Interesse an

Botanik und Kunst zeugt allerdings von einem wachen Verstand. Sie ist keineswegs jenes seichte, hirnlose Geschöpf, als das ihre Verleumder sie so oft hingestellt haben.

Joséphine bleibt in der Klosterschule, bis ihre Schwester Cathérine-Désirée im Oktober 1777 an Tuberkulose stirbt.

GEGEN Ende des Jahres 1769 entreißt der Marquis de Beauharnais seinen Sohn Alexandre der liebevollen Obhut von Madame de Tascher und läßt ihn nach Frankreich kommen. Nach der Ankunft in Paris erfährt der Knabe, daß seine Mutter schon vor zwei Jahren gestorben ist. Diese Nachricht erschüttert ihn allerdings nicht besonders, ist Madame de Beauharnais für ihn doch eine völlig Fremde gewesen. Zudem hegt Madame de Renaudin mütterliche Gefühle für den jüngeren Sohn ihres Geliebten und nimmt sich des Kindes liebevoll an. Als Alexandre am 15. Januar 1770 in der Kirche Saint-Sulpice getauft wird, ist Désirée seine Patin. Das ist der Beginn einer langen, innigen Beziehung. Désirée kümmert sich nicht nur um seine Erziehung, sie tröstet den Jüngling später auch, wenn er Liebeskummer hat, und berät ihn in allen Herzensangelegenheiten.

Zunächst aber geht es darum, Alexandre eine gute Bildung zu verschaffen. Der Marquis schickt ihn aufs Collège du Plessis, das auch sein älterer Bruder François besucht. Hier ist es den Schülern erlaubt, ihre eigenen Hauslehrer mitzubringen. Monsieur de Beauharnais hat einen ehemaligen Mathematiklehrer, Antoine Patricol, mit der Aufgabe betraut, die Studien seiner Söhne zu überwachen.

Im Jahre 1775 wird Patricol von Duc Louis-Alexandre de La Rochefoucauld engagiert, der einen Hauslehrer für seine Neffen Alexandre-Louis und Armand-Charles de Rohan-Chabot sucht. Zusammen mit Patricol zieht auch Alexandre auf das Schloß derer von La Rochefoucauld, das in der Nähe von Andelys auf einem Hügel an der Seine erbaut ist. Hier wird ein herrschaftlicher Lebensstil gepflegt. Der Herzog, seine Mutter und seine Tante – die Duchesses d'Enville und d'Estissac – scharen im Sommer berühmte Persönlichkeiten um sich: Staatsmänner, Künstler, Wissenschaftler. Man unterhält sich über Astronomie, Agronomie und Politik, man begeistert sich für die Unabhängigkeitsbestrebungen der britischen Kolonien in Amerika. Der

Unabhängigkeitskrieg ruft grenzenlose Begeisterung hervor. Duc Louis-Alexandre, ein Freund von Franklin und La Fayette, wird zum glühenden Befürworter liberaler Ideen und übersetzt die „Unabhängigkeitserklärung der dreizehn Vereinigten Staaten von Amerika" ins Französische.

Es bleibt ein Rätsel, weshalb ein Beauharnais mit offenen Armen in dieser Familie aufgenommen wurde, die zur Hocharistokratie gehörte und im Königreich sehr mächtig war. Verwandtschaftliche Beziehungen gab es nicht; folglich müssen enge Freundschaftsbande bestanden haben, die mit allergrößter Wahrscheinlichkeit von Madame d'Enville ausgingen. „Das ist ein sehr angenehmer Mensch", soll sie gesagt haben, „den ich wie ein drittes Kind betrachte und dem ich mein Leben lang verbunden bleiben werde."

Alexandre ist begeistert vom Lebensstil seiner Gönner und versucht sie möglichst perfekt zu imitieren. Er teilt den Unterricht und die Zerstreuungen seiner Gefährten Alexandre-Louis und Armand-Charles de Rohan-Chabot, zu denen sich auch noch der Neffe des Staatsmanns Turgot gesellt hat. Eine Zeitlang interessiert sich Alexandre brennend für die Astronomie, und der Herzog leiht ihm sein Fernglas, damit er die Sterne beobachten kann.

Doch herrscht im Schloß durchaus keine trockene Atmosphäre der Gelehrsamkeit. Es werden auch rauschende Feste gefeiert. Der junge Chevalier de Beauharnais stürzt sich Hals über Kopf ins Vergnügen und ist wie berauscht von seinen neuen Erfahrungen. „Meine liebe Patin", schreibt er Madame de Renaudin, „bis zu diesem Augenblick habe ich getanzt, und nun will ich den Boten nicht weggehen lassen, ohne ihm einen Brief für Sie mitzugeben. Von meiner Gesundheit brauche ich nicht zu sprechen. Nach einem Ball kann sie nur ausgezeichnet sein. Wie Sie wissen, ist Tanzen ein Universalmittel gegen alle Übel." Er fühlt sich auf La Roche-Guyon ganz in seinem Element. „Es ist die Rede davon, daß wir morgen auf Eseln ausreiten wollen, nach dem Vorbild von Fontainebleau. ... Es wird eine fünfzehn- oder sechzehnköpfige Gesellschaft sein – die Esel nicht mitgerechnet." Der Ton verrät einen sorglosen, lebensfrohen jungen Mann, dem das Glück hold ist.

Dank der Protektion des Duc Louis-Alexandre de La Rochefoucauld, der Oberst des Saar-Infanterieregiments ist, wird

Alexandre im Jahre 1777 Leutnant. Seine militärische Karriere profitiert von der Gunst der Herzogs; seine politische Karriere segelt im Kielwasser seines Protektors, der ihm leuchtendes Vorbild ist und dem er auch ins revolutionäre Abenteuer folgen wird.

Im März 1778 wird Alexandre nach Le Conquet in der Bretagne in Garnison geschickt. Eine Zeitlang sieht es in diesem Frühjahr ganz so aus, als käme es zum Krieg zwischen England und Frankreich. Weit davon entfernt, sich darüber Sorgen zu machen, hofft Alexandre ganz im Gegenteil, seinen Tatendurst im Kampf stillen und durch Heldenmut Lorbeeren ernten zu können. Als dieser Wunsch unerfüllt bleibt, weil die Spannungen friedlich beigelegt werden, wendet sich Alexandre ganz anders gearteten – und viel angenehmeren – Eroberungen zu.

Getreulich berichtet er seiner Patin von diversen Liebesabenteuern, und Désirée enttäuscht sein Vertrauen nicht. Sie bestärkt ihn in seinem Treiben und gibt ihm Ratschläge, empfiehlt ihm beispielsweise, sich nicht allzuviel mit Prostituierten abzugeben. Der junge Beauharnais führt in der Bretagne zweifellos ein ausschweifendes Leben, und Désirée hat bestimmt ihre Freude an den Eskapaden ihres Patenkindes, weil sie dadurch an ihre eigene Jugend erinnert wird. Aber gleichzeitig ist sie auch eine sehr kluge Frau: Der Jüngling soll sich die Hörner abstoßen, bevor er Ehemann und Familienvater wird. Madame de Renaudin hat nämlich große Pläne mit ihrem lieben Alexandre. Sie möchte ihn mit ihrer Nichte Cathérine-Désirée verheiraten, um auf diese Weise eine dauerhafte Verbindung zwischen ihrer eigenen Familie und der des Marquis herzustellen. Seit der Rückkehr nach Frankreich ist ihr Einfluß auf die Beauharnais immer größer geworden: Als François' langjährige Mätresse und Alexandres Vertraute hat sie de facto die Stelle der 1767 verstorbenen Madame de Beauharnais eingenommen.

Währenddessen macht sich Monsieur de la Pagerie auf Martinique berechtigte Sorgen bezüglich der Zukunft seiner Töchter. Wie sollen sie gute Partien machen, wenn das Geld für eine Mitgift fehlt? Joseph-Gaspard ist sich durchaus darüber im klaren, daß eine Verbindung mit seiner Familie den meisten angesehenen Kolonisten unter diesen Umständen nicht wünschenswert erscheint. Gewiß werden sich Heiratskandidaten finden, zumal die Mädchen hübsch sind, aber diesen Bewerbern dürfte es dann ebenfalls am Allerwichtigsten fehlen – an Geld!

Monsieur de la Pagerie macht deshalb keinen Hehl aus seiner Erleichterung, als seine Schwester ihm schreibt, daß der Marquis de Beauharnais im Prinzip mit ihren Plänen einverstanden sei. Wenn Cathérine-Désirée in die angesehene und begüterte Familie der Beauharnais einheiratet, wird er – Monsieur de la Pagerie – seine beiden anderen Töchter mit ausreichenden Mitgiften ausstatten können.

Monsieur de Beauharnais gibt sich zufrieden, ihm auf diese Weise einen greifbaren Beweis seiner Zuneigung liefern zu können. „Ich kann Ihnen gar nicht sagen, welche Freude mir der Gedanke bereitet, durch die Heirat unserer Kinder unsere alte Freundschaft fortzusetzen." In Wirklichkeit dürfte es Désirées ganzer Überzeugungskraft und Hartnäckigkeit bedurft haben, um den Marquis zur Zustimmung zu bewegen.

Ihr Patenkind lobt sie ihrem Bruder gegenüber in den höchsten Tönen. „Ein angenehmes Gesicht, eine ausgezeichnete Figur, gebildet, geistvoll, vielseitig begabt. Und was von unschätzbarem Wert ist – alle Vorzüge des Herzens und der Seele finden sich bei ihm vereint. Jedermann liebt ihn." Monsieur de la Pagerie interessiert sich aber bestimmt weit mehr für Alexandres finanzielle Lage, über die der Marquis de Beauharnais eine Aufstellung beigefügt hat. Aus dem mütterlichen Erbe verfügt der Chevalier über ein Jahreseinkommen von 40 000 Livres. Weitere 25 000 Livres werden nach dem Tod seines Vaters hinzukommen. Diese mehr als reichlichen Einkünfte entheben Joseph-Gaspard der Notwendigkeit, seiner Tochter eine Mitgift auszusetzen. In Paris gibt man sich keinerlei Illusionen hin: Man weiß genau, daß Monsieur de la Pagerie bestenfalls die Überfahrt für sich und seine Tochter bezahlen kann.

Unglückseligerweise stirbt Cathérine-Désirée am 16. Oktober 1777 und macht damit die ehrgeizigen Pläne ihrer Familie vorerst zunichte. Doch Joseph-Gaspard ist nicht gewillt, diese Chance zu verpassen. Sofort schlägt er Yeyette, seine älteste Tochter, als Ersatzkandidatin vor. Von diesem Vorschlag ist Monsieur de Beauharnais allerdings wenig begeistert: Joséphine ist seiner Ansicht nach viel zu alt. „Es ist wirklich ärgerlich, daß Ihre älteste Tochter nur drei Jahre jünger ist als der Chevalier. Aber dies wäre ja nicht das erste Mal, daß die jüngere vor der älteren Schwester heiratet; und da die zweite im Alter besser paßt, dürfte der Himmel selbst es so gewollt haben."

Der Wunsch des Freundes und Wohltäters ist Monsieur de la Pagerie Befehl. Wenn seine jüngere Tochter in Paris gefragt ist, wird sie eben dorthin gehen! Marie-Françoise, genannt Manette, ist ein hübsches und fröhliches Mädchen. Joseph-Gaspard teilt seiner Schwester mit, er werde sich im April oder Mai 1778 mit seiner Tochter auf den Weg nach Frankreich machen. Doch Manette ist der Gedanke an eine Trennung von ihrer Mutter unerträglich, und auch diese will ihr Kind nicht so weit in die Ferne ziehen lassen. Schließlich erkrankt Manette, und ihr hohes Fieber wird auf die schreckliche Angst vor der Abreise zurückgeführt. Monsieur de la Pagerie weiß nicht mehr ein noch aus. Joséphine hätte zwar große Lust, sich nach Europa zu begeben, aber er traut sich nicht, sie noch einmal vorzuschlagen, nachdem der Marquis sie für zu alt befunden hat. Zu allem Übel sieht sie mit ihren fünfzehn Jahren wie eine Achtzehnjährige aus.

Madame de Renaudin wird allmählich ungeduldig. Sie befürchtet, daß ihre Pläne den Machenschaften gewisser Verwandter der Beauharnais zum Opfer fallen könnten. Alexandre ist eine so gute Partie, daß der Neid leicht zu Intrigen führen kann. Sie drängt Joseph-Gaspard, endlich abzureisen, ob nun mit einem Mädchen oder mit beiden.

Alexandre möchte zwar aus Liebe zu seiner Patin sehr gern eine ihrer Nichten heiraten, findet aber zunächst wie sein Vater, daß eine Fünfzehnjährige ihm im Alter viel zu nahe stünde. Doch als sich herausstellt, daß es nie gelingen wird, Manette nach Frankreich zu bringen, entschließt er sich, Joséphines ausgestreckte Hand zu ergreifen, allerdings unter dem Vorbehalt, daß eine Heirat für ihn nicht in Frage käme, „falls dieses Fräulein und ich einander zuwider sein sollten", was er sich freilich selbst nicht recht vorstellen kann. „Der leidenschaftliche Wunsch dieser jungen Person, ihre Tante kennenzulernen, nimmt mich von vornherein für sie ein."

Endlich sind alle Hindernisse für Yeyettes Ankunft in Frankreich überwunden. Joséphines Traum kann in Erfüllung gehen.

„Ich wage zu hoffen, daß die beiden glücklich werden"
(1779–83)

Vater und Tochter kommen Ende Oktober 1779 mit dem Kriegsschiff *L'Île de France* in Brest an, wo sie von Madame de Renaudin und Alexandre abgeholt werden.

Désirée hat sich große Sorgen um ihren Bruder gemacht, für dessen seit langem stark angegriffene Gesundheit die Überfahrt nicht gerade zuträglich war. Monsieur de la Pagerie hat die Seereise zwar überlebt, ist aber sehr geschwächt.

Alexandre ist überaus neugierig auf Joséphine, die er vor zehn Jahren zuletzt gesehen hat. Seit sie als seine zukünftige Frau im Gespräch ist, versucht er sich vorzustellen, wie sie jetzt wohl aussehen mag. Seine Befürchtungen, daß er sich vielleicht nicht in sie verlieben könnte, zerstreuen sich, sobald er sie kennenlernt. Begeistert erklärt er, die Aufrichtigkeit und Sanftmut ihres Charakters übertreffe alle Schilderungen, und er bekennt mit großer Zufriedenheit, daß sie ihm gefalle.

Für die Fahrt nach Paris kauft Alexandre einen bequemen Einspänner. Trotzdem kommt man nur langsam voran; Joseph-Gaspards Kräfte lassen keine großen Tagesetappen zu. In der Hauptstadt angekommen, werden Joséphine und ihr Vater im Haus des Marquis de Beauharnais in der Rue Thévenot untergebracht.

Am 10. Dezember 1779 wird in Anwesenheit von Familienangehörigen der Ehekontrakt verlesen. Alexandres Onkel Claude de Beauharnais ist mit seinem Sohn erschienen, ferner ein Cousin, Michel Bégon, Ehrenrat beim Parlament in Metz und Bruder des Marineintendanten. Alexandre verfügt über ein bedeutendes Kapital an Liegenschaften; hierbei handelt es sich in erster Linie um Besitztümer auf Saint-Domingue im Wert von etwa 800 000 Livres. Hinzu kommen Schloß und Ländereien von La Ferté-Aurain im Blésois und die 40 000 Livres Rente aus dem Erbe seiner Mutter – aber das alles gemeinschaftlich mit seinem Bruder François. Verglichen mit dem Vermögen ihres Mannes, hat Joséphine nicht viel vorzuweisen: ein auf 15 000 Livres geschätztes Mobiliarvermögen, das aber auf Martinique zurückgeblieben ist. Ihr Vater gewährt ihr – auf dem Papier – eine Mitgift von 120 000 Livres, von denen sie allerdings nur 20 000 für die dringend benötigte Aussteuer zu sehen bekommt; und auch diese Summe stammt in Wirklichkeit von der großzügigen Tante.

Diese Eheschließung ist ausschließlich Désirées Werk, und da sie keine eigenen Kinder hat, schenkt sie der Nichte ihr Haus in Noisy-le-Grand, behält sich allerdings den Nießbrauch vor. Außerdem überschreibt sie Joséphine einen auf den Namen des Marquis de Saint-Léger lautenden Schuldbrief über 120 000 Livres, der aus einem Erbvergleich ihres Mannes stammt. Monsieur de la Pagerie verpflichtet sich seinerseits, seiner Tochter eine Rente von 5000 Livres zu zahlen; er kann dafür aber keine Garantie leisten, und Joséphine wird immer die größte Mühe haben, dieses Geld auch tatsächlich zu erhalten.

Alexandre de Beauharnais

Die Trauung wird am 13. Dezember 1779 in der Kirche von Noisy-le-Grand vollzogen. Anstelle des kranken Brautvaters führt der Abbé de Tascher seine Verwandte dem Bräutigam zu. Diese Hochzeit ist kein großartiges Fest mit vielen Gästen, sondern eine sehr schlichte Zeremonie im engsten Kreise. Es sieht fast so aus, als hätte man eine eher lästige Formalität möglichst schnell hinter sich bringen wollen.

Das junge Paar lebt im Haus des Marquis. Alexandre und Joséphine, neunzehn und sechzehn Jahre alt, kennen sich noch sehr wenig, und ihnen ist auch nicht allzuviel Zeit vergönnt, um sich richtig kennenzulernen, denn im Juli 1780 muß Alexandre zu seinem in Brest stationierten Regiment zurückkehren. Diese frühzeitige Trennung hat eher nachteilige Folgen für die Ehe der beiden jungen Menschen. Anstatt das Zusammenleben zu lernen, müssen sie sich mit einem Briefwechsel begnügen, in dem sie einander Liebe und Treue schwören, ohne die wahre Bedeutung dieser Worte zu kennen. Alexandre neigt zudem von Natur aus zu Mißtrauen und hält in seiner ausschweifenden Phantasie bald alles für möglich. Dem kurzen Traum vom Glück folgen Hoffnungslosigkeit und ein Unglück, das er – wenngleich ungewollt – selbst verschuldet.

Auf der fernen Insel hat Madame de la Pagerie düstere Vorahnungen. Sie bangt um ihre Tochter und spürt die Gefahren, die das junge Paar bedrohen. Ihre Sorge kommt in einem Brief an Désirée deutlich zum Ausdruck. „Ich wage zu hoffen, daß die beiden glücklich sein werden. Diese Ehe ist Ihr Werk, und deshalb sollte auch das Glück des Paares Ihr Werk sein. ... Meine Tochter ist noch sehr jung; in der großen Welt, die sie nun betreten hat, wird sie Rat benötigen, und ich bitte Sie um den Freundschaftsdienst Ihrer guten Ratschläge. Sie haben sich wie eine zärtliche Mutter für sie eingesetzt; bewahren Sie ihr auch in Zukunft Ihr Wohlwollen."

Alexandre kommt am 1. August 1780 in der Garnisonsstadt Brest an. Vor seiner Abreise hat er seine Frau der Obhut seines Vaters und seiner Patin anvertraut. „Abgesehen davon, daß sie dir mit Rat und Tat zur Seite stehen können", hat er Joséphine erklärt, „werde ich auch ruhiger sein, weil sie dich immer dazu anhalten werden, mich zu lieben." Doch schon bald nach der Trennung kommt es aufgrund viel zu hoher beiderseitiger Erwartungen zu Mißverständnissen, Verstimmungen und Enttäuschungen. Alexandre stellt an seine Frau extrem hohe Ansprüche. Der Vicomte hat von seinem Lehrer Patricol eine ausgeprägte Pedanterie übernommen. Bildung gehört seiner Ansicht nach zu den unabdingbaren Voraussetzungen für jeden kultivierten Menschen, und da er selbst vielseitige geistige Interessen hat, erwartet er von seiner jungen Gefährtin ähnlichen Lerneifer. Er weiß natürlich, wie miserabel es um ihre Allgemeinbildung bestellt ist, und hält sie immer wieder an, ihre erheblichen Wissenslücken zu schließen. „Ich bin begeistert, daß Du den Wunsch verspürst, Dich weiterzubilden", schreibt er ihr und fügt hinzu, daß die erworbenen Kenntnisse ihr ja auch Überlegenheit über andere verschaffen und ihr selbst geistige Genüsse bescheren würden.

Neben diesen eindringlichen Appellen an ihren Lerneifer häufen sich in seinen Briefen die Klagen über Joséphines Schreibfaulheit, und allmählich wird er mißtrauisch: verbirgt sich hinter einer gleichgültigen nicht vielleicht eine untreue Ehefrau? Wahrscheinlich sind es hauptsächlich die anzüglichen Bemerkungen seiner Kameraden über das häufige Ausbleiben von Briefen, die diesen Verdacht nähren. Es gelingt ihm nicht, seine Ohren vor solchen Einflüsterungen zu verschließen, und seine gegenteiligen Beteuerungen klingen nicht allzu überzeugend: „Was auch immer über das schwache Geschlecht gesagt wird – ich kenne Deine Charakterfestigkeit, ich zweifle nicht an Deiner zärtlichen Liebe, und beides zusammen garantiert mir, daß Du aufrichtig bist. Mein Vertrauen muß mir das Deinige eintragen, und wenn ich es noch nicht besitze, so gebe ich doch keineswegs die Hoffnung auf, es zu erringen." Das hört sich so an, als wollte er sich selbst davon überzeugen, daß er geliebt und begehrt wird, während er im tiefsten Innern doch befürchtet, betrogen zu werden.

Joséphine überschüttet ihn ihrerseits mit tausend Vorwürfen, beschuldigt ihn, sie zu vernachlässigen, und beschwert sich über viel zu kurze Briefe. Gekränkt von ungerechten Beschuldigungen dieser Art, verteidigt sich Alexandre, er sei nicht immer Herr über seine Zeit und müsse es deshalb leider manchmal bei wenigen Zeilen belassen. Dieses sachliche Argument leuchtet Joséphine allerdings nicht ein. Dieses erste Ehejahr, das von leidenschaftlichen Liebesschwüren, aber auch von Mißklängen gekennzeichnet ist, endet mit einer Wiederannäherung während Alexandres Urlaub. Als er sich danach im Frühjahr nach Verdun in Garnison begibt, ist Joséphine schwanger. Er reicht für Ende August und für September ein neues Urlaubsgesuch ein, um seiner Frau bei der Entbindung zur Seite stehen zu können. Doch mittlerweile sind am Ehehimmel erneut dunkle Wolken aufgezogen. Madame de Renaudin ist darüber sehr besorgt und beauftragt Patricol, seinen ehemaligen Schüler nach den Gründen für die Zwistigkeiten zu befragen. Alexandres Antwort offenbart das Ausmaß seiner Desillusion: „Als ich Mademoiselle de la Pagerie kennenlernte, glaubte ich, mit ihr glücklich zusammenleben zu können. Ich nahm mir sofort vor, ihre Bildung zu fördern und die Versäumnisse von fünfzehn Jahren durch meinen Eifer wettzumachen. Kurz nach unserer Heirat habe ich jedoch bei ihr einen Mangel an Vertrauen festgestellt, was mich sehr bestürzt hat, da ich mir besondere Mühe gab, ihr dieses Vertrauen einzuflößen, und diese Erkenntnis hat – wie ich Ihnen offen gestehe – meinen Eifer etwas gedämpft, ihr zu mehr Wissen zu verhelfen. ... Anstatt meine Freizeit zu Hause mit einer Person zu verbringen, die nichts zu sagen hat, gehe ich viel häufiger aus, als ich eigentlich vorgehabt hatte, und ich führe teilweise wieder mein altes Junggesellenleben. Bitte glauben Sie mir, daß es mir nicht leichtfällt, auf das Glück zu verzichten, das ich mir von einer guten Ehe versprochen habe. Auch jetzt noch würde ich ein gemütliches Zuhause den Freuden vorziehen, die das gesellschaftliche Treiben zu bieten vermag. Ich dachte, ich könnte meine Frau – wenn ihr wirklich etwas an mir liegt – durch mein Verhalten dazu bringen, sich mehr anzustrengen, ich dachte, sie würde nun bemüht sein, jene Eigenschaften zu erwerben, die ich schätze und die mich zu fesseln vermögen. Aber

Joséphine de Beauharnais

genau das Gegenteil ist eingetreten! Anstatt Lerneifer zu entwickeln, ist meine Frau nur maßlos eifersüchtig geworden und vergällt mir damit das Leben. Das ist der gegenwärtige Stand der Dinge. Sie will, daß ich mich ausschließlich mit ihr beschäftige; sie will wissen, was ich rede, was ich mache, was ich schreibe usw., und es kommt ihr gar nicht in den Sinn, daß sie sich dieses vollständigen Vertrauens erst würdig erweisen müßte, indem sie gebildeter und dadurch liebenswerter zu werden versucht."

Alexandre hat ein gefügiges Mädchen erwartet – schließlich wollte er ja zunächst die kleine Manette heiraten – und statt dessen eine junge Frau gefunden, die wenig Neigung verspürt, die aufmerksame Schülerin zu spielen. Joséphine bemüht sich durchaus, ihre Sache gut zu machen, aber der ständig wiederholten

Forderungen ihres Ehemannes wird sie bald überdrüssig. Sie will gefallen und arbeitet daran, aber auf ihre eigene Weise, ohne jegliche Hast. Mit der Bildung läßt sie sich noch etwas Zeit, denn im Augenblick gilt es, andere Schwierigkeiten zu überwinden. Sie muß sich an ein fremdes Land, ein ungewohntes Klima und neue Menschen gewöhnen, und das erfordert ihre gesamte Energie. Zudem ist Alexandres häufige Abwesenheit nicht gerade ein Stimulans zu übermäßigen Anstrengungen.

Der Lehrer versucht, seinen ehemaligen Schüler zur Vernunft zu bringen: Patricol macht Alexandre klar, daß er an den Eheproblemen nicht unschuldig ist, daß er selbst durch seine Ungeduld und Hartnäckigkeit bei seiner Frau jene Gleichgültigkeit in bezug auf Bildung bewirkt hat, die er ihr jetzt vorwirft, daß er sie durch seine Methoden gekränkt und gedemütigt hat. Der Hauslehrer rät Madame de Renaudin, einen Aufenthalt auf dem Land zu nutzen, um die Vicomtesse mit der Literatur vertraut zu machen. „Und wenn die Gesundheit ihres Herrn Vaters es erlaubt, sollte er ihr Geschichte und Geographie beibringen." Daneben gelte es aber auch, Madame de Beauharnais davon zu überzeugen, daß sie Alexandre nicht durch Szenen, Schroffheit und Tyrannei für sich gewinnen könne, daß er sie liebe und begehre, daß eine Frau aber auch Eigenschaften entwickeln müsse, um den Mann in den langen Intervallen zwischen der Leidenschaft an sich zu fesseln. Im Gegensatz zur Geliebten sei die Ehefrau eine Gefährtin für das ganze Leben, und deshalb dürfe das Fundament dieser Beziehung nicht nur vergängliche Leidenschaft sein, sondern unverbrüchliche Freundschaft.

Es hat der Intervention des Duc de La Rochefoucauld beim Kriegsminister, Marschall de Ségur, bedurft, um Alexandre Urlaub zu verschaffen. Am 3. September 1781 wohnt er in der Rue Thévenot der Geburt seines Sohnes bei, der am nächsten Tag in der Kirche Saint-Sauveur auf den Namen Eugène getauft wird. Doch auch dieses Kind kann eine neuerliche Entzweiung nicht verhindern. Der Vicomte plant einen Italienaufenthalt von unbestimmter Dauer. Weder Joséphines Tränen noch Désirées Vorwürfe, noch der kleine Eugène können ihn von seinem Vorhaben abbringen. Am 1. November 1781 schifft er sich in Antibes nach Genua ein, und kurz darauf reist Monsieur de la Pagerie nach Martinique zurück. Madame de Beauharnais kommt sich verlassen vor; ihr bleiben nur die mütterliche Zuwendung ihrer Tante, die Zuneigung ihres Schwiegervaters und die Beschäftigung mit ihrem Söhnchen.

Alexandre bleibt acht Monate in Italien. Es ist für ihn keine reine Bildungs- oder Kulturreise. Er flieht vielmehr vor seinen Eheproblemen und hofft, unterwegs Abstand und Einsichten zu gewinnen. Ende Juli 1782 kehrt er mit vielen guten Vorsätzen nach Paris zurück und versöhnt sich mit seiner Frau. Die kleine Familie zieht in ein Haus in der Rue Neuve-Saint-Charles. Doch Alexandre und Joséphine fehlt die Zeit, ihre Wiederannäherung zu genießen. Alexandre kann sich den Zwängen des Militärlebens nicht entziehen, speziell seit Marschall de Ségur beschlossen hat, der häufigen Abwesenheit der Offiziere ein Ende zu setzen. Schon nach knapp zwei Monaten muß er zu seinem Regiment nach Brest zurückkehren. Sie ist wieder schwanger.

Joséphine fürchtet sich vor der neuerlichen Trennung und verdächtigt ihn der Untreue. Er protestiert heftig, beteuert seine lauteren Absichten und verlangt von ihr mehr Vertrauen. Aber auch er ist sich ihrer nicht sicher und beschwört sie deshalb, die Opfer, zu denen sein Dienst ihn zwingt, mit ihm gemeinsam zu tragen. Er fühlt sich hin und her gerissen zwischen der Liebe zu seiner Frau und der Liebe zum Ruhm, und wenn er sich für letztere entscheidet, so glaubt er das zum Wohle seiner Familie zu tun. Er schreibt ihr einen Brief nach dem anderen, doch ihre Antworten lassen wie früher auf sich warten. Ihre Gleichgültigkeit quält ihn, und er hat Anwandlungen von Hoffnungslosigkeit. In seinen Briefen macht das vertraute „Du" einem kalten und distanzierten „Sie" Platz. „Ach, wie oberflächlich sind Ihre Gefühle! Sie haben mich nie von Herzen geliebt. Ich werde mich bemühen, es Ihnen gleichzutun. Falls unsere Ehe schiefgehen sollte, was ich zu befürchten beginne, werden nur Sie daran schuld sein." Ein Brief von seiner Frau genügt zwar, um seine Verbitterung hinwegzuschwemmen; dann macht er sich schwere Selbstvorwürfe. Aber er ist außerstande, sich zusammenzunehmen, und jedes neuerliche Schweigen Joséphines führt zu Klagen und Vorwürfen.

Alexandre hat sich freiwillig zur Verteidigung der Antillen gemeldet, die wieder einmal von den Engländern bedroht werden. Seit September wartet er in Brest auf die Abreise. Am 18. November 1782 kann er endlich an Bord der *Vénus* gehen.

Während der langen Überfahrt versucht er, seine Melancholie und seine düsteren Vorahnungen abzuschütteln und sich einzureden, daß seine Frau ihn doch ein wenig liebe. Als sein Schiff am 21. Januar 1783 endlich in Fort-Royal anlegt, begibt er sich unverzüglich zu seinen Schwiegereltern. Er überrascht Monsieur de la Pagerie bei der Zuckerherstellung auf einer vor kurzem neu erworbenen Plantage. Die arme Manette siecht an Skorbut dahin. Alexandre hätte sie gern mit einem seiner Kameraden verheiratet, muß diesen Plan aber aufgeben, weil Joseph-Gaspard so verschuldet ist, daß er keine Mitgift aufbringen könnte. „Die allgemeinen Vorstellungen von den Reichtümern dieses Landes sind etwas utopisch", notiert Alexandre. „Die hervorragenden Bodenerträge in guten Jahren lassen leicht in Vergessenheit geraten, daß häufige Stürme enorme Schäden anrichten, deren Behebung so kostspielig ist, daß von lukrativen Einnahmen keine Rede sein kann und statt dessen Schulden gemacht werden müssen."

In der herzlichen Familienatmosphäre schöpft Alexandre neue Hoffnung auf ein glückliches Familienleben. Er legt Joséphine ans Herz, sich um den kleinen Eugène zu kümmern und sich mit allen Einzelheiten der Haushaltsführung vertraut zu machen, denn „nach meiner Rückkehr werden wir unseren eigenen Hausstand gründen müssen, und Du weißt ja, wie wenig ich mich dazu eigne, einen Haushalt zu führen".

Sobald in den nächsten Monaten ein Schiff aus Frankreich ankommt, hofft er auf Nachrichten von Joséphine, erhält aber keinen einzigen Brief von ihr. Sein Mißtrauen wächst und damit auch seine Überzeugung, daß es zwischen ihnen aus und vorbei ist. Während Joséphine auf die leidenschaftlichen Appelle ihres Mannes nicht mehr reagiert, setzt sie nämlich die Korrespondenz mit ihren Eltern fort. Der Vicomte kennt den Inhalt einiger dieser Briefe, er weiß, daß sie sich über ihn alles andere als schmeichelhaft äußert. „Die Trennung hat diesen Wandel herbeigeführt. Ich bin ein Verlassener", klagt er in seinem Brief vom 29. April 1783.

Am 10. April 1783 bringt Joséphine ein Mädchen zur Welt, das die Vornamen Hortense-Eugénie erhält. Bei der Taufe wird ausdrücklich betont, der Vater, Vicomte de Beauharnais, befinde sich derzeit „im Dienste des Königs in Amerika".

Madame de Beauharnais entgeht nicht den Verpflichtungen junger Aristokratinnen. Bei ihrem Eintritt in die große Welt kommt Joséphine ihr natürliches Auftreten zugute, verbunden mit einem unbeschreiblichen Charme. Zweifellos hat Madame de Renaudin ihr die Umgangsformen, das Lächeln und die kunstvoll dosierten Schmeicheleien beigebracht, ohne die man in der mondänen Gesellschaft der Pariser Salons nicht akzeptiert wird. Die Türen der vornehmen Häuser öffnen sich ihr bereitwillig, denn die junge Kreolin ist von einem reizvollen Hauch Exotik umgeben. Man schätzt ihre Gesellschaft. Alexandre kocht im fernen Amerika vor Wut, als er durch eine Indiskretion von Joséphines Zofe erfährt, daß die Damen – Madame de Renaudin und Madame de Beauharnais – viele Bälle und Soupers besuchen. Auch Joséphine empfängt in ihrem Salon in der Rue Neuve-Saint-Charles Besuch von einer kleinen ausgesuchten Gesellschaft, einigen vornehmen Damen und einigen Kameraden von Alexandre, die sie galant über die Abwesenheit ihres Mannes hinwegtrösten wollen.

Alexandre versucht, Joséphine durch herzzerreißende Klagen zu erweichen, doch das sind nur Finten, denn in Wirklichkeit weiß er sich durchaus zu trösten. Vor seiner Abreise hat er in Brest nämlich Madame de Longpré, geb. Laure de Girardin, getroffen, eine Cousine zweiten Grades von Joséphine, die elf Jahre älter ist als der Vicomte und nach dem Tode ihres Mannes auf ihre Heimatinsel Martinique zurückkehren will. Ihre Freundschaft mit Désirée bringt sie Alexandre rasch näher, und sie beschließen, die eintönige Überfahrt gemeinsam zu machen. Laure läßt sich dabei weniger von Gefühlen als von ihren Interessen leiten. Ein Liebesabenteuer mit Alexandre reizt sie ungemein, denn durch einen starken Einfluß auf den von seiner Frau enttäuschten Vicomte hofft sie ihre Position als Frau von Welt stärken zu können. Daneben gefällt ihr Alexandre aber auch sehr gut. Wie sollte sie auch dem Charme eines Mannes widerstehen können, der zu einer Zeit, als das Tanzen eine Kunst ist, den Ruf des besten Tänzers von Paris genießt?

Laure de Longpré organisiert mit frappierender Bosheit die Zerstörung des Haushalts Beauharnais. Sie intrigiert äußerst geschickt gegen Joséphine. So berichtet sie dem Vicomte von angeblichen Gerüchten über den unmoralischen Lebenswandel seiner Frau als ganz junges Mädchen. Zwei Sklaven, Brigitte und Louis, sollen ihre Komplizen bei Liebesaffären mit einem

Monsieur de B. und einem Monsieur de H. gewesen sein. Letzteren soll sie noch kurz vor ihrer Abreise nach Frankreich empfangen haben, als sie bereits Alexandre versprochen war. Der Vicomte ist angesichts dieser Nachrichten völlig außer sich, ohne den Wahrheitsgehalt der schweren Anklagen auch nur in Frage zu stellen. Aus dem, was er nun über die Vergangenheit zu wissen glaubt, schließt er sofort auf die Gegenwart und wirft Joséphine die schlimmstmögliche Beleidigung an den Kopf, wobei er völlig vergißt, wie sehr er sich noch vor kurzem über die Geburt seiner Tochter gefreut hat: „Was soll ich von diesem letzten Kind halten, das acht Monate und einige Tage nach meiner Rückkehr aus Italien zur Welt gekommen ist? Ich bin gezwungen, es anzuerkennen, aber ich schwöre bei Gott, daß es von einem anderen Mann ist, daß fremdes Blut in seinen Adern fließt."

Als die Familie La Pagerie von Alexandres schweren Vorwürfen gegen ihre Yeyette erfährt, stellt sie sich geschlossen hinter sie. Empfindlich in seiner Ehre getroffen, schreibt Joseph-Gaspard dem Schwiegersohn im August 1783 einen kurzen ironischen Brief: „Das sind also die Früchte Ihrer Reise und des Feldzugs, den Sie gegen die Feinde des Staates zu führen gedachten, der sich aber letzten Endes darauf beschränkt hat, Krieg zu führen gegen den guten Ruf Ihrer Frau und den Frieden ihrer Familie."

Damit ist der Bruch zwischen Monsieur de la Pagerie und dem Vicomte vollzogen. Madame de la Pagerie gibt Laure de Longpré die Schuld an allem. Diese Frau, die ihren Verwandten wohl nie allzu freundlich gesonnen gewesen sei, habe Alexandre derart den Kopf verdreht, daß er nicht mehr wisse, was er tue, und der Vicomte sei ein Opfer ihrer Intrigen geworden. Das ist für Madame de la Pagerie die einzig mögliche Erklärung. Wie könnte ein vornehmer und gebildeter Mann sich sonst derart schändlich benehmen? In einem Brief an den Marquis de Beauharnais billigt sie ihrem Schwiegersohn mildernde Umstände zu: „Ich bin überzeugt davon, daß er sich nichts vorzuwerfen hat. Solche Gemeinheiten sind einfach unvereinbar mit einem edlen, sensiblen Charakter. Als er uns zum letztenmal besuchte, schien er verwirrt und erschüttert zu sein. Er versuchte sogar, mir aus dem Weg zu gehen, meine Gegenwart zu meiden. Sein Herz sagte ihm wohl bereits, wie unangebracht sein Verhalten war." Madame de la Pagerie hält es aber für ausgeschlossen, daß ihre Tochter weiter mit einem Mann zusammenleben könnte, der sie dermaßen verleumdet, es sei denn, er würde ihr Beweise seiner aufrichtigen Reue liefern.

Doch je mehr Vorwürfe sich Alexandre von allen Seiten wegen seines Verhaltens anhören muß, desto mehr versteift er sich darauf, völlig im Recht zu sein. Einige Wochen vor seiner Überfahrt nach Frankreich im August 1783 teilt er Joséphine mit, er wünsche nicht, sie bei seiner Rückkehr in seinem Hause vorzufinden. „Haben Sie deshalb die Güte, sich sofort nach Erhalt dieses Briefes in ein Kloster zu begeben. Das ist mein letztes Wort, und nichts wird mich umstimmen können." Allerdings werde er sich ihrer Rückkehr nach Amerika nicht widersetzen.

Bei seiner Ankunft in Frankreich im Oktober 1783 äußert er sein Befremden darüber, daß Joséphine sich noch nicht ins Kloster zurückgezogen hat, und empfiehlt ihr noch einmal, sich seinen Wünschen zu beugen. Alle Bemühungen seines Vaters und seiner Patin, die das Schlimmste verhüten wollen, bleiben fruchtlos, ebenso die Ratschläge des Duc de La Rochefoucauld, in dessen kleinem Stadthaus Alexandre sich einquartiert hat, weil er nicht unter einem Dach mit seiner Frau leben will. Auf die Appelle zur Mäßigung zu hören würde bedeuten, die neu gewonnene Freiheit wieder aufzugeben, und dazu ist er nicht bereit, denn Laure de Longpré befindet sich ebenfalls wieder in Paris, und er glaubt, ohne sie nicht mehr leben zu können. Der schwere Vorwurf des Ehebruchs soll es ihm erlauben, Joséphine als Geächtete aus der Gesellschaft zu verbannen.

Problematische Zeiten (1783–90)

Ende November 1783 zieht sich Joséphine in die Abtei Panthémont in der Rue de Grenelle zurück, um der Tyrannei eines Ehemanns zu entkommen, der sie in aller Öffentlichkeit verdammt. Im Kloster ist sie keineswegs von der Pariser Gesellschaft ausgeschlossen, sondern kann dort im Gegenteil ihre mondäne Ausbildung zur Vollendung bringen. Die Äbtissin Marie-Cathérine de Béthisy nimmt sie unter ihre Fittiche, und Joséphine ist imstande, ihren Bekanntenkreis erheblich zu erweitern, denn das Kloster ist eine Art großes Logierhaus für vornehme Damen, die vorübergehend einen Unterschlupf benötigen, sei es, weil ein Scheidungsverfahren im Gange ist, sei es aus anderen Gründen. Die unglückselige Vicomtesse wird allgemein bedauert. Ihr Unglück bringt ihr in diesen Kreisen ein gewisses Renommee ein.

Nicht nur ihre eigene Familie ist empört; auch die Beauharnais sind sehr betroffen. Madame de Renaudin läßt ihre Nichte auch in dieser Schicksalsprüfung nicht allein und begleitet sie ins Kloster, damit Joséphine nicht auch noch vereinsamt.

Die junge Vicomtesse hat sich zwar dem Willen ihres Mannes gebeugt, ist aber fest entschlossen, ihre Ehre zu verteidigen. Mit Hilfe ihrer Tante entwirft sie einen Angriffsplan, an dessen siegreichem Ausgang sie nicht zweifelt. Am 8. Dezember 1783 erhebt sie vor einem königlichen Kommissar im Châtelet Klage gegen Beauharnais, wodurch diesem ein öffentlicher Prozeß droht. Der Schuß trifft genau ins Schwarze: Um zu verhindern, daß sein Unrecht an die große Glocke gehängt wird, beugt sich Alexandre nun doch dem Druck seiner Umgebung und seiner Freunde.

Am 3. Dezember 1785 trifft Joséphine ihn beim Notar. Der Vicomte gibt zu, keinerlei Beweise für seine Beschuldigungen gehabt zu haben, und er entschuldigt sich für seine beleidigenden Briefe. Ein künftiges Zusammenleben ist jedoch ausgeschlossen, und so einigt man sich auf eine Trennung in gegenseitigem Einvernehmen. Joséphine stimmt dieser Lösung – anstelle einer formellen Scheidung – zu, „um ihren Kindern den stärksten Beweis ihrer Mutterliebe zu liefern". Sie hat einen großen Sieg errungen und ihre Würde zurückerlangt. Von nun an kann sie ihren Wohnort selbst bestimmen. Alexandre gewährt ihr eine Jahresrente von 6000 Livres. Das Sorgerecht für die beiden Kinder wird aufgeteilt: Eugène wird seinem Vater zugesprochen, Hortense ihrer Mutter.

Mit zweiundzwanzig Jahren ist Joséphine wieder ein freier Mensch und kann über eine Summe von 11 000 Livres im Jahr verfügen – vorausgesetzt, daß ihr Mann und ihr Vater ihr die Renten korrekt zukommen lassen. Zweifellos ist diese vorteilhafte Regelung in erster Linie dem außerordentlichen Geschick von Madame de Renaudin zu verdanken.

Die Schande eines öffentlichen Skandals ist vermieden worden, aber die Trennung des Ehepaars macht es erforderlich, die materielle Situation neu zu überdenken. Joséphine, Madame de

Renaudin und der Marquis de Beauharnais müssen sich von nun an einschränken. Joséphine und Madame de Renaudin beschließen, Paris zunächst einmal zu verlassen – zweifellos in der Hoffnung, damit auch schmerzliche Erinnerungen hinter sich lassen zu können. Désirée trennt sich von ihrem Haus in Noisy, dessen Unterhalt zu teuer ist. Wo soll man sich niederlassen, ohne sich zu weit von Paris und damit von den Freunden zu entfernen? Die berühmte Literatin Fanny de Beauharnais, die in Fontainebleau lebt, überredet sie, dorthin zu ziehen. Die kleine Familie mietet ein Haus in der Grand-Rue, bevor 1787 ein anderes in der Rue de France gekauft wird.

Das Leben in Fontainebleau ist sehr eintönig. Es gibt nur wenig Abwechslung. Fontainebleau ist nicht Versailles; König Ludwig XVI. hält sich immer seltener dort auf. Seine Anwesenheit – manchmal jagt er im Wald – ist jedesmal ein wichtiges Ereignis. Joséphine, die niemals bei Hofe vorgestellt worden ist, gelangt natürlich nicht in die Nähe des Monarchen, aber sie verfolgt die königlichen Jagdgesellschaften wenigstens aus der Ferne. Immerhin lernt die charmante junge Vicomtesse auch hier bald interessante Leute kennen. Sie schließt Freundschaft mit der Familie des Schloßverwalters Comte Luce de Montmorin und mit der Familie des königlichen Kammerjägers François Huë. Sie begegnet den Eltern der Äbtissin von Panthémont, Vicomte und Vicomtesse de Béthisy, und sie verkehrt im Salon der alten Marquise de Moulins, die sehr reich ist und weniger begüterten Freunden großzügig unter die Arme greift.

Die kleine Hortense schenkt Joséphine viel Freude, Trost und Kraft. Sie rühmt auch ihren Sohn Eugène, den Alexandre in einem vornehmen Internat untergebracht hat. „Ich stelle mit Befriedigung fest, daß er sich genauso vorteilhaft entwickelt wie seine Schwester. Sein Vater liebt ihn sehr und läßt mir allwöchentlich Nachricht über ihn zukommen. Ich halte ihn über seine Tochter gleichermaßen auf dem laufenden."

Doch Joséphine hat große Sorgen. Da ist zum einen der schlechte Gesundheitszustand ihrer Tante, die das Bett hüten muß und ständiger Pflege bedarf. Zum anderen steht es um Joséphines finanzielle Lage nicht zum besten. Das Schreckgespenst der Armut taucht wieder am Horizont auf. „Ich besitze nichts, und es fehlt mir an allem", klagt sie. Alexandre hat seine Besitztümer in Frankreich verkauft, um seine hohen Ausgaben decken zu können. Seine Mätressen kosten ihn viel Geld. Alte Rechnungen aus der Zeit des gemeinsamen Haushalts mit Joséphine bleiben hingegen unbeglichen, so daß sich die beunruhigten Lieferanten schließlich an Madame de Beauharnais wenden. Sie bestätigt zwar, daß die Einrichtungsgegenstände tatsächlich geliefert wurden, erklärt aber wahrheitsgemäß, daß sich die Sachen seit der Trennung nicht mehr in ihrem Besitz befinden.

Notgedrungen wird Joséphine zur Bittstellerin – eine Rolle, in der sie es bald zur Meisterschaft bringt. Sie bestürmt das Steueramt, ihr die Kopfsteuer zu ermäßigen, und ein mitleidiger Beamter läßt sich tatsächlich erweichen. Sie drängt ihren Vater, ihr über ihren Onkel oder über Geschäftsleute in Hamburg Wechsel zukommen zu lassen, und als sie – im Mai 1787 – 2789 Livres erhält, klagt sie, das reiche nicht einmal, um ihre Gläubiger zufriedenzustellen. Ihren Notar Trutat bittet sie häufig um Vorschußzahlungen. Joséphines Kritiker haben ihr immer Verschwendungssucht und unverantwortlichen Leichtsinn vorgeworfen, ohne zu erwähnen, daß dieser sorglose Umgang mit Geld bei der Aristokratie jener Zeit durchaus keine Seltenheit war. Joséphine muß um jeden Preis ihre gesellschaftliche Stellung behaupten, und da ihre Einkünfte dazu nicht ausreichen, bedient sie sich eben aller möglichen Mittel, um wenigstens den Schein zu wahren. Schulden sind zwar lästig, aber keineswegs ehrenrührig.

Mit der Zeit langweilt sie sich in Fontainebleau immer mehr. Sie sehnt sich nach den Zerstreuungen von Paris, nach den glänzenden Empfängen, nach alten Freunden. Muß sie sich wirklich mit einer ereignislosen Zukunft abfinden? Etwas in ihr lehnt sich gegen diese Aussicht auf. Ihr Glück liegt in Paris, davon ist sie überzeugt, und sie möchte in die Metropole zurückkehren, alte Beziehungen neu knüpfen und sich amüsieren. Das einzige Hindernis ist ihr Geldmangel, denn ihre Renten würden ihr in der Hauptstadt noch weniger als in Fontainebleau jenes standesgemäße Leben erlauben, das ihr in ihren Träumen vorschwebt.

Der unerwartete Besuch eines Schweizer Freundes der Beauharnais erweist sich als rettender Strohhalm. Die Begegnung zwischen Joséphine und Denis de Rougemont, Bankier in

Neuchâtel, ist ein entscheidender Moment im Leben der zukünftigen Kaiserin. Durch seine Vermittlung knüpft sie Kontakte zur internationalen Hochfinanz, von der sie bald unterstützt wird und die im Gegenzug von ihren Empfehlungen profitiert.

Während des mehrtägigen Aufenthalts in Fontainebleau freundet sich Madame de Rougemont mit Joséphine an, und diese verbringt daraufhin mit Hortense den ganzen Winter als Gast im Pariser Haus der Rougemont. Endlich kann sie sich wieder am gesellschaftlichen Leben beteiligen, und sie genießt diese Zeit von ganzem Herzen. Doch ist das natürlich keine Dauerlösung. Sie ist sich durchaus bewußt, daß sie nicht ständig von der Mildtätigkeit ihrer Freunde leben kann, weil sie dadurch die Zukunft ihrer Tochter gefährden würde. Doch wie könnte sie ihre Situation verbessern? Nach Aussage ihres Onkels Tascher gehen die Geschäfte ihres Vaters in den letzten Jahren besser als früher. Hat er 1786 nicht ein Einkommen von 70 000 Livres angegeben? Unter diesen Umständen müßte es ihm doch möglich sein, so glaubt Joséphine, ihr wenigstens einen Teil der versprochenen Mitgift auszuzahlen, von der sie bisher nichts gesehen hat. Sie beschließt, nach Martinique zu reisen, um diese finanziellen Angelegenheiten zu regeln. Daneben hat sie aber auch ein tiefes Bedürfnis nach der Wärme und Zuneigung ihrer Familie. Denis de Rougemont leiht ihr 6000 Livres, und im Juni 1788 macht sie sich mit der fünfjährigen Hortense auf den Weg nach Le Havre, von wo aus Mutter und Tochter die lange Überfahrt antreten.

Über ihren Aufenthalt auf Martinique, der immerhin länger als zwei Jahre dauert, ist so gut wie nichts bekannt. Königin Hortense weiß in ihren *Mémoires* später nur zu berichten, daß sie mit ihrer Mutter auf den Plantagen ein „ruhiges Leben" führte. Zunächst ist auf der Insel von den stürmischen Ereignissen der Revolution von 1789 nicht viel zu spüren, doch bald kommt es auch in den Kolonien zu heftigen Unruhen und Kämpfen, und im September 1790 verschärft sich die Lage derart, daß Joséphine sich in aller Eile zur Rückkehr nach Frankreich entschließt und mit Hortense an Bord der Fregatte *La Sensible* geht, deren Zielhafen Toulon ist.

„Ein republikanischer Haushalt" (1790–94)

Als Joséphine an einem Oktobermorgen des Jahres 1790 in Toulon an Land geht, ahnt sie nicht, daß sie schon bald in den wilden Strudel der geschichtlichen Ereignisse geraten wird. Die politische und soziale Landschaft Frankreichs hat sich infolge der Umwälzungen grundlegend gewandelt. Die Monarchie hat ihren göttlichen Charakter eingebüßt, und der König hat seine absolute Macht verloren. Die Privilegien sind abgeschafft, der Ständestaat ist verschwunden. Die Vicomtesse de Beauharnais ist jetzt nur noch eine Bürgerin wie alle anderen. Der Sturm der Reformen hat soviel Althergebrachtes hinweggefegt, daß der Duc de Liancourt den wenig scharfsinnigen König, der von einer Revolte sprach, energisch korrigierte: „Nein, Sire, das ist eine Revolution!"

Trotz des langen Aufenthalts bei den Eltern ist es Joséphine nicht gelungen, ihre finanziellen Angelegenheiten zu regeln, und bei ihrer Rückkehr nach Paris hat sie sogleich wieder mit materiellen Sorgen zu kämpfen. Da sie nicht nach Fontainebleau zurück möchte, bezieht sie Beauharnais' Haus in der Rue des Mathurins. Die Trennung hat zwar den Bruch mit Alexandre besiegelt, aber Joséphine ist nach wie vor Madame de Beauharnais.

Joséphine stellt erstaunt fest, daß dieser Name plötzlich mit großem Prestige verbunden ist. Ihr Mann ist zu einer wichtigen Persönlichkeit geworden. Er ist ein berühmter Politiker, ein Held der ersten Stunde. Im Frühjahr 1789 anläßlich der Einberufung der Generalstände zum Abgeordneten des Adels von Blois gewählt, hat sich Alexandre in Versailles sofort jener Minderheit von Aristokraten angeschlossen, die grundlegende Reformen verlangen. Sie tragen illustre Namen; sogar der Vetter des Königs, der Duc d'Orléans, zählt zu diesem Kreis von Reformern.

Alexandre begeistert sich für die liberalen Ideen. Den Ruhm, der ihm im Militärdienst bisher versagt blieb, hofft er nun in der Politik erlangen zu können. Er gehört der Partei der Patrioten an, die in der Nationalversammlung die Mehrheit haben, und die

Freundschaft von Louis-Alexandre de La Rochefoucauld öffnet ihm alle Türen.

Bei den Debatten in der Nationalversammlung und im Jakobinerclub fällt Alexandre de Beauharnais bald positiv auf. Als glänzender Redner und attraktiver Mann – letzteres ist in den Augen der Damen ein wichtiger Faktor – genießt er rasch große Popularität. Man reißt sich um ihn, man buhlt um seine Freundschaft. Und ein Abglanz dieses Ruhms fällt auch auf Joséphine. Niemand mißt der Tatsache, daß das Ehepaar in Trennung lebt, eine Bedeutung bei; und Alexandre denkt zwar keineswegs an eine Wiederaufnahme des Zusammenlebens, legt seiner Frau gegenüber jedoch ein zuvorkommendes Benehmen an den Tag. Ihr Name macht Joséphine zu einer gefragten Person. Alexandre und sie verkehren in denselben Salons, und sie kann ihren Bekanntenkreis vergrößern und Kontakte mit Politikern knüpfen.

Nach Mirabeaus Tod wird Alexandre zum Präsidenten der Jakobiner gewählt, und er ist Präsident der Nationalversammlung, als König Ludwig XVI. im Juni 1791 zusammen mit seiner Familie einen Fluchtversuch unternimmt. Alexandre, dadurch auf einmal der erste Mann im Staat, schließt sich der Meinung La Fayettes, des Kommandanten der Nationalgarde, an, man müsse die Sache als Entführung des Königs durch die Feinde der Revolution hinstellen. Diese politisch opportune Version wird denn auch verbreitet, und auf diese Weise werden die Flüchtlinge zu Opfern, die Verfolger zu Befreiern. Es geht darum, die Ruhe aufrechtzuerhalten, und das gelingt Alexandre mit dieser Taktik tatsächlich.

Sein Erfolg färbt weiterhin auf Joséphine ab. Sie erlangt jetzt jene Bekanntheit, nach der sie sich in der Anfangszeit ihrer Ehe so gesehnt hat. Sie ist nicht mehr einfach Madame de Beauharnais, sondern die Frau des Präsidenten der Nationalversammlung, der zu den bedeutendsten Persönlichkeiten im Jakobinerclub gehört. Weil ihr Mann mächtig ist, hält man Joséphine für einflußreich. Sie hat zwar kein persönliches Machtbedürfnis, genießt es aber von Herzen, eine hohe gesellschaftliche Position einzunehmen, in der mondänen Welt etwas zu gelten, umworben zu sein. Joséphine verkehrt in den verschiedensten politischen Kreisen, bei Revolutionären und Konterrevolutionären, bei Gemäßigten und Radikalen. Sie lernt Alexandres Freunde von der Konstituante kennen, und im Palast des Prinzen von Salm-Kyburg, dem Treffpunkt der linken Mitglieder der Konstituante, ist sie ein gerngesehener Gast und gewinnt die Freundschaft der Schwester des Prinzen, der Prinzessin Amalia von Hohenzollern-Sigmaringen. Befreundet ist sie auch mit der Marquise de Montesson, der morganatischen Ehefrau des Duc d'Orléans, und dadurch lernt sie deren Nichte, Madame de Genlis, und die Literaten des *Almanach des Muses* kennen. Doch man sieht sie ebenso in der Umgebung von Charlotte Robespierre, der Schwester des „Unbestechlichen".

Nach getaner Arbeit – die neue Verfassung wird am 3. September 1791 verkündet – löst sich die Konstituante am 30. September auf, und die Deputierten verzichten auf eine Wiederwahl in die Gesetzgebende Versammlung – die Legislative –, um neuen politischen Kräften Platz zu machen. Alexandre stellt sich erneut in den Dienst der Armee und wird als Generaladjutant im Range eines Oberstleutnants beim Generalstab geführt. Wachsende Spannungen zwischen Frankreich und Österreich, das konterrevolutionäre Emigranten unterstützt, beschwören 1792 eine zunehmende Kriegsgefahr herauf. Am 20. April 1792 entscheidet sich die Legislative einstimmig dafür, Leopold II. den Krieg zu erklären. Alexandre meldet sich sofort beim dritten Armeekorps, das von Marschall de Rochambeau befehligt wird.

François de Beauharnais hat eine völlig andere politische Einstellung als sein jüngerer Bruder: Er emigriert, und daraufhin wird das Haus in der Rue des Mathurins beschlagnahmt. Joséphine, die nun kein Dach mehr über dem Kopf hat, sieht sich gezwungen, ein Haus in der Rue Saint-Dominique zu mieten, das sie mit einer Bekannten von Martinique teilt – mit Marie-Françoise Hosten-Lamotte, geb. de Louvigny, einer reichen Kreolin von der Insel Sainte-Lucie. Von dieser Frau wird Joséphine in die aktivsten konterrevolutionären Kreise eingeführt, die sich aus Anhängern des Ancien Régime, aus Agenten der internationalen Hochfinanz und aus der mächtigen Gruppe der reichen Plantagenbesitzer in den Kolonien zusammensetzen. Das hindert Madame de Beauharnais selbstverständlich nicht daran, auch mit Revolutionären aller Schattierungen regen Umgang zu pflegen. Das ist zu dieser Zeit durchaus üblich. Reaktionäre und Revolutionäre treffen sich in den Salons, diskutieren miteinander, verbünden sich mitunter sogar. In dieser toleranten Atmosphäre macht sich zunächst noch niemand Sorgen um die Zukunft.

Das ändert sich allerdings schlagartig nach dem 10. August 1792, als die königliche Familie beim Sturm auf die Tuilerien gefangengenommen und im „Temple" interniert wird. Im September wird in Frankreich die Republik ausgerufen. Eine zweite Emigrationswelle von Adligen setzt nun ein. Auch Joséphine bekommt es mit der Angst zu tun und will wenigstens ihre Kinder in Sicherheit bringen. Der Prinz von Salm, der mit seiner Schwester, der Prinzessin von Hohenzollern, nach England fliehen möchte, erklärt sich bereit, Eugène und Hortense mitzunehmen und als eigene Kinder auszugeben. Doch sobald Alexandre von diesen Plänen erfährt, schickt er einen Kurier los, der die kleine Reisegruppe noch rechtzeitig in Saint-Paul im Artois einholt. Alexandre bittet den Prinzen in seinem Schreiben, die Kinder nach Paris zurückzuschicken. Sie sollen ihre Heimat nicht verlassen. Und Joséphine hat unter der Trennung von Eugène und Hortense so gelitten, daß sie trotz ihrer Ängste überglücklich ist, als sie die beiden Kinder wieder in die Arme schließen kann.

Alexandre vermag sich nicht vorzustellen, daß seine Familie in Gefahr geraten könnte, und das ist durchaus verständlich, setzt er doch zu jener Zeit seinen militärischen Aufstieg fort. Gewiß, es gibt besorgniserregende Ereignisse: Sein Protektor und Freund, der Duc Louis-Alexandre de La Rochefoucauld, ist in Gisors ermordet worden, und in Paris wird sein ehemaliger Spielkamerad Charles de Rohan-Chabot niedergemetzelt. Doch Alexandre selbst ist am 7. September 1792 zum General der Rheinarmee befördert worden, und im Juni 1793 schlagen ihn einflußreiche alte Gefährten wie Barère de Vieuzac vom Wohlfahrtsausschuß, Tallien vom Konvent und Réal von der Kommune sogar für den Posten des Kriegsministers vor. Doch die Sansculotten mißtrauen dem Adligen, und es kommt wegen seiner Kandidatur zu hitzigen Debatten im Generalrat der Kommune von Paris. Alexandre hält es daraufhin für klüger, das Angebot abzulehnen.

Allmählich mehren sich auch die Stimmen, die dem General vorwerfen, er könne zwar mitreißende patriotische Reden halten und lange Berichte schreiben, aber keine Armee befehligen. Diese Vorwürfe werden immer lauter, nachdem Mainz, das von den Österreichern belagert wurde, am 23. Juli 1793 kapitulieren muß, weil General de Beauharnais sich mit seinen Truppen viel zu spät in Bewegung gesetzt hat. Alexandre weiß, daß sein Stern im Sinken ist, und am 3. August reicht er sein Entlassungsgesuch ein. Er verläßt Straßburg Ende August und zieht sich in seine Heimatprovinz zurück, wo er politische Verantwortung zu übernehmen hofft. Sofort nimmt er Kontakt zur Jakobinergesellschaft von Blois auf und ruft in seinem Dorf La Ferté-Beauharnais ein Komitee der revolutionären Überwachung ins Leben.

Bereits am 21. Januar 1793 ist der König durch die Guillotine hingerichtet worden. Seitdem hat sich sowohl die außenpolitische als auch die innenpolitische Lage immer mehr zugespitzt. Die Jakobiner haben die gemäßigten Girondisten gestürzt. Der Wohlfahrtsausschuß regiert mit absoluter Vollmacht. Robespierre errichtet eine Diktatur. Ein politischer Gerichtshof des Revolutionstribunals setzt die Menschenrechte praktisch außer Kraft. Die „Schreckensherrschaft" ist in vollem Gange. Täglich fahren Karren mit Verurteilten zum Schafott. Berühmte Köpfe rollen: Marie-Antoinette wird ebenso hingerichtet wie der Duc d'Orléans. Niemand ist in jenem Herbst 1793 mehr seines Lebens sicher.

Joséphine sucht nach einem Zufluchtsort außerhalb von Paris. In Croissy, einem hübschen kleinen Dorf westlich der Hauptstadt, besitzt Madame Hosten ein Haus, das sie seit 1791 vermietet. Joséphine hat sich dort schon mehrmals aufgehalten, und im September 1793 zieht sie dorthin um. Am 26. September wird die Bürgerin Beauharnais in der Gemeindeverwaltung vorstellig, um ihren Bürgerausweis zu erhalten, der einen gewissen Schutz vor willkürlicher Verhaftung auf offener Straße bietet. „Das Dorf Croissy", berichtet der spätere Kanzler Pasquier in seinen *Mémoires*, „war nicht in die Revolutionswirren verwickelt worden... Es verdankte seine Ruhe einem verheirateten Priester, dem ehemaligen Ortspfarrer, der Bürgermeister geworden war. Er war ein aktiver und mutiger Mann... In seiner Gemeinde fanden alle möglichen Leute Zuflucht. Ohne zu zögern, hatte er einen der bekanntesten und deshalb sehr gefährdeten Kleriker aufgenommen, Monsieur de Pancémont, den ehemaligen Pfarrer der Kirche Saint-Sulpice und späteren Bischof von Vannes. Inmitten solcher Menschen war das Dorfleben sehr angenehm... Unsere Nachbarin war Madame de Beauharnais, und wir hätten uns damals nicht träumen lassen, daß sie einmal einen so wundersamen Aufstieg erleben würde."

Joséphine trifft in Croissy gute Freunde von Alexandre. Sie steht in enger Verbindung mit Réal, dem Staatsanwaltsvertreter von Paris, der sie mit Tallien bekannt macht, einem der Sekretäre des Pariser Magistrats. Verlassen kann sie sich auch auf das Konventsmitglied Barère, einen Weggefährten ihres Mannes. Sie bemüht sich um das Wohlwollen des Präsidenten des Allgemeinen Sicherheitsausschusses Vadier, weil sie sich von seiner Protektion relative Sicherheit erhofft.

Joséphines Großmut, die später sprichwörtlich werden sollte, tritt schon damals zutage. Man kennt ihre Beziehungen und weiß, daß sie Menschen in Not hilft, auch wenn sie selbst dadurch kompromittiert werden könnte. So tritt etwa Madame de Moulins an sie heran, deren Nichte Anne-Julie de Béthisy verhaftet wurde und als Emigrantin trotz ihrer Jugend – sie ist erst neunzehn – mit der Todesstrafe rechnen muß. Joséphine erreicht, daß Anne-Julie freigelassen wird. Dabei ist Tallien ihr sehr behilflich. Sie versucht auch – wenngleich vergeblich –, dem Schloßverwalter von Fontainebleau, Comte Luce de Montmorin, das Leben zu retten. Durch diese Intervention lernt sie François-Marie Botot kennen, der sie mit Barras bekannt macht. Und über Barras wird sie wenige Jahre später Bonaparte kennenlernen... Die Comtesse de Montmorin erinnert sich zeitlebens mit großer Dankbarkeit der Güte Joséphines. „Ihr weiches Herz ließ sie kein Risiko scheuen, um meinen unglücklichen Mann zu retten."

Auch Fanny de Beauharnais wendet sich hilfesuchend an Joséphine, als ihre Tochter Marie-Françoise am 3. November 1793 ins Gefängnis kommt. Marie-Françoise ist die Frau von Alexandres Bruder François. Joséphine wird sofort bei Vadier vorstellig, doch er weigert sich, sie zu empfangen. Nach mehreren erfolglosen Vorstößen bei anderen Mitgliedern des Sicherheitsausschusses plädiert sie schließlich schriftlich für ihre Schwägerin. Angesichts der Tatsache, daß Vadier plötzlich so unzugänglich geworden ist, hält sie es aber auch für notwendig, ihre eigene Einstellung und die ihres Mannes klarzustellen: „Alexandre ist niemals von seinen Prinzipien abgewichen: er ist immer linientreu geblieben. Wäre er kein Republikaner, so besäße er weder meine Achtung noch meine Freundschaft. Mein Haushalt ist ein republikanischer

Haushalt: Schon vor der Revolution verkehrten meine Kinder mit Sansculotten, und ich hoffe, daß sie sich der Revolution würdig erweisen werden. Ich schreibe Dir in aller Offenheit, als Sansculotte von der Bergpartei."

Vadiers Vorbehalte gegen Joséphine zeigen, wie wenig Verlaß damals auf manche Protektionen war. Die freundschaftlichen Beziehungen, die sie zu verdächtigen Personen unterhält, sind Vadier bestens bekannt. Der Sicherheitsausschuß verfügt über eine große Anzahl von Informanten und hat auch die Polizei völlig in der Hand. Denunzianten sind mit großem Eifer am Werk, und selbst wohlgehütete Geheimnisse kommen unweigerlich ans Licht, zumal in der Bergpartei – das sind die Jakobiner – heftige Fraktionskämpfe ausgefochten werden. Vadier kennt François de Beauharnais, den er zu Beginn der Revolution bekämpft hat, und nun mißtraut er auch Alexandre, der den Freunden Dantons nahesteht, während Vadier selbst ein Anhänger des Extremisten Hébert ist, der sowohl von Danton als auch von Robespierre angefeindet wird. Vadier verspürt nicht die geringste Lust, Madame de Beauharnais anzuhören. Sie steht nicht mehr in seiner Gunst, sondern ist nun selbst verdächtig.

Am 2. März 1794 ordnet der Sicherheitsausschuß Alexandres Verhaftung an, und der Gefangene wird von La Ferté-Beauharnais nach Paris überführt. Die Bewohner der Ortschaft protestieren mutig gegen diese Festnahme und verlangen die sofortige Freilassung ihres Bürgermeisters, der „überzeugter Patriot" und „ein wahrer Sansculotte und Republikaner" sei und stets zum Wohle der Gemeinde gewirkt habe.

Auch Joséphine tut alles in ihren Kräften Stehende, um ihren Mann zu retten. „Meine Mutter", schreibt Königin Hortense in ihren *Mémoires*, „wurde nicht müde, bei jenen Personen vorstellig zu werden, die sich im Falle von Mademoiselle de Béthisy als hilfreich erwiesen hatten, aber sie konnte nicht einmal in Erfahrung bringen, was man meinem Vater zur Last legte."

Gleichzeitig bringt Joséphine ihre Papiere in Sicherheit, denn sie fürchtet eine Hausdurchsuchung. Alexandres Verhaftung verheißt auch für sie selbst nichts Gutes, um so mehr, als sie sich durch Intervention zugunsten ihrer Schwägerin bereits kompromittiert hat. Sie weiß, daß nun auch sie aufgrund einer Denunziation jederzeit festgenommen werden kann.

Und diese anonyme Denunziation läßt tatsächlich nicht lange auf sich warten. Dem Sicherheitsausschuß wird empfohlen, „der ehemaligen Vicomtesse de Beauharnais zu mißtrauen, die ausgezeichnete Kontakte zu Ministerien unterhält". Es wäre nun falsch zu glauben, daß Joséphine sich durch ihren Einsatz für bedrohte Freunde in Gefahr gebracht hat. Gewiß, man hat sie in letzter Zeit oft in Ministerien gesehen, aber niemand denkt ernsthaft daran, ihr daraus einen Strick zu drehen. Man kann jedoch viel schwerwiegendere Vorwürfe gegen sie erheben. Besonders suspekt ist ihre Freundschaft mit den Hostens, durch die sie in jene Kreise der Hochfinanz eingeführt wurde, die Konter- oder Ultrarevolutionäre unterstützen. Robespierre hält beide Gruppen für gleichermaßen gefährlich und will sich ihrer entledigen. Im März 1794 beseitigt er seine beiden politischen Hauptgegner: Hébert wird am 13. hingerichtet, Danton am 29. Doch der Kampf gegen Korruption und gegen die Anhänger und Hintermänner der Extremisten geht nach wie vor weiter.

Der „Unbestechliche" will die Ruhe im Land wiederherstellen und der Revolution auf diese Weise zum endgültigen Triumph verhelfen. Daß die Beauharnais mit ihren vielfältigen Kontakten dem Regime früher oder später verdächtig vorkommen mußten, kann eigentlich nicht wundernehmen.

Am 20. April 1794 führen zwei Mitglieder des Revolutionsausschusses eine Hausdurchsuchung bei Joséphine durch und überprüfen auch sämtliche Papiere. Ihr Bericht ist beruhigend: „Wir haben nichts gefunden, was den Interessen der Republik zuwiderliefe, sondern im Gegenteil eine Vielzahl patriotischer Briefe, die dieser Bürgerin zu hoher Ehre gereichen." Trotzdem wird Joséphine schon am nächsten Tag verhaftet und ins *Carmes* gebracht, ein ehemaliges Karmeliterkloster, das seit einiger Zeit als Gefängnis dient.

Königin Hortense erinnert sich später deutlich an diesen schrecklichen Tag: „Wie verzweifelt wir waren, als wir eines Morgens erfuhren, daß unsere Mutter uns weinend geküßt und sich sodann entfernt hatte, ohne uns zu wecken. ‚Lassen Sie die Kinder schlafen', sagte sie zu unserer Gouvernante. ‚Ich könnte ihre Tränen nicht ertragen, ich hätte nicht mehr die Kraft, mich von ihnen zu trennen.' Das Aufwachen war furchtbar: Wir waren plötzlich allein, sowohl des Vaters als auch der Mutter beraubt! Das war der erste große Kummer meines Lebens."

Die Türen des düsteren Gefängnisses an der Rue de Vaugirard schließen sich hinter Joséphine. In den langen Korridoren, wo durch die vergitterten und mit schweren Holzläden versehenen Fenster kaum Licht einfällt, wird sie fast ohnmächtig. Es stinkt bestialisch aus den Latrinen. Zudem vernachlässigen die Insassen jegliche Körperpflege. Wozu soll man sich noch korrekt kleiden? Die meisten Männer laufen in Hemd und Hose herum, mit nackten Beinen, ungewaschen, unrasiert, ungekämmt. Hingegen bemühen sich die Frauen, sogar in dieser trostlosen Umgebung einigermaßen attraktiv auszusehen.

Neben kleinen Leuten sind im *Carmes* viele Repräsentanten der alten Aristokratie eingesperrt. Joséphine trifft hier gute Bekannte: den Prinzen von Salm, die Duchesse d'Aiguillon, Delphine de Custine, Alexandres letzte Eroberung, Madame Hosten mit ihrer Tochter Madame de Croisœuil. Joséphine verliebt sich in General Hoche, und es heißt, sie habe ihm mit Hilfe eines kleinen Spiegels Nachrichten zukommen lassen. Eines steht jedenfalls fest: Als Madame Bonaparte wird Joséphine alles daransetzen, um die Briefe zurückzuerlangen, die sie dem General zu jener Zeit schrieb.

Zugleich führt der Gefängnisaufenthalt aber auch zu einer Annäherung des Ehepaares Beauharnais. Das geteilte Leid scheint ihnen kurze Momente des Glücks zu bescheren. Die früheren Streitigkeiten und gegenseitigen Vorwürfe erscheinen im Angesicht des Todes völlig banal. Zudem eint sie die Sorge um die beiden Kinder, die nun der Obhut ihrer Gouvernante Marie Lannoy anvertraut sind. Beide Elternteile schreiben Eugène und Hortense liebevolle Briefe.

Aus dem Karmelitergefängnis, 28. April 1794
Ja, meine liebe kleine Hortense, es fällt mir sehr schwer, von Dir und von meinem lieben Eugène getrennt zu sein. Ich denke unablässig an meine beiden Kinder, die ich liebe und herzlich umarme.

Meine liebe kleine Hortense, Du teilst also mein Bedauern, Dich nicht sehen zu können, meine Freundin, Du liebst mich, und ich kann Dich nicht in meine Arme schließen. Denk an mich, mein Kind; denk an Deine Mutter; stell die Personen

zufrieden, die sich um Dich kümmern, und arbeite viel…
Lebe wohl, mein Kind, umarme unseren lieben Eugène von
mir. Wir küssen Euch beide.

Alexandre Beauharnais

Anfangs dürfen Eugène und Hortense ihre Mutter besuchen,
doch bald wird ihnen der Zutritt zum Gefängnis verwehrt.
Joséphines Hündchen Fortuné, das Hortense jedesmal mitbringt,
schlüpft einige Male unbemerkt ins Innere; unter seinem Hals-
band sind Briefe verborgen. Eines Tages taucht eine unbekannte
Frau in Joséphines Wohnung auf und erklärt der Gouvernante, sie
habe den Auftrag, die Kinder mitzunehmen. Mademoiselle Lannoy läßt sie aber erst gehen, nachdem die Fremde ihr einen Zettel
mit Joséphines Unterschrift gezeigt hat. Die Unbekannte führt
Eugène und Hortense in die Rue Cassette, in einen Garten, der ans
Karmeliterkloster grenzt, und gebietet ihnen zu schweigen. Ein
Fenster des großen Klostergebäudes öffnet sich plötzlich: „Mein
Vater und meine Mutter erschienen dort", erzählte Königin Hortense. „Vor Überraschung und Ergriffenheit schrie ich auf und
streckte die Arme nach meinen Eltern aus. Sie bedeuteten mir mit
Gesten, still zu sein. Doch ein Wachposten, der unten an der
Mauer stand, hatte uns schon gehört und rief etwas. Die Unbe-
kannte führte uns rasch weg. Später erfuhren wir, daß das Ge-
fängnisfenster unerbittlich zugemauert wurde. Das war das letzte
Mal, daß ich meinen Vater sah."

Alexandre beauftragt Hortense, dem Sicherheitsausschuß ein
Gnadengesuch zu übergeben, in welchem er seine patriotischen Verdienste und seine republikanische Gesinnung betont.
Doch auch dieser Appell nützt Alexandre nichts mehr. Die
Pariser Gefängnisse sind überfüllt, und um sie möglichst
schnell zu räumen, wird das Gerücht in die Welt gesetzt, dort
wären Verschwörungen im Gange. Man wirbt in den Gefängnissen Spitzel an, erbärmliche Kreaturen, die zu jeder Verleumdung bereit sind, um ihre eigene Haut zu retten. Im *Carmes*
ist der Denunziant ein gewisser Virolle, der Alexandre auf die
Liste der Opfer setzt, weil dieser seine Machenschaften durch-
schaut hat.

Alexandre weiß, daß er verloren ist. Am 22. Juli schreibt er
Joséphine einen Abschiedsbrief.

192

Das Scheinverhör, dem man heute eine beträchtliche Anzahl Gefangener unterzog, legt den Verdacht nahe, daß ich das Opfer schändlicher Verleumdungen bin, die von mehreren sogenannten patriotischen Aristokraten in diesem Haus gegen mich vorgebracht werden. Die Vermutung, daß diese teuflischen Machenschaften mich bis vor das Revolutionstribunal verfolgen werden, raubt mir jede Hoffnung, Dich, meine Freundin, wiederzusehen und meine geliebten Kinder zu umarmen. Ich will Dir meine Klagen ersparen. Meine zärtliche Liebe zu unseren Kindern, die brüderliche Zuneigung, die mich mit Dir verbindet, werden in Dir ohnehin keinen Zweifel über die Gefühle aufkommen lassen, mit welchen ich unter diesen Umständen aus dem Leben scheide. Ebenso bedauere ich, mich von meinem Vaterland trennen zu müssen, das ich liebe und für das ich mein Leben tausendmal mit Freuden hingegeben hätte. Nun werde ich ihm nicht mehr dienen können, und man wird mir sogar nachsagen, ich wäre ein schlechter Bürger gewesen. Dieser schreckliche Gedanke zwingt mich, eine Bitte zu äußern: Laß nichts unversucht, um mich zu rehabilitieren, indem Du beweist, daß ein ganzes Leben, das dem Dienst am Vaterland und dem Sieg von Freiheit und Gleichheit gewidmet war, jeden schändlichen Verleumder Lügen strafen muß... Ich werde ruhig und mutig sterben, wie es sich für einen freien Mann mit reinem Gewissen und aufrechter Seele ziemt, dessen leidenschaftlichste Wünsche dem Wohle der Republik gelten.

Lebe wohl, meine Freundin. Tröste Dich mit meinen Kindern; tröste sie, indem Du ihnen die Wahrheit erklärst und sie lehrst, daß sie durch Tugenden und staatsbürgerliches Pflichtgefühl die Erinnerung an meine Hinrichtung tilgen und mir den Dank der Nation für meine Verdienste sichern müssen. Lebe wohl, Du weißt, wen ich liebe. Sei ihre Trösterin und sorge dafür, daß ich in ihren Herzen weiterlebe. Lebe wohl, zum letzten Male drücke ich Dich und meine lieben Kinder an meine Brust.

Alexandre Beauharnais

Am 23. Juli 1794 besteigt Alexandre de Beauharnais zusammen mit 45 Leidensgefährten – auch der Prinz von Salm gehört dazu – den Karren, der die Verurteilten zum Place du Trône-Renversé bringt. Dort steht die Guillotine seit dem 13. Juni, weil die Bewohner des Faubourg Antoine gegen das tägliche Schauspiel der Hinrichtungen protestiert haben.

Die Witwe des Generals Beauharnais (1794–95)

Thérèse Cabarrus – die zukünftige Madame Tallien – sitzt im Gefängnis Petite-Force und muß damit rechnen, in den nächsten Tagen hingerichtet zu werden. Die Tochter von François Cabarrus, dem Bankier des Königs von Spanien, ist in der Welt der internationalen Hochfinanz zu Hause gewesen. Als Sechzehnjährige wurde sie 1788 mit einem jungen Stadtrat namens Jean-Jacques Devin de Fontenay verheiratet, ließ sich aber 1793 von ihm scheiden.

Nur Robespierres Sturz könnte Thérèse Cabarrus noch vor der Guillotine retten. Tallien, Mitglied des Konvents, möchte seiner schönen Geliebten um jeden Preis das Leben retten und entschließt sich zu schnellem Handeln.

Die tieferen Ursachen der Verschwörung gegen Robespierre, die am 27. Juli 1794 – am 9. Thermidor nach dem neuen Kalender – zum Sturz des „Unbestechlichen" führt, sind allerdings politischer Art: Tallien und seine Komplizen Barras, Fouché und Fréron befürchten eine weitere Verschärfung der Terrormaschinerie und die völlige Entmachtung des Konvents, wodurch sie selbst in höchste Lebensgefahr geraten könnten. Am 28. Juli wird Robespierre zusammen mit seinen Freunden hingerichtet. Damit ist die Schreckensherrschaft zu Ende. Thérèse ist gerettet. Auch für viele andere öffnen sich in den folgenden Tagen und Wochen die Gefängnistore. Joséphine gehört zu diesen Glücklichen.

Daß sie überhaupt noch am Leben ist, dürfte sie einem gewissen La Bussière verdanken, einem Expedienten des Sicherheitsausschusses, der nach Feierabend die Akten besonders gefährdeter Häftlinge vernichtete, indem er sie in Wasser einweichte, bis sie sich in Papierbrei verwandelten. La Bussière, der ohne Zweifel auf eigene Faust handelte, hat sich später gerühmt, auf diese originelle Weise mehr als 1500 Personen vor dem Fallbeil gerettet zu haben, neben Joséphine auch die Duchesse d'Aiguillon, Madame de La Fayette, den Prinzen von Monaco und andere Prominente. Joséphine hat seinen Berichten geglaubt und ist diesem rätselhaften Mann stets dankbar geblieben. Am 5. April 1803 wird sie in Begleitung Napoleons eine Wohltätigkeitsaufführung im Theater an der Porte Saint-Martin zugunsten ihres Retters besuchen und für ihre Loge 1000 Livres bezahlen.

Carmes, 6. August 1794. Der Kommissar des Revolutionstribunals verliest anhand einer Liste, welche Gefangenen freigelassen werden. Als Joséphine ihren Namen hört, fällt sie vor Aufregung in Ohnmacht. Seit Alexandres Hinrichtung hat sie mehr denn je um ihr eigenes Leben gefürchtet und ist der Verzweiflung nahe gewesen. Ihre schnelle Freilassung hat sie zweifellos ihrer Bekanntschaft mit Tallien zu verdanken, und sowohl sie als auch ihre Kinder bleiben ihm immer aufrichtig verbunden.

Joséphine hat den Terror überlebt, aber die Haft und die ständige Todesangst haben tiefe Spuren hinterlassen. Noch Monate nach ihrer Freilassung leidet sie unter Angstzuständen. Hinzu kommt ein schmerzliches Gefühl der Vereinsamung, der Entwurzelung. Dahin ist die glanzvolle gesellschaftliche Position, die sie als Alexandres Frau innehatte, als er noch einer der angesehensten Männer Frankreichs war. Durch die Hinrichtung ist er zu einem Feind der Republik abgestempelt worden. Seiner Rehabilitation widmet sie sich mit großem Eifer, stolz und mutig. Sie stellt sich überall demonstrativ als Witwe des Generals Beauharnais vor, betont seine großen Verdienste um das Vaterland und seine republikanische Gesinnung. Dabei geht es ihr nicht nur um die Ehrenrettung des Toten, sondern auch um ihre eigene Zukunft und um die ihrer Kinder. Indem sie an Alexandres Taten erinnert, hofft sie, die früheren Kontakte mit seinen ehemaligen Freunden und Kollegen von der Konstituante wiederaufnehmen zu können – mit jenen, die Robespierres Säuberungsaktion überlebt und zum Sturz des Tyrannen beigetragen haben. Ihr Mann soll postum diesen Helden zugerechnet werden, und damit sollen auch seine Witwe und seine Kinder den ihnen gebührenden Platz in der neuen Gesellschaft einnehmen können.

Das ist um so wichtiger, als ihre materielle Lage wieder einmal äußerst prekär ist. Einige Wochen nach ihrer Freilassung mietet sie bei Madame de Krény, einer Freundin, eine Wohnung in der Rue de l'Université, doch es fehlt ihr an allem. Sie kann nicht einmal ihre drei Dienstboten entlohnen – Marie Lannoy, die Gouvernante, Agathe Rible, die Zofe, und das Faktotum Gontier. Vielmehr ist sie gezwungen, sich sogar von ihnen Geld zu leihen. Joséphines Vater ist 1790 gestorben; die Mutter überweist ihr seitdem die versprochene Rente, doch der Zahlungsverkehr zwischen den Antillen und Frankreich wird immer unsicherer, weil die Engländer den Atlantik beherrschen. Joséphine wendet sich deshalb hilfesuchend an Emmery, einen Bankier aus Dünkirchen, der durch seine Handelsbeziehungen mit den Inseln auch mit den Tascher seit langem in Verbindung steht. Das Haus Emmery & Vanhée gewährt ihr Kredite, die aber nicht ausreichen, um ihre Ausgaben zu decken und ihre Schulden zu tilgen. Am 1. Januar 1795 bittet sie ihre Mutter, ihr über Hamburg oder London Geld zukommen zu lassen. „Ohne die Fürsorge meines guten Freundes Emmery", schreibt sie, „weiß ich nicht, was aus mir geworden wäre. Ich kenne Ihre zärtliche Liebe viel zu gut, um auch nur im geringsten daran zu zweifeln, daß Sie mir die Mittel bereitstellen werden, die ich zum Lebensunterhalt und zur Tilgung meiner Schulden bei Monsieur Emmery benötige."

Madame de la Pagerie erhört den Hilferuf ihrer Tochter, doch schon im Oktober ist Joséphine wieder völlig pleite und weiß sich keinen anderen Rat mehr, als einen Schuldwechsel über 1000 Pfund Sterling auf ihre Mutter auszustellen, die sie erst im nachhinein darüber informiert.

Während dieser ganzen Zeit versucht Joséphine, an Alexandres beschlagnahmtes Vermögen heranzukommen. Sie nutzt ihre guten Beziehungen zu Tallien aus, um sich an den Finanzdebatten des Konvents zu beteiligen, wo heftig darüber gestritten wird, auf welche Weise der ständigen Geldentwertung und dem drohenden Staatsbankrott effektiv begegnet werden kann. Die enormen Kriegskosten belasten den Haushalt immer mehr, obwohl man nun endlich militärische Erfolge vorweisen kann. Eine Grundvoraussetzung für die Sanierung der Finanzen ist die Rückgewinnung des Vertrauens der Investoren. In diesem Zusammenhang wird auch eine Geste zugunsten der Erben hingerichteter Personen erwogen. Die Rückgabe der beschlagnahmten Vermögen würde den Staat nicht allzuviel kosten, das öffentliche Ansehen aber erheblich stärken. Die schöne Thérèse – inzwischen Madame Tallien –, die sich als Tochter eines Bankiers in der Welt der Hochfinanz auskennt, beeinflußt ihren Mann in diesem Sinne, und Joséphine schließt sich ihr selbstverständlich an. Im April 1795 hält Tallien, Abgeordneter des Départements Seine-et-Oise, vor dem Konvent eine sehr gefühlsbetonte Rede, in welcher er darlegt, daß der konfiszierte Grundbesitz von unschuldig Hingerichteten sowieso nur schwer verkäuflich sei. Zudem seien solche Verkäufe moralisch verwerflich. „Wenn ich das Unglück gehabt hätte", fährt er fort, „in einem Augenblick völliger Skrupellosigkeit einen Acker des tugendhaften Malesherbes, des interessanten Beauharnais, des achtbaren Lavoisier zu erwerben, so würde ich die Geister dieser Opfer des Terrors vor meinem Pflug zu sehen glauben, und ich hätte das Gefühl, als könnte ich auf dieser entweihten Erde nur Gewissensbisse aussäen." Die Vermutung, daß Joséphine am Zustandekommen dieser Rede nicht ganz unbeteiligt war, ist ziemlich naheliegend. Nachfolgende Redner schließen sich Talliens Argumentation an, und am 9. Juni wird folgendes Gesetz endgültig verabschiedet: Der Besitz hingerichteter Personen wird den Erben zurückgegeben; ausgenommen von dieser Regelung sind die Bourbonen, die du Barrys, sämtliche Emigranten sowie Personen, die am 9. Thermidor für vogelfrei erklärt wurden.

Joséphine kann zufrieden sein. Sie erhält die beschlagnahmten Silberwaren und Bücher aus dem Schloß der Beauharnais in La Ferté zurück, und ihr wird sogar eine Anzahlung von 10 000 Livres für die Möbel gewährt, die gleich nach Alexandres Hinrichtung von der Verwaltung verkauft worden waren. Doch die Sequestration der Güter ihres Mannes wird erst am 27. März 1796 aufgehoben. Bis dahin ist sie ohne Einkünfte, und deshalb dauert ihre prekäre finanzielle Situation zunächst weiter an.

Nach Robespierres Sturz ist der Jakobinerclub entmachtet und aufgelöst worden. Seitdem bestimmt wieder der Konvent, der im September 1795 eine neue Verfassung annimmt, die Verfassung des Jahres III. Um die Gefahr einer neuen Diktatur zu vermeiden, wird die Exekutive fünf „Direktoren" anvertraut, und die Legislative setzt sich aus zwei Kammern zusammen, dem „Rat der 500" und dem „Rat der Alten" mit 250 Mitgliedern. Damit hält man die Revolution für abgeschlossen.

Die Direktoren entscheiden sich für das ausgeplünderte Palais du Luxembourg als Amtssitz. Es hat während des Terrors als Gefängnis gedient, wird aber bald wieder auf Hochglanz gebracht. Die neuen Herren sind politisch gemäßigt und versuchen, sowohl die Royalisten als auch die radikalen Republikaner an jeder Einflußnahme zu hindern, indem sie die beiden Parteien gegeneinander ausspielen und ein „System des Gleichgewichts" anstreben.

Man will die Schreckensherrschaft möglichst schnell vergessen. Wer den Terror überlebt hat, will nun sein Leben genießen. Mit der Hinrichtung des „Unbestechlichen" ist auch die Herrschaft der Tugend zu Ende gegangen. Strenge und Schlichtheit sind nun verpönt. Man will Prunk und Glanz, Amüsements und Ausschweifungen.

Dieses neue Regime begeistert die Witwe des Generals. Alexandres frühere Bekannte aus der Zeit der Konstituante sitzen jetzt in den Kammern, und Joséphine kann auf die Unterstützung dieser Männer rechnen. Sie hofft, einem der führenden Köpfe – Paul Barras – näherkommen zu können, und vertraut dabei auf ihre Freundschaft mit Tallien und seiner Frau.

Joséphine vergißt völlig, daß sie sich noch vor gar nicht langer Zeit als „Sansculotte von der Bergpartei" bezeichnet hat. Sie liebt den Luxus, der in den Salons wieder Einzug hält. Die Neureichen – Kriegsgewinnler und Spekulanten aller Art – machen gemeinsame Sache mit den Regierenden. Gewiß, auch unter dem Terror gab es Korruption, aber nur in sehr begrenztem Ausmaß, weil sie unter strenger Strafe stand. Unter dem Direktorium erlebt sie hingegen eine Blütezeit: die Direktoren, die Minister und die Generäle, die Armeelieferanten und die subalternen Beamten – jeder will sein Schäfchen ins trockene bringen. Während der Großteil der Bevölkerung äußerste Not leidet, werden bei den oberen Zehntausend rauschende Feste gefeiert.

Thérèse Tallien wird zum Mittelpunkt der Gesellschaft, ihr Salon zum Treffpunkt für alles, was Rang und Namen hat. Einflußreiche Männer aus Politik und Wirtschaft scharen sich ebenso um sie wie Militärs und Künstler. Aus diesem Kreis von Bewunderern und Schmeichlern wählt sie ihre Liebhaber: Barras und General Hoche.

Nach Aussagen des Finanzexperten Ouvrard, eines engen Vertrauten der Talliens, ist Joséphine wegen ihres sanften Charakters, ihrer Anmut und ihres Esprits in diesen Kreisen äußerst beliebt. Sie freundet sich sehr schnell mit Thérèse Tallien an. Sie haben die gleiche Vorliebe für Schmuck, Spitzen und Seide; beide lieben Luxus und wollen Einfluß ausüben. Beide sind bekannt für ihre Freundlichkeit und Hilfsbereitschaft. Es macht ihnen Freude, jemandem einen Dienst zu erweisen, weil sie darin eine Bestätigung sehen, daß ihre Umwelt sie auch tatsächlich wahrnimmt. Am meisten fürchten sie sich nämlich vor der Anonymität. Diese öffentliche Dankbarkeit öffnet ihnen die Türen zur Berühmtheit.

Die beiden Frauen werden unzertrennlich und glänzen bei den Festen des Direktoriums Seite an Seite. In den Pariser Salons werden Joséphines und Thérèses neue Frisuren wie wichtige Ereignisse besprochen. Sie haben sich bisher durch ihre herr-

Madame Thérèse Tallien

lichen dunklen Haare von den übrigen Damen unterschieden, doch schließlich beugen auch sie sich der Mode blonder Perücken. In der guten Gesellschaft würde man inzwischen mit Fingern auf eine schwarzhaarige Frau zeigen, während dunkelhaarige Männer durchaus in Mode sind.

Thérèse Tallien besucht Barras fast täglich. Die fünf Direktoren halten im Luxembourg getrennt hof. Jeder hat seine eigenen Empfangstage, seinen eigenen Freundeskreis, seine eigenen Höflinge. Barras spielt allerdings die Hauptrolle. Dieser ehemalige Vicomte, der einer provençalischen Adelsfamilie entstammt, residiert wie ein Prinz: er hält Pferde, Hunde und Mätressen.

In seiner Umgebung läßt es sich gut leben. Seine Mätressen und Freundinnen profitieren von seiner Großzügigkeit. So auch Joséphine, die durch ihre enge Freundschaft mit den Talliens bald auch bei Barras ein und aus geht und schließlich seine Geliebte wird. Er besucht sie in ihrem Landhaus in Croissy, wo sie den künftigen Kanzler Pasquier zum Nachbarn hat, der in seinen *Mémoires* schreibt: „Sie kam nur noch selten dorthin, einmal in der Woche, um Barras zu empfangen, der immer eine große Gesellschaft mitbrachte. Vom frühen Morgen an wurden Körbe mit Lebensmitteln angeliefert, dann begannen berittene Gendarmen auf der Straße von Nanterre nach Croissy zu patrouillieren, weil der Direktor meistens zu Pferde unterwegs war. In Madame de Beauharnais' Haus gab es einerseits jede Menge überflüssigen Krams, andererseits fehlte es am Nötigsten. Geflügel, Wild, seltenes Obst türmten sich in der Küche (das war während der Zeit der schlimmsten Not), und gleichzeitig fehlte es an Kochtöpfen, Gläsern und Tellern, die dann in unserem armseligen Haushalt ausgeliehen wurden."

Der französische Revolutionspolitiker Paul Barras

Barras bezahlt nicht nur die Delikatessen, sondern auch die Miete für das Landhaus, die Joséphine nicht mehr aufbringen kann. Dieser großzügige Geliebte ist für Joséphine um so wertvoller, als ihre finanzielle Situation weiterhin sehr mißlich ist.

Die Idee, ihre Ausgaben zu reduzieren und sich mit einem bürgerlichen Lebensstil zu begnügen, liegt ihr völlig fern. Ganz im Gegenteil – ihrer düsteren Wohnung in der Rue de l'Université überdrüssig, macht sie sich auf die Suche nach einem neuen Domizil, möglichst mit Garten. Am 17. August 1795 mietet sie von Julie Carreau – der geschiedenen Ehefrau des berühmten Schauspielers Talma – ein kleines Haus, Rue Chantereine Nr. 6, für die Bagatelle von jährlich 10 000 Francs in Assignaten oder 4000 Francs Münzgeld.

Umgeben von einem kleinen Park, besteht das Haus aus einem erhöhten Erdgeschoß und dem Dachgeschoß mit Kammern für die Dienstboten. Joséphine verfügt über ein Vorzimmer, ein Schlafzimmer, einen kleinen runden Salon, ein Boudoir und einen Ankleideraum. Das Mobiliar aus der alten Wohnung muß ergänzt werden. Die Polstermöbel läßt Joséphine mit rotem und gelbem Crêpe de Chine neu beziehen. Im Schlafzimmer stehen außer ihrem bronzierten Holzbett ein Sekretär, ein Schreibtisch, ein Schmuckkasten aus Mahagoni und einige Möbel aus Guadeloupe; in einer Ecke ihre Harfe und auf dem Kaminsims eine kleine Marmorbüste von Sokrates. Im Vorzimmer gibt es nur ein Eichenbuffet, einen Schrank und einen Wandbrunnen. Der kleine Salon, der zugleich als Eßzimmer dient, ist mit vier Mahagonistühlen um einen runden Mahagonitisch ausgestattet; hinzu kommen einige Anrichten, zwei weitere Tische mit Marmorplatten und Vitrinenschränke an den Wänden. Im halbkreisförmigen Boudoir und im Ankleidezimmer fallen vor allem die vielen Spiegel ins Auge. Es ist keine besonders luxuriöse Einrichtung, aber der Unterhalt eines solchen Hauses kommt sehr teuer, speziell da nun auch mehr Dienstboten benötigt werden. Zum bisherigen Personal stellt Joséphine einen Kutscher für einen Wagen mit zwei Pferden ein, außerdem einen Koch, weil sie viele Diners geben möchte.

Der Umzug in die Rue Chantereine markiert eine Wende in Joséphines Leben. Sie ist nun vieler alter Verpflichtungen ledig. Als Witwe genießt sie große Freiheit. Ihre Liaison mit Barras enthebt sie akuter Geldsorgen. Ihre Kinder werden in Internaten in Saint-Germain-en-Laye untergebracht: Eugène im Irischen Kolleg von Mac Dermott, Hortense im Pensionat für junge Mädchen, dessen Direktorin, Madame Campan, früher Kammerfrau der Königin Marie-Antoinette war. Das neue Leben sagt Joséphine sehr zu. Als Frau von Welt, als ausgehaltene, begehrte und viel beneidete Frau nimmt die Mätresse des mächtigen Barras einen der ersten Plätze in der Gesellschaft ein. Es gelingt ihr teilweise sogar, ihre liebe Freundin Thérèse Tallien auszustechen, was zu einer uneingestandenen Rivalität der beiden Damen führt.

Die Abgeordneten des Nationalkonvents haben in der Verfassung des Jahres III per Wahlgesetz bestimmt, daß zwei Drittel des neuen Parlaments aus dem Konvent übernommen werden müssen. Damit sind die politischen Hoffnungen der Royalisten zusammengebrochen. Es kommt zu heftigen Protesten der Pariser Sektionen, und am 3. Oktober 1795 arten die Unruhen zu einem regelrechten Aufstand aus. Am nächsten Tag ruft die Sektion Lepeletier die den Royalisten ergebene Nationalgarde zu den

Waffen, und etwa 20 000 Mann marschieren in zwei Kolonnen auf den Konvent, der Barras in aller Eile zum Kommandierenden General der Armee des Inneren ernennt. Barras weiß aber, daß er dieser Aufgabe nicht gewachsen ist. Er bestimmt einen jungen Brigadegeneral zu seinem Stellvertreter: Napoleon Bonaparte.

Am 5. Oktober 1795 – dem 13. Vendémiaire – schlägt Bonaparte den Aufstand mit bemerkenswertem Geschick nieder und wird als „General Vendémiaire" stürmisch gefeiert. Das ist der Beginn seines kometenhaften Aufstiegs. Der Sechsundzwanzigjährige, dessen außerordentliche Begabung bis dahin höchstens einige Militärs erkannt hatten, wird am 16. Oktober zum Divisionsgeneral befördert, und schon am 26. Oktober 1795 löst er Barras als Kommandierender General der Armee des Inneren ab.

„Sie besuchen eine Freundin, die Sie liebt, nicht mehr" (1795/96)

Joséphine und Napoleon lernen sich im Herbst 1795 kennen. Bonaparte wird nach der Niederwerfung des Royalistenaufstands als Held gefeiert. Er hat den Konvent gerettet. Sein Ansehen und sein Äußeres dürften Joséphine gleichermaßen aufgefallen sein. Wie hätte dieser kleine General, von dem man so große Dinge erzählt, ihrer Aufmerksamkeit entgehen sollen? Er ist schmächtig, seine Generalsuniform ist ihm viel zu groß, der blau-weiß-rote Gürtel ist nachlässig gebunden, die langen Haare sind zerzaust, das Gesicht ist bleich und ausgezehrt. Er redet abgehackt, mit einem starken korsischen Akzent. Gewiß wird er auf Madame de Beauharnais nicht verführerisch gewirkt haben, aber sie ist wie jede Frau von Welt verpflichtet, sich mit den gefragtesten Persönlichkeiten zu umgeben, und außerdem ist dieser seltsame junge General ein Protegé ihres Geliebten Barras.

Eugène de Beauharnais behauptet, die erste Begegnung zwischen Joséphine und Napoleon herbeigeführt zu haben. Er erzählt eine rührende Geschichte, die Napoleon selbst in seinem *Mémorial de Sainte-Hélène* bestätigt. „Als Folge des Aufstandes vom 13. Vendémiaire", schreibt Joséphines Sohn, „wurde den Bewohnern von Paris am 14. Oktober 1795 jeglicher Waffenbesitz unter Androhung der Todesstrafe verboten. Mir war der Gedanke unerträglich, mich vom Säbel meines Vaters trennen zu müssen. Ich ersuchte um eine Audienz bei General Bonaparte, die mir tatsächlich gewährt wurde. Diese Unterredung erschütterte mich, da sie mir den noch nicht allzu lange zurückliegenden Verlust meines Vaters lebhaft in Erinnerung rief. Meine Tränen und einige günstige Antworten, die ich dem General gab, weckten in ihm den Wunsch, auch meine Familie kennenzulernen, und am nächsten Tag brachte er mir persönlich die heißersehnte Genehmigung. Meine Mutter dankte ihm anmutig und gerührt. Er bat darum, uns wieder besuchen zu dürfen, und schien die Gesellschaft meiner Mutter immer sehr zu genießen."

Barras bestreitet diese Darstellung in seinen Erinnerungen. Von der Beschlagnahme aller Waffen seien nur wenige Stadtviertel betroffen gewesen, und Madame de Beauharnais habe nicht in einem dieser Viertel gewohnt. Außerdem habe sie durch ihre Freundschaft mit ihm – Barras – totale Immunität genossen.

Ob es sich nun um eine Legende handelt oder nicht – jedenfalls erfreute sich diese zu Herzen gehende Geschichte schon bald großer Beliebtheit.

Wie und wo auch immer Napoleon und Joséphine sich kennengelernt haben mögen, beide haben gute Gründe, diese Bekanntschaft zu pflegen. Bonaparte hält Madame de Beauharnais zunächst für sehr vermögend. Als vorsichtiger Mann zieht er aber Erkundigungen bei Emmery in Dünkirchen ein und erfährt von diesem, daß Joséphine alles andere als reich ist. Seiner falschen Hoffnungen beraubt, sieht Napoleon allerdings andere Vorzüge, die Joséphine zu bieten hat: Joséphine verkehrt in Kreisen der Hochfinanz, unterhält freundschaftliche Beziehungen zu Schweizer Bankiers wie Denis de Rougemont, zu dessen Kompagnon Jean Hottinger und zu Alphonse Perrégaux. Außerdem stammt sie aus einer alten Adelsfamilie, und ihr Mann gehörte zu den führenden Gestalten der Konstituante. Auch ihre enge Freundschaft mit Barras bleibt Bonaparte nicht verborgen, kann ihm nicht verborgen bleiben, denn diese Liaison ist ein offenes Geheimnis. Und er benötigt für seine ehrgeizigen Pläne die Unterstützung des mächtigen Direktors.

Barras ist seinerseits genauso daran interessiert, diesen glänzenden General enger an sich zu binden. Das Direktorium sieht sich von links und rechts bedroht: Die Royalisten geben den

Kampf um die Macht nicht auf, und die Jakobiner protestieren wütend gegen die allgemeine Korruption und den Verrat revolutionärer Prinzipien. Wie soll man mit diesen Feinden im Innern fertig werden und ein stabiles politisches System aufbauen, das die Interessen der Neureichen schützt? Das Wohl der Spekulanten und Profitjäger, die sich im Luxembourg tummeln oder bei den Talliens intrigieren, ist nur gewährleistet, wenn das Direktorium sich an der Macht halten kann, und dazu bedarf es eines starken Mannes an der Spitze des Militärs. Bonaparte scheint für diesen Zweck hervorragend geeignet. Aber wie soll man ihn für die Ziele des Barras-Clans einspannen? Madame de Beauharnais, die selbst größtes Interesse an der Aufrechterhaltung des für sie so vorteilhaften Regimes hat, könnte als Vermittlerin wertvolle Dienste leisten…

Joséphine zeigt sich denn auch beunruhigt, als Napoleon sich viel zu selten bei ihr blicken läßt. „Sie besuchen eine Freundin, die Sie liebt, nicht mehr", schreibt sie ihm. „Sie haben sie völlig im Stich gelassen. Sie tun unrecht daran, denn sie ist Ihnen zärtlich verbunden. Kommen Sie morgen zum Mittagessen zu mir. Ich muß Sie sehen und mit Ihnen über Ihre Interessen sprechen."

Bonaparte erwidert, er begreife die Veranlassung zu ihrem Brief nicht. „Ich bitte Sie inständig, an meine Freundschaft zu glauben. Niemand ersehnt die Ihre mehr als ich. Und niemand wünscht mehr als ich, sie Ihnen zu beweisen."

Joséphines gesellschaftliche Stellung, ihr Alter – sie ist sechs Jahre älter als Bonaparte – und ihre Vertrautheit mit den Pariser Salons, wo politische und wirtschaftliche Intrigen geschmiedet werden, verschaffen ihr eine gewisse Überlegenheit gegenüber dem jungen General. Sie spielt gern seine Ratgeberin, doch schon bald brilliert sie in einer anderen Rolle: Sie zieht Bonaparte völlig in ihren Bann und weckt in ihm eine glühende Leidenschaft.

„Ich erwache ganz erfüllt von Dir, meine geliebte Freundin", schreibt er ihr, nachdem sie sich ihm zum erstenmal hingegeben hat. „Dein Bild und der berauschende gestrige Abend haben meine Sinne völlig verwirrt. Süße, unvergleichliche Joséphine!"

Am Anfang des Jahres 1796 ist er immer häufiger zu Gast in ihrem Haus in der Rue Chantereine und unterhält ihre Freundinnen: Jeanne-Victoire d'Aiguillon, Thérèse Tallien und Madame de la Gallissonnière. Mit Vorliebe erzählt er Gespenstergeschichten, die den Damen kalte Schauder über den Rücken jagen. Die Bewunderung, die er in diesem kleinen Kreis bald genießt, beunruhigt Hortense, die eine Wiederheirat ihrer Mutter verhindern will, weil sie fürchtet, deren Liebe zu verlieren. Doch ihre Tränen vermögen Joséphine nicht umzustimmen: Am 19. Februar 1796 wird das Aufgebot bestellt, und am 20. erhält Joséphine eine Zeugenurkunde, die sie der Notwendigkeit enthebt, ihren Taufschein vorzulegen.

Während dieser Zeit vernachlässigt Bonaparte jedoch keineswegs seine ehrgeizigen Pläne. Überzeugt davon, daß Frankreich seinen Erzfeind England nur auf dem Kontinent besiegen kann, schlägt er dem Direktorium vor, zunächst Österreich, Londons Verbündeten, durch eine Offensive in Norditalien empfindlich zu treffen. General Schérer, Oberbefehlshaber der italienischen Armee, sträubt sich heftig gegen diese Pläne, die er als Kritik an seiner Strategie und seiner Person wertet. Doch Bonaparte setzt sich schließlich durch; Schérer reicht am 4. Februar 1796 beim Direktorium seinen Abschied ein, und am 2. März wird Napoleon zum Kommandierenden General der italienischen Armee ernannt.

Am 8. März wird vor einem Notar der Ehekontrakt unterschrieben, der Gütertrennung vorsieht. Keiner der Ehepartner ist für Schulden und Hypotheken des anderen haftbar.

Napoleon erkennt Joséphine das Recht zu, über ihre Renten und Güter allein und frei verfügen zu können. Sie behält die Vormundschaft über ihre Kinder. Die bereits vorhandene Einrichtung des Hauses in der Rue Chantereine bleibt ihr Besitz.

Einen Tag später, am 9. März 1796, findet um zehn Uhr abends im Rathaus des 2. Arrondissements von Paris die Ziviltrauung von Joséphine und Napoleon in Gegenwart von vier Zeugen statt: Barras, Tallien, Jean Le Marois, Adjutant des Generals, und Calmelet, ein Vertrauter Joséphines, der bei der Aufsetzung des Ehekontrakts ihre Interessen vertreten hat. Laut Trauungsurkunde sind beide Ehepartner 28 Jahre alt: Napoleon hat sich um drei Jahre älter gemacht, Joséphine sich um drei Jahre verjüngt.

Bei den Bonapartes herrscht große Aufregung, als sie von der Hochzeit ihres Napoleon mit Madame de Beauharnais erfahren. Der Zorn der Familie kennt keine Grenzen. Er hat weder den Segen seiner Mutter eingeholt noch seinen älteren Bruder Joseph, das Familienoberhaupt, informiert. Er hat Luciens Abreise zur Nordarmee und Louis' Abreise zur italienischen Armee beschleunigt. Nur Jérôme, Napoleons jüngster Bruder, den er im Irischen Kolleg – das auch Eugène besucht – untergebracht hat, bringt der Schwägerin einigermaßen freundliche Gefühle entgegen. Die übrige Familie macht geschlossen Front gegen Joséphine, noch ohne sie zu kennen – und an dieser „Vendetta" der Bonapartes gegen die Beauharnais sollte sich auch in Zukunft nichts ändern. Napoleon steht von nun an zwischen zwei feindlichen Lagern, und der Kampf wird mit allen nur erdenklichen Mitteln geführt.

Für Flitterwochen bleibt dem Paar keine Zeit: Bonaparte muß schon am Abend des 10. März Paris verlassen, um das Kommando über die Italienarmee zu übernehmen. Am 20. ist er in Marseille, am 26. in Nizza. Während der ganzen Reise denkt er unablässig an seine in der Hauptstadt zurückgebliebene Frau und schickt ihr einen leidenschaftlichen Brief nach dem anderen.

„Unvergleichliche Joséphine, wie hast Du es fertiggebracht, mich so ganz an Dich zu fesseln, mein ganzes Sein mit Dir zu vereinigen? Das ist Zauberei." Er liebt sie, er bangt um sie. Sie ist wie eine Flamme, die ihn verzehrt. Napoleon hat mit Joséphine eine bis dahin ungekannte Lust entdeckt, und das erklärt die Macht, die sie über ihn besitzt. Er erklärt, sein Herz sei versklavt, aber er genießt diese Sklaverei. „Du allein bist die Freude und die Qual meines Lebens." Der Altersunterschied scheint ihn keineswegs zu stören – ganz im Gegenteil. Die reife Frau hat den in Liebesdingen recht unerfahrenen General völlig becirct, und solange die Flamme seiner Leidenschaft lodert, wird er ihr alles verzeihen. Von ihr getrennt, klammert er sich an seine Erinnerungen, schwärmt in seinen Briefen von ihrem hinreißenden Körper und sendet ihr „tausend glühende Liebesküsse überallhin, überallhin".

Und Joséphine? Er versucht sich zu beruhigen, wenn ihm Zweifel an ihrer Liebe und Treue kommen. „Du kannst mir diese grenzenlose Liebe nicht eingeflößt haben, ohne sie selbst zu empfinden." Doch er leidet ständig unter ihrer Schreibfaulheit, und seine Vorwürfe erinnern an jene, die einst Alexandre de Beauharnais seiner Frau machte. Er kann sich ihr häufiges Schweigen nur mit zunehmender Gleichgültigkeit erklären. „Keine Briefe von Dir! Ich bekomme nur alle vier Tage einen, doch wenn Du mich liebtest, würdest Du mir zweimal täglich schreiben." Er wirft ihr vor, daß sie sich amüsiert, während er „von Arbeit und Strapazen vollkommen erschöpft" ist. Seine Klagen sind natürlich nicht ganz unberechtigt: So schreibt sie ihm einmal, sie müsse den Brief unterbrechen, um eine Landpartie zu machen. „Im Frühling ist es so schön auf dem Lande", spöttelt er bitter. „Und außerdem befand sich wahrscheinlich der neunzehnjährige Liebhaber dort." Manchmal wird sein Ton regelrecht sarkastisch: „Aber man muß natürlich von zehn Uhr morgens an mit diesen kleinen Herren Besuchern plaudern und sich bis ein Uhr nachts die Klatschereien und Dummheiten von hundert Laffen anhören." Allerdings fügt er sogleich hinzu: „Ich liebe Dich jeden Tag mehr... Einen Kuß auf Deinen Mund, einen auf Dein Herz, nicht wahr, es ist kein anderer darin als ich? Und dann einen auf Deine Brust."

Er überschüttet sie mit Geschenken aller Art: Parfums, Orangen, Florentiner Taft und Crêpe für Kleider. Auch ihre Kinder beschenkt er großzügig. Murat, sein Erster Adjutant, überbringt Joséphine eine hohe Geldsumme, die sie ganz nach ihrem Belieben verwenden kann. Und kurz nach seiner Abreise aus Paris hat er ihr eine Vollmacht geschickt, damit sie verschiedene Summen, die ihm zustehen, kassieren kann.

Das Direktorium hat sich ursprünglich dagegen ausgesprochen, daß Joséphine ihren Mann nach Italien begleitet, weil es befürchtete, ihre Nähe könnte den General von seinen Pflichten ablenken. Doch nach den ersten Wochen eines höchst erfolgreichen Feldzugs verlangt Bonaparte von Barras, seiner Frau die Reise nach Piemont zu erlauben, und er fleht Joséphine an, möglichst rasch aufzubrechen. „Komm geschwind. Ich sage es Dir im voraus: wenn Du zögerst, wirst Du mich krank finden. Die Strapazen und Deine Abwesenheit – das ist zuviel auf einmal."

Doch sie ist von der Idee, sich nach Italien zu begeben, alles andere als begeistert. Sie verzehrt sich keineswegs vor Sehnsucht nach ihrem Mann, wie das umgekehrt der Fall ist. Der Schriftsteller Antoine Arnault, häufiger Besucher in der Rue Chantereine, ist manchmal anwesend, wenn Joséphine Napoleons leidenschaftliche Briefe erhält. Sie ist indiskret genug, manche Stellen laut vorzulesen. Bonapartes Liebesqualen amüsieren sie. „Er ist drollig", lautet ihr Kommentar. Doch dieser „drollige" Mann erringt in Italien einen Sieg nach dem anderen. „Sie genoß seinen Ruhm, der mit jedem Tag zunahm", schreibt Arnault, „aber sie wollte den Ruhm nirgendwo anders als in Paris genießen."

Ihr gesellschaftliches Ansehen wächst mit jeder Erfolgsmeldung vom Kriegsschauplatz. Sie ist beliebt und begehrt wie zu jener Zeit, als Beauharnais Präsident der Nationalversammlung war. Und da soll sie dieses herrliche Leben aufgeben und in ein Land reisen, wo Krieg herrscht? Nein, sie hat in jenen Monaten im Gefängnis genügend Todesängste ausgestanden!

Aber wie soll sie Napoleon plausibel machen, daß sie Paris nicht verlassen will? Murat hat ihr den Wunsch ihres Mannes überbracht, sie solle sich unverzüglich auf den Weg machen. Sie verfällt auf eine überzeugende Ausrede: Sie sei schwanger, und der Arzt habe ihr Ruhe verordnet. Sie weiß genau, daß Bonaparte von der Aussicht, Vater zu werden, begeistert sein wird. Und das ist tatsächlich der Fall. Sobald er die Neuigkeit von Murat erfahren hat, jubelt er in einem Brief an Joséphine: „Ein Kind, das so anbetungswürdig wie seine Mutter ist, wird das Licht der Welt erblicken!" Er rät ihr zwar, vorsichtig zu sein, hofft aber weiterhin, daß sie zu ihm kommt.

Nun findet sie einen neuen Vorwand, um in Paris bleiben zu können. Sie behauptet, krank zu sein, und sofort macht Napoleon sich heftige Gewissensbisse. „Ich habe Dir so großes Unrecht getan, daß ich nicht weiß, wie ich es wiedergutmachen soll. Ich mache Dir Vorwürfe, daß Du in Paris bleibst, und dabei bist Du krank. Verzeih mir, geliebte Freundin. Die Liebe, die Du mir eingeflößt hast, beraubt mich aller Vernunft." Er macht sich solche Sorgen um seine Frau, daß er sogar bereit ist, seine Armee im Stich zu lassen, um an ihr Krankenbett zu eilen. „Ohne Dich kann ich hier nicht mehr von Nutzen sein. Wer will, der mag nach Ruhm streben und dem Vaterland dienen, doch meine Seele erstickt in diesem Exil, und wenn meine süße Freundin leidet und krank ist, kann ich nicht kaltblütig den Sieg planen."

Das Direktorium ist zutiefst beunruhigt über die Absicht des Generals, seinen Posten zu verlassen. Barras drängt Joséphine, ihre Komödie zu beenden und zu ihrem Mann zu fahren. Schließlich steht der Erfolg der republikanischen Armeen auf dem Spiel!

Joséphine ist nun gezwungen, dem Druck des Direktoriums nachzugeben. Als sie am 24. Juni ihre Reisepapiere erhält, stellt sie mit großer Befriedigung fest, daß unter den Personen, die sie begleiten dürfen, auch ein junger Oberleutnant namens Hippolyte Charles aufgeführt ist. Sie hat diesen Adjutanten von General Leclerc im April 1796 kennengelernt und sich leidenschaftlich in ihn verliebt. Der verführerische vierundzwanzigjährige Offizier ist charmant und unterhaltsam, ein Spaßvogel, der sich in den Salons großer Beliebtheit erfreut, vor allem bei den Damen. Und wenn Joséphine sich mit Händen und Füßen dagegen gesträubt hat, Paris zu verlassen, so hauptsächlich deshalb, weil sie sich nicht von ihrem Geliebten trennen wollte.

Am 27. Juni macht sie sich endlich auf die Reise zu ihrem Mann. In ihrer Kutsche sitzt auch Hippolyte.

„Ich langweile mich sehr in Italien" (1796/97)

Drei Tage vor ihrer Abreise empfängt Joséphine Antoine Hamelin. Sie haben sich bei Madame de Brunville kennengelernt. Durch die Revolution ruiniert, vertraut Hamelin Joséphine seine verzweifelte finanzielle Situation an. Sie schlägt ihm vor, sie nach Italien zu begleiten, wo Bonaparte bestimmt etwas für ihn tun könne. Zunächst borgt sie sich von ihm allerdings 200 Louisdors, da sie wieder einmal völlig abgebrannt ist. Außerdem läßt sie ihn am Vorabend der Abreise einen englischen Schleierstoff bei einer bekannten Händlerin abholen, die auf Barzahlung – 30 Louis – besteht. Hamelin bezahlt notgedrungen, obwohl er kaum noch Geld hat, fragt sich aber unwillkürlich, ob diese Investitionen sich auch wirklich lohnen werden.

Joséphine, die die unvermeidliche Italienreise für Geschäfte nutzen möchte, fordert auch Robbé de Lagrange zum Mitkommen auf. Lagrange, der zu Alexandres Freundeskreis gehörte, ist Armeelieferant und weiß natürlich, daß man in Italien großen Profit machen kann. Er schließt sich deshalb bereitwillig der kleinen Reisegruppe an.

Die Versorgung der republikanischen Armeen verspricht hervorragende Absatzmärkte, um die sich die Lieferanten reißen. Jeder versucht Geschäfte zu machen, und für Aufträge werden hohe Bestechungssummen bezahlt. Als Gemahlin des Kommandierenden Generals der Italienarmee ist Joséphine für

Waffen- und Gerätelieferanten natürlich besonders interessant. Sie machen ihr den Hof, versprechen ihr riesige Gewinne. Joséphine läßt sich ihre Empfehlungen teuer bezahlen, doch dafür hat sie auch tatsächlich hervorragende Beziehungen – zu Barras einerseits, zu Bonaparte und dessen Adjutanten andererseits.

Die Reisenden kommen nur langsam voran, denn überall werden für Madame Bonaparte, die Frau des heldenhaften Generals, Empfänge und Feste veranstaltet. Am 13. Juli schließlich hält sie triumphalen Einzug in die lombardische Hauptstadt, wo Bonaparte als Befreier gefeiert wird.

Napoleon residiert im Palazzo Serbelloni, dem schönsten Palast der Stadt. Vor Freude über das Wiedersehen mit seiner Frau ist er völlig außer sich. Er hat so lange auf sie gewartet, und nun kann er sie gar nicht genug herzen und liebkosen. Er legt sich auch in Gegenwart anderer keine Zurückhaltung auf, so daß Hamelin verlegen aus dem Fenster starrt. Nun ist es von Joséphine auch zweifellos nicht gerade rücksichtsvoll, nach der langen Trennung darauf zu bestehen, daß Bonaparte ihre Schützlinge – Charles, Lagrange und Hamelin – einlädt. Und so gilt Hamelins Sympathie denn auch ganz dem General. „Ich wußte, was es mit dem *Sieur Charles* für eine Bewandtnis hatte, und es tat mir in der Seele weh, mit ansehen zu müssen, daß dieser junge General, dessen Ruhm auch auf seine Frau abfärbte, der unglückliche Rivale eines dummen Jungen war, der mit nichts anderem als einer hübschen Larve und der Eleganz eines Barbiers aufwarten konnte."

Der Magistrat von Mailand behandelt Joséphine wie eine Großherzogin. Man stellt ihr 30 Dienstboten und 100 Köche zur Verfügung. „Da ich eine einfache Republikanerin bin, ... habe ich mir die Freiheit genommen, all diese Leute wegzuschicken und mich auf meinen kleinen Haushalt zu beschränken", schreibt sie Thérèse. Trotz der rauschenden Feste, die zu ihren Ehren veranstaltet werden, langweilt sie sich in Mailand und sehnt sich nach ihren Pariser Freunden und nach ihren Kindern.

Bonaparte muß seine Frau schon am Morgen des 15. Juli verlassen, denn seine Armee belagert Mantua, und dabei ist seine Anwesenheit unbedingt erforderlich. Da er Joséphine jedoch in seiner Nähe haben möchte, fordert er sie auf, nach Brescia zu kommen, „wo der zärtlichste aller Liebhaber dich erwartet". Auf diese Weise will er auch ihre ungerechten Vorwürfe entkräften: Sie bezichtigt ihn der Untreue – wahrscheinlich nur, weil es ihr eine boshafte Freude bereitet, ihn zu provozieren und zu verletzen. Dabei bedenkt sie freilich nicht, daß sie mit ihren Provokationen leicht einen Schritt zu weit gehen und Napoleon auf den Gedanken bringen könnte, hinter ihrer Eifersucht verberge sich ein schlechtes Gewissen. In der ersten Zeit schenkt er den Gerüchten über eine Affäre seiner Frau mit einem jungen Oberleutnant zwar kein Gehör, aber allmählich schöpft er doch Verdacht. Um ihn zu beruhigen, macht sich Joséphine in Begleitung von Hamelin auf den Weg nach Brescia. Dieser Entschluß fällt ihr um so leichter, als Hippolyte inzwischen zu General Leclerc ins Hauptquartier nach Verona beordert worden ist, und Brescia ist von Verona immerhin weniger weit entfernt als Mailand.

Am 26. Juli zieht sie mit Bonaparte in Brescia ein. Doch dann besteht sie darauf, nach Verona weiterzureisen. Unterwegs wird sie von feindlichem Feuer überrascht, muß schleunigst umkehren und in Peschiera Zuflucht suchen, wo sie eine sehr ungemütliche Nacht verbringt: Die Österreicher liegen so dicht vor der Stadt, daß ihre Lagerfeuer zu sehen sind. Am nächsten Morgen rückt General Junot mit einem Dragonertrupp an. Er überbringt Joséphine einen Brief von Bonaparte: Sie soll sich sofort nach Castelnovo zurückziehen. Doch auch diese Fahrt verläuft nicht ohne Zwischenfälle: Die Eskorte wird vom Gardasee aus von einem österreichischen Kanonenboot unter Beschuß genommen, wobei ein Dragoner schwere Verletzungen erleidet. In dieser kritischen Situation behält Joséphine zu Hamelins großem Erstaunen die Nerven. Allerdings ist sie heilfroh, als sie unversehrt in Castelnovo ankommt, wo zu ihrer großen Erleichterung bald auch Napoleon eintrifft. Er hat inzwischen eingesehen, daß die Kampfzone für seine Frau ein viel zu gefährlicher Aufenthaltsort ist, und vertraut sie Hamelin an, der sie in die Toskana bringen soll, beschützt vom fünften Dragonerregiment. Die Reise führt über Bologna und Ferrara nach Parma, wo sie Bonapartes Onkel Joseph Fesch kennenlernt, den späteren Kardinal, der zu jener Zeit hauptsächlich damit beschäftigt ist, Kirchengemälde zu requirieren. Dann geht es weiter nach Lucca und Florenz. Obwohl ihr in beiden Städten ein fürstlicher Empfang zuteil wird, ist sie schlecht gelaunt, weil sie ihren Geliebten schmerzlich vermißt. Trotzdem erobert sie mit ihrem Charme alle Herzen. Sogar Großherzog Ferdinand III., ein österreichischer Prinz und obendrein noch Neffe von Marie-Antoinette, lädt Joséphine zum Abendessen ein.

Dann kehrt sie nach Brescia zurück, wo sie Napoleon jedoch nicht antrifft. Er erwartet sie in Cremona. Hamelin ist dafür, sich unverzüglich dorthin zu begeben, doch Madame Bonaparte beharrt darauf, die Nacht in Brescia zu verbringen. Sie bezieht die Wohnung ihres Mannes, Hamelin die eines Adjutanten. Kurz darauf wird ihm klar, warum sie sich geweigert hat weiterzufahren. „Ich lege mich hin", erklärt sie ihm, „und lasse den Tisch neben meinem Bett decken. Dann essen wir zusammen." Als Hamelin etwas später das Schlafzimmer betritt, sieht er drei Gedecke und erkundigt sich, wer der Dritte ist. „Ach, dieser arme Charles", erwidert sie. „Er befindet sich auf dem Rückweg von einem Auftrag und hat in Brescia Station gemacht, als er erfuhr, daß ich mich gerade hier aufhalte."

Hippolyte betritt in diesem Augenblick den Raum, und man speist zusammen. Dann ziehen die Herren sich zurück, doch auf der Schwelle wird Charles von einer schmachtenden Stimme zurückgerufen. Hamelin begibt sich in sein Quartier, bemerkt dann aber, daß er seinen Hut und seine Waffen im Salon vor Joséphines Schlafzimmer vergessen hat. Er steigt die Treppe hinab, um seine Sachen zu holen, doch der Grenadier, der vor der Wohnungstür Wache hält, erklärt ihm, er dürfe niemanden einlassen.

„Wer hat Ihnen diesen Befehl gegeben?" fragt Hamelin.

„Die Zofe", antwortet der Grenadier.

„Da begriff ich, daß die Heldin von Peschiera sich wieder in die Lebedame von Paris verwandelt hatte", kommentiert Hamelin.

Napoleon sind wieder nur wenige Tage mit seiner Frau vergönnt, bevor er sich an die Front begeben muß. Zuvor bringt er Joséphine nach Mailand.

Da ihr dortiger Gastgeber, Herzog Serbelloni, sich in offizieller Mission nach Paris begibt, bittet sie ihn, Briefe und Geschenke für ihre Kinder und Freunde mitzunehmen. Der Herzog verspricht auch, Madame de Renaudin zu besuchen und ihr zu erzählen, mit welchen Ehren ihre Nichte überall in Italien empfangen wird. Trotzdem klagt Joséphine ihr: „Ich mache mir nichts aus den Ehrenbezeigungen in diesem Land. Ich langweile mich sehr."

Sie organisiert einen regelrechten Warenverkehr zwischen Italien und Frankreich, schickt erlesene Stoffe, gefragte Lebensmittel und teure Spirituosen nach Paris, handelt mit allem möglichen, entschuldigt sich bei ihrer Tante, einem Bürger, den diese empfohlen hat, derzeit keine Stellung verschaffen zu können.

Bonaparte ist über die zahlreichen Schützlinge seiner Frau gelegentlich etwas ungehalten. „Die Leute, die Du protegierst, sind zwar etwas hitzig und haben es sehr eilig, doch ich freue mich, für sie etwas tun zu können, was Dir angenehm ist. Sie sollen nach Mailand kommen. Nur müssen sie sich noch etwas gedulden. Übrigens sagt man mir, daß Du jenen Herrn, den Du mir für die Armeelieferungen empfiehlst, schon sehr lange und sehr gut kennst. Wenn das wahr ist, so wärest Du ein Ungeheuer."

Während Joséphine damit beschäftigt ist, die Wünsche ihres großen Kundenkreises zu erfüllen – den einen Delikatessen oder Antiquitäten aus Italien zu schicken, anderen lukrative Geschäfte oder gefragte Stellungen zu verschaffen und bei alldem ihren wohlverdienten Anteil einzustreichen –, erringt Bonaparte in der Lombardei weiterhin einen Sieg nach dem anderen. Er hält seine Frau täglich auf dem laufenden über die Truppenbewegungen, die Schlachten, die Erfolge und Rückschläge. Auf diese Weise ist sie bestens über die Lage informiert, ohne sich den Gefahren an der Front aussetzen zu müssen. Joséphine hat außerdem General Berthier gebeten, gut auf Bonaparte aufzupassen – und auf eventuelle Besucherinnen. Eifersucht verpflichtet!

Berthier erstattet ihr denn auch getreulich Bericht über die Gesundheit des Kommandierenden Generals, über dessen Reisen und Äußerungen. So beruhigt er Joséphine am 22. November, nach den schrecklichen Tagen der Schlacht von Arcole, wo Napoleon selbst, mit der Fahne in der Hand, einen Angriff führte, um seiner erschöpften Armee Mut zu machen. „Machen Sie sich keine Sorgen um Ihren Mann. Ich gebe Ihnen mein Wort, daß er sich jetzt der Gefahr nicht mehr so aussetzt, wie er das getan hat. Sie können also getrost glücklich sein. Als Ihr Mann gestern den Brief, den Sie mir geschrieben haben, gelesen hat, sagte er: ‚Sie müssen doch zugeben, daß ich eine charmante Frau habe. Ja, ich liebe sie sehr, und ich glaube, daß es jemanden wie sie kein zweites Mal auf der Welt gibt. Berthier, wir müssen unbedingt für einige Tage nach Mailand, damit ich meine kleine Frau wieder

213

einmal küssen kann.' Ich glaube, daß er – wie auch Sie – zwar von Küssen sprach, aber an etwas Intimeres dachte."

Am 19. November, unmittelbar nach dem Sieg über die Österreicher, hat Bonaparte selbst seiner Frau geschrieben: „Endlich, meine anbetungswürdige Joséphine, lebe ich wieder auf. Ich habe den Tod nicht mehr vor Augen, und Ruhm und Ehre sind noch in meinem Herzen. Der Feind ist in Arcole geschlagen worden. In acht Tagen wird Mantua unser sein, und ich werde Dir bald in Deinen Armen tausend Beweise der leidenschaftlichen Liebe Deines Mannes geben können."

Doch Joséphines Schweigen dämpft die Freude des siegreichen Kriegers, und als er am 23. November noch immer keine Nachricht von ihr hat, kann Napoleon seine Verbitterung nicht verbergen. „Was tun Sie den ganzen Tag, Madame? Welche wichtige Affäre raubt Ihnen die Zeit, an Ihren Herzallerliebsten zu schreiben? Welche Neigung erstickt jene zärtliche und beständige Liebe, die Sie ihm versprochen haben? Wer kann nur dieser herrliche neue Liebhaber sein, der all Ihre Gedanken und all Ihre Zeit so in Anspruch nimmt, daß Sie für Ihren Mann keine Minute mehr erübrigen können? Joséphine, nehmen Sie sich in acht! Eines Nachts schlage ich die Tür ein und stehe vor Ihnen! Doch im Ernst: ich bin beunruhigt, meine teure Freundin, nichts von Dir zu hören."

Am 25. November 1796 verläßt er Verona und trifft am 27. in Mailand ein. Doch Joséphine ist nicht im Palazzo Serbelloni. Sie hält sich in Genua auf. „Ich habe alles im Stich gelassen, um Dich zu sehen, um Dich in meine Arme zu schließen. Du warst nicht da! Du amüsierst Dich in Städten, wo man Feste gibt. Du gehst, wenn ich komme. Du kümmerst Dich nicht um Deinen Napoleon. Eine Laune ließ Dich ihn lieben, die Unbeständigkeit macht ihn Dir gleichgültig." Die schwere Enttäuschung ist für den total erschöpften General zuviel: er erkrankt. Berthier ist so beunruhigt, daß er sich über den Befehl seines Vorgesetzten hinwegsetzt und Joséphine benachrichtigt. Er legt ihr dringend nahe, sofort nach Mailand zu kommen, und sie befolgt diesen Rat.

Am 10. Dezember veranstaltet sie im Palazzo Serbelloni einen großen Ball zu Ehren Bonapartes und ist in den nächsten Wochen besonders aufmerksam und zärtlich zu ihm, um ihn zu versöhnen. Napoleon genießt diese Ruhepause von ganzem Herzen, doch am 7. Januar 1797 muß er seine Frau erneut in aller Eile verlassen, weil die Österreicher Verona belagern. Am 14. Januar kommt es zur Schlacht von Rivoli. „Ich habe den Feind geschlagen", teilt er Joséphine mit. „Ich bin todmüde. Ich bitte Dich, unverzüglich nach Verona aufzubrechen. Ich brauche Dich, denn ich glaube, daß ich krank werde."

Joséphine eilt nach Verona, wo Bonaparte seinen Feldzug gegen den Kirchenstaat plant, da der Papst im Vertrauen auf Österreichs Stärke den Waffenstillstand mit Frankreich gebrochen hat. Napoleon macht sich Sorgen um seine Frau, die ständig deprimiert ist. Er rät ihr, viel spazierenzugehen, sich die Region anzuschauen und Gymnastik zu treiben. Sie begleitet ihn zwar bis Bologna, aber er hat inzwischen erkannt, daß es nicht in seiner Macht steht, sie aufzuheitern, und glaubt, daß sie sich nach Paris zurücksehnt. „Dieser Gedanke macht mich unglücklich, meine teure Freundin", schreibt er ihr von der Front. „Das Leben ist für mich unerträglich, seit ich weiß, daß Du schwermütig bist."

General Bonaparte auf der Brücke von Arcole, 1796. Ölgemälde von Antoine-Jean Gros

Am 24. Februar unterzeichnet er einen für Frankreich sehr günstigen Friedensvertrag mit Pius VI., der sehr schnell eingesehen hat, daß seine Truppen Napoleons kampferprobter Armee nicht gewachsen sind.

Joséphine ist noch immer nicht von ihrer unerträglichen Eifersucht kuriert, die schon Alexandre de Beauharnais das Leben schwermachte. Sie beschuldigt Napoleon, sie wegen anderer Frauen zu vernachlässigen. Ist es nur eine Komödie der untreuen Ehefrau, die ihren Mann in die Verteidigung drängen will, damit er sie nicht angreifen kann? Jedenfalls teilt sie ihre Befürchtungen Berthier mit, der Bonaparte gegen solche unbegründeten Verdächtigungen in Schutz nimmt. Am 11. Februar schreibt er ihr aus Ancona einen langen Brief. „Bonaparte hat sich nicht das geringste zuschulden kommen lassen", heißt es darin. „Er liebt Sie, er betet Sie an. ... Ich habe General Bonaparte während des ganzen Feldzugs nicht verlassen. Und ich schwöre Ihnen bei allem, was mir heilig ist, daß er in Gedanken stets bei Ihnen ist. Nein, es gibt keine Frau, die mehr geliebt und geschätzt würde als Sie. Wie oft hat er mir gesagt: ‚Gib zu, mein lieber Berthier, daß ich ein unglücklicher Mann bin! Ich bin verrückt nach meiner Frau, ich denke nur an sie, und sie überschüttet mich mit ungerechten Vorwürfen.' Ich muß ihm darin völlig recht geben."

Napoleon eilt nach dem Friedensschluß mit dem Heiligen Stuhl nach Bologna und bringt seine Frau nach Mantua, doch seine Liebe und Leidenschaft vermögen Joséphine nicht aus ihrer düsteren Stimmung zu reißen. Trotz ihrer Eifersucht will sie ja im Grunde nicht ihn bei sich haben, sondern ihren Geliebten. Doch Hippolyte kann sich nur selten freimachen. Bei ihrer Abreise von Paris hat sie gehofft, in Italien ständig mit ihrem Oberleutnant zusammensein zu können. Nun hält sie sich schon sieben Monate auf der Halbinsel auf und hat Hippolyte kaum zu sehen bekommen. Sie ist wütend, sie weint, sie ist liebeskrank, und niemand bleibt von ihrer schlechten Laune verschont.

„Ich langweile mich sehr in Italien", klagt sie wieder, diesmal in einem Brief an ihre Tochter, die sie sehr vermißt. Die Trennung von ihren Kindern trägt zweifellos zu ihren Depressionen bei. Sie schreibt ihnen lange Briefe, erkundigt sich nach Hortenses Fortschritten im Zeichnen und verspricht, ihr „sehr schöne Zeichnungen der berühmtesten Meister" mitzubringen. Nicht weniger als ihre Kinder vermißt Joséphine ihre Freunde. Wenn sie schon nicht mit ihrem Geliebten vereint sein kann, will sie wenigstens von ihrem Kummer abgelenkt werden, aber all die rauschenden Feste, die ihr zu Ehren in Italien veranstaltet werden, machen ihr ohne die vertrauten Gesichter ihrer Pariser Bekannten keinen Spaß. Und Napoleon liest ihr zwar jeden Wunsch von den Augen ab, kann aber in ihrer Gunst weder mit dem schönen Hippolyte noch mit ihrem ehemaligen Geliebten, dem Lüstling Barras, konkurrieren.

Bonaparte hat im März 1797 die Österreicher endgültig in die Knie gezwungen, indem er bis zum Semmering vordrang, so daß der kaiserliche Hof in Wien gezwungen war, endlich Friedensverhandlungen zuzustimmen. Doch das Aushandeln der endgültigen Friedensbedingungen zieht sich monatelang hin. Joséphine muß sich folglich weiter in Italien langweilen.

Als im Spätsommer Botot, Barras' Sekretär, nach Passeriane bei Udine kommt, wo die Verhandlungen mit den österreichischen Delegierten geführt werden, ist sie hoch erfreut über die Abwechslung. Botot weiß alle Neuigkeiten aus Paris, und mit ihm kann sie sich ausgiebig über ihren Freund Barras unterhalten. Bei seiner Abreise vertraut sie ihm einen Brief an den Direktor an, dem sie ihre unwandelbare Freundschaft versichert, um ihn sodann mit schier unüberbietbarer Unverfrorenheit aufzufordern: „Schreiben Sie Bonaparte, daß er Frieden schließen soll. Dann werde ich bald wieder bei meinen Freunden sein."

Sie mischt sich in Politik und Diplomatie ein, um ihre privaten Interessen durchzusetzen. So unterstützt sie den österreichischen Delegierten, Graf Ludwig Cobenzl, der vom ungestümen Bonaparte mitunter schlecht behandelt wird. Der Diplomat klagt bei Joséphine über die Wutausbrüche des Generals, und sie scheut keine Mühe, um das Verhältnis zwischen den beiden Verhandlungspartnern zu verbessern, weil sie sich sehnlichst wünscht, daß der Friedensvertrag endlich unterzeichnet wird. Nach Wien zurückgekehrt, bedankt sich Cobenzl in seinem Namen und im Namen des Kaisers für ihre wertvolle Hilfe. Franz II. schenkt ihr sogar ein Pferdegespann aus seinem Gestüt, worüber Joséphine natürlich entzückt ist.

Am 18. Oktober 1797 beauftragt Bonaparte Berthier, den soeben unterzeichneten Vertrag nach Paris zu bringen. Dem

Direktorium sind Napoleons Ruhm und Beliebtheit aber inzwischen ein Dorn im Auge, weil der General allmählich viel zu mächtig wird. Deshalb beschließt die Regierung, ihn noch nach Rastatt zu schicken, um Detailfragen des Vertrags zu klären.

Joséphine kann sich plötzlich nicht entschließen, Italien zu verlassen, ohne Rom gesehen zu haben. Bonaparte ist von dem Vorhaben seiner Frau, die Ewige Stadt zu besuchen, alles andere als begeistert, weil er befürchtet, daß sie dort Unannehmlichkeiten haben könnte, aber er setzt am 15. November seinen Bruder Joseph, der jetzt Botschafter beim Heiligen Stuhl ist, davon in Kenntnis. Doch nun zögert Joséphine, und dann beschließt sie, doch lieber nach Venedig zu fahren, wo sie eine herrliche Zeit erlebt – in Hippolytes Armen! Die provisorische Regierung der ehemaligen Republik empfängt sie wie eine Königin, um über sie den Helden Bonaparte zu ehren.

Mitte Dezember macht sie sich schließlich auf den Rückweg nach Frankreich – mit Hippolyte, der Urlaub bekommen hat. Sie läßt sich viel Zeit, weil sie – angeblich – nicht weiß, daß man sie schon Ende November in Paris erwartet hat und daß sich Bonaparte seit dem 6. Dezember dort aufhält. Am 19. Dezember trifft sie in Lyon ein. Die Stadt wird zu ihren Ehren abends illuminiert, und man veranstaltet Bälle und Feste. In Paris wird man derweil immer ungeduldiger. Wenig schmeichelhafte Gerüchte kursieren, denn inzwischen vermuten alle, daß die Gemahlin des Generals nicht allein reist. Niemand wagt vorauszusagen, wann sie ankommen wird. Außenminister Talleyrand hat den großen Empfang, der am 25. Dezember stattfinden sollte, verschieben müssen.

Am 2. Januar 1798 kommt sie endlich in Paris an und spielt den Unschuldsengel. Napoleon, der schon über die äußerst luxuriöse neue Einrichtung des Hauses in der Rue Chantereine (die man soeben ihm zu Ehren in Rue de la Victoire umbenannt hat) ziemlich verärgert ist, verlangt von seiner Frau Erklärungen: Warum diese Verspätung, wozu diese enormen Ausgaben für ein Haus, das nur gemietet ist?

Seine Fragen werden nicht beantwortet…

„Wir müssen eine sehr weite Reise machen" (1798/99)

Am 3. Januar 1798 kann Talleyrand endlich das große Fest zu Ehren Joséphines veranstalten. Charles-Maurice de Talleyrand-Périgord ist viel zu wohlerzogen und klug, um sich eine eventuelle Ungehaltenheit über die säumige Madame Bonaparte anmerken zu lassen. Seine Residenz ist prächtig geschmückt: Blumen und Ziersträucher auf der Treppe, Girlanden in den Salons, Baumgruppen, in denen die Orchester untergebracht sind.

Um 22.30 Uhr betritt die Generalin am Arm ihres Gemahls den Garten, in dem ehrfürchtiges Schweigen herrscht. Alle Blicke richten sich auf den Helden von Italien. Um 23 Uhr begeben sich die Gäste in den Saal, wo herrlich dekorierte Tische für das Bankett arrangiert sind. Nur die Frauen nehmen Platz, die Männer bilden eine Art Ehrengarde um sie herum. Talleyrand hält sich hinter Joséphines Stuhl und läßt nichts unversucht, seinen Ehrengast zu unterhalten, der sichtlich schlecht gelaunt ist. Der weltgewandte Außenminister, der sich auf die Kunst der Konversation und auf Galanterien genauso gut versteht wie auf die Politik, hat mit seinen Bemühungen aber nicht viel Erfolg. Man trinkt „auf des Kriegers, des siegreichen Helden geliebte Gefährtin", aber diese entfaltet nicht ihren üblichen unwiderstehlichen Charme. Ist ihr vielleicht zu Ohren gekommen, daß manche Gäste über ihre originelle Kopfbedeckung, die unverkennbar von den Kalotten der venezianischen Dogen inspiriert ist, heimlich spötteln? Oder hat sie ihren Verdruß über Napoleons Vorwürfe und Fragen noch nicht überwunden? Oder vermißt sie ihren geliebten Hippolyte?

Das rauschende Fest dauert bis in die frühen Morgenstunden. Talleyrand kann sehr zufrieden und stolz sein. Er hat das Kunststück vollbracht, bei einem republikanischen Empfang den ganzen Esprit des Ancien Régime neu zu entfachen.

In den nun folgenden Wochen kann Joséphine endlich wieder ihre geliebten Pariser Gepflogenheiten aufnehmen. Das Ehepaar Bonaparte weiß sich vor Einladungen kaum noch zu retten. Man reißt sich förmlich um den heldenhaften General.

Napoleon aber strebt nun ein ganz bestimmtes Ziel an: Er will an die Macht kommen. Ihm ist bewußt, daß dazu noch viele Hindernisse zu überwinden sind; seinen gesellschaftlichen Aufstieg zu festigen und seine Beziehungen weiter auszubauen dürfte daher von größtem Nutzen sein. Und er weiß, daß Joséphine in dieser Hinsicht eine wichtige Verbündete sein kann.

Die Direktoren jedoch stehen dem siegreichen Heerführer mißtrauisch oder sogar feindselig gegenüber. Seine Popularität ist ihnen ein Dorn im Auge. Um nicht den Eindruck zu erwecken, er fördere den Heldenkult, hält Bonaparte es für geraten, sich weitgehend zurückzuziehen und zu bekunden, er wolle wie ein einfacher Bürger leben. Doch insgeheim streckt er seine Fühler in alle Richtungen aus, und überall leistet ihm Joséphine als unauffällige Botschafterin wertvolle Dienste. Sie pflegt regen Umgang mit Regierungsmitgliedern und Abgeordneten. Sie gibt Diners, bei denen Bankiers wie Ouvrard oder Perrégaux, Großhändler wie Collot und vielversprechende junge Offiziere wie Junot, Murat und Leclerc an einem Tisch sitzen.

Außenminister Talleyrand, in dem Bonaparte den fähigsten Kopf der Regierung erkannt hat, macht ihn auf die diplomatischen Möglichkeiten des Orients aufmerksam. Er hat ein altes Projekt aus der Zeit Ludwigs XV. ausgegraben und legt es dem General zur Begutachtung vor. Es geht um die Eroberung von Ägypten, jener Provinz des Ottomanischen Reiches, die der Kontrolle des Sultans entglitten ist. Offiziell könnte Frankreich deshalb als Verbündeter der Hohen Pforte intervenieren, um die Herrschaft der aufsässigen Mamelucken zu brechen. Doch das eigentliche Ziel der Expedition bestünde darin, Ägypten einzunehmen und auf diese Weise England empfindlich zu treffen, das auf sichere Verbindungswege nach Indien angewiesen sei. Bonaparte ist von diesem Plan begeistert, doch die engstirnigen Direktoren versteifen sich darauf, daß man eine Landung in England versuchen müsse. Napoleon läßt indessen nicht locker: Er droht mit seinem Rücktritt, er schmeichelt und hofiert, er argumentiert und taktiert, und schließlich führt seine Hartnäckigkeit zum Erfolg. Am 5. März 1798 gibt das Direktorium seine Zustimmung zum Ägyptenfeldzug. Es hat dabei schließlich wenig zu verlieren: Glückt die gewagte Expedition, so wird das die Regierung stärken; schlägt die Sache fehl, so ist man diesen lästigen Bonaparte endgültig los. Auf jeden Fall aber wird der ehrgeizige General eine ganze Weile von der Bühne der Öffentlichkeit verschwinden.

Joséphine hat ihren Mann bei der Durchsetzung seiner Wünsche tatkräftig unterstützt. Ihr alter Freund Barras wurde zu Abendessen im kleinen Kreis geladen, wo er mit Gelehrten und Diplomaten zusammentraf, die sich im Orient bestens auskannten. Sie dinierte mit Reubell, einem anderen Direktor, und erinnerte ihn dezent an seine Bekanntschaft mit Alexandre de Beauharnais während der Belagerung von Mainz im Jahre 1793. Sie speiste mit dem Kriegs- und mit dem Marineminister, die das Projekt ursprünglich entschieden ablehnten.

Welche Gründe mögen Joséphine bewogen haben, sich derart einzusetzen? Will sie, daß Bonaparte ins ferne Ägypten zieht, damit sie Hippolyte ungestört sehen kann? Glaubt sie, daß diese Expedition ihren Mann an die Macht bringen wird? Oder ist sie so fasziniert von den Schilderungen der Orientalisten und Wüstenforscher, daß sie Bonaparte begleiten und die geheimnisvolle Kultur der Pharaonen kennenlernen möchte?

Und weshalb sind die Direktoren Barras und Reubell sowie Kriegsminister Schérer so entgegenkommend? Warum sind sie geradezu erpicht darauf, Madame Bonaparte zu empfangen?

Es gibt eine einleuchtende Erklärung für Joséphines Bemühungen einerseits und das Entgegenkommen der Herren andererseits: Bei ihren Treffen geht es nur vordergründig um Bonapartes Ägyptenexpedition, was sie eigentlich verbindet, sind gemeinsame finanzielle Interessen.

Joséphine hat Hippolyte Charles, der aus dem Militärdienst ausscheiden möchte, den Brüdern Bodin, ihres Zeichens Armeelieferanten, vorgestellt, und nun tut sie ihr möglichstes, ihnen große Aufträge zuzuschanzen. Sie ist nicht die einzige. Charles dient den Bodins als Strohmann bei zweifelhaften Spekulationsgeschäften; Reubell, der beim Direktorium für die militärische Administration zuständig ist, legt den Generälen nahe, bei der Handelsgesellschaft Bodin zu bestellen, obwohl er weiß, daß dort Wucherpreise verlangt werden und die Waren nichts taugen. Barras, sein Sekretär Botot und Schérer versprechen den Brüdern Bodin lukrative Absatzmärkte; und Joséphine garantiert ihnen eine gewisse Immunität für den Fall drohender Repressalien seitens Bonapartes. Die Gewinne werden zwischen den

„Bandenmitgliedern" aufgeteilt. Kommissar Duport schaut ohnmächtig zu. Er informiert das Direktorium zwar über die katastrophalen Mißstände – doch wer könnte etwas gegen die Profithaie unternehmen, die das Wohlwollen höchster Kreise genießen?

Joséphine kann nun aufs angenehmste Geschäft und Vergnügen miteinander verbinden und ihren geliebten Hippolyte, der bei Bodin wohnt, fast täglich sehen. „Ich fahre aufs Land", schreibt sie beispielsweise. „Um fünf komme ich zurück und werde Dich um halb sechs oder sechs bei Bodin treffen. Ja, mein Hippolyte, mein Leben ist eine ständige Qual! Du allein schenkst mir Glück. Sag mir, daß Du mich liebst, daß Du nur mich liebst. Dann werde ich die glücklichste aller Frauen sein."

Doch plötzlich geht ein schweres eheliches Gewitter auf sie nieder. Sie hat ihre Zofe Louise Compoint entlassen, weil sie es unpassend fand, daß diese mit Junot schlief. Um sich zu rächen, berichtet Louise Bonaparte von der Affäre seiner Frau mit Hippolyte. „Sie erzählte mir", vertraut Napoleon auf Sankt Helena dem Großmarschall Bertrand an, „daß ein junger Stabsadjutant namens Charles – ein kleiner Hurenbock, den Sie in Italien gesehen haben müssen – Joséphine überallhin folgte, in denselben Herbergen schlief und in ihrem Wagen reiste. Auf diese vertrauliche Mitteilung hätte ich gern verzichtet."

Sein Bruder Joseph öffnet ihm dann vollends die Augen. Am 19. März bestätigt er die Aussagen der Zofe und setzt Napoleon außerdem über Joséphines Geschäfte in Kenntnis. Aufgrund guter Beziehungen zu dem Bankier Pierre-Joseph-Fleury Jubié, der im April Prokurist bei Louis Bodin wird, ist Joseph über die Machenschaften der Gesellschaft bestens unterrichtet, und er ist begeistert über die günstige Gelegenheit, seiner Schwägerin eins auswischen zu können. Als Napoleon erfährt, daß seine Frau ihn hintergeht und sowohl sein Vertrauen als auch seinen Namen schändlich mißbraucht, macht er ihr eine heftige Szene und fordert sie auf, sich zu Josephs Beschuldigungen zu äußern. Kennt sie die Brüder Bodin? Hat sie sich tatkräftig dafür eingesetzt, ihnen die gesamten Heereslieferungen für die Italienarmee zukommen zu lassen? Wohnt Hippolyte Charles in Faubourg Saint-Honoré Nr. 100? Stimmt es, daß sie sich täglich dorthin begibt?

Joséphine streitet tränenreich alles ab und unterstellt Bonaparte, er wolle mit üblen Mitteln die Ehescheidung erreichen. Dann greift sie zu Papier und Feder, um Hippolyte zu warnen.

„Ja, mein Hippolyte, sie [gemeint sind Napoleon und sein Bruder Joseph] haben meinen ganzen Haß. ... Ich bin verzweifelt, weil ich darauf verzichten muß, Dich so oft zu sehen, wie ich will. Hippolyte, ich werde mich töten; ja, ich will einem Leben ein Ende setzen, das mir von nun an nur noch eine Last wäre, weil ich es nicht mehr Dir widmen kann. O Gott, was habe ich diesen Ungeheuern nur getan? Aber ihr Tun ist vergeblich – niemals werde ich mich zum Opfer ihrer Grausamkeiten machen lassen.

Ich flehe Dich an, richte Bodin aus, er solle sagen, daß er mich nicht kennt, daß der Auftrag für die Italienarmee nicht durch meine Vermittlung zustande gekommen ist. Dem Portier von Nr. 100 möge er einschärfen, falls jemand fragt, ob dort Bodin wohne, solle er sagen, er kenne diesen nicht. Außerdem soll Bodin sich der Briefe, die ich ihm für Italien mitgegeben habe, erst einige Zeit nach seiner Ankunft in jenem Land bedienen, und nur dann, wenn es unbedingt erforderlich ist. Unter uns gesagt, halte ich es für möglich, daß Jubié mit Joseph verbündet ist. Ah, sie können mich quälen, soviel sie wollen, sie werden mich doch niemals von meinem Hippolyte trennen. Mein letzter Seufzer wird ihm gelten.

Ich werde alles menschenmögliche versuchen, um Dich im Laufe des Tages zu sehen. Sollte es mir nicht gelingen, so komme ich heute abend bei Bodin vorbei, und morgen früh schicke ich Blondin zu Dir, um Dir zu sagen, wann ich Dich im Garten der Mousseau erwarte. Adieu, mein Hippolyte, tausend heiße Küsse, glühend heiß wie mein Herz und genauso verliebt."

Das eheliche Gewitter bleibt wirkungslos, denn Joséphine hat nicht die Absicht, ihre einträglichen Geschäfte aufzugeben. Warum sollte sie auch rechtschaffener sein als ihre Schwäger, die ihre Positionen ausnutzen, um sich persönlich zu bereichern? Joséphines Tränen haben Bonaparte von ihrer Unschuld überzeugt, zumal er mit den Vorbereitungen der Ägyptenexpedition so beschäftigt ist, daß ihm keine Zeit bleibt, den Verdachtsmomenten nachzugehen. Er hat seiner Frau – wieder einmal – verziehen und kauft Julie Carreau am 26. März 1798 sogar das Haus in der Rue de la Victoire (Rue Chantereine) ab. Außerdem trifft er verschiedene Dispositionen für den Fall, daß er in Ägypten ums Leben kommt, denn er will Joséphine vor der Habsucht seiner Familie schützen.

In der Nacht vom 3. auf den 4. Mai 1798 verlassen Joséphine, Bonaparte, sein Sekretär Bourrienne und Eugène Paris in aller Heimlichkeit, um jeden Rummel zu vermeiden. Am Morgen des 9. erreichen sie Toulon. Die Ägyptenexpedition kann beginnen.

Am 19. Mai sticht die Flotte in See: dreizehn Linienschiffe, sieben Fregatten, sechs Korvetten und 106 kleinere Kriegsschiffe.

Joséphine blickt dem Flaggschiff *L'Orient* nach, das ihren Mann und ihren Sohn entführt. Bonaparte hat es vorgezogen, sie an Land zurückzulassen, weil die Gefahr besteht, daß die Flotte von britischen Geschwadern angegriffen wird, die im Mittelmeer kreuzen. Er will sie später nachkommen lassen. Zunächst soll sie aber eine Thermalkur in Plombières machen, dessen Wasser den Ruf genießt, gegen Unfruchtbarkeit zu helfen. „In zwei Monaten wird er mich abholen lassen", schreibt Joséphine ihrer Tochter, und sie informiert auch Barras über die geänderten Pläne.

Joséphine läßt sich auf dem Weg nach Plombières viel Zeit. Am 10. Juni ist sie erst in Lyon, wo sich die Brüder Bodin in höchster Aufregung befinden, weil sie erfahren haben, daß General Brune, der Kommandeur der Italienarmee, die Absicht hat, den Vertrag mit ihrer Gesellschaft zu annullieren. Nun ist schnelles Handeln erforderlich. Nur Barras kann den General zur Vernunft bringen. Joséphine schreibt ihrem alten Freund und bittet ihn, auf Brune Druck auszuüben, damit dieser unverzüglich aufhört, die Bodins zu beunruhigen. „Sowohl Sie als auch ich verdanken ihnen sehr viel, mein lieber Barras, und ich hoffe, Sie werden nicht zulassen, daß man der Gesellschaft Bodin eine solche Gemeinheit antut. Sie würden ihnen einen großen Dienst erweisen, indem Sie sich bei General Brune für sie einsetzen. Sie wissen ja, daß das Wohl dieser Personen mir sehr am Herzen liegt."

Der Direktor interveniert denn auch diskret beim Kommandeur der Italienarmee und kann diesen zu einer konzilianteren Haltung bewegen. Das große Geschäft ist gerettet, und somit sind auch die Bestechungssummen garantiert.

Nun kann Joséphine beruhigt ihre Reise fortsetzen. Am 14. Juni trifft sie endlich in Plombières ein. Die Bewohner fühlen sich sehr geehrt, daß eine so prominente Persönlichkeit ihren Kurort aufsucht, und versuchen dem Gast möglichst viel zu bieten, doch sie können nicht verhindern, daß Madame Bonaparte sich schrecklich langweilt. „Ich bin hier nur mit meiner Gesundheit beschäftigt", klagt sie Barras. „Es gibt überhaupt keine Gesellschaft. Ich habe die Bürgerin Cambis bei mir, die so freundlich war, mich zu begleiten. Außer ihr und dem Kurarzt sehe ich niemanden."

Barras ist zu dieser Zeit wieder ihr engster Vertrauter. Sie bittet ihn, sie unverzüglich zu informieren, sobald er Nachricht von Bonaparte hat. „Die Trennung von ihm schmerzt mich so, daß ich meine Schwermut nicht überwinden kann." Aus Angst, ihre Briefe an Bonaparte könnten verlorengehen, schickt sie diese zur Weiterleitung an Barras. „Ich bitte Sie, sie ihm so schnell wie möglich zukommen zu lassen. Sie kennen ihn ja und wissen, wie sehr er es mir verübeln würde, wenn er nichts von mir hörte. Der letzte Brief, den er mir geschrieben hat, ist sehr freundschaftlich und zärtlich. Er schreibt, ich solle möglichst schnell zu ihm kommen, er könne fern von mir nicht leben. Deshalb führe ich alle mir verordneten Kuren gewissenhaft aus, um Bonaparte bald wiederzusehen, den ich trotz seiner kleinen Fehler sehr liebe."

Diese plötzliche Verwandlung in eine besorgte und liebevolle Gattin hat ihre guten Gründe. Joséphine ist zu Ohren gekommen, daß Joseph geäußert hat, er werde nicht ruhen, bis er das Ehepaar Bonaparte endgültig entzweit habe. Seit ihr Schwager sie bei Napoleon angeschwärzt hat, haßt sie ihn und befürchtet weitere Niederträchtigkeiten. Deshalb liegt ihr viel daran, ihren Mann nicht durch langes Schweigen erneut mißtrauisch zu machen.

Die Tage im Kurort ziehen sich für Joséphine unerträglich in die Länge, bis diese Monotonie am 20. Juni jäh durchbrochen wird, allerdings auf höchst unerfreuliche Weise: Madame de Cambis sonnt sich auf dem Balkon im ersten Stock der Pension, als sie unten auf der Straße ein besonders hübsches Hündchen sieht. Sie ruft nach den anderen Gästen. Joséphine, General Colle und der Bürger Latour eilen aus dem Salon herbei. Der Balkon hält das Gewicht von vier Personen nicht aus: Die Bodenbretter brechen durch, und alle stürzen fast fünf Meter in die Tiefe. Die Männer bleiben wie durch ein Wunder unversehrt, aber Adélaïde de Cambis bricht sich ein Bein, und Joséphines Zustand gibt Anlaß zu so ernsten Befürchtungen, daß Hortense sofort im Pensionat benachrichtigt wird und ans Krankenbett ihrer Mutter eilt.

Man befürchtet bleibende Lähmungen oder sogar noch Schlimmeres. Auch Barras wird unverzüglich informiert und in den folgenden Tagen durch ausführliche ärztliche Bulletins auf dem laufenden gehalten. Zehn Tage nach dem Unfall kann Joséphine noch immer nicht gehen und hat starke Schmerzen in den Lenden und im Unterleib. Ihr einziger Trost sind – wie sie selbst sagt – Barras' Briefe.

Doch auch andere Freunde sind sehr besorgt. Manche kommen sogar nach Plombières, um sie zu trösten und abzulenken. Diese Ablenkung besteht allerdings in den meisten Fällen darin, daß sie Joséphine ihr eigenes Leid klagen und sich über die Ungerechtigkeiten auslassen, mit denen sie zu kämpfen haben. So läßt sich ein ehemaliger Kriegskamerad von Alexandre, Bataillonschef Victor du Lahorie, sogar beurlauben, um Joséphine besuchen zu können, und damit sie ihre Schmerzen vergißt, erzählt er ihr stundenlang von den Widrigkeiten seines Lebens. Seit zwei Jahren ist er nicht mehr befördert worden, obwohl er das mehr als verdient hätte. Vielleicht könnte Joséphine ja an höchster Stelle ein gutes Wort für ihn einlegen, damit er möglichst bald Generaladjutant wird ... Joséphine schreibt sofort an Barras und legt ihm Lahorie und dessen Anliegen wärmstens ans Herz. „Wenn Sie mir einen großen Gefallen erweisen wollen, mein lieber Barras, werden Sie das mit General Schérer irgendwie arrangieren; er kennt und schätzt den Bürger Lahorie, der wirklich ein vornehmer Charakter ist." Wie hätte Joséphine auch ahnen sollen, daß dieser „vornehme Charakter" sich eines Tages mit General Malet gegen Napoleon verschwören würde? Am 29. Oktober 1812 wird Lahorie auf Befehl des Kaisers erschossen werden.

Joséphine kann einfach nicht untätig bleiben, wenn sie von Schwierigkeiten anderer Menschen hört. Sie entfaltet ihre Verführungskünste, um Verwandten und Freunden, aber auch oberflächlichen Bekannten oder sogar wildfremden Menschen zu helfen, ob es nun darum geht, jemandem eine begehrte Stellung zu verschaffen, Steuererleichterungen durchzusetzen, einen Namen von der Emigrantenliste verschwinden zu lassen oder sonstige Gefälligkeiten zu erweisen.

Zwanzig Tage nach ihrem Sturz ist sie noch nicht wieder hergestellt. Sie kann nicht zehn Minuten sitzen oder stehen, ohne heftige Schmerzen in den Lenden und im Unterleib zu verspüren.

Um sie zu trösten, versichern ihr die Ärzte, sie werde in einem Monat völlig genesen sein. Bonaparte, der von dem Unfall nichts weiß, schickt seiner Frau reizende Briefe, in denen er erklärt, ohne sie nicht leben zu können. Sie hat ihre Absicht, ihm zu folgen, nicht aufgegeben, und er bittet sie, sich in Neapel einzuschiffen. Am 6. Juli schreibt sie Hortense Marmont, der jungen Frau von Bonapartes Adjutanten, die sie begleiten soll, sie möge sich schonen. „Sie wissen ja, daß wir eine sehr weite Reise machen müssen, und Ihr Mann würde es mir verübeln, wenn Sie krank ankämen." Im Augenblick erlaubt es Joséphines Gesundheitszustand allerdings nicht, eine baldige Abreise ins Auge zu fassen.

Von dem Drama, das sich zu dieser Zeit Tausende von Kilometern entfernt im Wüstensand abspielt, weiß Joséphine zum Glück nichts. Seit das Expeditionskorps am 2. Juli in Alexandria an Land gegangen ist, sind alle Verbindungen mit Frankreich abgerissen. Bonaparte erhält keine Briefe mehr und weiß deshalb nichts vom schlechten Gesundheitszustand seiner Frau. Unter der gnadenlosen Sonne bewegt sich die von Hitze, Durst und Hunger gepeinigte Armee in südliche Richtung.

Am 19. Juli – man ist bis Ouârdân vorgerückt – kommen Bonaparte erneut Gerüchte über Joséphines Untreue zu Ohren. Daraufhin zwingt er Junot, ihm reinen Wein einzuschenken. Es ist für ihn ein entsetzlicher Schlag, die ganze Wahrheit zu erfahren. Er ist außer sich vor Zorn, doch zugleich zutiefst verstört und erschüttert. Seinem Sekretär Bourrienne macht er schwere Vorwürfe, weil dieser geschwiegen hat. „Sie sind mir nicht im mindesten ergeben!" herrscht er ihn an. „Denn wenn Sie es wären, hätten Sie mich längst über alles informiert, was ich soeben von Junot erfahren habe. Der ist ein wahrer Freund! Joséphine! Und ich bin 600 Meilen von ihr entfernt! Sie hätten es mir sagen müssen… Joséphine … mich so zu betrügen … sie … wehe ihnen! Ausrotten werde ich diese Rasse von Laffen und blonden Schönlingen! Was sie betrifft – die Scheidung! Ja, die Scheidung, eine öffentliche Scheidung! Ich muß schreiben… Ich weiß jetzt alles… Das ist Ihre Schuld. Sie hätten es mir sagen müssen." Etwas ruhiger fügt er sodann hinzu: „Ich weiß nicht, was ich dafür gäbe, daß Junots Enthüllungen nicht wahr wären, so sehr liebe ich diese Frau. Wenn Joséphine schuldig ist, muß die

Scheidung mich für immer von ihr trennen. Ich will nicht zum Gespött von ganz Paris werden."

Der Sturm legt sich rasch. Bonaparte reißt sich zusammen, denn er braucht für die bevorstehenden Schlachten einen kühlen Kopf. Zwei Tage später, am 21. Juli, besiegt er die Mamelucken bei den Pyramiden, und am 23. zieht er in Kairo ein.

Eugène hält es jedoch für geboten, seine Mutter über die Situation in Kenntnis zu setzen. „Meine liebe Mama", schreibt er ihr, „ich habe Dir so viel zu sagen, daß ich nicht weiß, womit ich beginnen soll. Bonaparte scheint seit fünf Tagen sehr traurig, und zwar seit einer Unterredung mit Julien, Junot und sogar Berthier. Dieses Gespräch hat ihn so getroffen, wie ich es nie für möglich gehalten hätte. Ich habe nur Bruchstücke gehört, aber soweit ich verstanden habe, geht es darum, daß Charles bis drei Poststationen vor Paris in Deinem Wagen fuhr, daß Du mit ihm in der italienischen Komödie warst, in einer Loge im vierten Rang, daß er Dir Dein Hündchen geschenkt hat und sogar jetzt im Augenblick bei Dir ist. Das war alles, was ich hören konnte. Du kannst Dir ja denken, Mama, daß ich das nicht glaube, aber sicher ist, daß es dem General sehr zu Herzen geht. Trotzdem verhält er sich mir gegenüber freundschaftlicher denn je. Damit will er wohl ausdrücken, daß die Kinder an den Verfehlungen ihrer Mütter keine Schuld trifft. Doch Dein Sohn glaubt lieber, daß es sich nur um Verleumdungen Deiner Feinde handelt. Er liebt Dich um nichts weniger und sehnt sich um nichts weniger danach, Dich zu küssen. Ich hoffe, daß alles vergessen sein wird, wenn Du herkommst."

Bonaparte vertraut seinen Schmerz Joseph an. „Es ist eine traurige Situation, wenn man die verschiedensten Gefühle für eine einzige Person in seinem Herzen hegt. Du hast mich verstanden? Sorge dafür, daß mir bei meiner Ankunft ein Landhaus zur Verfügung steht, sei es bei Paris oder in Burgund. Ich beabsichtige, dort den Winter zu verbringen und mich einzuschließen. Ich habe die menschliche Natur gründlich satt. Ich brauche Einsamkeit und Zurückgezogenheit. Die Größe langweilt mich, das Gefühl ist verdorrt, der Ruhm ist schal."

Zum Glück für Joséphine wird das Postschiff der französischen Armee von den Engländern abgefangen, und so liest sie Eugènes Brief erst fünf Monate später – allerdings in der Presse! Die britische Regierung läßt die beiden Schreiben nämlich am 24. November im *Morning Chronicle* veröffentlichen.

Doch davon ahnt Joséphine natürlich noch nichts, als sie Mitte September nach dreimonatigem Aufenthalt in Plombières vollständig genesen nach Paris zurückkehrt.

Das Ende des Direktoriums (1799)

Für Joséphine brechen nun schwere Zeiten an. Kaum nach Paris zurückgekehrt, erfährt sie von Barras, daß die französische Flotte in den ersten Augusttagen bei Abukir von General Nelson vernichtet worden ist. Niemand weiß, ob Bonaparte noch am Leben ist.

Joséphine macht sich große Sorgen um ihren Mann und um ihren Sohn. Ende des Jahres 1798 kommen neue Probleme hinzu: Nach der Veröffentlichung von Napoleons und Eugènes Briefen verschlechtern sich die ohnehin gespannten Beziehungen zur Familie Bonaparte erheblich. Nicht einmal Louis, der ihr bislang relativ freundlich gesonnen war, folgt noch ihren Einladungen. Und der Inhalt jener Briefe ist natürlich ebenfalls alles andere als beruhigend. Was soll aus ihr werden, wenn Bonaparte die Expedition zwar überlebt, doch auf einer Scheidung besteht?

Auch ihre finanzielle Lage ist wieder einmal prekär. Zwar nennt sie viel erlesenen Schmuck, Pretiosen, Antiquitäten, Gemälde, Statuen und Mosaiken ihr eigen, aber sie hat enorme Schulden. Für die notwendigsten Ausgaben fehlt ihr das Geld. Sie kann sich nur durch die Bestechungssummen über Wasser halten, die sie aufgrund ihrer guten Beziehungen zu einflußreichen Persönlichkeiten immer wieder kassiert, wobei aber die Gefahr wächst, durch unkluge Geschäftsverbindungen kompromittiert zu werden.

Zu allem übrigen läßt sich Anfang des Jahres 1799 nicht mehr übersehen, daß sich Barras mehr und mehr von ihr abwendet.

In dieser frustrierenden und deprimierenden Situation besinnt sich Joséphine plötzlich auf die Freuden des Landlebens. Sie träumt davon, Schloßherrin zu spielen. Bonaparte hat nach seiner Rückkehr aus Italien oft den Wunsch nach einem Landhaus fernab vom Lärm der Hauptstadt geäußert, und dabei ist

Joséphine eingefallen, daß der Finanzier Le Couteulx du Molay bei den Talliens einmal erzählt hatte, er wolle sein Gut La Malmaison verkaufen. Anfang des Jahres 1798 haben Bonaparte und Joséphine diesen Landsitz besichtigt und sind davon hell begeistert gewesen, doch dann ist der General nach Ägypten abgereist, und es ist nicht zum Kauf gekommen.

Seit Monaten ohne Nachricht von ihrem Mann, ohne große Hoffnung, ihn jemals wiederzusehen, unterschreibt Joséphine – leichtsinnig wie eh und je – am 21. April 1799 den Kaufvertrag. La Malmaison kostet die Kleinigkeit von 225 000 Francs, zuzüglich 37 517,65 Francs Ablöse für das Mobiliar. Dabei kann Joséphine nicht einmal die 15 000 Francs Anzahlung aufbringen. Diese Summe leiht ihr der Verwalter der bisherigen Besitzer unter der Bedingung, daß er seinen Posten behält.

Joséphine richtet sich in Malmaison häuslich ein und fühlt sich dort sehr wohl. „Seit ich auf dem Land lebe", schreibt sie Barras, „bin ich so menschenscheu geworden, daß die Gesellschaft mir angst macht." Sie empfängt nur Madame Campan und deren Nichte Mademoiselle Augié, von Madame de Krény einmal abgesehen, die fast ständig bei ihr ist, seit der Liebhaber der „lieben Kleinen", wie Joséphine ihre Freundin nennt, ebenfalls in Ägypten weilt.

Doch allmählich wendet sich Joséphine wieder ihren gesellschaftlichen Verpflichtungen zu. Mit großer Bestürzung muß sie dabei feststellen, daß Barras immer distanzierter wird. Das beunruhigt sie, denn der Verlust seiner Freundschaft bedeutet eine enorme Einbuße an Einfluß. Sie erfährt, daß sie das Opfer einer Intrige geworden ist: Eine Frau hat sie bei Barras und Botot angeschwärzt. Im April 1799 beschwört sie ihren ehemaligen Geliebten, solchen Verleumdungen keinen Glauben zu schenken. „Stellen Sie mich dieser Frau gegenüber, und Sie werden die Wahrheit herausfinden. Sie werden sehen, mein lieber Barras, daß ich nie aufgehört habe, Sie zu lieben und zu schätzen, und daß ich vor Schmerz sterben müßte, wenn ich Sie irgendwann einmal hintergangen hätte. Ich möchte Sie morgen kurz sprechen. Teilen Sie mir bitte mit, ob ich Sie um fünf oder halb sechs antreffe." Und in einem Brief vom 30. September 1799 heißt es: „Ich komme nur Ihretwegen zu Ihnen und nur, wenn Sie mich allein empfangen können. Haben Sie deshalb die Güte, mir mitzuteilen, an welchem Tag Sie mich zum Frühstück einladen können. Ich werde eigens aus Malmaison kommen und um neun bei Ihnen sein. Ich muß mit Ihnen sprechen, Sie um Rat fragen. Das sind Sie Bonapartes Frau und deren Freundschaft für Sie schuldig."

Das ist das Ende: Um von Barras empfangen zu werden, muß sie sich auf Bonaparte berufen! Ihr Komplize läßt sie fallen.

Und als ob das allein nicht schon schlimm genug wäre, muß sie auch noch mit einem Skandal wegen ihrer dubiosen Geschäfte rechnen. Die Gesellschaft Bodin ist nämlich in Verruf geraten und wird sogar in der Presse beschuldigt, unter anderem der Italienarmee Ochsen geliefert zu haben, die bei den Bauern ohne Bezahlung beschlagnahmt worden seien. Die Risiken werden nun im Verhältnis zu den erzielten Gewinnen viel zu hoch. Es scheint höchste Zeit, sich von den korrupten Unternehmern zu lösen. Doch da geschieht das völlig Unerwartete.

Am 9. Oktober wollen Joséphine, Gohier, der Präsident des Direktoriums, und seine Frau gerade zu Abend speisen, als der Direktor eine Depesche erhält: Bonaparte ist soeben zur allgemeinen Überraschung in Fréjus gelandet. Gohier ist über diese Nachricht sichtlich nicht allzu erfreut. Joséphine hingegen ist überglücklich und beschließt, ihrem Mann sofort entgegenzufahren. Das Unbehagen des Direktors ist ihr nicht entgangen, und so flüstert sie ihm vor ihrem hastigen Aufbruch ins Ohr: „Präsident, Sie brauchen nicht zu befürchten, daß Bonaparte mit Absichten kommt, die der Freiheit gefährlich sein könnten. Aber Sie beide müssen sich verbünden, um zu verhindern, daß irgendwelche Schurken sich ihrer bemächtigen." An Madame Gohier gewandt, fügt sie hinzu: „Ich fahre zu ihm; es ist für mich sehr wichtig, seinen Brüdern zuvorzukommen, obwohl ich mich eigentlich vor ihren Verleumdungen nicht zu fürchten brauche, denn sobald Bonaparte erfährt, daß ich mich hauptsächlich Ihrer Gesellschaft erfreute, wird er geschmeichelt und dankbar für die Gastfreundschaft sein, die mir während seiner Abwesenheit in Ihrem Hause stets zuteil wurde."

Joséphine hat ihrem Mann tatsächlich, ohne es zu wissen, einen wertvollen Dienst erwiesen, indem sie sich mit den Gohiers anfreundete. Diese Kontakte werden den ehrgeizigen Plänen Bonapartes sehr zugute kommen. Kennengelernt hat Joséphine Gohier Anfang des Jahres 1799, als er noch Richter beim Kassationsgericht war. Kurz darauf hat sie sich hilfesuchend an ihn gewandt, weil ihre liebe Madame de Krény gewisse Probleme mit der Justiz hatte. Am Abend seiner Wahl ins Direktorium im Juni hat sie ihn dann – um sich für sein Entgegenkommen erkenntlich zu zeigen – nach Malmaison zum Essen eingeladen. Gohier führt sie in die politischen Kreise der jakobinischen Linken ein, deren Repräsentant er ist. Durch seine Vermittlung kommt Joséphine mit Personen in Berührung, die dem herrschenden Regime feindlich gegenüberstehen und Bonaparte nicht so recht trauen. Zu diesen Männern gehört auch Rousselin de Saint-Albin, der Sekretär des damaligen Kriegsministers Bernadotte, der über sämtliche Machenschaften der Armeelieferanten bestens informiert ist. Joséphine braucht mehr denn je einen Verbündeten im Kriegsministerium, damit ihre Verstrickung in diese Geschäfte nicht bekannt wird. Allerdings entfällt bald die Notwendigkeit, Rousselin de Saint-Albin ins Vertrauen zu ziehen, denn der ehemalige Abbé Sieyès löst Reubell als Direktor ab, und eine seiner ersten Amtshandlungen besteht darin, Bernadotte zu entlassen, weil er ihn verdächtigt, einen Staatsstreich vorzubereiten. Von diesem Zeitpunkt an kann Joséphine etwas ruhiger schlafen, denn Sieyès, der neue starke Mann im Direktorium, ist ein guter Freund. In den Jahren 1794 und 1795 hat er die Bürgerin Beauharnais häufig besucht, und böse Zungen behaupteten damals, es wären keine reinen Höflichkeitsbesuche!

Die Nachricht von Bonapartes Landung breitet sich mit unglaublicher Geschwindigkeit aus. Eugène teilt seiner Mutter mit, es sei ihm gelungen, Bonaparte zu einer versöhnlichen Haltung zu bewegen. Nun müsse sie alles daransetzen, vor ihren Schwägern bei Bonaparte zu sein, denn diese würden zweifellos versuchen, ihren Bruder wieder gegen Joséphine aufzuhetzen.

Joséphine und Hortense treiben den Kutscher ihrer Berline zur Eile an. In den Städten und Dörfern Burgunds haben die Bewohner eilends Triumphbögen für den „Retter" errichtet, wie Bonaparte plötzlich von der Bevölkerung genannt wird. Doch die beiden Frauen haben großes Pech: Sie verfehlen Napoleon, der nicht durch das Burgund fährt, sondern sich für die Straße durch das Bourbonnais entschieden hat.

Trotz dieses Mißgeschicks geht aber alles wider Erwarten gut. Nach der siebzehnmonatigen Trennung scheint Bonaparte verliebter denn je zu sein. Joséphine ist überglücklich und macht daraus auch kein Geheimnis. Die Familie Bonaparte ist über die Versöhnung des Ehepaars äußerst verstimmt und schwört Rache.

Bonaparte kommt am 16. Oktober 1799 in Paris an und wird abends von Präsident Gohier im Luxembourg herzlich empfangen. Am nächsten Tag verspricht der General den fünf Direktoren, er werde seinen Degen nur zum Schutze der Republik ziehen. Einen knappen Monat später, am 10. November, wird Bonaparte Herr über Frankreich sein!

Seine verschiedenen Gesprächspartner malen ein düsteres Bild der Situation: Das Direktorium ist in Auflösung begriffen. Talleyrand ist während der Abwesenheit des Generals nicht untätig gewesen und hat in aller Heimlichkeit den Boden für den Mann vorbereitet, der ihm von der Vorsehung zum Retter Frankreichs bestimmt zu sein scheint. Die Regierung hat sich als unfähig erwiesen, der ständigen Verschlechterung der politischen und finanziellen Lage Herr zu werden. Selten haben Intriganten und Spekulanten eine solche Blütezeit erlebt. Jeder schmiedet Komplotte: Barras wiegt Ludwig XVIII. in der verführerischen Hoffnung auf Wiederherstellung der Monarchie; die Jakobiner mit Bernadotte und Jourdan erwägen einen Putsch; Fouché ist überall und nirgendwo. Diese verworrene Situation nutzen Talleyrand und Bonaparte aus, um sich aller Gegner zu entledigen. Talleyrand hat es vorgezogen, aus der Regierung auszuscheiden: Am 20. Juli 1799 hat er das Außenministerium abgegeben. Seitdem hat er völlig freie Hand. Sieyès, sein Komplize, hält die Zeit zum Handeln für gekommen. Der Abbé wird endlich sein großes Werk in die Tat umsetzen können: einen Staatsstreich unter seiner Leitung Ihm fehlt nur noch jemand für die Durchführung. Er denkt dabei zunächst an Moreau, doch dieser verweist ihn am 13. Oktober an Bonaparte: „Das ist Ihr Mann. Er wird Ihren Staatsstreich besser ausführen als ich." Talleyrand übernimmt die undankbare Aufgabe, die beiden Männer zusammenzubringen, die einander nicht ausstehen können.

Für das Direktorium spielen Frauen eine wesentliche Rolle – freilich hinter den Kulissen. Am Anfang steht die leidenschaftliche Liebe Talliens zu Thérèse, und zu Grabe getragen wird es im Kerzenschein von Joséphines Abendgesellschaften. Natürlich ist der Staatsstreich vom 18. Brumaire – 9. November – nicht Joséphines Werk, aber ihr Beitrag sollte nicht unterschätzt werden. Ihre guten Beziehungen zu allen möglichen Regierungsmitgliedern sind sehr hilfreich, und in diesem Herbst 1799 vollbringt sie das Kunststück, sich der Sympathien von Gohier, dem Mann der jakobinischen Linken, zu erfreuen und zugleich die beiden Direktoren, die den Jakobinern besonders feindlich gesinnt sind – Sieyès und Barras –, bei Laune zu halten. Bei dem großen Empfang, den Gohier am 22. Oktober zu Ehren Bonapartes im Luxembourg gibt, tauschen der General und Sieyès nur eisige Blicke. Doch ein erster Kontakt ist auf diese Weise hergestellt. Nun ist Bonaparte am Zug; Talleyrand fungiert als Berater. Der General wiegt Gohier im Glauben, sie würden gemeinsam Sieyès ausschalten; zusammen mit Sieyès entwirft er den Staatsstreich, der alle anderen hinwegfegen soll. Joséphines Abendgesellschaften bilden einen unverfänglichen Vorwand für Zusammenkünfte und Besprechungen. Als Dubois-Crancé, der neue Kriegsminister, das Direktorium vor subversiven Aktivitäten Bonapartes warnt, findet er wenig Gehör; Polizeiminister Fouché versteht es ausgezeichnet, mißtrauische Gemüter zu beruhigen. Die Verschwörer spielen mit verteilten Rollen, und diese Strategie bewährt sich großartig. Joséphines Rolle besteht darin, die zukünftigen Opfer einzulullen. Sie ist sehr überzeugend als naives Weibchen, das nichts von Politik versteht.

Am 8. November 1799 bittet Joséphine ihren Sohn um Mitternacht, Gohier einen Brief zu überbringen. „Kommen Sie, mein lieber Gohier, morgen früh um acht mit Ihrer Frau zu mir zum Frühstück. Versäumen Sie es nicht, denn ich muß mit Ihnen sehr interessante Dinge besprechen."

Gohier, dem die Einladung zu dieser frühen Stunde verdächtig vorkommt, rät seiner Frau, sie solle allein hingehen und ihn entschuldigen. Er werde dann später nachkommen. Als Madame Gohier ohne ihren Mann in der Rue de la Victoire auftaucht, runzelt Bonaparte die Stirn: „Wie, der Präsident kommt nicht?"

„Nein, General, es ist ihm leider nicht möglich", erwidert Madame Gohier.

„Er muß unbedingt kommen", erklärt Bonaparte. „Schreiben Sie ihm, Madame, und ich lasse ihm Ihren Brief überbringen."

Madame Gohier schickt ihrem Mann folgende Botschaft: „Du hast gut daran getan, nicht zu kommen. Alles, was hier vorgeht, deutet darauf hin, daß die Einladung eine Falle war."

Sobald der Brief unterwegs ist, nähert sich ihr Joséphine. „Was Sie hier sehen, Madame, muß Ihnen klarmachen, was unweigerlich geschehen wird", sagt Madame Bonaparte. „Ich kann Ihnen gar nicht sagen, wie wahnsinnig leid es mir tut, daß Gohier meiner Einladung nicht nachgekommen ist, die mit Bonaparte abgesprochen war. Er wünscht, daß der Präsident des Direktoriums Mitglied der Regierung wird, die er zu bilden beabsichtigt. Daß ich den Brief durch meinen Sohn überbringen ließ, hätte Ihrem Mann doch beweisen müssen, welche Bedeutung ich der Einladung beimaß."

„Ich gehe jetzt nach Hause, zu meinem Mann, Madame. Meine Anwesenheit ist hier überflüssig", erwidert Madame Gohier.

„Ich halte Sie nicht zurück", sagt Joséphine. „Aber richten Sie Ihrem Mann aus, er solle sich die Sache gründlich überlegen, und denken auch Sie zusammen mit ihm über Bonapartes Wunsch nach, den ich Ihnen soeben mitgeteilt habe. Es geht nicht nur um seine persönlichen Interessen; hier stehen Interessen auf dem Spiel, die ihm noch viel mehr bedeuten und die durch eine Opposition seinerseits Schaden nehmen könnten. Welchen Einfluß Sieyès und seine Leute auf die bevorstehenden Ereignisse nehmen werden, hängt von der Haltung des Präsidenten ab. Ich beschwöre Sie, Madame, machen Sie Ihren ganzen Einfluß geltend, damit er herkommt."

„Sie kennen mich und meinen Mann gut genug, um zu wissen, daß ich auf seine politischen Entscheidungen keinen Einfluß habe", erklärt die Gemahlin des Direktors.

„Ich muß Ihnen noch sagen", fährt Joséphine fort, „daß Talleyrand und Bruix im Augenblick bei Barras sein dürften, um ihn zum Rücktritt aufzufordern. Er wird zweifellos zustimmen. Übrigens sind sie beauftragt, ihm mitzuteilen, daß Bonaparte fest entschlossen ist, alle Mittel – auch Gewalt – anzuwenden, falls er – Barras – den geringsten Widerstand leistet."

Doch Gohier war schon über die Ereignisse informiert, bevor er den Brief seiner Frau erhielt. Madame Gohier hatte kaum das Haus verlassen, um sich zu den Bonapartes zu begeben, als Fouché dem Präsidenten des Direktoriums mitteilte, daß die

Sitzungen der beiden Kammern der Legislative nach Saint-Cloud verlegt worden seien.

Viel später, auf Sankt Helena, vertraute Napoleon Montholon an: „Ich weiß nicht, ob Gohier mein Anhänger war, aber er machte meiner Frau den Hof."

„Ich traue mich nicht mehr, Bonaparte aus den Augen zu lassen"

Der Staatsstreich gelingt, und Joséphine ist plötzlich keine einfache Bürgerin mehr. Von einem Tag auf den anderen wird die Gemahlin des Ersten Konsuls zur „First Lady" des Landes, auch wenn ihr Titel „Konsulin" in royalistischen Salons und in Jakobinerkreisen verhaltenes Lächeln bewirkt.

Am 15. November 1799 beziehen die drei Konsuln der Republik – Bonaparte, Sieyès und Roger Ducos – die Wohnungen der gezwungenermaßen zurückgetretenen Direktoren im Luxembourg. Joséphine erhält die Wohnung ihres Verehrers Gohier, doch dürfte es ihr nicht ganz leicht gefallen sein, ihr mit so vielen Erinnerungen verknüpftes Haus in der Rue de la Victoire zu verlassen, auch wenn sie es gegen eine Palastsuite eintauscht.

Doch sie bleibt nicht lange im Luxembourg, denn Bonaparte beschließt bald, seine Residenz in die Tuilerien zu verlegen, die seit dem Sturz Ludwigs XVI. leer stehen. Der Umzug der Konsuln am 19. Februar 1800 ist eine prunkvolle Zeremonie, denn „man muß dem Auge etwas bieten", erklärt Bonaparte. „Das ist gut fürs Volk." Falls Napoleon mit dem demonstrativen Umzug in die Tuilerien die Stimmung im Volk testen wollte, kann er mit dem Ergebnis mehr als zufrieden sein: Man jubelt ihm zu, und kaum jemand protestiert gegen den geradezu höfischen Glanz.

Manch einem seiner alten Gefährten fällt die Umstellung allerdings ziemlich schwer, und auch Joséphine fühlt sich in den Tuilerien nicht wohl. Auf Schritt und Tritt quälen und verfolgen sie Erinnerungen an Marie-Antoinette. In jedem Zimmer, auf jedem Korridor glaubt sie die unglückliche Königin zu sehen und kommt sich wie ein Eindringling vor.

Als Gemahlin des Staatsoberhaupts kann sie sich außerdem längst nicht mehr so frei bewegen wie bisher. Bonaparte legt größten Wert darauf, daß sie ein ihrer neuen Position entsprechendes Benehmen an den Tag legt. Der Erste Konsul beklagt, daß der gute Ton in Frankreich verlorengegangen sei, und will an frühere Traditionen anknüpfen. Deshalb beauftragt er die Marquise de Montesson, die Witwe des hingerichteten Duc d'Orléans, seiner Frau die Kunst der höfischen Umfangsformen beizubringen. Bei der Marquise verkehrt die beste Gesellschaft von Paris: Überlebende des Ancien Régime ebenso wie glänzende Repräsentanten der neuen Zeit. Die Lehrerin widmet sich ihrer Aufgabe mit viel Takt und Geschick, und Joséphine ist – wie einst bei Madame de Renaudin – eine begabte und gelehrige Schülerin.

Ansonsten ist sie in den ersten Monaten des Konsulats weitgehend zur Untätigkeit verurteilt. Ihre dubiosen Geschäfte hat sie zwar noch immer nicht aufgegeben, aber sie muß jetzt größte Vorsicht walten lassen, denn als „Konsulin" kann sie sich einen Skandal noch viel weniger leisten als früher. Ihre Schulden hat Bonaparte beglichen, obwohl er über die hohe Summe entsetzt war und ihr heftige Vorwürfe machte. Sie fürchtet zwar seinen Zorn, aber das wird sie auch in Zukunft nie davon abhalten können, neue Schulden zu machen.

Das Leben in den Tuilerien ist für Joséphine schrecklich monoton. Der Erste Konsul schließt sich den ganzen Tag über in seinem Arbeitszimmer ein, denn es gilt, ungeheure Probleme zu bewältigen. Joséphine und Hortense beschäftigen sich, so gut sie eben können. Fast jeden Abend flüchten sie ins Theater, oder es wird Whist und Pikett gespielt. Die Frauen von Bonapartes Adjutanten leisten ihnen dabei Gesellschaft. Tagein, tagaus dieselben Personen, dieselben Spiele, dieselbe Langeweile, ob nun in den Tuilerien oder auf Malmaison.

Nachdem England und Österreich Bonapartes Friedensangebote verächtlich abgelehnt haben, will er sie mit Waffengewalt dazu zwingen und übernimmt im Mai 1800 erneut das Kommando der seit Ausbruch des Zweiten Koalitionskriegs arg in Bedrängnis geratenen Italienarmee. Joséphine äußert die Absicht, ihm nachzukommen. Er hat im Grunde nichts dagegen einzuwenden, „doch wirst Du inkognito reisen müssen und darfst niemandem verraten, wohin Du Dich begibst, denn ich will nicht, daß man erfährt, was ich vorhabe. Am besten sagst Du, Du wolltest nach Plombières."

Die Geheimhaltung seiner Pläne ist von entscheidender Bedeutung, beabsichtigt er doch, mit seiner Armee die Alpen zu überqueren wie einst Hannibal. Das kühne Unternehmen gelingt. Die Bezwingung des Großen Sankt Bernhard am 19. Mai 1800 ist eine großartige Leistung. Am 9. Juni ist Bonaparte in Mailand. Er hält es nun für sinnlos, daß Joséphine zu ihm kommt, denn in einem Monat hofft er wieder in Paris zu sein. Die Schlacht von Marengo endet mit einer Niederlage für die Österreicher, die Piemont und die Lombardei wieder räumen müssen. Der Erste Konsul eilt nach Frankreich zurück; er hat die ganze Zeit über befürchtet, „daß einer meiner Brüder mein Nachfolger würde, falls ich fiele".

Tatsächlich stellt sich das Problem der Nachfolge schon damals. Napoleons Brüder spekulieren auf seinen Tod: Joseph beruft sich darauf, daß er der Älteste ist, während Lucien seine politischen Fähigkeiten ins Feld führt. Der Erste Konsul weiß, daß die Stabilität seiner Regierung von einer Regelung der Nachfolge abhängt. Und Joséphine hat ihm noch immer kein Kind geschenkt!

Nach dem Sieg von Marengo entspannt sich die politische Situation in Frankreich. Miot de Mélito notiert: „Madame Bonapartes Salon füllte sich mit Adeligen und zurückgekehrten Emigranten. ... Diese Herren schienen nur darauf zu warten, daß der Erste Konsul den Thron besteigen würde, um selbst wieder jene Positionen zu übernehmen, die sie am Hofe unserer Könige innehatten." Der Frage, wie mit den Emigranten zu verfahren sei, kommt zweifellos große Bedeutung zu. Bonaparte hält es für falsch, weiterhin unerbittliche Strenge in dieser Hinsicht walten zu lassen. Seiner Ansicht nach ist ihre Rückkehr sowohl für den inneren Frieden als auch für das Ansehen Frankreichs im Ausland von großem Vorteil. So wird den meisten Straffreiheit gewährt, und viele erhalten auch ihren konfiszierten Besitz zurück. Nach kurzer Zeit gibt es kaum noch Emigranten, abgesehen von jenen wenigen, die sich aus Feindschaft gegen das Regime weigern zurückzukehren.

Joséphine empfängt alle Bittsteller und setzt sich nach Kräften für sie ein. Ihr wird es offenbar nie zuviel, sich die Klagen dieser Leute anzuhören. Ihre besondere Fürsorge gilt Verwandten und alten Bekannten. Sie schickt ihre Empfehlungsschreiben an

Minister und Beamte, wie sie es auch schon unter dem Direktorium getan hat, nur mit dem Unterschied, daß sie jetzt eine
ungleich stärkere Position hat als damals. Für Madame de Montmorin, ihre Freundin von Fontainebleau, setzt sie sich ebenso ein
wie für ihre Cousine Adélaïde-Françoise de La Rochefoucauld
und für ihren Schwager François de Beauharnais, den Bonaparte
trotz dessen ausgesprochen konterrevolutionärer Vergangenheit
sogar zum Botschafter ernennt. Bald kann sich kaum noch eine
Adelsfamilie – abgesehen von einigen wenigen radikalen Anhängern von Thron und Altar – rühmen, Madame Bonaparte nie um
einen Gefallen gebeten zu haben.

Für den Thronanwärter Ludwig XVIII., den Bruder des hingerichteten Königs, ist das natürlich eine unerwünschte Entwicklung. Mit Joséphines Hilfe schart Bonaparte so viele Vertreter des
alten Adels wie nur möglich um sich. Er empfängt die jungen
Männer aus guten Familien und bringt sie in der Armee unter. Er
ermutigt illustre Emigranten zur Rückkehr und behandelt sie
äußerst zuvorkommend. Ihm geht es darum, Frankreich wieder
„einen Kopf zu geben", indem er den alten Adelsstand mit der
jungen revolutionären Elite vereinigt. Was ihm vorschwebt, ist
„die Fusion des alten Glanzes und des neuen Ruhmes, der Legi-
timität und des Reichtums, des Rechtes und der Macht, der mon-
archistischen Traditionen und des Eifers für die gegenwärtige
Regierung".

Ludwig XVIII. versucht schon seit 1797, heimlich Kontakt mit
Bonaparte aufzunehmen. Er hofft nach wie vor, auf dem Ver-
handlungswege den Thron besteigen zu können, und zu diesem
Zweck suchen seine Anhänger überall nach Verbündeten.
Warum sollte Joséphine, die einst in konterrevolutionären Kreisen verkehrte und sich nun derart für die Emigranten einsetzt,
nicht für die Sache der Bourbonen zu gewinnen sein? Und durch
ihren Einfluß letztlich auch Bonaparte? Es scheint den Monarchisten jedenfalls einen Versuch wert, und so schleusen sie Agenten in Joséphines Umgebung ein, die jedoch nicht im Traum
daran denkt, Napoleon zu hintergehen, sondern ihn über alles
auf dem laufenden hält.

Dem Ersten Konsul kommen die Kontakte seiner Frau mit den
Royalisten sogar sehr gelegen, die von ihm die Wiederherstellung
der Monarchie erwarten, untereinander aber völlig zerstritten

sind und sich auf keinen Kandidaten einigen können. Zwar ist Ludwig XVIII. der legitime Thronanwärter, doch manche würden seinen Bruder, den Comte d'Artois, oder seinen Neffen, den Duc d'Angoulême, vorziehen, andere wiederum seinen Vetter Louis-Philippe d'Orléans. Diese Zersplitterung dient Bonapartes Interessen, und Joséphine spielt eine wichtige Rolle in der Versöhnungspolitik des Ersten Konsuls. Als Anwältin der Emigranten praktiziert sie eine wohlkalkulierte Öffnung in Richtung der Monarchisten aller Schattierungen.

In seinem Exil im lettischen Mitau ringt sich Ludwig XVIII. schließlich dazu durch, Bonaparte direkt zu schreiben. Die Abfassung dieses Briefes beschäftigt den kleinen Hof von Mitau fast sechs Monate, und er erreicht Bonaparte schließlich im Sommer 1800, kurz nach seinem Triumph von Marengo.

„Sie müssen wissen, General", schreibt Ludwig XVIII., „daß Sie seit langem meiner Wertschätzung sicher sein können. Falls Sie an meiner Dankbarkeit zweifeln, setzen Sie selbst Ihre Stellung fest, bestimmen Sie das Schicksal Ihrer Freunde. Was meine Prinzipien betrifft, so bin ich Franzose; gütig von Natur aus, werde ich es auch aus Vernunft sein. Nein, der Sieger von Lodi, von Castiglione, von Arcole, der Eroberer Italiens und Ägyptens kann eitle Berühmtheit nicht dem wahren Ruhm vorziehen. Sie verlieren jedoch kostbare Zeit. Wir können Frankreichs Ruhm sichern. Ich sage ‚wir', denn dazu brauche ich Bonaparte, und er wird nicht ohne mich ans Ziel kommen. General, Europa schaut auf Sie, der Ruhm erwartet Sie, und ich kann es kaum erwarten, meinem Volk den Frieden wiederzugeben."

Der Erste Konsul nimmt sich Zeit, um über diesen Brief nachzudenken. Seine Antwort ist äußerst höflich, macht dem Nachkommen Ludwigs des Heiligen aber unmißverständlich klar, daß ihm nichts anderes übrigbleibt, als „auf die Stunde der Vorsehung" zu warten. „Ich habe Ihren Brief erhalten, Monsieur, und danke Ihnen für Ihre Aufrichtigkeit. Sie dürfen Ihre Rückkehr nach Frankreich nicht wünschen, denn Sie müßten über 100 000 Leichen gehen. Opfern Sie Ihre Interessen dem Glück und der Ruhe Frankreichs. Die Geschichte wird es Ihnen danken."

Der Duc d'Angoulême hat genausowenig Erfolg. In ihren Hoffnungen enttäuscht, kehren die Royalisten zu ihren alten

Methoden zurück: Sie zetteln Verschwörungen an mit dem Ziel, den Ersten Konsul zu ermorden.

Am 24. Dezember 1800 soll in der Oper die erste Aufführung von Haydns „Schöpfung" stattfinden. Joséphine, Hortense und Napoleons jüngste Schwester Caroline, die vor kurzem General Murat geheiratet hat, wollen sich dieses Ereignis nicht entgehen lassen, und Bonaparte erklärt sich bereit, sie zu begleiten, obwohl die Polizei ihn vor einem möglichen Attentat gewarnt hat.

Um zwanzig Uhr versperrt ein Heukarren der Kutsche des Ersten Konsuls auf der Rue Saint-Nicaise den Weg. Ein Grenadier der Eskorte schiebt das Hindernis rasch beiseite, doch die Kutsche ist kaum in die Rue de la Loi eingebogen, als sie von einer heftigen Detonation erschüttert wird: In der Rue Saint-Nicaise ist der Heuwagen explodiert. Bonaparte befiehlt dem Kutscher weiterzufahren. Zum Glück ist der Wagen der Damen wegen einer kleinen Verspätung Joséphines noch ein Stückchen vom Explosionsort entfernt, so daß nur die Scheiben zerbersten. Ein Grenadier beruhigt Joséphine, daß ihr Mann dem Mordanschlag entgangen ist. Die Kutsche begibt sich auf einem Umweg in die Oper. Man trifft sich in der Loge. „Diese Schurken wollten mich in die Luft jagen!" erklärt der Erste Konsul seinem Adjutanten kurz. Das Attentat hat acht Tote und 28 Verletzte gefordert.

Bonaparte wohnt der Aufführung mit versteinerter Miene bei, doch nach der Rückkehr in die Tuilerien macht er seinem Zorn gegenüber Fouché Luft. Er ist überzeugt davon, daß die Jakobiner für den Anschlag verantwortlich sind. „Das waren Ihre Terroristen!" schleudert er seinem Polizeiminister an den Kopf, der gewisse Sympathien für die radikale Linke hegt. Doch Fouché kann wenig später beweisen, daß das Attentat von Royalisten verübt worden ist. Am 8. Januar 1801 wird einer der Schuldigen verhaftet; er legt ein Geständnis ab und verrät die Hintermänner. An der Spitze der Verschwörung stand kein Geringerer als der Comte d'Artois, der die Leitung der Aktion einem gewissen Cadoudal übertragen hatte. Die Regierung befiehlt die sofortige Verhaftung aller royalistischen Anführer in Paris. Fouché, dessen Position äußerst gefährdet war, hat gewonnen.

Joséphine hat seit dem Attentat schreckliche Angst um ihren Mann. Als Schwager Joseph, der in Lunéville den Friedensvertrag

Das Bombenattentat auf Napoleon am 24. Dezember 1800

mit Österreich aushandelt, ihr zu dem Mut und zu der Kaltblütigkeit gratuliert, die sie im Augenblick der Katastrophe bewiesen hat, antwortet sie ihm am 4. Januar 1801: „Ich traue mich nicht mehr, Bonaparte aus den Augen zu lassen, so als könnten meine Augen ihn beschützen. Er könnte mir gar nicht teurer sein, aber ich spüre jetzt noch mehr, wie sehr ich ihn liebe, und ich registriere mit großer Freude, daß unser so persönliches Interesse an seinem Wohlergehen völlig mit den Interessen von ganz Frankreich übereinstimmt."

Doch dieser Austausch von Höflichkeiten zwischen Joséphine und ihrem Schwager, den sie mit „mein lieber kleiner Bruder" anredet, täuscht gewaltig. Hinter den Kulissen tobt der Kampf zwischen den Bonapartes und den Beauharnais heftiger denn je, und es sind nicht die Terroristen, die Joséphine am meisten fürchtet. „Bonapartes wahre Feinde sind jene, die ihm zu größerer Machtfülle und zur Scheidung raten."

Ihre Sorge ist nicht unbegründet: Die Frage der Nachfolge des Ersten Konsuls hängt wie ein Damoklesschwert über ihr, denn je mehr sich Napoleon einen direkten Erben wünscht, desto größer wird die Gefahr einer Scheidung. Deshalb versucht sie auch ihr möglichstes, Bonaparte von der Idee abzubringen, sich zum Konsul auf Lebenszeit proklamieren zu lassen. Unterstützt wird sie dabei von Männern wie Fouché, Thibaudeau oder Réal, die den Jakobinern nahestehen und eine Wiederherstellung der Monarchie verhindern wollen. So ist es denn auch kein Wunder, daß Joséphine den in Bedrängnis geratenen Polizeiminister in den Tagen nach dem Attentat vehement gegen alle Vorwürfe verteidigt. Er ist ihr Verbündeter im Kampf gegen Napoleons Brüder, die sich immer lautstärker für eine Auflösung der Ehe aussprechen. Einen ersten Sieg haben Joséphine und Fouché Anfang November 1800 über Lucien Bonaparte, den Innenminister, verbuchen können, der ein Pamphlet mit dem Titel *Parallèles entre Bonaparte, César, Cromwell et Monk* in Umlauf gebracht hat, in dem Napoleon auf höchst ungeschickte Weise gerühmt wird. Der ständigen Streitereien zwischen seinem Bruder und Fouché überdrüssig, zwingt der Erste Konsul die beiden Minister zu einer Aussprache. „Fouché macht Lucien dessen Benehmen, die Veruntreuungen, losen Sitten und die Orgien mit Schauspielerinnen zum Vorwurf. Lucien wirft Fouché dessen revolutionäre Vergangenheit vor, das von ihm vergossene Blut, die von ihm eingeführte Steuer auf Glücksspiele. Eine große Rolle spielt bei der Auseinandersetzung auch das Pamphlet." Lucien fällt bei seinem Bruder in Ungnade, wird als Innenminister abgesetzt und muß sich mit dem Posten eines Botschafters in Madrid begnügen. Joséphine sieht sich im Aufwind und glaubt, ihre gefährdete Position durch einen geschickten Schachzug weiter festigen zu können.

Bonaparte, der danach strebt, seinen Nachfolger selbst bestimmen zu dürfen, fragt sich, wer dafür am besten geeignet wäre. Seine Wahl fällt auf seinen dritten Bruder Louis, der damals 22 Jahre alt ist. Joséphine stimmt begeistert zu in der Hoffnung, ihre Tochter Hortense mit Louis verheiraten zu können. Diese Verbindung zwischen den Beauharnais und den Bonapartes würde ihre eigene Position stärken und die Gefahr einer Scheidung beseitigen, denn dann könnte Bonaparte Hortenses und Louis' Kind adoptieren. Diese Heirat wird tatsächlich im Januar 1802 zustande kommen – ein Sieg für Joséphine, die dafür allerdings das Glück ihrer Tochter opfern muß.

Der am 27. März 1802 unterzeichnete Friede von Amiens zwischen Frankreich und England leitet die Blütezeit des Konsulats ein. Bonaparte erfreut sich ungeheurer Beliebtheit. Bei einer Volksabstimmung im Sommer 1802 wird er mit überwältigender Mehrheit zum Konsul auf Lebenszeit gewählt und erhält das Recht, seinen Nachfolger zu bestimmen. (Von insgesamt 3 577 259 Wählern sprechen sich nur 8374 dagegen aus.) In den Kreisen der Royalisten wächst die Sorge, daß der Erste Konsul sich einen noch erlauchteren Titel zulegen könnte. Durch das Konkordat vom April 1802 hat Bonaparte sich mittlerweile auch die Sympathien kirchlicher Kreise gesichert. Die Hoffnungen Ludwigs XVIII. auf den Thron schwinden immer mehr, doch wollen weder er noch seine Konkurrenten endgültig kapitulieren. Da die zahlreichen Versuche, Joséphine als Verbündete zu gewinnen, fehlgeschlagen sind, will man sie nun ausspionieren, um Staatsgeheimnisse zu erfahren. Es gelingt tatsächlich, eine Spionin in die Tuilerien einzuschleusen, die unter dem Decknamen „Freundin von Paris" dem Comte d'Antraigues, einem berühmten royalistischen Geheimagenten, Nachrichten zukommen läßt. Heute läßt sich mit großer Sicherheit sagen, daß sich hinter der „Freundin von Paris" eine von Joséphines Hofdamen verbarg, eine gewisse Madame de Talhouet, die am 23. November 1802 zusammen mit den Damen Rémusat, Lucay und Lauriston auf Weisung des Ersten Konsuls ihren Dienst bei Madame Bonaparte angetreten hatte. D'Antraigues weiß so zwar alles über das Privatleben des Konsuls und der „Konsulin", aber so gut wie nichts über die politischen Pläne, denn solche Beratungen finden hinter verschlossenen Türen statt, und Joséphine erfährt nur das, was Bonaparte ratsam erscheint.

Der erneute Ausbruch von Feindseligkeiten zwischen Frankreich und England im Jahre 1803 weckt bei den Royalisten wieder Hoffnungen. Sie schmieden neue Komplotte, angestiftet vom Comte d'Artois. Ein sorgfältig geplanter Anschlag mißlingt im Oktober 1803 nur deshalb, weil einer der Verschwörer Angst bekommt und die Pläne verrät. Auf diese Weise erfährt die Polizei, daß Cadoudal – der Drahtzieher des Attentats vom 24. Dezember 1800 – die Absicht hatte, den Ersten Konsul zu entführen und zu ermorden, daß aber auch zwei Generäle, Moreau und Pichegru, an dem Komplott beteiligt waren. Daraufhin werden die Sicherheitsmaßnahmen erheblich verstärkt. Man befürchtet weitere Anschläge. Cadoudal hat während der Verhöre gestanden, daß die Verschwörer auf das Eintreffen eines Prinzen warteten. Die Tatsache, daß Louis de Bourbon-Condé, Duc d'Enghien, sich in Ettenheim aufhält, auf deutschem Territorium, aber dicht an der französischen Grenze, kommt dem Ersten Konsul sehr verdächtig vor. Er befolgt Talleyrands Rat, läßt Enghien am 15. März 1804 entführen und nach Paris bringen. Der unglückselige Herzog wird vor ein Kriegsgericht gestellt, zum Tode verurteilt und in der Nacht vom 20. auf den 21. März im Festungsgraben von Vincennes erschossen, obwohl er jede Beteiligung an einem Komplott bestritten hat.

Die „Freundin von Paris" behauptet, sie sei zu Joséphine gestürzt und habe sie um Hilfe gebeten, sobald sie von der Entführung Enghiens erfahren habe. „Ich schwöre Ihnen bei Gott", schreibt sie d'Antraigues am 19. April 1804, „daß sie [Joséphine] alles in ihren Kräften Stehende getan hat. Madame Bonaparte hat sich ihrem Mann zu Füßen geworfen und ihn angefleht, den Herzog als Geisel zu behalten." Angeblich soll der Konsul erwidert haben, sie solle sich nicht in Dinge einmischen, von denen sie nichts verstehe.

Monsieur de Rémusat zufolge, der an diesem Tag die Funktion eines Kammerherrn ausübte, soll Bonaparte zu seiner Frau gesagt haben: „Gehen Sie; Sie sind ein Kind. Von den Zwängen der Politik verstehen Sie nichts." Und um fünf Uhr morgens, beim Aufwachen, soll er Joséphine informiert haben: „Jetzt lebt der Duc d'Enghien nicht mehr." Angeblich habe sie laut geschrien und geweint, worauf Napoleon trocken festgestellt habe: „Versuch zu schlafen, du bist ein richtiges Kind."

Miot de Mélito zweifelt allerdings am Wahrheitsgehalt dieser rührenden Geschichten, denn in jener Woche hielt Bonaparte sich auf Malmaison auf, nur mit seiner Frau, einem Gardeoffizier, einem Präfekten und einer Hofdame. Niemand wurde zum Essen eingeladen, und Joséphine durfte niemanden empfangen. Unter diesen Umständen hält Miot es für äußerst unwahrscheinlich, daß sie rechtzeitig von der bevorstehenden Hinrichtung erfahren haben könnte. Allerdings ist Miot davon überzeugt, daß Joséphine tatsächlich versucht hätte, das Leben des Herzogs zu retten, wenn sie über die Vorgänge informiert gewesen wäre.

Um nicht den Eindruck zu erwecken, er messe diesem Ereignis übermäßige Bedeutung bei, begibt sich Bonaparte am Abend des 22. März 1804 wie vorgesehen in die Oper. Joséphine begleitet ihn. „Sie zitterte am ganzen Leibe, und er war sehr bleich", weiß Madame de Rémusat zu berichten. „Er betrachtete uns alle und schien an unseren Blicken ablesen zu wollen, welchen Empfang man ihm bereiten würde. Schließlich betrat er seine Loge, so als müßte er in den Kugelregen hinaus. Man begrüßte ihn wie üblich mit Applaus, sei es nun, weil sein Anblick die gewohnte Wirkung hervorrief oder weil die Polizei gewisse Vorsichtsmaßnahmen getroffen hatte. Ich hatte befürchtet, daß man ihm nicht applaudieren würde, und war sehr erleichtert, daß es nicht soweit kam, und doch versetzte mir dieser Applaus einen Stich ins Herz."

Die Verschwörer des Jahres XII werden vor Gericht gestellt. Neunzehn Personen werden für schuldig befunden und zum Tode verurteilt. Bonaparte begnadigt sieben der Angeklagten, die übrigen werden am 24. Juni 1804 hingerichtet.

Eine geschickte Pressekampagne nutzt diese Verschwörung aus, um allgemeine Zustimmung zu einer Verfassungsänderung zu erhalten, die am 18. Mai 1804 zur Errichtung des erblichen Kaisertums führt. An diesem Tag begibt sich Cambacérès, der Senatspräsident, mit einer großen Truppeneskorte nach Saint-Cloud, wo er eine Rede hält und Bonaparte zum erstenmal mit „Majestät" anredet. Napoleon empfängt ihn gelassen, „so als hätte er sein Leben lang ein Anrecht auf diesen Titel gehabt", wie Madame de Rémusat bemerkt.

Danach begibt sich der Senator in Joséphines Suite und proklamiert sie zur Kaiserin. „Dem Senat bleibt nun noch die ehrenvolle Aufgabe, Eurer Kaiserlichen Majestät untertänigst seine Ehrerbietung und den Dank der Franzosen zu entbieten. Ja, Madame, Ihr Ruf kündet von all dem Guten, das Sie unablässig tun. Es heißt von Ihnen, daß Sie stets ein offenes Ohr für die Unglücklichen haben und von Ihrem Einfluß auf das Staatsoberhaupt nur Gebrauch machen, um die Not zu lindern. Diese Neigung verheißt, daß der Name der Kaiserin Joséphine ein Garant des Trostes und der Hoffnung sein wird."

Joséphine erwidert die Komplimente des Senatspräsidenten „mit dem ihr eigenen Charme, der sich jedweder Situation gewachsen zeigte".

Denkt sie in diesem Augenblick an die Worte jener Wahrsagerin auf Martinique, die ihr als jungem Mädchen prophezeit hatte, sie werde eines Tages „mehr als eine Königin" sein?

„Ich gehe sehr spät zu Bett und stehe früh auf"

Zwischen dem 18. Mai 1804, als der Senat Joséphine den Titel „Kaiserin" verleiht, und dem 16. Dezember 1809, als ihre Ehe mit Napoleon aufgelöst wird, liegen nur etwas mehr als fünfeinhalb Jahre. Während dieser kurzen Zeit erstrahlt sie wie ein Meteor am Himmel des Empire. Wenn sie nicht gerade auf Reisen ist, hält sie sich meistens in den Tuilerien oder in Saint-Cloud auf, seltener in den anderen Schlössern der Umgebung wie Rambouillet oder Fontainebleau. Doch wo auch immer sie sich befinden mag, sie ist eine Gefangene der vom Kaiser eingeführten und im Jahre 1806 veröffentlichten *Etiquette du palais impérial.*

Diese *Etiquette* regelt das Leben bei Hofe in allen Einzelheiten. Nichts bleibt dem Zufall überlassen, weder die Benutzung der Räumlichkeiten noch die Mahlzeiten, noch das Zeremoniell bei Messen, Bällen, Konzerten oder Trauerfällen. Doch Joséphine weiß sich den Zwängen erstaunlich gut anzupassen, versteht es großartig zu repräsentieren und scheint diesem Lebensstil sogar einiges abgewinnen zu können.

Bei der Aufstellung ihres Hofstaates wird Joséphine, deren Gutmütigkeit und Schwäche bekannt sind, von allen möglichen Leuten umlagert, die ihr eine Hofdame, einen Kammerherrn oder einen Stallmeister empfehlen wollen. Alle Gesellschaftsschichten möchten vom Glanz des neuen Kaiserhofs profitieren.

Zu Joséphines erster Hofdame wird Madame de La Rochefoucauld ernannt, eine Cousine von Alexandre de Beauharnais. Die kleine, verwachsene – sogar bucklige – Person ist sehr gebildet und geistvoll und besitzt trotz ihrer körperlichen Behinderung ein gesundes Selbstbewußtsein. Sie wagt es sogar mitunter, dem Kaiser offen zu widersprechen, was diesem zwar imponiert, aber nicht behagt. Madame de La Rochefoucauld glaubt dem Kaiserpaar eine hohe Ehre zu erweisen, indem sie die ihr angebotene Stellung annimmt, und sie läßt sich lange bitten, bevor sie Mitte Juli 1804 zustimmt – für ein Jahresgehalt von 40 000 Francs. Auch ihre sonstigen Bedingungen werden akzeptiert: Sie erhält 400 000 Francs, um die Schulden ihrer Familie tilgen zu können; ihr Mann wird Kommandant der Ehrenlegion, wodurch sein Gehalt sich um 15 000 Francs erhöht, zuzüglich einer Pension von 12 000 Francs. Es ist zweifellos der glanzvolle alte Name, der es Madame de La Rochefoucauld erlaubt, ihre Ansprüche durchzusetzen. Von Dankbarkeit gegenüber ihrer Wohltäterin kann bei ihr keine Rede sein, auch nicht von Verbundenheit. Sie bleibt nach der Scheidung nicht bei Joséphine, sondern legt ihr Amt nieder in der Hoffnung, erste Hofdame der neuen Kaiserin zu werden. Napoleon macht ihr allerdings einen Strich durch die Rechnung: Die Dame, deren Ton dem Kaiser von jeher mißfiel, erhält ihren Abschied.

Madame de La Rochefoucauld unterstehen die Hofdamen, bis 1806 auch die Kämmerer, ebenso die Garderobenmeisterin, obwohl diese ihrerseits eine wichtige Persönlichkeit ist, die über Kleidung und Schmuck der Kaiserin gebietet. Diesen Posten erhält Alexandres Nichte Emilie; Joséphine hat sie mit La Valette verheiratet, einem Adjutanten Napoleons, der bald zum Generaldirektor der Post ernannt wird. Emilie ist ein sanftes und gutmütiges Geschöpf, das bei den Kammerfrauen keinerlei Autorität besitzt. Sie hat ihre Stellung aber gerade dieser Schwäche zu verdanken, denn Joséphine will nicht, daß man ihr in Fragen der Toilette irgendwelche Vorschriften macht.

Im November 1802 hat der Erste Konsul seiner Frau vier Hofdamen zugeteilt; nach der Krönung werden es rasch immer mehr. Während unter dem Ancien Régime der Königin zwölf Hofdamen zustanden, bringt Joséphine es als Kaiserin schließlich auf 29! Dabei sollte man allerdings nicht vergessen, daß sie ihren Dienst in vierteljährlichem Turnus versahen. Damen von altem Adel wie Madame de Montemart, Madame de Montmorency oder Madame de Chevreuse sind ebenso vertreten wie Angehörige des kaiserlichen Neuadels, etwa Madame Savary oder Madame Maret, die sich unter den „echten" Aristokratinnen mitunter nicht ganz wohl fühlen. Diese Mischung entspricht dem ausdrücklichen Wunsch des Kaisers, dem etwas Unmögliches vorschwebt: jenes Fusionssystem, von dem er auf Sankt Helena so oft sprechen wird. Eine der Hofdamen verdient es, besonders hervorgehoben zu werden: Madame d'Arberg, die sich mit den höfischen Sitten so gut auskennt wie sonst niemand. Der Kaiser schätzt sie, die Kaiserin hört auf sie, und sie wird von allen respektiert. Für Joséphine ist sie eine unentbehrliche Ratgeberin in allen Fragen der Etikette.

Wie einst der Königin von Frankreich, so stehen nun auch Joséphine ein Oberkämmerer und sechs Kämmerer zur Verfügung, die sich ebenfalls vierteljährlich im Dienst abwechseln. Alle gehören dem alten Adel an und tragen illustre Namen. Außerdem besitzt die Kaiserin ihren eigenen Marstall, über den zunächst Monsieur d'Harville gebietet, ein Freund Alexandres, der aber 1806 von General Ordener abgelöst wird, einem lothringischen Bauern, der mit höfischen Sitten nichts anzufangen weiß, seinen Pflichten aber gewissenhaft nachkommt. Diesem Oberstallmeister unterstehen mehrere Vorreiter – Soldaten aus guten alten Familien, die jedoch nur selten bei Hofe anzutreffen sind, weil sie sich ständig an irgendwelchen Feldzügen beteiligen müssen. Zahlreiche elegante Kutschen bedürfen ständiger Pflege, und hundert Pferde stehen in den Ställen. Natürlich werden auch Kutscher, Postillions, Treiber und Stallknechte beschäftigt – anfangs sind das 43 Personen, zur Zeit der Scheidung 83.

In diesem vom Kaiser abgesteckten prunkvollen Rahmen entfaltet sich Joséphine während der Glanzzeit des Empire. In den kaiserlichen Palästen ist die Suite der Kaiserin – wie die des Kaisers – in zwei streng voneinander getrennte Bereiche unterteilt. Napoleon und Joséphine ziehen (im Gegensatz zum Hof von Versailles) einen scharfen Trennungsstrich zwischen Repräsentation und Privatleben. Der äußere Bereich hat offiziellen Charakter und wird nur für öffentliche Zeremonien verwandt. Er besteht aus einem Vorzimmer, einem ersten Salon, einem zweiten Salon, dem Salon der Kaiserin, einem Speisezimmer und einem Konzertsaal. Der innere Bereich besteht aus Schlafzimmer, Bibliothek, Ankleidezimmer, Boudoir und Bad.

Joséphine hält sich viel lieber in Saint-Cloud oder Malmaison als in den Tuilerien auf. In den Gärten der Tuilerien kann sie nicht ungestört spazierengehen, und sobald sie auf ihre Terrasse im Erdgeschoß hinaustritt, wird sie von Neugierigen umringt, denn der Weg vor dem Palast ist der Öffentlichkeit zugänglich. In Saint-Cloud hingegen gibt es Privatgärten, in denen sie sich aufhalten kann, ohne belästigt zu werden. Zudem ist ihre dortige

Suite moderner und femininer als die Räume in den Tuilerien. Und schließlich hat Saint-Cloud den Vorteil, daß man auf der neu angelegten Straße zwischen den beiden Residenzen mit der Kutsche in einer Viertelstunde in Malmaison ist, wodurch sich etwas Abwechslung in den monotonen Tagesablauf bringen läßt.

Joséphine ist mittelgroß; in ihren Pässen wird ihre Größe mit 1,63 m angegeben. Ihre dunkelblauen Augen sind fast immer halb geschlossen, verborgen unter schweren Lidern, und die herrlichen langen Wimpern verleihen ihr einen sanften Blick. Sie hat langes, seidiges kastanienbraunes Haar, das perfekt mit ihrem leicht bräunlichen Teint harmoniert, dem sie mit Hilfe von Schminke Zartheit und Frische verleiht. Das einzig Störende sind ihre extrem schlechten Zähne, doch sie kaschiert diesen Schönheitsfehler, indem sie beim Sprechen und Lächeln kaum die Lippen öffnet.

Als Kaiser verbringt Napoleon die Nacht nicht mehr in Joséphines Schlafzimmer, sondern in seinen eigenen Gemächern. Wenn das Ehepaar zusammensein möchte, steigt Bonaparte die Geheimtreppe hinab, die sein Schlafzimmer mit dem seiner Frau verbindet. Sie liebt es, abends lange aufzubleiben; vor halb eins oder eins geht sie selten ins Bett. Morgens wacht sie gegen acht auf, bleibt meist noch etwas liegen, steht aber nicht später als um neun auf, es sei denn, sie fühlt sich nicht wohl. Manchmal verlangen ihr irgendwelche Verpflichtungen größere Strapazen ab. So vertraut sie im Februar 1806, nach ihrer Reise nach München, ihrem Sohn an: „Seit meiner Rückkehr führe ich ein sehr anstrengendes Leben. Ich habe keine Minute Zeit für mich, gehe sehr spät zu Bett und stehe früh auf. Der Kaiser, der sehr kräftig ist, erträgt dieses aktive Leben sehr gut, aber meine Gesundheit leidet darunter ein wenig."

Nach dem Aufstehen begibt sich Joséphine in ihren Ankleideraum. Ihrer Toilette widmet sie immer viel Zeit – am Tag insgesamt fast drei Stunden. Die erste Kämmerin, Madame Marco-Saint-Hilaire, ist Joséphine von Madame Campan empfohlen worden; die Pensionsdirektorin findet sie „erstaunlich geschickt und vielseitig begabt: sie spielt hervorragend Harfe, schreibt großartig und ist sanft und respektvoll". Zweite Kämmerin ist eine Madame Bassan. Diesen beiden Damen unterstehen vier Kammerfrauen, die bald in Empfangsdamen umbenannt werden und jene privilegierten Personen anmelden, denen der Zutritt in die Privaträume der Kaiserin erlaubt ist. Joséphine sieht in ihren Hofdamen und Kammerzofen stets enge Vertraute und Freundinnen, erleben sie doch das Leben der Kaiserin aus nächster Nähe mit, kennen Freud und Leid ihrer Herrin.

Auf Gesichts- und Körperpflege legt Joséphine größten Wert, und wie jede Frau, die nicht mehr ganz jung ist, aber noch gefallen möchte, verwendet sie reichlich Schminke. Auf Rouge verzichtet sie niemals; aus Grasse läßt sie Rosenwasser und Rosenmilch kommen, die ihr einen zarten Teint verleihen sollen.

Danach legt ihr die Garderobenmeisterin mehrere Kleider zur Auswahl vor, und oft kann sich Joséphine nur schwer entscheiden, was sie anziehen soll.

Es folgt die Arztvisite. Wenn sie sich krank fühlt, stattet ihr Corvisart, der Leibarzt des Kaisers, einen Besuch ab und verschreibt ein schmerzstillendes Medikament; normalerweise wird sie jedoch von Doktor Leclerc betreut. Als dieser im Jahre 1808 stirbt, tritt Horeau, ein Schüler Corvisarts, seine Nachfolge an und bleibt auch nach der Scheidung Joséphines Hausarzt. Trotz häufiger Migräne, einer Anfälligkeit für Katarrh und gelegentlicher Unpäßlichkeiten besitzt sie im Grunde eine ausgezeichnete Konstitution.

Nach dem Arzt wird Herbault vorgelassen, einer der vier Kammerdiener, der als Friseur der Kaiserin fungiert. Gegen zehn Uhr hat sie ihre erste Toilette beendet und begibt sich in den Salon, wo sie die Lieferanten empfängt. Meistens handelt es sich um Modisten, die ihr die neuesten Kreationen präsentieren wollen. Ihre Schwäche für Kleidung ist allgemein bekannt, und das wissen die schlauen Geschäftsleute auszunutzen. Selbst Napoleon gelingt es nicht, in dieser Hinsicht Ordnung zu schaffen.

Wenn keine Lieferanten bestellt sind, empfängt die Kaiserin in dieser Stunde Personen, die um eine Audienz nachgesucht haben. Solchen Bittstellern geht es fast immer um eine Anstellung, eine Pension, einen Titel oder um ein Almosen.

Genau um elf Uhr – die Kaiserin legt auf Pünktlichkeit größten Wert – wird das Mittagessen serviert. Der Kaiser speist oft allein und in großer Hast. Joséphine lädt immer etwa zehn Personen zum Essen ein – Damen, die im Palast ihren Dienst versehen, dazu einige Damen von Welt oder Ehefrauen bedeutender Offiziere. Manchmal werden auch Damen gebeten, die Joséphines Freundinnen waren, bevor sie Kaiserin wurde; das mißfällt Napoleon sehr, und er schneidet unweigerlich eine Grimasse, wenn er zufällig den Raum betritt und solche Tischgäste vorfindet. Er hat Joséphine diesen Umgang streng verboten, wobei ihm speziell Madame Tallien ein Dorn im Auge ist. Im August 1805 schreibt er seiner Frau diesbezüglich aus dem Heerlager von Boulogne: „Ich verbiete Dir, Madame Tallien zu sehen, unter welchem Vorwand auch immer. ... Verbiete Deinen Türhütern in Zukunft, sie einzulassen. Ein jämmerlicher Kerl hat sie mit acht Bastarden geheiratet. Ich verachte sie jetzt nur noch mehr. Sie war ein sehr liebenswertes junges Mädchen, doch sie hat sich in ein ehrloses und liederliches Frauenzimmer verwandelt."

Hin und wieder nimmt das Herrscherpaar das Mittagessen auch gemeinsam mit einigen Gästen ein. Anschließend begeben sich Ihre Majestäten in den Salon, wo Kaffee und Liköre gereicht werden. Napoleon schätzt die belebende Wirkung von sehr starkem Kaffee, der ihn am Einschlafen hindert. Joséphine achtet darauf, daß er weder unpassenderweise einnickt noch zerstreut zu viele Tassen trinkt. Sie gießt ihm den Kaffee ein, zuckert ihn und probiert einige Tropfen, bevor sie ihm die Tasse reicht.

Nach dem Essen spielt sie eine Partie Billard, wenn das Wetter für einen Spaziergang im Garten zu schlecht ist. Anschließend treibt sie Konversation mit ihren Damen, die wie sie selbst beschäftigt sind, Kissen- oder Sesselbezüge zu besticken.

Wenn keine Besucher warten, unternimmt sie zwischen zwei und drei eine Ausfahrt in der offenen Kutsche. Von den Tuilerien aus kann man sich nur in den Bois de Boulogne begeben, der zu jener Zeit noch ziemlich ungepflegt ist. Die herrlichen Wälder in der Umgebung von Saint-Cloud eignen sich wesentlich besser für solche Ausfahrten; und wenn der Hof in Fontainebleau residiert, beobachtet die Kaiserin von ihrer Kalesche aus die Jagdgesellschaften. Obwohl sie keinen Geschmack an diesem Sport findet, bemüht sie sich, ein gewisses Interesse vorzutäuschen. Auch für Bonaparte ist die Jagd eher eine Pflichtübung zur körperlichen Ertüchtigung denn ein Vergnügen. Trotzdem hat Hofschneider Leroy spezielle Jagdkostüme angefertigt, für die Kaiserin aus amarantrotem Samt, mit Gold bestickt.

In den Palast zurückgekehrt, kleidet sich Joséphine zum Abendessen um. Hin und wieder taucht dabei unvermutet der Kaiser auf; bei solchen Gelegenheiten ist er stets fröhlich und amüsant, tätschelt Joséphines Wangen oder Rücken oder bringt sie lachend in Verlegenheit. Ihre sanften Proteste sind völlig wirkungslos; er neckt sie weiter, und Joséphine zwingt sich, über seine Scherze zu lachen, auch wenn sie manchmal Tränen in den Augen hat.

Das Abendessen ist für sechs Uhr vorgesehen. Meistens vergißt Napoleon das aber, oder er verspätet sich. Es ist keine Seltenheit, daß man sich erst um neun oder zehn zu Tisch setzt. Wenn keine Bälle, Theateraufführungen oder sonstigen Ereignisse auf der Tagesordnung stehen, spielt Joséphine abends mit einem ihrer Kämmerer Tricktrack, oder sie unterhält sich mit ihren Damen.

Oft bittet der Kaiser seine Gemahlin zu sich, nachdem er sich zu Bett begeben hat, damit sie ihm etwas vorliest. Sobald er einschläft, kehrt sie in ihren Salon zurück und setzt die unterbrochene Unterhaltung oder Partie fort.

Madame de Genlis hat für eine Pension von 6000 Francs die Aufgabe, aus allen Neuerscheinungen besonders interessante Passagen auszuwählen, die sie der Kaiserin allwöchentlich zukommen läßt. Es wurde oft behauptet, daß Joséphine nie Freude am Lesen gehabt hätte; das ist ein großer Irrtum. Ihr stehen die Palastbibliotheken zur Verfügung, und die Briefe ihres Sekretärs Deschamps an die Bibliothekare des Kaisers beweisen, daß ihre Interessen sich nicht auf die Botanik beschränkten. Einmal wünscht sie ein Werk über die Armée Condé, ein andermal verlangt sie ein Buch über Deutschland. Obwohl sie gern selbst liest, erfordert es die Etikette, daß eine Vorleserin zu ihrem Haushalt gehört. Anfangs nimmt Mademoiselle Lacoste diese Stellung ein, 1806 wird sie von der schönen Genueserin Gazzani abgelöst, die der Kaiser zu seiner Mätresse macht. Doch Joséphine ist nicht nachtragend; auch nach der Scheidung behält die Gazzani ihre Stellung.

Die Kaiserin ist aber auch eine ausgezeichnete Zuhörerin. Ihr hervorragendes Gedächtnis trägt dazu bei, ihr viele Freunde zu verschaffen, denn sie erinnert sich an jeden Namen und an jede Einzelheit aus dem Leben ihrer Gesprächspartner. Der Kaiser ist stets aufs neue begeistert über ihre Gabe, eine Unterhaltung genau wiederzugeben. Sie flößt den Menschen Vertrauen ein, weil sie sich für alles, was man ihr erzählt, zu interessieren scheint. An Höflichkeit dürfte sie die meisten Prinzessinnen des Ancien Régime bei weitem übertreffen. Sie kann auch mühelos auswendig zitieren; nicht umsonst nennt Napoleon sie sein wandelndes Notizbuch.

Zum Zeichnen oder Malen scheint sie keine Neigung gehabt zu haben – jedenfalls kennt man von ihr nur eine einzige Zeichnung aus dem Jahr 1805. Dafür interessiert sie sich für Musik, auch wenn das oft bestritten wurde. Gewiß, sie komponiert keine Romanzen wie ihre Tochter Hortense, aber Zeitgenossen bestätigen, daß sie ausgezeichnet Harfe spielte und sehr hübsch sang. Allein in Malmaison finden sich neben einer wertvollen Harfe nicht weniger als sieben Klaviere, und auch in keinem der anderen Paläste, die sie bewohnt hat, fehlt ein Klavier. Und in ihrer Bibliothek in Malmaison, die bei ihrem Tod etwa 14 000 Bände umfaßt, gibt es außer 29 Bänden mit Partituren für Harfe und Begleitung auch viele Opern und Liederhefte.

Beschäftigung mit Kunst und Botanik

Der Landsitz Malmaison, den Joséphine während Bonapartes Ägyptenfeldzug erworben hat, sagt diesem außerordentlich zu. Als Erster Konsul ist er stets froh, wenn er den düsteren Tuilerien entrinnen und sich dorthin zurückziehen kann. Malmaison bleibt bis zum Herbst 1802 seine Landresidenz; danach bezieht er das ihm zur Verfügung gestellte Schloß von Saint-Cloud. Zwar hält er sich auch weiterhin gelegentlich in Malmaison auf, doch betrachtet Joséphine diesen Ort immer mehr als ihren persönlichen Besitz, ihr Zuhause, ihren sicheren Hafen.

Zwei junge Architekten, Percier und Fontaine, werden Ende Januar 1800 damit beauftragt, das alte Gebäude aus dem 17. Jahrhundert zu modernisieren und zu verschönern. Ein neu errichteter zeltförmiger Pavillon bildet nun den Eingang. Von hier aus gelangt man in eine Halle, deren Stucksäulen an das Atrium einer römischen Villa erinnern. An diese Halle schließen sich auf der rechten Seite ein Billardsaal, ein Gesellschaftssalon und ein Musiksalon an, der zunächst auch als Gemäldegalerie dient.

Links von der Halle befinden sich ein Speisesaal mit Wand-
gemälden von Lafitte im Stil von Pompeji, ein zeltförmiger Rats-
saal und eine Kombination aus Arbeitszimmer und Bibliothek
mit Mahagonisäulen und einer Gewölbedecke, die mit Porträts
der größten Schriftsteller geschmückt ist. Das ganze Erdgeschoß
ist prunkvoll eingerichtet: Mahagonimöbel mit Intarsien aus ver-
goldeter Bronze, Porzellan aus Sèvres, Vasen und Uhren aus
Marmor. Viel schlichter ist die Wohnung des Konsuls und seiner
Gemahlin, über dem Salon und der Galerie gelegen. Ferner gibt
es in der ersten Etage sieben Gästesuiten. Zehn bescheidenere
Gästezimmer befinden sich im zweiten Stock.

Die Renovierung dieses wahrlich nicht großartigen Landsitzes
verschlingt enorme Summen: 600 000 Francs innerhalb von
18 Monaten – mehr als das Doppelte des Kaufpreises. Zahlreiche
Nebengebäude werden errichtet: Wirtschaftsräume, Gesinde-
wohnungen, Stallungen und Wachhäuschen. Der Park wird
erheblich vergrößert und auf Joséphines ausdrücklichen Wunsch
ganz im englischen Stil angelegt.

Im Juli 1802 erhalten die Architekten Percier und Fontaine den
Auftrag, den Palast von Saint-Cloud instandzusetzen, der als
Sommerresidenz des Ersten Konsuls dienen soll. Die Arbeiten
auf Malmaison werden nun von verschiedenen Architekten gelei-
tet, mit denen Joséphine jedoch wenig zufrieden ist. Erst Ende
1805 findet sie in Louis-Martin Berthault wieder einen Architekten, der ihr zusagt, und in den folgenden Jahren werden in Haus
und Park unzählige Arbeiten durchgeführt. An das bereits 1805
von Thibault und Vignon errichtete Treibhaus werden 1807
prächtige Salons angebaut, von denen aus man die seltenen tropischen Pflanzen bewundern kann. In einem dieser Säle wird
auch ein Teil von Joséphines reicher Antikensammlung untergebracht. Im Schloß selbst wird der Musiksalon durch eine große
Gemäldegalerie verlängert. Nach der Scheidung läßt Joséphine
zunächst den Gesellschaftssalon völlig umgestalten, im Jahre
1812 auch ihr Schlafzimmer, das in eine rot-goldene Rotunde mit
riesigem Bett verwandelt wird.

Alle Zeitgenossen haben sich über den Gegensatz zwischen
den herrlichen Sammlungen und der prächtigen Innenausstat-
tung einerseits und dem einfachen Bauwerk andererseits gewun-
dert. Offenbar hat Joséphine aber nie daran gedacht, das alte

Haus verschwinden zu lassen und das Schloß von Grund auf neu zu bauen. Wahrscheinlich wäre ihr das wie ein Sakrileg vorgekommen, denn hier hat sie mit Bonaparte viele glückliche Stunden verbracht.

Die schönste Zeit auf Malmaison, an die Joséphine sich später oft sehnsüchtig erinnert, sind die knapp drei Jahre vom Januar 1800 bis zum Herbst 1802. Noch ist der Alltag nicht in das Korsett einer strengen Hofetikette eingezwängt, und Napoleon und Joséphine führen auf dem Lande ein bürgerliches Leben. Hier verbringen sie das Wochenende – genauer gesagt, den letzten und ersten Tag jeder Dekade, denn nach dem neuen Kalender ist das Jahr nicht in Wochen, sondern in Dekaden eingeteilt. Begleitet werden sie meistens von Napoleons Geschwistern, seiner Mutter, seinem Onkel Fesch und Joséphines Tochter Hortense; hinzu kommt eine Schar junger Adjutanten und Obersten: Lannes, La Valette, Duroc, de Junot, Bessières, Rapp.

An Arbeit fehlt es Bonaparte auch auf dem Lande nie: Ab sechs Uhr morgens empfängt er seine Minister, und danach vertieft er sich in die Berichte der Präfekten. Nachmittags finden Besprechungen mit den Konsuln und Staatsräten statt. Doch zwischendurch findet er etwas Entspannung bei Spaziergängen oder Jagdausflügen.

Die Freuden von Malmaison sind einfacher Natur; abends liest man oder spielt Tricktrack und Karten. Bonaparte hält sich selten an die Spielregeln und hat eine kindliche Freude an seinen eigenen Mogeleien. Währenddessen legt Joséphine zur allgemeinen Belustigung Patiencen.

Bei den Mahlzeiten sitzen alle an einem einzigen großen Tisch, wie bei einem Familientreffen. Der Konsul nimmt als erster Platz und benennt die Person, die an seiner Seite sitzen soll. Joséphine setzt sich ihm gegenüber, und die anderen Gäste nehmen zwanglos Platz, wo immer sie wollen, Minister, Adjutanten und Konsuln kunterbunt durcheinander.

Bonaparte hat eine besondere Vorliebe für Theaterstücke, und seine Umgebung bemüht sich, ihm diese harmlose Freude zu machen. Anfangs werden in den Salons einfache Scharaden aufgeführt, wobei die Akteure ihre Kostüme hinter Paravents wechseln. Im Jahre 1802 genehmigt Bonaparte dann den Bau eines kleinen Theaters in der Nähe des Schlosses. Der Saal bietet zwei- bis dreihundert Zuschauern Platz. Im Parterre sitzen meistens Nationalgardisten, die auf Malmaison Dienst tun, während die Logen für Konsuln, Minister und Generäle reserviert sind. Zu den Aufführungen werden etwa 150 Personen eingeladen, ein Drittel von ihnen auch zum Abendessen vor der Vorstellung. Hinterher werden in den Salons Erfrischungen gereicht, bevor die Gäste sich gegen Mitternacht auf den Rückweg nach Paris machen. Eingeweiht wird dieses Theater am 12. Mai 1802 mit der Oper „La Serva Padrona" von Paisiello. Viele berühmte Schauspieler und Sänger treten in der Folge dort auf.

Neben diesen offiziellen Aufführungen gibt es aber weiterhin die kleine Amateurtruppe, die sich aus der Umgebung des Ersten Konsuls rekrutiert. Hortense ist der unangefochtene Star; ferner wirken meistens mit: Eugène, de Lauriston, de Savary, die Junot und de Bourienne, manchmal auch Lucien, der besonders in Tragödien glänzt. Das Repertoire besteht anfangs aus Einaktern, später wagt man sich auch an den „Barbier von Sevilla". Wenn jemand erklärt, er habe keine Zeit, um seine Rolle zu lernen, bittet und schmeichelt Napoleon so lange, bis der Betreffende nachgibt. Während des Empire, als jeder bei Hofe einen bestimmten Rang einnimmt, bleibt für solche Zerstreuungen kaum noch Zeit, und nur bei seltenen festlichen Anlässen – etwa am Namenstag der Kaiserin – kommt es noch zu kleinen Aufführungen.

JOSÉPHINES Sammlungen wirken wahllos zusammengetragen: ethnographische Objekte, Skulpturen, Gemälde, Antiquitäten – alles ist vorhanden. Die von Bonaparte eroberten Städte schicken ganze Kunstsammlungen, und Joséphine wählt für sich die schönsten Stücke aus, bevor der Rest dem Musée Napoléon – dem heutigen Louvre – zugeführt wird, für das die erbeuteten Kunstwerke eigentlich gedacht sind.

Anfangs bereitet es Joséphine eine kindliche Freude, die Kisten öffnen zu lassen und all die hübschen Gegenstände selbst mit auszupacken. Doch schon bald kommen so viele Kisten an, daß sie in Magazinen gelagert werden müssen, und nun vergehen oft Monate, bevor es Madame Bonaparte in den Sinn kommt, sie öffnen zu lassen. Manche geraten völlig in Vergessenheit, so etwa eine bedeutende mineralogische Sammlung.

Gartengesellschaft in Malmaison. Gemälde von Victor Viger, 1866

Ein echtes Interesse hat Joséphine an zeitgenössischen Skulpturen, und sie vergibt auch Aufträge an bedeutende Bildhauer wie Cartellier, der später ihr Grabmal gestalten wird. Anhand ihrer Lieblingsstatuen, die in der Galerie Ehrenplätze einnehmen, läßt sich ihr persönlicher Kunstgeschmack erkennen: Sie bevorzugt anmutige, feminine – oft ausgesprochen sentimentale – Werke.

Joséphines Antikensammlung ist zwar nicht aufsehenerregend, aber doch erstklassig. Zum größten Teil handelt es sich um Funde aus Pompeji oder Herculanum. Der König von Sizilien hat sie dem Ersten Konsul geschenkt, und auf diese Weise sind sie aus dem Museum von Neapel in die Galerie von Malmaison gelangt. Doch es genügt Joséphine nicht, die schönsten antiken Bronzen, Mosaiken und Gemälde zu besitzen; sie möchte auch eine einmalige Sammlung griechischer Vasen ihr eigen nennen. Im Jahre 1814 schmücken fast 250 solcher Vasen die große Galerie und die Galerie im Treibhaus.

Für Malerei scheint sich Joséphine schon sehr früh interessiert zu haben. Sie besitzt eine stattliche Sammlung von Gemälden, Zeichnungen und Miniaturen, besucht regelmäßig den Künstlersalon und protegiert den begabten Nachwuchs. Die Meisterwerke in der Galerie stammen jedoch aus deutschen und italienischen Museen, Kirchen und Palästen; die Schloßherrin von Malmaison eignet sie sich skrupellos an, um ihr Heim zu verschönern, obwohl diese Beutestücke französischer Siege eigentlich im Musée Napoléon der Öffentlichkeit zugänglich gemacht werden sollten. Napoleon gesteht später: „Wenn es Joséphine, die eine Kunstliebhaberin war, unter Berufung auf meinen Namen gelang, sich einiger Meisterwerke zu bemächtigen, so tat mir das in der Seele weh, und ich fühlte mich wie bestohlen, weil sie nicht im Museum waren, wo sie hingehörten." Doch auch der Kaiser kommt gegen die Sammelleidenschaft seiner Frau nicht an.

Bei Joséphines Tod umfaßt die Sammlung alter Meister nicht weniger als 110 italienische und 76 flämische und holländische Gemälde, aber nur acht spanische und zwei deutsche. Bei der Zusammenstellung ihrer Galerie läßt sie sich von dem Kunstexperten und Kunsthändler Guillaume-Jean Constantin anleiten, den sie 1807 zum „Kustos der Gemälde Ihrer Majestät der Kaiserin in der Galerie von Malmaison" ernennt. Seine Aufgabe besteht darin, Kunstwerke zu restaurieren, den Katalog für die Galerie zu erstellen und ihr detaillierte Beschreibungen jener Gemälde zu liefern, die er ihr zu kaufen empfiehlt.

Möglicherweise bewundert Joséphine die Gemälde alter Meister mehr aus Konvention als aus echter Begeisterung; die Sammlung zeitgenössischer Werke spiegelt ihren Kunstgeschmack zweifellos besser wider. Abgesehen von den Familienporträts, die sie bei damals berühmten Malern wie Gérard, Gros, Appiani, Isabey oder Prudhon in Auftrag gibt, sind kaum große Namen vertreten. Joséphine scheint vom damals modernen Neoklassizismus wenig begeistert zu sein; Blumen- und Landschaftsbilder gefallen ihr besser als die großartige Historienmalerei. So ist ihr Schlafzimmer mit Aquarellen des berühmten Pierre-Joseph Redouté dekoriert, und nach ihrer Reise in die Schweiz begeistert sie sich für die Landschaftsgemälde des Schweizer Malers Delarive.

„GESTATTEN Sie uns, Madame, Sie zu Ihrem Interesse an der Naturkunde zu beglückwünschen. Sie tragen zu ihrem Fortschritt bei, und dafür danken wir Ihnen im Namen aller Naturforscher."

Diese an Joséphine gerichteten Zeilen der Professoren des Museums für Naturgeschichte belegen das Interesse der Kaiserin an Botanik und Zoologie. Innenminister Chaptal hat die ehrwürdigen Gelehrten dieses Museums schon frühzeitig zur Zusammenarbeit mit Joséphine ermutigt. „Sie wissen so gut wie ich, mit welchem Erfolg Madame Bonaparte Pflanzenzucht betreibt und seltene Tiere sammelt. Es ist im Interesse der Wissenschaft und des Ruhmes Frankreichs, ihr dabei behilflich zu sein." Im Laufe der Jahre betrachten die Professoren Joséphine fast als Kollegin.

Schon unter dem Konsulat hat sie ausgezeichnete Beziehungen zu diesem Museum. Als Thouin, Professor für Baumzucht, ihr einige exotische Früchte aus Treibhäusern zukommen läßt, ist sie über diese Geste zutiefst gerührt. „Ich danke Ihnen, liebenswerter Bürger, für die ausgezeichneten Feigen und Bananen, die Sie mir geschickt haben. Diese Früchte haben mich an meine Heimat erinnert und mir bewiesen, daß Sie imstande sind, über das Klima zu triumphieren und alles zur Reife zu bringen."

Von nun an wird Joséphine unablässig bemüht sein, die exotischen Pflanzen, die sie in ihrer Kindheit erfreut haben, auch in westeuropäischen Breitengraden heimisch werden zu lassen. Im Mai 1802 schreibt sie ihrer Mutter: „Schicken Sie mir alle Samen und alle Früchte von Amerika: Kartoffeln, Bananen, Orangen, Mangonen oder Mangobäumchen, einfach alles, was Sie an Früchten und Samen auftreiben können."

Sie weiß ganz genau, was sie will, und sie verfolgt ihr Ziel mit Eifer und Ausdauer. Dazu korrespondiert sie mit allen möglichen Leuten. So bittet sie den Unterkommissar von Portsmouth in den Vereinigten Staaten, ihr möglichst viele verschiedene Samen aus Nordamerika zu schicken. „Ich möchte diese Pflanzenarten in Frankreich züchten, das ja, was die Temperaturen betrifft, große Ähnlichkeit mit Nordamerika aufweist. Zu diesem Zweck, dessen Nutzen Sie gewiß einsehen, lasse ich einen Teil der zu Malmaison gehörenden Ländereien zu Gewächshäusern und Baumschulen herrichten. Dort werden exotische Bäume und Sträucher kultiviert, die auch in unserem Klima gedeihen können. Der Erste Konsul verfolgt diese Bemühungen mit großem Interesse. Das ist eine neue Erwerbsquelle für Frankreich."

Ähnliche Briefe schickt sie in alle Welt. Die Botanik ist ihre große Leidenschaft, und in ihrer Begeisterung neigt sie dazu,

Besuchern lange Vorträge über dieses Thema zu halten und ihnen sämtliche seltenen Pflanzen zu zeigen, auch wenn diese nicht das geringste Interesse daran haben. Ihre Liebe zu Blumen ist so groß, daß man ihr kaum ein schöneres Geschenk machen kann als eine seltene Pflanze. Sie frönt ihrer Leidenschaft aber nicht nur aus egoistischen Motiven. Was ihr vorschwebt, ist die Schaffung botanischer Gärten in allen Départements.

Als Kaiserin verfolgt Joséphine mit großem Interesse Bonapartes Eroberungen und versäumt es nie, den Generalintendanten Daru zu erinnern, er möge ihr Pflanzen besorgen, die sie noch nicht besitzt. Sie vervollständigt ihre Sammlungen aber auch durch Einkäufe von Samen und Pflanzen bei den besten Gärtnern Europas: Vilomorin in Paris, Rosenzüchter Dupont, Arie Corneille in Haarlem und allen voran Lee & Kennedy in Hammersmith bei London. John Kennedy erhält sogar einen Sonderausweis, der ihn berechtigt, sich trotz Kriegszustand und Kontinentalsperre frei zwischen England und Frankreich zu bewegen.

Der größte Glücksfall für die Gärten von Malmaison ist die Expedition, die Kapitän Baudin zwischen 1800 und 1804 nach Australien unternimmt. Die riesige Ausbeute an Pflanzen und Tieren, die er von dort mitbringt, wird zwischen dem Museum für Naturgeschichte und Malmaison aufgeteilt.

Fast 200 neue Pflanzen wachsen und gedeihen zwischen 1803 und 1814 zum erstenmal auf französischem Boden, in den Anlagen von Malmaison. Im großen Treibhaus – es ist 50 Meter lang und nach dem neuesten Stand der Erkenntnisse ausgestattet – werden Pflanzen bis zu fünf Meter hoch. Fast 250 verschiedene Rosenarten werden gezüchtet, 132 Arten Heidekraut.

Unter Joséphines Schirmherrschaft erscheint in einer Auflage von nur 200 Exemplaren der Band „Der Garten von La Malmaison" mit 120 Stichen der schönsten Pflanzen aus den Gewächshäusern. Den Text hat der berühmte Botaniker Ventenat verfaßt; Pierre-Joseph Redouté hat die Blumen gemalt. Ebenfalls mit Hilfe von Redouté entsteht später eine „Beschreibung seltener Pflanzen, kultiviert in Malmaison und Navarre". Die Veröffentlichung zweier weiterer von ihr finanzierter Werke hat Joséphine nicht mehr erlebt.

Ein anderes Interessengebiet der Kaiserin ist die Zoologie. Sie bevorzugt sanfte Tiere, die sich mit etwas Geduld zähmen lassen.

Tiere, die ihr gefährlich vorkommen, übergibt sie dem Zoo, beispielsweise das Kamel und den Affen, die sie 1802 geschenkt
bekommt, und den Löwen, den ihr der Bey von Tunis schickt.
Wie in den modernen zoologischen Gärten leben manche Tierar-
ten schon damals auf Malmaison halb in Freiheit. So können sich
beispielsweise die Gazellen im Park völlig frei bewegen. Joséphines Menagerie nimmt ihren Anfang im Jahre 1800, als sie aus
Peru ein Lamapärchen erhält. Zwei Känguruhs, die Kapitän
Baudin aus Australien mitgebracht hat, halten 1804 Einzug, zwei
weitere kommen zwei Jahre später als Geschenk des sächsischen
Königs hinzu; auch sie werden erstaunlich artgerecht gehalten
und haben viel Platz zur Verfügung. Die Kaiserin wird mit Tieren
aus aller Welt beschenkt: General Ernouf, Generalkapitän von
Guadeloupe, schickt ihr Vögel; General Janssens, Gouverneur
der holländischen Kolonie am Kap der Guten Hoffnung, schickt
ihr ein zahmes Zebra, das sich sogar reiten läßt; General Decaen,
Gouverneur von Französisch-Indien, schenkt ihr ein Orang-
Utan-Weibchen, dem er ausgezeichnete Manieren beigebracht
hat. Es ißt an Joséphines Tisch manierlich mit Messer und Gabel
und schläft in einem Bett. Zu Joséphines besonderen Lieblingen
gehören die Fasanen aus China, die sie oft selbst füttert.

Von 1807 an nimmt die Zahl der Tiere ab; manche sterben,
andere werden dem Zoo übereignet. Beim Tod der Kaiserin leben
auf Malmaison abgesehen von sieben schwarzen Schwänen und
verschiedenen Vögeln nur noch ein Känguruh, ein Lama, ein
Schaf, sieben Ziegen, ein Hirsch und vier Hirschkühe.

„Die Kaiserin macht überhaupt keine Ersparnisse"

Joséphine ist gerade aufgestanden. Sie ist traurig und melancho-
lisch und würde am liebsten weinen. Doch da bringt man ihr
hübsche Hauben, die sie anprobieren muß. Das braucht seine
Zeit: Sie kritisiert und bewundert, läßt kleine Änderungen vornehmen. Eine Stunde vergeht im Nu, und unterdessen hat sie ihre
Depression völlig vergessen.

Toilette machen, das ist für Joséphine mehr als eine Passion, es
ist ihr eigentlicher Lebensinhalt. Niemand versteht sich besser
und vorteilhafter zu kleiden. Der Kaiser legt großen Wert darauf,

daß sie eine würdige Repräsentantin ihres Landes ist, daß sie Zeugnis vom Wohlstand Frankreichs ablegt. Dafür stellt er großzügig enorme Geldsummen zur Verfügung. Was er allerdings haßt, ist Verschwendung, und völlig zu Recht gerät er über unbezahlte Rechnungen und Schulden in heftigen Zorn. Doch Joséphine ist in dieser Hinsicht unverbesserlich. Sie muß alles haben, was ihr gefällt, auch wenn es sich nur um eine verrückte Augenblickslaune handelt.

Kaiserin Joséphine.
Gemälde von Robert Le Fèvre (1756–1830)

Über den Befehl des Kaisers, Kleider sollten aus Samt und Seide gefertigt werden, um die heimische Wirtschaft zu fördern, setzt sich Joséphine eigensinnig hinweg. Sie schreckt nicht einmal davor zurück, ausländische Stoffe ins Land schmuggeln zu lassen. General Marbot erinnert sich, im Jahre 1807 gezwungenermaßen ein großes Paket in seinem Wagen transportiert zu haben. Es enthielt Trikotagen aus Berlin und andere in Frankreich verbotene Stoffe, die für die Kaiserin bestimmt waren. Um die Zöllner zu täuschen, war das Paket mit dem Siegel des siebten Reiterregiments versehen und trug die Aufschrift DOKUMENTE.

Der „Modezar" jener Zeit, dessen erlauchteste Kundin Joséphine ist, heißt Louis-Hippolyte Leroy. Nachdem der Couturier im Jahre 1804 für 74 000 Francs das Krönungsgewand der Kaiserin angefertigt hat, steht er hoch in ihrer Gunst. Er spricht regelmäßig im Palast vor, um sich mit Ihrer Majestät über Mode zu unterhalten, und Joséphine würde um nichts in der Welt einen dieser Termine versäumen. Die Hälfte der ihr für Garderobe zur Verfügung stehenden Summe wandert in Leroys Tasche: Bis zur Scheidung liefert Leroy der Kaiserin jeden Monat Textilien im Wert von 10 000 bis 15 000 Francs. In diesen Summen sind allerdings auch Sachen enthalten, die nicht für Joséphine selbst bestimmt sind: Aussteuern für Verwandte oder Geschenke für die Prinzessinnen der kaiserlichen Familie. Allein im Jahre 1809 kassiert Leroy 142 000 Francs. Infolge der Scheidung seiner besten Kundin erleidet der Couturier schwere Einbußen. Er muß oft lange auf sein Geld warten und sich mit Anzahlungen von 10 000, 3000 oder sogar nur 1000 Francs begnügen.

Alle Lieferanten nutzen Joséphines Schwäche für hübsche Sachen schamlos aus. Sie besitzt einfach nicht genügend Willenskraft, um dem Überangebot widerstehen zu können, und sie ist so leichtsinnig, daß sie sich nicht einmal nach den Preisen erkundigt. Diese Sorglosigkeit verführt die Händler natürlich dazu, Wucherpreise auf die Rechnungen zu setzen. Bourrienne weiß zu berichten, daß die meisten Lieferanten sich auch mit der Hälfte ihrer ursprünglichen Forderungen zufriedengaben. „Einer erhielt statt 80 000 Francs nur 33 000 und besaß die Unverschämtheit, mir zu sagen, daß er auch daran noch genug verdiene", schreibt Bourrienne.

Offiziell stehen Joséphine jährlich 360 000 Francs für ihre Toilette zu, ab März 1809 sogar 540 000 Francs, während Marie-Luise „nur" über 480 000 Francs verfügen wird. Trotzdem ist Joséphine ständig verschuldet.

Zweimal im Jahr wird die gesamte Garderobe inventarisiert, danach sortiert die Kaiserin aus, was sie nicht mehr haben möchte, oft völlig neue Sachen. Im Jahre 1809 etwa werden 533 Artikel aus dem Inventar gestrichen und verschenkt: an die Schwiegermutter, an die Schwägerinnen, an Hofdamen, Kammerzofen und sonstige Interessentinnen. Nur anhand eines solchen Inventars vermag man sich die richtige Vorstellung von Joséphines Garderobenbestand zu machen. Sehen wir uns einmal die Aufstellung von 1809 an: 49 große Hoftoiletten, 676 Kleider, 60 Kaschmir-schals, 496 andere Schals und Schultertücher, 498 Hemden, 413 Paar Seiden- und Baumwollstrümpfe, 1132 Paar Handschuhe, mehr als tausend weiße und schwarze Reiherfedern als Kleider-putz und 785 Paar Schuhe. Innerhalb eines einzigen Jahres bestellt Joséphine 136 Kleider, 87 Hüte, 71 Paar Seidenstrümpfe, 985 Paar Handschuhe und 520 Paar Schuhe.

Ob sie sich manchmal, wenn sie diese märchenhaften Listen liest, daran erinnert, wie mager es noch in der Rue Chantereine um ihre Garderobe bestellt war? Im Jahre 1795 besaß sie nur vier Dutzend Hemden, zum Teil sogar schon ziemlich abgetragene. Den 24 weißen Leinentaschentüchern von damals stehen 1814 579 feine Batisttaschentücher gegenüber. Und wie unglaublich bescheiden war ihre Auswahl an Kleidern: ein braunes und ein violettes Taftkleid sowie drei farbig bestickte Musselinkleider. Kein einziger Kaschmirschal, nur sechs Schals aus Musselin, und nur zwölf Paar Seidenstrümpfe!

Auch was Schmuck betrifft, kennt Joséphine weder Maß noch Ziel. Als Kaiserin stehen ihr zwar die märchenhaften Kronjuwe-len zur Verfügung, aber die Tatsache, daß ihre erste Hofdame oder ihre Garderobenmeisterin dazu jedesmal einen schriftlichen Antrag stellen muß, sowie das Bewußtsein, daß diese Kostbar-keiten ihr nicht gehören, verderben ihr jede Freude daran. Deshalb ist sie nach Kräften bemüht, ihre privaten Schatullen zu füllen. Sie läßt bei vielen verschiedenen Juwelieren arbeiten, hat aber zwei Favoriten: zunächst Foncier, den sie sogar ins Ver-trauen zieht und zu ihrem Komplizen macht, wenn es darum geht, Bonaparte weiszumachen, daß dieses oder jenes Schmuck-stück nicht neu sei. Während des Empire steht dann der Juwelier Marguerite besonders hoch in ihrer Gunst. Joséphine läßt ihren Schmuck ständig umarbeiten, kauft Sachen, tauscht sie um, ver-kauft sie wieder, leistet Anzahlungen – kurzum, sie richtet ein sol-ches Durcheinander an, daß manchmal weder sie selbst noch die Juweliere wissen, wem dieses oder jenes Stück nun eigentlich gehört. Den Überblick über ihre Schätze hat sie längst verloren; sie ist überzeugt, zuwenig Schmuck zu besitzen, und was sie besitzt, ist ihr niemals schön genug.

Am kostbarsten ist zweifellos ihre Diamantgarnitur; bei der Erbteilung wird sie auf 902 000 Francs geschätzt werden. Doch

auch andere Garnituren sind von hohem Wert. Die meisten bestehen aus Kollier, Diadem, Ohrringen, Kamm und Gürtel. Sie kann
zwei Rubingarnituren sowie jeweils eine Smaragd-, Opal-, Saphir-
und Türkisgarnitur ihr eigen nennen. Es nimmt eigentlich wunder, daß sie bei diesen Schätzen auch an relativ billigem Schmuck
Gefallen findet, etwa an Korallen, Türkisen oder Kameen. Sobald
der Kaiser sich auf einem Feldzug befindet, muß der arme Gene-
ralintendant Daru ihr nicht nur seltene Pflanzen, sondern auch
Modeschmuck aus dem betreffenden Land besorgen.

In den fünf Jahren zwischen 1805 und 1809 gibt die Kaiserin
für Schmuck 865 000 Francs aus, und auch nach der Scheidung
frönt sie unersättlich ihrer Leidenschaft. Bei der Erbteilung
zwischen ihren beiden Kindern wird der Gesamtwert der Pretiosen auf mehr als drei Millionen Francs geschätzt: Eugène erbt
Schmuck im Wert von 1 422 432 Francs, Hortense im Wert von
1 555 470 Francs. Vom größten Teil ihrer Kostbarkeiten hat sich
Joséphine allerdings trennen müssen: Sie war gezwungen gewesen, die Diamantgarnitur dem Zaren und die Saphirgarnitur der
Duchesse d'Orléans zu verkaufen; der König von Bayern hatte
gegen eine Rente auf Lebenszeit in Höhe von 25 000 Francs ein
herrliches Kollier erhalten. Auf diese Weise ist eine der schönsten
Schmucksammlungen, die eine Herrscherin jemals zusammengetragen hat, in alle Winde verstreut worden.

DIE ZEITGENOSSEN sind sich in ihren Memoiren in einem Punkt
einig: Alle rühmen Joséphines Güte und Großzügigkeit. Unzählige Menschen haben von diesen Charaktereigenschaften profitiert, angefangen mit den Taschers und den Beauharnais.

Daß Joséphine ihre Mutter nach Kräften unterstützt, ist nur
recht und billig, hat diese ihr doch nach der Entlassung aus dem
Gefängnis mehrfach unter die Arme gegriffen. Im Jahre 1801 fällt
Martinique wieder an Frankreich, und von diesem Zeitpunkt an
versucht Joséphine immer wieder, ihre Mutter zu einem Umzug
nach Paris zu bewegen. „Zu meinem Glück fehlt nur noch, Sie in
meiner Nähe zu haben", schreibt sie im Mai 1802. „Verkaufen Sie
Ihren Besitz auf Martinique, und kommen Sie nach Frankreich.
Sie müssen doch den Wunsch haben, jetzt bei Ihren Kindern zu
leben. Sie können nicht länger in den Kolonien bleiben, wenn
Ihre Kinder sich so sehr wünschen, Sie um sich zu haben."

Sie schickt Madame de la Pagerie eine diamantverzierte goldene Schatulle, auf welche ihr Porträt gemalt ist, zusammen mit Porträts ihres Mannes und ihrer Kinder. Aber es ist nichts zu machen: Madame de la Pagerie will ihre Heimatinsel nicht verlassen. Joséphine muß sich damit begnügen, ihr vom Kaiser eine Rente aussetzen zu lassen und die von ihrer Mutter ausgestellten Wechsel zu bezahlen. Madame de la Pagerie wohnt auf Martinique in einem winzigen, sehr lauten Zimmer über der Küche, was natürlich Anlaß zu Gerüchten gibt: Böse Zungen behaupten, die undankbare Tochter kümmere sich nicht um ihre arme Mutter. In Wirklichkeit weigert sich Madame de la Pagerie kategorisch, in eine herrschaftliche Wohnung nach Fort-de-France umzuziehen, wie Joséphine es gern gesehen hätte. Im Jahre 1807 stirbt sie, ohne ihre Tochter als Kaiserin der Franzosen, ihre Enkelin Hortense als Königin von Holland und ihren Enkel Eugène als Vizekönig von Italien gesehen zu haben.

Hingegen gelingt es Joséphine, ihren Onkel Robert-Marguerite de Tascher zum Umzug nach Paris zu bewegen. Sie bringt ihn in ihrem Haus in der Rue de la Victoire unter, das seit dem Konsulat leer steht, bezahlt seine Schulden und verschafft ihm den Orden der Ehrenlegion. Als er 1806 stirbt, läßt sie ihm in der Kirche von Rueil ein Grabmal im antiken Stil errichten und vergißt auch seine neun Kinder nicht. Fünf von ihnen kommen nach Frankreich und sind bald bestens versorgt: für Stéphanie arrangiert der Kaiser eine Ehe mit dem belgischen Prinzen von Arenberg; Charles-Marie, der Älteste, wird Oberleutnant der kaiserlichen Garde, kehrt allerdings schon 1806 wieder nach Martinique zurück; Henri wird Oberst und heiratet Marcelle Clary, die Nichte der spanischen Königin Julie, der Gemahlin von Joseph Bonaparte, der das junge Paar fürstlich ausstattet; Louis, Adjutant des Vizekönigs Eugène, heiratet die Prinzessin von der Leyen, Nichte und Erbin des Fürsten Carl-Theodor von Dalberg; und Sainte-Rose wird Ordonnanzoffizier seines Cousins Eugène.

Doch auch andere Verwandte profitieren von Joséphines Gutmütigkeit, ob nun ihre Vettern mütterlicherseits, deren Studien in Paris sie bezahlt, ihre Tante Rosette de la Pagerie, ihre Großtante Madeleine de Tascher, Ursulinin in Bordeaux, oder ihr angeheirateter Onkel Louis Lejeune du Gué, denen sie

Pensionen verschafft. Ihre Großzügigkeit erstreckt sich sogar auf weitläufige Verwandte. Trotzdem sind einige Personen der Meinung, daß für sie nicht genug getan wird.

Auch den Beauharnais läßt die Kaiserin ihre Sorge angedeihen. Sie verschafft ihnen einflußreiche Stellungen und vermittelt vorteilhafte Ehen. Alexandres Cousine Madame de La Rochefoucauld wird erste Hofdame; die Literatin Fanny de Beauharnais erhält jährlich 24 000 Francs. François de Beauharnais, Alexandres Bruder, ein überzeugter Royalist, erhält nach seiner Rückkehr aus der Emigration seine Güter zurück und wird sogar zum bevollmächtigten Gesandten in Etrurien und später zum Botschafter in Spanien ernannt; seine Tochter Emilie heiratet Bonapartes Adjutanten La Valette und wird Garderobenmeisterin Ihrer Majestät. Undankbarkeit gegenüber Verwandten und Freunden kann man Joséphine wahrlich nicht nachsagen!

DIE SUMMEN, die der Kaiserin für ihren Wohltätigkeitsfonds bewilligt werden, steigen von Jahr zu Jahr; waren es 1805 noch 72 000 Francs, so sind es 1809 schon 180 000 Francs. Insgesamt stehen Joséphine in den fünfeinhalb Jahren ihrer Regentschaft für Wohltätigkeitszwecke 925 000 Francs zur Verfügung. Dieser Fonds wird von Ballouhey, einem integren Mann, verwaltet, der sorgfältig über alle Ausgaben Buch führt, was uns heute erlaubt, Joséphines Ruf als Wohltäterin zu überprüfen.

Da wären zunächst einmal jene Bittsteller, die in den Schriftstücken mit Namen, Adressen und genauen Anliegen aufgeführt sind. Die erste Hofdame liest der Kaiserin ihre Berichte vor, und diese entscheidet über die Höhe der zu gewährenden Zuwendung. Meist handelt es sich hierbei um niedrige Summen unter 100 Francs, aber manchmal wird ein Bittsteller mehrmals im Jahr bedacht. Man stößt hier auf erstaunlich viele Namen alter Adelsfamilien. Häufig vertreten sind auch ehemalige Kolonisten aus Saint-Domingue, die durch die Aufgabe dieser Kolonie ruiniert worden sind. Allein im September 1808 werden neun solcher Damen aus dem Fonds bedacht! In ihrer Großzügigkeit vergißt Joséphine weder Eugènes Amme, Madame Chéron, noch die Amme Ludwigs XVI., die Witwe Mallard, die mehrmals im Jahr eine Unterstützung erhält.

Kaum jemand dürfte so viele Empfehlungsschreiben abgefaßt

haben wie Joséphine. Meistens sind ihre Bemühungen von Erfolg gekrönt, und ihr macht es Freude, auf diese Weise zu helfen.

Solche Empfehlungen sind zum Glück kostenlos. Einen erheblichen Posten des Wohltätigkeitsfonds machen hingegen die gewährten Pensionen aus. Ihre Zahl nimmt von vierzig im Jahre 1805 auf hundertzehn im Jahre 1809 zu. Anhand der Liste der Empfänger kann man Joséphines wechselhaftes Schicksal Revue passieren lassen. Eine Freundin aus der Zeit von Fontainebleau, Madame de Montmorin, erhält die höchste Pension, 3600 Francs im Jahr. Joséphine Tallien, ihr Patenkind, wird hinter Bonapartes Rücken genauso bedacht wie Hortenses und Eugènes Kindermädchen, die Mulattin Lefèvre, Hortenses Gouvernante Marie Lannoy und ihre früheren Zofen. Sie hilft mittellosen Kreolen, doch auch mehrere durch die Revolution ruinierte Personen wie die Witwe des Revolutionärs Collot d'Herbois oder eine ehemalige Vorleserin der Töchter Ludwigs XV. können auf ihre Unterstützung zählen. Und diese Liste ließe sich lange fortsetzen.

Mit ansehnlichen Summen können auch verschiedene Pariser Wohltätigkeitsorganisationen rechnen: Waisenhäuser, Hospize und Armenhäuser. Die Ironie des Schicksals will es, daß in einem von ihr besonders geförderten Altenheim im Jahre 1829 ihr ehemaliger Geliebter Direktor Barras stirbt.

Wie man sehen kann, ist ihr Ruf als Fürsprecherin der Armen und Unglücklichen durchaus gerechtfertigt.

WÄHREND die Verwaltung des Wohltätigkeitsfonds Ballouhey keine Mühe macht, treiben die Privatausgaben der Kaiserin den bedauernswerten Mann schier zur Verzweiflung. Wie bereits erwähnt, steht Joséphine für ihre Garderobe jährlich eine Summe von 360 000 Francs zur Verfügung, ab 1809 sogar 540 000 Francs. Sie kommt damit aber bei weitem nicht aus, die Schulden häufen sich, die Lieferanten mahnen, und der Kaiser muß alljährlich hohe Summen zulegen, damit sie ihr Geld bekommen. Im Jahre 1806 sind das 650 000 Francs, 1807 sind es 400 000 Francs und bei der Scheidung gar 1 400 000 Francs! Damit stehen der Kaiserin im Jahr etwa eine Million Francs für Garderobe und Schmuck zur Verfügung. Zum Vergleich: die Gärtner auf Malmaison erhalten 600 Francs Jahreslohn…

Napoleon bezahlt zähneknirschend. Er macht seiner Frau heftige Szenen, die unweigerlich damit enden, daß Joséphine herzerweichend schluchzt, was der Kaiser nicht ertragen kann. Dann kommt es zur Versöhnung, und Joséphine verspricht jedesmal hoch und heilig, keine Schulden mehr zu machen, aber ihre Kauflust ist so groß, daß sie sofort rückfällig wird. Da Joséphine Napoleons Zorn jedoch mehr als alles andere fürchtet, versucht sie ständig, irgendwie Geld aufzutreiben, und sie wendet dabei die gleichen Methoden wie früher an, als sie noch die Bürgerin Bonaparte war: Sie leiht sich hohe Beträge, ohne sie je zurückzuzahlen, und beteiligt sich darüber hinaus an zweifelhaften Geschäften. Ihre heimlichen Börsenspekulationen mit dem Bankier Delarue als Partner erweisen sich nach anfänglichen Gewinnen als Fehlschlag; bei ihrem Tod schuldet sie dem Bankier fast 150 000 Francs, die dieser erst 1818 von Eugène und Hortense zurückerhält.

Ihr alter Bekannter, der Finanzier Ouvrard, leiht ihr im Jahr 1805 150 950 Francs, der Juwelier Foncier 68 000 Francs; beide sehen ihr Geld bis zu Joséphines Tod nicht wieder. Von alldem weiß Napoleon zum Glück nichts.

Wenn alle anderen Geldquellen versiegen und sie nicht mehr ein noch aus weiß, borgt sie sich Geld von ihren Kindern: einmal 50 000 Francs von Hortense, ein anderes Mal 100 000 Francs von Eugène. Im Jahre 1807 ist ihr Sohn sogar gezwungen, selbst ein hohes Darlehen aufzunehmen, um seiner Mutter aus der Klemme zu helfen, die Angst hat, Napoleon alles zu beichten.

Ballouhey drückt sich später, zur Zeit der Restauration, sehr vornehm aus, wenn er schreibt, daß Joséphines Rechnungen ein überzeugender Beweis dafür sind, „daß die Kaiserin überhaupt keine Ersparnisse machte". Galant fügt er hinzu: „Es ist im übrigen ja allgemein bekannt, daß es Ihrer Majestät gefiel, noch großzügiger zu sein, als ihre Mittel es erlaubt hätten."

„Ich fühle mich mehr denn je als Kaiserin"

Als Joséphine am 9. März 1796 Bonaparte geheiratet hat, ist nur eine Ziviltrauung vollzogen worden, der niemand große Bedeutung beigemessen hat, weil es in jenen revolutionären Zeiten denkbar einfach war, sich wieder scheiden zu lassen. Eine kirchliche Trauung wäre unauflösbar, aber darauf legten beide Ehepartner keinen Wert.

Nachdem Napoleon in Ägypten die ganze Wahrheit über Joséphines Liaison mit Hippolyte Charles erfahren hatte, hat er im Juli 1798 erstmals an eine Scheidung gedacht; doch nach seiner Rückkehr hat er seiner Frau verziehen, und sie bleiben zusammen. Trotzdem ist jener mächtige Zauber, den sie auf Bonaparte ausübte, unwiederbringlich dahin, seit er weiß, daß sie sein Vertrauen mißbraucht und ihn betrogen hat. Im Laufe der Zeit vertauschen die Ehepartner ihre Rollen: Nun ist es Napoleon, der ab und zu Mätressen hat, und Joséphine ist rasend eifersüchtig. Während er selbst seinen Seitensprüngen keine Bedeutung beimißt und sie realistisch als Liebeleien einschätzt, kann Joséphine es nicht ertragen, daß es in seinem Leben andere Frauen gibt. Sie macht ihm Szenen, sie spioniert ihm nach, sie läßt ihn bespitzeln, und sie vertraut ihren Kummer irgendwelchen Freundinnen an, die sich nicht immer als verschwiegen erweisen.

Ob es sich nun um die berühmte italienische Sängerin Giuseppina Grassini handelt, die Bonaparte von Mailand nach Paris kommen läßt, um die Schauspielerin Mademoiselle George oder um die schöne Vorleserin Madame Gazzani – Joséphine weint und tobt! Wenn Napoleon seine Geliebten in seinen Privatgemächern in den Tuilerien oder in Saint-Cloud empfängt, gibt er strenge Order, niemanden einzulassen, auch nicht seine Frau, die – wie er sehr wohl weiß – durchaus imstande wäre, im unpassendsten Moment in sein Schlafzimmer zu stürmen. Hat sie nicht eines Nachts Madame Rémusat gezwungen, mit ihr jene Innentreppe zu Napoleons Schlafzimmer hinaufzusteigen, weil sie ihn auf frischer Tat mit Mademoiselle George ertappen wollte? Allerdings hat das laute Schnarchen des Mamelucken Roustam, der im Vorzimmer seines Herrn schläft, die Damen so erschreckt, daß sie Hals über Kopf geflüchtet sind. Um den Eifersuchtsszenen seiner Frau zu entgehen, verläßt Bonaparte manchmal nachts inkognito den Palast – in schwarzem Frack, einen runden Hut auf dem Kopf, wie irgendein Bürger –, um seine Mätressen zu treffen.

Joséphine, die nicht begreift, daß diese Frauen keine ernsthaften Rivalinnen für sie sind, versucht die Verbindung durch eine kirchliche Trauung zu besiegeln. Sie kommt immer wieder darauf zu sprechen, während Napoleon sich hütet, darauf einzugehen. Seine Brüder Joseph und Lucien drängen ihn ständig, sich scheiden zu lassen, um seine Nachfolge zu sichern. Joséphines diesbezügliche Ängste sind zweifellos begründeter als ihre Aufregung über die gelegentliche Untreue ihres Mannes. Gepeinigt von der Idee einer Scheidung aus Gründen der Staatsräson, sieht Joséphine schließlich nur einen Ausweg: eine Ehe zwischen Hortense und Louis Bonaparte. Obwohl sie es nicht einmal sich selbst eingestehen will und auch weiterhin Kuren in Plombières machen wird, weiß sie genau, daß sie keine Kinder mehr bekommen kann. Doch wenn Hortense und Louis heiraten, könnte deren Sohn eines Tages Napoleons Nachfolge antreten. Die Sache hat nur einen Haken: Hortense liebt Bonapartes Adjutanten Duroc, und der Erste Konsul hätte gegen diese Verbindung nichts einzuwenden. Joséphine setzt ihre ganzen Verführungskünste ein, um Napoleon zu überzeugen, daß eine Ehe zwischen ihrer Tochter und seinem Bruder viel günstiger wäre. Bonaparte will die letzte Entscheidung den Beteiligten überlassen. Als Duroc zögert, entschließt sich Hortense, dem Drängen ihrer Mutter nachzugeben. Die Hochzeit wird am 3. Januar 1802 gefeiert, doch die Ehe ist von Anfang an unglücklich. Joséphine mag unter dem Gedanken leiden, das Glück ihrer Tochter der eigenen Sicherheit geopfert zu haben, aber als am 11. Oktober 1802 der kleine Napoléon-Charles geboren wird, kann sie endlich wieder ruhig schlafen: In dieses Kind – ihren Enkel und Bonapartes Neffen – setzt sie von nun an all ihre Hoffnungen.

Nach der Proklamation des Kaiserreiches ist sie bestrebt, ihre Position durch die Krönung weiter zu festigen. Napoleons Geschwister hingegen wollen um jeden Preis verhindern, daß die verhaßte Schwägerin wie der Kaiser gesalbt und gekrönt wird. Joseph versucht ihn wieder zu einer Scheidung zu überreden, der die Vermählung mit einer ausländischen Prinzessin folgen könnte, die ihm einen direkten Erben schenken würde. Joséphine durchlebt bange Zeiten, doch Bonaparte bietet seiner Familie die Stirn. Wenige Tage vor den Krönungsfeierlichkeiten vertraut er Comte Pierre-Louis Roederer an: „Wie sollte ich diese brave Frau wegschicken, nur weil ich selbst größer werde? ... Nein, das übersteigt meine Kräfte. Ich habe ein menschliches Herz... Wenn sie stirbt, werde ich eine neue Ehe eingehen und

Kinder haben. Aber ich will sie [Joséphine] nicht unglücklich machen."

Er geht sogar noch weiter, adoptiert den kleinen Napoléon-Charles und erklärt ihn zum französischen Prinzen. Sofort beschwert sich Joseph, er sei um seine Ansprüche auf den Thron gebracht worden. Napoleon reagiert gereizt auf diese Klagen und ist nun fester denn je entschlossen, Joséphine krönen zu lassen.

Doch das genügt Joséphine nicht. Sie weiß genau, daß ihre Ehe ohne kirchlichen Segen von einem Tag auf den anderen aufgelöst werden kann. Vom Abbé de Pradt, dem zukünftigen Erzbischof von Malines (Mechelen), klug beraten, gesteht sie dem Papst, daß sie mit Bonaparte nicht kirchlich getraut wurde. Nach den Kanones der Kirche leben sie im Konkubinat, und unter diesen Umständen könnte Pius VII. sie natürlich nicht salben. „Daran soll es nicht scheitern", erklärt der Kaiser. „Würden Eure Heiligkeit uns die Ehre erweisen, die Trauung zu vollziehen?" Schließlich gilt es zu verhindern, daß der Papst einfach nach Rom zurückkehrt und der Kaiser zum Gespött von ganz Europa wird.

Die Trauung wird von Pius VII. in aller Heimlichkeit im Arbeitszimmer des Kaisers vollzogen, in Gegenwart von Kardinal Fesch. Joséphine läßt sich vorsichtshalber eine schriftliche Trauungsurkunde ausstellen, von der sie sich niemals trennen wird, obwohl der Kaiser sie oft zur Herausgabe zu überreden versucht.

Das Gespenst der Scheidung scheint gebannt. Napoleon zweifelt inzwischen an seiner Zeugungsfähigkeit und entschließt sich deshalb, ein Adoptivsystem einzuführen, das die Beauharnais begünstigt. Am 12. Januar 1806 adoptiert er Eugène und Hortense de Beauharnais. Joséphine kann mehr als zufrieden sein, während die Bonapartes vor Wut kochen.

Die Jahre 1805 und 1806 sind Zeiten des Glücks. Mit Ausnahme der verlorenen Seeschlacht von Trafalgar im Oktober 1805 gegen die Engländer feiert Napoleon einen Triumph nach dem anderen: Am 26. Mai 1805 wird er in Mailand zum König von Italien gekrönt; am 2. Dezember 1805 erringt er in der Dreikaiserschlacht von Austerlitz einen glänzenden Sieg; im Frieden von Preßburg Ende Dezember 1805 kann Frankreich die Bedingungen diktieren; unter dem Protektorat Napoleons wird 1806 der Rheinbund – ein Zusammenschluß deutscher Fürsten – gegründet; im August 1806 schlägt für das Heilige Römische Reich Deutscher Nation die letzte Stunde, als Franz II. unter dem Druck Napoleons auf die Kaiserkrone verzichtet; in der Doppelschlacht von Jena und Auerstedt im Oktober 1806 muß

die preußisch-sächsische Armee eine vernichtende Niederlage hinnehmen, und Napoleon zieht kampflos in Berlin ein.

Der Ruhm des Kaisers färbt natürlich auch auf Joséphine ab: Wo immer sie auftaucht, wird sie geehrt und umjubelt. Ihre Italienreise mit Napoleon in der ersten Hälfte des Jahres 1805 ist ein einziger Triumphzug. Überall fliegen ihr die Herzen zu. Sie nimmt ihre Repräsentationspflichten sehr ernst und läßt sich weder Müdigkeit noch Langeweile anmerken, auch wenn sie des ganzen Trubels manchmal etwas überdrüssig ist. Ihr einziger Kummer ist die Trennung von ihren geliebten Kindern. Als

Hortense von Beauharnais mit ihrem Sohn Napoléon-Charles, dem designierten Thronfolger, der im Alter von fünf Jahren starb

der Kaiser ihren Sohn zum Vizekönig von Italien proklamiert, bricht sie bei dem Gedanken, daß Eugène von nun an in Mailand leben muß, in Tränen aus, worauf Napoleon leicht indigniert bemerkt: „Wenn dir die Trennung von deinen Kindern soviel Schmerz bereitet, dann überlege dir einmal, was ich erst empfinden muß. Deine Liebe zu ihnen führt mir grausam vor Augen, welches Unglück es ist, keine Kinder zu haben."

Im Gegensatz zu den ersten Ehejahren, als sie nicht die geringste Lust verspürte, Paris zu verlassen und Bonaparte auf seinen Feldzügen zu begleiten, will sie nun nach Möglichkeit immer in seiner Nähe sein, obwohl er es viel lieber sähe, wenn sie während seiner Abwesenheit für einen normalen Fortgang des Hoflebens sorgen würde. Doch davon will Joséphine nichts wissen. Sie hat nach wie vor Angst, ihn an eine andere Frau zu verlieren.

Während Napoleon im Herbst 1805 seinen glänzenden Feldzug gegen Österreicher und Russen führt, der mit dem Sieg von Austerlitz enden wird, verbringt Joséphine zunächst zwei Monate in Straßburg, wo man die Kaiserin mit Festlichkeiten aller Art zu unterhalten versucht. Auf Napoleons ausdrücklichen Wunsch begibt sie sich Ende November über Karlsruhe und Stuttgart nach München, wo sie am 3. Dezember eintrifft. In der bayerischen Hauptstadt soll sie auf den Kaiser warten und in der Zwischenzeit Frankreich würdig repräsentieren. Wie immer erobert sie mit Charme und Liebenswürdigkeit alle Herzen. Der Kurfürst von Bayern veranstaltet ihr zu Ehren Bälle, Konzerte und Empfänge. Hauptgesprächsthema ist überall die angeblich bevorstehende Heirat von Prinzessin Auguste mit Eugène, obwohl offiziell noch nichts vereinbart ist. Diese Gerüchte kommen sogar Hortense in Paris zu Ohren, und sie erkundigt sich bei ihrer Mutter, ob etwas Wahres daran sei, worauf Joséphine antwortet: „Du weißt doch, meine liebe Freundin, daß der Kaiser, der mit mir nie über dieses Thema gesprochen hat, Eugène nicht verheiraten würde, ohne sich mit mir zu beraten. Doch ansonsten hätte ich nichts dagegen einzuwenden, wenn die Gerüchte zutreffend wären. Ich hätte sie sehr gern zur Schwiegertochter, sie hat einen reizenden Charakter und ist schön wie ein Engel."

Napoleon trifft am 30. Dezember in München ein und stürzt sich sofort in die Verhandlungen. Am 13. Januar 1806 wird der Ehekontrakt unterzeichnet, und am nächsten Tag wird in Anwesenheit des ganzen Hofes die kirchliche Trauung vollzogen. Joséphine ist über diese Heirat sehr glücklich. Ihr Sohn – Vizekönig von Italien und Adoptivsohn des Kaisers – ist nun auch noch mit einer der ältesten europäischen Dynastien verbunden. Ihre eigene Stellung scheint gesicherter denn je. Was könnte ihr jetzt noch geschehen?

275

Eugène Beauharnais, Kaiserin Joséphines Sohn aus erster Ehe, heiratete im Jahr 1806 Prinzessin Augusta von Bayern.

Ein völlig unvorhersehbarer Schicksalsschlag setzt allen herrlichen Zukunftsvisionen ein jähes Ende: Der kleine Napoléon-Charles, Hortenses und Louis' Sohn, den der Kaiser zu seinem Erben ausersehen hat, stirbt am 5. Mai 1807 in Den Haag an Kehlkopfdiphtherie. Das ist ein Drama für seine Mutter; für seine Großmutter ist es eine Katastrophe.

Napoleon führt zu dieser Zeit einen Feldzug gegen die Russen und hält sich in Polen auf, im Feldlager Finckenstein. Als der Kaiser die traurige Nachricht erhält, schreibt er Joséphine: „Ich begreife das Ausmaß Deines Schmerzes über den Tod des armen Napoléon; Du kannst Dir vorstellen, wie mir selbst zumute ist. Ich wäre gern bei Dir, damit Du Dich in Deiner Trauer mäßigst und vernünftig bist. Dir war das Glück beschieden, niemals ein Kind zu verlieren, aber auch das gehört nun einmal zu den schmerzlichen Erfahrungen und Prüfungen unseres irdischen Daseins. Sei vernünftig und nimm Dich zusammen. Oder willst Du meinen Schmerz vergrößern? Adieu, meine Freundin." Doch so gefaßt und abgeklärt, wie er sich in diesem Brief gibt, ist Napoleon keineswegs; der Tod des Kindes hat auch ihn tief erschüttert.

Joséphine ist untröstlich. Sie schließt sich drei Tage lang ein, verweigert jede Nahrung und weint sich die Augen aus. Ihr ist klar, welche Folgen der Tod ihres Enkels für sie haben wird.

Dieser jähe Todesfall wirft alle Pläne des Kaisers über den Haufen und weckt in ihm erneut den Wunsch nach einem direkten Erben, um so mehr, als er am 13. Dezember 1806 zum erstenmal Vater geworden ist. Eléonore Denuelle de la Plaigne hat einen Sohn zur Welt gebracht, den zukünftigen Comte Léon. Diese Geburt beweist dem Kaiser, daß er zeugungsfähig ist, nachdem es Joséphine schon fast gelungen war, ihn vom Gegenteil zu überzeugen. In Polen hat er eine ernsthafte Liaison mit Marie Walewska, und da er seit mehr als zehn Monaten von seiner Frau getrennt ist, unterliegt er nicht mehr ihrem Einfluß und kann sich deshalb leichter zur Scheidung entschließen. Die Friedensverhandlungen von Tilsit im Juli 1807 zeigen ihm, welche Macht er inzwischen besitzt. Es sieht so aus, als brauchte er nur unter den herrschenden Dynastien eine ihm genehme Prinzessin als Nachfolgerin für Joséphine auszuwählen.

Im August 1807 sprechen die beiden Ehepartner ganz offen über eine mögliche Trennung. Joséphine informiert sofort ihren Sohn, der ihr am 10. September 1807 antwortet: „Es wird viel von dieser Scheidung gesprochen. Das weiß ich von Paris und von München, aber ich bin sehr zufrieden über Dein Gespräch mit dem Kaiser, wenn es so verlief, wie Du es mir geschildert hast. Man muß immer ganz offen zu Seiner Majestät sein. Sich anders zu verhalten hieße, ihn nicht mehr zu lieben. Falls der Kaiser das Gespräch wieder auf Kinder bringt, so sage ihm, er dürfe Dir solche Sachen nicht zum Vorwurf machen. Wenn er eigene Kinder für unentbehrlich hält, zu seinem Glück und zum Wohle Frankreichs, dann darf er auf niemanden Rücksicht nehmen. Er muß Dich aber gut behandeln, Dich ausreichend abfinden und Dir erlauben, bei Deinen Kindern in Italien zu leben. Dann kann er eine Ehe eingehen, die für seine Politik und sein Glück notwendig ist. Wir werden ihm deshalb nicht minder verbunden sein, denn auch seine Gefühle für uns dürften sich nicht ändern, selbst wenn die Umstände ihn dazu zwingen sollten, unsere Familie aus seiner Umgebung zu entfernen."

In den Tuilerien werden die Gerüchte über eine kurz bevorstehende Scheidung immer lauter. Sogar der österreichische Botschafter Metternich geht in seinem Schreiben vom 30. November 1807 an Kanzler Stadion auf dieses Thema ein.

In aller Öffentlichkeit wird über eine mögliche Ehe zwischen dem Kaiser und der Schwester des russischen Zaren Alexander diskutiert. Der Hof hält sich in Fontainebleau auf, als Fouché im November 1807 einen Vorstoß bei der Kaiserin unternimmt und ihr ans Herz legt, sie solle zum Wohle der Nation beim Senat um die Scheidung bitten. Joséphine lehnt Fouchés Vorschlag ab. Seit langem auf eine Scheidung vorbereitet, fragt sie ihn kaltblütig, ob er seinen Vorstoß auf Befehl des Kaisers unternommen habe, was der Polizeiminister energisch verneint. Ihm gehe es einzig und allein um den Ruhm seines Vaterlandes, behauptet er.

Als der Kaiser seine Gemahlin wenige Tage später nach den Gründen für ihre Traurigkeit fragt, erzählt sie ihm von ihrer Unterhaltung mit Fouché. Napoleon beruhigt sie und verurteilt die Initiative seines Polizeiministers. Ob dieser tatsächlich eigenmächtig oder aber doch in Napoleons Auftrag gehandelt hat, ist nicht bekannt.

Fouché jedoch ist nicht bereit, so schnell aufzugeben. Am 19. November 1807 veröffentlicht er ein Polizeibulletin, in dem er seinen Standpunkt zur Scheidung des Kaisers unumwunden darlegt. „Bei Hofe, unter den Fürsten, in allen Kreisen wird von der Auflösung der Ehe der Kaiserin gesprochen. Bei Hofe sind die Meinungen zu diesem Thema geteilt. Jene Personen, die das Vertrauen der Kaiserin genießen, scheinen davon überzeugt zu sein, daß der Kaiser sich niemals zu dieser Trennung durchringen wird. Sie argumentieren, die Kaiserin werde in Frankreich verehrt; ihre Beliebtheit sei dem Kaiser und dem Empire nützlich; das Glück des einen wie des anderen sei von der Dauer dieser Verbindung abhängig; die Kaiserin sei der Talisman des Kaisers; eine Trennung würde das Ende seines Glücks bedeuten und dergleichen Ammenmärchen mehr, die Ähnlichkeit mit dem Geschwafel von Wahrsagern haben. Sie bestärken die Kaiserin in ihren Ideen, halten sie davon ab, einen anderen Entschluß zu fassen, ermutigen sie, in der Öffentlichkeit aufzutreten. Die andere Partei bei Hofe, welche die Auflösung dieser Ehe als unerläßliche Voraussetzung für den Erhalt der Dynastie betrachtet, versucht die Kaiserin auf dieses Ereignis vorzubereiten, gibt ihr Ratschläge, die der Situation angemessen sind. In der kaiserlichen Familie gibt es nur eine Meinung: Sie ist einstimmig für die Scheidung. In den vornehmen Pariser Kreisen scheint es bei jenen, die der Dynastie verbunden sind, ebenfalls nur eine

Meinung zu geben: Man ist überzeugt, daß nur leibliche Kinder des Kaisers ihr Fortbestehen garantieren können. Den Egoisten und den Leichtsinnigen ist natürlich alles gleichgültig. Die Unzufriedenen jammern heuchlerisch über das Schicksal der Kaiserin, die sie zutiefst bedauern und der sie plötzlich Gefühle entgegenbringen, die in krassem Gegensatz zu ihrer früheren Einstellung stehen."

Diesmal ist Fouché wirklich zu weit gegangen und wird vom Kaiser scharf getadelt. Dem Polizeiminister wird streng untersagt, sich weiter in die Privatangelegenheiten Ihrer Majestäten einzumischen. Napoleon hat bisher keine positive Antwort aus Rußland erhalten. Er weiß im übrigen genau, daß die Zarenmutter Maria Fjodorovna sehr dagegen ist, eine ihrer Töchter dem „blutrünstigen Tyrannen, der Europa beherrscht", zur Frau zu geben. Wenn er die Scheidung erzwingt, wird er sich in einer unangenehmen, ja sogar lächerlichen Situation befinden.

Zu Beginn des Jahres 1808 scheint sich Joséphines Stellung wieder zu festigen. Napoleon kann sich nicht entschließen, sie zu verlassen. Er liebt sie noch immer, und der Gedanke an eine Trennung von seiner Weggefährtin ist ihm schrecklich. An sie ist er gewöhnt, und sie kennt ihn genau, während er nicht weiß, was ihn bei einer jungen Frau erwarten wird. Vielleicht wird sie ihn – den fast Vierzigjährigen – für alt halten. Auf jeden Fall wird er ihre Tugenden und Schwächen, ihren Geschmack und ihre Neigungen erst erforschen müssen. Er wird liebgewordene Gewohnheiten aufgeben und auf Joséphines betörenden Charme verzichten müssen. Im März wird Joséphine eines Tages gebeten, zum Kaiser zu gehen, der sich krank fühle. Er leidet tatsächlich unter sehr heftigen und schmerzhaften Krämpfen und unter einer Nervenkrise. Als sie das Zimmer betritt, kann er die Tränen nicht zurückhalten, nimmt sie in seine Arme, drückt sie fest an sich und murmelt: „Meine arme Joséphine, ich werde dich nie verlassen können!" Sie bewahrt ihre Fassung. „Sire, beruhigen Sie sich", sagt sie – bei besonderen Anlässen siezt sie ihren Mann. „Sie müssen wissen, was Sie wollen, und mit solchen Szenen sollten wir aufhören." Doch die Nervenkrise verstärkt sich noch. Napoleon beschwört Joséphine weinend, bei ihm zu bleiben und sein Bett zu teilen. Ein ums andere Mal wiederholt er, daß die Bonapartes ihn quälen und unglücklich machen.

Kurz darauf unternimmt das Kaiserpaar die letzte große gemeinsame Reise. Napoleon beabsichtigt, Spanien seinem Reich einzuverleiben, und zu diesem Zweck begibt er sich nach Bayonne, wo er Verhandlungen mit der königlichen Familie führen möchte. Er macht sich die Konflikte zwischen dem schwachen König Karl IV., einem Bourbonen, und Thronfolger Ferdinand zunutze und spielt sie gegeneinander aus. Diese Taktik führt letztlich zum Erfolg: Vater und Sohn entsagen allen Ansprüchen auf den spanischen Thron. Am 7. Juni 1808 proklamiert Napoleon seinen Bruder Joseph zum König von Spanien.

Joséphines Aufgabe besteht in diesen Monaten wieder einmal darin, liebenswürdig zu sein und die königliche Familie durch ihren Charme zu entwaffnen. Sie spielt ihre Rolle auch diesmal mit Bravour, und der Kaiser redet mit ihr über seine politischen Pläne und ist so aufmerksam und rücksichtsvoll, daß jeder Gedanke an eine Scheidung in weite Ferne gerückt scheint. Die Rückfahrt nach Paris vom 21. Juli bis 14. August nimmt die Form einer offiziellen Reise an. Der Weg führt über Auch, Toulouse und Bordeaux in die Vendée, nach Nantes, Angers, Tours und Bloi. Wegen der Hitze reist man nachts; tagsüber muß man sich die ewig gleichen Reden anhören und huldvoll alle Ehrenbezeigungen entgegennehmen. Für Joséphine heißt das vor allem: lächeln, immerzu lächeln, sich nie Müdigkeit oder Überdruß anmerken lassen. Sie erträgt die Strapazen dieser Reise, ohne zu klagen. Auch unterwegs erobert sie im Nu alle Herzen. Ihre Untertanen lieben sie, daran kann kein Zweifel bestehen…

Joséphine glaubt sich gerettet und besteht nicht einmal darauf, Napoleon im September zum Fürstentag nach Erfurt zu begleiten, wo mit dem russischen Zaren Alexander I. Verhandlungen geführt werden sollen. Doch der Kaiser ist mehr denn je entschlossen, sich von ihr zu trennen. Er hofft noch immer, eine Schwester des Zaren heiraten zu können. Es kostet ihn zwar große Überwindung, aber schließlich spricht er doch mit Talleyrand über die Scheidung, und er informiert auch Caulaincourt, seinen Botschafter in Rußland, über seine Pläne. „Dieser Akt wird für mich ein Opfer sein", erklärt er, „denn ich liebe Joséphine. Aber meine Familie, Talleyrand, Fouché, alle Staatsmänner bedrängen mich im Namen Frankreichs."

Nach seiner Rückkehr aus Erfurt hat der Kaiser aber zunächst in Spanien alle Hände voll zu tun. Um die Aufstände im ganzen Land niederzuschlagen, muß er einen Feldzug führen. Und kaum hat er dort die Ruhe wiederhergestellt, erheben sich im April 1809 die Österreicher, und er eilt an den neuen Kriegsschauplatz, wo er im Juli in der Schlacht von Wagram einen weiteren Sieg erringt.

Diese politischen Ereignisse haben Joséphine noch einmal einen Aufschub verschafft, doch inzwischen macht sie sich fast keine Hoffnungen mehr. Gewiß, Napoleon schreibt ihr noch immer sehr oft, aber es sind meistens kühl distanzierte Briefe, die mit einem unpersönlichen „Adieu, meine Freundin" oder mit einem eisigen „Ganz der Deine" enden.

Im Herbst 1809 residiert der Kaiser in Schloß Schönbrunn bei Wien, um den Frieden mit den Österreichern auszuhandeln. Von dort aus erteilt er den Befehl, auf Fontainebleau die Verbindungstür zumauern zu lassen. Als er dann am 26. Oktober um neun Uhr morgens nach Fontainebleau zurückkehrt, ist seine Frau nicht im Schloß; er muß bis sechs Uhr abends auf sie warten. Sein eisiger Ton verrät ihr, daß sein Entschluß nun endgültig feststeht.

Nun kann es sich nur noch um Tage oder bestenfalls um Wochen handeln...

Der ganze Hof weiß Bescheid, und die Bonapartes heucheln nicht einmal mehr Liebenswürdigkeit. Joséphine muß weiter ihre Rolle als Kaiserin spielen, obwohl sie ihren Kummer nicht immer verbergen kann. Am 30. November, zwei Wochen nach der Rückkehr des Hofes in die Tuilerien, bricht der Sturm endlich los.

Joséphine, die den ganzen Tag geweint hat, kaschiert ihre Blässe und ihre roten Augen mit einem großen weißen Hut, der unter dem Kinn gebunden wird und ihre Stirn bedeckt. Beim Abendessen bringt niemand einen Bissen herunter. Nach dem Kaffee gibt der Kaiser zu verstehen, daß er mit der Kaiserin allein sein möchte. Wenige Minuten später sind gellende Schreie zu hören. Napoleon reißt die Salontür auf und ruft nach dem Kämmerer. „Kommen Sie, Bausset, und schließen Sie die Tür!" Der tut, wie ihm geheißen, und sieht die Kaiserin schreiend auf dem Teppich liegen. „Nein, das überlebe ich nicht", stöhnt sie, bevor sie ohnmächtig wird. „Bausset, sind Sie stark genug, Joséphine aufzuheben und über die Innentreppe in ihre Gemächer zu bringen, wo ihr die nötige Pflege zuteil werden kann?" fragt der Kaiser und faßt dann selbst mit an. Sie tragen Joséphine jene

281

Geheimtreppe hinab, die in glücklicheren Tagen romantischen Zwecken diente. Bausset, der auf den Stufen zu stolpern fürchtet, hält die Kaiserin so fest wie möglich, wobei sich sein Degengriff in ihre Schulter bohrt. Zu seiner großen Verwunderung hört er sie plötzlich flüstern: „Nicht so fest!" In diesem Augenblick begreift er, daß ihr Ohnmachtsanfall nur gespielt war.

Nachdem die Kaiserin der Obhut ihrer Damen anvertraut ist, verleiht Napoleon seinen Gefühlen gegenüber dem Kämmerer Ausdruck: „Das Interesse Frankreichs und meiner Dynastie hat mein Herz vergewaltigt... Die Scheidung ist für mich zu einer harten Pflicht geworden... Diese Szene hat mich um so mehr mitgenommen, als

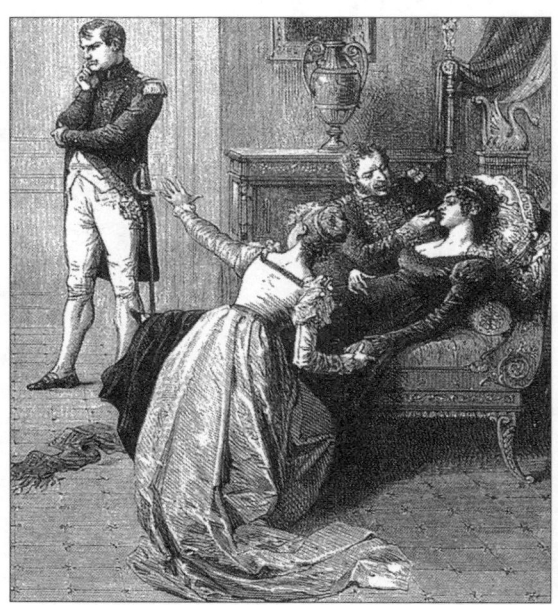

Joséphine bricht bei der Ankündigung der Ehescheidung ohnmächtig zusammen.

ich dachte ... sie hätte es doch eigentlich seit drei Tagen von Hortense wissen müssen ... diese unglückselige Verpflichtung, mich von ihr zu trennen... Ich bedaure sie von ganzem Herzen... Ich glaubte, sie hätte mehr Charakter ... auf solche Ausbrüche ihres Schmerzes war ich nicht gefaßt..."

Die nun folgenden zwei Wochen sind für Joséphine ein langer Leidensweg. Am 2. Dezember, dem Jahrestag der Krönung, veranstaltet sie in Malmaison ein Fest zu Ehren der deutschen Fürsten, die aus Anlaß der Unterzeichnung des Friedens mit Österreich eingeladen worden sind. Am 3. Dezember das Tedeum in Notre-Dame, am 4. die große Truppenparade und ein Fest im Rathaus, am 11. ein Fest bei Berthier in Grosbois, eine große Gesellschaft bei Hofe am 14. Joséphine muß die triumphierenden Mienen der Bonapartes ertragen, die tiefe Genugtuung über den Sturz der verhaßten Schwägerin empfinden. Doch sie ist fest entschlossen, in Anwesenheit der Könige von Bayern, Württemberg und Sachsen sowie verschiedener deutscher Fürsten würdig aufzutreten, was auf die Gäste großen Eindruck macht. Als man sich im Jahre 1814 in Malmaison wiedersieht, unter völlig veränderten politischen Umständen, wird Joséphine von ihrer noblen Haltung in diesen schweren Tagen profitieren. Bis zum Schluß erfüllt sie ihre Repräsentationspflichten, besucht alle Feste und erträgt alle Blicke, mitleidige wie hämische. Der zukünftige Kanzler Pasquier, der bei jener letzten großen Gesellschaft am Vorabend der Scheidung zugegen ist, kann seine Bewunderung nicht verhehlen: „Es war eine große Soiree, und das Souper wurde, wie bei solchen Gelegenheiten üblich, im Saal der Diana an vielen kleinen Tischen serviert", schreibt er. „Joséphine saß am Mitteltisch, und die Männer umringten sie und warteten auf jenes anmutige Kopfnicken, mit dem sie Bekannte zu begrüßen pflegte. Ich blieb einige Minuten in ihrer Nähe stehen und war überrascht von ihrer perfekten Selbstbeherrschung in Gegenwart all dieser Höflinge, die ihr noch alle Ehrenbezeigungen erwiesen, wobei jeder wußte, daß dies das letzte Mal war, daß sie in einer Stunde vom Thron hinabsteigen und den Palast für immer verlassen würde. Nur Frauen sind imstande, eine derart schwierige Situation zu meistern, aber ich bezweifle, daß eine andere Frau dies mit solcher Anmut und Würde vollbracht hätte. Um Napoleons Haltung war es schlechter bestellt als um die seines Opfers."

Und dann ist es soweit: das Gespenst der Scheidung, das Joséphine so lange verfolgt hat, wird Wirklichkeit. Die Zeremonie findet am Abend des 15. Dezember im Thronsaal und im Großen Kabinett des Kaisers statt, in Anwesenheit der ganzen kaiserlichen Familie, kaiserlicher Fürsten, hoher Offiziere und der Hofdamen Ihrer Majestät. Natürlich sind auch beide Ehepartner bei dieser Scheidung „in gegenseitigem Einvernehmen" zugegen. Napoleon spricht in seiner Rede davon, wie schwer ihm der Entschluß zur Trennung von seiner „innigstgeliebten Gemahlin" gefallen sei und daß er sich ob ihrer Liebe und Zärtlichkeit nur glücklich schätzen könne. „Sie hat fünfzehn Jahre meines Lebens verschönt; die Erinnerung daran werde ich für immer in meinem Herzen bewahren."

Dann versucht die Kaiserin, die für sie aufgesetzte Rede vorzulesen, die sie selbst durch einige rührende Passagen ergänzt hat. Doch schon nach wenigen Worten erstickt ihre Stimme in Tränen, und sie überreicht das Manuskript dem Staatssekretär Regnault de Saint-Jean-d'Angély, der die Verlesung übernimmt.

„Mit der Erlaubnis Unseres erhabenen und geliebten Gemahls muß ich erklären, daß ich – nachdem keine Hoffnung mehr besteht, daß ich ihm Kinder schenken könnte, die seiner Politik und den Interessen Frankreichs förderlich wären – bereit bin, ihm den größten Beweis von Liebe und Ergebenheit zu erbringen, der jemals auf Erden erbracht wurde. Ich verdanke alles seiner Güte: von seiner Hand wurde ich gekrönt, und auf diesem Thron habe ich nur Beweise der Zuneigung und der Liebe des französischen Volkes erhalten. Ich glaube, mich dieser Gefühle würdig zu erweisen, indem ich der Auflösung einer Ehe zustimme, die dem Wohle Frankreichs nun im Wege steht, die Frankreich des Glückes beraubt, dereinst von den Nachfahren des großen Mannes regiert zu werden, den die Vorsehung so offensichtlich dazu auserkoren hat, die Übel einer schrecklichen Revolution zu tilgen und Altar, Thron und gesellschaftliche Ordnung wieder erstehen zu lassen. Doch wird die Auflösung meiner Ehe nichts an den Gefühlen meines Herzens ändern: der Kaiser wird in mir stets seine beste Freundin haben. Ich weiß, wie weh dieser von der Politik und von so großen Interessen diktierte Schritt seinem Herzen tat. Doch beide sind wir stolz auf dieses Opfer, das wir zum Wohle des Vaterlandes bringen."

Am nächsten Tag um elf Uhr tagt der Senat, um über die Scheidung abzustimmen. Alle Blicke sind auf Eugène gerichtet, der in seiner Eigenschaft als Senator das Wort ergreift. Er entledigt sich seiner heiklen Aufgabe mit großem Geschick. „Unsere Familie wird immer die des Kaisers sein, zumindest aufgrund der Zärtlichkeit, Ergebenheit und Liebe." Und über seine Mutter sagt er: „Es rührte sie oft in ihrer Seele, wenn sie sah, welch schwere Kämpfe das Herz eines Mannes ausfechten mußte, der daran gewöhnt ist, das Schicksal zu lenken und stets entschlossenen Schrittes zur Verwirklichung seiner großen Pläne voranzuschreiten. Die Tränen, die diese Entscheidung den Kaiser gekostet hat, gereichen meiner Mutter zur Ehre und zum Ruhm."

Dann schreitet man zur Abstimmung. Mit 76 gegen sieben Stimmen bei vier Enthaltungen wird die zivile Ehe aufgelöst, was dem Kaiser viel wichtiger ist als die Annullierung der Ehe durch kirchliche Autoritäten. Letzteres ist für ihn eine reine Formalität. Und tatsächlich erklärt das Diözesanoffizialat von Paris die Ehe zwischen Kaiser und Kaiserin am 9. Januar 1810 für ungültig, und das Metropolitanoffizialat bestätigt diesen Spruch am 11. Januar.

Am 16. Dezember gegen zwei Uhr nachmittags – es ist ein windiger Regentag – verläßt Joséphine die Tuilerien. Sie steigt in ihren Wagen, ohne einen letzten Blick auf den Palast zu werfen, in den sie nie mehr zurückkehren wird.

Malmaison kommt ihr seltsam leer vor. Zum Glück sind wenigstens ihre Kinder bei ihr und versuchen sie zu trösten und abzulenken. Doch in Malmaison sind die Erinnerungen an frühere glückliche Zeiten mit Napoleon übermächtig …

Auch der Kaiser hat die Tuilerien – wenn auch nur vorübergehend – verlassen und sich nach Trianon begeben, wo einige Tage niemand zu ihm vorgelassen wird. Am Abend des 17. Dezember stattet er Joséphine in Malmaison einen Besuch ab und lädt sie und ihre Kinder zum Essen nach Trianon ein. Bei dieser letzten gemeinsamen Mahlzeit zu viert ist der Kaiser, wie Eugène seiner Frau berichtet, zu Joséphine „sehr gütig und sehr liebenswürdig, und ihr schien es daraufhin viel besserzugehen. Alles läßt mich glauben, daß die Kaiserin in ihrer neuen Position glücklicher sein wird und wir alle ebenfalls."

Die Nähe von Trianon ist für Joséphine eine Qual. Sie wartet ungeduldig auf die Besuche und Briefe des Kaisers. Er schreibt ihr täglich, aber seine Zeilen entfachen ihren Schmerz jedesmal aufs neue. „Ich werde Dich besuchen, sobald man mir sagt, daß Du vernünftig bist und etwas Mut geschöpft hast. Adieu, meine Freundin. Auch ich bin heute traurig. Ich muß eben wissen, daß Du zufrieden bist und Dich erholst." Er rät ihr, viel zu schlafen und fröhlich zu sein, doch nach seiner Rückkehr in die Tuilerien bekennt er seinerseits: „Der große Palast kommt mir leer vor, und ich fühle mich einsam."

Joséphine ist zutiefst deprimiert, und sie würde sich völlig der Verzweiflung überlassen, wenn nicht Madame de Rémusat ständig um sie wäre. Die treue Hofdame hat sich strikt geweigert, ihre Herrin zu verlassen. „Die Kaiserin hat einen beklagenswerten

Vormittag verbracht", schreibt sie ihrem Mann. „Sie empfängt Besuche, die ihre Wunden aufreißen, und jedesmal, wenn sie eine Nachricht vom Kaiser erhält, bekommt sie furchtbare Zustände. Jemand – sei es der Großmarschall, sei es der Prince de Neuchâtel – müßte den Kaiser bitten, er möge sich in den Bekundungen seines Bedauerns und Schmerzes mäßigen, wenn er ihr schreibt. Denn wenn er auf diese Weise seine Trauer zum Ausdruck bringt, stürzt sie in tiefe Verzweiflung, und ihre Sinne scheinen sich zu verwirren. Ich betreue sie, so gut es geht. Sie tut mir wahnsinnig leid, sie ist sanft, kränklich und anschmiegsam, so daß es einem schier das Herz zerreißt. Und der Kaiser verschlimmert diesen Zustand noch, indem er sie zu Tränen rührt. Bei alldem kommt nie eine bittere Klage über ihre Lippen, sie ist wirklich engelssanft. Heute morgen bin ich mit ihr spazierengegangen. Ich wollte versuchen, ihren Körper zu ermüden, damit ihr Geist etwas ausruhen konnte. ‚Es kommt mir manchmal so vor‘, sagte sie mir, ‚als sei ich tot und mir bleibe nur noch die vage Fähigkeit zu empfinden, daß ich nicht mehr bin.‘ Versuche, wenn es Dir irgend möglich ist, dem Kaiser mitteilen zu lassen, daß er ihr aufmunternd schreiben solle und außerdem nicht abends, weil sie sonst schreckliche Nächte hat."

Nach den ersten schlimmen Wochen faßt Joséphine sich Anfang Januar 1810 ein wenig. Sie weint nicht mehr so viel und findet sich allmählich mit ihrem Schicksal ab. Trotz der Scheidung behält sie ihre Titel und den Rang einer gekrönten Kaiserin. Die Kaiserkrone und der mit Bienen bestickte Mantel schmücken nach wie vor ihr Wappen. Stolz erklärt sie: „Ich fühle mich mehr denn je als Kaiserin, denn jetzt bin ich es nicht mehr kraft irgendeiner Autorität; vielmehr habe ich festgestellt, daß ich es durch die Vorzüge meiner Seele und durch den Tribut der öffentlichen Meinung bin, der mir ohne jegliche Beeinflussung und ohne jeden Zwang zuteil wurde."

Napoleon hat dafür gesorgt, daß sie auch in Zukunft fürstlich leben kann. Per Dekret vom 16. Dezember 1809 schenkt er ihr Schloß Malmaison und stellt ihr auf Lebenszeit den Elysée-Palast zur Verfügung, den schönsten Palast von Paris.

Der Senat hat ihr eine Jahresrente in Höhe von zwei Millionen Francs aus der Staatskasse bewilligt, und der Kaiser fügt eine weitere Million hinzu. Da er allerdings wieder einmal für alte

Schulden seiner Frau – nun Exfrau – aufkommen muß und diese sich auf fast zwei Millionen belaufen, beschließt er, ihr diesmal nur ein Darlehen zu gewähren. Trotzdem verbleibt ihr in diesen beiden Jahren ein Einkommen von 2 300 000 Francs. Das ändert freilich nichts daran, daß Joséphine bald wieder verschuldet ist. Vergeblich versucht der Kaiser, sie zur Sparsamkeit anzuhalten. Joséphine ist zwar voller guter Vorsätze, aber sie kann einfach nicht mit Geld umgehen. Ihr fehlt jeder Überblick, sie läßt sich von Händlern und Verwaltern betrügen, sie bringt es einfach nicht fertig, ihre Ausgaben für Garderobe und Schmuck einzuschränken. Ende 1811 hat sie erneut Schulden in Höhe von 1 159 493,65 Francs. Der Kaiser, der seinen Finanzminister beauftragt hat, sich um Joséphines Angelegenheiten zu kümmern, ist entsetzt und erklärt zunächst kategorisch, er werde ihre Schulden nicht mehr bezahlen. Doch schließlich zahlt er, wie er es immer getan hat.

Und Joséphine macht sofort neue Schulden, wie sie es immer getan hat. Bei ihrem Tod müssen die Erben feststellen, daß sie fast drei Millionen Francs Schulden hinterlassen hat.

„Wohltuende Ruhe"

Die tiefe Verzweiflung der ersten Wochen nach der Scheidung hat einer melancholischen Resignation Platz gemacht. Doch Joséphine begreift rasch, daß Malmaison jetzt nicht der geeignete Aufenthaltsort für sie ist. Zu viele Erinnerungen an Bonaparte sind damit verknüpft. Deshalb bezieht sie Anfang Februar 1810 den ihr vom Kaiser zur Verfügung gestellten Elysée-Palast, was sich allerdings bald als denkbar ungünstig erweist. Napoleon hat sich zur Ehe mit Erzherzogin Marie-Luise von Österreich entschlossen; die Hochzeitsvorbereitungen sind in Paris in vollem Gange. Das mit ansehen zu müssen fällt Joséphine begreiflicherweise schwer. Und Napoleon weiß, daß peinliche Situationen entstehen könnten, wenn Joséphine zum Zeitpunkt seiner Hochzeit, am 1. April, noch in Paris wäre. Auch Malmaison ist nicht weit genug entfernt. Kurz entschlossen kauft er am 11. März 1810 Schloß Navarra bei Evreux – indem er Navarra zum Herzogtum erhebt, kann Joséphine sich nun Herzogin nennen – und legt seiner geschiedenen Frau nahe, sich dorthin zu begeben. Joséphine gehorcht, auch wenn sie das demütigende Gefühl hat, verstoßen zu werden. Bei ihrer Ankunft in Navarra Ende März stellt sich heraus, daß das Schloß im derzeitigen Zustand kaum bewohnbar ist. Sofort werden umfangreiche Renovierungsarbeiten eingeleitet, und Joséphine bittet daraufhin den Kaiser um einen Vorschuß von mehreren hunderttausend Francs.

Mitte Mai hält sie es in der „Verbannung" nicht mehr aus und kehrt mit Napoleons Erlaubnis für einige Wochen nach Malmaison zurück, bevor sie sich zu einer zweimonatigen Kur nach Aixles-Bains begibt. Ihren Lieblingskurort Plombières aufzusuchen wäre ihr peinlich; sie ist fünfmal dort gewesen – 1798, 1801, 1802, 1805 und 1809 – und mit Ehrungen überhäuft worden. Wie könnte sie jetzt dorthin zurückkehren, nachdem eine andere Frau auf dem Thron sitzt?

In Aix-les-Bains, weit entfernt von Paris und allen schmerzlichen Erinnerungen, kann sie ihre Lage allmählich mit etwas mehr Abstand beurteilen und fühlt sich wesentlich wohler. Im Anschluß an die Kur unternimmt sie eine ausgedehnte Reise durch die Schweiz, hält sich längere Zeit in Genf auf und erwirbt sogar vor den Stadttoren, in Prégny-le-Tour, für 165 000 Francs ein Schlößchen, das sie selbstverständlich – wie könnte es bei Joséphine anders sein? – sofort umbauen läßt. Der Blick auf den Genfer See begeistert sie, und bei klarem Wetter kann man sogar den Montblanc sehen. Sie wird diesen idyllischen Ort allerdings nur noch ein einziges Mal aufsuchen, im Herbst 1812.

Verunsichert, ob sie nun wieder nach Paris zurückkehren darf, schreibt sie dem Kaiser und bittet ihn um Rat. Am 13. Oktober erhält sie in Bern die Antwort des Kaisers, der ihr rät, den Winter entweder bei Eugène in Mailand oder aber auf Schloß Navarra zu verbringen. Die Aussicht, ihren Sohn wiederzusehen und ihre Enkel kennenzulernen, ist verlockend, doch sie befürchtet, die „Neue" könnte eifersüchtig auf sie sein und bei Napoleon ihre Verbannung aus Frankreich durchsetzen. Vielleicht ließe man sie gar nicht wieder ins Land, wenn sie jetzt den ganzen Winter in Mailand verbrächte? Die Aussicht, im kalten und feuchten Klima der Normandie auf Schloß Navarra ausharren zu müssen, ist zwar deprimierend, einer möglichen Exilierung aber doch bei weitem vorzuziehen.

Entgegen ihren Erwartungen bringt dieser lange Aufenthalt in Navarra – sie weilt dort vom 22. November 1810 bis zum 1. April 1811 – jedoch entschieden eine Wende zum Besseren. Sie kommt wieder zur Ruhe und findet allmählich neue Lebensinhalte. Von nun an teilt sie ihre Zeit zwischen Navarra und Malmaison auf und stellt sogar fest, daß dieses neue Leben durchaus seine Vorteile hat. So genießt sie es sehr, die strenge Hofetikette über Bord werfen zu können und aller Repräsentationspflichten ledig zu sein. Besonders auf Navarra geht es sehr zwanglos zu: nur die Mahlzeiten werden zu festen Zeiten serviert, ansonsten kann jeder tun und lassen, was er möchte. „Wie wohltuend ist doch diese Ruhe!" schreibt sie Eugène.

Ihr Hofstaat ist nach der Scheidung etwas kleiner geworden. Bescheiden ist Joséphines Gefolge allerdings noch immer nicht zu nennen. Es umfaßt acht Hofdamen, sechs Kämmerer, sechs Kammerherren, vier Kammerfrauen, einen Rittmeister, vier Stallmeister, zwei Ärzte, zwei Kaplane und eine ganze Heerschar gewöhnlicher Bediensteter.

Über alle Vorgänge bei Hofe ist Joséphine durch ihre Kinder und Freunde bestens informiert. Doch auch der Kaiser selbst hält seine geschiedene Frau über alle wichtigen Ereignisse auf dem laufenden. Ihre Beziehungen normalisieren sich mit der Zeit; sie tauschen Briefe, und gelegentlich stattet Napoleon ihr sogar einen Besuch ab, wovon Marie-Luise freilich nichts wissen darf. Als am 20. März 1811 Napoleons Sohn, der König von Rom, geboren wird, schickt der Kaiser sofort La Valette zu ihr nach Navarra, um ihr die frohe Botschaft zu überbringen. Im ersten Moment huscht leichte Trauer über Joséphines Gesicht, doch sie faßt sich sofort wieder und erklärt dem Generaldirektor der Post lächelnd: „Der Kaiser kann nicht daran zweifeln, daß ich an einem Ereignis, das ihn so beglückt, regen Anteil nehme. Er weiß es, ich bin untrennbar mit seinem Schicksal verbunden, und ich werde immer glücklich sein, wenn er es ist." Zu Ehren des Königs von Rom veranstaltet Joséphine sogar einen großen Ball auf Schloß Navarra.

Der Kaiser ist in seinen Sohn völlig vernarrt. Bei seinen Besuchen auf Malmaison schwärmt er von dem Kleinen, und als Joséphine daraufhin den Wunsch äußert, das Kind zu sehen, weiß er auch das zu arrangieren. Die Gouvernante, Madame de Montesquiou, macht mit dem König von Rom eine Spazierfahrt nach

Bagatelle, wo sie „zufällig" mit Joséphine zusammentreffen, die den Kleinen herzt und ihn „allerliebst" findet.

Zum Glück hat Joséphine, die Kinder sehr liebt, ihre Enkel. Zu ihrem Bedauern hat sie allerdings nur Hortenses Söhne häufig um sich; Eugènes Kinder sieht sie nur ein einziges Mal, als sie im Sommer 1812 zu Besuch in Mailand weilt.

Hortenses erstem Sohn, dem leider so früh verstorbenen Napoléon-Charles, konnte sie als regierende Kaiserin nicht soviel Zeit widmen, wie sie gern gewollt hätte. Das holt sie nun bei Hortenses jüngeren Söhnen nach, bei dem 1804 geborenen Napoléon-Louis und dem 1808 geborenen Louis-Napoléon. Die beiden Jungen verbringen zwei Sommer bei ihr auf Malmaison, während Hortense zur Kur weilt. Besonders der kleine Louis erinnert sich noch als Napoleon III. jener Aufenthalte bei seiner Großmutter, an ihre Wärme und Zärtlichkeit. „Ich entsinne mich, daß wir, mein Bruder und ich, tun und lassen konnten, was wir wollten, waren wir erst einmal in Malmaison", schreibt er. In Joséphines geliebten Gewächshäusern dürfen sie sogar Zuckerrohr abschneiden und daran saugen. Joséphine kauft ihnen Spielsachen, und um ihnen eine Freude zu machen, lädt sie ein Marionettentheater nach Malmaison ein; ein anderes Mal wird eine Laterna magica vorgeführt, mit deren Hilfe man herrliche Bilder auf eine Leinwand projizieren kann. Die größte Attraktion ist allerdings ein dressierter Elefant, der bedauerlicherweise Joséphines Rasen zertrampelt. „Deine Kinder haben sich aber köstlich amüsiert", berichtet sie Hortense.

Im Jahre 1861 wird Napoleon III. Schloß Malmaison, das für ihn mit so vielen schönen Erinnerungen verknüpft ist, zurückkaufen.

„Wie sehr schmerzt es mich, daß der Kaiser so schändlich behandelt wurde!"

1812. Napoleons Rußlandfeldzug ist der Anfang vom Ende des Kaiserreichs. Das Glück wendet sich vom Kaiser ab, nachdem es ihm fast siebzehn Jahre treu geblieben ist.

Die scharfsichtigsten Ratgeber haben Napoleon vor diesem Abenteuer gewarnt. Doch der Kaiser wollte auf niemanden hören.

Im Geiste sah er bereits die Mauern des Kreml und die vergoldeten Kuppeln der Moskauer Kirchen vor sich, und berauscht von
seinen größenwahnsinnigen Visionen, führte er im Juni 1812 die
„Große Armee", das bisher größte Heer der Geschichte, in die
Weite Rußlands. Diese *Grande Armée* besteht aus Polen, Preußen, Österreichern, Italienern, Schweizern, Belgiern und Hollän-
dern, die Seite an Seite mit den Franzosen kämpfen sollen. Freilich wird sich bald zeigen, daß diese Vasallenstaaten alles andere
als zuverlässige Bündnispartner sind.

Auch Joséphine hat düstere Vorahnungen. Sie weiß, was geschehen kann, wenn die kaiserlichen Armeen eine empfindliche
Niederlage erleiden: Die unterdrückten Völker werden von
Napoleon abfallen und zu Bündnispartnern Englands und Rußlands werden. Zudem weiß Joséphine aus eigener bitterer Erfahrung nur zu gut, wie wenig Treue es bei Hofe gibt. Ihr ist klar, daß
gerade jene, die heute die größte Ergebenheit heucheln, jederzeit
bereit sein werden, ihr Mäntelchen nach dem Wind zu hängen.

Die Kaiserin hat Angst um ihren Sohn, der das IV. Regiment
befehligt, aber vielleicht noch mehr um Bonaparte, um das
Schicksal, das ihm beschieden sein könnte. Sehnsüchtig wartet
sie auf Eugènes Briefe, und wenn sie auf sich warten lassen,
befürchtet sie sofort das Schlimmste. Am 30. September 1812
schreibt sie Hortense, daß sie eine Unruhe nicht unterdrücken
könne, die ihr das Leben unerträglich mache. Und die Ereignisse
geben ihr bald recht. Die Nachrichten vom Kriegsschauplatz werden immer deprimierender, und natürlich unternimmt General
Malet in Paris sofort einen Putschversuch, was Joséphine empört.
„Was mich tröstet, ist einzig und allein, daß Paris sich nicht daran
beteiligt hat", schreibt sie ihrem Sohn.

Doch das ist ein schwacher Trost, wenn jeder Kurier aus Rußland neue Schreckensmeldungen bringt. Die Gefallenenlisten
werden immer länger; immer mehr Familien haben Tote zu be-
klagen. Joséphine ist über diese Katastrophe so verstört, daß
Hortense sich große Sorgen um ihre Gesundheit macht. Immer häufiger leidet sie an unerträglichen Migräneanfällen. Sie
brauchte Ruhe, aber sie kann sich einfach nicht entspannen.
Sobald jemand den Namen des Kaisers erwähnt, erbleicht sie,
ihre Lippen beginnen zu zucken, und Tränen treten ihr in die
Augen.

In der Nacht vom 18. auf den 19. Dezember 1812 kehrt der Kaiser nach Paris zurück. Die Nachricht von Malets Putschversuch hat ihn bewogen, die Reste seiner *Grande Armée* zurückzulassen, um zumindest im Innern für Ruhe und Ordnung zu sorgen.

Das Jahr 1813 hält noch Schlimmeres bereit. Am 28. Februar verläßt Friedrich Wilhelm von Preußen den Kaiser und verbündet sich mit den Russen. Am 27. Juni schließt sich auch Österreich der englisch-russischen Koalition an. In der Völkerschlacht bei Leipzig im Oktober wird Napoleon geschlagen. Alle rechtsrheinischen Besitztümer Frankreichs gehen verloren. Joséphine ist völlig niedergeschmettert, denn alles, was den Kaiser betrifft, betrifft auch sie. Daran hat sich noch immer nichts geändert.

Der Aufenthalt ihrer beiden Enkel in Malmaison im Sommer 1813 ist daher eine besonders willkommene Ablenkung. Die fröhlichen, lebhaften Knaben lassen sie vorübergehend die schlimme politische Lage vergessen. Doch dieses Glück ist nur von kurzer Dauer.

Am 9. November 1813 kehrt der Kaiser zum zweitenmal innerhalb eines Jahres besiegt nach Paris zurück. Die Österreicher überschreiten die Alpen, und auch von Süden her rücken Truppen vor, denn Murat, der seinen Thron von Neapel um jeden Preis behalten will, hat Napoleon verraten und ist zum Feind übergelaufen. Vizekönigin Auguste packt vorsichtshalber schon für den Fall, daß man Mailand in aller Eile verlassen muß. Während so viele andere dem Kaiser plötzlich in den Rücken fallen, hält Eugène seinem Adoptivvater unverbrüchlich die Treue. Doch bald steht fest, daß auch Italien für Frankreich verloren ist.

Mittlerweile haben die feindlichen Truppen den Rhein überschritten, und der Kampf tobt nun auf französischem Boden. Bernadotte marschiert auf Belgien zu, während Blücher und Schwarzenberg gegen Paris vorstoßen.

Noch will Napoleon sich nicht geschlagen geben, und tatsächlich kann er im Februar 1814 einige bemerkenswerte Siege verzeichnen. Doch unaufhaltsam rückt der Feind immer näher an Paris heran. Am 28. März flieht Kaiserin Marie-Luise mit dem König von Rom nach Blois. Kaiserin Joséphine beschließt, sich nach Navarra zurückzuziehen. Ihre Wagen sind schwer beladen mit ihrem wertvollsten Hab und Gut, und in den Saum ihres

Unterrocks hat sie Schmuck eingenäht. Sie erreicht Navarra am 30. März. Auf der ganzen Flucht hat sie mühsam Ruhe bewahrt und sich nicht der Verzweiflung anheimgegeben. Sie weiß, daß sie ihren ganzen Mut zusammennehmen muß, wenn sie die nächste Zeit überstehen will.

Am 31. März marschieren die Verbündeten in Paris ein. Joséphine erfährt, daß auch die Brücke von Neuilly besetzt wurde. Von dort bis Malmaison ist es nicht weit. Und was hat sie nicht alles zurücklassen müssen: Vasen, Möbel, Gemälde, Statuen, Kühe, Schafe, ihre Gewächshäuser... Reiche Beute für plündernde Kosaken!

Am 1. April trifft Hortense mit ihren beiden Söhnen in Navarra ein. Joséphine ist erleichtert, daß sie nun wenigstens um ihre Tochter nicht mehr zu bangen braucht. Doch sie steht weiterhin schreckliche Ängste um Napoleon und Eugène aus.

Ein Kammerdiener, dem es gelungen ist, aus dem besetzten Paris zu fliehen, weiß Neues zu berichten: man rechnet mit einer Rückkehr der Bourbonen auf den Thron. Nach den Ereignissen der vergangenen Monate überrascht es Joséphine nicht im geringsten, daß ihr Hofstaat sie im Stich läßt und mit wehenden Fahnen zu Ludwig XVIII. überläuft oder sich bei den ausländischen Fürsten einzuschmeicheln versucht.

Der Kaiser hat eingesehen, daß weiteres Blutvergießen sinnlos wäre, und sich von seinen Armeen direkt nach Fontainebleau begeben, da man ihm den Zutritt nach Paris zweifellos verwehren würde. Am 8. April 1814 setzt eine provisorische Regierung, in der Talleyrand das Sagen hat, Napoleon ab.

Was Joséphine am meisten empört, sind die Beschimpfungen, die nun allerorten gegen Bonaparte laut werden. Es gibt keine Schändlichkeit, die die Presse ihm nicht zur Last legen würde. Joséphine ist gewiß nicht blind für Napoleons Fehler. Maßlosen Ehrgeiz und Ruhmsucht kann man ihm zu Recht vorwerfen. Sie hat jedoch seinen Aufstieg vom unbekannten jungen General zum Kaiser hautnah miterlebt und weiß genau, daß gegen den geschlagenen Kaiser eine üble Verleumdungskampagne geführt wird. Und oft sind es gerade jene, die ihm am meisten verdanken, die jetzt über ihn herfallen. Zutiefst deprimiert, bekennt Joséphine einer alten Bekannten, daß die Undankbarkeit der Franzosen ihr das Herz breche.

Napoleons Vorschlag, zugunsten seines Sohnes abzudanken, wird von den Siegermächten abgelehnt. Zar Alexander I. besteht auf einer bedingungslosen Abdankung des Kaisers, garantiert seinem besiegten Gegner jedoch die Insel Elba als Wohnsitz. Leichenblaß, mit wirren Haaren und zerknitterten Kleidern, übergibt Napoleon am 17. April 1814 Caulaincourt jene Urkunde, mit der er für sich und seine Nachfolger auf die Throne Frankreichs und Italiens verzichtet.

„Welch eine Woche liegt hinter mir, mein lieber Eugène!" schreibt Joséphine ihrem Sohn am 9. April. „Wie sehr schmerzt es mich, daß der Kaiser so schändlich behandelt wurde! Wieviel Beleidigungen in den Zeitungen, wieviel Undankbarkeit seitens jener, denen er die meisten Wohltaten erwiesen hat. Aber nun besteht keine Hoffnung mehr. Alles ist aus; er dankt ab. Für Dich bedeutet das, daß Du frei und von jedem Treueschwur entbunden bist. Es wäre völlig sinnlos, wolltest Du jetzt noch seiner Sache dienen. Handle zum Wohle Deiner Familie."

Eine Epoche ist zu Ende. Bis zum Schluß hat Joséphine an Bonaparte geglaubt, auch wenn sie an Napoleon mitunter irre wurde. Mit der Abdankung des Kaisers finden fast zwanzig Jahre einer trotz allem unzerstörbaren Gemeinschaft ihren Abschluß. Ihren Aufstieg und ihre Position hat Joséphine Napoleon zu verdanken, aber letztlich hat diese Position ihr mehr Enttäuschungen als Freuden eingebracht.

Joséphine hat jetzt allen Grund, sich Sorgen um die Zukunft zu machen. Nach Napoleons Sturz existieren auch die von ihm geschaffenen Königreiche nicht mehr, die er seinen Verwandten sozusagen auf den Leib geschneidert hatte. Was soll aus Eugène und Hortense werden? Und was soll aus ihr selbst werden, falls der Senat beschließt, ihr die Jahresrente in Höhe von zwei Millionen Francs zu streichen? Wie bedauert sie nun, Bonapartes Anregungen zum Sparen nicht befolgt zu haben!

Doch sie hat noch einmal Glück im Unglück. Die Verbündeten beschließen, die Familien Bonaparte und Beauharnais nicht über einen Kamm zu scheren, sondern über das Schicksal der Beauharnais gesondert zu entscheiden. Und auch Talleyrand glaubt, es sei im Interesse Frankreichs, Joséphine zu helfen. Ludwig XVIII. ist dringend auf Unterstützung angewiesen. Er ist alles andere als beliebt. Die Anhänger der revolutionären Gesellschaftsordnung erkennen seine dynastisch begründeten Ansprüche auf den Thron nicht an. Er braucht Verbündete, die ihm in verschiedensten Kreisen Gefolgsleute verschaffen könnten. Und wer könnte sich als Verbindungsglied zwischen den beiden sich befehdenden Frankreich besser eignen als Joséphine? Hat sie nicht schon einmal eine ähnliche Rolle gespielt, als sie Bonaparte vor seiner Machtergreifung zu Kontakten mit einflußreichen Leuten verhalf?

Mit ihrer Taktik, so zu tun, als mische sie sich in nichts ein, während sie sich in Wirklichkeit für alles interessiert, so zu tun, als messe sie der Politik keinerlei Bedeutung zu, während sie in Wirklichkeit ständig manövriert, ist es der Kaiserin tatsächlich gelungen, sogar das Napoleonische Abenteuer unbeschadet zu überstehen. Sie hat ihre Position über den Sturz des Kaisers hinweggerettet. Im April 1814 ist sie bei allen Parteien sehr gefragt. Man hat Napoleon entmachtet, aber man hofiert jene „unvergleichliche Frau", die – wie viele glauben – sein Glücksstern war. Wie Madame de Chastenay betont, vereinigt Joséphine Anmut, Güte, Gerechtigkeit, Kunstsinn und verschiedene andere Talente mit einer perfekten Kenntnis sowohl des Ancien Régime als auch der Revolution und des Empire.

Am 16. April kehrt die Kaiserin nach Malmaison zurück, wo sie erleichtert feststellt, daß nur einige Möbel von geringstem Wert beschädigt worden sind. Eine russische Schutzwache hat Zerstörungen und Plünderungen verhindert.

Die Sieger hegen für Joséphine durchaus freundliche Gefühle. Zar Alexander will mit den Beauharnais großmütig verfahren, um die Bonapartes noch mehr zu isolieren. Und manche der deutschen Fürsten kennen und schätzen die Kaiserin von früher her. So setzt sich Prinz Leopold von Sachsen-Coburg, der sich in den Dienst des Zaren gestellt hat, tatkräftig für sie und ihre Tochter ein und arrangiert einen Besuch des Zaren in Malmaison. „Als es ihnen gutging", schreibt er seiner Schwester Sophie, „brachten sie mir viel Freundschaft entgegen, und jetzt, da niemand sich mehr um sie kümmert und ich auf eine Protektion von ihnen nicht mehr rechnen kann, habe ich ihnen mit Taten meine Dankbarkeit bewiesen und sie meinerseits protegiert."

Zar Alexander kommt am 17. April 1814 nach Malmaison. Er legt Joséphine gegenüber ausgesuchte Höflichkeit und erstaunliches Zartgefühl an den Tag. Wenn das Gespräch auf die

Besetzung von Paris oder auf Napoleons Abdankung kommt, vergißt er niemals, daß er die Gemahlin seines besiegten Gegners vor sich hat. Und die Kaiserin verbirgt ihm nicht, daß sie noch immer tiefe Zuneigung für Napoleon empfindet. Trotzdem ist sie liebenswürdig und charmant zu dem Mann, der den Kaiser zur Abdankung gezwungen hat. Hortense hingegen legt ein sehr kühles Benehmen an den Tag. Als ihre Mutter ihr deswegen später Vorwürfe macht, erklärt sie, sie finde es deplaziert, freundlich zu einem Mann zu sein, der ein erklärter Feind des Kaisers sei.

Am 9. Mai kommt Eugène in Paris an und begibt sich sofort in die Tuilerien, um Ludwig XVIII. zu sprechen. Der König begrüßt ihn huldvoll und soll sogar erklärt haben, er wolle Eugène ein Vater sein und danach trachten, ihm jenen Vater zu ersetzen, den er während der Revolution verloren habe. Der Zar schreibt ihm einen freundlichen Brief. Doch niemand will sich festlegen, welche Pläne man mit dem einstigen Vizekönig von Italien hat.

Dem Zaren ist es mittlerweile gelungen, Hortenses ablehnende Haltung in freundschaftliche Gefühle zu verwandeln. Er stattet ihr und Joséphine häufig Besuche ab und zieht es am 14. Mai sogar vor, den Tag mit den beiden Damen zu verbringen, statt am feierlichen Gedenkgottesdienst für Ludwig XVI. und Marie-Antoinette teilzunehmen. Trotz des kalten und feuchten Wetters wird eine Spazierfahrt durch den Park unternommen. Nach der Rückkehr fröstelt Joséphine und läßt sich Lindenblütentee aufkochen. In den nächsten Tagen klagt sie über einen Katarrh. Was aber schlimmer ist – sie macht einen apathischen Eindruck.

„Ich kann eine furchtbare Traurigkeit nicht überwinden", gesteht sie Mademoiselle Cochelet. „Ich gebe mir alle Mühe, sie vor meinen Kindern zu verbergen, leide darunter aber noch mehr. Ich beginne den Mut zu verlieren. Gewiß, der Zar bringt uns Wertschätzung und Zuneigung entgegen, aber das alles sind nur Worte. Was tut er für meinen Sohn, für meine Tochter und ihre Kinder? Wissen Sie, was geschehen wird, sobald er abgereist ist? Nichts von dem, was man ihm verspricht, wird geschehen. Ich werde meine Kinder unglücklich sehen, und diesen Gedanken kann ich nicht ertragen, er bereitet mir furchtbaren Schmerz. Das Schicksal des Kaisers Napoleon hat mir schon mehr als genug Leid beschert. Muß ich nun auch noch meine Kinder heimatlos und mittellos sehen? Ich fühle, daß solche Gedanken mein Tod sind."

Die Ärzte diagnostizieren zunächst nur eine harmlose Erkältung; doch allen, die Joséphine gut kennen, ist klar, daß sie an einem viel schlimmeren Leiden erkrankt ist, an einer Art Lebensüberdruß. Trotzdem empfängt sie die vielen Gäste, die nach Malmaison strömen, seit der Zar den Reigen eröffnet hat, und noch einmal erliegen alle ihrem Charme, ihren vollendeten Umgangsformen und ihrer Natürlichkeit. Am 23. Mai empfängt sie den König von Preußen und seine Familie, obwohl sie eine unruhige Nacht hinter sich hat und ihr Körper mit einem Ausschlag bedeckt ist. Am 24. Mai kommt der Zar und bringt seine jüngeren Brüder mit, die Großfürsten Nikolaus und Michael. Wieder weigert sich Joséphine, im Bett zu bleiben. In einem tief dekolletierten Kleid erscheint sie zum Abendessen. Hinterher wird getanzt. Joséphine eröffnet den Ball mit dem Zaren, und danach gehen die beiden im Park spazieren, obwohl es ein kühler Abend ist.

In der Nacht bekommt sie hohes Fieber, und ihr Zustand scheint Eugène besorgniserregend. Am Abend des 26. Mai legt Doktor Horreau ihr ein Zugpflaster am Hals an, das der Kranken etwas Linderung zu verschaffen scheint. Trotzdem zieht der Arzt vorsichtshalber zwei Kollegen hinzu. Der Puls der Kaiserin ist schwach und unregelmäßig, ihr Atem geht keuchend, und sie wird von trockenem Husten gequält. Am 27. stellt Doktor Horreau beunruhigt fest, daß ihr Schlund stark gerötet ist. Das Fieber steigt weiter. Am 28. kann sie kaum noch etwas sehen, und ihr Puls ist fast nicht mehr spürbar.

Als Hortense und Eugène am Morgen des 29. das Zimmer ihrer Mutter betreten, streckt sie ihnen die Arme entgegen und murmelt mit verzerrtem Gesicht einige unverständliche Worte. Ein Geistlicher wird gerufen, um die Sterbende mit den Sakramenten zu versehen. Hortense stürzt neben dem Bett ohnmächtig zu Boden.

Die Kaiserin stirbt gegen Mittag in den Armen ihres Sohnes.

„Joséphine de Beauharnais"

„Allmächtiger Gott, welch ein Unglück, welch unersetzlicher Verlust für uns! Ich werde diese zärtliche Mutter also nicht mehr sehen, die so gut zu mir war, der ich eine zärtliche Liebe entgegenbrachte, so, als wäre ich ihre Tochter. Sie lebte doch nur, um andere glücklich zu machen. Nein, meine Schwester, Sie können nicht trauriger sein als ich, Sie können nicht mehr Tränen vergießen als ich... Adieu, meine Schwester. Es gibt für uns kein Glück mehr auf dieser Welt, das Unglück hat uns niedergeschmettert."

Auguste tränkt diesen Brief an ihre Schwägerin Hortense mit ihren Tränen. Die Beauharnais haben ihre Mutter, ihr Oberhaupt, ihr Licht verloren. Doch nicht nur die Familie trauert um Joséphine. Ganz Frankreich fühlt sich plötzlich verwaist.

2. Juni 1814. Trommelwirbel begleiten das Glockengeläut aus den umliegenden Dörfern. Marschälle, Generäle, Pairs, ausländische Botschafter, verschleierte Damen, Gelehrte, Künstler, Abgesandte des Zaren und des preußischen Königs füllen die Kirche von Rueil, während sich auf dem Vorplatz eine dichte Menschenmenge drängt. Die Stimme des Monseigneur de Barral, Erzbischof von Tours, hallt in der Kirche wider.

„Selig sind die Barmherzigen, denn sie werden Barmherzigkeit erlangen." Unter dieses Motto aus der Bergpredigt stellt der Erzbischof seine Predigt. Er bezeichnet Joséphine als Engel der Barmherzigkeit, als Engel des Friedens; er rühmt ihre Güte, ihre Anmut, ihre schlichte Natürlichkeit, ihre Noblesse. „Weinen wir, meine Brüder! Beweinen wir jene, die sie liebte und die nun ohne sie weiterleben müssen! Beweinen wir ihren würdigen Sohn, der über diesen schweren Verlust unglücklich ist! Beweinen wir ihre geliebte Tochter, deren liebevollste und edelste Stütze sie war! Doch beweinen sollten wir auch all jene Unglücklichen, deren Mutter sie ebenfalls war!"

Dies ist die Geburtsstunde der Legende, die sich um Joséphine de Beauharnais rankt, einer Legende, die von einigen Royalisten erfunden wurde, weil sie von der Popularität der Verstorbenen profitieren wollten. Zu Lebzeiten Joséphines konnten die Agenten Ludwigs XVIII. die Gemahlin des Ersten Konsuls nicht dazu bewegen, sich dem Lager des Thronanwärters anzuschließen. Nun, da sie tot ist und von ganz Frankreich beweint wird, kann die geschiedene Frau des Kaisers sich nicht mehr gegen die Einvernahme ihrer Person wehren. Die Anhänger des Königs bemächtigen sich ihrer zum Nutzen des neuen Herrschers und rauben ihr sogar ihren Namen, indem sie „Bonaparte" durch „Beauharnais" ersetzen. Skrupellos ändern sie ihren Lebenslauf ab, wie es ihnen genehm ist. Napoleon wird auf diese Weise zum Ungeheuer, Joséphine zur Märtyrerin.

„Während seiner Herrschaft war sie schrecklich unglücklich und flüchtete sich vor seiner Menschenverachtung und Brutalität in ihre Pflanzenzucht. Die Öffentlichkeit wußte, welche Kämpfe sie ausfocht, um Bonaparte zur Herausgabe eines Opfers zu bewegen; die Öffentlichkeit wußte ihr Dank dafür, daß sie sich ihm zu Füßen geworfen und seine Knie umschlungen hatte, um den Duc d'Enghien zu retten. Einsam inmitten all dieser prunksüchtigen Korsen, sprach nur sie allein die Sprache der Franzosen und verstand ihre Herzen."

Dutzende anonymer Broschüren erscheinen in der Folgezeit. In all diesen Machwerken wird Joséphine als vorbildliche Royalistin, als ergebene Beschützerin von Thron und Altar hingestellt. Schließlich kann man sogar lesen, sie sei an der angeblichen Entführung von Ludwig XVIII. aus dem Gefängnis beteiligt gewesen! Bis zur Unkenntlichkeit verwandelt, wird Joséphine zur *Mater patriae*, zu einer Art Schutzmantelmadonna, deren Güte Frankreich vor der Grausamkeit des korsischen Ungeheuers beschützt hat.

Von dieser Heiligenlegende profitieren zunächst Joséphines Kinder. Eugène und Hortense sind als einzige vom Befehl Ludwigs XVIII. ausgenommen, den gesamten Besitz aller Mitglieder der Familie Bonaparte zu konfiszieren. Doch diese Gunst währt nicht lange.

„Sie hatte das große Glück, im richtigen Augenblick zu sterben", schreibt Pasquier. Und hat er nicht recht? In den letzten Wochen ihres Lebens wurde sie noch einmal von allen Parteien umworben. Doch während der hundert Tage hätte sie sich entscheiden, hätte Partei für die Bourbonen oder für Bonaparte ergreifen müssen. Und alles deutet darauf hin, daß sie sich Napoleon angeschlossen hätte, so, wie auch Hortense das getan hat, wodurch sie alles verlor.

In diesem Sinne starb sie tatsächlich im richtigen Augenblick, als Kaiserin und als Freundin von Königen und Fürsten, gefeiert sowohl von den Anhängern des Ancien Régime als auch von den Kindern der Revolution.

1763	23. Juni: Geburt von Marie-Joseph-Rose de Tascher de la Pagerie in Trois-Ilêts auf Martinique
1773	Eintritt ins Mädchenpensionat in Fort Royal
1779	Ende Oktober: Ankunft in Brest mit dem Vater 10. Dezember: Unterzeichnung des Ehekontrakts mit Alexandre de Beauharnais 13. Dezember: kirchliche Trauung
1781	3. September: Geburt des Sohnes Eugène
1783	10. April: Geburt der Tochter Hortense-Eugénie Ende November: Rückzug in die Abtei von Panthemont
1785	Umzug mit Schwiegervater und Tante nach Fontainebleau
1788–90	Zweijähriger Aufenthalt auf Martinique
1790	29. Oktober: Ankunft in Toulon, Weiterreise nach Paris 7. November: Tod des Vaters Joseph-Gaspard de Tascher
1794	21. April: Verhaftung und Inhaftierung im *Carmes* 23. Juli: Hinrichtung von Alexandre de Beauharnais 6. August: Freilassung aus dem Gefängnis
1795	Mietung des Hauses in der Rue Chartereine
1796	8. März: Unterzeichnung des Ehekontraktes mit Napoleon Bonaparte 9. März: Ziviltrauung 26. Juni: Reise zu Bonaparte nach Italien
1798	2. Januar: Rückkehr nach Paris 26. März: Kauf des Hauses in der Rue Chartereine

1799	21. April: Kauf von Schloß Malmaison 9. November: Staatsstreich vom 18. Brumaire Bonaparte wird Erster Konsul
1800	19. Februar: Einzug in die Tuilerien
1802	3. Januar: Heirat von Hortense de Beauharnais mit Louis Bonaparte 11. Oktober: Geburt des Enkels Napoléon-Charles
1804	18. Mai: Proklamation zur Kaiserin der Franzosen 2. Dezember: Krönung durch Napoleon in Notre-Dame
1805	April–Juli: Italienreise anläßlich Napoleons Krönung zum König von Italien Dezember: Aufenthalt in München
1806	14. Januar: Heirat von Eugène de Beauharnais und Auguste von Bayern
1807	5. Mai: Tod des Enkels Napoléon-Charles 2. Juni: Tod der Mutter Rose-Claire de la Pagerie
1808	Geburt des Enkels Louis-Napoléon (Napoleon III.)
1809	15. Dezember: Scheidung von Napoleon
1810	April/Mai: Erster Aufenthalt im Schloß von Navarra September/Oktober: Schweizreise Ende Oktober: Kauf eines Schlößchens bei Genf
1814	6. April: Abdankung Napoleons 29. Mai: Tod auf Malmaison 2. Juni: Bestattung in Rueil

DER
GRÜNE
FÜRST

DAS ABENTEUERLICHE
LEBEN
DES HERMANN
PÜCKLER-MUSKAU

Eine Kurzfassung des Buches von

HEINZ OHFF

Mit zahlreichen Abbildungen

Ein luxusverwöhnter Snob, der waghalsige Duelle ausfocht und dem mehr Liebschaften als Casanova zugeschrieben werden, ein Abenteurer, der zu Pferd durch halb Afrika reiste, von höchstem Adel, gleichzeitig republikanisch gesinnt, genialer Gartenarchitekt und einer der meistgelesenen Autoren seiner Zeit: Einen Mann wie den Fürsten Pückler-Muskau hat es im Deutschland des 19. Jahrhunderts nicht noch einmal gegeben.

Wie ein historischer Bilderbogen, ebenso farbig wie spannend erzählt Heinz Ohffs Biographie das wechselvolle Leben eines Vielbegabten, der zu genießen verstand und dessen schillernde Persönlichkeit seine Zeitgenossen ebenso beeindruckt wie irritiert hat.

1

Was hier erzählt werden soll, ist alles andere als ein Schauerroman. Es beginnt trotzdem schaurig genug.

1815. Ein junger Graf, noch nicht ganz dreißig Jahre alt, hat eben einen Entschluß gefaßt, der sein Leben verändern soll und seinen gesamten Besitz, die größte Standesherrschaft in deutschen Landen, dazu. Der Entschluß ist lange in ihm gereift. Jetzt verwirklicht er ihn und setzt an den Anfang eine große pathetische Szene.

Vor den erschreckten Augen seiner Untertanen steigt er zur Mitternacht in die Gruft seiner Ahnen, um dort über Leben und Tod, Vergangenheit und Zukunft, über sich, seine Herkunft und seine Pläne zu meditieren. Drei Särge hat der junge Graf vorher öffnen lassen.

Die Fackel in der Hand, steigt der junge Standesherr die morschen Stufen hinab ins düstere Gewölbe. „Mein alter Großvater, der 86 Jahre des Lebens Bürde getragen, war der erste, den ich erblickte. Sein schlohweißes Haar hatte sich in der bleiernen Hülle wieder blond gefärbt. Sein Haupt lag nicht mehr in der alten Richtung auf dem Kissen, sondern hatte sich seitwärts mir zugewandt, und seine weiß kalzinierten (kalkbedeckten) Augen starrten mich an wie zum Vorwurf, daß ich im jugendlichen Übermute der Toten Ruhe gestört." Ihm küßt er den eiskalten Schädel und schneidet „eine spärliche Locke von seinem ehrwürdigen Scheitel".

Im zweiten Sarg streckt sich „unter goldgestickten Lumpen ein langes Geripppe hin", das eines Feldobristen, der im Dreißigjährigen Krieg unter Pappenheim gegen die Schweden zu Felde gezogen ist – ein weiterer Vorfahr.

Dem gleichen Geschlecht, welches sich, der Sage nach, auf Rüdiger von Bechelaren, den Ritterhelden aus dem Nibelungenlied, zurückführt, gehörte auch die Frau im dritten Sarg an. Sie sei, berichtet unser Graf, „bei ihrem Leben die schöne Ursula genannt" worden. In der lokalen Überlieferung hat sie allerdings als „böse Ursel" überlebt.

Lange betrachtet der Graf, auf einem der nicht geöffneten Särge sitzend, „in dumpfer Betäubung" bei flackerndem Fackellicht die Reihe seiner Vorfahren. Dann fällt er auf die Knie und betet, „bis das Eis in meiner Brust in schmerzlich-süße Tränen zerschmolz. Was von Furcht, Grausen und allen unheimlichen Gefühlen in mir gewesen, es verschwand vor Gott, und stille sanfte Wehmut blieb allein zurück."

Gestärkt und getröstet, will man seinen Worten glauben, schreitet der Standesherr zurück in die Welt der Lebenden. Wir befinden uns in Zeiten der Hochromantik mit ihrem Gespenster- und Unheimlichkeitskult. Die Romantiker, zu denen wir den Grafen rechnen müssen, pflegen freilich, als Kehrseite der Medaille, ebenso die Skepsis und ihre zynische Stiefschwester, die Ironie. Unser Graf macht da keine Ausnahme.

Zu seiner großen Freude erregt die mitternächtliche Szene allgemeines Entsetzen nicht nur in seinem Umkreis, denn der Graf sorgt dafür, daß sie weithin publiziert wird. Mutprobe, romantisches Abenteuer und wohl sogar echte Schwermut gehen, wie später noch so oft bei ihm, eine sonderbare Ehe ein. Sein Name erschien und erscheint ohnedies oft in den Zeitungen, vor allem in den Klatschspalten, die es damals schon gibt und die oft den Hauptteil der Gazetten ausmachen.

Gleichsam zur Nachfeier lädt der Graf die Bevölkerung seines Hauptstädtchens zu einem Ball ins Parktheater. Er selbst kann – angeblich – an dem Fest nicht teilnehmen, weil er erkrankt ist, sitzt jedoch in Wirklichkeit hinter den Gittern seiner verdunkelten Loge und beobachtet die von ihm wohlgeplanten Ereignisse.

Zunächst gerät die Musik außer Rand und Band. Ein Hochländer wird als Walzer, ein Walzer gar als getragene Sinfonie gespielt. Die geladenen Gäste hüpfen verzweifelt herum und stehen – oder sitzen – wenig später ebenso ratlos vor einem Essen im englischen Stil, das ihnen, zum Beispiel durch übergroße, unhandliche Löffel für die Suppe, zusätzlich erschwert wird.

Während des Mahls machen dann angelernte Provokateure die braven Bürger auf die seltsamen Tischdecken aufmerksam. Sie sind allesamt tiefschwarz, und das Gerücht verbreitet sich, es

handle sich um Leichentücher aus der eben vom Grafen aufge-
suchten Grabkammer. Sogar das Fleisch, spricht sich herum,
stamme daher, was eine allgemeine Flucht der Gäste zur Folge
hat, in die hinein der Kronleuchter plötzlich von der Decke stürzt
und jemand „Feuer, Feuer!" ruft, was alles unseren Grafen in seiner Loge höchlich amüsiert.

Der Ort der Handlung: Muskau in der Oberlausitz. Über den
mit dem Grauen Scherz treibenden Grafen, Hermann von Pückler, ist das Echo geteilt, wohl sogar bis heute. Noch 1906 tönt ein
wütender Muskauer Festredner namens Siegfried Braun: „Um in
aller Leute Mäuler zu kommen, fuhr er z.B. in Berlin mit vier starken gezähmten Hirschen die Linden entlang, um dann plötzlich
innezuhalten, ein Buch aus der Tasche zu ziehen und sich darin
zu vertiefen. Oder er überredet einen völlig durchnäßten Geistlichen, zur Wahrung seiner Gesundheit in den Sonntagsstaat einer
Frau Försterin zu schlüpfen, lädt den Vertrauensseligen auf seine
Kalesche, saust mit ihm in voller Karriere zur nächsten Stadt und
zum Ergötzen aller Einwohner dreimal um die Kirche herum und
ähnliches mehr." Andere haben ebenso geurteilt. „Seine größte
Schwäche", lesen wir, „war Eitelkeit, und um so mehr, da sie,
gegen bessere Erkenntnis, durch eine ganz eigentümliche
Anomalie ihre Nahrung nur in äußeren Zufälligkeiten und wahren Lappalien suchte."

Ein vernichtendes Urteil. Es stammt allerdings vom Verurteilten selbst, was die Sachlage entschieden verändert. Der Graf und
spätere Fürst ist sich seiner Schwächen völlig bewußt. Seiner
Stärken übrigens auch. Ein trotz des eitel-aristokratischen Geha-
bes im Grunde melancholischer und kontemplativer Charakter,
beobachtet er sich ein Leben lang genau und mit nahezu unbestechlichen Augen. Pücklers stärkster Kritiker ist Pückler selber.
Aber seine Doppelnatur hält ihn im Gleichgewicht. Den Deutschen sollte so etwas eigentlich vertraut sein, wohnen doch,
ihrem Lieblings-Goethezitat zufolge, zwei Seelen, ach, in ihrer
Brust.

Das ist, was Pückler betrifft, freilich weit untertrieben. Seine in
der deutschen Kulturgeschichte einzigartige Persönlichkeit
beweist, daß in ihm, wahrscheinlich aber in uns allen (und nicht
nur den Deutschen), unzählige Doppelnaturen hausen, ungleiche
Paare von oft erschreckender Gegensätzlichkeit.

Eine schillernde Erscheinung, zweifellos. Nicht nur in der kargen Lausitz und unter seinen preußischen Landsleuten, auch wo er sich sonst herumtreibt, am englischen Hof und an dem des türkischen Sultans, in französischen Salons und an der Spitze eines Trupps berittener Beduinen, wirkt er wie ein Kolibri unter Spatzen.

Dabei ist er eine blendende Erscheinung. Eine Reiterfigur, hochgewachsen und – bis ins Greisenalter – gertenschlank, das Bild eines Aristokraten vom Scheitel bis zur Sohle. Daß sich die Frauen reihenweise in ihn verlieben, kann nicht verwundern.

In die deutsche Kulturgeschichte ist er hauptsächlich als Schöpfer einer Eisleckerei eingegangen. Man kann das nur bedauern. Pückler war zwar ein großer Feinschmecker vor dem Herrn, aber diese Création stammt nicht von ihm, sondern von einem cleveren Cottbusser Konditormeister, der bat, den erlauchten Namen für seine Erfindung verwenden zu dürfen.

Der Fürst würde sie vermutlich wenig goutieren, jedenfalls nicht so, wie sie heute daherkommt: drei verschiedenfarbige Speiseeissorten zwischen zwei pappige Waffeln gepreßt. Das Originalrezept hatte schon eher Delikatessencharakter. Es sei an dieser Stelle verraten und zur Nachahmung empfohlen, auch wenn es schwierig sein dürfte, die nötigen Zutaten, etwa Koschenille, laut Fremdwörterduden ein aus Weibchen der Scharlachschildlaus gewonnener karminroter Farbstoff, heute in gebührender Qualität aufzutreiben. Man bedenke ferner, daß das Rezept aus Zeiten stammt, in denen es noch keine elektrischen Kühlsysteme gab.

Rezept Fürst-Pückler-Eis (6 Personen)

$1/2$ Liter sehr steif geschlagene Schlagsahne mit 2 gehäuften Eßlöffeln feinem Zucker vermischen. Die Masse in drei gleiche Teile teilen. Den ersten Teil, der weiß bleiben soll, mit 1 Gläschen Maraschino oder Kirschwasser vermischen, den zweiten mit $1/3$ Tasse Erdbeeren rot färben (notfalls mit einigen Tropfen Koschenille nachhelfen), den dritten mit 2 Eßlöffeln in wenig Wasser aufgelöster Schokolade versetzen. 100 Gramm Makronen in kleine Stücke hacken, mit Maraschino oder Kirschwasser durchziehen lassen, unter alle drei Sorten verteilen. In eine Eiskegelform zuerst die rote, dann die weiße, dann die braune Schicht streichen, diese oben mit einem Blatt weißem Papier abdecken und den Deckel fest anpressen. Die Form sollte in einem Gemisch aus Eis und Viehsalz 2–3 Stunden ganz bedeckt stehen. Sie wird dann in lauwarmes Wasser getaucht, schnell abgetrocknet, geöffnet und gestürzt.

So weit zum kulinarischen Andenken des Fürsten Pückler. Der stets zu Streichen, *practical jokes*, aufgelegte Mann von Hochadel hat Wertvolleres hinterlassen. Er war einer der bedeutsamsten deutschen, ja europäischen Landschaftsgartengestalter. Seine großen grünen Schöpfungen, die Parks von Muskau, Branitz, Babelsberg, zeugen noch heute von seinem gärtnerischen Können. Und er war ein erfolgreicher und geistvoller Schriftsteller, neben seinem Freund Heine und seinem Feind Börne vielleicht der beste Stilist seiner Zeit in deutscher Sprache. Seine Bücher, einst Bestseller, sind mit wenigen Ausnahmen vergessen. Zu Unrecht, denn bei all seiner Vorliebe für schwerverständliche Fremdwörter und selbsterfundene französisierende Wortungeheuer hat selten ein Feuilletonist die deutsche Sprache mit einer derartigen Eleganz zu handhaben verstanden.

Seine Zeitgenossen jedoch hält er in Atem mit gigantischen Planungen, gewagten Zeitungsartikeln und Büchern, aber auch Hirschgespannen, einem Aufstieg im Luftballon sowie der haarsträubenden Provokation, daß er aus Afrika mit einer auf dem Sklavenmarkt erstandenen schwarzen Geliebten heimkehrt.

Der Mann, fand man, hatte eben sehr viel Geld. Aber das ist nur die halbe Wahrheit. Reich war Pückler über lange Strecken seines Lebens nur an Schulden, ansonsten oft bettelarm. Für seine Landschaftsparks, sein luxuriöses Leben und seine Abenteuer hat er mehrere Vermögen zum Fenster hinausgeworfen. Er verschwendete – und er genoß.

Obwohl Melancholiker und überschatteten Gemüts, ist Pückler einer der wenigen Deutschen, die ihr Leben in vollen Zügen und noch als Greis zu genießen verstanden. Die deutsche Kulturgeschichte kennt fast ausschließlich selbstquälerische, umdüsterte Gestalten, denen Lebensgenuß das letzte war, was sie erstrebten. Pückler macht kein Hehl aus der Tatsache, daß er unter anderem auch ein Genußmensch ist wie der Taugenichts in Eichendorffs Novelle. Er verkörpert einen Strang deutscher Geistesgeschichte, der von anderen, aber auch den Deutschen selbst, gern übersehen wird.

Pückler vertritt wie neben ihm nur noch Goethe die kosmopolitische Tendenz deutscher Kultur und Literatur. Seine Sprachgewandtheit reicht über die deutsche Mutterzunge auf ganz natürliche, beinahe selbstverständliche Weise hinaus. Sie erstreckt sich unter Mißachtung fester Grenzen ins Französische, das er vollkommen beherrscht, aber auch ins Englische, Italienische, Spanische und zurück ins Latein der Antike.

Aber kehren wir noch einmal zu dem jungen Grafen zurück, der der Gruft seiner Ahnen entstiegen ist. Seine Gedanken – wir folgen seiner eigenen Darstellung – schweifen zurück in die Vergangenheit, deren makabre Hinterlassenschaft er eben in Augenschein genommen hat. Die Fackel ist in seiner Hand erloschen. Er wirft sie zwischen die Grabkreuze und schreitet, die großväterliche Locke umklammert, den Laternen der Dienerschaft entgegen, die ihn samt Equipage am Kirchhofstor erwartet. Sie, das Schloß und der Traum von einem großen Landschaftsgarten, der es umgeben soll, prächtiger als alle bisherigen in Europa und möglichst sogar England, sind Gegenwart.

Noch auf der Heimfahrt wendet er sich in Gedanken der Zukunft zu. Er ahnt, daß das feudale Zeitalter sich seinem Ende zuneigt. Er ahnt auch, daß die Zukunft dadurch nicht besser, wohl aber anders werden wird. Er stellt sich vor, daß er hundert Jahre nach seinem eigenen Tode zurückkehrt auf seinen Besitz. Da hat sich vieles, beinahe alles geändert. Die neue Welt scheint rein materialistisch organisiert. „Was seh ich? Schiffbar ist der Fluß geworden, der meinen Park durchströmt; – häßliche, nützliche Dinge nehmen die Stellen meiner blumigen Wiesen, meiner dunklen Haine ein." Das Schloß sieht er zur Fabrik umgestaltet. Sein Nachfahr ist kein Herr mehr. Sein Besitz „hat sich mit der Zeit wohl unter hundert verschiedene Besitzer verteilt. Wie könnte einer so viel haben und Freiheit und Gleichheit bestehen!"

So stellt Pückler sich also das 20. Jahrhundert vor. Es kommt noch schlimmer. In seiner Zukunftsvision sieht der Fürst seinen „Urenkel" (den es de facto nie geben wird) auf dem Totenbett: „,Der Vater ist tot!' höre ich eben den Sohn zu einem anderen sagen. ,Es ist kein Zweifel, fahrt ihn hinaus.'"

Pückler endet seinen Bericht: „Ach, lieber Leser, welch ein Begräbnis! Du fragst, wohin es mit der Leiche ging? – Nun, natürlich, wo sie am nützlichsten ist: – aufs Feld, als Dünger."

Die Satire eines Romantikers auf ein allzu rationales oder ratio-
nelles Zeitalter, das er voraussieht? Der Ausflug ins Reich der
Toten und anschließend das der Nachfahren endet jedenfalls in
bitterem Gelächter.

Wenden wir uns Pücklers Gegenwart zu.

2

Sie müssen nämlich wissen, daß heute Sonntag ist", schreibt
„Sder 75jährige Pückler einer jungen Dame, „an welchem Tage
ich einst vor langen Zeiten gerade um 12 Uhr geboren ward, ich
also ein Sonntagskind bin, das eintreffende Ahnungen hat und
Geister sehen kann."

Zunächst scheint es nicht so, als ob dieses Sonntagskind auch
ein Glückskind wäre, eher im Gegenteil. Graf und Gräfin Erdmann von Pückler-Muskau, denen am 30. Oktober 1785 ein
Sohn geboren wird, der erste Nachwuchs, sind bereits zutiefst
zerstritten.

Das ist allerdings durchaus nichts Ungewöhnliches. Aus Liebe
wird damals in derart hochgestellten Kreisen selten geheiratet.
Heiraten haben ein dynastisches Ziel und ein materielles, die
Arrondierung der Familienbesitze. Land und Adel haben Vor-
rang, was zwangsläufig zu lauter mehr oder weniger unglücklichen Ehen führt.

Bei unserem Sonntagskind tritt erschwerend hinzu, daß die
Ehe der Eltern schon von vornherein durch den Ehevertrag
unterminiert worden ist. Die beiden Großväter, der reiche und
mächtige Graf von Callenberg auf Muskau in der Oberlausitz und
der weniger reiche und mächtige Graf Pückler auf Branitz, ebenfalls in der Oberlausitz gelegen, müssen irgendwann um das Jahr
1780 herum im Schloß zu Muskau zusammengekommen sein,
um über das Schicksal ihrer Kinder und ihrer Besitzungen zu verhandeln.

Branitz, Stammsitz der Pücklers, besteht nur aus ein paar Dörfern und einem maroden Schloß in pfannkuchenplatter, dazu
ziemlich unfruchtbarer Ebene unweit von Cottbus. Die Pücklers
haben dafür andere Qualitäten. Sie spielen eine gewisse Rolle, die
sie sich durch List, Mundwerk und Ellbogen errungen haben.

Rechts: Ruine
des Schlosses
Muskau

Unten:
Jugendbildnis
Pücklers

Auch können sie auf das ehrwürdige Alter ihres Adels verweisen. Im „Gotha", dem genealogischen Handbuch des deutschen Adels, steht zwar als frühester Vorfahr 1334 ein Nikolaus Pokeler verzeichnet, aber ist dieser Name nicht von Bechelaren abzuleiten, also bis zum Nibelungenlied zurückzuverfolgen? Man glaubt nur halbwegs daran, auch in der Familie Pückler, aber es fördert Prestige und Kreditwürdigkeit.

In einer Standesherrschaft gilt noch das „alte Recht". Der Standesherr schaltet und waltet wie ein Alleinherrscher, was für seine „Erbuntertanen", wie man sie nennt, eine Art von Leibeigenschaft bedeutet. Sie sind „schollengebunden", das heißt, sie dürfen nirgendwo anders hinziehen, müssen für ihre kümmerlichen Äcker dem Grafen Frondienst leisten und ihn sogar bei allen familiären Veränderungen, etwa Heiraten, um Erlaubnis fragen. Relikte aus dem Mittelalter. Standesherrschaften sind demgemäß, jedenfalls für den Standesherrn, eine lukrative Sache. Um so mehr, als sie in Sachsen nicht einmal Steuern zahlen, wohl aber solche eintreiben dürfen.

Die Standesherrschaft Muskau, zehnmal so groß wie Branitz, erstreckt sich über 550 Quadratkilometer, die größte in Deutschland überhaupt. Sogar ein Städtchen gehört dazu mit rund 3000 Einwohnern, Muskau. Von Kiefern bewachsene Hügelketten bestimmen das Bild der Landschaft, Ausläufer des schlesischen Riesengebirges, dessen schneebedeckte Bergkuppen man bei gutem Wetter sehen kann. Ein lauschiges Flüßchen, die Neiße, schlängelt sich am Schloß Muskau vorbei und durch die Waldungen, die ebenfalls einiges abwerfen. Die Callenbergs besitzen sogar eigene Gerichtsbarkeit, eigene Kirchenhoheit und eine eigene Polizei. Bewohnt wird ihr Land vorwiegend von Sorben, slawischen Wenden, die als gutmütig, abergläubisch, vielleicht etwas hinterwäldlerisch gelten. Der Name Muskau stammt aus dem Slawischen, eine eingedeutschte Form von „Moskwa", also Moskau.

Diese beiden ungleichen Standesherrschaften sollen nun also durch Heirat vereint werden. Der Muskauer Graf Callenberg besitzt nur ein einziges Kind, eine Tochter, für die er den passenden Mann sucht. Daß seine Wahl auf die Pücklers fällt, erstaunt trotzdem. Sie verkörpern in allem das genaue Gegenteil der Callenbergs und sind im ganzen Land unbeliebt. Gelten die Callenbergs als weltläufig, wenn auch etwas fahrig und nervös, vornehme Herrschaften mit musischen Interessen, so die Pücklers als schroff, ungehobelt, habsüchtig und ausschließlich auf Landwirtschaft ausgerichtet. Zudem sind sie als Schürzenjäger berüchtigt.

Beschlossen wird die Heirat zwischen Klementine Kunigunde Charlotte Olympia Luise von Callenberg, im weiteren kurz Klementine genannt, und Erdmann von Pückler. Muskau geht, eine gewaltige Mitgift, auf dieses Ehepaar über. Freilich mit Einschränkungen.

Standesherrin wird Klementine, die Braut, nicht ihr zukünftiger Mann. Da dessen Vater es versteht, sich bei den Verhandlungen mit dem Callenberger höchstselbst als Hausmeier, Verwalter, zu empfehlen, bleibt für den Sohn Erdmann, Klementines Bräutigam, wenig übrig. Man kann verstehen, daß er nur widerwillig seinem Namen, wie der Ehevertrag es fordert, den Namen des Orts seiner Demütigung anhängt und sich in Zukunft Pückler-Muskau nennt. Als die Ehe am 27. Dezember 1784 geschlossen wird, ist Klementine noch nicht ganz vierzehn, ihr Mann bereits dreißig. Am 30. Oktober 1785 wird der kleine Hermann geboren. Die Eheleute haben sich bereits gründlich auseinandergelebt; tägliche Kräche sind an der Tagesordnung. Trotzdem stellen sich – auch dies beim Adel nicht unüblich, denn nur Nachkommen garantieren das Fortbestehen der Linie – in rascher Folge weitere

313

Kinder ein: drei Jahre später Carl-August, der aber schon neun Monate später an der Ruhr stirbt, und dann drei Schwestern, eine nach der Mutter benannte Klementine, gefolgt von Bianca und Agnes. Über Erdmann geht in Muskau die Rede, das Kinderzeugen sei das einzige, was er könne und dürfe.

Armer Erdmann! Er muß sogar erleben, daß sein Vater, der ihn so sehr kujoniert, mit 71 Jahren noch einmal heiratet, ein Fräulein Auguste von Kracht, mit der er seinem inzwischen 45jährigen Sohn zum Vergnügen der Einwohnerschaft Muskaus im Jahre 1800 noch ein Brüderchen beschert. Kein Wunder, daß Graf Erdmann als finster, mürrisch, verschlossen und geizig gilt. Er gönnt niemandem etwas, nicht einmal seinen Kindern (wofür sein einziger Sohn bittere Rache nehmen sollte). Zu Hause steht er unter der Fuchtel seines Vaters und dem Pantoffel seiner jungen Frau, benimmt sich aber gleichzeitig den Kindern und dem Gesinde gegenüber wie ein Haustyrann. Er wird regelrecht gehaßt, obwohl eher Mitleid am Platze wäre. Hermann hat ihn später als seinen tödlichen Feind bezeichnet, den einzigen, den er in seinem Leben gehabt habe.

Die Mutter, kaum dem Kindesalter entwachsen, bietet ebenfalls weder Schutz noch Hilfe. Sie behandelt den Sohn wie ein Spielzeug, „ohne selbst zu wissen, warum sie mich bald schlug, bald liebkoste", wie es der 16jährige in einem Brief ausgedrückt hat. Klementine ist Halbfranzösin. Von ihrer eigenen Mutter hat sie in der Nähe von Crest in Südfrankreich ein schönes Schloß geerbt, Allex, das sie später bewohnen wird. Ihr Temperament ist lebhaft und unausgeglichen, eine ungemein reizvolle, aber nicht unbedingt angenehme Persönlichkeit. Wo immer jemand sie beschreibt, fällt das Wort „schnippisch". Der kleine Hermann Pückler ist ihr nicht viel mehr als eine Puppe. Das Sonntagskind wächst ohne Liebe auf, mit allen Nachteilen hoher Geburt, die er dann auch geringgeschätzt – wenngleich gebührend ausgenutzt – hat.

„In den frühen Jahren meiner Kindheit", heißt es im schon erwähnten Brief, „finde ich mich in den Händen theils dummer, theils roher Bedienter, die mich ziemlich nach Gefallen behandelten." Später treten Hauslehrer oder vielmehr Hofmeister hinzu, denn unter dem tut man's nicht auf Schloß Muskau. Der Vater treibt sie auf und hat einmal sogar eine glückliche Hand bei

314

einem Mann namens Tamm, dem Pückler noch im Alter seine Reverenz erweist. Der 16jährige: „Hätte ich ihn behalten können, vieles wäre anders; der gute Mann hatte aber den Fehler, zu sagen, was er dachte; Damen wollen lieber geschmeichelt sein; meine Mutter konnte sich mit ihm nicht vertragen, und er ging."

Der nächste schmeichelt wiederum zu sehr; er verbarg „unter der Maske des Edelmüthigen die niederträchtigsten Gesinnungen", das heißt, er suchte „meine bisher wenigstens ihrem Gemahl noch treu gebliebene Mutter zu verführen". Da beißt er überraschenderweise auf Granit und muß gleichfalls gehen. Überraschend kann man den Widerstand nennen, weil Erdmann inzwischen kein Hehl daraus macht, daß er sich über seine unglückliche Ehe von anderen Töchtern des Landes hinwegtrösten läßt.

Der kleine Hermann wird unter solchen Umständen störrisch und heimtückisch. Von den Bedienten herumgestoßen, von der Mutter gleichgültig behandelt, vom Vater mißachtet, spielt er den „Hofmeistern" (Hauslehrern) üble Streiche. Eines Tages sperrt ihn sein derzeitiger Hofmeister zur Strafe in ein Turmzimmer hoch über dem Schloßgraben. Wer je in Muskau war, wird den Turm unschwer identifizieren, auch wenn man sich das Schloß selbst damals sehr viel einfacher vorstellen muß. Der Knabe öffnet das Fenster und droht, sich in die Tiefe zu stürzen, aber sein Hofmeister läßt es darauf ankommen.

Der Sechsjährige bewahrt erstaunlich kaltes Blut. Eine Weile geschieht gar nichts, wird es im Dachzimmer nur verdächtig ruhig. Dann ertönt ein lauter Schrei, dem ein heftiger Aufprall auf der Wasseroberfläche folgt. Sofort ist das Schloß alarmiert. In fliegender Hast stürzen Hofmeister und Dienerschaft zu den Booten an der Brücke. Was sie aus dem Wasser fischen, ist eine Strohpuppe, der Hermann seine Kleider übergestreift hat. Er wird alsbald aus seinem Karzer befreit.

Dies sein erster überlieferter Streich. Der Junge wird aus ihm gelernt haben, daß man mit Witz und Geschick mehr erreicht als mit bloßem Trotz. Und daß Schadenfreude ein zusätzlicher Lustgewinn sein kann.

Insgesamt aber verläuft seine Kindheit freudlos. Der Großvater mütterlicherseits, der alte Callenberg, ist der einzige, dem er einige Zuneigung entgegenbringt. „Selbst einer Ohrfeige, die er mir einmal gab, denke ich mit mehr Dankbarkeit, als aller gezwungenen Wohltaten meines Vaters, die freilich diesen Namen nicht verdienen", hat Pückler später selbst bekannt. Der Großvater stirbt, als Hermann eben sieben Jahre alt ist.

„So erreichte ich mein siebentes Jahr", heißt es im Brief des 16jährigen, „begabt mit allen Fehlern, die aus einer solchen, oft widersinnigen Behandlung entstehen mußten. Meine Mutter, der ich zum Spielwerk zu groß wurde, und die meine Erziehung überhaupt zu ennuyiren (langweilen) anfing, drang nun darauf, daß ich aus dem väterlichen Hause weg sollte."

Wie immer gibt der Vater nach. Man entledigt sich des Jungen, indem man ihn in eine Erziehungsanstalt der Herrnhuter nach Uhyst schickt, nur wenige Meilen von Muskau entfernt. Dort verbringt er vier fürchterliche Jahre, in denen er die Frömmler der „herrnhutischen Heuchelanstalt", wie er sie später nennt, gründlich verachten, ja hassen lernt. „Uhyst", so Pücklers französischer Biograph August Ehrhard, „hinterließ ihm nur zwei angenehme Erinnerungen: ein Gärtchen, das er mit Liebe bestellte, und eine kleine Kusine, die im Mädchenhaus von Uhyst von Frauen der gleichen Sekte erzogen wurde. Vierzig Jahre später erinnerte er diese Kusine, die inzwischen die reizende Gräfin von Kielmannsegge geworden war, daß er eines Tages ihr Seidenkleid gestreift und bei dieser Berührung einen seltsamen Schauder empfunden habe."

Das Gärtchen, das ihm die Herrnhuter zur Pflege geben, könnte tatsächlich so etwas wie die Keimzelle der künftigen Landschaftsgärten gewesen sein. Was allerdings den Schauder beim Streifen eines Seidenkleids angeht, so hat Pückler in seinem Brief an Kusine Kielmannsegge augenzwinkernd galant untertrieben. Was er Ada von Treskow über die Affäre mit der ebenfalls nicht mehr unschuldigen kleinen Kusine berichtet, hört sich anders an.

„Ich nun", lesen wir, „der noch nicht ganz zehn Jahr zählte, verliebte mich sterblich in das fromme schöne Mädchen, und bald machten wir es möglich, uns an zum Teil wunderlichen Orten allein zu treffen und Mund auf Mund und Tränen in den Augen vor Verzückung zu vergehen. Aber unschuldig (...) blieb unsere Liebe nicht. Ich war sehr früh gereift, und schon was man verführt nennt. Mein frommes Mädchen gleichfalls durch

Gespielinnen, und auf solche Weise, wie zwei Mädchen, genossen wir, gewissermaßen in aller Unschuld, wenigstens ohne Gewissensskrupel und mit Enthusiasmus Liebe und Wollust unersättlich, wie unbefangene Naturkinder, fast ein ganzes Jahr lang..."

Pädagogik, sieht man daran, läuft oft auf das Gegenteil des Angestrebten hinaus. Wer hätte denn gedacht, daß eine derart prüde Erziehungsanstalt den Keim zu Pücklers schier unersättlicher Sinnlichkeit zumindest mit angelegt haben könnte? Halten wir uns weiter an das, was er selbst verrät.

„Nur ein Schmerz trübte unser Glück", fährt der 75jährige in seinem Brief fort, „der des Abschieds, als man mich in eine andere Anstalt, das Pädagogium zu Halle, versetzte, wo andere Aventüren mich erwarteten, denn mein Leben ist sehr reich an solchen geblieben."

Das steht fest. Der Äußerung eines Zeitgenossen zufolge soll Pückler „mehr Liebschaften gehabt haben als Don Juan und Casanova zusammengenommen". In Halle fühlt er sich nicht weniger unwohl als in Uhyst, aber er ist jetzt älter, hochfahrend und aufbrausend, „nicht zu bändigen", wie ihn die Lehrer bezeichnen, ein „böser Bube", dies die Charakterisierung des Direktors und „Kanzlers" der Franckeschen Stiftungen, Niemeyer.

Fraglos die größte Hallenser „Aventüre" stellt jenes Spottgedicht dar, das der 13jährige Pückler auf die flatterhafte junge Frau des Kanzlers Niemeyer verfaßt. Hier beginnt sich ein schriftstellerisches und satirisches Talent zu regen. Das Gedicht könnte sich übrigens ebensogut auf seine Mutter beziehen und dürfte unter anderem auch auf deren Leichtfertigkeit und Oberflächlichkeit gemünzt sein. Die Verse machen auf der Schule Furore, und als die Autorschaft herauskommt, fliegt Hermann mit Aplomb vom Pädagogium.

Jetzt soll er seine Studien auf der allgemeinen Stadtschule in Dessau fortsetzen. Doch Vater Erdmann erhält eines Tages die Nachricht, daß auch in Dessau die Relegierung seines Ältesten bevorstehe. Es bleibt ihm nichts anderes übrig, als ihn ins ungeliebte Muskau heimzuholen.

3

Auf Muskau hat sich einiges verändert. Die Mutter ist nicht mehr da. Nach fünfzehnjährigem Kampf, tagtäglichem Gezänk hat Gräfin Klementine aufgegeben und sowohl Schloß als auch Mann und Kinder verlassen. Die Scheidung ist eingereicht; sie wird alsbald ausgesprochen werden. Gegen eine Jahresrente von 6000 Talern, keine geringe Summe, verzichtet sie auf das von ihr in die Ehe gebrachte Muskau.

Erdmann aber bleibt unter der Fuchtel seines greisen Vaters, und er muß in absehbarer Zeit den Besitz einem ungeliebten Sohn übergeben, mit dem er nichts als Schwierigkeiten hat und vermutlich weiterhin haben wird. Vieles läßt darauf schließen, daß Klementine ihre Entscheidung weniger aus Mutterliebe trifft, als um ihren Ehemaligen zu ärgern.

Es dauert auch nicht lange, da ist sie schon wieder verheiratet, und zwar mit dem bayerischen Reiteroberst Kurt von Seydewitz, der es noch einmal zum General bringen wird. Im Januar 1800, acht Monate nach der neuerlichen Eheschließung, kommt ihr Sohn Max auf die Welt, in der Familie nur Purzelchen genannt, Pücklers Halbbruder.

Es bleibt nicht der einzige, denn auch der Vater zeugt mit der Geliebten, die an die Stelle Klementines tritt, einen Sohn, der auf die Namen Louis Marco getauft wird. Er spielt, im Gegensatz zu Purzelchen, im weiteren Leben Pücklers keine Rolle.

Man sieht: Auf Muskau hat man genug mit sich selbst und der neuen Situation zu tun. Dem Vater steht mittlerweile der brave Schloßintendant Wolff zur Seite, ein gutmütiger Mann, dessen besänftigender Einfluß auch dem unglücklichen Hermann zugute kommt.

Dem setzen die beiden – was sollen sie anderes tun? – eine Reihe von Hauslehrern vor. Da sie auf diesem Gebiet über keinerlei Erfahrung verfügen, wählen sie die Pädagogen anscheinend auf gut Glück. Die Hauslehrer sind meist rasch wieder verschwunden, weil sie sich nicht bewähren.

Einiges profitiert Pückler immerhin von ihnen. Er behält eine lebenslange Vorliebe für Pferde sowie für das Theater. Seinem

Lehrer Abbé Perrault verdankt Pückler sein vorzügliches Französisch.

Am Ende ist Pückler froh, als er endlich sechzehn ist, nach den Usancen der Zeit reif, um auf die Universität zu gehen.

Man schickt ihn nach Leipzig. Als zukünftiger Herr über soviel Land und so viele Leute soll er die Jurisprudenz studieren. Dies der erste Fehler, denn für dieses Fach ist er, der Luftikus, absolut ungeeignet. Der zweite Fehler: Man gibt ihm wiederum einen Lehrerhofmeister mit, den Graf Erdmann verpflichtet, ohne daß der Kandidat Empfehlungen vorzulegen hätte, ja, wie Pückler später behauptet hat, wiederum ohne ihn auch nur persönlich in Augenschein zu nehmen. Der Mensch heißt Kretschmer und wird von seinem scharfzüngigen Zögling als „läppisch, liederlich, ein Hansnarr" charakterisiert.

Pückler selbst, seine Familie, aber auch seine Biographen sind nicht müde geworden, diesen Kretschmer nach Kräften zu verteufeln. Schon immer war es leichter, andere zum Sündenbock zu machen, als bei sich selbst die Fehler zu suchen. Mag Kretschmer tatsächlich eine windige, leichtsinnige, dazu dumme Kreatur gewesen sein, er kann doch nicht den Muskauer Kronprinzen in derart kurzer Zeit so gründlich verdorben haben. „Verdorben" worden im Sinne bürgerlicher als auch adliger Lebensauffassung ist Pückler bereits durch die Lieblosigkeit seines Elternhauses und die erbärmliche Erziehung in den angeblich so christlichen Instituten.

Aber nun soll Kretschmer an allem schuld sein. „Dieser Elende", so der Biograph Professor Ehrhard, „führte seinen Zögling öfter in Spielhöllen und an schlechte Orte als zu den Vorlesungen." Da ist Skepsis am Platze. Der Spielteufel hat den jungen Mann schon seit Schülertagen ergriffen, und er wird seinen Griff bis ins Greisenalter nicht lockern. Pückler bildet da, zumindest in seinen Kreisen, keine Ausnahme. Alle Welt ist spielversessen.

Auch kann Kretschmer kaum an dem ersten Duell schuld sein, das sein Schüler führt. Es geht um eine Frau, wahrscheinlich sogar eine verheiratete Frau, und verläuft für Pückler erfolgreich. Er ist schon damals – wiederum dank eines zeitweiligen Erziehers, der von Waffen besessen war – ein hervorragender Pistolenschütze. Mag der fehlgeleitete Hofmeister ihn an noch so verruchte „böse Orte" geführt haben. An solchen lernt man keine Frauen kennen, um die man sich duelliert.

Pückler, wie es scheint, wendet sich ganz konsequent von allem ab, was ihm bisher das Leben so schwierig gemacht hat, und geht seine eigenen Wege. Daß er, zunächst wenigstens, die krummen bevorzugt, mag sich aus seiner Jugend erklären, aber auch aus einer Art von Lust an der neu gewonnenen Freiheit, die ihm zugleich die Möglichkeit zur Rache an Vater und Familie gibt.

Seine Streiche und Abenteuer streifen vor allem im Finanziellen oft die Grenzen zur Kriminalität. Sie wären bei weniger Hochgeborenen gewiß streng geahndet worden, vermutlich sogar mit Gefängnis. Pückler hätte für die enormen Geldausgaben, die er in Leipzig tätigt und die seine monatlichen Zuwendungen von zu Hause weit übersteigen, ohne weiteres Wechsel auf sein künftiges Erbe ausschreiben können, wenn auch mit kräftigen Zinssätzen. Statt dessen scheint er sie ganz einfach auf den Namen seines Vaters auszustellen.

Graf Erdmann ist, wohl auch Sinn dieses nicht ganz legalen Verfahrens, darüber höchst erbost und verweigert zunächst jegliche Zahlungen. Aber da gerät er in eine Zwickmühle. Den Skandal, einen Standeserben als Wechselbetrüger zu entlarven, kann er der Familie nicht antun. Grollend zahlt er dennoch – und öffnet damit endgültig die Schleusen.

Dann, statt sich weiter mit Kretschmer, der Jurisprudenz und lästigen Gläubigern herumzuschlagen, wechselt Pückler, ohne seinen Vater zu benachrichtigen, sowohl Ort als auch Beruf. Er ist in Dresden als Leutnant ins feinste sächsische Regiment der Gardes du Corps eingetreten und führt nun das schneidige Leben eines Gardeoffiziers. Roß, Montur, Koller und Dreieckshut mit Federn, alles in den Farben Rot und Gold, muß man bei der Gardekavallerie selbst kaufen und unterhalten, nicht gerechnet die Kosten für Burschen, Stallung und entsprechende Lebensführung. Sie sind erheblich und fließen allesamt dem Grafen Erdmann in Schecks und Schuldverschreibungen zu, die fein säuberlich mit seinem eigenen Namen versehen sind.

In Dresden macht sich der schmucke rot-goldene Gardeleutnant bald als „toller Pückler" stadtbekannt und ficht die nächsten Duelle – wiederum wegen seiner zahllosen Liebschaften – mit

ritterlicher Waffe aus, behält auch durch einen gegnerischen Hieb
lebenslang eine deutlich sichtbare Narbe an der einen Wange.

Zum allgemeinen Liebling der Dresdner wird er durch eine
sonntägliche Eskapade. Er sprengt auf seinem prächtigen Pferd
durch die Spaziergänger an der Brühlschen Terrasse, gibt seinem
Roß die Sporen und setzt mit ihm über die Brüstung der Elb-
brücke, acht Meter tief, in den Strom. Unversehrt gelangen beide
schwimmend ans Ufer.

Andere Streiche begeistern weniger die Bürger als die Kameraden. Während eines Hofballs im Winter belegt er sämtliche verfügbaren Mietwagen und schickt sie in die entfernte Neustadt auf
der anderen Elbseite. Die feinen Damen und Herren müssen in
ihren Festgewändern durch einen heftigen Gewitterregen zu Fuß
nach Hause gehen. Von Pückler großzügig belohnt, sind es die
Droschkenkutscher zufrieden.

Damit offenbar immer noch nicht ausgelastet, tritt Pückler,
obwohl dies Offizieren streng verboten ist, als Schauspieler auf,
vorwiegend in Schauerdramen. Zeitweise steht er bei einer reisenden Truppe, die in einem Dorf der Umgegend gastiert, in
festem Engagement. Einmal spielen alle seine nächsten Kumpane
mit, und er gibt anschließend Komödianten und Gardisten in
einer Scheune ein fröhliches Bankett.

Kein Wunder, daß der „tolle Pückler" häufig im Arrest sitzt, den
er mit einer weiteren Leidenschaft verbringt, dem Kartenspiel.
Auch das kostet Geld. „Ich erhalte die gröbsten Briefe von Deinen Gläubigern", schreibt ihm sein empörter Vater, „die mir
sagen und vorwerfen, ich gäbe Dir eine große Pension und nehme
daher Teil an Deinen Betrügereien usw. (…) Wo ich hinreise, muß
ich unter fremdem Namen reisen, sonst riskiere ich, überall von
Deinen wütenden Gläubigern angefallen zu werden."

Vater Erdmann muß versuchen, den ungebärdigen Verschwen-
der zu bändigen. Er schickt ihm den Hofgerichtsdirektor Hempel, seinen besten Freund, um Pücklers dringendste Schulden in
Dresden zu bezahlen, freilich auch, um dem ungeratenen Spröß-
ling ins Gewissen zu reden. Pückler kennt den freundlichen
Mann seit frühester Jugend und empfängt ihn auf schmeichelhafte Weise mit einem Sektfrühstück. Mehrfach wird auf sein
Wohl getrunken, und es kann gut sein, daß der brave Hempel ein
bißchen mehr Champagner zu sich nimmt, als er vertragen kann.

Danach erscheinen, einer nach dem anderen, die Hauptgläubiger, Hermanns Wechsel in Händen, die vom Kommissionsrat auf Heller und Pfennig beglichen werden. Von der anschließenden Gardinenpredigt, die Pückler sich lächelnd angehört haben dürfte, ist uns nichts überliefert.

Danach gab es vermutlich eine rauschende Siegesfeier, denn bei den „Gläubigern" handelte es sich ausnahmslos um Hermanns Kumpane, bei den „Wechseln" um eigens angefertigte Fälschungen. Leutnant Graf Pückler hat seine eigenen Schulden kassiert. Das schadenfrohe Gelächter Pücklers und seiner Kumpane glaubt man über alle Zeiten hinweg zu vernehmen.

Anders als üblich folgt hier nun dem Possenspiel die Tragödie. Obwohl in Dresden keiner dem charmanten Draufgänger ernstlich böse sein kann, wächst ihm die Sache zusehends über den Kopf. Die christlichen Kaufleute, Bankiers und Standesgenossen, die er angepumpt hat, nutzen die Lage, in die der forsche junge Mann geraten ist, schamlos aus.

Der Trick, den sie anwenden, scheint damals üblich. Man gibt nur einen Teil der verlangten Summe in Geld, den Rest in Form von angeblichen Werten, die der Schuldner unbesehen übernehmen muß. Pückler besitzt durch solche Methode bald unter anderem zwei kranke Windhunde, ein häßliches, nicht einmal vollständiges Meißner Porzellanservice, eine wacklige alte Kutsche und dreißig silberne Uhren. Der gesamte Krempel, darunter auch zwei Pferde, erweist sich als unverkäuflich.

Pückler gerät in Panik und sieht keinen anderen Ausweg mehr, als schleunigst Reißaus zu nehmen. Am 15. September 1804 verläßt der in den Zivilstand zurückversetzte Rittmeister Dresden und begibt sich zunächst ins vertraute Leipzig. Da der Rittmeistertitel mit keinerlei Einkünften verbunden ist, muß er sich die notwendigen Mittel für den Lebensunterhalt auf seine inzwischen üblich gewordene Weise besorgen. Wieder hagelt es Wechsel auf Muskau; der künftige Standesherr genießt in Leipzig immer noch fast unbegrenzten Kredit. Trotzdem werden ihn die Gläubiger auch von dort vertreiben, nach Prag und anschließend nach Wien. Die geplagte Familie befürchtet das Schlimmste.

Doch vor dem 30. Oktober 1806, dem Tag, an dem Hermann von Pückler volljährig wird, stellt sich der junge Mann selbst ein Bein. Er muß verschwinden, fliehen, untertauchen. Erst nach vier

Jahren wird er wieder an die Oberfläche kommen. Eine Atempause für Muskau und Graf Erdmann. Eine Atempause auch für Hermann selbst.

4

Daß Pückler am 14. September des Jahres, in dem er mündig werden soll, aus sächsischen Diensten tritt, liegt zwar in der Hauptsache an den Schulden, die auf ihm lasten. Es hat aber auch wohl etwas damit zu tun, daß es höchstwahrscheinlich bald Krieg geben und er sich dann auf der für ihn falschen Seite befinden wird.

Napoleon I. beherrscht 1806 so gut wie den ganzen Kontinent. Er ist ein überragender Feldherr, gegen den kein Kraut gewachsen scheint, und kein schlechter Regent. Er ordnet Europa neu, durchweg zu Europas Vorteil. Und Länder, die er nicht schlagen kann oder will, zwingt er zum Bündnis mit Frankreich.

Nur der Friedenskönig von Preußen, Friedrich Wilhelm III., hat es, die schöne Luise an seiner Seite, verstanden, sein Land jahrelang aus den napoleonischen Wirren herauszuhalten. Aber die Schaukelpolitik scheitert am Ende doch. Kaum hat Pückler Leipzig in Richtung Prag verlassen, erfolgt eine überstürzte Kriegserklärung Friedrich Wilhelms, am 14. Oktober schlägt Napoleon Preußen vernichtend bei Jena und Auerstedt.

Pückler ist zwar als Lausitzer sächsischer Staatsbürger. Seine Sympathien liegen aber auf seiten Preußens. So vermeidet er es durch seinen Entschluß, auf sächsischer Seite an einem Krieg gegen Preußen teilnehmen zu müssen. Denn der Kurfürst von Sachsen ist mit Napoleon verbündet, was auch Folgen für Muskau hat. Dort führt immer noch Vater Erdmanns eigener Vater das Regiment, obwohl der Greis die Zügel langsam in andere Hände legen muß, vor allem in die des Intendanten Wolff.

Der hat es schwer genug, denn zu den jährlichen 6000 Talern an Klementine und den ungezählten Forderungen der Gläubiger Hermanns, die man auf 100 000 Taler schätzen darf, sind 60 000 Taler Kriegskontributionen hinzugetreten, mit denen Muskau belastet wird. Als General Berthier, von Napoleon zum Fürsten von Wagram erhoben, später auch noch das winzige Land mit 4000 Württembergern belegt, die untergebracht und verpflegt werden müssen, steht es vor dem völligen Ruin. Äcker und Vorratskammern werden von den verbündeten Truppen, die sich wie Feinde benehmen, buchstäblich kahlgefressen.

Hermann muß diese Sachlage bekannt sein. Die Briefe, die er dem gutmütigen Intendanten Wolff jetzt aus Wien schreibt, klingen geradezu kleinlaut. Er fange sogar an, die alten Schulden abzutragen, brauche aber doch etwas Geld. Bei der Mutter hat er mit Bettelbriefen mehr Glück.

Pückler fühlt sich in Wien wohl. Die Stadt ist, Napoleon zum Trotz, lebenslustig geblieben. Daß er ausgerechnet hier ein geregeltes Leben begonnen haben will, klingt allerdings unwahrscheinlich, denn wir finden ihn schon wieder in Liebeshändel und nachfolgende Duelle verwickelt. Immerhin ist er hier auf der „richtigen", der antinapoleonischen Seite. Kaiser Franz hat eben, aus Protest gegen die Rheinbundfürsten, die sich Frankreich angeschlossen haben, die römisch-deutsche Krone niedergelegt und bereitet sich als Franz I. von Österreich auf einen neuen Krieg gegen Napoleon vor. Wahrscheinlich wäre Pückler sogar in kaiserlich-österreichische Dienste getreten und hätte am Krieg als Offizier teilgenommen, wäre er nicht, wie im vorigen Kapitel angedeutet, in jene Affäre gestolpert, die ihn nun auch aus Österreich vertreibt. Als „Affäre Colloredo" ist sie in die damalige Sensationspresse eingegangen.

Ausgangspunkt war, wie man sich denken kann, ein galantes Abenteuer, das zu einer Pistolenforderung des Prinzen Löwenstein führt. Die Sache kann jedoch, noch am Austragungsort, gütlich beigelegt werden. Doch in der Folge wird Pückler von Graf Colloredo-Mannsfeld, Löwensteins Sekundanten, beleidigt. Pückler stellt den Grafen und bearbeitet ihn ebenso schimpflich wie kräftig mit der Reitpeitsche. Die Szene erregt ungeheures Aufsehen, denn bei dem Malträtierten handelt es sich um den Sohn des Reichskanzlers.

Aus Wien hat sich Pückler dadurch selbst herauskatapultiert. Mit geborgten 80 Dukaten flieht er eiligst nach Augsburg. Dort erreicht ihn zwar eine Ehrenerklärung Prinz Löwensteins, aber aus Furcht vor dem österreichischen Kanzler wagt keine Zeitung, sie zu veröffentlichen. Pückler läßt sie selbst heimlich drucken und schickt das Schriftstück Freunden sowie allen Beteiligten.

Das verschlingt sein letztes Geld, zieht aber einen Schlußstrich unter die Tor- und Tollheiten der vergangenen sechs Jahre. Er nimmt, wie es scheint, bewußt Abschied von seiner halbstarken Periode. Ein anderer Pückler beginnt sich abzuzeichnen.

Der ist genauso exzentrisch und sprunghaft wie der alte, aber trotzdem entschlossen, der Welt zu beweisen, daß er mehr kann als ein Schmarotzerleben führen. Zunächst allerdings ist er bettelarm. Von München aus bittet er Wolff flehentlich um wenigstens 1000 Taler. Der Vater läßt ihm 500 zukommen mit dem Befehl, sofort nach Muskau zurückzukehren.

Nach Muskau jedoch steht Pückler nicht der Sinn. Obwohl die Welt rundum in Flammen steht, beschließt er so etwas wie eine Bildungsreise, die er nicht als privilegierter Sproß des Hochadels unternimmt, sondern als Mensch wie andere Menschen auch.

Die nächste Bitte, die Wolff zugeht, ist die um einen Reisepaß. Er möge auf einen Sekretär namens Hermann ausgestellt werden, ohne Titel und ohne „von". Zugleich handelt er eine Art von Jahressalär aus, 1200 Gulden jährlich, für seine Begriffe und Gewohnheiten eine geradezu kümmerliche Summe. Dann begibt er sich, anonym und als kleiner Sekretär Hermann, auf Schusters Rappen nach Ulm.

Der tolle Rittmeister beweist sich als Asket. Er trägt nur Gepäck bei sich, was er selbst tragen kann, gönnt sich nur einen Extrarucksack, in dem er Bücher unterbringt, zuoberst eine lateinische Grammatik und eine Kirchengeschichte.

In Zukunft putzt sich der Grafensohn die Schuhe selbst und lernt, wie man Kleider ausbürstet. Er leistet sich nur selten ein Gefährt, sondern legt sparsam die größten Strecken zu Fuß zurück, mitunter in Märschen von zehn Stunden. Die Jugendwanderungen haben begonnen.

Das läßt sich erst einmal schwierig an. In Ulm ist er im dritten Stock einer baufälligen Behausung bei einem Fabrikanten von Spielkarten billig untergekommen. Die Möbel sind wurmstichig, die beiden Kammern unheizbar, die Treppen mühsam zu erklimmen. Es macht ihm anscheinend nichts aus, daß er zum Frühstück Kaffee-Ersatz trinken und sich beim Abendessen mit Schwarzbrot in Wasser begnügen muß. Bei einem Stück Rindfleisch, das er sich mittags einmal leistet, beißt er sich einen Zahn aus – für einen verwöhnten Adligen dies alles ganz gewiß ein

Verzicht, der ihn ehrt. Sein Zimmer ist zudem so kalt, daß es ihm selbst im Gewölbe des Doms angenehmer vorkommt; auch steigt er, um warm zu werden, gern auf den damals noch unvollendeten Turm des Münsters. Mut zur Entbehrung besitzt Pückler genug. Aber es hilft ihm nichts. Er ist derartiges nicht gewohnt. Er wird krank.

Da liegt er in seinem Dachstübchen, durch dessen Ritzen der Wind pfeift, ohne Geld für einen Arzt oder eine Medizin und mit einem Latein- und einem Kirchengeschichtsbuch als alleiniger Unterhaltung.

Er wendet sich nun doch brieflich an die Mutter und klagt ihr sein Leid. Das geschieht, ganz wie früher, in oft äußerst frivolen Liebesbriefen, die von häßlichen Anspielungen auf die Lebensweise Klementines nur so triefen. Hochachtung vor der Mutter dürfte Pückler schwergefallen sein. Sie ist inzwischen für ihre Eskapaden bekannt, hat sich eben erst lange in Paris aufgehalten und nur ungern bewegen lassen, zu ihrem Mann zurückzukehren, der in Neumarkt in der Oberpfalz in Garnison liegt.

Den Briefwechsel zwischen Mutter und Sohn kennzeichnen Wut, Ironie, aber auch immer wieder Zärtlichkeit. Der kranke Pückler möchte mit ihm offensichtlich aus einem weiteren Kapitel seines Lebens, der unglücklichen Jugend, eine Quintessenz ziehen. Die Briefe dürften für ihn einen ähnlichen Stellenwert haben wie die Ehrenerklärung des Prinzen Löwenstein. Daß Pückler diesen Schlußpunkt in wirklichem Elend setzt, gibt ihm exemplarischen Charakter.

Die Mutter schickt endlich etwas Nützliches: Geld. Und da gleichzeitig eine kleine Zulage Wolffs eintrifft, kann Hermann seine Schulden bezahlen und sich auf den Weg machen.

Von Ulm, dem „abscheulichsten Fleck auf Erden, wenn nicht der Hölle gleich, so doch dem Fegefeuer", begibt er sich zunächst nach Stuttgart. Er muß sich unterwegs gut erholt haben, denn zum Erstaunen des Fährmanns badet er im Neckar, der noch Eisschollen führt.

Seinen Leichtsinn hat er freilich beileibe nicht ganz abgestreift. Als er in Tübingen zum erstenmal in seinem Leben eine Eilpost sieht, die nach Konstanz geht, ist die Verführung groß, und er besteigt sie. Eilposten, nach französischem Vorbild, sind teurer als die sogenannten Ordinaripostwagen, schneller, achtfach gefedert, und fahren ohne Rücksicht auf das jeweilige Wetter tatsächlich nach festen Fahrplänen. Pückler, für jederlei Luxus anfällig, steigt auch gleich im besten Hotel von Konstanz ab, im „Blauen Hecht". Aber dann besinnt er sich, schon beginnt ihm das Geld wieder knapp zu werden, und er wird sparsamer. Den ersten Teil der Reise über Zürich, den Gotthard, den Lago Maggiore bis Mailand und zurück in die Schweiz, in vierzehn Tagen rund 500 Kilometer, legt er zu zwei Dritteln zu Fuß zurück. Reisegenosse dabei ist ein junger deutscher Arzt, der sich ihm angeschlossen hat. Mit Dr. Müller, einem Duzfreund Schleiermachers, diskutiert Pückler beim Wandern über Plato, Religion und Naturphilosophie, was die beiden nicht daran hindert, auf dem Rückweg am Grimselpaß in den Berner Alpen waghalsige Klettertouren zu unternehmen.

Sein penibel geführtes Tagebuch von damals veröffentlicht er 1835 unter dem Titel „Jugend-Wanderungen" und widmet es seinem zweiten Reisegefährten, Alexander von Wulffen, mit dem Pückler ein Leben lang in freundschaftlichem Kontakt bleibt. Wulffen ist Sachse, wie damals ja auch Pückler, tritt aber, ganz wie dieser, später als Offizier in preußische Dienste und bringt es zum Adjutanten des Prinzen Karl. Wulffen hat er viel zu verdanken, vielleicht sogar sein Leben. Der Landsmann, den er – wie Müller – durch Zufall trifft, erweist sich von vornherein als höchst verläßlicher Freund. Mit dem Gewaltmarsch nach Mailand hat Hermann sich doch wohl zuviel zugemutet, oder die Ulmer Krankheit ist immer noch nicht ganz überwunden; auf einer Wanderung der beiden nach Bern erleidet Pückler einen Schwächeanfall und spuckt plötzlich Blut. Wulffen bringt ihn, das heißt, halb trägt er ihn, nach Luzern zurück.

Trotzdem erweist er sich wieder einmal als wahres Stehaufmännchen, denn bald darauf setzt er mit Wulffen die Wanderung fort. Die beiden durchstreifen, aus Geldmangel immer zu Fuß, Lyon, Nîmes, Arles, benutzen dann doch die Diligence, den Eilpostwagen, nach Marseille, wo Pückler seinen 23. Geburtstag feiert. Von Nizza aus setzen sie nach Genua über, ihr Schiff wird von englischen Korsaren verfolgt, denen es nur knapp entkommt; England befindet sich ja im Krieg mit Frankreich. Sie durchstreifen, mitten im Winter, Italien und gelangen nach Rom, wo Pückler, der ärmlichen Verkleidung müde, nun doch wieder als Graf in großer Phantasieuniform auftritt.

Die „Jugend-Wanderungen" gelten allgemein als Pücklers schwächstes Werk. Das Motto, unter dem er sie erscheinen läßt, klingt allerdings von vornherein bescheiden genug. Es lautet: „Nichts ist so neu, als das, was in Vergessenheit geraten ist." Der junge Reisende bemüht sich – leider allzuhäufig – um Objektivität. Dabei ist Subjektivität, jetzt wie später, seine eigentliche Begabung. Überall, wo sie durchschlägt, gelingen ihm überzeugende Landschaftsschilderungen und Genreszenen aus dem Volksleben. Und wo er, meist nur zaghaft, ganz persönlich wird, gibt es Stellen, die man nicht so leicht vergißt, etwa die, wie er auf einem Boot am Schloß der Mutter, Allex, vorbeifährt, ohne eine Gelegenheit, es aufzusuchen.

Einer der literarischen Höhepunkte ist die Beschreibung einer Seeschlacht vor Neapel, zu deren Beobachtung der russische Gesandte von Bibikoff seinen Gästen, unter ihnen der neu uniformierte Graf Pückler, das Essen vom Speisesaal auf den Balkon tragen läßt. Beim Tafeln sieht man zu, wie die Engländer eine französische Fregatte zusammenschießen, die sich in letzter Not als halbes Wrack in den Hafen retten kann. Nachdrücklich ist auch die Schilderung eines Aufstiegs zum Krater des Vesuvs während einer Eruption:

„Wir begaben uns jetzt nach einem anderen Teil des Berges, wo sich neben uns in drei breiten Strömen die Lava zischend den Berg hinab ergoß. Sie bildete an manchen Stellen hohe Feuerfälle, die sich flammend über die Felsen in die Tiefe stürzten, wo ein kleines Tal, von ihnen angefüllt, wie ein brennender See erschien. Die Erde bebte fortwährend, und es war so heiß, daß man nicht lange auf einem und demselben Platz stehenbleiben konnte, ohne sich ernstlich die Sohlen zu verbrennen…"

Pückler ist ein glänzender Beobachter, was ihn zum vorzüglichen Prosaschriftsteller macht. Und daß er Mut besitzt, hat noch nie jemand bezweifelt. Hier scheint er geradezu tollkühn: „Wir blieben im Krater bis gegen Morgen, wo die Eruption immer am heftigsten zu werden pflegt, und tranken fleißig, durch Wasser gemildert, die mitgenommenen Lacrime Christi auf die Gesundheit Plutos und aller Götter des Tartarus. Sooft wir eine Bouteille geleert hatten, warfen wir sie in die glühende Lava, deren Hitzegrad so heftig war, daß das Glas, sobald es die Lava nur berührte, schon fast in demselben Augenblick geschmolzen mit dahinfloß."

Den Grund für solch eine Tapferkeit vor Naturkatastrophen erfahren wir auch: „Ich hätte geglaubt, der Hölle nahe zu sein, wenn wir nicht ein paar so hübsche und so liebenswürdige Weiber bei uns gehabt hätten, daß man bei ihrem Anblick wohl ans Sündigen, aber als Strafe höchstens ans Fegefeuer denken konnte."

Hier zeigt er sich wieder, der „tolle Pückler". Noch in der Buchausgabe der „Jugend-Wanderungen" muß er gestehen, über Rom und Neapel (außer der Szene auf dem feuerspeienden Berg) nichts aufgeschrieben zu haben, denn „wie manche Leute, wenn sie verliebt sind, nichts essen können, so habe ich von jeher in gleichen Zuständen außer Liebesbriefen nichts mehr schreiben können".

Wir dürfen umgekehrt daraus schließen, daß es beispielsweise weder in Piacenza, Parma, Modena, Bologna, Pisa, Livorno, Florenz, Siena und noch nicht einmal in Venedig Leidenschaften gegeben hat. Denn sonst läßt Pückler keine Stadt aus, keine wichtige Persönlichkeit, keine Oper wie auch keinen Spieltisch. Er lernt in Rom und anderswo eine Menge einflußreicher Leute kennen.

Wulffen hat in Rom von ihm Abschied genommen. Pückler selbst verläßt es, weil ihn der Spieltisch wieder einmal aller Mittel beraubt hat. Wolff kann aus Muskau kein Geld mehr schicken, Graf Erdmann scheint ernsthaft erkrankt, und in der Kasse herrscht totale Ebbe. Jetzt wird Schmalhans wieder Küchenmeister. „Es ist wahr", muß er in einem Brief an seine Mutter, noch aus Rom, zugeben, „mein Vater ist etwas genau, aber ich kann ihm eigentlich seine Strenge nicht verdenken, da er schon 50000 Taler Schulden für mich bezahlt hat und ich ein paar Jahre darauf wieder ebenso viele gemacht hatte."

So nimmt er auch wieder Kontakt mit dem Vater auf. Dieser bittet ihn sogar beinahe flehentlich, doch endlich nach Muskau zurückzukommen. Der Großvater liege im Sterben, ihm selbst gehe es nicht gut, und die Töchter schickten sich an, das Haus zu verlassen. Sein Liebling Klementine will den Grafen Kospoth, Bianca den Prinzen Schönaich-Carolath heiraten. Es wird einsam um ihn; er scheint sich tatsächlich nach dem ungeliebten Sohn zu sehnen.

Dessen Sehnsucht hält sich zwar in Grenzen, aber es bleibt ihm am Ende nichts anderes übrig, als sich langsam auf die Rückreise zu machen. Ein Vierteljahr Paris hängt er noch dran, obgleich

Mutter Klementine, mit der er sich dort verabredet hat (sie ist mittlerweile 39 Jahre), schon wieder abgereist ist. Was wiederum heißt: Hermann erlebt die französische Hauptstadt – er sieht sie zum erstenmal – unter bedrängten finanziellen Verhältnissen, obwohl der inzwischen ernstlich erkrankte Vater 600 Taler geschickt hat. Sie sind rasch dahin – für eine Kutsche mit Lohnbediensteten, für Wein, Weib und Spiel. Am Ende der Reise, die als Flucht begann, vor der Affäre Colloredo, aber wohl auch vor der eigenen Tollheit, scheint Pückler wieder ganz der Grafensohn. Eine grundlegende Veränderung seines Charakters, seiner Vorlieben und Eigenschaften war auch wohl nicht zu erwarten.

Die Reise hat ihm, Voraussetzung für jeden Prozeß der Reife, trotzdem etwas Unschätzbares eingetragen: Selbsterkenntnis. Seine scharfe Beobachtungsgabe und sein fast noch schärferer Intellekt machen nicht mehr vor der eigenen Person halt. Im Gegenteil, sie zergliedern diese noch unbarmherziger als den Mitmenschen. Sie werden es auch in Zukunft tun; man muß lange suchen in der deutschen Geistesgeschichte, ehe man auf einen selbstkritischeren Geist stößt.

An dieser Wandlung, eigentlich einem bewußten Hervortreten vorhandener Eigenschaften, haben die Strapazen, Krankheiten, Freuden und Leiden der Jugendwanderungen großen Anteil. Vorzüge und Schwächen seines Charakters und seiner Lebensführung sind – für ihn wahrscheinlich zum erstenmal – deutlich ins eigene Bewußtsein gerückt. Das stärkt Pücklers Selbstvertrauen, obwohl oder weil es die vorhandenen Fehler einbezieht. Von den „Jugend-Wanderungen" bleibt in Pückler bis ins hohe Alter etwas vom Sekretär Hermann zurück.

Muskau sieht er, so scheint es, mit einigem Schaudern entgegen. An seine römische Passion richtet er einen Brief, in dem er das Muskauer Leben als „inmitten von Wäldern, in einer Art von Wüste" schildert, „wo es nur Wölfe, Wildschweine, Bauern und Dummköpfe gibt". Da werde er wohl „tüchtig Sauerkraut essen, mein Zimmer im Sommer heizen, mit niemandem sprechen, ich werde lesen, sofern ich das Glück habe, ein Buch zu finden, ich werde soviel wie möglich schlafen, und ich werde das schöne Klima von Neapel vermissen, die süßen Ketten, die ich dort trug, und besonders die Göttin, deren eifrigster Anbeter ich war und ewig sein werde".

Was Muskau betrifft, so ist dies eine Karikatur. Gute Karikaturen haben es allerdings an sich, daß sie mit Übertreibung Wahrheiten umreißen, halbe oder sogar ganze.

Daran wird die angesprochene Göttin nicht gezweifelt haben. Auch nicht daran, daß in Pücklers Olymp kein Mangel an Göttinnen herrscht.

Zunächst sucht er jedoch, noch ehe er endgültig in die Muskauer Einöde zurückkehrt, zum Abschluß der Reise einen männlichen Olympier auf, der ganz entscheidend das weitere Leben des Jugendwanderers mitbestimmt.

5

Bei Goethe in Weimar ist Pückler schon einmal gewesen, noch als Heranwachsender. Es ist erstaunlich, welch Pensum an unangemeldeten Besuchern Nicolai, Wieland, Görres, Jean Paul oder Klopstock, vor allem jedoch Johann Wolfgang von Goethe klaglos auf sich genommen haben.

Auch Pückler hat während seiner ersten größeren Reise bei einer ganzen Reihe von Zelebritäten angeklopft. So in Chaillot nahe Paris beim Grafen Barras, dem die Deutschen ihren Spitznamen für das Militär verdanken; er stammt aus den Rheinbundstaaten, aus denen die Franzosen viele Rekruten „zum Barras" geholt haben. Enttäuscht wird er von Pestalozzi, den er in Yverdon heimsucht. Er entpuppt sich als freundliches Männchen, den sein pausenloser, hochgestochener Redefluß unerträglich macht. Die weltweit berühmte pädagogische Anstalt findet der junge Graf so verkommen und schmutzig wie das Lehrpersonal. Auch bedeutende Leute sollte man, meint er nun, nie nach ihren Lobreden beurteilen.

In Rom hat Pückler sich Zutritt verschafft zum Atelier des Bildhauers Thorvaldsen, dessen Ruhm zeitweise sogar den Michelangelos überstrahlt. Nicht zu vergessen den Spielsalon der Fürstin Chigi, an dem ein Geistlicher die Karten segnend austeilt, und eine Privataudienz beim Papst Pius VII., ganz kurz ehe Napoleon den Kirchenstaat auflöst und ihn gefangensetzt.

Nun also, zum Abschluß, Goethe, der Größte, nicht nur in Pücklers Vorstellung. Der Dichterfürst schätzt den jungen

331

Adligen sehr, ist geradezu in ihn vernarrt. Wahrscheinlich erzählt der Besucher dem Hochverehrten von seinem Tagebuch und seinen ersten schriftstellerischen Versuchen. Doch der winkt ab und lenkt Pücklers Blick auf ein anderes Betätigungsfeld.

Goethe hat vor dreißig Jahren in Weimar an der Ilm einen Landschaftsgarten geschaffen, auf den er immer noch – zu Recht – ein bißchen stolz ist. Den zeigt er dem schwärmerischen jungen Naturfreund, für diesen ein unvergeßliches Erlebnis, wahrscheinlich nicht weniger bedeutsam als die gesamte verwegene Bildungsreise.

„Verfolgen Sie diese Richtung", lautet sein Ratschlag. „Sie scheinen Talent dafür zu haben. Die Natur ist das dankbarste, wenn auch unergründlichste Studium, denn sie macht den Menschen glücklich, der es sein will." Selten hat sich Pückler so getreulich an eine Empfehlung, die nicht von ihm selbst stammt, gehalten.

Zunächst allerdings geht es zurück nach Muskau, ins Land der Wölfe, Wildschweine, Bauern und Dummköpfe. Dem heimgekehrten verlorenen Sohn schlachtet man freudig etliche Kälber, wofür vor allem der immer um Ausgleich bemühte Intendant Wolff sorgt. Die Aussöhnung mit dem leidenden Vater fällt nicht schwer. Dessen Vater ist eben erst im April 90jährig gestorben, zu spät, als daß Erdmann aus seiner Alleinverwaltung des Familienbesitzes noch hätte Nutzen ziehen können.

Hermann hat, noch auf Reisen, brieflich darauf gedrungen, endlich einen ihm genehmen Verwalter einzusetzen. Seine Wahl fällt auf einen frommen Dichter, Leopold Schefer. Dieser Schefer, 1784 in Muskau geboren, also ein Jahr älter als Pückler, muß, seinen schwärmerischen literarischen Erzeugnissen zum Trotz, über einen ausnehmend klaren Kopf verfügt haben, weniger ein Literat als ein Praktikus. Alle von ihm überlieferten Urteile zeigen, ebenso wie die literarischen, vor allem jedoch finanziellen Ratschläge, die er Pückler gibt, Realitätssinn und kühlen Verstand. Die beiden sind Jugendfreunde, was Pückler betrifft, der einzige, den er besitzt. Von 1808 bis zur gelinden Entzweiung zwischen ihnen, 1845, fungiert Schefer als Generalinspektor der Pücklerschen Besitzungen. Sein Büro, in dem er sie verwaltet und seine Gedichte schreibt, befindet sich im Schloß, wo er auch zeitweilig wohnt.

Aus dem Tagebuch, das Schefer führt, wissen wir einiges über Pückler, was dem Image, das er sich zu geben versuchte, er habe mehr oder weniger planlos in den Tag gelebt, widerspricht. Schefer schildert uns einen anderen Pückler, der sein Leben im großen höchst planvoll vorausgestaltet haben muß: Er wolle bis zum Tode seines Vaters durch die Welt reisen: „Teutschland, Frankreich, England, Spanien und er wird einen Tritt nach Afrika thun zu den Säulen des Herkules, dann zurück nach 2–3 Jahren durch die Schweitz, wo er mich dann in Rom finden wird, um ganz Italien und Sizilien mit ihm zu bereisen, von da gehen wir nach Griechenland, Kleinasien, Phönizien, Judaea und Aegypten." Die Traumroute, die der damals noch so unerfahrene Möchtegernreisende aufstellt, entspricht beinahe derjenigen, die er durch sein ganzes Leben hindurch hartnäckig verfolgen wird.

So verschieden die beiden Söhne Muskaus sein mögen, bis ins hohe Mannesalter bleibt ihre Freundschaft bestehen. Sie erweist sich für Pückler schon jetzt als nützlich, weil er sich weit mehr in Berlin aufhält, während Schefer in Muskau nach dem Rechten sieht. Schon kurz nach seiner Heimkehr hat Hermann eine kleine Wohnung gemietet, Ecke Unter den Linden/Friedrichstraße, die er im Laufe der Zeit erheblich ausweitet. Trotz eines verlorenen Krieges und dem Tod der populären Königin Luise, um die ganz Preußen trauert, ist Berlin das richtige Pflaster für ihn. Hier verkehrt er in den höchsten Kreisen, auch beim eben aus dem ostpreußischen Asyl heimgekehrten und kurz darauf verwitweten König Friedrich Wilhelm III., also bei Hofe, wo er sich durch seine freisinnigen Reden die ersten Feinde macht, unter anderem den Finanzminister Wittgenstein, einen undurchsichtigen Mann, und den Kronprinzen, den späteren Friedrich Wilhelm IV. Aber er besucht auch die politischen und kulturellen Salons, kleidet sich nach neuester Mode, fährt natürlich in eigener Kutsche mit eigenen Lakaien und bleibt auch den verhängnisvollen Spieltischen nicht fern.

Das meiste Geld kosten allerdings, seiner ersten Biographin Ludmilla Assing zufolge, „die schönen und liebenswürdigen Frauen". Ludmilla, Germanistin, eine Nichte Varnhagen von Enses, drückt es im Rückblick folgendermaßen aus: „In seinem weiten Herzen fand eine wahrhaft demokratische Gleichberechtigung Raum: diadem-geschmückte Fürstinnen, Princessinnen,

Gräfinnen, Hoffräulein, Künstlerinnen, bürgerliche Kleinstädte-
rinnen und elegante Weltdamen, Zofen und Mädchen aus dem
Volk, schöne und häßliche, alte und junge lockte er gleichmäßig
in seine Netze, und zwar zu allen Zeiten seines Daseins. Viele
dieser Beziehungen waren für ihn nur eine Art Schachspiel. Daß
die Zahl seiner Opfer ungeheuer groß war, bezeugen die sorgfältig von ihm aufbewahrten und geordneten Briefwechsel..."

Dem Genußmenschen, der sich in Berlin die Hörner abstößt,
schaut weiterhin der Sekretär Hermann über die Schulter, ein
unerbittlicher Kritiker seiner selbst. So mißbilligt Pückler an sich
„auf der einen Seite eine weit getriebene Eitelkeit, und auf der
anderen noch weiter getriebenes Mißtrauen zu sich selbst...",
eine „beklagenswerte Disposition, die ihn – sehr unglücklich und
für Andere langweilig macht". „Er ist satirisch, und greift gern an,
oft nicht ohne Erfolg; erhält er aber eine treffende Antwort, so
vergeht ihm gewöhnlich die Sprache, und erst nach einer Viertelstunde fällt ihm ein, was er hätte erwidern sollen."

Mitten im Hin und Her des Berliner Highlife trifft ihn am
10. Januar 1811 die Nachricht vom Tod seines Vaters. Noch nicht
26 Jahre alt, ist Pückler Standesherr von Muskau und nunmehr
frei, zu tun und zu lassen, was er will. Sein voller Titel: Graf Hermann von Pückler-Muskau, Baron von Groditz und Erbherr zu
Branitz.

Zur Übernahme hält der neue Reichsgraf eine Rede. Darin
wendet er sich an die Geistlichkeit, die verblüfft von ihrem jun-
gen Herrn erfährt, die Bestimmung des Menschen sei es, auf
Erden glücklich zu sein. Sollte diese Ansicht ihrer theologischen
Meinung nicht entsprechen, so „hindern Sie wenigstens nicht die
Aufklärung und üben Sie Toleranz...!"

Das sind ungewöhnliche Töne aus hochherrschaftlichem Mund;
„Freigeisterei" nennt man so etwas damals. „Wir wirken alle zu
einem Ganzen", verkündet Pückler weiter, „zu einem Ziel, es soll
gut auf der Erde werden, daran arbeiten alle Sekten der Christen,
ja selbst unwissend Mahomedaner, Feuerdiener und Heiden."

„Nur die Wahrheit soll gelten!" heißt es zum Abschluß, ehe
man zum Treueid schreitet. Ein vortreffliches Credo, dem der
junge Herr alsbald mit Schefers Hilfe die Praxis folgen läßt. Sie
hat am besten August Trinius umrissen, dessen „Märkische Streifzüge" gegenüber Fontanes Wanderungen ungerecht schnell in

Vergessenheit geraten sind. „Emsig vertiefte er sich jetzt in den Organismus der einzelnen Verwaltungszweige", berichtet Trinius, fügt aber hinzu: „... ebenso ernsthaft freilich auch in das Studium freigebiger Frauenherzen."

Bei ersterem stößt er auf die Tatsache, daß sein Vater bei der Verwaltung des mütterlichen Erbes der Kinder kräftig in seine eigene Tasche gewirtschaftet hat, für den sonst so liberalen Pückler ein fluchwürdiges Verbrechen. Was das zweite betrifft, so findet sich der Graf im bis dato ungeliebten Muskau bald von Berlin und seiner Damenwelt abgeschnitten. 1812 marschiert Napoleon gegen Rußland, die preußischen Truppen zunächst als Verbündete an seiner Seite. Die Lausitz wird zum Durchzugsgebiet der von den Franzosen aus aller Herren Länder rekrutierten Truppen. Für die Gegend hat das noch katastrophalere Folgen als zu Erdmanns Zeiten. Mit den Finanzen geht es weiterhin bergab, der Schloßrasen wird zum Exerzierplatz degradiert und das Schloß bis auf die letzte Kammer mit Einquartierung belegt. Der Graf muß sich oft buchstäblich seiner Haut wehren.

So läßt er den Koch des Generals de Saint-Sulpice mit Aplomb aus der Schloßküche hinauswerfen, in die er sich, ohne zu fragen, einquartiert hat. „Ihr Küchenchef, Herr General, ist das Gegenteil von Don Quichotte", versetzt er Saint-Sulpice, als dieser kurz darauf erscheint. „Was soll das heißen?" fragt Saint-Sulpice. „Das soll heißen, daß Don Quichotte die Wirtshäuser für Schlösser hält und Ihr Koch die Schlösser für Wirtshäuser."

So jedenfalls die von Pückler verbreitete Anekdote. Ein anderer General treibt „die Humanität so weit, mich jeden Mittag regelmäßig zum Diner in meinem eigenen Hause einzuladen". Auf jeden Fall ist Pücklers ständige Anwesenheit in Muskau erforderlich, wo seine Frankophilie auf eine harte Probe gestellt wird.

Der Standesherr auf Muskau treibt ein doppeltes Spiel. Mag er, selbst zu einem Viertel französischer Herkunft, die Franzosen hochschätzen, er bleibt doch so etwas wie ein deutscher Patriot mit deutlicher Hinneigung zu Preußen. So bietet er dem Zaren an, in der Lausitz ein Freikorps aufzustellen, erhält aber keine Antwort. Da er anschließend als Freiwilliger in den Stab des Generals Wittgenstein eintritt, seinen Dienst aber nicht antreten kann, weil er an Typhus erkrankt, läßt ihn General Berthier auf Muskau streng bewachen.

Obwohl vom Typhus genesen und mit Hausarrest belegt, fährt er nach Bautzen. Dort hat Napoleon gerade eine Schlacht gewonnen und mit ihr das Land Sachsen zurückerobert, das er schon beinahe verloren hatte. Pückler versucht, zum Kaiser vorzudringen, aber der läßt ihn kurzerhand verhaften.

Hat der Graf mehr Mut gezeigt als seine Standesgenossen, so zeigt er jetzt mehr Klugheit. Er nimmt Reißaus, zunächst nach Weimar, wo er bei der Familie Schopenhauer Unterschlupf findet. Und dann schlägt er eine Volte über alle Fronten dieser verwirrten Welt hinweg. Er nimmt Partei gegen Napoleon, gegen das geliebte Frankreich. Auf preußischer und russischer Seite macht er die Befreiungskriege mit.

Damit hat er endgültig heimgefunden.

6

An den Freiheitskriegen beteiligte sich Pückler, wie es scheint, „mit Tapferkeit und Auszeichnung", lesen wir beim Literaturhistoriker Julian Schmidt, einem liberalen Mann. Tatsächlich hat uns Pückler, sonst eifersüchtig auf Mit- und Nachwelt bedacht, nur wenig von seinen Kriegstaten überliefert, und dieses wenige auch noch durch seine frühe Biographin Ludmilla Assing, die im Verdacht steht, seine Lobrednerin gewesen zu sein. Alle Unterlagen, die sie benutzte, sind verschollen, schlummern eventuell unter dem Nachlaß Varnhagen von Enses, ihres Onkels, in Krakau oder sonstwo. Vieles hat sie sich überdies mündlich von ihm selbst berichten lassen, und da ist bei Pückler immer einige Skepsis angebracht.

Allerdings deutet die nach Beendigung der Kriegshandlungen reich geschmückte Ordensbrust des Grafen auf einige persönliche Tapferkeit, wie er sie ja auch vorher schon in seinen Duellen bewiesen hat. Seine Beförderung zum Oberstleutnant könnte ferner beweisen, daß Pückler auch als Truppenführer kein Versager war, noch dazu bei so kurzer militärischer Karriere.

Erst nach der Völkerschlacht bei Leipzig, Napoleons entscheidender Niederlage im Oktober 1814, ist er als Major in russische Dienste getreten. Der Krieg war dann vorläufig schon mit dem Einmarsch in Paris im folgenden März beendet, der jäh zurückgekehrte Napoleon dann am 18. Juni 1815 bei Belle-Alliance (Waterloo) endgültig besiegt. Am Ende befindet Pückler sich wieder beim Großherzog Karl August von Sachsen-Weimar, jetzt als Verbindungsoffizier zum Zaren Alexander I. von Rußland. Als solcher zieht er siegreich in Paris ein, die Stadt, in der er vor vier Jahren unter ärmlichen Umständen seine Jugendwanderungen beendet hat.

Er begleitet auch anschließend an der Seite Karl Augusts die beiden Monarchen, Zar Alexander und König Friedrich Wilhelm III. von Preußen, nach England, wo in London eine große Siegesfeier und Parade stattfindet. Nachdem er seinen Abschied genommen hat, begibt er sich keineswegs nach Muskau zurück, sondern bleibt noch eine Weile in England; die meiste Zeit im „Clarendon", dem damals luxuriösesten (und teuersten) Hotel nicht nur in London, sondern im gesamten britischen Königreich. Schefer muß alle möglichen Hebel in Bewegung setzen, um die nötigen Gelder über den Kanal zu schicken.

Erneut taucht das Leitmotiv „reiche Erbin" auf, wie noch häufig, wenn er sich in finanziellen Schwierigkeiten befindet. Schefer klagt sein Leid: Das Land ist nicht nur bis aufs äußerste ausgepowert, es hat auch Mißernten gegeben, und Holz ist kaum mehr zu schlagen in den Kiefernwäldern um Muskau. Einen derart kostspieligen Aufenthalt des Landesherrn kann man sich im Grunde gar nicht leisten. Um so mehr, als seine persönliche Anwesenheit dringend erforderlich sein dürfte.

Denn die Lausitz gehört durch Beschluß des Wiener Kongresses inzwischen nicht mehr zu Sachsen, sondern zu Preußen. Ab sofort gelten nun auch hier die Stein-Hardenbergschen Reformen, vor allem die erst 1811 durchgeführte Befreiung der Bauern von jeglicher Leibeigenschaft. Die meisten Gutsherren und Großgrundbesitzer stehen durch die plötzliche Umwälzung der bisherigen sozialen Ordnung vor dem Ruin. Schefer, dem es sogar gelingt, immer wieder Gelder für die spleenigen Abenteuer in England aufzutreiben, macht kein Hehl aus der prekären Lage Muskaus.

So knüpft Pückler bald engere Bande zu einer wohlhabenden Lady Landsdown, die bereit ist, dem amüsanten, charmanten und etwas exzentrischen jungen Grafen die Hand zu reichen und ihm – nebst Vermögen – in die preußische Oberlausitz zu folgen.

Sogar ein Ehevertrag scheint bereits aufgesetzt, als sich die Heirat zu guter Letzt – wir wissen nicht, warum – doch noch zerschlägt. Zehn Jahre später rechnet Pückler die Verluste zusammen, die er durch die politischen Umstände erlitten hat, und fügt der Aufstellung den ironischen Kommentar hinzu: „Als der liebe Gott mich preußisch werden ließ, wandte er sein Antlitz von mir." Das Leitmotiv beginnt stets in hellstem Dur und endet jedesmal mit Mollklängen.

Pückler und England. Da zeigt sich erneut seine Doppelnatur. Als Dandy unter Dandies gleicht er in diesem Augenblick einem notorisch leichtsinnigen Abenteurer, dessen Untertanen fern auf dem halbzerstörten Kontinent im Elend leben und deren Geld er verpraßt. Aber da regt sich auch ein anderer Pückler, ein nicht weniger besessener, jedoch in die Zukunft planender, bedächtiger, engagierter, weiser. Vielleicht daß er sich der Worte erinnert, die ihm einst Goethe auf den Weg gegeben hat. Pückler studiert, keineswegs nebenher, sondern sehr ernsthaft und systematisch die englischen Landschaftsgärten. Da unternimmt er weite und strapaziöse Reisen, skizziert Wegeführungen, die ihm gefallen, studiert Pläne der großen Gartengestalter William Kent, „Capability" Brown und Humphry Repton.

Unter anderem sieht er sich eingehend Stourhead in Englands grünster Grafschaft an, Wiltshire. Stourhead gilt als die Keimzelle des englischen Landschaftsgartens überhaupt, der erste Versuch, so etwas wie unbeschnittene, frei wachsende, dennoch veredelte Natur zu gestalten. In den 40er bis 60er Jahren des 18. Jahrhunderts angelegt, eine Gemeinschaftsarbeit des reichen Londoner Bankiers Henry Hoare II., des Malers und Gartengestalters William Kent und des Architekten Henry Flitcroft, besteht Stourhead damals schon seit zwei Menschenaltern, ein Stück Poesie aus Wald, Wiese, Strauch und Tempel, sanft um einen langgestreckten See gebreitet.

Mit dem jetzigen Besitzer, Sir Richard Colt Hoare, führt Pückler ausgiebige Gespräche über das ideale Verhältnis zwischen Grünfläche, Wasser und solitären Bäumen, auch wohl über die vielen Rhododendren, die Sir Richard dem Park hinzugefügt hat und die bisweilen noch heute den Unwillen puristischer Parkomanen erregen. Pückler hat das aus dem Himalaja stammende Gewächs in seinen eigenen Anlagen nur selten verwendet.

Als Pückler wenig später seinen ersten eigenen Landschafts-garten in Angriff nimmt, wird Stourhead sein heimliches Vorbild. Viel bewundert worden ist er, weil er erfolgreich schon alte, hochgewachsene und sogar blühende Bäume zu verpflanzen verstand, was deutsche Gärtner für unmöglich hielten und was ihnen dann auch selten gelang. Pückler hat – wie er später gesteht – mit mehr oder weniger hohen Bestechungsgeldern sowie Überredungskünsten den Fachleuten so manches Geheim-nis entlockt.

Dasjenige vom Verpflanzen alter Bäume hat er nicht gelüftet, andere dagegen freigebig verraten. So empfahl er dem Prinzen Karl, bei Neuanpflanzungen jedem Schößling ein Stück Aas bei-zugeben, einen toten Hund oder eine tote Katze. Er kann das in Stourhead gelernt haben, in Longleat oder Wilton oder wo immer er sich mit erstaunlicher Lernbegier umsieht. Ist aus einem preußischen Offizier unversehens ein englischer Dandy hervor-gegangen, so mausert sich dieser wiederum zum Gärtner.

Fast ein Jahr hält es ihn auf dem englischen *pleasure-ground*. Dann geruht er endlich, im April 1816, nach Muskau zurückzu-kehren, eine Anzahl englischer Vollblutpferde folgt ihm auf dem Fuße.

7

Als Pferdezüchter war Pückler ebenfalls nicht unbegabt. Sein Rennpferd Sledmere gewinnt ein mit immerhin 70 000 Gul-den dotiertes Derby in Wien.

Weniger lukrativ verläuft eine Wette, die im Juli 1819 ganz Ber-lin in Atem hält. Da schwingt sich wieder der tolle Pückler in den Sattel, der die Strecke von Zehlendorf im Süden Berlins bis zum Brandenburger Tor auf seinem Vollblutroß Sprightly in dreißig Minuten zurücklegen will. Die Strecke wird umsäumt von Neu-gierigen, die auch tatsächlich etwas Spannendes zu sehen bekommen. Denn der Gaul stolpert schon nach hundert Schrit-ten und lahmt erheblich. Trotzdem schafft es der ebenso ge-schickte wie brutale Reiter, das Brandenburger Tor in $27^1/_2$ Mi-nuten zu erreichen. Den Jubel der Menge genießt der junge Muskauer Graf in vollen Zügen.

Weniger begeistert ist Schefer, als Pückler das alte Schloß in englischem Stil renoviert und die Diener neue Livreen erhalten und englische Perücken dazu. Ein ungeheurer Schuldenberg beginnt sich zu türmen.

Aber nicht genug, daß der 35jährige, von König Friedrich Wilhelm III. protegierte Geheime Oberbaurat Karl Friedrich Schinkel nach Muskau gerufen wird, um Entwürfe für einen kompletten Umbau des Schlosses zu liefern (die aus Geldmangel nicht ausgeführt worden sind), nein, der anscheinend unersättliche Landesherr plant noch Größeres (und Kostspieligeres). Pückler erläßt am 1. Mai 1816 seinen berühmten Aufruf zur „Anlegung eines Parkes, zu dem ich notwendig, wenn etwas Ganzes daraus entstehen soll, den ganzen Distrikt zwischen der Straße nach Sorau und dem Dorf Köbeln, der Neiße auf der einen und den Braunsdorfer Feldern auf der anderen Seite, eigentümlich besitzen muß". Das gewaltige Areal möge ihm „gegen vernünftige Bedingungen" abgetreten werden, wofür er verspricht, den Bürgern von Muskau ein Rathaus, ein neues Stadttor sowie ein Schützenhaus auf seine Kosten zu bauen.

„Der neue Herr", drückt es Ehrhard aus, „flößte nicht nur den Geistlichen Sorge ein." Hat er diesen gepredigt, die Bestimmung des Menschen auf Erden sei Lebensgenuß, so verlangt er von seinen Untertanen, daß sie ihm nahezu ihr gesamtes Land übereignen. Für gutes Geld freilich, das der Graf aber nicht einmal besitzt. Schefers Berechnungen zufolge werden die vorhandenen flüssigen Mittel kaum dazu ausreichen, auch nur die Hälfte der Ländereien zu erwerben.

Eine neue Tollheit, so scheint es. Man wehrt sich in Muskau heftig dagegen; das Unternehmen zieht einen Rattenschwanz von Prozessen hinter sich her, von denen manche jahrelang laufen und hohe Kosten verursachen.

Es ist dies auch die Zeit weiterer Extravaganzen. Geschildert wurde schon die nächtliche Szene in der Gruft der Ahnen, von Byron inspiriert, wie manche meinen, eher aber wohl im Weinkeller von Lutter & Wegner mit E. T. A. Hoffmann ausgeheckt. Nebenher läßt Pückler ein Hirschgespann zähmen, das er in den Stallungen seiner Berliner Wohnung hält, die bald einem Palais gleicht. Das Muskauer Festessen auf schwarzen Leichentüchern wird inszeniert und der unglückliche Prediger in Frauenkleidern einige Male um die Dorfkirche herumgefahren. *Practical jokes* nennt man so etwas in England.

Sie machen den Muskauer Grafen bald berühmt oder berüchtigt, wie immer man es nimmt, zunächst in Berlin, wo er bald als Dandy und Lebemann stadtbekannt ist. Dann weit über die preußische Hauptstadt hinaus, wofür die Gazetten sorgen, die nur zu gern über derartige Extravaganzen berichten. Im Oktober 1816 (nach Pücklers eigener, aber wohl unrichtiger Angabe im September 1817) startet er auf dem Berliner Gendarmenmarkt zum Vergnügen der immer sensationsbedürftigen Hauptstädter zu einer Ballonfahrt.

Obwohl der arme, reiche und tolle Graf sich soeben eine Lebensaufgabe gesetzt hat, die sowohl seine finanziellen als auch seine bisher gezeigten gärtnerisch-künstlerischen Mittel weit übersteigt, schwankt er zwischen Muskau und Berlin hin und her. Der Snob fühlt sich auf dem Großstadtpflaster sicherer. Dort ist er bereits eine vielbeschwatzte und angestaunte Persönlichkeit, elegant, witzig, immer für die eine oder andere Sensation gut.

Fährt er mit seinem Hirschgespann die Straße Unter den Linden herauf und hinunter, um abschließend im Café Kranzler einzukehren, erregt er die Aufmerksamkeit sowohl des feinen als auch des ordinären Publikums, wobei letzteres ihn in Gestalt der Erzberliner Gassenjungen mit Pferdeäpfeln bewirft.

Das feine Publikum reagiert gelassener, naserümpfend oder bewundernd. Bewundert wird „Graf Hirsch", wie man ihn alsbald nennt, vor allem von drei Damen, in deren Nähe er sein ungewöhnliches Gespann verdächtig oft lenkt oder lenken läßt.

Wer freilich das eigentliche Ziel seiner Wünsche ist, bleibt unklar. Daß der Graf es mit seiner Werbung diesmal ernst meint, scheint allen selbstverständlich. Pückler ist eben dreißig, also in jenem Alter, in dem Angehörige des Hochadels in den Stand der Ehe zu treten pflegen. Eine Weile erregt die Berliner Gesellschaft nichts intensiver als die Frage, auf wen er es abgesehen haben könnte. Auf Lucie von Pappenheim, die etwas dickliche, in Scheidung lebende Tochter des Staatskanzlers Hardenberg, des neben dem König (in Wirklichkeit, wie man sagt: über ihm) mächtigsten Mannes im Staate, auf deren Tochter Adelheid oder gar die Dritte im Bunde, die Pflegetochter Helmine?

Das zweite Ich seiner Doppelnatur sieht ganz anders aus. Auf dem zukünftigen Gartengelände, das sich trotz aller Schwierigkeiten langsam zusammenfügt, scheint er ein anderer Mensch. Da wird er zum Gärtner, der ohne Zögern selbst mit anpackt. Mehr als das: Da wird er zum Künstler. Es ist bewundernswert, wie es dem Unerfahrenen gleichsam auf Anhieb gelingt, ein Meisterwerk zu entwerfen und zu realisieren. Seine ersten Pläne hat er später nur in geringfügigen Details korrigieren müssen. Der Muskauer Landschaftsgarten, den er in 30jähriger Arbeit in einer dafür denkbar ungeeigneten Gegend buchstäblich aus dem Boden stampft, sucht seinesgleichen auf dem Kontinent. Nur weniges läßt sich ihm an die Seite stellen, von Sckells Englischer Garten in München, des Dessauer Fürsten Franz Schöpfung Wörlitz oder Lennés „Insel Potsdam" und schließlich in seiner ausgewogenen Schönheit Pücklers zweites Opus magnum, der Park von Branitz. Lenné, sein großer Konkurrent in Preußen (und Widersacher), mußte sich am Ende seines Lebens als Generaldirektor der Königlichen Gärten vorwiegend den kleinen Grünflächen widmen, nach denen die erschreckend wachsenden Großstädte verlangten.

Pückler ist von beiden der altmodischere. Gebührt Lenné und seinen Schülern das Verdienst, den Volkspark geschaffen zu haben, die Erholungs- und Freizeitfläche für den kleinen Mann im industriellen Zeitalter, so beharrt Pückler auf dem klassischen Edelmaß und dem „Rasen, der wie das Gold ist einer Ikone".

Der Englische Landschaftsgarten bedeutete zu Anfang des 18. Jahrhunderts ja eine Revolution. Bis dahin galt in ganz Europa das französische Vorbild, wie es seinen Höhepunkt in Le Nôtres Gärten in Versailles und Fontainebleau, aber auch den Tuilerien seinen künstlerischen Höhepunkt gefunden hat: die total unterworfene Natur mit geometrisch geformten Bäumen, Büschen und Blumenbeeten, von Buchsbaum eingefaßt und breiten Kieswegen durchzogen. Alles läuft an hochspritzenden Fontänen und unzähligen allegorischen Standbildern vorbei auf das Schloß des Herrschers zu, ein Symbol absolutistischer Herrschaft – oder Tyrannei.

Dagegen erhoben sich, angeregt durch die Ideen des Naturphilosophen Rousseau, vor allem in England einflußreiche politische Schriftsteller aus dem erstarkten Großbürgertum. Gingen die Schriftsteller voran, folgten ihnen die bildenden Künstler (und als letztes die Gärtner) auf dem Fuße. Ab Mitte des 18. Jahrhunderts griff die Bewegung auch auf den Kontinent über. Überall wuchsen natürliche Ideallandschaften mit frei wachsenden Bäumen, wohlgestalteten Durchblicken, künstlichen Seen, eine Art von befreiter Natur, Symbol eines veränderten Zeitgeistes.

Pückler ist, seiner hohen Herkunft zum Trotz, so etwas wie ein heimlicher Demokrat, was er auch in seinen Landschaftsgärten zum Ausdruck bringt. Obwohl er sie aus eigenen Mitteln finanziert (oder sich diese zusammenpumpt) und sie auf eigenem Grund errichtet, stehen sowohl Muskau als auch später Branitz von vornherein der Öffentlichkeit zur Verfügung mit Ausnahme des „Pleasure-ground", der Rasen- und Blumenfläche direkt am Schloß. Sie setzt sozusagen die Innenräume fort, läßt sie allmählich in die Natur übergehen.

„Die Stadt Muskau (3100 Einwohner) zieht sich, lang hingestreckt, sanft steigend und fallend, als fast nur eine Hauptstraße, zwischen einer prächtig bewaldeten Hügellehne und dem Schloßpark hinan", beschreibt es ein Chronist, „und ist vom Fürsten durch geschicktes Gruppieren und Bepflanzen so trefflich verdeckt, daß man tatsächlich während des Lustwandelns unter den Bäumen des Parkes nicht das geringste Anzeichen ihrer allernächsten Nähe empfängt, bis auf einige Gebäude wie die Kirche und die Brauerei, welche zugleich als Staffage der fort und fort wechselnden Landschaftsbilder dienen."

Die Beschreibung von August Trinius, 1887 verfaßt, trifft, mit einigen Einschränkungen, noch heute zu. Muskau hat immer noch an die 3000 Einwohner. Obwohl der Park im Zweiten Weltkrieg erheblich gelitten hat – jenseits der Neiße sah man noch bis vor kurzem die Umrisse der Schützengräben –, verdeckt der diesseits des Flusses wiederhergestellte Park weiterhin das Dorf, es hin und wieder gleichsam als ferne Hintergrundkulisse nutzend.

Pücklers Gartenstil beruht auf der Sensibilität, mit der er auf die Umgebung eingeht. Was er verändert – und unter seinen Händen verwandelt er so gut wie alles, die gesamte Landschaft –, nimmt doch immer Bezug auf das, was vorhanden bleibt. „Er ist, was die Bestimmung und Natur des Parkes anlangt", schreibt Gustav Meyer in seinem 1860 erschienenen „Lehrbuch der schönen Gartenkunst", „mit Repton gleicher Meinung, daß nämlich der Park wohl Natur, aber auch zum Gebrauch und Vergnügen des Menschen eingerichtete Natur darstellen soll."

Meyer lobt vor allem auch Pücklers Methode des Verpflanzens älterer Bäume. Damit habe die Gartenkunst „ein Mittel erhalten, nicht nur von vornherein den Pflanzungen größere Höhe und mehr Abwechslung sowie den Anlagen überhaupt ein scheinbar höheres Alter und zugleich eine bestimmte malerische Wirkung zu verleihen".

Ebenso pfleglich geht Pückler mit dem vorhandenen Baumbestand um. Da findet er nicht viel außer Sandkiefern, aber es sind doch einige uralte, sehr ausdrucksvoll gewachsene Eichen vorhanden, Nachkommen wohl jener heiligen Bäume der Wenden, deren Opferplätze und Tempel sich hier befunden haben.

Die altehrwürdigen Eichen integriert Pückler in seine Anlage, sowohl diesseits der Neiße als auch am anderen Ufer, das steil ansteigt. Die besonders schöne „Hermannseiche" (nicht nach ihm, sondern nach seinem Großvater Graf Hermann von Callenberg benannt) gibt es heute noch. Sie steht unter polnischem Naturschutz.

Denn mitten durch Pücklers Park zieht sich seit Kriegsende die deutsch-polnische Grenze. Hat man den Landschaftsgarten auf seiten der ehemaligen DDR akribisch, vielleicht sogar ein bißchen zu pedantisch, wieder hergerichtet, wird er auf polnischer Seite als Forst genutzt. Zum Teil hat man ihn auch ganz einfach verwildern lassen. Daß trotzdem diese Teile bis heute die Hand eines überragenden Landschaftsgärtners verraten, ja, daß man sie als ganz besonders idyllisch empfindet, beweist erneut die Stärke und die Nachhaltigkeit der Pücklerschen Landschaftsgestaltung.

Die Neiße selbst, inzwischen einer der verdrecktesten Flüsse, die man sich vorstellen kann, hat der Graf in mühseliger Schaufelarbeit eines Heers von Arbeitern umgeleitet und dadurch über Generationen und zwei Weltkriege hinweg ein paar Quadratkilometer Boden vor der Abtretung bewahrt. Der Fluß floß ihm zu unästhetisch gerade dahin, außerdem brauchte er das Wasser zur Anlage zweier Teiche und eines Seitenbächleins nebst Stromschnellen.

Muskau wird tatsächlich, dank Pücklers leichtsinniger Sturheit, zu einem kleinen Arkadien, zum größten deutschen Landschaftspark, der Ausdehnung, aber auch seiner künstlerischen Bedeutung nach. Eine jahrzehntelange Arbeit, die der Graf natürlich, zusätzlich zu seinen anderen Aktivitäten, nicht allein leisten kann. Er gibt Annoncen auf, in denen er erfahrene Landschaftsgärtner sucht. Auf diese Weise stößt Jakob Heinrich Rehder zu ihm, ein 26jähriger Holsteiner, der unter Daniel Rastedt in Eutin sein Handwerk gelernt hat, in einem der frühesten deutschen Landschaftsgärten nach englischem Vorbild. Mit Rehder wird Pückler noch einmal einige der wichtigsten Gärten in England aufsuchen, ihn aber auch ins Theater führen und in die geliebten Spielhöllen. Standesunterschiede gibt es bei Pückler nicht, zumindest nie seinen Gärtnern gegenüber. Rehder ist bald sein enger Vertrauter, tritt mehr und mehr an die Stelle Schefers, der vorläufig noch Pücklers unbequemer Mahner bleibt.

Nach Rehders Tod 1852 rückt sein Sohn Paul Julius nach, dann ein Gärtner, der in Muskau ausgebildet worden ist, Eduard Petzold. Ihn, der schon mit sechzehn Jahren in seine Muskauer Schule eintrat, zieht Pückler bei eigenen Arbeiten noch viel später zu Rat. Petzold ist es auch, der nach Pücklers Abschied von Muskau den Park in seinem Sinn weiter ausbaut und betreut. Von Petzold stammt im übrigen die erste biographische Studie über den gräflichen Landschaftsgärtner. Er nennt Pückler in ihr – oft zitiert und oft moniert – den „Goethe der Landschaftsgärtnerei".

Zu hoch gegriffen? Noch dreißig Jahre später stößt der gealterte Pückler auf Spuren, die sein Einsatz für den Landschaftsgarten und seine Gärtnerschule hinterlassen haben. Pückler vertraut seinem Tagebuch an: „Es that mir wirklich recht wohl von dem Besitzer zu hören, wie alle diese hier seit noch nicht vielen Jahren entstandenen Naturverschönerungen ganz allein, wie er sagte, dem Impuls zu verdanken seien, die mein Gartenwerk, verbunden mit dem in Muskau gegebenem Modell, nicht nur hier, sondern in ganz Deutschland hervorgerufen habe."

Als „Erdbändiger" hat Rahel Varnhagen Pückler bezeichnet. Ihr Mann, Varnhagen von Ense, nennt den Muskauer Garten „ein Gedicht, den größten und fruchtbarsten Werken schöner Kunst vergleichbar".

8

Eines fällt Pückler sein Leben lang schwer: sich ständig auf eine einzige Sache zu konzentrieren. So hält es ihn auch nach dem Beginn der Arbeit am Landschaftsgarten beileibe nicht in Muskau. Dort hat er das Notwendigste angegeben, die Wegeführung. Er kann, wenn die detailgenauen Skizzen gefertigt sind, alles getrost für eine Weile seinen Hilfskräften überlassen. Vom rein Gärtnerischen und Biologischen versteht ein Fachmann wie Rehder weit mehr als er selbst. Wir finden ihn also wenig später wieder auf den Berliner Boulevards, bei Hofe, wo er von König Friedrich Wilhelm III. wohlgelitten ist, sowie an der Seite der drei Grazien, die er zur Zeit umbuhlt.

Sie müssen wir uns jetzt etwas näher ansehen. Lucie Reichsgräfin von Pappenheim geborene Hardenberg ist am 9. April 1776 in Hannover geboren und damit neun Jahre älter als Pückler. Sie soll, als sie den Pappenheimer heiratete, mit Zwanzig eine Schönheit gewesen sein und ist es immer noch, wenn auch eine mittlerweile etwas in die Breite gegangene. Zeitgenossen schildern sie als sehr helle Blondine mit großen blauen Augen, leicht gekrümmter Nase und hoheitsvollem Wesen, ganz der Typ einer adligen Dame von Welt.

Ihre Ehe mit dem Reichsmarschall und Regierenden Grafen zu Pappenheim ist gescheitert. Ihr sind ein Sohn und zwei Töchter entsprossen, von denen aber nur eine Tochter am Leben blieb, Adelheid. Sie wächst, 1797 geboren, also zwölf Jahre jünger als Pückler, bei der Mutter in Berlin auf. Zeitgenössische Quellen preisen vor allem ihre „blühende Jugend", weshalb man annehmen darf, daß die Stieftochter Helmine („anmutig und schön") die hübschere von beiden ist.

Helmine, von Pückler als „sylphidenartiges Geschöpf" charakterisiert, umgibt ein Geheimnis, das keiner je gelüftet hat. Dem Stadtklatsch zufolge stammt sie aus einem Verhältnis der früher äußerst leichtlebigen, jetzt eher prüden Lucie mit Pappenheims Kutscher. Andere wollen dagegen wissen, ihr Vater sei jener General Bernadotte, der es mit Napoleons Hilfe als Karl XIV. Johann zum König von Schweden und später auch Norwegens

Oft sah man Fürst Pückler in seinem von
zahmen Hirschen gezogenen Wagen.

Lucie Gräfin Pappenheim, geb.
v. Hardenberg, heiratete 1817 Pückler.

Die Parkdirektoren
Jakob Heinrich Rehder (oben) und
Eduard Petzold (rechts)

gebracht hat. Lucies schillernde Vergangenheit läßt aber nach
Ansicht vieler hochgestellter Berliner auch die Vermutung zu, der
eine oder andere Prinz von Preußen komme als Vater Helmines
in Frage. Genaueres weiß man allerdings nicht.

Wen nun, dies die Berlin allgemein interessierende Frage, wird
Graf Pückler an den Traualtar führen? Er macht tatsächlich Lucie
einen Antrag. Erst nach ungläubigem Staunen, heißt es, wird er
geschmeichelt angenommen.

Was Pückler reizt, dürfte die Tatsache sein, Preußens allmächtigen Staatskanzler auf diese Weise zum Schwiegervater zu
bekommen. Ganz gewiß erhofft er sich von Hardenberg eine
diplomatische Karriere, wie er sie schon lange anstrebt und noch
über Jahrzehnte hinweg weiter anstreben wird. Überdies ist allein
Lucie, im Gegensatz zu Adelheid und Helmine, im Besitz eines
stattlichen Vermögens – eine reiche Erbin! Die Verlobung findet
am 20. November 1816 statt, vier Wochen nach Pücklers aufsehenerregender Ballonfahrt. Dabei ist Lucie noch keineswegs von
ihrem bisherigen Ehemann Pappenheim geschieden. Adelheid
und Helmine sollen tagelang nicht in der Öffentlichkeit erschienen sein, wie man sagt, ihrer verweinten Augen wegen.

Zweifellos handelt es sich nicht um das, was man eine Liebesheirat nennt. Einer engen Freundin gegenüber äußert Pückler
sich: „Als wir uns heiratheten, war sie zwar, aufrichtig gestanden,
etwas verliebt in mich, ich aber nicht im Geringsten in sie, und
sagte es ihr auch unumwunden, daß ich unsere Verbindung nur
als eine Konvenienzheirath (Vernunftehe) ansähe und mir jede
Freiheit vorbehielte."

Fünf Jahre später schreibt er ihr: „Ich fühlte deutlich, daß Dein
Herz und Dein Verstand grade so sind, wie ich sie brauche für
meine Individualität, um ganz glücklich dadurch zu werden; wäre
nur die ehemals jugendliche Schönheit noch damit vereinigt für
meinen sinnlich künstlerischen Sinn, so fehlte nichts mehr, und
die Vollkommenheit wäre da, die zu erreichen dem Menschen
nicht beschieden ist."

In den Brautbriefen aus „Muskaucastle" fällt zum erstenmal die
Anrede: „Liebe Schnucke." Sie scheint abgeleitet von einem
albern-verliebten Wortspiel mit dem Namen Lucie: Lucie,
Luziege, Ziege, Heidschnucke. Als „Schnucke" ist Lucie dann
auch in die Kulturgeschichte eingegangen, obwohl Pückler den

Kosenamen unendlich zu variieren versteht, Schnucki, Herzens-
schnucke, Schnuckilein, vielgeliebtes Schnuckentier.

Die Heirat mit Lucie gehört, wie sich herausstellt, zu einer der
vernünftigsten Taten im Leben Pücklers. Die Schnucke wird ihm
schon als ferne Braut in Berlin zur besten Ratgeberin, auf die er
zuweilen sogar hört; und später geht sie mit ihm lange Zeit buchstäblich durch dick und dünn. Von ihr empfängt er, was er nie
gekannt hat, Nestwärme und beinahe mütterliche Liebe oder
Zugeneigtheit. Pückler vergilt es ihr durchaus; mag er ein denkbar schlechter Ehemann sein, so führt er doch mit seiner
Schnucke eine gute Ehe. Allen Eskapaden zum Trotz, die noch
reichlich folgen, fühlt er sich bei ihr zu Hause. Aus der „Konvenienzheirath" wächst im Laufe der Zeit eine Kameradschaftsehe.

Der Briefwechsel zwischen den beiden Brautleuten bleibt
trotzdem merkwürdig. Bis zur Hochzeit möchte Pückler das
Schloß völlig umgewandelt und den Park so weit wie möglich fertiggestellt haben (was ihm beides nicht gelingt). Mit Feuereifer
geht er zu Werke, und es dürfte selten Liebesbriefe gegeben
haben, in denen so oft, beinahe ausschließlich, von Geld die
Rede ist und die Angebetete derart ununterbrochen statt mit Lie-
besbeteuerungen mit zeit- und geldraubenden Aufträgen überschüttet wird.

„Frau Kommissionär Schnucke", beginnt zum Beispiel ein par-
fümierter Brief auf farbigem Papier, „wird ergebenst gebeten, mit
rückkehrendem Wagen 50 Pfund bestes, englisches Reygras (Rog-
gengras) und 10 Pfund feinen, niedrigen, weißen Kleesamen
besorgen zu lassen." Ein Kommissionär ist übrigens jemand, der
gewerbsmäßig Waren in eigenem Namen für fremde Rechnung
ankauft, weshalb Pückler das Wort hier nicht ganz richtig anwen-
det, denn bezahlen muß Lucie Grassamen und sonstige Gegenstände, darunter sogar Juwelen, von ihrem eigenen Geld.

Daß ihm, wie immer, das Geld knapp wird, scheint ihn nicht zu
kümmern. Mit den Arbeiten am Park sind mittlerweile 200 Leute
zu rund 100 Talern täglich beschäftigt, dazu ein Heer von Hand-
werkern aus Berlin, Tischler, Parkettleger, Schlosser, Maler,
Dekorateure, im Schloß. Zudem treffen täglich bestellte Liefe-
rungen ein, Hausrat aus Berlin, Spiegelscheiben aus Boppard am
Rhein, Lampen und Klingelschnüre aus Hamburg, Wandbespan-
nungen und Möbelstoffe aus Frankfurt, Teppiche aus England

und aus Paris gar für 500 Taler, die allein der Transport kostet, Gipsabgüsse berühmter Bildwerke und Statuen. Lucie soll, auf Pücklers Anweisung, ferner dem preußischen Staat eine Sammlung von Kupferstichen wegschnappen, die für 2000 Taler zum Verkauf steht.

Die Schnucke beobachtet diese Aktivitäten aus der Ferne mit einer Mischung aus Spaß und Entsetzen. Eine äußerst verwöhnte Frau und von einem Vater erzogen, der ganz wie ihr Künftiger daran gewöhnt ist, das Geld mit vollen Händen aus dem Fenster zu werfen, steht sie Pückler an Leichtsinn und Verschwendungssucht nicht nach. Sie schickt ihm sogar Geld, soviel sie nur kann, aber da sind ihr Grenzen gesetzt. Vermögensverwalter der Gräfin ist ein Hamburger Bankier, Johann Baptist Sigismund Dehn, der Verschwendern wie Pückler gegenüber extrem mißtrauisch ist. Als dieser einen Kredit über 2000 Pfund Sterling für Einkäufe in London erbittet, nein, verlangt, weigert er sich, obwohl Lucie dem zustimmt.

Pückler wird es wohl selbst bisweilen mulmig, denn ein andermal schreibt er: „Daß Du Geld mitbringst, ist sehr zweckmäßig, denn ich habe keins. Die beiden letzten Wochen betrugen zusammen 5800 Taler Ausgaben. Künftig müssen wir für Alles bestimmte Summen festsetzen, und darüber nicht hinausgehen, sonst werden wir schleunigst bankerott."

Gute Vorsätze, aber wenig nütze, wenn man nahezu im gleichen Atemzug für seine Tafel Butter aus Holstein, Gänseleberpastete aus Toulouse, Konfitüren aus Paris bestellt.

Man sollte meinen, der Schloßherr wäre mit all seinen Aktivitäten voll ausgelastet. Aber dem scheint nicht so: Im Juni lädt er leichtsinnigerweise auch noch seine Familie zu Gast, die seine Tatkraft bewundern soll. Also erscheinen eines Tages seine Mutter, die Gräfin Seydewitz, sein Halbbruder Max sowie beide Schwestern in Begleitung ihrer Ehemänner und machen das Tohuwabohu auf Muskau vollkommen.

Mit der Mutter versteht er sich diesmal gar nicht. Zweimal gibt es Krach, einmal weil er ihr als Vorgriff auf die künftige Erbschaft eine hohe Geldsumme abverlangt, das andere Mal wegen der von ihm eingeführten ungewöhnlichen Tischsitten. Auf das Frühstück am Morgen (bei Pückler: Mittag) folgt nach seinen Anweisungen die Hauptmahlzeit erst um zehn Uhr abends. „Eine neue und sehr praktische Sitte", wie er findet, weil sie ihm wohl entspricht, denn er leitet bis in die sinkende Dämmerung die Arbeiten am Landschaftsgarten und braucht zum Umziehen nie weniger als eine geschlagene Stunde. Nahezu entwürdigend finden es die hungrigen Familienmitglieder, die sich den einen oder anderen Imbiß aus der Küche holen müssen.

Als die Familie Muskau wieder verläßt, ist sie entzweiter als zuvor und Hermann nach wie vor ihr schwärzestes Schaf.

Als Lucies Scheidung endlich ausgesprochen ist, steht der Hochzeit ein Weiteres im Wege: die Ehe ihrer Tochter Adelheid mit dem Grafen und späteren Fürsten Carolath. Da gibt es differierende Wünsche der Familien für den Ehevertrag, was Pückler wieder hoffen läßt, Adelheid könne mit der Mutter zu ihm ins Schloß ziehen. „Wie schade ist es, daß wir nicht in der Türkei leben", läßt er die Stieftochter in spe wissen, „ich nähme Euch Beide, und die Verlegenheit der Wahl hörte dann wenigstens auf, und ein zweiter (Graf von) Gleichen hausten wir fröhlich in Muskau."

Er hofft jetzt auf Helmine und gibt sich ansonsten seinen trüben Gedanken hin. Die Carolaths einigen sich schließlich auf ein Heiratsdatum, wodurch auch das seine näher rückt. „Mich ekelt der Luxus, die Sünde und das ganze Leben an", schreibt er an Lucie und fügt hinzu: „Wenn ich am 6. Juli noch lebe, werde ich den Wagen schicken."

Er lebt noch am 6. Juli und selbst noch am 12., als seine Zukünftige in der aus England importierten Prachtkarosse auf Muskau eintrifft. Zu seiner großen Enttäuschung, aus der er kein Hehl macht, kommt sie allein. Die 16jährige Helmine hat sie in ein Internat gesteckt. Die Bevölkerung empfängt die neue Herrin mit obligatem Jubel. Ein Fest jagt das andere, was sich mit Bällen, Festessen und Feuerwerk am 9. Oktober wiederholt, als die offizielle Hochzeit stattfindet.

Die Flitterwochen werden in Paris verbracht. Sie verlaufen nicht ungetrübt, denn Pückler kann Helmine nicht vergessen und bedrängt seine Frau jetzt schon, sie nach Muskau kommen zu lassen.

Arme Schnucke! Ludmilla Assing, in ihrer Zeit eine durchaus emanzipierte Frau, weist immer wieder darauf hin, daß uns am Ende Pückler selbst und kein anderer seine Fehler und seine

Untugenden bekannt und überliefert hat, man ihn daher nicht vorschnell verurteilen sollte. Kaum wieder in Deutschland, sucht er Linderung seiner offensichtlich ehrlichen Liebesqualen vor allem aber in Berlin, während er Lucie in der Lausitz zurückläßt. Wieder fährt er im hirschbespannten Wagen bei Kranzler vor, wirklich und wahrhaftig Helmine zur Seite. In sie hat sich inzwischen auch E. T. A. Hoffmann sterblich verliebt. Offen und unwidersprochen nennt er Helmine Pücklers Geliebte und rächt sich an seinem Lutter-&-Wegner-Freund, indem er ihn in seiner Novelle „Das öde Haus" keine sehr sympathische Rolle spielen läßt als „Graf P., dessen Sonderbarkeit und Verschwendungssucht die Grenzen erreichen, die den Weltmann vom Dandy trennen", wie es eine Hoffmann-Biographin ausdrückt.

Lucies Los an der Seite eines solchen Mannes scheint nicht beneidenswert. Sie ist zwar sichtbar stolz auf ihren schlanken, eleganten, auf jedem Parkett glänzenden Mann, aber eben selbst schon eine etwas rundliche, matronenhafte Erscheinung. Auf Muskau lebt sie wie in der Verbannung, versucht – zunächst vergeblich –, Helmine zu verheiraten und sie dadurch Pückler zu entziehen. Da wirft er sich seiner Frau zu Füßen: „Ich kann nicht mehr allein stehen, Ihr Beide seid mir nötig wie Wasser und Luft. Versuch es nur nie, mich von ihr zu trennen, und um Gottes Willen verheirate sie nicht – glaube mir, es wäre um mich geschehen!" Und weiter: „Du bist mir fast Alles in der Welt, nur in Einem liebe ich eine Andere, Du wünschst mir alles Glück, uneigennützig, willst Du also nicht lieber mir das, was mich noch fehlt, durch eine Andere geben, als mich dessen ganz berauben? Sei also konsequent, das heißt, ganz gut, und ich werde für das, was mir die Andere gibt und Du nicht geben kannst, weil nichts auf der Welt vollkommen ist, doch nur Dir dankbar sein."

Eine herzzerreißende Klage, von der man annehmen darf, daß sie ehrlich ist. Lucie widmet er ein volles, fast kindliches Vertrauen, eine eigene Form von Zärtlichkeit, die sie auch bald begreift. Sie ist seine Schnucke, ja, seine „Mama", wie er sie häufig nennt (sie selbst hat für ihn den Kosenamen „Lou" gefunden). Ihr teilt der Egozentriker alles mit, was ihn bewegt. Auf Reisen schreibt er ihr fortan Abend für Abend endlose Briefe, in denen er minuziös schildert, was ihm an Land, Leuten, Gärten, Abenteuern begegnet ist, von letzteren selbst die amourösen. Lucie kann sich von ihm immer an seinem Leben unmittelbar beteiligt fühlen. Die beiden verbindet bald ein festes Band, fester, möchte man hinzufügen, als das einer erotischen Liebe.

Lucie bleibt, zugegeben, auch nicht viel anderes übrig, als die Rolle zu übernehmen, die der Ehemann ihr bietet. Denn eine andere gibt es für sie nicht mehr; Frauen ziehen in dieser Zeit immer das bitterste Los. Der Vater, Staatskanzler Hardenberg, ist tief enttäuscht über die Scheidung von Pappenheimer und die Wahl des Lausitzer Hallodris. Er kümmert sich fortan so gut wie überhaupt nicht mehr um sie, ignoriert ihre Kontaktversuche und enterbt sie sogar. Der Schwiegersohn dürfte ihm unangenehm, seiner eigenen Person zu ähnlich sein.

Ganz ignorieren kann er ihn freilich nicht. Der König, Friedrich Wilhelm III., in allem das genaue Gegenteil des Muskauer Grafen, nämlich schlicht, unauffällig, einfach, unverwöhnt, ein harter Arbeiter und Frühaufsteher, mag ihn ausgesprochen gern; Gegensätze, so ein vertrautes Sprichwort, ziehen sich an. In dieser Zeit bilden Pückler und Alexander von Humboldt, die einander ebenfalls ungemein schätzen, so etwas wie eine innere preußische Adelsopposition.

Wie es auf Muskau zugeht, soll uns am besten ein Zeitgenosse erzählen: „Genie und Schönheitssinn, Reichtum an Mitteln und vollendete Gastfreundschaft schufen nun für Tausende hier ein unvergeßliches, bewundertes Heim. Gekrönte Häupter, Helden des Schwertes und der Feder, Philosophen, Dichter, Maler, Staatsmänner, Sänger, Architekten, selbst das fahrende Volk landstreichernder Künstler hielten in Muskau Einzug, den Reiz dieses Erdenwinkels zu erhöhen und dem Sagenstoff für die Umwohner neue Nahrung zu geben."

Der Glanz wird noch strahlender, als im Frühjahr 1822 aus dem Grafen ein Fürst wird. Hardenberg, der erstaunlicherweise hinter dieser ehrenvollen Ernennung steht, weiß schon, was er tut. Er muß die mit Preußen höchst unzufriedenen Lausitzer Grundbesitzer besänftigen, weshalb er Pückler, deren Protagonisten, auf seine Seite ziehen möchte. Der hat schon mehrere Male beim Schwiegervater angeklopft und um einen Botschafterposten gebeten, möglichst in Konstantinopel beim türkischen Sultan, an der „Goldenen Pforte". Aber für einen preußischen Botschafter dürfte er Hardenberg viel zu unberechenbar sein.

Die Erhebung zum Fürsten lenkt dann den eitlen Aristokraten tatsächlich nachhaltig ab. Zwei Jahre zieht sich die langwierige Prozedur hin, die Pückler dazu nutzt, neue Livreen für die Dienerschaft zu bestellen, für sich und Lucie neue Wagen und in der Hauptsache ein neues Wappen zu entwerfen, in dem all seine hauptsächlichen Interessengebiete zum Ausdruck kommen sollen, „die Park-Passion, die Bau-Passion, die Pferde-Passion, der Raufsinn, das Phantastische und der Farbensinn". Mit anderen Worten: Pückler freut sich wie ein Kind.

Etwas ernüchtert wird er, als ihm am 29. Juni die Rechnung für die Ausstellung des Diploms zugestellt wird. Sie beläuft sich auf 4000 Taler, „auch eine kleine Knacknuß", wie er stöhnt, denn eine solche Summe bringt er schon längst nicht mehr ohne weiteres auf.

Wann immer ihm ein Problem über den Kopf wächst – Geld, Helmine, Politik, Garten –, begibt er sich auf Reisen. Er ist keine Kämpfer-, eher eine Ausweichnatur. Auf eine Reise, kurz vor dem Fürstentitel angetreten, wollen wir ihn begleiten.

9

Obwohl das Reisen immer noch anstrengend, teuer und zeitraubend ist, befindet Pückler sich fortan ständig auf Reisen. So auch diesmal ins geliebte Paris, dann nach Brüssel und anschließend auf das Schlachtfeld von Waterloo. Hier hat sich entschieden, wie die Welt in den nächsten hundert Jahren aussehen wird.

1815 haben in Paris Alexander I., Zar von Rußland, Friedrich Wilhelm III., König von Preußen, und Franz I., Kaiser von Österreich, eine „Heilige Allianz" geschlossen. Ihren ersten großen Nachkriegskongreß plant sie in Aachen. Man erhofft – oder befürchtet, je nachdem – von ihm eine Revision der Beschlüsse des Wiener Kongresses vor drei Jahren. Der wahre Sieger ist Österreichs Metternich, der durch schlaue Diplomatie versucht, den liberalen Einflüssen besonders der süddeutschen Staaten, die – man denke! – sogar schon Verfassungen haben, entgegenzuwirken. Im gleichen Jahr, in dem Pückler preußischer Fürst wird, wird Metternich österreichischer Staatskanzler. Ihm soll es gelingen, die ganze Heilige Allianz zu einer unheiligen zu machen, nämlich zu einem Zusammenschluß von Polizeistaaten.

Von allen Seiten reisen die Großen der Welt in die alte deutsche Kaiserstadt. Auch Pückler setzt große persönliche Hoffnungen auf Aachen. Er möchte in die freie, weite Welt, irgendeinen Posten ergattern als Gesandter, Botschafter, Sonderbeauftragter. Insgeheim hofft er auch, auf eine Goldmine zu stoßen, wie sie während politischer Neuordnungen sich überraschend auftun können, denn Geld braucht er dringender als alles andere – Muskau ist so gut wie pleite.

Seine Hoffnungen sind keineswegs unbegründet. Die Höchsten aller vertretenen Länder kennt er, die meisten sogar sehr gut. König Friedrich Wilhelm III. von Preußen findet den amüsanten Grafen sympathisch. Preußens mächtigster Mann, Fürst Hardenberg, ist sogar Pücklers Schwiegervater, und dem Allermächtigsten von allen, Metternich, hat er schon als toller Gardeoffizier in Dresden imponiert. Beim Zaren von Rußland war er im Krieg Ordonnanzoffizier, wobei er auch auf den Oberbefehlshaber der Besatzungsmächte in Frankreich, den Herzog von Wellington, gestoßen ist. Er kennt sogar den französischen General Maison und den englischen Außenminister Castlereagh (der ihn seit seinem ersten London-Aufenthalt schätzt). Bei so vielen Beziehungen, meint Pückler zu Recht, müßte sich doch auch für ihn etwas auftun.

So macht sich der Glücksritter frohgemut auf den Weg nach Aachen. Er hat einen Coup vorbereitet; denn es wird nicht ganz einfach sein, unter so vielen Berühmtheiten gebührendes Aufsehen zu erregen. Pücklers Idee: Er läßt von Brüssel einen Wagen voranschicken, der nichts enthält außer seinen vielen Papageien, von denen er sich angeblich nicht trennen kann.

Das geht – kein gutes Omen – schief, weil unterwegs ein Pferd zusammenbricht und die exotischen Vögel viel zu spät in Aachen eintreffen, als Pückler selbst schon da ist. Sein Schwiegervater Hardenberg bereitet ihm die zweite, empfindlichere Enttäuschung, über die er sich bitter bei Lucie beklagt: „Dein Vater affichiert (läßt wissen) mich nicht sehen zu wollen, gibt große Diners, ohne mich zu bitten, und wenn ich ihn besuchen will, hat er stets eine Konferenz. Du kannst denken, daß dieses Betragen sogleich von dem ganzen Haufen der Übrigen imitiert wird, und selbst die Bedienten mich mit verdrießlichen Gesichtern empfangen. Alles dies macht den Aufenthalt für mich etwas penibel."

Lucie kann da wenig helfen, denn Hardenberg hat nur allzuoft affichiert, von seiner Tochter nach ihrer Heirat überhaupt nichts mehr wissen zu wollen. Will er nicht alle seine Felle wegschwimmen sehen, muß Pückler versuchen, auf andere Weise an seinen störrischen Schwiegervater heranzukommen.

Gegen Pückler eingestellt ist vor allem Christian, der Sohn des Staatskanzlers aus einer früheren Ehe. Er spekuliert auf den Posten eines preußischen Gesandten in Kopenhagen, den auch Pückler ins Auge gefaßt hat. Wo es ihnen gelegen scheint, schwärzen sich die Rivalen gegenseitig an: Pückler nennt Christian „einen Tropf", Christian verhindert, daß Pückler Zugang bekommt zum Fräulein Hähnel, die eine wichtige gesellschaftliche Rolle in Aachen zu spielen beginnt.

Fräulein Hähnel stammt aus Mecklenburg, und ihr Beruf ist der einer Hellseherin. Kein anderer als Fürst Hardenberg hat sie, eine Art Mätresse, mit sich nach Aachen gebracht, außerdem natürlich seine angetraute Frau, die nun schon dritte, eine ehemalige Sängerin.

Auf ihre Weise ist die Hähnel, bald pro forma von Hardenberg mit einem adligen Tunichtgut namens Kimsky verheiratet, hochbegabt. Gründlich gebildet, spricht sie Französisch, Englisch und Italienisch, alles fließend, und kann sich mit Blücher außerdem in waschechtem Plattdeutsch unterhalten.

Den Anhängern des Mesmerismus, der damals große Mode wird, gilt sie sogar als eine Art Star. Der wenige Jahre vorher gestorbene badische Arzt Franz Mesmer hatte ein halb astrologisches, halb elektrisches Phänomen entdeckt, das er „tierischen Magnetismus" nannte und aus dem er eine eigene Heilmethode entwickelte. Sie bestand aus „magnetischem Streichen", für das der Patient in eine Art Trance versetzt wurde. Fräulein Hähnel hat sich von einer Musterpatientin des Mesmer-Schülers Wohlfahrt in den Status einer Hohenpriesterin des Mesmerismus hochgestapelt.

Hardenberg hat einen Hang zu Mystik und okkulter Geheimnistuerei. Obwohl die tierisch-magnetische Pythia keineswegs schön gewesen sein soll, macht er sie zu seiner Geliebten und

**Karl August
Freiherr von Hardenberg**

verfolgt eingehend eine weitere Behandlung durch Dr. Koreff, ebenfalls einen Mesmer-Anhänger.

Auch Dr. Koreff, ein Jugendfreund der Hähnel, gehört dem sonderbaren Gefolge des preußischen Staatskanzlers an. Er ist Arzt, hat lange in Berlin, dann in Paris praktiziert und gilt als ein umstrittener Mann, dabei belesen, witzig und amüsant, ein Gesellschaftslöwe, der vortrefflich hochgestellte Leute parodiert, die er behandeln durfte.

Wenn es um seinen Ehrgeiz geht, graut Pückler so leicht vor nichts. Brav besucht er die Séancen der Hähnel und lobt die Verse, die Koreff ihm vorliest, der sich überdies für einen Dichter hält. Als Geliebte und deren Herzensfreund Hardenberg von dessen Schwiegersohn vorzuschwärmen beginnen, ist dieser wieder Persona grata. Plötzlich erhält er die ersehnten Einladungen zu den Diners und gilt bald im Hause Hardenberg als selbstverständlicher und täglicher Gast. Aber einen Botschafterposten gibt Hardenberg ihm am Ende doch nicht. Mag er sich – wahrscheinlich zu Recht – als geborener Diplomat fühlen, er wird nie einer werden.

Vorerst zeigen sich jedoch Aachen und der Kongreß von ihrer freundlichsten Seite. Pückler wird vom Kaiser in Privataudienz empfangen, eine Ehre, die seiner Eitelkeit schmeichelt, wie auch die Tatsache, daß Preußens König geruhen, ihn in seine Suite, sein Gefolge aufzunehmen, wodurch ihm nun alle Türen offenstehen.

Man darf das wörtlich nehmen. Mit gleich vier hübschen Pariserinnen aus zwei Generationen entspinnt sich sogar eine Art von Liebesroman. Nichts ist Pückler lieber als eine Mutter-Tochter-Konstellation, bei der er alles in der Schwebe lassen kann. Bei den vier Damen handelt es sich um Sophie Gay, eine Romanschriftstellerin sowie eine der ersten Journalistinnen der Zeitungsgeschichte, ihre 14jährige Tochter Delphine (die frühen Ruhm mit ihrem Theaterstück „Lady Tartuffe" erlangen soll), eine weitere Tochter, noch ein Kind, namens Isaure, sowie eine Freundin, die beinahe genauso heißt, nämlich Edmée Sophie Gail. Mit Sophie Gay, Sophie Gail und Delphine – Isaure ist noch zu klein – unternimmt Pückler fröhliche Kutschpartien oder Wald- und Wiesenwanderungen, wobei er mit seinem nahezu perfekten Französisch glänzt.

Als erste trifft es Sophie Gail, eine Sängerin und Komponistin. Sie liebe ihn „mit Geist und Herz", gesteht sie dem flotten Kavalier und lädt ihn gleichzeitig zu einem „Orakel", denn sie versteht das Kartenlegen. Aber Sophie Gail schreckt zurück, als sie die Karten liest. „Lesen Sie meinen Tod?" fragt Pückler. Sie antwortet: „Nein, den meinen."

Sophie Gail ist tatsächlich ein knappes Jahr später in Paris an einer Lungenentzündung gestorben, wie Sophie Gay in einem Brief behauptet, mit Pücklers Namen auf den Lippen. Sophie Gay verfällt dem Charme des Grafen als nächste, und zwar lebenslang. Sie bleibt ge- und verstört zurück, versucht den preußischen Luftikus verzweifelt bei sich zu halten, was sich in unzähligen Gedichten, aber auch endlosen Briefen mit leidenschaftlichen Liebeserklärungen äußert. Ihr Leben scheint ihr so gut wie zerstört. „Ach", soll ihre Freundin auf dem Totenbett gesagt haben, „wüßte er unsere Freundschaft nur voll zu würdigen, er würde sie nicht so vernachlässigen!"

Auch als Liebhaber zeigt Pückler eine verblüffende, wenngleich wenig kavaliersmäßige Offenheit. Delphine, die 14jährige, gesteht er Lucie in einem Brief, habe er in allen ihren Reizen „von Kopf bis Fuß beschwärmt, nur nicht die Zähne", weshalb er sie nie auf den Mund geküßt habe. Als Moral seiner Unmoral hält er eine gleichfalls verblüffende Erkenntnis bereit: „Alle Liebe ist egoistisch, wenigstens die irdische, und am Ende wird der liebe Gott sich auch selbst noch lieber haben als uns."

Aachen bringt Pückler nicht viel ein, aber es hat seine Folgen. Bei diesen spielt Schwiegervater Hardenberg eine ausschlaggebende, wenn auch reichlich traurige Rolle. Kaum ist der Kongreß der Heiligen Allianz friedlich auseinandergegangen, und kaum hat er die Muskauer Gartenarbeiten überprüft, zieht es Pückler erneut nach Berlin, obwohl er an der Stadt kein gutes Haar läßt. Aber dort geht er jetzt bei Hardenberg aus und ein, der ihm sogar das Du anbietet, dort sieht er Helmine wieder und entbrennt in neuer Liebe (Lucie schickt das ungezogene Töchterlein sofort zu Schwester Adelheid), dort verkehrt er vor allem im Salon der Rahel und entdeckt ein neues Talent. Er läßt sich als Sänger ausbilden und tritt als solcher öffentlich auf.

In Berlin verhandelt er auch höchst geschickt und nicht ohne Erfolg im Namen der Lausitzer Großgrundbesitzer mit den zuständigen Ministerien in Steuer- und Hypothekenangelegenheiten sowie um eine Entschädigung für die Kriegsfolgelasten. Sein hartnäckiger Kampf gegen die Bürokraten in „Sandomir", wie er Berlin jetzt nennt, trägt ihm bei allen Neupreußen und einsichtigen Geistern Hochachtung ein, macht ihn jedoch unbeliebt bei Hofe. Besonders der junge Kronprinz wittert in ihm einen Atheisten und, schlimmer noch, Republikaner.

Geradezu Entsetzen erregt Pückler, als er im Landtag für die Rechte des besiegten Königreichs Sachsen eintritt. Er macht auch sonst aus seinem Herzen keine Mördergrube. Die Lausitz, sagt er, sei früher eine sächsische Kolonie gewesen und heute eine preußische. Er spricht Dinge aus, die man sonst nur außerhalb Preußens auszusprechen wagt. Dies macht verständlich, weshalb Hardenberg seinen Schwiegersohn nicht, wie er plötzlich doch wohl vorhat, als Vertreter Preußens nach Konstantinopel schicken kann.

Er läßt ihn dafür eine nicht so hochpolitische, gleichwohl diffizile Aufgabe verrichten. Die Sachlage ist – wie alles bei Hardenberg – einigermaßen kompliziert.

Dem alten Herrn, der früher mit Menschen und Mächten umgegangen ist wie mit Marionetten, sind im Alter die Fäden aus der Hand geglitten. Mit 71 gebrechlich, launisch, eigensinnig und überdies taub, so daß er das meiste falsch versteht, macht er, einst eine strahlende Erscheinung, jetzt eine eher lächerliche Figur. Über seine häuslichen Verhältnisse wird in Berlin viel gewitzelt: über die zänkische Gattin und die herrschsüchtige, durchtriebene Mätresse, die dem Alten das Leben schwermachen, indes sie ihn beide mit Dr. Koreff und die Fürstin wohl auch mit dem Fürsten Wittgenstein betrügen.

Fürst Hardenberg gerät noch mehr in die Zwickmühle, als die Fürstin ihn türenknallend verläßt. Hardenberg möchte sich nun scheiden lassen, aber das lehnt Friedrich Wilhelm III. aus moralischen Gründen entrüstet ab. Und nun ist es die Siegerin, die

Hähnel, jetzt Frau von Kimsky, die mit einem Skandal droht. So wendet Hardenberg sich in letzter Not an einen Mann, der bewiesen hat, daß er mit verzwickten Angelegenheiten umgehen kann – an seinen Schwiegersohn.

Fürstin Hardenberg wird von ihrem bisherigen Liebhaber, Fürst Wittgenstein, fallengelassen und kurzerhand aus Preußen ausgewiesen. Aber sie geht auf das von Pückler mitgebrachte Angebot ein: endgültige Trennung, 12000 Taler jährlich und Wohnsitz in Dresden.

Hardenberg ist überglücklich. Der Schwiegersohn, der ihm aus der Patsche geholfen hat, wird in diesen Tagen zum Fürsten erhoben (in Berlin munkelt man: wegen seines Eingriffs in die häuslichen Verhältnisse des Staatskanzlers), und Hardenberg persönlich gibt das Diner zur Titelverleihung. Geladen sind unter anderem Gneisenau, der freudig in den Toast einstimmt, den der Hausherr auf den neuen Fürsten ausbringt, und Wittgenstein, der zurückhaltender reagiert.

Aber außer der Rangerhöhung erhält Pückler keine Belohnung. Für ihn hängt der Himmel voller Wolken. Der Garten geht zwar der Vollendung entgegen, aber die Sorgen haben zugenommen. Seine Briefe unterzeichnet der Fürst statt mit Pückler-Muskau häufig mit Pückler-Murrkau.

Die vielen Prozesse wegen des Landerwerbs sind meist mit einem Vergleich zu Ende gegangen. Den wichtigsten jedoch, gegen den Holzhändler Riemann, verliert er. Das schränkt seine ohnehin kargen Mittel weiter ein. Zum Glück haben er und Lucie sich inzwischen mit deren Bankier Dehn aus Altona angefreundet, der zum gerngesehenen Gast auf Muskau geworden ist. So skeptisch und unnahbar er einst schien, hilft er jetzt dem bedrängten Ehepaar mit Rat und sogar Tat: Er borgt Geld aus seinem Privatvermögen.

Am 26. November stirbt Hardenberg in Genua. Pückler hat sich wenigstens Hoffnung gemacht auf 100000 Taler aus der Erbschaft, aber Lucie und er erhalten keinen Pfennig. Erstens ist Lucie formell enterbt, und zweitens stellt sich heraus, daß der gute Staatskanzler ähnlich verschuldet war wie sein leichtsinniger Schwiegersohn. Hardenberg hat in den zwölf Jahren seiner Kanzlerschaft zwar auf jedwedes Gehalt verzichtet, sich aber ausbedungen, daß die preußische Staatskasse für ihn auch persönlich aufkommt. Für den Staat ein schlechtes Geschäft. Hardenbergs Schulden bei seinem Tode belaufen sich auf 540000 Taler.

„Glänzendes Elend ist vielleicht die schwerste Last hienieden", schreibt Pückler 1823 an seine Schnucke. So etwas wie glänzendes Elend ist mittlerweile auf Muskau eingezogen. Das letzte Reitpferd wird verkauft, ein Großteil der Dienerschaft entlassen. Lucie rät zur Sparsamkeit auch bei Beleuchtung und Heizung. „Miß mir Holz und Licht nicht zu knauserig zu, denn bei meiner Neigung zur Schwermut ist das Licht mir ebenso notwendig wie die Luft." Daß es nicht so weitergeht, wenn man bei Einkünften von jährlich 12000 Talern 40000 oder sogar 50000 Taler ausgibt, sieht am Ende selbst Pückler ein.

Aber lassen sich die Arbeiten am Muskauer Landschaftsgarten ganz einfach einstellen? Sie sind ja sein Leben! Eine volle Million Taler hat er bereits in den Garten gesteckt, was man als Verschwendung bezeichnen, aber auch als einzigartiges Geschenk an die Nachwelt verstehen kann.

Die feierliche Einweihung des im Gesamtkonzept wahrscheinlich bedeutendsten englischen Landschaftsgartens außerhalb Englands findet am 23. Juni 1823 statt. Auch Lucie, die wir ja bei Pücklers Aufbruch nach Aachen als Gartenaufsicht verlassen mußten, hat ihr Teil dazu beigetragen. Als man beim Betrieb des nahen Alaunbergwerks und der Umwandlung der Landschaft zufällig auf eisenhaltige Mineralquellen stieß, ist sie aktiv geworden. Dem Landschaftsgarten ihres Mannes fügt sie eine komplette Badeanlage hinzu. Das hat zwar wieder eine Menge Geld gekostet, aber man verspricht sich auch große Einnahmen davon in naher Zukunft.

Leider vergeblich. „Das Hermann-Friedrichs-Bad zu Muskau", so ein alter Reiseführer, „aus Moor- und stark eisenhaltigen Mineralbädern, Dampf-, Kiefernadel- und Wellensturzbädern in der Neiße bestehend, ebenso einem Trinkbrunnen, den Hermannsbrunnen, besitzend, ist von einer so vorzüglichen Heilkraft, welche nach den Aussprüchen bedeutender Sachkundiger, der von Marienbad und Franzensbad gleichkommt." Hinzugefügt wird: „Wenn Muskau als Bad trotzdem noch immer nicht in weiteren Kreisen die ihm gebührende Anerkennung fand, so ist der Grund einerseits wohl in dem früheren Mangel günstiger Verkehrswege, wie den Anforderungen der Zeit sich anpassenden Einrichtungen des Badewesens zu suchen gewesen." (1887)

Den Pücklers hat das „Bad", das Muskau heute stolz im Namen führt, wenig oder nichts eingebracht. Der Schuldenberg würde jedes andere Ehepaar ins Armenhaus zwingen. Über dem nun so bildschönen Muskau kreisen die Geier. Pückler versinkt in tiefste Melancholie, Sophie Gay zufolge „der eigentliche Grund seiner Seele".

10

Am 31. Oktober 1823, einen Tag nach seinem 38. Geburtstag, findet Pückler morgens auf seinem Schreibtisch einen Brief Lucies. Er trägt die Überschrift: „Todesurtheil der Ärmsten auf Erden." Als er ihn liest, bricht er in Tränen aus.

So ganz unvorbereitet kann er trotzdem nicht gewesen sein. Fürst und Fürstin, „Lou" und „Schnucke", haben es sich angewöhnt, bis spät in die Nacht im vertrauten Gespräch zu verbringen. Da wird, wie wir aus Pücklers Tagebuch wissen, alles beredet, was Gott und die Welt, vor allem jedoch Muskau betrifft. Beide wissen längst, daß die Herrschaft nur durch eines zu retten sein wird: durch Scheidung und anschließende lukrative Heirat des Fürsten. Eben dies schlägt Lucie jetzt – in allen Texten über Pückler fällt hier das Wort: edelmütig – vor.

„Indem ich also Dir Deine Freiheit zurückgebe und bestimmt erkläre, daß ich von Dir geschieden zu sein verlange", heißt es im Brief, „bezeuge ich Dir nochmals: daß ich Dir das höchste, das einzig wahre Glück meines Lebens verdanke – Dein geistreicher, liebenswürdiger Umgang, Dein fester, männlicher und doch so sanfter Charakter, haben es mir gewährt, und mehr noch als Alles Dein tiefes, edles Gemüth, Dein gutes, weiches Herz."

Auch Pücklers Antwortbrief wird nicht verschwiegen. Der Fürst zögert, das Angebot anzunehmen – „sein edles Herz verbot es ihm", um eine Quelle aus dem 19. Jahrhundert zu zitieren. Seine Natur, schreibt er selbst, sei „bizarr, aber nicht vulgär", eine vortreffliche und wohl lange ausgefeilte Formulierung.

Ganz sicher fällt Lucie die Entscheidung schwer, und es ist

auch durchaus möglich, daß Pückler geweint hat; der Stil seines Schreibens, auf breite Wirkung berechnet, weist jedoch auf ihn als Autor. Die Wirkung bleibt auch nicht aus. König Friedrich Wilhelm, der sich so hartnäckig geweigert hat, der Scheidung Hardenbergs zuzustimmen, gibt in diesem Fall nach. Das Ehepaar selbst scheint ihn bei einer gemeinsamen Visite überredet zu haben.

Eine abgekartete Sache also zwischen den beiden und auch wohl mit dem König. Man will sich trennen, um zusammenbleiben zu können, eine typische Pückler-Idee.

Zuerst sieht Pückler sich, ganz sicher im Einverständnis mit Lucie, in Berlin um. Das geschieht zwischen lauter Muskauer Katastrophen. Als er am gleichen Tag einen Prozeß verliert und vom Zusammenbruch des Bankhauses Beneke erfährt, soll er abends in einem Salon singen. „Du kannst Dir denken, wie singerig mir zumute ist", schreibt er Lucie, tritt aber trotz allem auf; *the show must go on.*

Auch die Brautschau. Eine 16jährige mit 300 000 Talern Mitgift kommt nicht in Frage, weil sie erst nach Volljährigkeit über ihr Geld verfügen kann. Eine andere „kleine Person", wie die Pücklers sie getauft haben, schreckt im letzten Augenblick vor der Tatsache zurück, daß der Galan, der sie zu umgarnen sucht, noch gar nicht geschieden ist. Auch Hamburg, eine Hafenstadt mit zum Teil sehr wohlhabenden Handelsherrn, wird kurze Zeit Ort angestrengter Suche, die aber vergeblich bleibt.

Inzwischen gehen die Arbeiten in Muskau auch nach der Eröffnung weiter. Ein Landschaftsgarten ist wie ein gotischer Dom nie vollendet; er verlangt ständige Pflege und Ergänzung.

Ein weiteres wichtiges Ereignis fällt in diese Zwischenjahre, wie sie nachträglich erscheinen. Viel Verwunderung erregt in Muskau die Tatsache, daß der Fürst sich plötzlich so häufig in jenes „Cottage" am Jagdschloß zurückzieht und dort mitunter Tage und Nächte in völliger Einsamkeit verbringt, nicht einmal von einem hübschen weiblichen Wesen begleitet. Wilde Gerüchte ranken sich, wie von Pückler wohl auch beabsichtigt, um diese geheimnisvolle Klausur. Was dort, immerhin ein paar Stunden Ritt vom Schloß entfernt, geschieht, ist jedoch vergleichsweise harmlos. Der Fürst schreibt ein Buch. Und zwar, wie viele bis heute meinen, sein bestes.

Es gewinnt rasch Gestalt. Ganze Nächte hindurch und „am Schreibtisch essend", arbeitet der Autor an ihm. „31 Seiten Foliopapier" schreibt er voll, wie er stolz verkündet. Sein einziges Sachbuch, die „Andeutungen über Landschaftsgärtnerei", so der überraschend bescheidene Titel, ist aber zweifellos sein seriösestes Buch, so etwas wie das Credo eines großen Garten- und Naturfreunds. So bescheiden, wie der Titel scheint, ist er jedoch nicht. Er bezieht sich auf ein ähnliches Grundlagenwerk Humphry Reptons, „Observation on the Theory and Practise of Landscapegardening", und setzt sich ihm an die Seite.

Auch Pücklers spätere schriftstellerische Erfolge gehen auf den unnachahmlichen Stil zurück, der den Leser gleichsam von oben herab anspricht, ihn aber trotzdem in alles, die größten und die kleinsten Begebenheiten, einbezieht. Der unnahbare Fürst wird zum Vertrauten, um gleich im nächsten Augenblick wieder ins Unnahbare zu entrücken. Gesalzen werden die Ausführungen mit einer gehörigen Portion Ironie – selten in der deutschen Literatur –, die auch vor dem Erzähler selbst nicht haltmacht. Pückler setzt „sofort den geneigten Leser in den Gartenwagen (eine sogenannte Ligne, auf der mehrere Personen nebeneinander Platz haben und sich nach allen Seiten frei umsehen können)". Der geneigte Leser fühlt sich unwillkürlich als Gast des wohlwollenden Fürsten, der dann alles selbst erklärt.

Das Buch hat zwei „Abteilungen". Die erste, „Andeutungen für Landschaftsgärtnerei im allgemeinen", stellt ein Lehrbuch dar. Mit gewissen Einschränkungen könnte man es noch heute beim Anlegen eines Parks im englischen Stil so benutzen, wäre die Welt dafür nicht zu eng geworden. Pückler geht da ganz systematisch vor. Umrissen werden von der Grundidee in Einzelkapiteln Ausdehnung und richtiges Maß, die Art der Einfassung oder Umschließung, die notwendig ist, aber nicht stören darf, die Gruppierung von Gebäuden und Anpflanzungen, die Wahl der Baumarten (möglichst nur einheimische), das Führen der Wege, Alleen (keine Birken oder Pappeln!), der Einbezug von Wasser, Inseln, Felsen. Man erfährt, welche Bergarbeiten oder Planierungen notwendig werden und was zur weiteren Pflege bereitgestellt werden muß. Für jeden, der auch nur ein bißchen an Natur und deren Verschönerung interessiert ist, eine spannende Lektüre.

Die drei anschließenden Wagenfahrten in der zweiten Abteilung

August Wilhelm Schirmer schuf diese Illustrationen zum Park Muskau. Sie erschienen 1834 in Pücklers „Andeutungen über Landschaftsgärtnerei". <u>Links:</u> „Gestaltung von Wehren"

<u>Oben:</u> „Blick vom Belvedere des Luckwitzer Hügels auf die Stadt und das Schloß"

<u>Rechts:</u> „Blauer Blumengarten"

stellen dann den Muskauer Park und seine Entstehung vor. Der fürstliche Cicerone hält dabei auch eine Lobrede auf den Baumeister Schinkel, wohl wissend, daß er bedauerlicherweise – das leidige Geld! – so wenig von dessen Plänen für Schloß und Park hat realisieren können.

Freilich: Während der Kutschfahrt scheinen Schinkels Entwürfe wie von Zauberhand tatsächlich verwirklicht wie auch auf Johann Wilhelm Schirmers beigegebenen Stichen. Der Park, den Pückler vorführt, ist nicht der damals vorhandene und schon gar nicht der heutige, sondern eine Mixtur aus Dichtung und Wahrheit. Die Reise führt, wie immer bei Pückler, von Muskau nach Utopia, das eine nicht ohne das andere zu denken. Vielleicht sind dies die einzig richtigen Dimensionen für einen Landschaftsgarten. Sie sind es ja auch für jedes Kunstwerk.

Keine Zweifel gibt es bei Pückler darüber, daß ein Landschaftsgarten unter die Kunstwerke gerechnet werden muß. Man könnte, heißt es zum Beginn der zweiten Abteilung, „die höhere Gartenkunst mit der Musik vergleichen, und wenigstens ebenso passend, als man die Architektur eine gefrorene Musik genannt hat, sie eine vegetierende (vegetative) Musik nennen. Sie hat auch ihre Symphonien, Adagios und Allegros, die das Gemüt durch unbestimmte und doch gewaltige Gefühle gleich tief ergreifen."

So hektisch er lebt, der Natur tritt er gelassen gegenüber. Alle seine Anlagen, sagt er, seien so berechnet, daß sie nach 150 Jahren den höchsten Grad ihrer Entfaltung erreicht haben. Auch das eine neue Dimension. Nach eineinhalb Jahrhunderten gelten rote oder schwarze Zahlen nichts mehr, gilt nur noch die Leistung, das Werk.

Das Gartenwerk wird dem Prinzen Karl auf Klein-Glienicke gewidmet, wohl in der Hoffnung, daß dieser ihm daraufhin den weiteren Ausbau des Landschaftsgartens bei Potsdam überträgt. Aber den hat Lenné einst für Hardenberg begonnen, und Prinz Karl ist gut beraten, ihn diesem auch zu lassen. Auf gelegentlichen Besuchen darf Pückler Klein-Glienicke immerhin durch eine kleine Kette künstlicher Teiche und einige kissenartige Blumenbeete bereichern.

Um auch einmal zu kritisieren: Blumenbeete zählen zu Pücklers ausgesprochenen Schwächen. Besitzt er sonst einen erstaun-

lich sicheren Geschmack, so läßt sich dies von seinem Farbensinn beim besten Willen nicht sagen. Wie er sich ein Leben lang
nach Vorderasien sehnt und es dann auch bereisen wird, scheint
sein Farbensinn bei Blumenrabatten und Inneneinrichtungen –
schreiend und laut – schon im Vorgriff orientalisch. Was seinen
Landschaftsgärten keinen Abbruch tut.

Im Gartenbuch bietet er uns zum Schluß „eine Ansicht meines
Cottage im Garten des Jagdschlosses, ein stiller, einsamer Ort,
von wo auch ich jetzt dem freundlichen Leser, wenn er so weit bei
der trockenen Materie ausgehalten hat, den herzlichsten
Abschied zurufe". Man fühlt sich geradezu hinauskomplimen-
tiert.

Verlassen wir also die Gartenidylle, und kehren wir, wie Pückler selbst aus seinem Jagdschloß, in die herbe Wirklichkeit
zurück. Die Sorgen sind nicht weniger geworden. Schefer, den
wir etwas aus den Augen verloren haben, wird wieder die Verwaltung der Herrschaft und ihrer gründlich zerrütteten Finanzen
übernehmen müssen. Denn der Fürst bereitet sich in Berlin auf
eine weite Reise vor.

Für sie gilt es, die notwendigen Mittel bereitzustellen. Auch
Lucie kratzt, mit Schefers Hilfe, aus allen möglichen Winkeln
und Ecken Geld zusammen, denn das Ziel ist jetzt klar. Weder in
Berlin noch in Hamburg soll die reiche Erbin weiterhin gesucht
werden, sondern im Land, wo derartige Erbinnen, wie man sagt,
nicht die Ausnahme, sondern die Regel sind, in England.

Mittelpunkt des Berliner Stadtklatsches ist nämlich derzeit ein
Herr von Biel, dessen Finanzen sich in ähnlichen Verhältnissen
befunden haben wie diejenigen Pücklers. Bis er sich aus London
die Nichte des Bankiers und Staatsmanns Baring als Ehefrau
geholt hat, plus 35 000 Pfund Sterling an Mitgift. Und Baron
Baring besitzt selbst drei Töchter, die mit einer noch höheren Mitgift rechnen können.

Pücklers Entschluß steht fest. Er wird sich die Baring-Töchter
ansehen und prüfen, ob sich eventuell in England nicht noch
etwas Besseres findet. Ein Jurist namens Bennewitz entwirft drei
Scheidungsverträge, die Lucies Zukunft sichern. Pückler läßt sie
mehrfach ändern, stets zu Lucies Gunsten. „Aber wenn Ihre Frau
Gemahlin sich wieder verheiratet!" soll Bennewitz „mit komi-
scher Beharrlichkeit" immer wieder ausgerufen haben. Doch das

hält Pückler für ausgeschlossen. Er hofft vielmehr, mit der reichen Engländerin, heiße sie Baring oder anders, und seiner Schnucke auf Muskau so etwas wie eine Ehe zu dritt führen zu können.

Die Gläubiger drängen. Kein Grund zur Übereilung. Das geschiedene Ehepaar verbringt vielmehr noch einige Monate zusammen in Muskau, die sich wie zweite Flitterwochen anlassen. Dann gibt Lucie ihrem „Freunde", wie er nun heißt, das Geleit bis Bautzen. Am 7. September 1826 nehmen die Geschiedenen „unter tausend Küssen, Tränen und Umarmungen dramatischen Abschied" voneinander.

Schon am Tag danach schreibt Pückler seiner Lucie aus Dresden den ersten Brief. Er beginnt:

> Meine teure Freundin!
> Deine Liebe bei unserem Abschied in B ... hat mir so wohl und weh getan, daß ich mich noch nicht davon erholen kann. Immer steht Deine kummervolle Gestalt vor mir, ich lese noch den tiefen Schmerz in deinen Blicken und Tränen, und mein eigenes Herz sagt mir nur zu sehr, was Du dabei empfunden haben mußt. Gott gebe uns bald ein so freudiges Wiedersehen, wie der Abschied traurig war!

Bis dahin werden jedoch über zwei Jahre vergehen.

11

Pückler ist nicht zu beneiden. Er steht unter Erfolgszwang. Wenn er in England die heißersehnte reiche Erbin nicht findet, wird er Muskau aufgeben müssen. Lucie hat er untröstlich zurückgelassen und sich selbst auf eine Reise ins Ungewisse begeben.

Drüben, jenseits des Kanals, in London wird er mit allem Pomp auftreten müssen. Aber der Fürst ist knapp bei Kasse. Der Erlös aus den Muskauer Verkäufen reicht nicht weit. Im übrigen stehen ihm immer noch seine schlechten Erfahrungen aus seinem Englandaufenthalt vor zehn Jahren vor Augen, als ihn die verwitwete Marchioness of Lansdowne auf schmähliche Weise sitzenließ, was, wie er – zu Recht – befürchtet, in der Londoner Gesellschaft unvergessen geblieben ist. Kein Wunder, daß er sich England zögernd nähert.

In Dresden und Leipzig gilt er erst einmal noch etwas unter alten Bekannten, vor allem aber in Weimar beim Großherzog, dem er im Krieg als Adjutant gedient hat. Auch empfängt ihn der 77jährige Goethe und erkundigt sich eingehend nach dem Muskauer Garten, von dem ihm Wunderdinge berichtet worden sind.

Über Wesel geht es, unter ständigen nervösen Migräneattacken, an denen der Fürst mehr denn je leidet, nach Rotterdam und von dort zu Schiff nach London. Kein guter Einstand: Statt der üblichen zwanzig Stunden dauert die Überfahrt vierzig. Was Meerespassagen angeht, entwickelt sich Pückler ohnehin zum Pechvogel. Stets setzt ein Sturm ein, sobald er Schiffsplanken betritt, und immer wird er seekrank. Die Lausitz, von allen Weltmeeren weit entfernt, züchtet keine Seeleute.

Er steigt zunächst im feudalen Hotel Clarendon im vornehmsten Westend ab, wo er schon früher gewohnt hat, muß aber bald mit billigeren Unterkünften vorliebnehmen und wohnt zeitweilig – höchst vergnügt, wie man hinzufügen muß, denn so etwas mag er – bei drei jungen Putzmacherinnen nahe Bond Street.

Der nimmermüde Freier absolviert in acht Monaten nicht weniger als 1400 Morgenvisiten, rund vier pro Tag. Das heißt, er stürzt sich mit Vehemenz in die selbstgesetzte Aufgabe, klopft an jede Tür, die ihm geeignet scheint, besucht Bälle, Theateraufführungen, Spielkasinos und sogar den grundhäßlichen, schieläugigen Herzog von Cumberland.

Cumberland, Ernest Augustus mit Vornamen, ist ein Bruder des regierenden Königs George IV. und residiert, da er mit zwei weiteren Brüdern in Göttingen erzogen worden ist, sowohl in der preußischen als auch der britischen Hauptstadt. Er gilt als erzreaktionär, grob und unverschämt, denn er sagt „jedem unverblümt die Wahrheit", was ja im Deutschen – wie auch im Englischen – einer Beleidigung gleichkommt. Als ihn 1810 sein Kammerdiener zu ermorden versuchte, war man sowohl in Berlin als auch London unverhohlen enttäuscht, daß das Attentat mißlang. Er ist mit Friederike, der Lieblingsschwester der Königin Luise, verheiratet und wird rund zehn Jahre später, nun als Ernst August, König von Hannover. Als solcher reitet er immer noch in Bronze auf dem hannoverschen Bahnhofsvorplatz.

Der Grobian empfängt Pückler mit dem deutsch-englischen Satz: „Na, da kommt ja der *fortune-hunter*." Es kann gut sein, daß Cumberland diesen Ausdruck geprägt hat, unter dem der Name des Fürsten immer wieder in den Spalten englischer Revolverblätter auftaucht. „Fortune-hunter" heißt Glücksjäger, auch Mitgiftjäger, was wieder einmal unter Beweis stellt, wie gut es der künftige König von Hannover versteht, auf beleidigende Weise exakt die Wahrheit zu sagen.

Es gibt erfreulichere Anlaufstellen. Bülow, der preußische Gesandte in London, läßt sich sogar anpumpen, nicht jedoch Nathan Meyer Baron de Rothschild, „den man mit dem Sultan verglichen hat, weil dieser der Herrscher aller Gläubigen und jener der Gläubiger aller Herrscher sei". Pückler schätzt ihn hoch, einesteils weil der Baron, ganz wie zunächst er selbst, ein merkwürdiges Gemisch aus deutschen und englischen Redewendungen spricht, andererseits weil er alle „Kreditbriefe" (Schecks) des Fürsten ohne Wimpernzucken annimmt.

Ein Grund, warum das literarische Werk des Fürsten später in Vergessenheit geriet oder nur in sehr gekürzter und überarbeiteter Form herauskam: Preußen war nie ganz frei von antisemitischen Zügen. Pückler aber gehört zu den ausgesprochenen Philosemiten, von denen es in Preußen durchaus auch einige gab; zudem zieht er die in Rahel Varnhagens Salon versammelten kritischen Geister den streng „national" gesinnten Konservativen vor. In seinen Schriften ist diese projüdische Einstellung nicht zu übersehen. Also wurden sie bis 1933 nur selten und im Dritten Reich so gut wie gar nicht aufgelegt. Die erste vollständige Ausgabe der Briefe aus England nach der Originalauflage ist erst 1986 erschienen.

Man muß sich den Lausitzer Fürsten in London wieder als Dandy unter Dandies vorstellen. Mondän gekleidet, mit pechschwarz gefärbten Haaren, amüsant und außerordentlich gut aussehend, wird er bald zum festen Bestandteil der High-Society. Jeder möchte den berühmt-berüchtigten „fortune-hunter" doch mal sehen und ein paar Worte mit ihm wechseln. Bald regnet es Einladungen, vor allem vom Lande, wo die „Gentry", der niedere Adel, ebenfalls neugierig zu werden beginnt. Es sind sogar seriöse Einladungen darunter von Besitzern Englischer Landschaftsgärten, die in Fachzeitschriften über den Muskauer Park gelesen haben.

Zudem ist Pückler als preußischer Fürst derart hoch gestellt, daß König George IV. ihn offiziell empfangen muß, in seinem merkwürdigen, an Tausendundeine Nacht erinnernden orientalischen „Pavillon" zu Brighton. Auch zu staatlichen oder halbstaatlichen Gelegenheiten wie etwa dem alljährlichen Inaugurationsbankett des Londoner Bürgermeisters wird er wie selbstverständlich als Gast geladen.

Lauter glänzende Voraussetzungen für das, was Pückler anstrebt, sollte man meinen. Aber dem ist nicht so, denn die Töchter des Landes bleiben ihm zu seinem großen Kummer mehr oder weniger verschlossen; da ist man vorgewarnt, durch die Zeitungen und im Hochadel durch den Herzog von Cumberland, den mephistophelischen Feind des Mitgiftjägers.

„Der Himmel gebe mir endlich ein Wild, was der Mühe wert ist", klagt Pückler brieflich seiner Lucie. „und ist es kein Edelhirsch, so müssen wir uns eben mit einem Häschen begnügen." Doch so viel er auch „auf Anstand" geht – „keine üble Benennung", lobt er selbst die eigene Formulierung –, es will sich weder ein Edelhirsch noch, fürs erste wenigstens, auch nur ein Häschen zeigen.

Pückler bewundert an England neben der Schönheit der Landschaft, dem Parlamentarismus und dem Können der Shakespearedarsteller Kean, Kemble und Young am meisten die absolute Meinungsfreiheit, die dort herrscht. Seit den von Metternich 1819 diktierten „Karlsbader Beschlüssen" steht in Preußen, wie überall auf dem Kontinent, alles unter strenger Zensur, werden unliebsame Zeitungen unterdrückt, erhalten Redakteure und Schriftsteller Berufsverbot, gelten selbst leidenschaftlich vaterländisch gesinnte Männer wie der Turnvater Jahn oder Ernst Moritz Arndt als verdächtige Subjekte, zu schweigen von E. T. A. Hoffmann, den nur ein vorzeitiger Tod vor einer Verurteilung rettet, oder Görres, der nach Frankreich fliehen muß.

Hauptleidtragende der allgemeinen Meinungsfreiheit in England sind freilich der König – und Pückler. Unerbittlich ziehen Karikaturisten und Satiriker über sie her. England erlebt eine erste, nie wieder übertroffene Blüte politischer und sozialkritischer Karikatur. Zeichner wie George Cruikshank werden nicht müde, den König inmitten seiner Mätressen als chinesischen Mandarin, als Cellospieler oder Bassisten darzustellen, wobei sie nicht versäumen, des Königs gichtige Dickbäuchigkeit oder den übermäßig ausladenden Hintern seiner letzten Konkubine, Lady Conyngham, gebührend zu übertreiben.

371

Pückler mag mitunter vor Zorn über die respektlosen Cartoo-nisten und Witzblattschreiber gebebt haben. Da man den Umlaut in seinem Namen in England nicht aussprechen kann, nennt man ihn kurz „Prince Pickle" (Fürst Sauergurke), und im ersten Roman des Charles Dickens, den „Pickwickiers", tritt er als „Graf Smorltork" auf, der schlecht Englisch spricht, alles falsch versteht und trotzdem aus seinen Notizen dicke Bücher über England zusammenschustert. Weder in seinen Briefen noch in seinem spä-teren Werk ist Pückler jemals auf solche Sottisen eingegangen, obwohl es letztlich eine Ehre sein dürfte, in diesem besten aller Dickens-Romane einen wenn auch ungünstigen Auftritt zu haben.

Seine eigentliche Aufgabe, die Jagd nach einer reichen Erbin, zwingt ihn, seine Suche über London hinaus zu betreiben. Er geht auf zuweilen lange Reisen, wobei freilich auch Neugier eine Rolle spielt, die Tatsache, daß er noch längst nicht alle wichtigen Landschaftsgärten Englands gesehen hat, auch eine steigende Vorliebe für die „Gentry", den Landadel, unter dem er sich wohler fühlt als in der Hofgesellschaft.

Wenn er sich in London oder Brighton einsam fühlt – oder eben keine zärtlichen Bande, innerhalb oder außerhalb seiner Aufgabe, zu knüpfen versucht –, reitet er gern nach Cobham Hall, wo der alte Lord Darnley residiert. Humphry Repton hat dort einen mustergültigen Landschaftsgarten mit Pleasure-ground geschaffen. Lady Darnley, die er in London schon gleich in den ersten Tagen kennenlernt, ihrerseits eine „Parkomanin", lädt ihn ein, beides zu besichtigen.

Cobham Hall liegt an der Ostküste, nahe Rochester, in der Grafschaft Kent. Der Ritt dorthin von London muß Stunden gedauert haben. Bei Pücklers erstem Besuch leidet der alte Lord Darnley an einem Anfall von Gicht und kann nicht an der Tafel teilnehmen. Pückler macht dem Kranken mit anderen Gästen einen Höflichkeitsbesuch.

„Lord D...", berichtet er, „lag in der Mitte des Salons auf einem Sofa, mit einem schottischen Mantel zugedeckt, und setzte mich durch seine Anrede etwas in Verlegenheit. ‚Sie erkennen mich nicht', sagte er, ‚und doch haben wir uns vor dreißig Jahren gar oft gesehen.' – Da ich nun in jener Zeit noch im Flügelkleide (Kinderkleidchen) umherschwebte, so mußte ich um nähere

Erläuterung bitten, war aber gar nicht erfreut, mein Alter – denn Du weißt, daß ich noch prätendiere (vorgebe), nicht älter als dreißig Jahre auszusehen – so genau vor der ganzen Gesellschaft deklinieren (entschlüsselt) zu hören. Übrigens mußte ich Lord D...s Gedächtnis bewundern, denn er erinnerte sich aus jener Zeit, wo er mit dem Herzog von Portland bei meinen Eltern auf dem Lande gewesen war, so sehr jeder Kleinigkeit, daß er selbst mir das Andenken schon längst vergessener Dinge von neuem auffrischte. Welche Originale es damals gab und wie lustig man in jener Zeit alle Arten von Amüsements aufgriff, bestätigte mir seine Erzählung auf ganz unterhaltende Weise."

Diese Stelle gehört zu den wenigen in Pücklers literarischem Werk, in denen er so etwas wie Heimweh zeigt und auf sein Elternhaus mit einer gewissen Nostalgie zurückblickt. So selbstbewußt und manchmal protzig er auftritt, so verlassen muß er sich bisweilen wohl doch in England gefühlt haben. Einem Glücksritter bringt man vielleicht Bewunderung, aber keine menschliche Wärme entgegen.

Sie umgibt ihn in Cobham Hall, bei sozusagen alten Bekannten, die er dann mehrfach aufsucht, auch wenn der erste Abend bezeichnenderweise wie folgt endet: „Für die Nacht erwartete mich heute auf meiner Stube ein vortreffliches chinesisches Himmelbett, groß genug, um als Sultan mit sechs Weibern in seinem weiten Raum schlafen zu können, aber allein fror ich in der großen Kälte darin wie ein Eiszapfen, ehe die eigene Wärme durchdrang, denn der entfernte Kamin gab keine."

Cobham Hall dient heute als Mädchenpensionat, aber das sechsschläfrige chinesische Himmelbett und der „entfernte Kamin" sind immer noch vorhanden. Ich habe sie bei Fernsehaufnahmen für einen Pückler-Film dort noch 1989 gesehen.

Wir können nicht alle Landsitze, Gärten und Parks aufzählen, die Pückler besucht hat. Seine längste Unternehmung dauert fünfeinhalb Monate. Der Fürst reist nach Wales und setzt von Holyhead über nach Dublin, unnötig zu sagen – „eine widerwärtigere Seefahrt kann man nicht bestehen!" –, daß die Passage rauh ausfällt, „zehn Stunden wurde ich, zum Sterben krank, umhergeworfen". Noch lange danach scheint ihm, „als schwanke Irland ein wenig".

Irland wird in der Hauptsache von Dublin aus nach Süden durchstreift, zum ersten, weil sich dort die schönsten

Landschaftsgärten befinden, zum anderen, weil dreißig Meilen von Glengariff entfernt Daniel O'Connell, der Führer der katholischen Emanzipations- (wir würden heute sagen: Bürgerrechts-)bewegung, verborgenen Hofstaat hält. Zum Entsetzen der englischen Oberschicht sucht Pückler ihn in halsbrecherisch-abenteuerlicher Weise mehrfach auf. Er sympathisiert mit den Freiheitsbestrebungen der Iren und erfährt zu seiner Beschämung, daß viel Elend auf der Grünen Insel durch die sogenannten *absentees* verursacht wird. Das sind – meist englische – Landbesitzer, die ihr Land zwar gründlich auspowern, aber sich weder darum kümmern noch auch nur dort blicken lassen. Ihr Geld geben sie munter in London, Paris oder Baden-Baden aus. Was das arme Muskau betrifft, so muß der liberale Sympathisant mit den entrechteten Iren bekennen, auch nichts anderes zu sein als ein *absentee,* ein Abwesender. Nicht jeder lernt jedoch, wie er, dazu. „Hochmütig durch Geburt und Erziehung und liberal durch Nachdenken und Urteil", hat er sich wenig später (in „Tutti-frutti") analysiert.

Sein nachdenkliches Ich läßt ihn den Schattenseiten des englischen *way of life* nicht ausweichen. In Birmingham sieht er die Vor-, aber auch die Nachteile der einsetzenden industriellen Revolution mit Luftverschmutzung, Umweltzerstörung und Ausbeutung der Arbeitskräfte. Das ist die eine Seite. Die andere, sein von Geburt und Erziehung geformtes Ich, macht sich, um es burschikos auszudrücken, einen flotten Lenz, genießt das Leben auf Feudalsitzen wie dem von ihm besonders geschätzten romantischen Warwick oder in ebenso feudal-luxuriösen Kurorten wie Cheltenham, vor allem jedoch in jedem Himmelbett, feudal oder nicht, das sich ihm bietet.

Da macht er wie immer keinen Unterschied zwischen reich und arm, hoch und niedrig, nicht einmal jung und alt – oder sagen wir: mittelalterlich, geschweige denn verheiratet oder ledig. Auf Anstand nach Liebe nimmt Pückler jedes Wild. Man hat sogar den Eindruck, daß er zeitweilig gar nicht mehr auf die Vermögensverhältnisse der betreffenden Damen achtet. Manche hätte er, wie er selbst zugibt, auch ohne einen Pfennig Mitgift nur zu gern geheiratet – wenn sie ihn genommen hätten. Aber Albions Damen haben ihren eigenen Stolz.

Auf vieles ist Pückler in England gestoßen – auf eine reiche Erbin nur einmal beinahe. Immerhin scheint ihm im Mai 1827, einem gesellschaftlich besonders aktiven Monat („mehr als 40 Einladungen liegen auf meinem Tisch, fünf bis sechs zu einem Tag"), Fortuna einigermaßen gewogen. Es tun sich gleich vier Möglichkeiten auf: die Tochter eines Arztes, hübsch und wohlerzogen (Mitgift, wie damals üblich, für einen eventuellen Ehevertrag bei den Brauteltern zu erfragen: 50 000 Pfund Sterling), eine Kaufmannstochter, sehr hübsch und sehr dumm (40 000 Pfund Sterling), eine adlige Dame, leider häßlich (100 000 Pfund Sterling) und eine weitere Adlige, hübsch, sanft und klug (25 000 Pfund Sterling). Das sind jedoch alles Summen, die nicht ausreichen würden, Muskau zu retten. Eine Weile schwankt Pückler – besser wenig, als gar nichts –, ob er nicht trotzdem zugreifen soll, entscheidet sich aber dagegen. „Ach Schnucke! Hättest Du doch nur 150 000 Taler, ich heiratete Dich gleich wieder!" lautet sein nach Muskau gerichteter Stoßseufzer.

Nur einmal kommt er seinem Ziel nahe. Da gibt es einen steinreichen Juwelier mit dem vielversprechenden Namen Hamlet in Birmingham, der nicht zögert, seiner Tochter Harriet zuzureden. Harriet besitzt ein eigenes Vermögen von 200 000 Pfund, das ihr bei einer Heirat zufällt, und sie hat sich in den vornehmen Ausländer bis über beide Ohren verliebt. Vater Hamlet sähe seine Tochter nur zu gern als Fürstin und ist durchaus bereit, seine Zustimmung zu geben.

Pückler spielt mit offenen Karten. Aber dann erfährt man beim Rechtsanwalt, daß nach englischem Recht Pücklers Scheidung ungültig ist. Da zuckt nun Harriet Hamlet doch zurück. Man kann es verstehen, auch wenn spätere Biographen die „Stockengländerin" dafür als „dumm und zimperlich" heruntergemacht haben. Ihr eigener Vater beschwört sie, es sich noch einmal zu überlegen; am Ende werde sie durch eine Heirat preußische Staatsbürgerin, für die preußische Gesetze gelten, keine englischen mehr. Aber vergeblich. Der reiche Juwelier nimmt, Pückler zufolge, „mit Tränen Abschied von mir und ich von seinen 200 000 Pfund Sterling". Sie wären noch heute – rund 600 000 DM – ein ansehnliches Kapital.

Außer Spesen nichts gewesen, könnte man – etwas anachronistisch – die Ergebnisse der Reise Pücklers nach England zusammenfassen. Auf der Habenseite finden sich immerhin eine ganze Reihe wertvoller Dinge, die man aber nicht in klingende Münze umsetzen kann, wenigstens nicht gleich. Der Fürst hat sein Englisch vervollkommnet und ein funktionierendes Parlament, eine konstitutionelle Monarchie mit republikanisch-demokratischen Zügen erlebt. Seine politischen Auffassungen findet er bestätigt und wird sie bis ans Ende seines Lebens behalten. Überdies kommen seine gründlicheren Erfahrungen mit englischen Landschaftsgärten, intensiver noch, englischen Gärtnern, in Zukunft dem Park Muskau wie auch später dem in Branitz zugute.

Es gibt auch viele Liebeleien, die Pückler zwar keineswegs verschmäht, aber doch nicht das sind, was er eigentlich sucht: die große, einmalige, die unsterbliche Liebe. Eine Sehnsucht, die ihm zuletzt in England erfüllt wird. Findet er in diesem Land schon nicht das große Geld, so doch die große, feurige, alles verbrennende Liebe, die ihn sogar von seinem schwärmerischen Traum, Helmine zu besitzen, endgültig befreit. Er trifft in England merkwürdigerweise auf eine Preußin vom Rhein, eine alte Bekannte sogar, auf Henriette Sontag.

12

Börne mit leicht ironischem Unterton über Sontag: „Man hat sie so genannt: die Namenlose, die Himmlische, die Hochgepriesene, die Unvergleichliche, die Hochgefeierte, die himmlische Jungfrau, die zarte Perle, die jungfräuliche Sängerin, die teure Henriette, liebliche Maid, holdes Mägdelein, die Heldin des Gesanges, Götterkind, den teuren Sangeshort, deutsches Mädchen, die Perle der deutschen Oper." Es handelt sich um Originalzitate zeitgenössischer Musikkritiker, über die sich Börne mokiert. Trotzdem fügt er hinzu: „Ich sage zu allen Beiwörtern ja, aus vollem Herzen. Selbst nüchterne Kunstrichter haben geurteilt: Ihre reizende Erscheinung, ihr Spiel, ihr Gesang könnten auch jedes für sich verglichen werden, so habe man doch die Vereinigung aller dieser Gaben der Kunst und der Natur noch bei keiner anderen Sängerin gefunden."

In Berlin hat Pückler die Gefeierte nur flüchtig kennengelernt.

Überdies fand er ihren Gesang damals reichlich seelenlos. Jetzt, als er sie auf einem Empfang, den der preußische Gesandte von Bülow gibt, wiedertrifft, ist er fasziniert von ihrer mädchenhaften Erscheinung, für die das Beiwort „allerliebst" sich schon so gut wie eingebürgert hat. In gewohnter Offenheit schreibt er seiner Lucie: „Sie müßte wohl eine allerliebste Mätresse abgeben." Der Wolf bekommt lange Zähne.

Den Erfolg der Sontag führt man gewöhnlich auf zwei Eigenschaften zurück, die sie ihren Kolleginnen voraushat: die Zierlichkeit ihrer Figur (keine mächtige Brunhilde, sondern ein zartes, zerbrechliches Wesen) und die Natürlichkeit ihres Auftretens. Ein Glückskind der Romantik, so recht nach dem Herzen eines Publikums, das, der grandiosen Bühnenpersönlichkeiten müde, sich entzückt einer anscheinend ganz natürlichen, bürgerlich-tugendhaften Erscheinung zuwendet. Sie glänzt dann auch hauptsächlich in Opern von Carl Maria von Weber, der ihr seine „Euryanthe" sozusagen auf den Leib geschrieben hat. 1806 in Koblenz geboren, Komödiantenkind, ist sie eben 22, kann aber, von Erfolgen verwöhnt, auf eine schon längere Karriere zurückblicken. Die Berliner geraten 1825 geradezu aus dem Häuschen, als sie auch in der Königlichen Oper Triumphe feiert, bald darauf in Paris und auf Gastspielen in ganz Europa. Ihre Wirkung auf diese musikselige Zeit kann man kaum überschätzen. Erst Jenny Lind, die „schwedische Nachtigall", wird sie in den Schatten stellen; aber die ist zu diesem Zeitpunkt eben sieben Jahre alt.

Ein einfaches „Wild" für einen liebestrunkenen Mann stellt sie allerdings nicht dar. Im Gegenteil: Henriette Sontag gilt eher als prüde. Stets ist sie von ihrer Mutter begleitet, selbst einer begabten Sängerin, mit der sie alle Rollen einstudiert und die ihr auch als Anstandswauwau – Pückler würde sagen: „als Chaperone" – dient.

Aber wo ein starker Wille vorhanden ist, wie, zumal in Liebesdingen, beim Fürsten Pückler, findet sich der Weg von selbst. Die Mutter tritt in London nicht in Erscheinung. Zudem wird Pückler bald herausgefunden haben, was alle Welt weiß: Die Sontag besitzt so etwas wie einen Adelstick. Ein charmanter Fürst hat bei ihr vielleicht noch am ehesten Chancen.

„Auch mir", schreibt er, „schien sie bald die schwachen Seiten anzumerken und unterhielt mich ohne die mindeste scheinbare

Absichtlichkeit, doch nur von dem, was passend und angenehm zu hören für mich sein konnte. Die vaterländischen Töne fielen dazu aus so hübschem Munde wie Perlen und Diamanten in den Fluß der Rede hinein, und die allerschönsten blauen Augen beschienen sie wie eine Frühlingssonne hinter leichten Wolkenschleiern."

Pückler hat Glück. Am folgenden Tag schon, am 28. April 1828, tritt der berühmte Edmund Kean als Richard III. auf, wofür der Sontag eine herzogliche Loge zur Verfügung steht. „Wollen Sie mich vielleicht dahin begleiten?"

„Daß eine solche Einladung jeder anderen vorging", verrät der überraschte Pückler, „versteht sich von selbst." Aber: Den ganzen „Richard III." hindurch „fand kaum eine Pause in unserer Unterhaltung statt", man amüsiert sich anschließend auf einem Ball „der fashionablen Lady Tankarville" und wer weiß, wo sonst noch. Es hat, so scheint es, beide gepackt.

Der anbrechende Mai läßt sich als ein wahrer Wonnemonat an. Henriette Sontag und Pückler sind von morgens bis abends und darüber hinaus zusammen. Von einem Fest, an dem sie gemeinsam auf dem Landsitz einer Herzogin teilnehmen, heißt es: „Es war schon Mitternacht vorbei, als das Frühstück endete."

Die liebliche Henriette sagt, was sie sonst nie tut, sogar eine Probe ab, um mit Pückler nach Richmond, einem hübschen Städtchen an der unteren Themse, zu reiten. Ein weiterer Ausflug geht in die andere Richtung, nach Greenwich. Die Fahrt von Greenwich nach London muß so etwas wie der Höhepunkt dieser Liaison gewesen sein. Pückler kommt auch in späteren Briefen an Henriette Sontag immer wieder darauf zurück.

Seine Quintessenz: „Wahr ist es, der Himmel schuf dieses Wesen aus ganz besonderem Stoff! Welche Mannigfaltigkeit und welche Grazie in jeder wechselnden Nuance! Scheu oder zutraulich, böse oder gut gestimmt, boudierend (schmollend), hingebend, gleichgültig, sanft, spottend, gemessen oder wild – immer ergreift sie, wie Schiller sagt, die Seele mit Himmelsgewalt! Und welche Selbstbeherrschung bei der höchsten Milde, welch festes kleines Köpfchen, wenn sie will, wieviel Herzensgüte und dabei doch wieviel kecke Schlauheit!"

Nach dieser Eloge klingt es merkwürdig, wenn Pückler den Brief an seine Geschiedene mit den beruhigenden Sätzen schließt: „Aber, gute Lucie, es ist Zeit, daß ich ende, nicht wahr? Du möchtest zuletzt gar denken, ich sei närrisch oder verliebt, oder beides zugleich." Wenn jemals jemand närrisch verliebt gewesen sein dürfte, dann hier. Im übrigen läßt sich aus Pücklers Schilderung der Angebeteten auch schließen, daß die Sontag am Ende ihre Divaallüren gehabt haben mag.

Der Fürst würde dem wahrscheinlich nicht einmal widersprechen, denn die große Liebe endet abrupt und schmerzlich.

Er hat eine ganze Weile überlegt, ob er nicht Henriette einen Heiratsantrag machen solle, zögert jedoch, ihn zu stellen. Es geht dabei nicht um Vermögen oder Mitgift, sondern um den Standesunterschied, der ihm zu groß scheint – kann er wissen, daß der Preußenkönig aus bestimmtem Grund schon längst erwägt, aus der Sontag eine Sontag von Lauenstein zu machen?

Als Pückler seinem Herzen dann doch einen Stoß gibt, erlebt er sein blaues Wunder. Der Antrag wird, darf man ihm glauben, unverzüglich in wohlgesetzten Worten zurückgewiesen. „Ich habe einen Augenblick vergessen können", hört er die Geliebte sagen, „daß ich einen anderen wahrhaft und innig liebe, wenngleich die Zeit der Leidenschaft für ihn vorbei ist. Ich bin aus einem Traum erwacht, und nichts kann mich von nun an wieder dahin zurückführen. Wir müssen von diesem Augenblick an für immer vergessen, was geschehen ist!"

„Dabei war sie blaß, kalt wie Eis, eine Ruhe und Hoheit über sie verbreitet, die ich fast unheimlich nennen möchte – so ganz ein völlig anderes Wesen, daß während mein Herz blutete, meine Phantasie vor ihr schauderte", berichtet Pückler weiter. Nach diesem unvermuteten Korb bringt er vier Tage „wahrhaft in der Hölle und ratlos" zu: „Ich habe gefühlt, daß Seelenleiden größer sein können als alle Körperschmerzen; ich habe verstanden, was die Fabel des Orestes sagen will, den unablässig die Furien verfolgen." Zeitweise ist er überzeugt davon, ihm habe irgend jemand einen Liebestrank eingeflößt; nie wieder hat Pückler eine Abfuhr so nachhaltig berührt.

Die Sontag ist bereits hochadelig verlobt, und zwar mit dem 25jährigen sardinischen Gesandtschaftsattaché Graf Carlo Rossi, der es, wie man sagt, auf die 200 000 Taler abgesehen hat, die Ersparnisse des Gesangsstars. Die Trauung erfolgt schon im nächsten Jahr.

Seine große Irlandreise tritt der Fürst nicht zuletzt an, um dieses Götter- oder Teufelskind zu vergessen. Aber was den eigentlichen Zweck des ganzen Unternehmens angeht, ist sein Elan dahin. Von Irland aus kehrt Pückler nur noch kurz am Silvestertag 1828 nach London zurück. Den Neujahrstag verbringt er in der festlich geflaggten altehrwürdigen Kathedrale von Canterbury, ein trauriger Pilger, der noch am gleichen Tag nach Dover weiterreist und am 2. Januar 1829 in Calais eintrifft. Ein Geschlagener kehrt auf den Kontinent zurück. „Das Opfer zweier Lebensjahre, einer kummervollen Trennung und den Aufwand einer großen Summe Geldes" sind umsonst gewesen.

Noch lange bedrängt ihn das Bild der verführerischen kleinen Teufelin Henriette Sontag. Immer wieder versucht er, Kontakt mit ihr aufzunehmen, immer wieder kann der eifersüchtige Graf Rossi ein neuerliches Zusammentreffen verhindern.

Zwanzig Jahre später, 1848, ist sie noch unvergessen. Da legt Pückler auf seinem Stammsitz Branitz eine „Blaue Laube" an, später „Kiosk" genannt, und stellt zwischen die rosenbewachsenen Gitterwände eine vergoldete Büste der Liebesgöttin Venus. Es handelt sich dabei um Ludwig Wichmanns Porträt der Henriette Sontag. Ein galantes Kompliment für eine verlorene Geliebte.

13

Aus dem Fiasko der Englandreise wird überraschenderweise doch noch ein Triumph.

Das Zauberkunststück gelingt Pückler unter tatkräftiger Mitarbeit seiner Lucie und ihrer beider intellektuellen Freunde Rahel und Karl August Varnhagen von Ense. Sie haben während der Abwesenheit des Fürsten bereits erhebliche Vorarbeit geleistet, an der auch Leopold Schefer beteiligt gewesen sein dürfte. Aus Pücklers unzähligen Reisebriefen an Lucie ist ein Buchmanuskript entstanden, flüchtig redigiert, aber so gut wie druckreif.

Lucie hat sich in den vergangenen beiden Jahren vor allem mit Rahel angefreundet. Ihre Temperamente ergänzen einander: rasch mit dem Wort und eifrig bestrebt, liberale Gesinnung im Staat zu verbreiten, durchaus extrovertiert die eine, Rahel,

380

wissensdurstig, philantropisch, nie jedoch ihre hohe Stellung vergessend, auf introvertierte Weise ladylike die andere, Lucie.

Pückler betrachtet Rahel ebenfalls als eine Art von Seelenverwandte. Mit Varnhagen tut er sich schwerer. Obwohl der Fürst den Publizisten und gescheiterten preußischen Politiker als Freund betrachtet, ihn seinen Mentor, ja, seinen „literarischen Beichtvater" nennt, muß er Varnhagen immer wieder um „etwas weniger Förmlichkeit in Ihrer Behandlung" bitten. Varnhagens Karriere als Politiker hat früh geendet. Wegen seiner unverhohlen liberalen Einstellung ist er 1819 von seinem Posten als preußischer Ministerresident (Botschafter) in Baden enthoben und 1825, erst 40jährig, in den endgültigen Ruhestand versetzt worden.

Seither lebt er zurückgezogen und ohne festes Amt in Berlin. Anonym erscheinen von ihm politische Leitartikel und literarische Rezensionen in nahezu allen seriösen Zeitungen und Zeitschriften, aber ansonsten steht er ganz im Schatten seiner vier Jahre älteren Frau, die er beinahe schwärmerisch verehrt. Da in deren Salon verkehrt, was Geist in Preußen besitzt, bleibt auch Varnhagen in Kontakt mit innen- und außenpolitischen Angelegenheiten. Unscheinbar, vorsichtig bis übervorsichtig geworden, mischt er sich zwar niemals offen ein, ist aber immer und überall dabei, wenn in der preußischen Hauptstadt etwas gemunkelt oder gekungelt wird.

Varnhagen also, Frau Rahel, Lucie und Schefer haben in der nahen Vergangenheit oft im Schloß Muskau zusammengesessen, wobei Lucie die langen, inhaltsschweren und portoträchtigen Briefe ihres geschiedenen Gemahls vorlas. Die begeisterungsfähige Rahel dürfte zuerst auf den Gedanken gekommen sein, aus dem interessanten, dazu brisanten Stoff ein Buch zu machen. Varnhagen und Schefer werden, darin erfahren, die Hauptarbeit der Redaktion geleistet haben. Lucie dagegen hat, zu Pücklers Verdruß, dafür gesorgt, daß nichts Heikles, Scharfes, Pikantes oder gar Unanständiges in die Druckvorlage geriet.

Daran läßt sich nicht mehr viel ändern, als sich Pückler das Manuskript nun selbst vornimmt und durch Stellen aus seinem Tagebuch ergänzt, seinerseits manches streicht und gewisse Namen verändert, vor allem den der Adressatin. Statt an Lucie sind die Briefe jetzt an eine heißgeliebte „Julie" gerichtet.

Viel gerätselt worden ist, warum er für sich das makabre Pseudonym eines „Verstorbenen" wählt. Dabei liegt der Grund auf der Hand und dürfte auch jedem Leser damals sofort verständlich gewesen sein. In Preußen herrscht, wie im übrigen Europa, die Reaktion. Ein liberaler Adliger mit demokratischen Neigungen erhält in einem solchen Staat keine Chance. Die Zeit gehört den Cumberlands und rückwärtsgewandten Schwarmgeistern wie Kronprinz Friedrich Wilhelm, beide so etwas wie seine Erzfeinde. Für Preußen ist Pückler mausetot. Was ein preußischer Fürst seinen Landsleuten von England erzählt, ertönt tatsächlich aus dem Mund eines so gut wie Verstorbenen.

Anfang 1830 erscheinen die beiden ersten Bände der „Briefe eines Verstorbenen" bei F. G. Franckh in München. Sie enthalten den letzten Teil der Reise, weil man wohl Pücklers Abenteuer in Irland für publikumswirksamer hält. Das Werk beginnt also – merkwürdigerweise, aber passend zum Autor – beim Kapitel fünfundzwanzig. Die „Briefe eines Verstorbenen" müssen den Buchhändlern geradezu aus den Händen gerissen worden sein, denn die erste Ausgabe ist bald verkauft. Pückler geht es wie Byron, nach Shakespeare seinem Lieblingsautor: Er wacht eines Morgens auf und ist als Schriftsteller berühmt. Denn das Pseudonym täuscht niemanden. Ein etwas kindliches Versteckspiel, wie manche finden. Aber wohl notwendig für einen Aristokraten, der enge Beziehungen zum Hof unterhält, diesen jedoch wenig ehrfurchtsvoll behandelt. Eine derart freie und unverblümte Rede kann sich in diesen Zeiten ohnehin nur ein sehr Hochgestellter leisten – etwa Alexander von Humboldt, der zur Zeit wohl Berühmteste im Lande, der den „Briefen eines Verstorbenen" laut applaudiert, oder eben Fürst Pückler.

Noch einer applaudiert lauthals, sogar mit weit erheblicheren Folgen, denn auf ihn hört man nicht nur in deutschen Landen, sondern in ganz Europa: Goethe. In der Ausgabe Nr. 19 der „Jahrbücher für wissenschaftliche Kritik" vom September 1830 erscheint eine begeisterte Rezension der „Briefe" aus seiner Feder. Sie beginnt mit dem lapidaren und daher aus diesem Munde mehr als schmeichelhaften Satz: „Ein für Deutschlands Literatur bedeutendes Werk."

Pückler wird von Goethe geschildert: „Als guter Geselle tritt er auf, auch in der nicht besten Gesellschaft, und weiß sich immer anständig zu halten; er bleibt sowohl bei den banalen Wildheiten der Rennjagd als den herkömmlichen Ausschweifungen der Gelage seiner selbst mächtig und ist, ungeachtet unbequemer Rheumatismen und Migränen, rüstig bei der Hand. (...) Alle Witterungen sind ihm gleich; die schlechtesten Wege, die unbequemsten Mittel des Transports, Verfehlung des Wegs, Sturz und Beschädigung, und was man sonst Widerwärtiges nur denken mag, rühren ihn keineswegs."

Zum Werk selbst: „Beschreibungen von Gegenden machen den Hauptinhalt der Briefe, aber diese gelingen ihm auch auf eine bewundernswürdige Weise. England, Wales, besonders Irland, und dann wieder die Nordküste von England sind meisterhaft geschildert. Man kann sichs nicht anders möglich denken, als er habe, die Gegenstände unmittelbar vor Augen, sie mit der Feder aufgefaßt; denn wie er auch jeden Abend sorgfältig sein briefliches Tagebuch geführt haben mag, so bleibt eine so klare ausführliche Darstellung immer noch eine seltene Erscheinung. Mit heiterer Neigung trägt er das Monotonste in der größten individuellen Mannigfaltigkeit vor.

Man mag sich von ihm wie von einem lieben Reisegefährten nicht trennen eben da, wo die Umstände die allerungünstigsten sind; denn sich und uns weiß er unversehens aufzuheitern", heißt es wenig später. Schnurgerade auf Pückler gemünzt könnte folgende Charakterisierung sein: „Es wirkt so angenehm erheiternd, ein wohlgesinntes, in seiner Art frommes Weltkind zu sehen, welches den Widerstreit im Menschen von Wollen und Vollbringen auf das Anmutigste darstellt. Die besten Vorsätze werden im Lauf des Tages umgangen, vielleicht das Gegenteil getan."

Im Text findet sich noch ein Satz, der ebenfalls, gleichsam augenzwinkernd, direkt auf Pückler gemünzt sein könnte und wahrscheinlich ist: „Mit einem klaren Geiste wird man leicht bekannt, und mit dem Weltmanne findet ihrs gleich bequem, weil er durchaus offen erscheint, ohne eben gerade aufrichtig zu sein."

Pücklers Debüt als Reiseschriftsteller kommt eben zur rechten Zeit. Die in der restaurativen Metternich-Ära geknebelten Völker beginnen aufzumucken. Die Unzufriedenheit mit all den großen und kleinen Polizeistaaten nach österreichischem Muster beginnt sich Luft zu machen. In ganz Europa herrscht eine gespannte Atmosphäre. Aus Paris ertönt das erste Donnergrollen des Gewitters, das sich aufzutürmen scheint: In der „Julirevolution" wird der reaktionäre Bourbonenkönig Karl X. verjagt, der „Bürgerkönig" Louis Philippe besteigt den Thron. Die Herrschenden nehmen es als Menetekel, die Völker als hoffnungsfrohes Zeichen zur Kenntnis.

Reiseliteratur spielt dabei eine gewisse Rolle. Sie bildet innerhalb der Buchproduktion eine eigene, ungemein populäre Kategorie. Zum ersten, weil vor Erfindung der Eisenbahn Reisen umständlich, teuer und unbequem sind, man die Welt daher besser zwischen Buchdeckeln kennenlernt als in der Postkutsche. Zweitens aber auch, weil sie leichter als alle anderen Literaturzweige die in allen Ländern penibel durchgeführte Zensur umgehen kann. Nicht erst seit Heine steht Reiseliteratur im Geruch demokratischer oder republikanischer Sympathien.

Vieles, sogar das meiste, was Pückler an England kritisiert oder gutheißt, ist unmittelbar auf Preußen und die Nachbarländer gemünzt. Man sollte diese Tatsache bei der Lektüre stets vor Augen haben, wenn von gesellschaftlichen Mißständen, vor allem aber den Möglichkeiten ihrer Beseitigung die Rede ist. Kritik am eigenen Staatswesen läßt sich damals nur gleichsam grenzüberschreitend anbringen.

In Berlin wird das Buch zum absoluten Bestseller. Sogar der König läßt es sich vorlesen und schmunzelt versonnen bei manchen Stellen in sich hinein. Friedrich Wilhelm III., ein resignierter Reformer und auch als Friedenskönig, der er gern geworden wäre, gescheitert (er hat statt dessen Napoleon besiegen oder mitbesiegen müssen), findet sich durch Pücklers freche Ausfälle gegen aristokratischen Übermut eher bestätigt. Was Pückler sagt, hat er schon immer gesagt. Sein romantischer Sohn, Kronprinz Friedrich Wilhelm, der spätere Vierte seines Namens, reagiert dagegen empört. Fürst Wittgenstein erklärt öffentlich, diese Briefe würden ihrem Verfasser sehr schaden, antwortet Pückler jedoch ausweichend, als dieser ihn brieflich zur Rede stellt.

Das Gefühl, mit einem Weltmann auf eine Reise zu gehen, eine Weile zum erlauchten „inner circle" zu gehören, mischt sich bei den Zeitgenossen mit dem Bedürfnis nach geharnischter Kritik am eigenen Staatswesen. Bei beidem kommen die Leser voll auf ihre Kosten. Mag Pückler kein großer Dichter sein, er ist ein vorzüglicher Beobachter, Reporter, Feuilletonist, mit scharfem Blick für das Wesentliche. Und die deutsche Sprache hat außer Heine zu seiner Zeit kaum jemand derart biegsam und geschmeidig beherrscht wie er.

Pückler macht sich über seine Fähigkeiten keinerlei Illusionen. Er hält sich für „ein winziges Ameisenpoetlein". Als man ihm immer wieder vorwirft, doch „weder ein Dichter noch ein Gelehrter zu sein" – ein typisch deutscher Vorwurf im übrigen –, kontert er, der Vorwurf sei „so absurd, als wenn man das Veilchen verachten wolle, weil es keine Eiche ist". Auf jeden Fall hat er mit den „Briefen eines Verstorbenen" ins Schwarze – und auch wohl ins Wespennest – getroffen. Sie werden zum Modebuch des Jahres, weit über Berlin hinaus. 1832 erscheinen der dritte und vierte Band mit den Briefen von 1 bis 24. Der Erfolg bleibt Pückler treu, die Fortsetzung, eigentlich ja der Anfang, geht genausogut wie der erste Teil, wenn auch diesmal ohne Hilfe des Rezensenten Johann Wolfgang von Goethe. Auf die beinahe flehentliche Bitte von Verlag und Autor um eine neuerliche Besprechung hat er nur noch mit einem kurzen Billett an den Fürsten antworten können. Er ist kurz darauf gestorben.

Zum Erfolg tragen – wie immer – auch die Verrisse bei. Ironisch äußert sich Börne: „Der Verfasser soll ein Fürst sein; das ist schön.

Da unsere bürgerlichen Schriftsteller nun einmal keine Leute von Welt werden wollen, so bleibt diesen näherzukommen, nichts übrig, als daß die Leute von Welt Schriftsteller werden. Er soll kein Geld haben. Noch schöner, er sei uns herzlich willkommen! Das ist der wahre Stempel des Genies." Börne zieht dann kräftig vom Leder und nennt, wie immer, die tatsächlichen Schwächen auf unnachsichtige, für den Autor schmerzliche Weise. Der Stil sei leicht, aber von ermüdender Leichtigkeit, die Sätze seien zu lang und zu vollgestopft mit französischen Vokabeln.

Pückler hat die Kritik getroffen, wie aus dem Vorwort zum zweiten Teil hervorgeht, in dem er sich gegen diesen Angriff und andere verteidigt.

Für ihn lohnt sich das Unternehmen aber finanziell. Seine „Briefe" bringen ihm das höchste Autorenhonorar ein, das bis dahin je gezahlt worden ist. Insgesamt hat er mit seinen Werken, wie er nicht ohne Stolz verkündet, mehr verdient als Goethe und Heine, die beide nicht zu den Erfolglosesten gehören. Es sieht eine Weile sogar so aus, als ließe sich das verschuldete Muskau mit den Einkünften aus dem Buch sanieren.

Um so mehr, als aus dem deutschen rasch ein internationaler Erfolg wird. Ins Englische übersetzt ihn Sarah Austin. Sie liefert ein Meisterwerk. Pücklers episch dahinfließende Prosa liest sich englisch, zumindest bei Sarah Austin, fast noch besser als im Original. Man erregt sich in Großbritannien begreiflicherweise noch mehr als in Preußen. Es gibt aber auch lobende Stimmen von liberaler Seite, die sich höchst zufrieden zeigen, daß endlich einmal den Engländern von einem klugen Ausländer ein kritischer Spiegel vorgehalten wird.

Entzückt sind auch die Franzosen, die Pücklers Buch als „Lettres posthumes" 1832 zu lesen bekommen; da bringt es der Übersetzer Cohen im Verlag Fournier heraus. In Paris gibt es fast nur gute Kritiken; allerdings nimmt man den „Verstorbenen" wörtlicher als gemeint. In einer Rezension wird behauptet, der Verfasser der Briefe sei tatsächlich vor kurzem 55jährig verstorben. Sophie Gay bricht, als sie das liest, in Tränen aus, wird jedoch alsbald von dem ihr bekannten Verleger Fournier getröstet. Er zeigt ihr einen Brief, den er erst kürzlich von Pückler erhalten hat. Der „Auferstehungsbrief" beglückt sie so, daß sie ihrerseits ihm einen leidenschaftlichen Brief schreibt, in dem sie

nicht versäumt, Pückler um „einen Rest jener Sympathie" anzufle-
hen, „dank der Sie meinen Geist liebten und bisweilen meinem
Herzen antworteten".

Alles in allem kann der „Verstorbene", „Prince Prettyman"
Pückler, mit dem Echo zufrieden sein. Unter welchem Namen
auch immer – er gehört zu Europas diskutiertesten Autoren.

Am Ende der „Briefe eines Verstorbenen" hat er seine weiteren
Pläne bereits umrissen. Er möchte, nach kurzer Erholungszeit in
der Heimat, „einen Winter unter Granadas Orangen- und Olean-
derblüten verträumen, eine Zeit unter Afrikas Palmen wandeln
und die alten Wunder Ägyptens zuletzt vom Gipfel seiner Pyramiden betrachten".

Das muß er jedoch fürs erste zurückstellen. Denn was kann ein
frischgebackener Autor, dessen erstes Buch weltweiten Erfolg
gefunden hat, anderes tun, als zunächst einmal ein zweites zu
schreiben?

14

An seinem zweiten Buch schreibt Pückler rund drei Jahre.
Freilich nicht ununterbrochen – erstens liegt ihm, wie
erwähnt, die Konzentration auf eine einzige Sache nicht, und
zweitens hat er nebenher eine Menge zu tun.

In der Lausitz müssen viele Entscheidungen getroffen werden,
die noch mit dem Übergang des Landes von Sachsen nach
Preußen zusammenhängen. Allein bei Pückler stehen über
hundert Prozesse an, die seinen Aufenthalt in Berlin erfordern.
Dort vertritt er auch die Belange seiner Lausitzer Standesgenossen. Mehr und mehr verstrickt er sich – vor den Gerichten,
bei Hofe sowie in Rahels oppositionellem Salon – in die Politik.
Mit Rehder verwertet er im Muskauer Park die in England ge-
machten Erfahrungen, manches im Garten gewinnt erst jetzt endgültige Gestalt. Und es treten neue Frauen, am nachhaltigsten
Bettina von Arnim, in Pücklers Leben. Zuweilen auch alte, zum
Beispiel Helmine. Die Mutter hat sie mit einem Leutnant von
Blücher verheiratet, der in Görlitz in Garnison liegt, wo sie sich,
trotz ihres Töchterchens Lucie, langweilt und nun, unglücklich
und zickig, mit dem Stiefvater wieder Kontakt aufnimmt.

An Ablenkung von der literarischen Arbeit fehlt es gewiß nicht, was man dem Buch auch anmerken wird. Sogar eine weitere Reise wird angetreten, in der Hoffnung, doch noch eine reiche Erbin zu finden. Sie führt wiederum nach Hamburg und bleibt ebenso erfolglos wie die erste und die englische.

Denn, wie man sich denken kann, die Honorare für die „Briefe eines Verstorbenen" sind bei einer derartigen Lebensführung bald verbraucht. Zudem ergeben sich weitere Verluste durch den Einzug der preußischen Verwaltung in die Lausitz. Mag die im alten Sachsen noch übliche Erbuntertänigkeit der Bauern beinahe mittelalterlich gewesen und von Pückler als durchaus ungerecht betrachtet worden sein, auf ihr beruhten Wirtschaft und Wohlstand des Landes. Nicht nur, daß Vergünstigungen ohne alle Entschädigung wegfallen wie Zoll- und Steuererleichterungen, es werden den Gutsbesitzern, vor allem aber Muskau, eine Menge neuer Abgaben zusätzlich aufgebürdet.

Da regt sich Ärger im Land. Selbst in Berlin erkennt man, daß Entschädigungen für die Sonderbelastungen gezahlt werden müssen – Fürst Pückler hat sie selbst mit ausgehandelt. Sie fließen freilich nur kärglich. Pückler errechnet, daß er im Schnitt für je 300 000 Taler Verluste aus der Staatskasse nur 40 000 Taler zurückbekommt. Was ihn wiederum in sein Arbeitskabinett drängt, zum zweiten Buch, von dem er sich ähnliche Einkünfte erhofft wie vom ersten.

Geradezu pompös hat er sich sein Arbeitszimmer eingerichtet, das er als sein „Atelier" bezeichnet. Es besteht aus nicht weniger als vier großen Schreibtischen, mehreren Stehpulten und, alles andere überragend, einer voluminösen Kopiermaschine. Wahrscheinlich ist Pückler der erste Autor, der eine solche benutzt. Leider ist uns unbekannt, wer sie erfunden und hergestellt hat, auch wie sie genau funktionierte. Geschildert wird der Apparat als ein wahres Monstrum, kompliziert zu bedienen und sehr teuer im Betrieb. Einer weiteren Beschreibung zufolge soll sie zudem zeitweilig unangenehm stechende Dämpfe abgesondert haben. Der vorsichtige Schriftsteller zieht auf ihr, ein früher Fotokopist, von jeder Manuskriptseite, jedem Brief, ja, jedem Zettelchen, das er schreibt, ein Doppel, das er sorgfältig verwahrt – ein Grund mehr, warum wir so verhältnismäßig viel von ihm wissen, mehr als von jedem Zeitgenossen, den König eingeschlossen.

Der Arbeitstag beginnt – typisch Pückler – um Mitternacht und dauert bis zirka sieben Uhr früh. Da geht der Fürst im Schein der Kerzen eifrig hin und her zwischen den Stehpulten, an denen er seine Gedanken sammelt und die erste Fassung niederlegt, alles kopierend und über die Schreibtische zur weiteren Korrektur verteilend. Er integriert sogar Skizzen anderer Autoren in sein Werk, etwa von Leopold Schefer und Varnhagen.

Solch literarische Tätigkeit geht, wie gesagt, bis sieben Uhr früh. Dann liest der Fürst noch eine Stunde im Bett, ehe er sich endgültig zur Ruhe legt. Um drei Uhr nachmittags steht er wieder auf zum Early Morning Tea, empfängt Gäste oder unternimmt Kontrollritte durch den Garten. Von fünf bis acht Uhr erledigt er seine Korrespondenz und Geschäftspost. Das Mittagessen findet um acht Uhr abends statt, danach hat man Gäste, oder das geschiedene Pärchen, das nach wie vor einträchtig miteinander lebt, setzt sich zu einem Plauder- und Lesestündchen zusammen, bis um Mitternacht die Glocke wieder zur literarischen Arbeit und zum Kopiergerät ruft. Als Dank für treue Mitarbeit schickt Pückler Varnhagen übrigens ebenso eine Teufelsmaschine. Über die gleichfalls mitgeschickten Ananas aus den fürstlichen Gewächshäusern wird er sich mehr gefreut haben.

Aber solch ungewöhnliche, wenn auch strenge Zeiteinteilung läßt sich nur selten durchhalten. Längere Zeit bindet Pückler eine lästige Berufung als Kommandeur ausgerechnet an Görlitz. In seinem Tagebuch lesen wir dann auch, wenig erstaunt: „Da B. (Blücher) zum Exerzieren weg muß, frühstücke ich mit H. (Helmine), und sie gibt mir eine recht süße Schäferstunde, lieblicher und feuriger, als sie sonst wohl zu sein pflegt. Alte Liebe rostet nicht." Der Unverbesserliche fügt hinzu: „Nachmittags mache ich mir den Spaß, die alte M., welche noch immer gar nicht übel ist, mit Anträgen zu verfolgen."

„Tutti-frutti", das zweite Buch vom Autor der „Briefe eines Verstorbenen", also ebenfalls „anonym" erschienen, wird wiederum ein enormer Erfolg. Die erste Auflage ist schon vor Erscheinen ausverkauft, und jetzt hat Hallberger seine liebe Not, rechtzeitig genügend Bücher auf den Markt zu werfen. Obwohl der Titel nichts mit der gleichnamigen halbgefrorenen Süßspeise gemein hat, erhöht sich im Café Kranzler der Umsatz von Tutti-frutti schlagartig um das Doppelte.

Pückler-Kenner und -Experten sind sich seit jeher einig darin, daß „Tutti-frutti" sein schwächstes Werk darstellt. Es ist trotz der anfänglichen Nachfrage dann auch nie wieder aufgelegt worden. Ein Jammer! Gut kommentiert würde es noch heute eine amüsante, abwechslungsreiche Lektüre abgeben. Sein schwächstes Werk? Vom Literarisch-Ästhetischen aus betrachtet: vielleicht. Aber auch sein mutigstes, ein bekennerhaftes, folgen- und einflußreiches Buch. 1834 muß es sich brennend aktuell gelesen haben.

Doch zugegeben: Ein bißchen ungeordnet und wirr ist die Pückler-Mixtur aus uralten Aufzeichnungen und frisch heruntergeschriebenen Eindrücken schon, ein Labyrinth, in dem man sich rasch – wenn auch nicht unbedingt ungern – verirrt, ein Kaleidoskop aus lauter Mosaiksteinen, die nicht immer zueinander passen wollen. Schauerromantische Erzählung – die Novelle von der „Flucht ins Gebirge" liest sich mitreißend und spannend – geht unvermittelt in politische Leitartikel über. Auf langwierige und höchst aufschlußreiche Abhandlungen über den preußischen Staat und den Entwurf einer eigenen Verfassung für das Land folgen kurze Aphorismen, die sich für Sklavenbefreiung, Pressefreiheit und die Trennung von Kirche und Staat einsetzen. In diversen „Ziehungen", die sich „Aus den Zetteltöpfen eines Unruhigen" betiteln und gleich mit der Warnung: „Nachsicht für die Nieten!" versehen werden, purzeln eigene Erlebnisse, etwa der Ballonfahrt mit Reichhard oder des Besuchs in der Ahnengruft mit Aufrufen zur endgültigen Emanzipation der Juden, witzigen Druckfehlern, die der Fürst wohl zu schade zum Korrigieren fand, und Polemik gegen seine Widersacher, munter durcheinander. Es kann einem dabei schon ein bißchen kraus im Gemüte werden.

Andererseits wird manches damals Brisante oder sogar Unsagbare brillant verpackt dargeboten. „Pücklers satirische Streifschüsse", so Ekhard Haack in einem Kommentar zu einer Werkausgabe, „töten nicht, aber sie verletzen viele – Pücklers satirische Taktik ist es, den Gegner im Lob zu ersticken."

Das widerfährt vor allem dem Kronprinzen. Im „Brief eines Preußen" brandmarkt der „Verstorbene" den späteren Friedrich Wilhelm IV. gerade dadurch, daß er ihn übertrieben in Schutz nimmt und lobpreist, bis allen klar ist, daß Pückler den Kronprinzen sehr wohl für einen Frömmler und Begünstiger gewisser Personen hält, aber keinesfalls für jemanden, der höchst zeitgemäß denkt. Ein polemisches Meisterwerk. Friedrich Wilhelm selbst hat sich nicht darüber geäußert. Aber sein Vater, der König, soll, wie Wulffen mitteilt, darüber geschmunzelt haben.

Pückler selbst hat zugegeben, „Tutti-frutti" aus Geldgründen allzusehr aufgeschwemmt zu haben. Er rechnet inzwischen mit jedem Taler und gerät in Panik, als das Manuskript der drei letzten Bände, das er Varnhagen zur Durchsicht geschickt hat, auf dem Postweg vorübergehend verloren scheint.

In französischen Kritiken werden vor allem Pücklers Hinweise auf die beste Art, im Ausland mit Frauen anzubändeln, gelobt („Auf Reisen muß man nicht blöde sein") sowie sein Bekenntnis zum Saint-Simonismus.

Mit ihm liebäugelt Pückler seit einiger Zeit und strapaziert die Leser fast aller seiner Bücher durch langwierige Abhandlungen über diese Frühform eines theoretischen Sozialismus. Claude Henri, Comte de Saint-Simon, ein Mann mit gewaltiger Adlernase, ist eben 1825 64jährig in Paris gestorben und hat zwei Hauptwerke hinterlassen, den „Industriellen Katechismus" und das „Neue Christentum". Wie Karl Marx kritisiert er das Eigentum, fordert die Abschaffung des Erbrechts und die Überführung der Produktionsmittel, vor allem der Industrie, in Allgemeinbesitz. Betrieben werden sollen sie durch eine neue, intellektuelle Aristokratie, eine Gesellschaft der Tüchtigsten. Die Julirevolution hat Saint-Simons Theorien wieder ans Licht gebracht, weniger er selbst. Nach dem Verlust seines Vermögens während der Französischen Revolution schuf der Graf sich durch Spekulation mit Staatsgütern ein neues, das er – ein schlechtes Beispiel für seine intellektuell-sozialistische Elite – durch weitere Spekulationen alsbald wieder verlor. Persönlich war er verschwenderisch und extravagant im Auftreten, was beides ihn in Pücklers Augen zusätzlich sympathisch gemacht haben dürfte.

Sympathisch ist er auch den Republikanern, Sozialisten und Fortschrittlern, die sich unter dem Namen „Das Junge Deutschland" locker, eine aufmüpfige Zukunftselite, zusammengeschlossen haben, mit Heine und Laube auf dem rechten, Börne und Herwegh auf dem linken Flügel. Zu Heine und Laube stößt, nicht zuletzt wegen seiner in „Tutti-frutti" bewiesenen Vorliebe für saint-simonistische Ideale, jetzt Fürst Pückler. Mit dem Ehepaar Laube verbindet ihn und Lucie bald eine enge Freundschaft. Die Laubes sind häufige Gäste auf Muskau, 1836 sogar monatelang. Da durchstreift Pückler eben Griechenland. Laube wird wegen eines Pressevergehens zu achtzehn Monaten Festungshaft verurteilt, und nun setzt Lucie sich energisch für ihn ein. Sie erreicht, daß er die Strafzeit auf Muskau verbüßen darf. Die „Geschichte der deutschen Literatur", die dort entsteht, widmet er dann auch konsequenterweise seiner Wohltäterin. In seiner Literaturgeschichte werden nicht nur die Werke des Fürsten ausführlich gewürdigt, sondern, fast ausführlicher noch, sein Park.

Sozialutopische Ideen aller Art werden heiß diskutiert. In Berlin spielen dabei Konditoreien und Cafés eine große Rolle. Robert Springer, selbst auf demokratischer Seite, berichtet, daß noch in den kleinsten Winkelkuchenbäckereien Zeitungen und belletristische Journale ausliegen, in den größeren „fast alle beachtenswerthen Blätter des In- und Auslands". Um die Lesenden nicht zu stören, wird allgemein geflüstert: „Ist der Berliner sonst auch gesprächig, so liebt er doch in der Konditorei die Stille."

Nicht so bei Stehely, geschätzt wegen seines vorzüglichen Kaffees. Dort darf im „Roten Zimmer" laut geredet werden, ein Sammelpunkt der Literaten, Professoren, Schauspieler, zuweilen auch der Adligen, die hier wie in einem öffentlichen Salon diskutieren.

Im Polizeistaat ist unter der Hand aus einer unterdrückten und überwachten eine politisierende Gesellschaft geworden. Pücklers Buch trägt, vielleicht eben wegen seiner Buntscheckigkeit, erheblich zum Gespräch über Gegenwart und Zukunft, Reform und Revolution bei. Das Warten auf das Wiederauftauchen des Restmanuskripts verwendet er zum Teil, um die „Andeutungen" noch einmal zu überarbeiten und jetzt in Druck zu geben. Kurz nach den letzten drei Bänden von „Tutti-frutti" erscheinen im Sommer 1834 die „Andeutungen über Landschaftsgärtnerei" bei Hallberger. Sie bringen, weil allzu teuer ausgestattet, nichts ein, sind aber der Klassiker Pücklers.

Als sich das postlagernde Manuskriptpaket endlich in München gefunden hat, geht Pückler auf Autorenlesereise. Wer sich wundert, daß es anscheinend nichts Neues unter der Sonne gibt, dem sei verraten, daß die romantischen Schriftsteller erstaunlich viel von dem verstehen, was wir heute Public Relations nennen. Tieck liest überall, wo er kann, aus seinen und den Werken Shakespeares vor, die er übersetzt hat. Als Rezitator ist er zumindest ebenso bekannt und gerühmt wie als Dichter. Vorzugsweise in Salons, aber auch in gemieteten Sälen lesen Jean Paul und Schlegel, vor allem aber die Publikumslieblinge, die Moderomanautoren. Pückler soll in Eger, Bamberg, Bayreuth und Würzburg, wo überall er für sein Buch wirbt, bei seinen Auftritten bisweilen auch gesungen haben.

Lucie befindet sich zur Kur in Karlsbad. Die beiden wechseln bald aufgeregte Briefe, denn der Erfolgsautor hat, eine dumme Geschichte, wegen eines Beitrags in „Tutti-frutti" sich eine Forderung eingehandelt. So jung ist Pückler nicht mehr, und überdies plant er wieder einmal eine Reise, um ein neues Buch schreiben zu können, derzeit seine so gut wie einzige Einnahmequelle. Und wenn der Ehrenhandel zu seinen Ungunsten ausfällt, würde Lucie mittellos allein dastehen.

Der geneigte Leser sei, um im Stil der Zeit zu bleiben, aber auf das übernächste Kapitel vertröstet, wiederum der Übersichtlichkeit halber. Öffnen wir zunächst einmal Bettina von Arnim die Tür, und sehen wir dann weiter, wie es mit dem Duell geht.

15

Bettina, geborene Brentano, verwitwete von Arnim, ist gleichaltrig mit Pückler, immerhin schon 46, als er 1832 mit der pechrabenschwarzen, quirlig-erregten und immer munter Frankfurterisch dahinbabbelnden Halbitalienerin eine Liebschaft eingeht. Genüßlich zählt er ihr die Reihe ihrer Liebhaber auf, die in Wirklichkeit sogar noch länger sein dürfte: „1. Goethe, 2. Schinkel, 3. Schleiermacher, 4. Rumohr, 5. Ich, 6. Carolath" und fügt hinzu: „Aufrichtig gesagt, steigt die Skala abwärts."

In „Tutti-frutti" tritt Bettina als Zauberin „Orlanda furiosa" auf, eine kleine Person mit feurigen Augen und einem verletzenden Mundwerk. Pückler benutzt sie, um einige selbstkritische Betrachtungen unterzubringen, die aber sehr wohl von Bettina direkt stammen könnten. „Wissen Sie wohl, Teuerster, wie Sie mir vorkommen? Ganz wie der Vogel Strauß. Erstens verdaut Ihre

Eitelkeit Stahl und Eisen trotz dem besten Straußenmagen, und wie dieser Vogel sind auch Sie ganz überzeugt: kein Mensch durchschaue Sie, wenn Sie den Kopf nur unbefangen in den Strauch stecken. Ja selbst Ihr sogenannter graziöser Stil gleicht auf ein Haar dem selbstgefälligen, freundlichen Nicken und Brüsten Ihres Vogel-Ebenbildes, wenn es sich selbstgefällig überall umsieht, ob man es auch von allen Seiten gehörig beobachtet habe."

An dieser Sprache, meint der Biograph August Ehrhard, habe ganz Berlin in Orlanda furiosa gleich Bettina von Arnim erkannt. Das muß man jedoch bezweifeln, denn Bettina siezt nicht, wen sie liebt, sondern sie duzt, auch – damals ein Verstoß gegen die guten Sitten – in aller Öffentlichkeit. Mit zweiundzwanzig hat sie sich Goethe an den Hals geworfen. Als sie später den würdigen Geheimrat immer noch duzt, wird sie von Goethes Frau Christiane aus dem Haus gewiesen. Ähnlich ist es Beethoven ergangen, dem sie in Wien ins Musikzimmer platzt. Er sitzt eben am Klavier, als ihm eine Elfe ins Ohr flüstert: „Ich heiße Brentano." Er antwortet lächelnd: „Ich habe eben ein schönes Lied für Sie gemacht" und spielt es ihr vor. Angeblich handelt es sich um „Kennst du das Land", und angeblich bricht Bettina in Tränen aus. Dies jedenfalls ihr eigener Bericht.

Varnhagen hält nicht viel von Bettina. Sie habe „eine Art von Wut auf bedeutende geistreiche Männer und möchte sie alle abnagen, die Knochen dann den Hunden hinwerfen", schreibt er, übrigens an Leopold Schefer, der in „Tutti-frutti" als „unser großer Dichter Leopold" fungiert, Varnhagen dagegen als „Weiser".

Bettina von Arnim hat ihre guten, mehr als das: bedeutenden Seiten. Nach dem Tode ihres sehr preußischen Mannes ist sie mit ihren sieben Kindern ganz in ihre Stadtwohnung, In den Zelten 5, nach Berlin gezogen. Dort hält sie hof, versammelt um sich die Brüder Grimm (die ihr 1812 ihre Märchensammlung gewidmet haben), Humboldt, Tieck, Jacoby, Rauch, Schadow, Cornelius, Uhland, August Wilhelm von Schlegel – überhaupt alles, was Rang und Namen hat im Lande. Solange Arnim, ein konservativer Geist, lebt, gibt es In den Zelten 5 zwei Salons, einen für die adlige, königstreue, rückwärtsgewandte Gesellschaft, in dem auffallend viele Militärs verkehren, und einen für die Fortschrittlichen, Freidenker, Republikaner und Demokraten, der zum Ärger Rahels ebenso floriert und dem ihren empfindliche Konkurrenz bereitet.

Später, nach Achim von Arnims Tod, vermischen sich beide mehr und mehr, was den politischen Diskussionen, die in ihnen geführt werden, bekommt. Denn eines erweist sich an Bettina als ansteckend: ihre Zivilcourage. Sie verfügt in diesen Zeiten über weitaus mehr als die meisten Männer. Das gilt selbst noch bei gewissen Abstrichen, die man machen muß, ihrer privilegierten Stellung und ihrer tiefgreifenden Verbindungen wegen. Denn ihr Schwager, Savigny, ist zwar stockkonservativ und mit Bettinas Frechheiten überhaupt nicht einverstanden, aber immerhin Justizminister.

Ihre Tatkraft erschöpft sich auch nicht im Umherflattern zwischen berühmten Leuten, sondern sie ist bereit, für alle Unterdrückten, Erniedrigten, Armen ins Feld zu ziehen. Über Berlins Armenviertel, das Voigtland, läßt sie die erste soziologische Studie anstellen, die jemals gemacht worden ist, um sie in ihrem respektlosen, aber geschickt argumentierenden Werk „Dies Buch gehört dem König" zu verwenden. Auch den jungen Studenten bei Professor Gans, Karl Marx, hat sie durchs Voigtland geführt, und als in Berlin die Cholera ausbricht, ist sie sich nicht zu schade, tatkräftig bei der Krankenpflege zu helfen. Unermüdlich kämpft sie um die Verfassung, die schon der alte König Preußen versprochen hat, ohne sein Versprechen zu halten.

Daß sie einem mit ihrer Sprunghaftigkeit, ihrer krankhaften Schwärmerei von Goethe und ihrer betont burschikosen Art auch kräftig auf die Nerven gehen kann, haben all die großen und weniger großen Leute bestätigt, die sie ständig wie eine Stechmücke umschwirrt. Zu ihnen gehört auch Pückler, der Bettina in „Tutti-frutti" böse mitgespielt hat als der „einstigen Geliebten Goethes"; denn sie brüstet sich mit dieser Tatsache, die andere eher für sich behalten würden.

Aber Bettina nimmt nicht übel, zumindest nicht sichtbar. Sie verstärkt, im Gegenteil, sogar ihre Anstrengungen um Pückler, der sich merklich von ihr zurückgezogen hat. Sie buhlt um ihn in zärtlichen Briefen, und wie nach einem damals populären Schundromanmotiv umschleicht sie das Schloß ihres ungetreuen

Liebhabers. Doch keine Kunde davon dringt ins Schloß; jedenfalls muß sich Bettina am Ende ganz simpel und wie es sich gehört anmelden.

Obwohl Pückler wohlweislich Varnhagen und Schefer zu Hilfe gerufen hat, die Bettina beide nicht leiden kann, besteht sie darauf, abends im trauten Kreis aus dem Manuskript ihres Goethe-Buchs vorzulesen. Da Bettina sich selbst in einem ironischen Brief an Pückler über die Muskauer Tischgesellschaft beschwert, wissen wir, daß ihre Séance auch hier ein Fiasko gewesen sein muß. Schefer sei das „personifizierte Gähnen" gewesen, und er, Pückler, habe ständig weltlichen Anwandlungen nachgegeben, einmal Eiswasser, dann ein Glas Bier und eine Zigarre, am Ende gar ein Butterbrot verlangt.

Der vernünftigste Satz in ihrem ellenlangen Brief lautet: „Der Hauptgrund, warum ich hierher kam, war allerdings, Dein in diesen Zauberpark verwünschtes Herz kennenzulernen." Pückler hat ihn später oft zitiert, verwundert und bewundernd, daß ausgerechnet die Arnim, die tolle, dies so klar sehen und formulieren konnte. Er hält, selbstkritisch, wie er ist, sich selbst oft für herzlos. Sein Herz, fügt er dann hinzu, sei eben im Muskauer Landschaftspark verwunschen.

Leider benimmt sich Bettina nach einigen Tagen auf Muskau, als sei sie die Herrin und mit Pückler so gut wie verheiratet. Als Lucie sich das Herumkommandieren verbittet, kommt es anscheinend zu einem soliden Krach. Ludmilla Assing umschreibt es später, die Arnim habe es „an der erforderlichen Rücksicht gegen die Fürstin fehlen lassen", und Pückler habe ihr bedeutet, „daß ihm – ihre Abreise lieb sein würde".

Zornbebend verläßt sie das Schloß. Fiebrig reist sie nach Berlin zurück und spuckt vor Cottbus plötzlich Blut. „Vielleicht war es das Blut, was für Sie in meinen Adern gewallt hatte", schreibt sie der Fürstin, „denn seitdem fühle ich mich erleichtert."

Bettinas Buch, „Goethes Briefwechsel mit einem Kinde", 1835 bei Ferdinand Dümmler in Berlin erschienen, wird ein Erfolg, der denen Pücklers nicht nachsteht. „Es gibt kein anderes Buch, das diesen Briefen in Gewalt der Sprache wie der Gedanken an die Seite zu setzen wäre", urteilt Jacob Grimm, der keineswegs als sehr begeisterungsfähig gilt. Man hat es später zur Fälschung erklären wollen, aber gelesen worden ist es immer. Noch Rainer

Maria Rilke und Hermann Hesse haben es für eines der schönsten Bücher in deutscher Sprache gehalten.

Pückler nimmt es, inzwischen auf Reisen, zum erstenmal an ehrwürdiger Stätte zur Hand, nämlich auf der Akropolis zu Athen. Als er es aufschlägt, bemerkt er zu seinem Erstaunen, daß die tolle, aber treue Bettina es ihm gewidmet hat.

16

Es mangelt an Geld, Lucie klagt laut, der Kammerdiener wird krank, und Bettina schreibt lange, seelenvolle Briefe. Aber allen Widerwärtigkeiten zum Trotz bleibt der Fürst bei seinem Entschluß. Er will, er muß eine diesmal noch weitere Reise antreten: „Bedenke, daß es mir ein wahres Bedürfnis ist, ehe ich zu alt werde, noch fremde Länder zu sehen, und daß, tue ich es nicht, nur Mißvergnügen zu Hause mich erwartet. Wie reich werde ich dadurch in der Erinnerung zurückkommen, und Du, mein Schnücklein, wirst diesen Reichtum auch teilen."

Es gilt freilich, vorher noch die größte aller Widrigkeiten durchzustehen, die sich ihm in den Weg stellen: das Duell.

Wie ist es zu dieser mißlichen Sache gekommen?

Es geht um eine fiktive Erzählung, die Pückler seinen „Tutti-frutti" einverleibt hat. Sie ist im zweiten Band des Werks erschienen und gehört zum Besten, was Pückler überhaupt geschrieben hat: „Die Flucht ins Gebirge." Glänzend erzählt wird darin eine Episode auf der Ruine „Königsburg", eine Art „Räuberpistole" über einen Herrn von Lork.

Nun gibt es in Schlesien tatsächlich eine alte Burg, die ähnlich heißt, nämlich Königsberg, und wie der Zufall will, hat sie einer Familie von Liehrs gehört und ist vom Letzten dieses Namens am Spieltisch durchgebracht worden. Da Pückler alle schlesischen Namen erkennbar verschlüsselt nennt, glaubt eine Tochter des besagten Herrn von Liehrs, daß die Lorks mit den Liehrs, die Königsburg mit dem Königsberg identisch sind.

Pückler erklärt sich zwar sofort bereit, in der zweiten Auflage seines Buchs einige aufklärende Zeilen zu veröffentlichen, aber ein Oberst von Kurssel, der mit der Tochter Liehrs' verheiratet ist, will davon nichts wissen. Er läßt in die *Augsburger Allgemeine* eine Anzeige einrücken, die den Autor von „Tutti-frutti" einer „schändlichen Verleumdung" bezichtigt.

Das klingt ein bißchen lächerlich und weit hergeholt. Pückler hat dann auch vermutet, daß die „Reaktion", die ihm nicht wohl will, Leute wie Wittgenstein zum Beispiel, ihre Hände im Spiel haben. Kurssel wiederholt die Anzeige, diesmal in einer Breslauer Zeitung. Pückler ist nun gezwungen, auf seiner Forderung zu bestehen. Als Austragungsort schlägt Kurssel, der in Aachen Garnisonsdienst tut, Paris vor, denn in Preußen sind Duelle streng verboten.

Ehe er also nach Amerika fahren kann, begibt sich der Fürst, ziemlich niedergeschlagen, nach Paris. Dort gilt es überdies, eine lange und gewiß qualvolle Wartezeit durchzustehen. Dienstlicher Verpflichtungen halber hat Kurssel seine Abreise verschieben müssen und kann nicht einmal absehen, wann diese erfolgen wird.

Für Pückler eine Galgenfrist, die sich sogar einigermaßen glanzvoll gestaltet. Er wird vom „Bürgerkönig" Louis Philippe empfangen, sitzt bei einem Diner in den Tuilerien rechts von der Königin. Und Sophie Gay führt ihn in den literarischen Salons herum, in denen er ebenso freundlich aufgenommen wird wie bei Hofe. Der Verfasser der „Briefe eines Verstorbenen" ist inzwischen auch in Paris ein berühmter Mann. Kollegial verkehren mit ihm die Spitzen der zeitgenössischen Literatur, etwa Balzac, einer der großen Romanciers der Zeit. Pückler schildert ihn als einen „kleinen, vergnügten Dicken mit großem Kopf und Kindergesicht, der höchstens zwanzig Jahre alt schien, ohne guten Ton und ohne Vornehmheit in seinem ganzen Wesen, aber sehr witzig in der Unterhaltung, ganz natürlich und anspruchslos". Bei Frau von Girardin – das ist Sophie Gays Tochter Delphine, die mit den schlechten Zähnen – lernt er den melancholischen Alfred de Musset kennen, der, gezeichnet von früher Krankheit und seiner unglücklichen Liebe zu George Sand, die romantischste Erscheinung in der geistreichen Pariser Gesellschaft abgibt. Aber auch Rossini, Chateaubriand und der Marquis von Custine gehören zu seinem selbstverständlichen Umgang.

Trotzdem: Es fällt ihm sichtbar schwer, in den Salons der Baronin Delmar, der Gräfin de Noailles, nicht zuletzt dem der Madame Récamier, die einst von Napoleon in die Verbannung geschickt worden war, das Duell zu vergessen, das ihm bevorsteht. Auf dem Tisch des Marquis Custine, der die deutsche Sprache gut beherrscht, findet Pückler Varnhagens „Buch Rahel" und nimmt es nachdenklich zur Hand. Rahel ist im vergangenen Jahr gestorben und hat eine Lücke hinterlassen, auch bei Lucie und ihm. Daß er in der prächtigen Villa in Montmorency seiner verstorbenen Freundin begegnet, nimmt er als schlechtes Vorzeichen. Er wirkt bedrückt, sosehr er sich zu beherrschen versucht. Oder ist es die Nähe seines 50. Geburtstags, vor dem er sich gleichfalls fürchtet?

So unternimmt er über seinen Sekundanten einen Schlichtungsversuch, aber Kurssel, der inzwischen in Paris eingetroffen ist, lehnt jeden Vergleich ab. Das Duell wird auf den 9. September festgesetzt, und zwar möglichst nahe der preußischen Grenze bei Verviers in Belgien.

Vom königlichen Hof verabschiedet Pückler sich, weil er angeblich weiterreist nach Amerika. Louis Philippe, der schon mal drüben gewesen ist, gibt ihm gute Ratschläge für das wilde Land. Der Fürst revanchiert sich, indem er der Königin eine Umgestaltung der Tuileriengärten empfiehlt, die ihm „allzu symmetrisch" vorkommen. Dann begibt er sich mit seinem Sekundanten, einem Oberst Caron, der noch unter Napoleon gedient hat, an die belgische Grenze.

Sich selbst scheint der Fürst überraschenderweise keine Chance zu geben. Am Abend vor dem Duell schreibt er zwei Abschiedsbriefe, einen an das „gute Schnücklein" und einen an seinen Stuttgarter Verleger Hallberger. Lucie macht er in der Hauptsache Empfehlungen für die Zeit nach seinem Tode, recht eigentlich sind es Befehle: „1) Heirate nie wieder, 2) Trage zeitlebens eine halbe Trauer für mich (ich habe es verdient)." An Hallberger klingt es fast noch unheilschwangerer: „Es ist dies der letzte Brief, den Sie von mir erhalten. Man hat den Verstorbenen beim Wort genommen."

Der Pessimismus beruht, vielleicht, auf körperlichen Ursachen. Pückler leidet verstärkt an seiner alten Geißel, der Migräne. Zusätzlich haben Zahnschmerzen eingesetzt, die sich derart verschlimmern, daß er sich noch am Morgen vor dem Duell den Backenzahn ziehen lassen muß. Dabei reißt der Zahnarzt ein Stück vom Kiefer mit heraus.

Doch in Kurssel tritt ihm kein finster blickender Wüterich gegenüber, wie er es erwartet hat, sondern ein kleiner, rundlicher älterer Mann mit freundlichen Gesichtszügen, eher der Typ eines Familienvaters als eines Haudegens.

Die Sekundanten schreiten das Feld ab und geben die letzten Ermahnungen. Dr. Lavacherie aus Lüttich, der Chirurg, der Pückler eben den Kiefer lädiert hat, öffnet sein Köfferchen zur Ersten Hilfe. Auf das gegebene Zeichen schreiten die beiden Duellanten aufeinander zu.

Kurssel, darin offensichtlich wenig erfahren, bietet seinem Gegner frontal die volle Brust dar, indes Pückler in alter Routine vorrückt, nämlich mit schräger Körperhaltung. Beide schießen gleichzeitig.

Pückler bleibt unverletzt. Kurssel ruft: „Ich bin verwundet, meine Herren!" Ihn hat Pücklers Kugel am Hals getroffen, nur fünf Millimeter von der Schlagader entfernt. Dr. Lavacherie eilt herbei, und noch während er verbunden wird, erklärt Kurssel sich – seinerseits sichtlich erleichtert – für befriedigt. Damit ist man ausgesöhnt, die Kampfhähne verlassen die Walstatt.

Lucie erreicht der Siegesbrief des Fürsten in Bad Gastein, wo sie mit ihrer Tochter Adelheid kurt. Sie ist außer sich vor Freude: „Alle meine Adern schlugen, und Tränen, so rechte Tränen, die das Herz weinte, flossen herab." Dafür bereitet man in Muskau Trauerfeierlichkeiten vor, denn das Gerücht geht, der Fürst sei im Zweikampf gefallen. Als sich die Wahrheit herausstellt, senden städtische Beamte und Hofpersonal ihrem Herrn eine Ergebenheitsadresse, die den Fürsten seinerseits zu Tränen rührt.

Das Duell wird in den Zeitungen gemeldet und eifrig diskutiert. Für Pückler springt nicht viel heraus. Aber die Sache hat sich für ihn erledigt. Oberst Kurssel verschwindet mit einer lahmen Entschuldigung aus dieser Geschichte und der Geschichte überhaupt. Pückler gilt hinfort als einer der wenigen Autoren, die für eines ihrer Bücher mit der Waffe in der Hand gekämpft haben – auch eine Art von Genugtuung. Er kann sich jetzt endlich auf seine neue, lange Reise machen. Das Schiff nach Amerika ist freilich abgefahren.

So ändert er die Fahrtrichtung. Als Alternative scheint ihm die Erfüllung eines alten Wunschtraums angemessen. Sie hat er schon als Jüngling mit Schefer entworfen: die Reise ums Mittelmeer.

„Halt bei Thugga" – Illustration zu Pücklers Reisebericht „Semilasso in Afrika"

Zunächst aber holt er in der französischen Provinz nach, was er in Paris versäumt hat. Mit gleichsam neu erwachter Lebensgier stürzt er sich in die Genüsse; lange bleibt er in Orléans und Bordeaux, fast zwei Monate gar in Tarbes, der Kathedralenstadt in den Pyrenäen, und läßt nirgendwo etwas anbrennen.

In Lourdes, wohin man damals noch nicht pilgert, springt er vom Wagen, den er selbst kutschiert, um gleich drei hübsche Mädchen zu küssen, die schäkernd einen Wegezoll von ihm verlangt haben. Sie entfliehen entsetzt dem liebestollen Faun. Nicht entflieht ihm Marie, das hübsche Zimmermädchen im „Hôtel de France" zu Tarbes, zu schweigen von vielen anderen unterwegs.

Auch der Feinschmecker zeigt wieder Appetit. In Argelès, das er als Schlaraffenland schildert, verzehrt er der Reihe nach: eine Fleischbrühe mit verlorenen Eiern, zwei Forellen (die eine blau, die andere auf dem Rost gebraten), Ortolanen (das sind Ammern, die man damals noch als Speisevögel betrachtet), ein Fricandeau, eine Wachtel à la Maître d'Hôtel, drei gebratene Krammetsvögel, zwei Sahnespeisen mit Orangenblüten, Obstkuchen, ausgezeichnete Nüsse, Äpfel von Saint-Savin, zum Abschluß Landkäse mit frischer Butter, dazu eine gute Flasche Bordeaux. In seinen Briefen schwärmt er ferner von Trüffeln, Seefischen, Toulouser Entenleberpasteten und Feigen frisch vom Baum.

Aber Pückler ist auch bereits fleißig. Im Hôtel de France in Tarbes entstehen seine ersten Aufzeichnungen, sowohl Reportagen für die *Augsburger Allgemeine*, um die ihn Cotta, der Besitzer des Blattes, gebeten hat, als auch für das neue Buch, nein, die neuen Bücher, die er – nun ganz Schriftsteller – zu schreiben gedenkt.

In Tarbes wird Semilasso geboren, wie sich der „Verstorbene" in Zukunft nennt, ein Wortspiel über mehrere Sprachen hinweg, das so etwas wie „der Halbweise" bedeutet. Der Name kann auch, anderen Quellen zufolge, aus dem Italienischen stammen, was auf einen „Halbmüden" hinausliefe und auf eine gewisse – damals sogar etwas modische – Europamüdigkeit des Fürsten deuten könnte. Pückler selbst läßt uns bewußt im unklaren. In seinem Vorwort zum ersten Band von „Semilasso in Afrika", der schon im nächsten Jahr, 1836, erscheint, erklärt er augenzwinkernd, „vielleicht" habe diese Bezeichnung auch mit dem Wort „Lasso" zu tun, mit dem man „Pferde und Rindvieh, Menschen und wilde Tiere zu fangen pflegt…"

Um es vorauszunehmen: Auch „Semilasso in Afrika" wird ein Bestseller werden, ebenso die „Jugendwanderungen", die ein Jahr zuvor ebenfalls bei Hallberger erscheinen. Sein Manuskript wird er erst in einem knappen Jahr von Malta aus nach Deutschland schicken. Es kann so schnell erscheinen, weil er Varnhagen ausdrücklich Vollmacht gibt „zu streichen, was Ihnen gutdünkt". In ein paar Wochen übergibt es der emsige Bearbeiter bereits dem Verleger, in weiteren wenigen Wochen liegt es vor. Eile ist in diesem Genre der Literatur geboten – „das deutsche Publikum soll den Reisenden nicht aus den Augen verlieren", wie es Ekhard Haack ausdrückt.

Rund ums Mittelmeer will Pückler also. Die italienische und französische Küste hat er besucht; folgerichtig wäre jetzt Nordafrika an der Reihe, eine Gegend, die den Fürsten reizt wegen der angeblich noch urtümlichen Landschaft und der verworrenen politischen Verhältnisse.

Das Schiff namens *Krokodil,* auf dem Pückler die Überfahrt von Toulouse aus antritt, lichtet am 11. Januar 1835 den Anker.

Wie nicht anders zu erwarten, steht ihm eine rauhe Passage bevor. Trotzdem lernt er auf dem Schiff einen Landsmann kennen, dessen gutgeschnittenes Gesicht und dessen angenehme Manieren ihm auffallen. Zu seiner Verblüffung erfährt Pückler, daß August Jäger, dies der Name des jungen Mannes, das gleiche hinter sich hat wie er selbst, nur unter sehr viel unglücklicheren Umständen. Als bürgerlicher Student ist Jäger in ein akademisches Duell verwickelt worden, der Tod seines Gegners, eines Grafen Platen, zwang ihn zur Flucht. Seine letzte Rettung sieht er in der französischen Fremdenlegion, die vor vier Jahren, 1831, gegründet worden ist.

In der Nacht vom 13. zum 14. Februar erreicht die *Krokodil* den Hafen von Algier. Pückler und Jäger verlieren sich zunächst aus den Augen.

Wir finden Pückler alsbald im Hohen Atlas wieder, abenteuerlich gekleidet als Beduine, mit einem Paar Pistolen im gestickten Gürtel samt Dolch, Säbel und Flinte. Und er reitet – eine vorweggenommene Karl-May-Vorstellung – mit Ali Ben Khasnadschi, dem einst berühmten Räuber, jetzt rechtmäßig eingesetztem Caid der Stämme von Beni-Mussa, im heutigen Algerien, an der Spitze von 4000 Kriegern auf einem feurigen Araberhengst. Mit Jussuf, einem gleichfalls berühmten arabischen Abenteurer, der in französische Dienste getreten und Chef der Spahis, einer Elitetruppe, geworden ist, unternimmt er waghalsige Vorstöße ins Niemandsland und hat beide Male Glück – der Feind läßt sich nicht sehen.

Algerien trägt zwar seit einem Jahr den Titel „Französische Besitzungen im Norden Afrikas", ist aber seit dem Einfall der Franzosen im Jahre 1830 keineswegs erobert worden. Ein schweres Erbe, das Louis Philippe noch von seinem Vorgänger, dem verjagten König Karl, übernommen hat. Im Parlament gibt es ebenso viele Stimmen für einen Rückzug aus den nordafrikanischen Gebieten wie für die endgültige koloniale Einverleibung. Dies macht die Sache für die französische Armee und deren Kommandierende nicht einfacher.

Ein unsicheres Land, in dem Pückler sich, als Mameluck maskiert, ein bißchen leichtsinnig herumtreibt. Er führt Empfehlungsbriefe schockweise mit sich. Sie öffnen ihm Tür und Tore, bei den französischen Generälen wie den einheimischen Beys. Todesmutig bewegt er sich zwischen den Fronten, besteigt die gefährlichsten und höchsten Berge des Tell-Atlas und im Aurés-massiv, schließt sich Karawanen an, besucht die Überreste Karthagos und der römischen Vergangenheit.

August Jäger ist er in Algier wieder begegnet, als dieser Schanz-arbeiten verrichtet. Pückler besitzt inzwischen so viele Beziehungen, daß es ihm gelingt, den Landsmann von derartiger Schwerarbeit zu befreien. Der Fremdenlegionär wird zunächst zum Korporal befördert, dann dem Fürsten als Sekretär zugeteilt und endlich völlig freigestellt. Er begleitet Pückler durch Nordafrika und schreibt später aus Dankbarkeit die erste Biographie über ihn, eine sehr lobe- und liebevolle.

Sein Lucie gegebenes Versprechen, diesmal die Reise ganz billig zu gestalten, hat Pückler natürlich nicht gehalten. Was er, ein Mann der Opulenz, anpackt, wird teuer. Er verfügt bald über eine eigene Karawane mit Jäger, einem Dragoman (Dolmetscher), dem maurischen Kammerdiener Mustafa, zwei Negern auf Maultieren sowie eigenen Kamelen und Pferden. Voraus fährt eine „Caretta", ein Wagen mit Zelt, Bett und sonstigen Utensilien. In seiner Reiseapotheke sind auf kleinstem Raum ein kleiner Mörser, Reibschälchen, Gläser und eine Waage untergebracht, ferner Magnesium gegen Muskelkrämpfe, Bikarbonat für den Magen, englisches Salz gegen Schwindelanfälle etc. Man glaube auch nicht, daß Fürst Pückler in der Wüste oder im Hohen Atlas auf Bürste, Nagelschere, Zahnbürste, Zahnpulver, Kamm und Spiegel verzichtet. Seine Necessaires halten durchaus den Vergleich mit allem stand, was wir heutzutage mit uns schleppen.

Trotzdem: ein Märchenreisender, vielleicht der letzte dieser Zunft. Ihn interessieren weniger die verworrene politische Lage und die Kämpfe der Franzosen in diesem Gebiet – er hat sich geschworen, mit seiner Schriftstellerei nie direkt in die Tagespolitik einzugreifen – als vielmehr die gewaltige, unberührte Landschaft mit ihren Salzsümpfen, Korkeichenwäldern, Dattelpalmoasen und wasserlosen Wadis, die in der Regenzeit zu reißenden Strömen anschwellen. Sie erlebt und beschreibt er mit wahrer Wollust, aufgeschlossen auch für Religion, Sitten, Gebräuche, Eßkultur, Häuserbau und Vergangenheit der Völker und Stämme, auf die er stößt. Der letzte Romantiker unter den Reisenden wirkt so überzeugend, weil er, im Gegensatz zu seinen englischen und deutschen Nachfolgern wie Livingstone, Baler,

Cecil Rhodes, Nachtigal oder Gerhard Rohlfs, nicht auf Lander-
werb aus ist, nicht auf Kolonien, nicht einmal auf naturwissen-
schaftliche Entdeckung. Weder Wissenschaft noch Kommerz
sind seine Triebkräfte, sondern einzig und allein eine sehr wertvolle und oft unterschätzte Ureigenschaft des Menschen, die
Neugier, sowie damit verbunden, die pure Reiselust. Sie verzau-
bern ihn, indem fast alle, die nach ihm kommen, so etwas wie
eine Entzauberung des Schwarzen Kontinents im Sinne haben
und betreiben.

Gewiß, mitunter sieht Pückler bedauernd weite Brachland-
schaften am Meer, die er sich kultiviert denkt durch deutsche
Bauern, denen es in der Heimat an Land mangelt. Aber wenn er
dies niederschreibt, denkt er an Kolonisten, nicht an Kolonial-
herren und schon gar nicht an Eroberer.

Wir können hier nicht alle seine aufregenden Abenteuer auch
nur annähernd nacherzählen. Ohne Wimpernzucken nimmt
Pückler Anstrengungen, Krankheiten, Fieber und Gefahren auf
sich, als sei er noch der jugendliche Draufgänger. Seine Hypo-
chondrie scheint wie weggeblasen, auch die ständige Migräne,
die ihn in Zentraleuropa unablässig geplagt hat. Was er berichtet,
liest sich noch heute spannend und frisch, auch wenn „Semilasso
in Afrika", ein typischer Schnellschuß, die literarische Qualität
der „Briefe eines Verstorbenen" nicht erreicht.

Durch Tunis reitet Pückler zur Verblüffung der Tuniser, die so
etwas noch nie gesehen haben, in der Uniform eines preußischen
Generals, um den schwerkranken Hassan Bey aufzusuchen.
Auch die zweihundert Haremsfrauen hinter den Gittern der
Galerie im Herrscherpalast staunen. Der Bey stirbt wenige Tage
nach diesem Antrittsbesuch. In arabischer Verkleidung beobachtet Pückler den Leichenzug, obwohl Christen dafür die Todesstrafe droht.

Im Gegensatz zu Algerien zeigt sich Tunesien noch nahezu unberührt von europäischen Einflüssen. Das Innere des Landes ist
erst seit kurzem überhaupt für Fremde geöffnet. Daß der Fürst von
Sidi Mustapha Bey, dem Bruder und Nachfolger des Verstorbenen,
eine offizielle Genehmigung erhält, gilt als unerhörte Ausnahme.

Mit Sidi Mustapha versteht er sich überhaupt gut. Die beiden
schließen sogar einen informellen Vertrag, demzufolge das Verbot für Christen, in Tunesien Grund und Boden zu erwerben, für

Preußen aufgehoben wird. Pückler ist der Meinung, es sei besser für alle Verzweifelten seines Landes, sich unter den Schutz dieses weisen Herrschers zu stellen, als nach Amerika auszuwandern. Aber in Berlin beim Kultusministerium hält man auch diese Idee für ein Pücklersches Hirngespinst.

Tunesien sind die drei letzten Bände des „Semilasso in Afrika" gewidmet. Sie enthalten die meisten aktuellen Anspielungen und dürften daher den neuerlichen Verkaufserfolg verursacht haben. Ein Preuße, dem nahegebracht wird, es gehe in Staaten, die er für primitiv hält, freier und anständiger zu als in der sogenannten Zivilisation, kann nur staunend vergleichen. Im Orient, erfährt er, mischt sich der Staat nicht täglich mit behördlichen Schikanen ins Leben ein. Die Rechtsprechung fungiert rasch, weise und unentgeltlich. Angeborene Freundlichkeit, Gastfreundschaft und instinktiv geübte Ritterlichkeit finden sich bei allen Völkerschaften, Türken, Beduinen, Berbern, Mauren, Juden, Negern, wie selbstverständlich. Auch der Islam kommt gut weg, weil er ein „wunderbares Gemisch von Tugenden und Laster, von unerschütterlicher Willenskraft, tiefem politischen Sinn und maßlosem Ehrgeiz, der die Instinkte und Leidenschaften der Massen in Bewegung setzt", darstellt.

„Die Reisebuchautoren im 18. und frühen 19. Jahrhundert", hebt Heinrich Loth in seinen „Audienzen auf dem Schwarzen Kontinent" rückblickend hervor, „haben das Verdienst, auf das hohe Niveau der zwischenmenschlichen Beziehungen im alten Afrika aufmerksam gemacht zu haben, und leisteten zu einem frühen Zeitpunkt einen Beitrag zur Erweiterung des europäischen Weltbildes."

Vergessen wir jedoch nicht, daß – wie in „Tutti-frutti" – vieles den Herrschenden im eigenen Land ins Stammbuch geschrieben werden soll. Manches erscheint bewußt idealisiert und übertrieben, obwohl man Pückler zugestehen muß, daß sich seine Erfahrungen in puncto Gastfreundschaft so leicht mit nichts vergleichen lassen. Als er Tunesien auf dem englischen Dampfer *L'Africain* verläßt, wird er von Sidi Mustapha Bey reich mit Reisevorräten bedacht. Sidi Mustapha schickt: vier Ochsen, zwanzig Schafe, hundert Hühner, sechs Schläuche voll Speiseöl, vier Fässer Butter, fünfhundert Eier, dreihundert Brote, zwei Zentner Zucker, einen Zentner Kaffee, zwei Zentner Reis, zwei

Wagenladungen diverser Gemüse, zwei große Körbe Weintrauben, hundert Zucker- und hundert Wassermelonen sowie sechs Kisten mit eingemachten Konfitüren. Ein Danaer-Abschiedsgeschenk, wäre es Pückler nicht gelungen, dieses Warenlager dem Kapitän als Vergütung für die Überfahrt anzudrehen, für beide Seiten ein gutes Geschäft.

17

Das unzivilisierte, wilde Afrika ist dem „Dandy" Pückler zu einer positiven Überraschung geworden. Griechenland, die Wiege westlicher Kultur, wird ihm zu einer Enttäuschung.

Aber zunächst muß das Schiff, Besatzung und Passagiere, auf Malta in eine 14tägige Quarantäne wegen der Cholera. Sie kommt Pückler entgegen, weil er von hier Varnhagen sein afrikanisches Manuskript schicken kann und schon sein neues Buch über Griechenland, das er noch gar nicht gesehen hat, beginnt. Der Titel steht von vornherein fest: „Südöstlicher Bildersaal" soll das Buch heißen, eine Anspielung auf Goethes „Westöstlichen Divan". Als Untertitel fügt Pückler nach Beendigung der Reise: „Griechische Leiden" hinzu.

Auf Malta begeht Pückler auch den gefürchteten 50. Geburtstag. Zudem genießt er nach all den Strapazen, die durchgestanden zu haben er so stolz ist, doch auch wieder einigen Luxus bei den englischen Herren über Malta, die alle den „Verstorbenen" gelesen haben. Sein mitunter hartes Urteil über die Engländer hat er längst revidiert. In Griechenland wird er oft Heimweh nach englischer Ordnung und grünen Gärten verspüren, „denn Engländer vergessen ihren Komfort in jeder Lage des Lebens ebensowenig als wir unser Hemde, der allersicherste Beweis einer längern und weit vorausgeeilten Kultur. Die Engländer sind der wahre Weltadel und ihre Ladendiener aristokratischer gewöhnt als unsere Prinzen."

Die Weiterfahrt ist kein Zuckerschlecken. Schon beim Wiedereinschiffen auf die *L'Africain* während „der heftigsten Bouraske (Sturms)" schlägt das Boot mit seinen Kisten und Koffern um – „überall drang das Seewasser verderblich ein, und nicht alles ward von den helfenden Leuten wieder herausgefischt. Mehrere wertvolle Gegenstände, vieles, was mir teuer war, und manche Dinge, die für meine Bequemlichkeit der empfindlichste Verlust sind, sanken in die Tiefe."

Die Bouraske hält die ganze Schiffsreise hindurch an. Seiner Majestät Schiff *L'Africain* fährt zum Abwracken und macht nur noch zwei bis drei Seemeilen in der Stunde. „In der Tat war mir bis jetzt das Meer immer auffallend ungünstig. Doch nie litt ich mehr darauf als diesmal!" Das dauert vier Tage und vier Nächte: „Alle Passagiere erklärten, daß ihnen selten so andauernd stürmische Witterung, aber nie ein Schiff mit solchen monströsen Bewegungen als das unsrige vorgekommen sei." Pücklers Leiden enden erst im Hafen von Patras, heute Patrai.

Die ersten Eindrücke sind wenig vielversprechend. Von weitem stellt man sich das befreite Hellas anders vor. Seit über dreihundert Jahren hat Griechenland unter türkischer Herrschaft gelitten, ausgebeutet von den Landbesitzern und, mehr noch, den Beamten des Sultans. Der Aufstand von 1821, vor vierzehn Jahren also, stieß auf die Sympathien von ganz Europa, das in lauten Jubel ausbrach, als die griechische Nationalversammlung ein Jahr später die Unabhängigkeit erklärte. Zu ihrer Verteidigung sind aus fast allen Ländern Philhellenen herbeigeeilt, deren Freischaren – ähnliches hat man nur in den Tagen der Kreuzzüge und später im Spanischen Bürgerkrieg erlebt – Seite an Seite mit den Griechen gegen Türken und Ägypter kämpfen, welch letztere wiederum den Türken zur Hilfe kommen. Berühmtester Freischärler war der von Pückler (und Goethe) so sehr verehrte Lord Byron, der, an einem Fieber erkrankt, dort 1823 gestorben ist.

Aber nicht die Freischaren haben Sultan samt ägyptischem Hilfskorps unter Ibrahim Pascha besiegt, sondern die vereinigte Übermacht Rußlands, Englands und Frankreichs, die gemeinsam die Entscheidung herbeiführt. Und nicht in Athen, sondern in London haben die drei Schutzmächte beschlossen, Griechenland als Königreich zu etablieren. Ihren König haben die Griechen dann freilich in Athen gewählt. Mit Zustimmung Rußlands, Englands und Frankreichs hat vor drei Jahren Prinz Otto, der jüngere Sohn König Ludwigs von Bayern, den neugeschaffenen Thron bestiegen. Eine unglückliche Wahl, wie sich herausstellte.

Der jetzt 21jährige junge Mann, nicht des Griechischen mächtig, verläßt sich ganz und gar auf seine bayerischen Berater und schließt alle griechischen Politiker strikt aus. Sie beginnen alsbald, gegen ihn zu arbeiten, was ihnen um so leichter fällt, als König Otto I. despotische Neigungen zeigt. So gelingt es ihm nicht, auch nur annähernd Ordnung ins ausgepowerte, unruhige Land zu bringen.

Pückler stößt schon bei seinen ersten Ausflügen von Patras aus auf Spuren der unzulänglichen Nachkriegsverwaltung. Bei einer Bergbesteigung übernachtet er in einem Kloster, das von 300 Mönchen bewohnt wird, aber abstoßend schmutzig und von Ungeziefer verseucht ist. Otto hat alle kleineren Klöster aufheben lassen, obwohl diese in einem Land ohne Gasthöfe die einzigen Unterkunftsstätten für Wanderer und Reisende gewesen sind. Zudem ziehen die nach dem Freiheitskampf entlassenen, aber völlig unversorgt gebliebenen Soldaten marodierend durchs Land. Aus den heldenmütigen Aufständischen, denen Europa zugejubelt hat, sind Räuberbanden geworden, denen sich häufig auch die Gendarmerie der Umgegend anschließt. Überall herrscht, wie Pückler es drastisch ausdrückt, „stinkende Armut".

Er hat sogar Schwierigkeiten, Athen zu erreichen. Es ist Winter, auch im Süden keine angenehme Jahreszeit. Mühsam durchstreift er das verschneite Gebirge des Peloponnes, besucht die Wasser des Styx, erreicht zu Schiff – selbstredend bei heftigem Sturm – den Golf von Lepanto, besteigt die Berge des Isthmus, um den berühmten Rundblick über Aegina, Salamis und Attika zu genießen, und setzt in einem Segelboot in vier Stunden von Kalamaki über nach Piräus.

Dort fällt er zunächst einmal krank ins Bett. „Das Wetter schien mit mir zu trauern, denn es stürmte und regnete fortwährend, und erst am vierten Morgen stand die Sonne auch mit mir zugleich wieder auf." Doch finden er und sein Dolmetscher Lorenzo keine Fahrgelegenheit in die nahe Hauptstadt. Am Ende machen sich beide zu Fuß auf den Weg. Sie haben die „Besen des verkrüppelten Olivenwaldes" schon hinter sich und die Silhouette der Stadt vor sich, als der preußische Gesandte ihnen in seiner Kutsche entgegenkommt. Mit Graf Lusi zieht Pückler in Athen ein.

Die beiden werden alsbald von König Otto empfangen, einem „schön gewachsenen jungen Mann mit einnehmenden Zügen und gewinnendem Benehmen", wie er findet. Dessen Vater, König Ludwig I. von Bayern, ist eben zu Besuch. Ihm zu Ehren

wird die Akropolis illuminiert, das heißt, von ungeheuren brennenden Holzstößen erleuchtet. Pückler gehört zu den Ehrengä-
sten; bei einem Diner am nächsten Tag wird er zwischen beide
Majestäten plaziert.

„Mein Leben in Athen ist (…) ein Schlaraffenleben", berichtet
er Varnhagen. „Der König und die Diplomaten machen mir die
Cour, und ich ließ sie mir gerne machen, ja, Sie sehen, ich bin
eitel darauf." An Lucie: „Schnuckerle, komm nach dem Süden,
das Leben ist so reich hier…!"

In Athen darf Pückler vorübergehend wieder der große Herr
sein. Graf Lusi hat ihm eine hübsche möblierte Wohnung gemietet, in der er leben kann, wie es ihm gefällt. Fleißig besucht er die
klassischen Stätten, liest am Fuße des Parthenons, „im blühen-
den Unkraut sitzend", Bettinas Briefwechsel mit Goethe, macht
in erlauchter Gesellschaft einen Ausflug zum Schlachtfeld von
Marathon und schließt eine Reihe von Freundschaften.

Die wertvollste ist die zu Anton Graf von Prokesch-Osten, dem
österreichischen Gesandten in Athen. Er stellt eine seltene
Mischung dar aus exzentrischem Gelehrten und gewitztem
Diplomaten. Das „Osten" hat er seinem Namen beigefügt wegen
seiner Vorliebe für den Orient, als dessen bester europäischer
Sachkenner er gilt. Prokesch, zehn Jahre jünger als Pückler, hat
bereits wichtige Fach- und Reisebücher veröffentlicht, eben
erschienen sind seine „Denkwürdigkeiten und Erinnerungen aus
dem Orient", voll interessanter Details, die sich nirgends anders
finden. Aufgrund vielfältiger diplomatischer Tätigkeit zwischen
Ägypten und Kleinasien kennt er im Nahen Osten, was Rang und
Namen besitzt, wird dann auch dem Fürsten eine Reihe von
Empfehlungsbriefen auf die weitere Reise mitgeben, zu schweigen von seinen mündlichen Ratschlägen.

Pücklers besonderer Gönner am Athener Hof wird jedoch
Joseph Ludwig Graf von Armansperg, der 49jährige bayerische
Staatsmann, der bis zum Vorjahr für den minderjährigen König
Otto die Regentschaft geführt und von dem König Otto leider sei-
nen Regierungsstil übernommen hat.

Ein Mann wie Armansperg dürfte Pückler eigentlich gar nicht
liegen. Er ist in Bayern als Minister sowohl des Äußeren als auch
des Inneren und der Finanzen so gut wie allmächtig gewesen. Als
Staatskanzler Griechenlands führt er ein strenges, autoritäres,

wenngleich erfolgloses Regiment. Merkwürdigerweise bewundert ihn Pückler dafür, der andere Pückler, und Armansperg seinerseits genießt sichtlich die Bewunderung eines Vielbewunderten.

Die beiden schließen sich am Ende so eng aneinander an, daß der Staatskanzler den Entschluß faßt, den preußischen Gast im Lande zu halten. Wahrscheinlich verspricht er sich davon weltweites Aufsehen und journalistische Propaganda. So schlägt Armansperg dem jungen König vor, Pückler zu dessen anstehendem 51. Geburtstag eine Besitzung zu schenken, groß genug, um auf ihr einen griechisch-englischen Landschaftsgarten anzulegen, ein mittelmeerisches Gegenstück zu Muskau.

Da ist Pückler sofort Feuer und Flamme, um so mehr als Armansperg bereits ein bestimmtes Grundstück ins Auge gefaßt hat, einen Landsitz unweit von Sparta. Enthusiasmiert entwirft er innerhalb von fünf Tagen bereits die ersten Pflanzungen im Detail und kommt anschließend um das dortige Bürgerrecht ein. Noch ehe Pückler alles arrangiert hat, wird Graf Armansperg gestürzt und ein Jahr später entlassen. Sein Nachfolger verweigert dem Fürsten jedenfalls die ihm von Armansperg zugestandenen Bedingungen, womit sich die Sache erledigt hat. Dem Norden bleibt ein großer Landschaftsgärtner und Hallberger sein erfolgreichster Autor erhalten. Pückler ist deutlich pikiert.

Im Mai 1836 verläßt der Fürst Hof, Freunde und möblierte Wohnung in Athen, wie es scheint, überstürzt und in denkbar deprimierter Verfassung. Schuld daran ist, wie man weiß, ein Liebesabenteuer. Unbekannt blieb, mit wem. Sollte es sich am Ende um die bildschöne Frau seines Freundes Prokesch gehandelt haben, eine Tochter des renommierten Wiener Musikwissenschaftlers Kiesewetter? Daß er und Gräfin Prokesch häufiger als üblich zusammen gesehen wurden, ist schon dem Bayernkönig Ludwig aufgefallen.

Jäger verläßt den Fürsten bei dieser Gelegenheit und geht nach Deutschland zurück. Sekretär wird statt dessen ein gewisser Emil, der im griechischen Heer gedient hat. Der getreue orientalische Kammerdiener Selim hat schon in Patras flehentlich gebeten, ihn in seine wärmere Heimat zurückzuschicken. An seine Stelle ist der noch getreuere Ackermann aus der Dienerschaft des Grafen Armansperg getreten; Koch wird Jammi Adammaki, ein ehemaliger Seeräuber.

Mit einer geschrumpften Karawane begibt sich der Fürst auf weitere Reisen. Er folgt Byrons Spuren bis Missolunghi, besteigt den Taygetos, kehrt noch einmal kurz nach Athen zurück, aber die rechte Freude will sich nicht mehr einstellen. Höhepunkt wird eine Seereise auf dem Schiff *Nauplia*, das Armansperg zur Verfügung stellt. Kreuz und quer geht es durch die Kykladen, Paros, Naxos, Delos, Santorin. Sein Arkadien findet er nicht. Wenn Pückler an Arkadia denkt, denkt er an Schneegestöber, Regengüsse, Schmutz und räuberische Überfälle.

Etwas verweilen muß er auf Zante (Sakinthos). Lassen wir ihn selbst sein merkwürdiges Unglück erzählen:

„Ich habe mich mit dem Leser auf einen so vertrauten Fuß gestellt, daß er alle Dinge um und an mir, wenn er sie seiner Aufmerksamkeit wert halten will, fast ebensogut kennen mag als ich selbst, und so ist es ihm denn auch bekannt, daß ich stets ein paar vortreffliche Pistolen mit mir führe... An dem Kasten, der sie beherbergt, wie an einer der Pistolen selbst, war eine Kleinigkeit zu reparieren, weshalb ich meinen griechischen Pagen befahl, sie zu diesem Behuf zu einem Büchsenmacher zu tragen. Dies geschah, und da die Gewehre noch geladen waren, es aber polizeiwidrig gewesen wäre, sie innerhalb der Stadt abzufeuern, so teilte Dimitri dem Meister dies mit und nahm zu größerer Sicherheit, wie er versicherte, auch noch selbst die Zündhütchen ab, ehe er den Laden verließ. Kaum ist er weg, so wird der Büchsenmacher von jemand abgerufen und folgt diesem, indem er meine Pistolen einstweilen auf den Ladentisch legt. Ein Kind von elf Jahren tritt herzu, fängt, des Meisters Abwesenheit benutzend, mit ihnen zu spielen an und drückt dabei unwillkürlich die eine Pistole los. Es muß wahrscheinlich der großen Hitze zugeschrieben werden, daß sich auch ohne Kapsel das Pulver entzünden konnte – wobei die Waffe eine so unglückliche Richtung nahm, daß die Kugel über die Straße hinüber einem zweiundsiebzigjährigen Manne, der am offenen Fenster in seinem Lehnstuhl eingeschlafen war, durch den Schädel fuhr und ihn auf der Stelle tot niederstreckte. Die Zusammenstellung ist gewiß seltsam. Ein Fremder muß auf einige Tage herkommen, damit durch seine beschädigte Waffe ein harmloses Kind einen uralten Greis totschieße! Es spuken da entweder Geister, die sich mit uns einen grausamen Spaß machen, oder die blinde

Naturnotwendigkeit waltet. Kurz, der alte Herr war tot, der Büchsenmacher mit dem Kinde wurde festgenommen und meine Pistolen wanderten ins Tribunal, wo ihr beharrliches Verweilen mich zwang, statt weniger Tage mehrere Wochen in Zante zuzubringen."

Von Zante geht es noch nach Ithaka, dem Endpunkt der erwartungsfroh angetretenen und mürrisch beendeten Griechenlandreise. Das letzte Vierteljahr 1836 verbringt Pückler auf Kreta.

Seine Quintessenz: „Wer stark genug konstituiert ist, um täglich zehn bis zwölf Stunden zu Pferde, auf Maultieren oder zu Fuß ohne Unbequemlichkeit zurückzulegen und der glühendsten Hitze wie den unangenehmsten Wirkungen der Kälte zu widerstehen...; wer ferner weder die Gefahr halsbrechender Wege scheut, wer unempfindlich gegen den Aufenthalt in Wohnungen ohne Fenster mit durchsichtigem Dach ist, und Myriaden von Wanzen, Läusen, Flöhen und Moskitos sich mit philosophischer Geduld hinzugeben vermag, gelegentliche Raubüberfälle nicht scheut, zuweilen nur Brot und Zwiebeln nebst lauem Wasser und geharzten Wein zur Nahrung und zum Getränk zu erhalten, wer Gestank und Schmutz nur mit chemischem Auge betrachtet, das in diesen Dingen nichts als Naturstoffe gleich anderen sieht; wer allem diesem gewachsen ist und nichts dawider hat, obige Zustände dreimal teurer als europäische Bequemlichkeit zu bezahlen, dem rate ich mit gutem Gewissen die Reise durch Griechenland an."

Kein sehr verlockender Ratschlag.

Der „Südöstliche Bildersaal" erscheint erst in vier, fünf Jahren, 1840/41, nach Pücklers Heimkehr vom Mittelmeer. Das Buch wird prompt – wie alle Bücher von ihm mit Ausnahme der „Briefe eines Verstorbenen" und der „Andeutungen über Landschaftsgärtnerei" – von den Kritiken als sein schwächstes Werk bezeichnet, übrigens bis heute. Allerdings haben es spätere Bearbeiter zusätzlich verdorben, indem sie eine fiktive, in den lebendigen Reisebericht verflochtene hoffmanneske Geschichte teuflischer Umtriebe in der Geisterwelt ganz einfach herausgestrichen haben.

Die Verflechtung ist jedoch erzählerisch derart eng, daß oft das eine nicht ohne das andere verstanden werden kann. Mag die schauerromantische Geschichte etwas wirr und undurchsichtig geraten sein – sie löst sich nicht einmal am Ende ganz auf –, so enthält sie doch, neben spannenden und atmosphärisch eindringlichen Stellen, einigen Zündstoff. Der Held heißt Erdmann – der Name seines Vaters! – und trägt mit seiner Verschwendungssucht und Duellversessenheit alle Züge eines Selbstbildnisses. Das leichtfertige Lottchen dürfte ein Porträt seiner Mutter darstellen und jener „Pascha" im Hintergrund, ein Erzfeind Erdmanns, den Zeitgeist der Restauration verkörpern, wenn er nicht sogar direkt auf Metternich gemünzt ist.

Die Werke der Dichter vom „Jungen Deutschland", dem Pückler sich zugehörig fühlt, sind 1835 durch Bundestagsbeschluß verboten worden. Nun ist es eine Sache, wenn ein armer Schlucker zum „Jungen Deutschland" gerechnet wird, aber eine andere, wenn es einen Fürsten betrifft, selbst wenn dieser ebenfalls ein armer Schlucker sein sollte. Das Buch des Fürsten passiert unbeanstandet die Zensur und erscheint in drei Bänden. Kein Erfolg bei der Kritik, jedoch wieder einer beim Lesepublikum.

Etwas unerwartet, aber wie immer für Überraschungen gut, wirft sich der Autor als nächstes dem umstrittenen Mehemed Ali in die Arme, dem „orientalischen Napoleon". Er ist nicht ganz rechtmäßig Herrscher über Ägypten, bekannt als Schlächter der Mamelucken, in den europäischen Gazetten meist mit dem Beinamen „Bluthund" bedacht. Der ach so liberale Fürst tauscht mit einem waschechten Tyrannen den Bruderkuß.

18

Der vielfach erhobene Vorwurf, Pückler habe sich von einem orientalischen Pascha kaufen oder korrumpieren lassen, erweist sich als haltlos. Aufmerksame Leser haben schon in „Tutti-frutti" erfahren, „der für so barbarisch von vielen geachtete Pascha möchte, bei Licht betrachtet, sich aufs Regieren besser verstehen als gar viele unserer freisinnigsten und allzeit fertigen Gesetzgeber". Pückler bewundert ihn schon lange, weil er in seiner Umwelt „einen Ordnungsfaktor darstellt". Den Ausdruck übernimmt er aus den Schriften Prokesch-Ostens.

Wer ist der vielumstrittene osmanische Statthalter in Ägypten, den die Europäer – sogar zutreffender – „Vizekönig" nennen?

414

Mehemed oder Mohammed Ali ist albanischer Herkunft, aber in Makedonien geboren, 1769, im gleichen Jahr wie Napoleon, was er gern betont, und in der Gegend, aus der auch Alexander der Große stammt. Nach Ägypten gekommen ist er als Leutnant einer albanischen Kompanie, die mit anderen türkischen Truppen Napoleons Expeditionsheer bekämpfen soll. Als nach dem Abzug der Franzosen 1801 in Ägypten ein chaotischer Machtkampf ausbricht, taktiert Mehemed Ali derart geschickt, daß die Bevölkerung von Kairo den alten Statthalter abwählt und den bis dahin völlig unbekannten 36jährigen albanisch-türkischen Offizier an dessen Stelle setzt.

Ägyptens Bindungen ans osmanische Riesenreich haben sich schon lange gelockert. Des Sultans Statthalter betreiben dort seit jeher ihre eigene Politik und wirtschaften in die eigene Tasche. So auch Mehemed Ali, der aber zugleich das gesamte Land gründlich umkrempelt und es vom Sultan so gut wie unabhängig macht. Mit ihm endet das verlängerte Mittelalter, in dem Land und Leute bis dahin gelebt haben.

Brutal beseitigt er zunächst seine Hauptwidersacher, die Militärkaste der Mamelucken, Ägyptens eigentliche Herrscher seit fast sechshundert Jahren. Ihre Führer läßt er bei einem Festgelage 1811 allesamt hinterrücks niedermetzeln, was ihm den Ruf eines erbarmungslosen Menschenschlächters eingebracht hat, der ihm seitdem anhängt.

Das Land blüht allerdings unter seiner strengen Verwaltung auf. Bis 1815 gelingt es ihm, die gesamte Landwirtschaft unter Staatskontrolle zu bringen. Baumwolle, bis dahin kaum angebaut, wird zum Hauptexportartikel Ägyptens, denn mit der Industrialisierung in Europa steigt der Bedarf gerade nach diesem Rohstoff. Gleichzeitig wird – mit Hilfe ausländischer Techniker – eine eigene Industrialisierungspolitik betrieben, Reisschälereien, Zuckerfabriken, Druckereien, Papiermühlen, nicht zuletzt eine leistungsfähige Schiffswerft errichtet. Schulen entstehen, sogar eine für Mädchen, Spezialcolleges für Medizin, Pharmazie, Tiermedizin, Geburtshilfe. Zum erstenmal werden Fremdsprachen gelehrt und Dolmetscherschulen eingerichtet. Ausländische Techniker werden in ganz Ägypten tätig, auch im schlagkräftigen Heer, das nicht mehr aus einer Söldnertruppe besteht, sondern sich aus ägyptischen Bauern rekrutiert.

Mehemed Alis Armeen besiegen für den Sultan die aufsässigen
Wahhabiten in Arabien, uns als Saudis bekannt, beginnen mit
der Einverleibung des Sudan, diesmal für Mehemed Ali selbst,
und erobern Syrien. Unter seinem Sohn Ibrahim schlagen seine
Truppen bei Konya sogar diejenigen des Sultans. Mehemed Ali
wird zum mächtigsten Statthalter des Osmanischen Reichs:
Grollend muß der Sultan ihm diese Stellung bestätigen und
sogar, Syrien eingeschlossen, erblich machen. Ibrahim erhält
eigene Pfründe: Er wird Steuereinnehmer der Provinz Adana in
Südanatolien.

Im Ökonomischen hält Mehemed Ali sich, nicht unbelesen, an
Saint-Simon. Pücklers Reise ins Reich Mehemed Alis scheint
Prokesch-Osten angeregt zu haben. Nach den ziemlich finsteren
Verhältnissen in Griechenland stellt der Fürst auf Kreta fest, daß
Ordnung und Sauberkeit herrschen, alles ziemlich pünktlich
klappt und saint-simonistisch verwaltet wird: Kreta wurde von
Mehemed Ali schon 1822 im Zuge des griechischen Unabhängig-
keitskriegs besetzt und, wie gewohnt, seinem Reich, das heißt sei-
nem Eigenbesitz einverleibt.

Ein Vierteljahr verbringt Pückler auf Kreta luxuriös beim Gouverneur des Vizekönigs, Mustafa Pascha, in dessen Palast und
schickt eifrig Artikel an die *Augsburger Allgemeine*, in denen er
die Wohltaten Mehemed Alis preist, was der Zeitung wütende
Leserbriefe einbringt. Dann holt ihn, am 1. Januar 1837, eine
Brigg der ägyptischen Flotte ab und bringt ihn nach Alexandria.
Mehemed Ali läßt ihn empfangen wie ein gekröntes Haupt. Die
gesamte ägyptische Flotte liegt versammelt am Hafen und schießt
dröhnenden Salut. Bogos Bey, der Ministerpräsident, empfängt
ihn würdevoll. Ein paar Tage später zieht Pückler ebenso pompös
in Kairo ein, wo ihm ein Palast mit zahlreicher Dienerschaft zur
Verfügung gestellt wird. Und dann steht er endlich Mehemed Ali
selbst gegenüber.

Zunächst ist er enttäuscht. Er hat sich eine malerische Erscheinung vorgestellt in phantasievoller Tracht, wie sie in Kupferstichen erscheint und vom Fürsten selbst gern getragen wird. Statt
dessen begegnet er einem untersetzten, freundlichen Greis, der in
einen einfachen bräunlichen Pelz gehüllt ist.

Er entpuppt sich als weltgewandter, sprachkundiger, kluger
und großzügiger Gastgeber. Pückler erfährt, daß er, solange er

sich auf dem Territorium des Allgewaltigen befindet, als Staatsgast behandelt werden wird, das heißt, daß ihn nichts etwas kostet. Mehemed Ali kommt für alles auf, Karawanen, Reisen, Verpflegung, Schutzgeleit und Unterkunft. Der Fürst bleibt folgerichtig volle zwei Jahre in Mehemed Alis Reich, 1837 und 1838.

Anfang Februar 1837 begibt sich der Vizekönig auf dem Nil nach Oberägypten und fordert Pückler auf, ihn zu begleiten. Der nutzt die Gelegenheit, in Gizeh die Artillerieschule zu besuchen sowie die Sphinx und die Cheopspyramide. Außer der Artillerieschule macht nichts auf ihn großen Eindruck. Die Sphinx steckt tief verschüttet im Wüstensand und erinnert ihn an das Kreuzberg-Denkmal in Sandomir-Berlin, an den Pyramiden gefällt ihm nur der Ausblick von hoch oben. Er ersteigt zwei von ihnen und macht sich den Spaß, an der kleineren auf der Spitze den Namen seiner Lucie einzuritzen.

Die beiden zur Verfügung gestellten Nilbarken Pücklers, sogenannte Kangschen, sind wahre schwimmende Häuser und gleichen der Arche Noah, befinden an Bord sich doch der Hund Susannis, mehrere Pferde für Ausritte unterwegs, ein seltsames Ibispaar, das sich am Heck eingerichtet hat, eine Schildkröte sowie zwei kleine Krokodile „im blechernen Waschbecken". Auf dem Mimosenbaum, der den Vordersteven wie eine Gallionsfigur ziert, hockt ein Chamäleon, und selbst ein Vogel Strauß fehlt nicht, der gravitätisch über die Planken des Bootes stolziert und manchmal nach den Ibissen hackt. Dazwischen turnt das Äffchen Abeleng herum.

Buntgescheckt zeigt sich auch die menschliche Begleitung. Mehemed Ali hat Pückler den deutschen Generalstabsarzt der ägyptischen Flotte, Dr. Koch, einen Münchner, beigegeben, einen Kawaß (Leibwächter) und den Dragoman (Dolmetscher) Giovanni, einen Italiener. Bedient wird der Fürst vom Kammerdiener Ackermann aus Athen, dem arabischen Koch Ibrahim, dem Pagen Jannis aus Kreta, der schon bald hinter Kairo über Bord fällt und ertrinkt („Jetzt wird die Reise glücklich sein, denn der Nil hat sich sein Opfer im voraus geholt", kommentiert Pückler ungerührt), sowie vier „dressierten Sklaven", was immer wir uns darunter vorzustellen haben.

Auf den Sklavenmärkten der ägyptischen Hauptstadt hat sich der preußische Fürst überhaupt eingehend umgesehen. Denn begleitet wird er auch von einer Sklavin namens Ajiamé, die ihm später gesteht, daß sie in Wirklichkeit Machbuba heißt. Als solche ist sie, vorgeblich eine äthiopische Prinzessin, in die deutsche, vor allem jedoch Lausitzer Kulturgeschichte eingegangen, Pücklers waghalsigstes, folgenreichstes, auch wohl traurigstes Abenteuer.

„Den Charakter dieses originellen Mädchens zu studieren, an der die Zivilisation noch nichts hatte verderben noch verbessern können, war im Verfolg der Reise eine unerschöpfliche Quelle von Vergnügen für mich, und es tat diesem Studium durchaus keinen Abbruch, daß der Gegenstand desselben zugleich an Schönheit der Formen die treueste Kopie einer Venus von Tizian war, nur in schwarzer Manier. Als ich sie kaufte und aus Furcht, daß mir ein anderer zuvorkommen möchte, ohne Handel den geforderten Preis sogleich auszahlen ließ, trug sie noch das Kostüm ihres Vaterlandes, d.h. nichts als einen Gürtel aus schmalen Lederriemen mit kleinen Muscheln verziert. Doch hatte der Sklavenhändler ein großes Musselintuch über sie geworfen, das aber von den Kauflustigen abgenommen wurde und daher der genauesten Beurteilung kein Hindernis in den Weg legte. Wir waren vier oder fünf ‚junge Leute‘, wie der *ci-devant jeune homme* (vormalige Jüngling) sagt, und staunten alle über das makellose Ebenmaß des Wuchses dieser Wilden, mit dem sie ein chiffoniertes (fein gewebtes) Charaktergesicht verband, wie ich es grade liebe, ohne daß dies übrigens auf große Regelmäßigkeit hätte Anspruch machen können. Aber ihr Körper! Woher in des Himmels Namen haben diese Mädchen, die barfuß gehen und nie Handschuhe tragen, diese zarten, gleich einem Bildhauermodell geformten Hände und Füße; sie, denen nie ein Schnürleib nahe kam, den schönsten und festesten Busen; solche Perlenzähne ohne Bürste noch Zahnpulver, und obgleich meistens nackt den brennenden Sonnenstrahlen ausgesetzt, doch eine Haut von Atlas, der keine europäische gleichkommt und deren dunkle Kupferfarbe, gleich einem reinen Spiegel, auch nicht durch das kleinste Fleckchen verunstaltet wird? Man kann darauf nur antworten, daß die Natur Toilettengeheimnisse und Schönheitsmittel besitzen muß, denen die Kunst nie gleichzukommen imstande ist."

Es gibt eine andere Antwort darauf: Das natürlichste Schönheitsmittel ist Jugend und das beste Toilettengeheimnis Liebe,

**Links oben:
Machbuba**

**Oben:
Mehemed Ali**

**Links:
Karikatur von
Fürst Pückler
und Machbuba**

besonders wenn sie jemanden, wie hier Pückler, auf den ersten Blick befällt.

Als er die Barke verläßt, um sich in Gizeh umzutun, und zurückkehrt, empfängt Ajiamé ihn „mit einem demütigen Handkuß, dem ich mich vergebens zu entziehen suchte". Aber „mit Freuden ward ich von der exemplarischen Reinlichkeit und netten Ordnung meiner kleinen Wasserwohnung gewahr, daß mir in jeder Hinsicht die Perle der Sklavinnen zuteil geworden sei".

Demütig bleibt Ajiamé freilich nicht lange. Wie Pückler es ausdrückt, wird sie „oft ganz unleidlich mürrisch, gebieterisch und so wetterwendisch, daß ich viel Not mit ihr vorauszusehen anfing".

Doch versteht sich der Frauenkenner Pückler auf der Widerspenstigen Zähmung: „Die Menschen haben alle gar viel von den Tieren an sich, und die Wilden stehen ihnen natürlich noch näher. Dies nahm ich in Betrachtung und beschloß nun, der wachsenden Koketterie, Unart und Rebellion meines kleinen Naturkindes auch naturgemäß entgegenzuarbeiten. Ich fing damit an, nach der ersten heftigen Szene dieser Art, wo sie zuletzt im Zorn ein kürzlich von mir erhaltenes Geschenk ohne weiteres über Bord geworfen hatte – stundenlang nicht die mindeste Notiz mehr von ihr zu nehmen, und als sie den Morgen darauf sich noch immer gleich trotzig in ein kleines, mit Blei ausgeschlagenes Badekabinett (also eine wahre venezianische Bleikammer bei dem hiesigen Klima), worin sie zugleich ihre Effekten aufhob und ihre Toilette zu machen pflegte, zurückzog, schloß ich ganz kaltblütig die Türe desselben ab und ließ sie andere vierundzwanzig Stunden in diesem Gefängnis verbleiben, während man ihr die nötige Nahrung zum Fenster hineinreichte, aber immer wieder unberührt wieder zurückerhielt. Diese Hartnäckigkeit, verbunden mit einem unverbrüchlichen Stillschweigen würde mich vielleicht geängstigt haben, wenn ich das liebe, reizende, der Notwendigkeit immer zur rechten Zeit nachgebende weibliche Geschlecht nicht besser kennte. Schon in der Nacht hörte ich sie mehrmals heftig schluchzen, bereits ein Zeichen der herannahenden Nachgiebigkeit, welches ich jedoch nicht zu bemerken schien – bis sie nach Sonnenaufgang ihr Silberstimmchen vernehmen ließ und auf das rührendste in abessinischer Sprache um Erlösung bat, was ich dem Sinne nach sehr gut, wenn auch von den Worten nur die wenigen verstand, welche ich bereits nach und nach von ihr gelernt hatte. Noch eine Weile spielte ich den Fühllosen, dann ließ ich mich erbitten und schob den Riegel weg. Verweint und lieblich, so verführerisch drapiert, wie sie es nur verstand, setzte die Gefangene behutsam ihren schönen nackten Fuß auf den Teppich, folgte langsam mit dem anderen nach und drückte, sich niederwerfend, ihre Stirn auf meine Füße. Ich hatte die größte Mühe, sie nicht gleich wieder von neuem zu verderben, aber ich blieb standhaft, spielte nur die Rolle des Mentors, und von diesem Augenblick an ist sie immer sanft, gut und folgsam geblieben..."

Die Fahrt geht stromaufwärts. Widrige Katarakte müssen auf Kamelrücken umritten werden, indes die Schiffe sie allein mit der geschickt operierenden schwarzen Besatzung durchqueren. Man besichtigt links und rechts Tempelreste, Gräberfelder, eine Zuckerfabrik, macht Jagden auf Krokodile, Giraffen und Nilpferde, veranstaltet mit der Hundemeute Antilopenhetzen, was alles der sonst jeder Jagd abholde Fürst in diesem Umfeld vollauf genießt.

Was Pückler auf seiner Nilreise sah und so lebendig in seinem Buch schildert, erlebt heute keiner mehr. Assuanstaudamm und der Hochdamm Sadd-el-Äli haben Niltal und -ufer über Hunderte von Kilometern gründlich verändert. In seinen letzten Regierungsjahren hat noch Mehemed Ali mit diesem Zerstörungswerk durch Staudämme begonnen – im steten Kampf gegen den Hunger, wie man nicht verschweigen darf.

Pückler muß Ajiamé in einem Harem zurücklassen, weil die Reise immer gefährlicher wird. Zu Pferd erreicht er Khartum und, am Blauen Nil entlang, Wadi Medina. Kaum ein Europäer ist bis dahin so weit südlich vorgedrungen.

Bis zu den Ruinen von Mesaourad sind erst kürzlich zumindest zwei Weiße gekommen, der eine im Auftrag Frankreichs, der andere in dem Englands. Beide haben an prominenter Stelle Inschriften hinterlassen. Da Pückler „nicht so hohe Mandanten wie sie aufzuführen" hat, „denn mein Vaterland, weit entfernt, mir Aufträge zu geben, lehnte sogar meine desfalsigen Anerbietungen ab", läßt er von seinem Dragoman den Satz einmeißeln:

Im Jahre 1837 unserer christlichen Zeitrechnung
hat ein deutscher Reisender – diese Ruinen
besucht, gesandt durch seinen spiritus familiaris
und mit der Absicht, so weit
vorzudringen, als es ihm Vergnügen machen wird.

Ein wahrhaftes Pückler-Wort. Als es ihm kein Vergnügen mehr macht und er in Kampfhandlungen mit Aufständischen oder räuberischen Stämmen verwickelt zu werden droht, kehrt er um.

Auf der Rückreise wird Ajiamé wieder aus dem Harem geholt und erhält von ihm und seinem Dolmetscher Unterricht in einer europäischen Sprache. Extravagant in allem oder auch weil sein Dragoman Italiener ist, wählt er dafür die italienische. Jetzt gesteht das Mädchen auch endlich seinen richtigen Namen, Machbuba, von dem Pückler vermutet, daß sie ihn abgelegt hat, weil es, jedem Orientalen sofort erkennbar, derjenige einer Prinzessin ist.

Das Verhältnis zu Machbuba gewinnt schon während der Rückreise intimere Züge. Es ist, auch wenn man die künftige Entwicklung einbezieht, schwer zu umreißen. Zweifellos wird sie seine Geliebte, ist aber auch so etwas wie seine Wahl- (oder Kauf-)tochter, sein kumpelhafter Kamerad, Reisebegleiter, Spielgefährte eines großen Jungen – vielleicht seine einzige selbstlose und völlig uneigennützige Liebe. Um ein Haar hätte er ihretwegen sogar seine Schnucke verstoßen.

Acht Monate ist er nebst Begleitung auf den beiden Nilbarken und im Sattel unterwegs gewesen, indes Mehemed Ali eine eigene Inspektionsreise absolviert. Dieser läßt sich von Pücklers

Eindrücken ausführlich berichten. Pückler macht einige Vorschläge, die der Vizekönig geradezu begierig aufgreift. Das betrifft zum Beispiel ein Kanalsystem, das Pückler zwischen Weißem und Blauem Nil für erforderlich hält. Auch bespricht man die Frage, auf welche Weise Mehemed Ali sein Image in Europa verbessern könnte, und sofort umreißt Pückler Pläne für einen ganzen Propagandafeldzug. Er selbst hat ihn, in der *Augsburger Allgemeinen*, ja schon begonnen.

Allerdings begibt sich der Fürst mit solcher Beratertätigkeit schon wieder auf das glatte politische Parkett, auf dem er gewöhnlich auszurutschen pflegt. Hat er sich in Berlin Wittgenstein und den Kronprinzen zu Feinden gemacht, so heißt sein hiesiger Feind, der um seine Stellung fürchtet, Muktar Bey. Und dem gelingt es sogar, einen Keil zwischen das seltsame Freundespaar zu treiben.

Der Anlaß ist, wie meist in solchen Fällen, banal und nahezu lächerlich. Im Augsburger Blatt hat Pückler einen Besuch des Admiralsschiffs in Alexandria beschrieben. Großadmiral Ägyptens ist Said Bey, der zweite, angenommene Sohn Mehemed Alis, der an unheilbarer Fettsucht leidet. Ein Redakteur, dem Pücklers Überschrift nicht gefiel, läßt den Artikel unter der Schlagzeile „Der dicke Prinz" laufen. Was Muktar Bey sofort – dazu entstellend – übersetzen läßt und Mehemed Ali vorlegt. Der macht seinem Gast gegenüber kein Hehl aus seiner Empörung. Es kommt zu einer ersten Entfremdung zwischen beiden, obwohl äußerlich alles weiterhin so freundschaftlich und ehrenvoll verläuft wie bisher.

Aber der Hof des Vizekönigs und Kairo sind dem Fürsten doch etwas verdorben. Er bittet um die Genehmigung, Syrien und das Heilige Land besuchen zu dürfen, die er auch sofort erhält, sogar weiterhin unter großzügigen Bedingungen: Auch dort wird der Staat Pücklers gesamte Reisekosten tragen. Mehemed Alis eigene Schiffe, prächtig geschmückt und beflaggt, bringen den Fürsten nach Alexandria. Dort wartet auf ihn bereits eine Korvette der ägyptischen Regierung. Diesmal ohne Salutgedonner legt sie mit ihrem hohen Gast am 14. Januar 1838 ab in Richtung Jaffa.

Mit ihm verläßt Machbuba ihre afrikanische Heimat, die sie nie wiedersehen wird.

19

Daß er ihm die Freundschaft gekündigt hat, läßt Mehemed Ali den Fürsten auf sublim abgestufte Weise merken. Der letzte Teil der Reise führt ihn durch das heutige Israel, den Libanon, Syrien, auf die Inseln Rhodos und Kos, durch ein unruhiges, für den Krieg rüstendes Land bis nach Konstantinopel.

In Jaffa wird er am 21. Januar noch wie gewohnt mit Fanfaren und Böllerschüssen begrüßt. In Jerusalem besteht die entgegengeschickte Karawane nur aus dreißig Maultieren für das Gefolge und einem einzigen Pferd für ihn. Da er den Konsul kaum neben sich auf einem Muli reiten lassen kann, besteigt nicht er es, sondern Machbuba. Es entpuppt sich als ungezähmt, aber sie bändigt es trotzdem.

Nach Besichtigung der heiligen Stätten geht es in Begleitung von zwölf Reitern – ehrenvoller Schutz oder warnendes Vorzeichen? – weiter nach Bethlehem, ans Tote Meer und zum See Genezareth. In Beirut erlebt er, zum erstenmal in Mehemed Alis Reich, einen kühlen, ja unfreundlichen Empfang durch Ibrahim, den ältesten Sohn des Vizekönigs. Pückler ist nämlich durch verbotenes Land, Partisanengebiet der Drusen, gezogen. Pückler wird von Ibrahim schroff zurechtgewiesen, der verantwortliche General nebst Adjutant für ein Jahr auf die Galeere geschickt.

Nach Überwindung des verschneiten Gebirges und dem Besuch der Ruinen von Baalbek bei strenger Kälte endlich in Aleppo angekommen, gibt es kein herzliches Willkommen mehr. Im Gegenteil, Mehemed Alis Provinzgouverneur wirkt derart abweisend, daß Pückler statt bei ihm beim preußischen Konsul Quartier bezieht. Die Gastfreundschaft des Statthalters ist damit beendet, der „Pascha aus Muskau", wie ihn zu Hause die Gazetten hämisch titulieren, ins türkische Kleinasien entlassen wie ein lästiger Passant. Pückler wird Mehemed Ali trotzdem sowohl in Konstantinopel als auch daheim weiter in Schutz nehmen.

Die Heimat rückt bedenklich näher. Wie läßt sich Machbuba dem prüden König Friedrich Wilhelm III. erklären, zu schweigen von Lucie? So verkauft der nun doch besorgte Fürst unterwegs zunächst einmal die überzähligen Sklavinnen. Eine davon erhält

Lady Hester Stanhope auf ihrem Felsenschloß Dahar-Dschuhn, die er von Beirut aus besucht hat.

Sein Aufenthalt bei der 62jährigen damals weltbekannten Exzentrikerin und Astrologin findet in der Weltpresse fast genausoviel Beachtung wie seine Freundschaft mit Mehemed Ali. Lady Hester, eine resolute, beinahe androgyne Erscheinung, ist die Nichte William Pitts des Jüngeren, der schon mit 24 Jahren britischer Premierminister geworden war. Bis zu seinem frühen Tod hat sie ihm den Haushalt geführt, galt aber auch als seine politische Beraterin. „Wenn du ein Mann wärst, Hester", soll er ihr gesagt haben, „würde ich dich mit 60 000 Männern auf den Kontinent schicken und dir alle Vollmachten geben; und ich bin sicher, daß nicht einer meiner Pläne fehlschlagen würde und kein Soldat mit ungeputzten Stiefeln herumliefe."

Statt dessen hat das Fernweh sie in die weite Welt getrieben, nach Nordafrika zunächst, dann bis nach Syrien, wo sie einen Schiffbruch überlebt und in die Schlagzeilen gerät, als arabische Freiheitskämpfer sie zur Königin von Palmyra ausrufen, Nachfolgerin jener Zenobia, die 273 nach Christus versucht hat, Syrien und Ägypten zu vereinen. Lady Hester scheitert wie ihre Vorgängerin an den harten Realitäten. Jetzt lebt sie zurückgezogen, ganz ihren mystischen und okkulten Neigungen hingegeben, auf ihrem legendären Felsenschloß und erwartet die von ihr geweissagte Wiederkehr des Messias. Zwei Pferde stehen in ihrem Stall bereit zum Einzug in Jerusalem, für den Messias das eine, das andere für sie.

Pückler bekommt von der gebrechlichen Lady das Horoskop gestellt und lauscht acht Nächte hindurch entzückt ihren Visionen, die sie wie in Trance von sich gibt. Im Gegensatz zum französischen Romantiker Lamartine, dem es gleichfalls gelang, zu ihr vorzudringen, und der die Stanhope für eine Schauspielerin hielt, glaubt Pückler an magische Kräfte. Er hat Glück: Da ihm das Pferd des Messias – von Pferden versteht er ebensoviel wie von Frauen – sofort die Hand leckt, als er es tätschelt, ein Zeichen des Himmels, öffnet Lady Hester bald alle Schleusen.

Wenn Pückler auf dem Weg nach und in Kleinasien die leichtsinnigerweise erworbenen Sklavinnen verkauft, so erwirbt er andererseits doch wieder einiges dazu. In Aleppo, wo er lange krank liegt und von Machbuba gesund gepflegt wird, zwölf prachtvolle Pferde, die mit nach Muskau sollen, und in Gördiz zwanzig ebenso prachtvolle Teppiche, die sein Arbeitszimmer zieren werden.

Wie er zugibt, hat er befürchtet, als Parteigänger Mehemed Alis in der Türkei nicht eben freundlich empfangen zu werden. Aber das ist ein Irrtum. Die Türken, die – nicht ohne Erfolg – um russische, englische, französische und preußische Hilfe beim Kampf gegen Mehemed Ali buhlen, sind klüger. Sie treten dem ungläubigen Fürsten aus dem Abendland zuvorkommend entgegen. In Smyrna kann er sich mit seiner Machbuba erst einmal von all den überstandenen Strapazen ausruhen, am neuen Buch arbeiten und – dies der unangenehme Teil – mit Lucie korrespondieren.

Es geht um Machbuba. Er verschweigt, vielleicht sogar vor sich selbst, daß sie, je weiter man sich von ihrer Heimat entfernt, kränkelt. Im verschneiten libanesischen Gebirge hat die Afrikanerin sich eine hartnäckige Erkältung zugezogen. Das geliebte, hilflose, völlig von ihm abhängige Mädchen kann er nicht im Stich lassen. Aber Lucie, von der Kunde verstört, ihr Lou bringe seinen ganzen Harem mit sich nach Muskau, weigert sich vehement, „die Schwarze" zu akzeptieren.

Es geht auch um Muskau, das ein reicher Graf namens Renard sofort für eine hohe Summe kaufen würde. Auch darüber gibt es Differenzen. Lucie weist darauf hin, daß unter ihrer und Schefers Verwaltung die Einkünfte eindeutig gestiegen sind und bald völlige Wirtschaftlichkeit erreicht werden könnte. Pückler sieht es anders: Bei einem eventuellen Verkauf wäre er alle Schulden los, und es wäre sogar ein Überschuß von rund 500 000 Talern vorhanden, mit dem sich bequem auf dem Stammsitz seiner Familie, Branitz, leben ließe.

Der Fürst steckt in einer Zwickmühle. Da Angriff die beste Verteidigung bleibt, droht er, seine Schriftstellerei ganz einzustellen. Lucie hat wieder einmal aus seinem jüngst erschienenen Buch, „Der Vorgänger", eine Sammlung griechischer Abenteuer, „alle piquanten Sachen" herausgestrichen. Aber dadurch läßt sich „die Fürstin", wie er sie – Liebesentzug! – nun tituliert, ebensowenig umstimmen wie durch Schmeicheleien, ernste oder scherzhafte Ermahnungen, nicht einmal durch einen rührenden Satz, den er Machbuba beigebracht hat und der sich sogar reimt:

Ho due padroni solamente, tu e Schnucki, altri niente. Auf deutsch: „Ich habe nur zwei Herren, dich und Schnucki, keine anderen."

Des Streites satt, verläßt der Fürst überstürzt Konstantinopel und beordert Lucie schroff nach Wien, wo man die Probleme besprechen werde. Am 30. September 1839 erreicht man Budapest. Der Fürst trägt wieder europäische Kleidung, erregt aber trotzdem Aufsehen, allein schon Machbubas wegen, aber auch, weil er von zwölf arabischen Pferden und einer ganzen im Orient gesammelten Menagerie begleitet wird. Pückler selbst gerät ins Staunen, als er im Hotel auf niemand anderen stößt als Lucie. Die Schnucke ist ihrem Lou statt nach Wien nach Budapest vorausgeeilt, trotz aller Streiterei aufgeregt wie ein Backfisch und toll vor Wiedersehensfreude.

Da kann Pückler ihr nach gebührender Umarmung gleich sein „Geschenk" übergeben, den eigens für sie erstandenen zwergwüchsigen Mohren Joladour.

20

Lucie gelingt es, Pückler in gewisser Weise wiederzugewinnen. Kaum befindet sich Lucie wieder in seiner unmittelbaren Nähe, wird sie wieder die gute alte Schnucke, deren Tränen er, im Grunde weichherzig, ebensowenig widerstehen kann wie denen Machbubas. Auch Lucie scheint durch das Wiedersehen nachgiebiger geworden. So schließt man einen Kompromiß und nicht einmal einen faulen: Pückler gibt in Sachen Muskau nach und Lucie bei Machbuba, die sie in Budapest kennen- und, wie sie zumindest behauptet, schätzenlernt.

Also wird Graf Renard abgewiesen, und Machbuba, beschließt das wiedervereinte Paar, soll in Wien zur Eingewöhnung ein Jahr in einem Mädchenpensionat zubringen, um dann auf Schloß Muskau eine christliche Erziehung zu erhalten. Lucie begibt sich freudestrahlend nach Muskau zurück, woraufhin das Verhältnis zu Pückler – aus den Augen, aus dem Sinn – sich prompt wieder abkühlt. Verständlich der Stoßseufzer, mit dem Lucie einen ihrer mitunter quälend penetranten Klagebriefe abschließt: „Warum bin ich nicht jung und nicht aus Abessinien?"

Pückler, immer ein Mann ungewöhnlicher Entschlüsse, versucht einen Teil seiner Nöte auf geistige oder geistliche Art zu überwinden. Am 30. Oktober tritt er zum Katholizismus über. Eine Sensation, wie seine Feinde vermuten, mit der der Fürst erneut in die Schlagzeilen geraten will.

Aber das entspricht nicht den Tatsachen. Zwar erregt Pücklers Konversion ungeheures Aufsehen in Preußen, aber die Auseinandersetzung mit der Religion zieht sich schon lange durch sein Tagebuch und durch seine Bücher. Wer letztere genau gelesen hat, dürfte eigentlich nicht erstaunt sein.

Die Sympathie für den Katholizismus ist bei ihm schon in Irland geweckt worden, wo die Kirche – ähnlich wie heute in Südamerika oder Staaten der Dritten Welt – sich gegen soziales Elend, Armut und Übermacht des Establishments wendet. Auch liegt er mit Luthers Kirche schon lange im Zwist. Dabei bleibt Pückler der Freigeist, der er immer gewesen ist. „Kein Mensch ist ohne Religion, aber die Völker bedürfen auch der Kirche", und eine solche habe „weniger den Verstand als Gefühl und Sinne des Menschen anzusprechen". Nur sie bietet die Gewähr einer kommenden völligen Unabhängigkeit vom Staat. Schon in Irland hat er sich zu diesem demokratischen Prinzip bekannt: „Einst muß im Staat das Gesetz allein regieren wie in der Natur. Religion wird Trost im Unglück sein und noch höhere Steigerung des Glücks nach wie vor gewähren, aber herrschen und regieren darf sie nicht. Nur das Gesetz übe unabänderlichen Zwang, sonst aber walte unbeschränkte Freiheit."

Am 25. Dezember 1839 verläßt er mit Machbuba Budapest und ist, wie immer auf Reisen, sofort aus seiner Melancholie gerissen. Am 1. Januar 1840 legt er unterwegs ein anderes, weltliches Credo ab: „Ich bin guter Laune, denn das Unterwegssein erheitert mich fast immer. Mit leidlicher Gesundheit, hinlänglichem Geld, einem guten Wagen, zwei fleißigen erprobten Dienern und einer akkommodanten (anpassungsfähigen) Geliebten von gutem Herzen und leichtem Humor umherzureisen – ist für mich das Ideal irdischer Glückseligkeit." Seine durch das schlechte Wetter und dauernde Erkältungen herabgeminderte Lebenslust erwacht rasch wieder, um so mehr als der alte Freund Metternich – ausgerechnet er, der alles das vertritt, was Pückler haßt – den Neukatholiken in Wien mit offenen Armen empfängt.

Machbuba wird tatsächlich im Pensionat abgegeben, scheint aber öfter beim Fürsten zu sein als dort. Natürlich ist sie die Sensation der österreichischen Hauptstadt, wenn sie, in buntem Mameluckengewand, mit dem Fürsten auf zwei der Araber ausreitet oder ihn auf Bälle begleitet. Er gibt sie als geraubtes abessinisches Fürstenkind aus, die er an Tochter Statt angenommen habe. Es „glaubte kein Mensch dies Märchen", gibt er selbst zu, aber trotzdem oder eben deswegen reißt man sich bei Hofe und in der großen Gesellschaft um sie, die sich in den Salons erstaunlich gewandt und sicher benimmt.

Im Laufe des Aufenthalts in Wien geht es Pückler gesundheitlich nicht gut. Der Winter ist hart, und die überstandenen Strapazen der letzten Jahre zeigen ihre Nachwirkungen. Es kommt wohl auch etwas von dem hinzu, was wir heute Midlife-crisis nennen. Machbuba kränkelt ebenfalls und muß aus dem Pensionat genommen werden. Sie ist äußerst abgemagert. Die Ärzte raten zu einer Kur in Marienbad.

Dem Rat folgt Pückler nur zu gern, denn Lucie hat Oberwasser gewonnen, wahrscheinlich durch ihren Ratgeber Grävell in Berlin, wohin sie den Fürsten zu neuen Verhandlungen über die Zukunft Machbubas zitiert. Aber in Berlin herrscht Staatstrauer. Der alte König Friedrich Wilhelm III. ist gestorben, nun besteigt der vierte Friedrich Wilhelm, der Pückler nicht wohlwill, den Thron. In Marienbad kann er zunächst einmal vor Lucies Vorwürfen und der Teilnahme an diversen staatlichen Zeremonien sicher sein.

Aber kaum in Marienbad angelangt, bricht der Fürst, psychisch nun doch wohl überlastet, zusammen, und auch der Zustand Machbubas verschlimmert sich zusehends. Jetzt verweisen die Ärzte auf die heilkräftigen Quellen in Muskau. So entschließt sich der kranke Fürst, die Warnungen Lucies in den Wind zu schlagen und, koste es, was es wolle, mit Machbuba, dem Troß sowie Dr. Freund direkt Muskau anzusteuern. Dr. Freund ist Metternichs Leibarzt, den dieser besorgt nach Marienbad geschickt hat. Jetzt begleitet er einen seltsam maladen Heerzug in die Oberlausitz.

Machbuba kann sich kaum noch auf den Beinen halten. Auch ihre beiden italienischen Kammerjungfern sind erkrankt und von keiner großen Hilfe. Pückler hängt zunächst im Sattel, muß dann aber in die Kutsche umsteigen. Die traurige Karawane erreicht Schloß Muskau mit Müh und Not, das augenblicklich einem Lazarett gleicht.

Lucie hat es ursprünglich abgelehnt, die schwarze Nebenbuhlerin in das von ihr geleitete Kurbad aufzunehmen. Was bleibt ihr anderes übrig, als jetzt fünfe gerade sein zu lassen? Machbuba und Pückler schlüpfen zunächst im Jagdhaus unter, aber als beider Zustand sich verschlechtert, müssen sie ins Schloß geholt werden, wo die einst so heißgeliebte Helmine, jetzt Frau von Blücher, die Pflege übernimmt. Lucie zieht sich in die Berliner Stadtwohnung zurück.

Sie benimmt sich in dieser kritischen Phase nicht sehr edel, um einen von ihr gern gebrauchten Ausdruck zu verwenden. Hat sie sonst über alle Eskapaden Pücklers hinweggesehen, so reagiert sie jetzt eben doch verletzt, gekränkt. In ihren Briefen beklagt sie, ihr freundlicher Empfang Machbubas sei ihr schlecht gelohnt worden, und verlangt, daß Pückler, ein kranker Mann, zu einer Aussprache nach Berlin kommt. Schweren Herzens läßt er die inzwischen bedrohlich kranke Machbuba unter der Obhut Dr. Freunds und Helmines zurück. Noch kaum ein Rekonvaleszent, schleppt er sich in die preußische Hauptstadt.

Die Bulletins, die er sich täglich aus Muskau schicken läßt, klingen zunächst gut. Vom 13. Oktober an werden die Nachrichten jedoch schlechter. Der Husten hat sich verstärkt, Unterleibskoliken heftigster Art sind hinzugetreten. In Berlin erkrankt auch noch die ebenfalls überforderte Lucie schwer und bittet Pückler flehentlich, sie nicht allein zu lassen. Machbuba schreibt am 27. Oktober ihrem geliebten *Abou* (Vater) einen Brief, unter den sie nur noch einen Gruß setzen muß. Darüber schläft sie ein und sagt beim Erwachen Dr. Freund, sie wisse, daß sie noch am gleichen Tage sterben werde. Sie stirbt kurz vor ein Uhr, ein Bild Pücklers in der Hand.

Bewundern muß man die Behutsamkeit, mit der der Wiener Arzt, tatsächlich ein Freund, zuwege geht. Er teilt dem Fürsten den Tod seiner Schutzbefohlenen so spät mit, daß dieser nicht mehr rechtzeitig zum Begräbnis nach Muskau kommen kann. Die Obduktion, die er mit zwei weiteren Ärzten vornimmt, ergibt Unterleibstuberkulose, die bereits die Lungen angegriffen hat. Er tut ein übriges, läßt einen Muskauer Töpfer die Totenmaske nehmen, auch Abdrücke der rechten Hand und des linken Fußes. Und er richtet das Begräbnis auf dem Dorffriedhof.

Pückler wird später aus den Abgüssen eine lebensgroße, anscheinend täuschend ähnliche Wachspuppe im Stil der Madame Tussaud fertigen lassen, die sich, ein etwas makabres Memento, noch lange auf Muskau befunden hat. Das Begräbnis findet am 30. Oktober statt, des Fürsten 55. Geburtstag. Ein seltsamer Leichenzug, wohl der seltsamste, den Muskau je gesehen hat. Machbuba wird im orientalischen Gewand beigesetzt. Ihren Sarg schmückt jedoch ein Christusbild; die beiden Jungfern gehen rechts und links vom Sarg. Als erster folgt ihm weinend der kleine Mohr Joladour, dann die Ärzte und dann – nun auf ausdrückliche Anordnung Pücklers – alle Beamten und Honoratioren seiner Herrschaft. Aber auch aus der Bevölkerung und dem ganzen Land schließen sich dem Trauerzug Hunderte von Menschen an.

Die arme Prinzessin aus Äthiopien ist dort noch heute eine populäre Figur – auch nach dem Zweiten Weltkrieg haben sich immer wieder Muskauer Bürger gefunden, die den kleinen Grabhügel mit Blumen schmückten.

Dr. Freund teilt dem zurückgekehrten Fürsten den letzten Wunsch mit, den sie auf dem Sterbebett geäußert hat und der ihr nicht erfüllt worden sei: ihn, Pückler, noch einmal zu sehen. „Dieser Vorwurf", vertraut er einem Brief an, „wird an mir nagen, bis ich ihr folge."

Ihr Grab besucht er am 1. November, begleitet von einem der Ibisse vom Nil, dem kleinen Joladour und dem ebenso kleinen Zwerg Billy Masser, der schon lange zur Suite Lucies gehört.

Pücklers Reaktion auf den Tod Machbubas hat Freunde wie Varnhagen und Laube, sogar Lucie, zutiefst erschreckt. Er stürzt sich in eine abgrundtiefe Verzweiflung, aus der ihn zunächst nichts herausreißen kann, zerfleischt sich in wilden Selbstvorwürfen. Überlassen wir ihm das Wort:

„Ich habe heute im Scheine des Mondes auf Machbuba's blumenbekränztem Grabe viele heiße Tränen vergossen und aus tiefstem Herzen für ihr Wohl gebetet. – Gott mit ihr und mit uns, und einst vielleicht ein süßes Wiedersehen! Denn ihr Herz war edel, und kein Eigennutz hat je die zärtliche Verbindung unserer Seelen getrübt."

Der Tod Machbubas wird zum Wendepunkt in Pücklers Leben und auch in dem Lucies. Sie weiß jetzt, daß ihn auf Muskau nichts mehr hält. Seinen Verkaufsplänen wird sie in Zukunft, durch und durch erschreckt, keinen ernsthaften Widerstand mehr entgegensetzen.

Als er jedoch der Abessinierin in seinem Park ein Mausoleum errichten will, protestiert sie noch einmal heftig. Machbubas Grab befindet sich bis heute, klein und bescheiden, auf dem Muskauer Dorffriedhof.

21

Ehe alles geregelt werden kann, verbleiben ihm und Lucie auf Muskau noch fünf ganze Jahre. Bei Hallberger erscheinen währenddessen der dreibändige „Südöstliche Bildersaal", die Beschreibung der griechischen Reise, und 1844, heiß umstritten, in gleichfalls drei Bänden „Aus Mehemed Alis Reich". Im Vorwort geht der Autor auf die jüngsten Ereignisse ein, den von der europäischen Allianz erzwungenen Rückzug des Vizekönigs aus Syrien; dabei verteidigt der Fürst Mehemed Ali vehement.

Nach dem wiederum durchschlagenden Verkaufs- und Publikumserfolg beider Titel wechselt Pückler den Verleger. Das nächste Buch, das er in Angriff nimmt, „Die Rückkehr", soll statt bei Hallberger in Berlin bei Alexander Duncker erscheinen, „der mehr Gentleman als jener" zu sein verspricht.

Aber es ist weniger die literarische Arbeit, die Pückler so etwas wie Wiederauftrieb verleiht, als die gärtnerische. Zu seinem Entsetzen hat Lucie während seiner Abwesenheit eigenmächtig Teile des Muskauer Landschaftsgartens verändern lassen, die nun schleunigst in den alten Zustand zurückversetzt werden.

Außerdem haben seine Bucherfolge auch seinem Ruhm als Gartengestalter genutzt. Man zieht ihn gern heran in geschmacklichen Fragen. Prinz Karl bittet ihn, in Klein-Glienicke, einst Sitz des Staatskanzlers Hardenberg, Veränderungen vorzunehmen, wozu Pückler nur zu gern bereit ist, weil einst sein Rivale Lenné den Garten angelegt hat. Offizielle Aufträge erhält er nicht. Friedrich Wilhelm IV. steht ihm nach wie vor ablehnend gegenüber

431

und vertraut ganz seinem Lehrer Lenné, der ihm – zusammen mit Schinkel – das Zeichnen beigebracht hat (das der König „sehr artig", wie es damals heißt, ausübt, artiger jedenfalls als die Politik). Auch der Bruder des Königs, Prinz Wilhelm, hat zunächst Lenné den Auftrag gegeben, sein auf dem Babelsberg entstehendes Schloß, das Schinkel entwirft, mit einem Park im englischen Stil zu versehen. Doch wird ihm der Auftrag wieder entzogen. Wilhelm, der spätere erste deutsche Kaiser, ist ein merkwürdig zwischen Konservatismus und Liberalität schwankender Mann – darin Pückler sehr ähnlich. Im Augenblick hat sich bei ihm die liberale Waagschale gesenkt, und er will seinen stockkonservativen Bruder ärgern. Fürst Pückler erhält den Auftrag „auf dem Babel", wie er den Hügel nennt.

Trotz heftiger rheumatischer Anfälle wird er selbst in grüner Gärtnerschürze tätig und arbeitet oft bis in die Nacht. Wenn der homme à femme dann noch bei Wilhelms Gemahlin Augusta, der „hohen Frau von Babelsberg", einen Tee trinken muß, geht es ihm wie einst bei der von ihm sehr verehrten, aber langweiligen Großherzogin Luise von Weimar: Er widersteht „dem Zufallen der Augen mit Energie".

Die Wegeführung übernimmt er zwar von Lenné, aber das Anpflanzen der Gehölze und die Einzelbaumgruppen zeigen sichtlich seine eigene Handschrift. Man darf sich Pücklers gärtnerische Arbeit jedoch nicht als tagtägliche Fron vorstellen. Wenn er etwas anpackt, schuftet er zwar wie sonst nur ein Landschaftsgärtner. Aber es ist doch keinesfalls sicher, ob er am nächsten Tag wieder erscheinen wird. Ganz wie Lenné verfügt er über genügend Hilfskräfte, die seine Absichten exakt so ausführen, wie er es wünscht. Was auf Wunsch Augustas verändert wird, wird von ihm zurückverändert, darin bleibt er unerbittlich.

Aber seit dem Tod Machbubas scheint er noch ruheloser als bisher. Kaum hat er eine Arbeit begonnen, treibt es ihn schon wieder auf eine Reise, nach Sachsen, durch Thüringen, ja, in die Schweiz und bis Italien. Unzählige Stippvisiten hier und da unterbrechen alles, was er bis zu seinem Tode noch anpackt.

Die Möglichkeit dazu hat – beinahe schlagartig – die Eisenbahn geschaffen. Oft entschließt er sich von einer Minute auf die andere, irgendwohin zu fahren: „Es freut mich, einen solchen Fortschritt des civilisirten Comfort noch erlebt zu haben", vertraut er seinem Tagebuch an, als er in dreieinhalb Stunden von Leipzig nach Dresden dampft.

Der andere Pückler lebt auf Muskau ein beinahe entgegengesetztes, seltsam lethargisches und melancholisches Leben. Seine Doppelnatur erlaubt ihm daheim ein Schlafrockdasein, wie es einförmiger kaum denkbar ist. Er gibt sich ihm so schrankenlos hin wie der manischen Reisesucht, weil man „der Natur keine Gewalt anthun" solle, teils muß er aber auch seiner Lucie Gesellschaft leisten, „was die Hälfte meiner Zeit in Anspruch nimmt".

„Ich stehe um 2 Uhr auf, mache meine Morgentoilette, frühstücke allein und lese dazu, dann besorge (ich) meine viel zu weitläufige Korrespondenz, komponire zuweilen ein wenig, und rauche viel türkische Pfeifen bis gegen 8 Uhr, wo ich zur Tafel herabgehe, ohne meinen geliebten Schlafrock orientalischen Schnittes zu verlassen. Die Gesellschaft, die ich dort finde, besteht aus Lucie und in der Regel zwei Gästen aus der Stadt, die sich nach dem Kaffee wieder entfernen. Für die Gourmandise ist hinlänglich gesorgt und es fehlt weder an Champagner, Bordeaux und Cyperwein, an Trüffeln von Perigord und Pasteten von Straßburg, noch anderen englischen und französischen Delikatessen, leider aber oft am Appetit, sie zu genießen, denn es ist nun einmal leider so eingerichtet in der Welt, daß die, welche die Güter derselben besitzen, den Genuß daran verlieren... Was man hat, ist nichts mehr, was man zu haben wünscht, ist alles."

Bis zwei oder drei Uhr nachts sitzen Lucie und er zusammen, zumeist sich gegenseitig vorlesend. Dann legt er sich ins Bett, liest aber auch dort noch bis zum Morgengrauen: „Sehr gesund mag die Lebensart allerdings nicht sein, auch habe ich des Nachts ein wenig Fieber, dennoch scheint sie meiner Natur angemessen, weil ich immer, wenn ich mir selbst überlassen bin, in diese Lebensart unwillkürlich zurückfalle."

Das monoton nebeneinander herlebende Paar umgibt sich mit einem Hofstaat, der einem Kuriositätenkabinett gleicht. Zum winzigen Mohren Joladour und Lucies Liliputaner Billy Masser, Pücklers häufigem Schachpartner, dazu den überlebenden exotischen Tieren tritt als spektakulärstes Mitglied der Schnelläufer Ernst Mensen.

Den Gedanken, einen derartigen Schnelläufer zu engagieren, will Pückler auf dem Schlachtfeld von Marathon gefaßt haben.

Ebenfalls in Griechenland erfährt er von der Existenz jenes seltsamen Ernst Mensen, der die weitesten Wege ohne jedes Gepäck querfeldein im Laufschritt zurücklegt, versehen nur mit einem Kompaß und einem Fläschchen mit einer Flüssigkeit, die er streng geheim hält. Im dritten Band des „Südöstlichen Bildersaals" sowie in der *Augsburger Allgemeinen* bittet Pückler jenen Mensen, sich bei ihm oder Hallberger in Stuttgart zu melden.

Eines Tages taucht der geheimnisvolle Mensen wirklich in Muskau auf und wird sofort türkisch eingekleidet, lichtblau mit goldbestickter Mütze. Auch die große Brieftasche ist himmelblau, die er bald eifrig über Stock und Stein hin und zurück von Muskau nach Berlin trägt, eine Attraktion für die Gassenjungen der preußischen Hauptstadt, die ihn jedesmal jubelnd empfangen; oft folgt ihm im Laufschritt eine ganze Horde schreiender Gören. Pücklers Briefe werden auf diese Weise sehr viel schneller befördert, als es der Pferdepost des Joseph Christian Emil Nürnberger möglich ist.

Mensen bleibt nicht lange, ein knappes Jahr; Preußen erweist sich für seinen Geschmack als viel zu klein. Ihn treibt es an die Quellen des Weißen Nils, was niemand besser versteht als Fürst Pückler. Ehrhard zufolge soll er in Assuan am Fieber gestorben und von Reisenden am ersten Katarakt bestattet worden sein.

Pückler läßt sich zwar Zeit, hält aber an einem trotzig fest: am Verkauf der Herrschaft Muskau. Lucie versucht bis zuletzt hartnäckig, aber vergeblich ihren Lou umzustimmen.

Ein Graf Redern und der Herzog von Coburg machen ungenügende Angebote. Dann finden sich drei Interessenten, zwei Grafen von Hatzfeld und ein General von Nostitz, zusammen, was Pückler mißtrauisch hätte machen sollen. Sie bieten ihm immerhin 1 700 000 Taler, damals eine geradezu ungeheuerliche Summe. Der Fürst muß jedoch von Nostitz das schlesische Gut Waldstein bei Glatz für 100 000 Taler übernehmen.

Pückler bleibt nichts anderes übrig, als ohne Besichtigung Waldsteins auf den Handel einzugehen. Die Gläubiger drohen, Schloß Muskau pfänden zu lassen und den immer noch nicht ganz fertiggestellten Landschaftspark dazu. Von einer kurzen Reise nach Italien erhält Lucie von ihm einen Brief, gegen den sie keinen Widerspruch mehr wagt. In ihm teilt er ihr seinen endgültigen Entschluß zum Verkauf mit und die Absicht, sich in Zukunft auf Branitz, sein eigentliches Vatererbe, zu beschränken.

Im April 1845 ist es soweit. Er beklagt, daß „bei der Masse Schulden nicht allzu viel übrig" bliebe, aber was, selbst bei Abzug Waldsteins, übrigbleibt, sind immerhin 500 000 Taler. Der Fürst gesteht dann auch: „Demohngeachtet danke ich Gott: im sechzigsten Jahr endlich dahingekommen zu sein, niemandem mehr etwas zu schulden, und genug zu besitzen, um ein freundliches Quartier, einen schmackhaften Tisch und einige Pferde haben zu können, alles in vollkommenster Freiheit und mit genug Überschuß, um auch Notleidenden Hilfe gewähren zu können."

Ob Pückler trotzdem der Abschied von Muskau schwergefallen ist, hat er nirgends verraten. Dort ist er geboren worden, dort befindet sich das Kostbarste, was er bisher geschaffen hat, dort wird er von der Bevölkerung geachtet, trotz oder wegen seiner Eigenheiten und Absonderlichkeiten geradezu geliebt. Bei seiner Abschiedsrede fließen die Tränen. „Es wird erzählt", so Paul Ortwin Rave, „wie der Fürst an jenem traurigen Tage noch einmal seine Schöpfung umritten und dann in gestrecktem Galopp, ohne den Blick zu wenden, davongebraust sei."

Zurück bleibt Rehder, der Mitschöpfer des Landschaftsparks. Rehder und dessen Sohn Paul werden sein Werk zuverlässig weiterführen, und nach Rehders Tod, 1852, springen Eduard Petzold und Gustav Schrefeld als Parkinspektoren ein, die alle von ihm selbst ausgebildet worden sind. Das Dreierkonsortium verkauft den Besitz im übrigen alsbald weiter an den Prinzen Friedrich der Niederlande, der mit der jüngsten Schwester König Friedrich Wilhelms IV. verheiratet ist. Unter ihm darf Petzold dreißig Jahre lang den Garten nach Pücklers Plänen weiter pflegen und ausbauen. Er ist ja ohnedies so angelegt, daß er erst in 100 bis 150 Jahren sich ganz entfalten wird.

Lucie ordnet inzwischen die Habe und sorgt für deren Transport nach Branitz, von der hügeligen Oberlausitz in die pfannkuchenplatte Niederlausitz unweit von Cottbus. Sie fährt zur Kur nach Teplitz und wird anschließend in Dresden eine Mietwohnung suchen.

Ihren Lou sieht sie aber schon vorher in Glatz wieder, als dieser das jetzt ihm gehörende Gut Waldstein in Schlesien aufsucht

435

und feststellen muß: „In Waldstein fand ich mich in den April
geschickt." Das Schloß liegt auf halber Höhe eines unwirtlich
gebirgigen Geländes, hat nicht einmal Wasser, und Herr von
Nostitz hat überdies nahezu alle umgebenden Wälder noch rasch
abschlagen lassen, in etwa über einem Jahr 19 000 Klafter bestes
Bauholz: „Ich bin allerdings schmählich betrogen."

Nachdem er Waldstein zum – verlustreichen – Weiterverkauf
freigegeben hat, zieht es Pückler immer noch nicht nach Branitz.
Zeitweilig mit einer „nomadischen Karawane" streift er, anscheinend ziellos, noch eine Weile umher, wobei er in Gotha auf Königin Victoria von England und deren Gemahl Albert trifft, ehe er
sich eines Tages dann doch auf den Weg macht. Sichtlich waid-
wund geschlagen von dieser „verteufelten Welt", erreicht er Branitz. Er betritt es zum erstenmal in seinem Leben.

22

Seinen 60. Geburtstag hat der Fürst mit Arbeiten im Garten von
Ettersburg verbracht, jedenfalls tagsüber. Die eigentliche Feier
fand dann, „merkwürdig genug", wie Pückler vermerkt, später
statt, zur Nacht, bei einer 25jährigen verheirateten Geliebten,
*„une entreprise de jeune homme entourée de dangers et de dif-
ficultés"*, wie bei jungen Leuten inmitten von Gefahren und
Schwierigkeiten.

Jetzt schreibt er seiner Mutter, der er zum letztenmal vor
einigen Jahren ganz zufällig in Dresden begegnet ist: „Ich glaube,
daß Du alle Deine Kinder überleben wirst, weil Du von uns
allen die beste Konstitution und auch den leichtesten Sinn hast.
Ich aber bin der Melancholikus der Familie, und habe nur dem
Scheine nach erfolgreich und glücklich, in Wahrheit aber
(durch meine Schuld, die sich gar ironisch rächt) ein ganz ver-
fehltes, betrübtes Leben geführt. Das nächste Mal wollen wir versuchen, es besser zu machen, wenn wirklich Gelegenheit dazu
vorhanden ist, was man wenigstens wünschen und hoffen muß."

Eine Stunde danach erhält er die Nachricht vom Tod seiner
Schwester Klementine. „Nun bin ich allein noch übrig", liest man
in seinem Tagebuch, „und werde vielleicht meine Vorhersagung
bald wahr machen müssen."

Als Melancholikus, der sein Leben verpfuscht zu haben glaubt, fühlt er sich wohl auf Branitz. Lucie heitert ihn wenig auf, sie ist mehr in Dresden und Berlin als auf Branitz, wo sie mürrisch herumsitzt und sich weigert, auch nur einen Blick aus dem Fenster zu werfen. Fürst Pückler treibt es ebenfalls in alle Richtungen, auf kurze und längere Reisen sowie an den preußischen Hof, vor allem nach Potsdam, von wo aus er „auf dem Babel" arbeitet. Zwischen 1846 und 1848 erscheinen die drei Bände seines letzten Buches, „Die Rückkehr", bei Duncker, neben den „Briefen eines Verstorbenen" wohl sein geschlossenstes und gelungenstes Werk. „Wäre ich nur das Schriftstellern los, eine infame Passion, das mich auf der einen Seite festhält, und auf der andern degoutiert!"

Die Feder legt er in Branitz endgültig aus der Hand – außer zum Briefeschreiben und Tagebucheintragen oder um den einen oder anderen Zeitungsartikel für die *Augsburger* zu schreiben; aber weiterhin verdoppelt er jede Notiz auf dem unförmigen Kopiergerät sorgfältig für seinen Nachruhm. Verstärkt in die Hand nimmt er Absteckstock, Axt und Spaten. Er beginnt das mit sechzig Jahren eigentlich Unfaßbare: einen neuen Landschaftspark.

Treibende Kraft ist dabei merkwürdigerweise Lucie, bei der sich Muskau in der Erinnerung verklärt und Branitz demgemäß immer unansehnlicher wirkt. Da sehnt sie sich nach etwas hübscher Natur rundumher, wie sie es gewohnt war – und will vielleicht auch ihrem „Lou" zu dessen für sie glücklichster Leidenschaft zurückhelfen.

Unansehnlich genug muß Branitz tatsächlich gewesen sein. Ein Augenzeuge hat es uns eindringlich überliefert: Gottfried Semper, der große Baumeister, den Pückler schon 1841 – kurz nachdem ihm seine liebe Mutter überraschend auf der Straße begegnet ist – kennengelernt hat. Gefallen haben Pückler auf Anhieb dessen liberal-demokratische Gesinnung und die architektonisch etwas gewagten Pläne des Architekturprofessors, der eine Verbindung zwischen dem Dresdner Zwinger und seinem Operngebäude herstellen will. Da Pücklers Berliner Freund Schinkel vor sechs Jahren gestorben ist, holt er nun Semper nach Branitz.

Der trifft am 1. April 1846 dort ein und fühlt sich, nach eigenen Angaben, wie Pückler auf Waldstein in den April geschickt, nicht nur wegen des Datums.

Das Schloß, erst knapp hundert Jahre alt, wirkt baufällig und weist große Löcher im Dach auf, was ebenso auf Ställe und Wirtschaftsgebäude zutrifft. Am Eingangsportal des Schlosses türmt sich ein großer Dunghaufen, und das Ganze liegt in einer riesigen, flachen, nur von mageren Obstbäumen bestandenen Gegend. Ungehindert fällt der Blick über die kahle Ebene auf die Türme und die rauchenden Fabrikschlote des nahen Cottbus, einer kleinen Industriestadt von 9000 Einwohnern, die sich noch nie durch besondere Schönheit ausgezeichnet hat. Durchflossen wird die Einöde überdies von der Spree, die damals noch nicht eingedeicht ist, daher die trostlose Landschaft ständig unter Wasser setzt und sie dadurch noch trostloser macht. Semper, der um ein Haar sofort wieder abgereist wäre, geht kopfschüttelnd an die Arbeit.

Er rundet am Schloß den Südgiebel ab und gibt dem Gebäude erst dadurch harmonische Dimensionen. Er fügt auch eine Terrasse hinzu nebst Backsteinpergola, für die kein Geringerer als der berühmteste Bildhauer der Zeit, Berthel Thorvaldsen, die Terrakottareliefs entwirft. Das Schloß, für das Pückler jährlich 12 000–15 000 Taler ausgeben muß, wird ein architektonisches Schmuckstück – bis heute.

Auch die Inneneinrichtung muß dem kostbaren Geschmack des Fürsten entsprechen. Noch heute kann man in Branitz den edel verzierten, von Laube besorgten Mahagonikonzertflügel bewundern, auf dem Clara Schumann und Mendelssohn Bartholdy Hauskonzerte gegeben haben. Der erste Stock wird orientalisch eingerichtet, mit allen mitgebrachten Erinnerungsstücken aus Mehemed Alis Reich, prunkvoll, farbenfreudig, haremsmäßig, aber doch nicht ohne ordnenden Geschmack. Auffallend die erlesenen Schnitzarbeiten, die einem ein bißchen überflüssig vorkommen, aber den Fürsten ebenfalls ein kleines Vermögen gekostet haben müssen.

Mit seinen ersten Arbeiten am Landschaftspark, der die Hauptsumme verschlingen wird, hat Pückler bereits vor dem Eintreffen Sempers begonnen. Da beklagt er bitter die feindliche Einstellung der Leute in der Niederlausitz, muß er doch den mühsamen Erwerb des Geländes von neuem beginnen wie einst in Muskau. Eigentümer sind eine Reihe von Büdnern, Kleinbauern, die – wer kann es ihnen verdenken? – einen möglichst hohen Gewinn herausschlagen möchten. Pückler muß verhandeln, Prozesse androhen und sogar führen, Abfindungen zahlen, gerechte wie ungerechtfertigte. Er baut so viele neue Häuser, daß sie fast ein ganzes Dorf ausmachen.

Das kostet Zeit und Nerven, besonders wenn man auf einen Büdner stößt, der, wie ein gewisser Reinschke, sich hartnäckig weigert, seinen Grundbesitz abzugeben. Er verkauft ihn, um Pückler zu ärgern, dann doch, aber an einen Berliner Fabrikanten, der ihm verspricht, darauf – nur siebzig Meter vom zukünftigen Pleasure-ground des Fürsten entfernt – eine qualmende Fabrik zu errichten. Der böswillige Reinschke ist jedoch einem Strohmann aufgesessen, der das Land sofort dem Fürsten weiterverkauft.

Pückler wird bis an sein Lebensende an diesem Landschaftsgarten arbeiten, seinem Meisterwerk. Wer jemals die Auswahl bekäme zwischen Muskau und Branitz, wäre schlecht beraten, wenn er Muskau wählen würde.

Branitz ist kleiner, intimer, idyllischer, wirkt auf natürliche Weise anmutig. Bei aller Eindringlichkeit der abwechslungsreichen Landschaft trumpft nichts auf. Dieser Landschaftsgarten dürfte der schönste sein, der im schon fast altmodischen altenglischen Stil auf kontinentalem Boden entstanden ist. Wie Eichendorffs Werk die deutsche Romantik in der Literatur abschließt, so dasjenige Pücklers auf dem Gebiet der Gartenkunst.

Die Gegend wandelt ihr Gesicht, vor allem durch die Aufschüttungen der ausgehobenen Erde, seine „Bergfabrik", wie Pückler sie nennt. Aus der kahlen Cottbusser Ebene wächst langsam und unter großer Mühe eine abwechslungsreiche Landschaft mit sanft geschwungenen Hügeln, romantischen Wasserzügen und Seen mit Inseln, die denen in Stourhead oder Blenheim zum Verwechseln ähnlich sehen.

Der Fürst hat zunächst auf seine Muskauer Facharbeiter zurückgegriffen, die nach wie vor den Kern seiner Truppe bilden. Aber bald zieht er auch Tagelöhner aus Branitz hinzu, die den Lohn, den sie bekommen, bitter nötig haben. Jahre hindurch sind bei den Arbeiten am Park bis zu siebzig Arbeiter tätig, nicht gerechnet die mit Pflanzungen nach Pücklers Anweisung beschäftigten Gärtner und die bis zu 130 Schanzarbeiter, die ihm nach 1848 vom Cottbusser Stadtgefängnis zur Verfügung gestellt werden. Die ursprüngliche Feindseligkeit der Bewohner weicht im Laufe der Zeit einem allmählich wachsenden Stolz auf den verrückten Fürsten, der so verbissen alles darangibt, der öden Gegend einen Garten Eden einzupflanzen. Und der 5000 Taler jährlich dafür ausgibt, was allen zugute kommt.

Begonnen hat Pückler, wie immer, mit der Festlegung der Wege. Der Fürst gibt mit einem Megaphon seine Anweisungen zum Setzen der Markierungsstangen. Er hat einst, als er Muskau anlegte, fast alle älteren Bäume aus Branitz abtransportieren lassen, was er nun bedauert. Damals befahl er auch, das Schloß abzureißen. Ein Glück, daß der damalige Verwalter den Befehl ignorierte. Zu Pferd durchstreift Pückler die Cottbusser Umgegend auf der Suche nach geeigneten älteren Bäumen. Zwei Pappeln kauft er in Groß Lieskow, eine Linde für 2 Taler 5 Silbergroschen in Radelsdorf, eine dreistämmige Esche in Siewisch und aus dem Hof des Gasthauses „Zum Weißen Roß" sogar eine riesige blühende Kastanie.

Der Transport erfolgt mit Hilfe eigens konstruierter Langbaumwagen, die mit einem galgenartigen, ledergepolsterten Gerüst versehen sind, damit die Rinde unterwegs nicht verletzt wird. Die Wagen hat der Fürst in England gesehen. Auch die Anpflanzungsmethode stammt daher (die einst reichlich geflossenen Bestechungsgelder beginnen sich auszuzahlen): Es wird kein großes Loch gegraben, sondern man verteilt „auf der großen Rasenfläche viele Fuhren guter Erde, vermengt mit fettem Lehm", in die der Baum eingesetzt wird. Von der dörrenden Sonnenbestrahlung schirmt während der Prozedur eine hoch aufgerichtete Leinwand den gewaltigen Setzling ab.

Die blühende Kastanie wächst an, wie zum Staunen der Gärtner unter Pücklers Händen sogar Robinien anwachsen, die sich am schwierigsten verpflanzen lassen. Fast täglich gehen Transporte aus Dörfern, die bis zu fünfzehn Kilometer von Branitz entfernt liegen, durch Cottbus. Einmal muß für einen besonders großen Baum das halbe Stadttor abgedeckt werden. Die erhaltenen Kassenbücher weisen ständig Schadensersatzzahlungen auf für Fensterscheiben, die durch weit ausladende Äste zu Bruch gegangen sind, oder Beschädigungen an Hausfassaden.

Pückler lernt, wie es scheint, sogar, seine Zeit – zumindest bis zur nächsten Reise – streng einzuteilen: „Sehr regelmäßig ist mein Tag von 24 Stunden in vier Teile getheilt, ein Viertheil ist den

**In Schloß Branitz schmückten
Reisesouvenirs die orientalisch
gestalteten „Tapetenzimmer".**

Anlagen, ein anderes dem Schreiben und Lesen, die zwei übrigen
Viertel Schlaf und Essen gewidmet."

Es sind schon saure Wochen für Pückler auf Branitz. Erst 1852
wird er so weit sein, daß er Lucie, die nur zeitweilig bei ihm ist,
ganz heimholen kann auf den erheblich verschönerten Stammsitz. Es gibt aber auch frohe Feste. Die Laubes kommen aus Wien
und bewundern den neuen Garten; besonders häufig zu Gast ist
Alexander von Humboldt. Vom königlichen Haus erscheinen
Prinz Karl und Prinz Wilhelm mitsamt seiner Augusta, und einmal, da ist Pückler allerdings gerade abwesend, sogar Friedrich
Wilhelm IV. persönlich, der sich über Schloß und Park höchst
vorteilhaft äußert. Von der Familie am liebsten auf Branitz gesehen ist Fürst Carolath. Die Feste feiert Pückler übrigens nach
einer Regel, die von Kant stammen soll und derzufolge die Gäste
nie unter der Zahl der Grazien und nie über derjenigen der
Musen liegen dürfe, also zwischen drei und neun.

Aber während der Fürst den ersten Teil seines Parks, rund ums
Schloß, errichtet, zieht sich ein Unwetter zusammen, dessen
Entladung er lange vorausgesehen und sogar für notwendig

441

erachtet hat. Gemeint ist nicht jenes tatsächliche Unwetter, das bald darauf fast die Hälfte des eben angepflanzten Gartens verheert, sondern die politische Wetterlage.

Die Märzrevolution 1848 erlebt Pückler in Berlin.

23

Ein Fürst muß seit 1803 nicht mehr unbedingt einem Land vorstehen. 1803 hat der sogenannte Reichsdeputationshauptschluß alle geistlichen und viele weltliche Fürstentümer aufgelöst. Trotzdem: Ein Fürst gehört nach wie vor zum Hochadel und kommt strenggenommen im Staat gleich nach dem König. Die Höflichkeit gebietet etwa bestimmte Einladungen zu bestimmten Gelegenheiten wie Geburtstage, Jubiläen oder Hoffestlichkeiten. Auch hat sich Pückler nach einer längeren Reise wie der durch Nordafrika und Kleinasien selbstverständlich beim König zurückzumelden. Als er das versäumt und zuerst Prinzessin Augusta aufsucht, ist Friedrich Wilhelm IV. pikiert, was er auch sein darf, denn der Fürst hat nach seinen eigenen Vorstellungen einen Fauxpas begangen.

Den Hochadel in Preußen muß man sich wie eine, wenn auch große und untereinander heftig zerstrittene Familie vorstellen. Der verliehene Fürstentitel gilt am Ende eher mehr als der ererbte, weil es sich bei seinen Trägern meist um die populäreren Gestalten handelt. Wer kennt die Fürsten Carolath, Palffy oder Stollberg, die alle zu Pücklers Freundeskreis gehören? Blücher, der „Marschall Vorwärts" aus den Freiheitskriegen, Hardenberg, der liberale Staatskanzler, und Pückler, der berühmte Schriftsteller, Gartenfachmann, Abenteurer und Lebemann, sind allgemein bekannt.

Andererseits macht Pückler kein Hehl aus seiner prodemokratischen Einstellung. Das „Junge Deutschland" rechnet ihn zu den Seinen, nicht ohne Grund, denn er tönt mit manchen politischen Forderungen – die auf eine Verfassung, ein Parlament mit zwei Kammern und eine konstitutionelle Monarchie nach britischem Vorbild hinauslaufen – radikaler als viele bürgerliche Schriftsteller.

Aber Familie bleibt Familie; man ist in sie hineingeboren. So verkehrt er, wenn er in Berlin ist, bei seinem Erzfeind Wittgenstein, spielt nächtelang mit ihm sein Lieblingskartenspiel Whist, eine Frühform von Bridge. Und so macht er, wohl oder übel, dem König hin und wieder seine Aufwartung, der ihn meist schlecht behandelt, bei dem man aber nie vor Überraschungen sicher ist.

Als in Berlin zu Anfang des Jahres 1848 die Zeichen auf Sturm stehen, begibt sich der Fürst sofort in seine Berliner Stadtwohnung. Von Varnhagen wissen wir, wie tief betroffen er von dort die Entwicklung verfolgt, mit Sympathien für beide Seiten. Überall taucht er auf, in Cafés, Versammlungen, Vorzimmern, ohne doch irgendwann aktiv in die Auseinandersetzungen einzugreifen. Der Fürst hat dem Demokraten, der Demokrat dem Fürsten die Hände gebunden. In sein Tagebuch, das auf Branitz verblieben ist, schreibt er nachträglich: „Ich war während der Revolution in Berlin, ein unerquicklicher Zustand, denn die Regierung ist erbärmlich und das Volk unreif in jeder Hinsicht zu dem, was es will. Der König gab am Morgen des 19. März Europa ohne alle Noth den Todesstoß. Seitdem herrscht bis heute eigentlich vollkommene Anarchie, doch ohne bedeutende Exzesse, und nur fortgesetzt von Dummheiten von jeder Seite, eine Lage der Dinge, wie sie nur bei Deutschen denkbar ist, von denen ich nicht mehr glaube, daß sie je fähig sein möchten, weder zu Einheit noch politischer Größe je kommen zu können. Alles dies vermögen sie nur zu träumen, nie auszuführen."

Am 19. März hat Friedrich Wilhelm IV. das Militär die von den Aufständischen errichteten Barrikaden stürmen lassen. Er muß zwar wenig später, am 22. März, den „Märzgefallenen" entblößten Hauptes die letzte Ehre erweisen. Aber der revolutionäre Elan hat sich damit schon so gut wie erschöpft. Schon das Versprechen einer Verfassung durch den König scheint den unter sich zerstrittenen Demokraten zu genügen. Die politische Aktivität in den diversen Debattierclubs und in der Presse ist ungeheuer. Aber als am 10. November königstreue Truppen unter General Wrangel in Berlin einrücken, finden sie kaum Widerstand.

„Ich selbst habe mich, diese traurige Wahrheit erkennend, von allem politischen Handeln ferngehalten", notiert Pückler weiter in sein Tagebuch. Er fügt hinzu: „obgleich ich Gelegenheit hatte, mich für Frankfurt wählen zu lassen, aber leeres Stroh zu dreschen, ist nicht meine Sache…"

In Frankfurt am Main tritt am 18. Mai 1848 die deutsche Nationalversammlung zusammen, ein erster Versuch zur deutschen Einheit, der scheitert, als Friedrich Wilhelm IV. die ihm angebotene Kaiserkrone zurückweist. Eine Berufung als Delegierter lehnt Pückler ab, aus Treue und Freundschaft zum Prinzen Karl, wie er erklärt. Aber er fährt doch hin und erlebt in der Paulskirche eine dreistündige Debatte, an der als Führer der Rechten auch sein alter Freund Fürst Lichnowsky teilnimmt. Trotzdem kommt ihm alles wie endloses Geschwätz vor. Die Deutschen haben ja auch bisher kaum Gelegenheit gehabt, einen Parlamentarismus zu entwickeln.

Pücklers Patriotismus bezieht sich nicht auf Preußen oder Sachsen, sondern auf „Teutschland" oder gar Europa, denn ihm schwebt ein Staatsgebilde vor, das Österreich-Ungarn, Preußen und womöglich Frankreich umfaßt. Denn „der Deutsche in neuerer Zeit", teilt er Laube mit, „ist eigentlich geborener Kosmopolit, und in dieser Hinsicht bin ich deutscher als Sie, mein verehrtester Freund, der noch aus Armins Zeiten datiert, wo man sich den Patriotismus als naturwüchsig unter den Deutschen denken kann. Als Engländer auch heute noch, sogar als Franzose, aber als Deutscher nach dem ersten Parlamente!! dazu gehört jedenfalls mehr, als ich vermag."

Als kurz nach seiner Abreise aus Frankfurt dort Fürst Lichnowsky zusammen mit General von Auerswald von Anhängern der extremen Linken ermordet wird, sieht Pückler sein Mißtrauen gegen die Revolutionäre bestätigt. Er reist weiter nach Wien, wo es eben Metternich hinweggefegt hat, der im Wagen einer Wäscherin geflohen ist und in England Unterschlupf findet. Pücklers Kälte sowohl gegenüber der alten Ordnung als auch dem Versuch, eine neue zu errichten, macht nicht nur Varnhagen traurig: „Aber er fühlt sich zu alt und den Aufgaben nicht mehr gewachsen. Im Grunde verachtet er den Hof und das Volk, und Freiheit und Vaterland sieht er nur als leere Worte an, deren zuweilen mächtigen Zauber er als Tatsache gelten läßt, aber nicht würdigt."

Einige Artikel schreibt der Fürst allerdings für die *Augsburger Zeitung*, doch kommen in ihnen eher der hochadelige Familiensinn zum Ausdruck als seine demokratischen Hoffnungen. Zur großen Enttäuschung der „Jungdeutschen" verteidigt er den

Prinzen Wilhelm, dessen Truppen – wenn auch gegen seinen Willen – in die Menge geschossen haben.

Es ist wiederum Lucie, die ihn bedrängt, auch die andere Seite seines zwiespältigen Wesens zu Papier zu bringen, eine Resolution, vielleicht auch jene Rede, die er gehalten haben würde, wenn er eine Wahl in die Frankfurter Nationalversammlung hätte annehmen können. Sie klingt freilich hohl und allzu pathetisch. Einem Mann wie Pückler ist es nicht möglich, Partei zu ergreifen, weil er zwei diametral entgegengesetzten Parteien angehört, der einen durch Geburt und Herkommen, der anderen aufgrund seiner Beobachtungen und Überlegungen.

Viel ehrlicher klingt es, wenn er unpolitisch bleibt: „Die Monate April und den halben Mai habe ich in Branitz zugebracht, ganz allein und trotzdem, daß ich durch die Ereignisse schon mein halbes Vermögen verloren habe, und der Himmel allein weiß, ob der Rest nicht ebenfalls nachgeht, meine Anlagen mit allem Eifer fortgesetzt. Es ist schon wahr, daß ich nur künstlerisch schaffend in meinem wahren Elemente bin. Dies ist mein mir von der höheren Macht über uns bestimmter Beruf, wie ich immer mehr einsehe. Meine Haupteigenschaft ist der Geschmack – der in allem das möglichst Vollkommenste zu erreichen sucht und es zu finden versteht."

Seinen Geburtstag begeht er diesmal mit einem großen Fest für seine Branitzer Bauern und Arbeiter auf dem Pleasure-ground. Es ist zwar eine stürmische Nacht, aber Pückler mischt sich bis drei Uhr morgens unter die Tanzenden. Er ist bester Laune, fern vom höfischen Parkett und den Intrigen der Hauptstadt, fern auch von seinen deutschen und europäischen Utopien, die, wie sich herausstellt, über 140 Jahre zu früh kommen.

„Diese Leute scheinen allein noch wahrhaft vergnügungsfähig zu sein und durch welche geringen Mittel! Man muß es gesehen haben, um es zu glauben, daß Bier, Schöpsenbraten, Krautsalat und Kuchen nebst einem Tanz auf Ziegelsteinen eine solch innige Glückseligkeit vieler Stunden hervorbringen können. Was hat wohl da der stets überdrüssige Reiche vor dem Armen voraus?"

Der Fürst entdeckt wieder einmal das einfachere Leben. Wenigstens ein Ergebnis der Märzrevolution nach seinem Geschmack.

24

Das Mondscheinfest findet mit dreitägiger Verspätung statt, denn Pückler hat eben Lucie aus Dresden heimgeholt. In der Befürchtung, die Revolution könne von Berlin aus auf die Lausitz übergreifen, ist sie dorthin geflüchtet. Jetzt bleibt sie auf Branitz. Das Verhältnis zwischen ihnen wird wieder herzlicher.

Die beiden geraten dann aber doch noch einmal mitten in einen Aufstand hinein. Im Mai 1849 fährt Pückler mit Lucie zur Beisetzung seiner Stieftochter Adelheid von Carolath, die im Wahnsinn gestorben ist, nach Dresden. Dort erhebt sich das Volk wie auch in Baden und in der Pfalz, um das in Frankfurt entworfene Verfassungswerk durchzusetzen. Am Oberrhein werden Truppen eingesetzt, die unter dem Befehl von Prinz Wilhelm, dem Hausherrn auf Babelsberg, stehen. Sie werfen den Aufruhr so blutig nieder, daß Prinz Wilhelm den Schandnamen „Kartätschenprinz" bekommt. Bei seiner Rückkehr nach Potsdam bringt man ihm eine Katzenmusik dar; er erhält Morddrohungen. Vor der aufgebrachten Menge muß er, als Kutscher verkleidet, wie Metternich nach England fliehen.

König Friedrich August II. von Sachsen geht nicht ganz so rigoros zu Werke, aber die Preußen schlagen auch hier die Aufständischen nieder, was Pückler an Ort und Stelle miterlebt. Das Schicksal der deutschen Nationalversammlung in Frankfurt ist damit besiegelt. Sie löst sich auf. Was das betrifft, hat sein Skeptizismus recht behalten. Die Reaktion siegt auf ganzer Linie.

So konzentriert der Fürst sich auf seinen Park, mit dem er Sorgen genug bekommt. Von einer Dürre mit unzähligen Waldbränden erfährt er – nach wie vor immer mal wieder plötzlich unterwegs – in Koblenz: „Die Muskauer Waldbrände haben mich wahrhaft betrübt, und mein armer Bertram (der Forstmeister) mir recht leid gethan, der so ganz in seinem Walde lebt und webt. In Branitz sieht es auch bei dieser Dürre jämmerlich aus, wie ich höre, wenn auch dort kein Wald verbrennt, weil ich keinen habe. Dagegen verbrennt mein Gras und meine neuen Pflanzungen in kläglicher Weise. Warum wühle ich auch immer im Sande?"

Eine rhetorische Frage. Pückler wird weiterwühlen bis ans Ende seines Lebens, auch nachdem ein Wirbelsturm nahezu den gesamten Park, an die fünfhundert große Bäume, abrasiert und alle Gewächshäuser beschädigt, sogar Teile der Pergola umgeworfen hat.

Was ihn mit zunehmendem Alter empfindlicher trifft, sind die Todesfälle in der Familie und im Freundeskreis. Der Garten läßt sich restaurieren, die menschlichen Verluste nicht. 1846 ist Helmine gestorben, 1848 sein junger Neffe, den er vermutlich als Erben auf Branitz eingesetzt hätte. 1849 stirbt Adelheid und im nächsten Jahr die Mutter, Gräfin Seydewitz.

„In den ersten Tagen des März krank an Grippe", lesen wir im Tagebuch. „Ich erhalte während dem die Nachricht vom fast plötzlichen Tode meiner armen Mutter in ihrem achtzigsten Jahre. Obgleich seit fast einem halben Jahrhundert ohne irgend nähere Verbindung mit ihr, da sie sich nur Max gewidmet, und alle Verhältnisse uns trennten, so hat mich dieser Verlust doch betrübt und ernst gestimmt."

Auch Lucie geht es nicht gut. Sie strebt zwar hin und wieder nach Dresden, wo sie ihre Stadtwohnung behalten hat und Pückler („Branitz, Dresden, Branitz") sie getreulich besucht, aber sie lebt mehr oder weniger im Lehnstuhl. Gleichfalls von Koblenz klagt Pückler Laube: „Mit der Fürstin Zustand ist es eine eigene Sache! Die Ärzte finden keine irgend nahe Gefahr für ihr Leben (…), aber sie ist immer noch auf ein trauriges Dasein im Lehnstuhl beschränkt, bei einer Lebhaftigkeit und Reizbarkeit, die damit im wunderbaren Kontraste stehen, jedenfalls aber noch große Lebenskraft beweisen. Ich habe ihr jetzt Branitz ganz überlassen, wo sie eine erstaunliche Thätigkeit im Kleinen entfaltet (…), da sie sonderbar genug an Literatur und Natur gar kein Interesse mehr nimmt. Denn außer Zeitungsfragmenten läßt sie sich nichts vorlesen, und in der ganzen schönen Jahreszeit hat sie sich auch nicht ein einziges Mal nur ans Fenster tragen lassen, um in die frische, wirklich über Erwarten freundlich gewordene, grüne Gegend zu schauen."

1851 sieht er England wieder. In London findet die erste große Weltausstellung statt, ein Ereignis, das Pückler nicht versäumen darf. Sein Schlüsselerlebnis: Lady Seymour, die er vor 25 Jahren

447

kennengelernt hat, hält ihn für den Sohn des berühmt-berüchtigten Fürsten Pückler-Muskau. Dabei ist er 65, färbt freilich immer noch gewissenhaft Haupthaar und Schnurrbart.

Auf Lucie paßt derweilen Ludmilla Assing auf, Varnhagen von Enses 30jährige Nichte, die sich in Branitz auch um Pückler kümmert (oder er sich um sie). Ludmilla lebt seit 1842 bei ihrem Onkel in Berlin und versucht dort, Rahels Salon fortzuführen. Mit keinem großen Erfolg, obwohl Alexander von Humboldt, Bettine von Arnim, Ferdinand Lassalle und Gottfried Keller zu ihren Gästen zählen. Jetzt ist sie von ihrem Onkel gleichsam nach Branitz ausgeliehen. Pückler bekennt in einem Brief, er sei „der busenlosen Nichte des ‚großen Onkels' seit ihrer Kindheit attachiert" gewesen. Gleichzeitig bedauert er, sie habe „niemals Sinn für Eleganz, Komfort, bonne chère und desgleichen" gehabt, obwohl auch sie als Schriftstellerin, Biographin und Journalistin tätig wird. Bis zum Ende seines Lebens bleibt sie zumindest brieflich Pücklers engste Vertraute, meist mit einem zärtlichen „Love" angeredet.

Ruhender Pol in der Erscheinungen Flucht ist jedoch die kranke Lucie, die immer noch von Heimweh nach Muskau verzehrt wird, aber, eine treue Kameradin, in ihren letzten Lebensjahren wieder ganz zu Pückler zurückgefunden hat. Damit sie hin und wieder doch mal aus dem Fenster guckt, richtet er ihr neben dem Pleasure-ground ein großes Rosenbeet ein, in dem die Pflanzen ein langgeschwungenes „S" bilden (für „Schnucke"). In die Rosenlaube neben der Weißen Brücke stellt er freilich die schneeweiße Büste seiner unsterblichen Geliebten, die er nie wiedergesehen hat: Henriette Sontag.

Die große Sängerin stirbt 1854 auf einer Gastspielreise durch Amerika, die ihr Comeback einleiten soll, in Mexico City an der Cholera. Sie ist erst 51. Wenige Wochen zuvor, am 8. Mai 1854, ist Lucie, 78 Jahre alt, in ihrem Rollstuhl auf Branitz gestorben. Ein Verlust, auf den Pückler beinahe kopflos reagiert.

Ihrem Wunsch gemäß wird sie prunklos am Rande des Parks beigesetzt. Auf dem Grabhügel läßt der Fürst nur ein schmuckloses Kreuz errichten, das die Aufschrift trägt: „Ich denke Deiner in Liebe." Beim Kramen im Nachlaß findet er unter anderem die Feder, mit der sie einst die Scheidungsakte unterschrieben hat („Dieses ist die Feder, mit der ich die schmerzliche Eingabe zu meiner Ehescheidung von meinem über alles geliebten Lou unterzeichnete"), sowie gepreßte Blumen, die der geliebte Lou ihr aus dem Orient geschickt hat. An einem derartigen Trocken-strauß haften noch Verse von Pücklers Hand:

> Beim holden Schein der zarten Frühlingssonne,
> Bei Ungewitter, Sturm und Drang,
> Bei Frohsinn, Glück und jeder Lebenswonne,
> Bei Noth und Kummer jahrelang
> Bleibt seiner Schnucke treu der Lou,
> Bis Gott ihm schließt die Augen zu.

Der Ausflug des Prosaschriftstellers in die Lyrik mag nicht sehr überzeugend ausgefallen sein. Als Stammbuchblatt einer ereig-nisreichen Kameradschaftsehe erschüttert es den Dichter nachträglich zu Tränen. Man kann verstehen, daß Pückler zunächst einmal das verwaiste Branitz verläßt. Aber erstaunli-cherweise bleibt er, rasch abgelenkt, ganze zwei Jahre weg.

Die Reise geht kreuz und quer und offensichtlich ziellos durch Deutschland, die Schweiz bis nach Italien, wo er einen alten Traum wahr macht, den ihm einst Schinkel eingegeben hat: Er durchstreift Sizilien. Dann geht es nach Frankreich, wo er von Napoleon III. ebenso freundlich in die Arme geschlossen wird wie vom Bürgerkönig Louis Philippe vor über zwanzig Jahren, als er auf das Duell mit Kurssel wartete. Mit dem Neffen des legen-dären Napoleon I. versteht er sich sogar noch besser, denn Napo-leon III. liebt wie Pückler den Luxus, glanzvolle Feste und, last not least, englische Landschaftsgärten. Er plant auch jetzt einen Grüngürtel für die wachsende französische Hauptstadt und zieht dabei Pückler zu Rate. Mit Feuereifer machen sich beide über die Pläne her, aus dem ungepflegten Bois de Boulogne vor den Toren von Paris sowie aus dem Bois de Vincennes annehmbare Land-schaftsgärten zu machen. Pückler an seinen ehemaligen Ober-gärtner Petzold in Muskau: „Seit wir uns nicht gesehen, habe ich mit dem Kaiser der Franzosen im Bois de Boulogne wörtlich gearbeitet, und ich freue mich immer zu sehen, wie mehr und mehr die Kunst der Landschaftsgärtnerei in Aufnahme kommt und besser verstanden wird."

In der Dachstube in der Rue d'Amsterdam 50 sucht Pückler auch endlich Heinrich Heine auf, dem er persönlich noch nie begegnet ist, dessen Werk er aber sehr schätzt; er war ihm Vorbild für das eigene, und der Fürst hat dem Dichter mehrfach nützlich sein können.

Heine liegt schon gelähmt in seiner „Matratzengruft" und benötigt erneut Hilfe, weil der Verleger Campe in Hamburg ihm das geforderte Honorar für seine Sammlung von Berichten über Politik, Kunst und Volksleben in Paris, „Lutezia", nicht in voller Höhe zahlen will. Pückler schreibt sofort an Campe und interveniert wenig später auf Wunsch Heines auch bei Cotta, dem Eigentümer der *Augsburger Zeitung*, wegen gehässiger Angriffe auf den kranken Dichter.

„Sie haben mir wahrhaftig, großfühlender und tiefdenkender Fürst, einen Alb von der Brust gewälzt", läßt Heine ihn am folgenden Tag wissen. „Sie kommen wahrhaftig wie ein Deus ex machina mir zu Hilfe." Heine erhält sein Geld von Campe und widmet zum Dank Pückler die „Lutezia" (übrigens der lateinische Name von Paris). Es kann jedoch gut sein, daß das Geld vom Fürsten selbst stammt. Nachdem die beiden sich in Paris 1834 trotz Verabredung verpaßt hatten, ist dem Dichter auf diesen oder jenen Wegen verschiedentlich Hilfe finanzieller Art aus Muskau und Branitz zugekommen. Wie Pückler überhaupt, was seiner verschwenderischen Art entspricht, eine Unzahl von Dichterinnen, Dichtern, Sängern, Künstlern, würdige wie unwürdige, im Laufe seines Lebens großzügig unterstützt hat.

Heine, zum Abschluß seiner Widmung: „Jedoch noch immer weiß ich nicht ganz bestimmt den Aufenthalt des Verstorbenen, des lebendigsten aller Verstorbenen, der soviel Titularlebendige überlebt hat. – Wo ist er jetzt? Im Abendland oder im Morgenland? In China oder in England? In Hosen von Nanking oder von Manchester? In Vorderasien oder Hinterpommern? Muß ich mein Buch nach Kyritz adressieren oder nach Timbuktu poste restante? – Gleichviel, wo er auch sei, überall verfolgen ihn die heiter treuherzigsten und wehmütig tollsten Grüße seines ergebenen Heinrich Heine."

Nach Timbuktu führt Pückler der Weg nicht mehr, aber, wie gesagt, auf Reisen bleibt er auch im Alter. Und nach wie vor läßt er überall am Wege geknickte Herzen zurück. Sparen wir uns die Aufzählung all der Damen, die er beglückt oder ins Unglück stürzt, mit ihnen eine leichtsinnige Nacht verlebt oder einen

Briefwechsel anknüpft, der sich über Jahre hinziehen kann. Verbürgt von einer damaligen Geliebten ist, daß er noch als 80jähriger ein durchaus beglückender Liebhaber war.

Trotzdem wird es um ihn herum einsamer. Als er von Paris über Berlin nach Branitz zurückkehrt, ist Heine schon tot. Während er noch in Berlin Station macht, stirbt dort im Oktober 1858 73jährig Varnhagen von Ense überraschend bei einer Schachpartie. Noch zwei Tage vorher hat Pückler mit ihm zusammengesessen und über ein ernstes Thema gesprochen: den Tod. Mit Varnhagen verliert Pückler seinen beständigsten Gesprächspartner und literarischen Mentor. Und mit Leopold Schefer kurz danach den einzig verbliebenen Jugendfreund aus Muskau.

Pückler zieht sich auf Schloß Branitz zurück. Auf der Heimfahrt ist er durch Muskau gekommen, zum erstenmal seit dreizehn Jahren. Petzold hat den Garten gut gepflegt und nach Pücklers Vorschriften erweitert. Heimlich trifft er sich mit dem Obergärtner. Muskau gefällt ihm immer noch, und er ist stolz auf seine Leistung. Trotzdem – oder eben deswegen – entschließt er sich, Branitz erneut in Angriff zu nehmen. Dabei hat er alles andere im Sinn als eine Kopie Muskaus, eher eine Art von Gegenentwurf.

Der 70jährige packt noch einmal eine gewaltige Aufgabe an. Er beginnt die Arbeit am Westpark, einer Fläche von weiteren 50 Hektar. Erst dieser Teil gibt dem Landschaftsgarten jenen unverwechselbaren Charakter, den er bis heute behalten hat. Der bisherige Garten umfaßte nicht mehr als 37 Hektar; es handelt sich also um mehr als eine Verdoppelung.

Unglaublich, aber wahr: Der neue Garten entsteht innerhalb von zwölf Wochen, sogar die Erweiterung des bereits vorhandenen Schilfsees eingeschlossen, der nun Fahnensee heißt, bald aber allgemein nur noch Pyramidensee genannt wird. In ihm erhebt sich jene Erdpyramide, die wie eine Insel aus dem Wasser emporragt und die der Fürst zu seinem Tumulus, seiner letzten Ruhestätte, bestimmt.

„Um aber doch auch hier ein Unicum zu stiften, was im übrigen Europa kaum mehr zu finden sein möchte, bin ich auf die Idee gekommen, zu meinem Grabhügel einen antiken Tumulus zu errichten, eine viereckige Pyramide, aus Erde aufgeführt, von 120 Fuß Basis und 60 Fuß Höhe, allerdings ein kühnes

Der Tumulus im Pyramidensee von Branitz ist Pücklers letzte Ruhestätte.

Unternehmen, was aber nun glücklich vollendet ist, und da ein solcher Tumulus, deren in Sardes, der Hauptstadt des alten Krösus, mehrere Hunderte als Grabmäler der alten Könige und Prinzen noch unversehrt seit länger als 2000 Jahren stehen, eben so unvergänglich ist, als ein naturwüchsiger Berg, so wird dieses Grabmal wahrscheinlich alle Monumente jetziger Herrscher überdauern, wie die sieben Weltwunder alle verschwunden sind und die Tumuli von Sardes gleich den Pyramiden Ägyptens noch jugendlich ihre Häupter erheben."

Für „Unicum" sollten wir heute „Unikat" lesen, denn so hat Pückler es gemeint. Haben seine Landschaftsgärten in Muskau, Babelsberg, Klein-Glienicke, Ettersburg und anderswo auch einen unverkennbaren Stil in Wegeführung, Wasserläufen und Gestaltung des Pleasure-grounds, so beruht dieser Spätstil doch auf Vorangegangenem, ist sozusagen ein Potpourri des Schönsten und Besten. Die Erdpyramide – oder: die Pyramiden, denn er gestaltet später noch eine zweite und beginnt eine dritte – sind sein einziger eigener, avantgardistischer, konzeptionell neuer Beitrag zur Gartenkunst.

Tatsächlich ein Wagnis! In der ideal gestalteten Natur erscheint plötzlich ein streng geometrisch geformter Fremdkörper. Da er begrünt ist, durch Rasen und an den prekären Stellen durch Mauerpfeffer, wird die Fremdartigkeit der Stereometrie zwischen natürlichem Wachstum, das nicht einmal einen rechten Winkel duldet, herabgemildert. Aber wohl nur einem Künstler und Routinier wie Pückler wird es möglich, so etwas harmonisch einander anzugliedern.

Wiederum bedarf es eines Heers von Schanzarbeitern, das wiederum aus dem Cottbusser Stadtgefängnis rekrutiert wird, sowie einer Unzahl von Baum- und Gehölzpflanzungen. Für Seen, Hügel und Pyramiden müssen an die 80 000 bis 90 000 Kubikmeter Erde bewegt werden – alles ohne Bagger, mit Schaufel und Spaten. Hinzu treten Wege von insgesamt elf Kilometer Länge und ein vier Kilometer langer Begrenzungswall – es müssen in Wirklichkeit weit über 100 000 Kubikmeter Sand und Erde bewegt worden sein.

Das geht nur bei äußerstem Fleiß. Wir sehen einen Pückler, der – was er nie in seinem Leben getan hat – von morgens bis abends arbeitet. Ist der sogenannte Westpark auch in den Grundzügen nach sechzehn Wochen buchstäblich aus dem Boden gestampft, so bleibt für Jahre genug Arbeit übrig. Und natürlich hat Pückler weitere Ideen. Der Seepyramide fügt er eine steile Landpyramide hinzu, die sich stufenförmig erhebt und von ihm mit einem schmiedeeisernen Gitter gekrönt wird. Da das Schmiedeeisen wie ein Grab aussieht, nimmt man es meist als Todessymbol, aber in Wirklichkeit handelt es sich – wie könnte es bei Pückler anders sein? – um eine Liebeserklärung. Deren tiefere Bedeutung kennt nur die bildschöne 18jährige Ida von Seydewitz, Tochter seines Stiefbruders Max, die eine Zeitlang ständige Begleiterin des Fürsten wird, auf Branitz und den dann doch wieder angetretenen kurzen Reisen.

1861 stirbt Friedrich Wilhelm IV.; Prinz Wilhelm, der Babelsberger, besteigt den Thron. An den Krönungsfeierlichkeiten im ostpreußischen Königsberg nimmt Pückler in offizieller Uniform teil und wird von Wilhelm sowie Augusta, der neuen Königin, als alter Freund begrüßt. Zu seiner höchsten Befriedigung erhält er noch an Ort und Stelle den Titel „Durchlaucht" oder „Hoheit" zurück. Nichts hat ihn mehr gekränkt als der Entzug dieses Titels durch den verstorbenen König.

Die nächste Aufregung: Eine englische Eisenbahngesellschaft will die Geleise mitten durch den Branitzer Park legen, wozu sie schon die Genehmigung bekommen hat. Da ist von Vorteil, daß der neue König Pückler wohler will als der alte. Wilhelm verbietet die Eisenbahnlinie kurzerhand; sie muß am Park vorbeilaufen. Bei einer entsetzlichen Sommerdürre 1857 hilft dann die Cottbusser Feuerwehr, indem sie die Neupflanzungen mittels Pumpspritzen aus der nahen Spree bewässert. Im vierten Pflanzjahr verwüstet wiederum ein Sturm die Gehölze; viele Bäume müssen erneut ersetzt werden.

Zunehmend leidet der Fürst an Gicht und Rheuma. Manche Gartenarbeiten kann er schon nicht mehr zu Pferde beaufsichtigen, sondern er geht zu Fuß, von Billy Masser gestützt, mitunter auch an Krücken. Sogar die Liebe wird anscheinend lästig, die ihn trotzdem immer wieder anfällt, stets in der Hoffnung „zum letzten Mal", wie er anläßlich eines Berliner Techtelmechtels in sein Tagebuch notiert.

Und dann zu allem Unglück das Pech, in einen Fall verwickelt zu werden, den Pückler zwar mit angeregt hat, an dem er jedoch sonst völlig unschuldig ist. Ausgerechnet der stille mausgraue Varnhagen erregt, noch aus dem Grab heraus, die Gemüter in Preußen, woran auch Ludmilla Assing ihren Anteil hat. Die guten Beziehungen des Fürsten zum Hof, zu König und Königin sind dahin. Für eine Weile begegnet man ihm dort fast noch eisiger als zu Friedrich Wilhelms IV. Zeiten.

Was ist geschehen?

Ludmilla, Nachlaßverwalterin ihres verstorbenen Onkels, hat dessen Briefwechsel mit einer derart integren und hochgeachteten Persönlichkeit wie Alexander von Humboldt veröffentlicht. Hat man geahnt, wie aufmerksam diese beiden Lästermäuler die Ereignisse in Berlin beobachtet haben und wie sie über ihre Zeitgenossen hergezogen sind? Berlin steht kopf. Pückler ist wieder einmal Persona ingrata.

25

Vorwürfe muß sich der Fürst nicht machen. Er hat Ludmilla einen Rat gegeben, den ihr vermutlich jeder andere auch gegeben hätte, nämlich den Briefwechsel zwischen Humboldt und Varnhagen ohne jede Änderung zu veröffentlichen. So geschieht es dann auch 1860 bei Brockhaus in Leipzig. Und sofort bekommt Ludmilla Schwierigkeiten mit der preußischen Zensur, denn beide Verstorbenen haben sich allzu respektlos über Religion, das jetzige Herrscherpaar, damals Prinz und Prinzessin von Preußen, sowie die Königin von England geäußert.

Trotzdem oder eben deswegen wird das Buch eifrig gelesen, auch in den betroffenen Kreisen. Ludmilla, einer Hamburger Staatsbürgerin, droht die Ausweisung aus Preußen. Die kann der Fürst aber bei seinen Beziehungen gerade noch verhindern. Auf einer Audienz bei der Königin verbürgt er sich überdies für Ludmillas gute Absichten und glaubt, die Sache damit geregelt zu haben.

Er unterschätzt die Hartnäckigkeit der Nichte Varnhagens. Im nächsten Jahr veröffentlicht sie, ebenfalls ungekürzt, die beiden ersten Bände von Varnhagens Tagebüchern, die dieser seit 1835 geführt hat. Sie schlagen ein wie eine Bombe. Kolportierte Klatschgeschichten aus der preußischen Oberschicht, drastische Kritik an der Politik des Königs, seinen Ministern und Beamten sowie unverhohlene Sympathie mit den revolutionären Bestrebungen von 1848 begeistern zwar erneut die so etwas längst nicht mehr gewohnte Leserschaft vor allem in Berlin. Aber Hof und obere Zehntausend sind entsetzt. Wir wollen hinzufügen, daß Varnhagens Tagebücher eine unerschöpfliche Quelle preußischer Geschichte jener Tage sind, ein unvergleichliches persönliches Dokument, ohne das wir kulturhistorisch sehr viel ärmer wären. Aber die Presse, vor allem die rechte, nennt es ein „Schandbuch", eine „Pulverkammer", eine „ruchlose, wie zum Grabe herausgewachsene Hand" und findet, dem „Preußischen Vaterlande" sei ein „großer Tintenklecks" angehängt worden. Die *Neue Preußische Zeitung*, das Sprachrohr der Konservativen im Lande: „zum Ausspeien!"

Pückler, der die ersten beiden Bände mit großem Vergnügen gelesen hat, wie er zugibt, macht Ludmilla trotzdem heftige Vorwürfe. Zum ersten ist der Fürst, vor allem durch den Einfluß Bismarcks, an dem er einen Narren gefressen zu haben scheint, konservativer geworden (er dürfte den Weg des späteren „Eisernen Kanzlers" durch seinen Einfluß erheblich mit geebnet haben). Zum zweiten aber ärgert ihn, daß Ludmilla seinen nach dem Skandal des Briefwechsels mit Humboldt gegebenen Rat, in Zukunft etwas vorsichtiger zu verfahren, nicht beachtet hat.

Hätte sie ihn doch bei der Redaktion hinzugezogen! Wären doch, wie er einer Verehrerin schreibt, „diese Bücher mit geringer Veränderung viel würdiger, gediegener und wahrer geworden, ohne das mindeste Reelle von ihrem so pikanten Interesse, selten übertroffenen Stil und vielfach ergänzenden historischem Werte zu verlieren". Sein Urteil gipfelt in dem Satz: „Ludmilla hat sich ohne Not aus Pietät zur Märtyrerin gemacht..."

Denn die wird 1862 wegen „Verletzung der Ehrfurcht gegen Seine Majestät den König, Beleidigung Ihrer Majestät der Königin und Beleidigung eines Beamten in bezug auf seinen Beruf" zu acht Monaten Gefängnis, nach Erscheinen des vierten Bandes 1864 sogar in Abwesenheit zu zwei Jahren nebst Ehrverlust verurteilt und steckbrieflich gesucht. Sie hat sich inzwischen nach Italien abgesetzt. Eine tapfere Frau: Von Florenz aus gelingt es ihr durch einen raschen Verlagswechsel, die gesamten Tagebücher Varnhagens in 45 Bänden herauszugeben.

Mit Pückler bleibt sie in engem Kontakt. Er beneidet sie um ihr Haus im warmen Florenz, und noch in einem seiner letzten Briefe schreibt er ihr: „So alt ich auch sein mag, Italien und Ludmilla werden mich kurieren!"

Den Konflikt mit dem Königspaar hat der Listenreiche auf eigene Weise gelöst. Da er (zu Recht) vermutet, daß seine Briefe von der Zensur geöffnet werden, läßt er in sie allerlei Schmeichelhaftes für die Königin und den König einfließen, auch Entrüstung über die bösen Zungen von Berlin. Penibel, wie der Fürst nun einmal ist, hat er die Nachwelt wissen lassen, daß derartige Stellen in den Briefen nicht erlogen gewesen seien. Das „Schwarze Postkabinett", wie man damals die offizielle Zensur- und Schnüffelstelle nennt, scheint auch tatsächlich alles wunschgemäß an den Hof weitergereicht zu haben. Der alte Vertraute wird bald wieder in Gnaden aufgenommen. Da es ihm sehr wichtig ist, wollen wir auch nicht verschweigen, daß er 1865 – ein Jahr nach dem Erscheinen des vierten Bandes von Varnhagens Tagebüchern – „durch die große Gnade des Königs den zweithöchsten Orden Preußens, das bei der Krönung in Königsberg geschaffene goldene Großkreuz des Rothen Adlerordens" an die, wie wir wissen, bereits sternenübersäte Brust geheftet bekommt. Sein Kommentar: „Wer weiß, ob ich noch so lange leben werde, um dieses letzte Spielzeug noch einmal im Dienst der Eitelkeit benutzen zu

Oben: Fürst Pückler um 1870
Rechts: Ludmilla Assing,
Pücklers Altersfreundin und
Biographin

können, die leider auch bei mir ausstirbt!"

Er kann es nutzen. Trotz ständiger Erkältungen arbeitet er täglich bis zu neun Stunden im Branitzer Garten, begibt sich aber immer wieder auf kleine Reisen, die ihn bis nach Venedig, Innsbruck, Stuttgart und in verschiedene Kurbäder führen. Die Eintragungen in sein Tagebuch betreffen entweder sein Verhältnis zu Frauen („leider mich hier verliebt") oder die werte Gesundheit: „Die alte Maschine wird bald, besorge ich, nicht mehr zu reparieren sein.

Ein Doktor mit dem Schnurrbart, ein jovialer guter Kerl, behandelt mich, und verordnet mir, wie gewöhnlich die Mittel, die ich ihm selbst aus meiner alten Rezeptensammlung vorschlage, zum Beispiel Austern, Champagner und Sodawasser." Den 80. Geburtstag verbringt er im Bett, diesmal erstaunlicherweise allein („doch nur Katarrh statt Bronchitis").

1866 erläßt Preußen eine Amnestie, die auch Ludmilla betrifft. Wir sehen sie alsbald wieder in Branitz. Pückler hat sie kommen lassen, um mit ihr seinen eigenen Nachlaß zu sichten: Hat sich einst Varnhagen der Aufforderung des Fürsten, über ihn eine Biographie zu verfassen, entzogen, so nimmt seine Nichte den Auftrag sofort an. Sie wird die Biographie schreiben und auch Tagebücher sowie Briefwechsel Pücklers herausgeben, diesmal mit dem Versprechen, alles Verfängliche oder Kränkende auszumerzen. Ein Vierteljahr, schreibt er ihr, müßten sie sich dazu auf eine einsame Insel zurückziehen, aber die einsame Insel wird dann doch Branitz.

Mag sich der greise Pückler, obwohl grundsätzlich ein Freund Österreichs, für Bismarcks starke Hand und plötzlich auch die von diesem angestrebte „kleindeutsche Lösung" begeistern, so liberal, um einer Erzliberalen seinen Nachlaß anzuvertrauen, ist er doch geblieben. Auch merkt man ihm die Freude an, daß wenigstens auf Zeit wieder eine Frauenhand auf Branitz tätig ist. Ohne eine geschätzte Frau in der Nähe ist für ihn kein richtiges Leben denkbar. Die Zeit mit Ludmilla auf Branitz dürfte die letzte gewesen sein, die so abläuft, wie Pückler es liebt. Für ihren Aufenthalt hat er eigens eine Hausordnung verfaßt oder eigentlich so niedergelegt, wie er es mit lieben Gästen seit jeher zu handhaben pflegt:

Branitzer Hausordnung

1. Vollständige Freiheit für Wirt und Gäste.
2. Jedermann steht auf, wann es ihm beliebt, und frühstückt, was er will und befiehlt, bequem auf seiner Stube.
3. Um 1 Uhr luncheon im Frühstückszimmer, dem jeder Gast beiwohnt oder nicht, ganz nach seinem Belieben.
4. Wer ausfahren oder reiten will, bestellt es beim Hofmarschall Billy. Acht Pferde stehen dazu bereit.
5. Der einzige Zwang besteht darin, zum Diner um 9 Uhr zu kommen, wenn der Tamtam zum zweitenmal donnert. Nur Krankheit, die der liebe Gott verhüte, dispensiert von dieser Pflicht. Nach dem Kaffee ist jedes Menschenkind wieder frei. *This is the custom of Bransom-Hall.*

Bedenkt man, was manche Leute unter Gastfreundschaft verstehen, würde man wünschen, Pücklers Hausordnung hätte sich weltweit durchgesetzt. Der englische Vers ist eine Zeile aus Sir Walter Scotts frühem Versepos „The Lay of the last Minstrel" (Das Lied vom letzten Minnesänger), die in Großbritannien sprichwörtlich wurde im Sinne eines: „So geht es bei uns zu." Wie von Dickens moniert, befindet sich der Fürst allerdings schon wieder mit der englischen Sprache auf dem Kriegsfuß. Richtig muß es heißen: „*Such is the custom of Branksome Hall.*"

Eine angenehme, wenngleich arbeitsame Zeit (oder umgekehrt). Pückler genießt sie und bedauert nur, daß sie so kurz währt. Schon nach zwei Wochen strebt Ludmilla zurück nach

Florenz, der Fürst ahnt, weshalb. Ludmilla liebt einen Offizier namens Grimaldi, den sie auch heiratet; die unglückliche Ehe wird ein Jahr später geschieden.

Ihre Pückler-Biographie erscheint 1874 in zwei Bänden, Briefwechsel und Tagebücher werden zwischen 1873 und 1876 in neun Bänden veröffentlicht, beides bei Wedekind und Schwieger in Berlin. Die Biographie mag ihr etwas zu lobhudelnd geraten sein und – im Gegensatz zu ihrer Varnhagen-Edition – Briefwechsel und Tagebücher allzu verschwiegen, aber die Leistung der Herausgeberin bleibt bestehen. Auch hier gilt: Ohne diese Editionen könnten wir uns das preußische 19. Jahrhundert kulturhistorisch weitaus schlechter vergegenwärtigen.

Bis kurz vor ihrem Tod ist Ludmilla Assing für Pückler und ihre demokratischen Ideen scharfsinnig und überzeugend eingetreten. Sie ist 1880 mit 58 Jahren in geistiger Umnachtung in Florenz gestorben.

Der 80jährige macht es sich dann auch ohne Ludmilla auf Branitz angenehm, ein genußsüchtiger Melancholikus. Nach wie vor richtet er sich nicht nach dem Tagesablauf, sondern dieser hat sich gefälligst nach ihm zu richten.

Der Fürst erhebt sich gegen elf oder zwölf Uhr morgens beziehungsweise mittags, hat aber vorher schon im Bett die Zeitungen, allen voran die *Augsburgische Allgemeine* gelesen. Er frühstückt im orientalischen Morgenmantel, anschließend bringt ihm der Diener die lange, mit starkem Latakiah-Tabak gestopfte Pfeife, die mit einem glühenden Stück Kohle – nicht etwa mit einem kleinbürgerlichen Fidibus – in Brand gesetzt wird.

Dann erscheinen die Haus- und Stalldiener sowie die Hauptperson, der Koch, zum Empfang der Tagesbefehle im Schlafzimmer und werden im feierlichen Ausmarsch vom Hofmarschall wieder herausgeführt. Hofmarschall ist, wie wir schon wissen, Billy Masser, Lucies Liliputaner, der den Fürsten mitunter auch am Nachmittag begleitet, wenn dieser die Gartenarbeiten inspiziert. Es gibt auch einen Parkdirektor, der, wie Petzold auf Muskau, die Branitzer Anlagen im Sinne Pücklers führt, Georg Bleyer. Er wird unter Pücklers Erben, Graf Heinrich von Pückler, noch bis 1915 den Branitzer Garten pflegen und vollenden. Seit dem Ersten Weltkrieg verwilderte der Park, und erst 1952, als ihn die DDR zum nationalen Naturdenkmal erklärte, ist er in einen Zustand versetzt worden, der Pücklers Ideen annähernd entspricht.

Aber führen wir den Tageslauf weiter. Am frühen Abend wird Besuch empfangen. Wer kommt, fühlt sich in 1001 Nacht versetzt. Der Fürst trägt meist einen schwarzseidenen Kaftan, rotseidene Pluderhosen und gelbe Pantoffeln, auf dem Kopf, selbst im Zimmer, den türkischen Fez.

Einer der Besucher berichtet: „Dicke Teppiche von bunten Farben und merkwürdigen Zeichnungen brachen das leiseste Geräusch des Fußes. Schwere, dunkle Jalousien vor den Fenstern wehrten den Sonnenstrahlen. An den Wänden überall Vorhänge und kostbares, fremdländisches Geräth, Möbel aus überseeischen Hölzern, kunstvoll geschnitzt, vergoldet. Hinter einer Portière ein schräges Feldbett, in Lanzenstangen hängend, mit rotseidenen Decken, davor eine Löwenhaut, darüber ein großer Sombrero mit niederhängenden Straußenfedern, türkische krumme Säbel, Revolver und Pistolen aus allen Reichen der Welt und von den erdenklichsten Konstruktionen; Ölgemälden, Miniatur- und Pastellbilder, Aquarellen von Studien im Orient."

Der Gast, er heißt Paul Wesenfeld, hat mit seinem Begleiter auf einem Divan gegenüber Pückler Platz genommen: „Er selbst saß auf einer Ottomane am Fenster in oben beschriebener Kleidung, neben ihm stand ein Tisch von herrlicher Mosaikarbeit, auf welchem die verschiedensten Gegenstände zum bequemen Gebrauch bereit lagen."

„Wir hatten ein Gespräch über die verschiedensten Gegenstände", erzählt der wohl etwas eingeschüchterte Wesenfeld weiter, „aber schon nach wenigen Minuten fühlte ich mein Herz weniger heftig pochen, als ich immer wieder in des Fürsten wundervolle blaue Augen blickte, welche, je länger wir uns unterhielten, ich weiß nicht wovon, mehr strahlten, ob von Freude, Erinnerungsseligkeit oder von Güte, oder von Sanftmuth oder von dem Feuer der Jugend."

Die Schriftstellerei hat Pückler so gut wie aufgegeben. Trotzdem verbringt der Fürst lange Nachtstunden nach dem Abendessen am Schreibtisch und pflegt seine ausufernde Korrespondenz. Die meisten seiner Briefpartner sind weiblichen Geschlechts, nur wenige so alt wie er.

Da schreibt ihm etwa Ada von Treskow mit azurblauer Tinte, die ihm wie das „Parfüm der Geliebten" vorkommt, entzückende Briefe. Ada ist eben zwanzig, er fünfundsiebzig, als der Gedanken- und Zärtlichkeitsaustausch per Post beginnt. Das Mädchen hat der Fürst schon in ihrem Elternhaus kennengelernt, in dem, wie er sagt, „l'élite d'élite" verkehrte. Mit dem Vater, einem Attaché im preußischen Außenministerium und Übersetzer, war er befreundet, mehr noch mit ihrer Mutter, der schönen Frau Zielinski, wie sie in Berliner Gesellschaftskreisen nach ihrem ersten, verstorbenen Mann noch immer genannt wird.

Wer auch immer die Geltung Pücklers als Schriftsteller in Frage stellen mag, als Briefschreiber hat er im deutschen Sprachraum im 19. Jahrhundert wenige, die es mit ihm aufnehmen können.

Die charmante Korrespondenz mit Ada von Treskow, nur eine von unzähligen, liegt im übrigen in Buchform vor und liest sich wie ein bisweilen zärtlich tändelnder, dann wieder psychologisch ergreifender Roman vom ergrauten Homme à femmes, der sich aus der Ferne von einem jungen Gaukelwesen geliebt fühlt. Noch einmal kann er, jetzt beruhigter denn je, Komödie spielen mit der ihm langsam entrückenden Weiblickeit.

Die Briefe an Ludmilla Assing und Eugenie Marlitt schlagen ernstere Töne an. In ihnen scheint sich Pückler auf den Tod vorzubereiten. Die stolze Marlitt, eigentlich Eugenie John, hat in der damals bürgerlich-demokratisch orientierten Zeitschrift *Die Gartenlaube* ihr „Geheimnis der alten Mamsell" veröffentlicht, dem betulichen Titel zum Trotz ein durchaus fortschrittlicher, liberaler Roman. Pückler lädt sie vergebens nach Branitz ein. „Was würden Ihre stolzen Hirsche und Rehe für Augen machen, wenn ein Menschenkind mit völlig demokratischer Weltanschauung in Ihrem aristokratischen Park umherwandeln wollte?"

Ludmilla Assing schickt er stößeweise weitere Unterlagen über sein Leben nach Florenz und diskutiert mit ihr die Ideen Garibaldis, die er gelten läßt, und Mazzinis, die ihm zu überspannt vorkommen. Immer wieder wird in ihren Briefen auch Schopenhauer erwähnt.

„Er hatte soeben Schopenhauer gelesen", berichtet auch Paul Wesenfeld, „und das Buch aus der Hand gelegt. ‚Sie sehen', sagte er, meinem auf das Buch gehefteten Auge folgend, ‚ich rüste mich zu der letzten Reise – es wird Zeit. Aber ich bin gefaßt und ruhig, ich habe nichts mehr auf unserer Mutter Erde zu vollbringen, ich habe sie gründlich studiert und bis auf das letzte Geheimniß überall die Winke der Allmacht verstanden – bald werde ich auch dieses verstehen. Das Leben an sich‘ – äußerte er im weiteren Verlauf – ‚ist nichts Werthvolles, ich habe mich mit ihm abgefunden, ich habe es betrachtet, wie ein angenehmes Geschenk von einer unbekannten, freundlichen Hand – aber es ist doch im Ganzen sehr eintönig und für den Forscher in seinen Hauptbedeutungen stumm und verschlossen. Ich habe zwar recht viel in ihm erfahren, aber umkehren möchte ich nicht, es wäre denn, daß ich es in seinen besten Phasen noch einmal mit der Geschwindigkeit eines Vogels oder Fisches durchmessen könnte.‘ "

Das Leben, dieses angenehme Geschenk von unbekannter, aber freundlicher Hand, hält noch einige Aufregungen für ihn bereit.

„Das Interesse und die Liebe zur Gärtnerei", schreibt Parkdirektor Bleyer, „sind trotz Kränklichkeit, Alter und kriegerischen Zeiten dieselben geblieben, ja, fast noch reger geworden, um noch so viel als möglich zu vollenden." Die kriegerischen Zeiten: Der 81jährige General zieht noch einmal in großer Uniform zu Felde. Er meldet sich im Hauptquartier des Königs sofort als Freiwilliger beim Beginn des Krieges, den der von ihm so sehr verehrte Bismarck gegen zwei Länder führt, denen Pückler einiges verdankt: Sachsen und Österreich.

Er liebäugelt, wie er seinem Tagebuch anvertraut, mit dem Tod auf dem Schlachtfeld, der ihm das richtige Ende für ein Leben scheint, wie er es geführt hat. Aber der Fürst versäumt sogar die entscheidende Schlacht bei Königgrätz, weil man den alten Herrn in seinem Feldbett ganz einfach schlafen läßt.

Bald arbeitet er in Branitz schon wieder an einem weiteren, nunmehr dritten Berg, der Hermannsberg heißen und gleich dreißig Meter hoch werden soll. Er unterbricht die Arbeit, um nach Meran und Bozen zu fahren, wo er Ada trifft, die einen Italiener, Giuseppe Pinelli-Rizzuto, geheiratet hat, und dann nach Paris, wohin ihn eine 22jährige unverheiratete Schöne treibt, „frisch – und gut, daß sie den besten Statuen des Altertums gleichkam".

Ein Unverbesserlicher, der sich auch 1870 beim Ausbruch des Deutsch-Französischen Kriegs trotz seiner Vorliebe für Napoleon III. noch einmal freiwillig meldet. Aber diesmal lehnt der König das Angebot „wegen Alter und schwächlicher Gesundheit" des Antragstellers ab. „Ich empfinde dies bitter", schreibt der 85jährige in sein Tagebuch, obwohl er sich eben erst nach einer schweren Erkrankung in Bad Wildungen „die Gesundheit ertrotzt" hat.

Seine letzte Tagebucheintragung erfolgt im Dezember des gleichen Jahres. Sie liest sich, wohldurchdacht, als Quintessenz eines, alles in allem, musischen Lebens: „Kunst ist das Höchste und Edelste im Leben, denn es ist Schaffen zum Nutzen der Menschheit. Nach Kräften habe ich dies mein langes Leben hindurch im Reiche der Natur geübt."

Am Hermannsberg arbeitet er weiter, bereitet aber Anfang 1871 schon wieder eine Reise nach Florenz vor, um endlich, wie er es sich vorgenommen, bei Ludmilla Assing „nach dem Rechten zu sehen". Das verhindert eine schwere Grippe mit hohem Fieber. Sein Hausarzt, Dr. Liersch aus Cottbus: „Raphaels Papst Julius der Zweite ... stieg mir immer lebhaft in der Erinnerung auf, wenn ich morgens gegen elf Uhr in das Schlafzimmer und an das Lager des greisen Fürsten Pückler trat. Die rothseidene Mütze an Stelle des sonst die Haustoilette vollendenden Fez, der über die Schulter graziös geschlagene lila Shawl, die seidenen Handschuhe über den langen, feinen Händen, der schöne, wohlgepflegte, weiße Bart und das markante Gesicht mit der hohen Stirn und der starken Nase, besonders aber die milden, blauen Augen hätten in dem im Bette aufrecht sitzenden und von seiner Morgenlektüre aufblickenden Patienten viel mehr einen ehrwürdigen Kirchenfürsten vermuthen lassen, als den durch die Strudel des Lebens so vielfach hin und her geworfenen Semilasso. Die ganze Dekoration des Zimmers jedoch, die türkischen krummen Säbel, die indischen Waffen, die Straußenfedern und das mit buntbeblümter Portière halb verhüllte Federbett ließen bald jeden Zweifel schwinden, daß der ehrwürdige Herr doch der einstige Freund Mehemed Alis und der Retter der schönen, unglücklichen Machbuba sei. In überaus liebenswürdiger Weise lud er mich zum Niedersetzen ein, und nach kurzer Besprechung seiner physischen Erlebnisse und Zustände ging die Unterhaltung bald auf Tagesereignisse und Literatur über."

Der Hausarzt, der ein sehr aufmerksamer Beobachter gewesen sein muß, schildert Pücklers physische und psychische Statur: „Pückler war, wie man zu sagen pflegt, eine weibliche Natur, so männlich und kräftig er im Leben aufzutreten wußte. Sein vorzüglich angelegter und stets sehr gepflegter Körper war im Ganzen fein und zart, seine Haut weich, fast durchsichtig; seine Züge regelmäßig und geistvoll, seine Augen blaugrau, bald milde, einschmeichelnd und heiter, bald funkelnd und strahlend, ein schöner Spiegel seiner geistigen Beweglichkeit und Lebhaftigkeit. Seine Weichheit und sein tiefes Gemüt, gepaart mit Leidenschaftlichkeit und Feuer, andererseits seine körperliche Zähigkeit, die oft schnell eintretende Abspannung, aus der er sich aber urplötzlich wie ein Phönix erhob, sein bewunderungswürdiges Simulationstalent (Anpassungsvermögen), das ihn bei seinem unendlichen Wechsel in Berücksichtigung und Geringschätzung der Welt wesentlich unterstützte, seine wohl zu verzeihende Eitelkeit, die ihm bis ins hohe Alter verblieb, vor allem seine Eigentümlichkeit, dem augenblicklichen Eindrucke schnell zu folgen, woraus oft die reizendste Gutmütigkeit, aber zuweilen auch eine ungerechtfertigte Strenge und ein fast unerklärliches Übelwollen erwuchs – alles dies war begründet in der seiner ganzen Natur aufgedrückten Weiblichkeit. Er konnte so launisch, aber auch so liebenswürdig wie eine Frau sein, leichtsinnig in der Jugend, wohlwollend im Alter, leidenschaftlich bis zum Exzess und wieder apathisch und fast schüchtern zurückhaltend."

Das Faszinierende an Pückler ist selten derart klar definiert worden. Lassen wir dahingestellt sein, wie weit es von Pückler selbst stammt, der es stets verstand, seinen Gesprächspartnern von sich die Eindrücke zu vermitteln, die er sich wünschte. Im Alter kommt er selbst immer wieder darauf zurück, daß in ihm sich ein weibliches Element stark ausgeprägt fühle. Diese Doppelnatur Pücklers hat der Arzt jedenfalls bis in die Grundzüge von Körper und Seele beschrieben. Vom Fürsten Pückler kann man lernen, dieses Doppelwesen, das wohl viele Menschen charakterisiert, nicht zu zügeln, zu zähmen oder zu unterdrücken, sondern es bewußt auszuleben.

In der Nacht vom 4. zum 5. Februar 1871 wird Dr. Liersch durch einen Kurier aus Cottbus nach Branitz gerufen. Am Sterbelager des Fürsten anwesend sind neben Dr. Liersch der Zwerg Billy Masser, Parkdirektor Bleyer, dessen Oberförster und Pücklers Kammerdiener. Pücklers letzter Gruß gilt keiner Frau, sondern seinem Lieblingspferd. Seine letzten Worte: „Man öffne mir den Weg zum Tumulus!" Kein Todeskampf. Er stirbt, wie er es gewünscht hat, „schmerzlos, ruhig und mit Grazie" am Sonnabend, dem 4. Februar 1871, fünf Minuten vor Mitternacht.

Und erregt prompt auch nach seinem Tode noch Aufregung. Pückler hat, exzentrisch bis zuletzt, befohlen, seinen Leib chemisch aufzulösen. Das mag mit seiner Naturphilosophie zu tun haben und seinem Pantheismus, aber ganz gewiß will er damit auch der römisch-katholischen Kirche, der er ja seit Budapest angehört, ein letztes Schnippchen schlagen.

Einäscherungen, wie sie eben in Preußen in Mode kommen, sind gläubigen Katholiken verboten. Von chemischen Auflösungen steht nichts geschrieben. Nach der Obduktion, die Dr. Liersch mit zwei weiteren Ärzten vornimmt (sie ergibt als Todesursache Altersschwäche), legt man das Herz des Fürsten in eine Glasphiole, die mit Schwefelsäure angefüllt ist. Der Leichnam wird in Ätznatron, Ätzkali und Ätzkalk gebettet. Und beides, nach Pücklers Wunsch, getrennt beigesetzt, der Leichnam – oder was von ihm übriggeblieben sein wird – in einem Eichensarg, der einen Metallsarg enthält, das Herz in einer Urne aus Kupfer. Sollte Pückler aus einer anderen Welt das Entsetzen verfolgt haben, das diese Prozedur allgemein erregt, hat er gewiß sein Vergnügen daran gehabt.

Die Beisetzung findet am 9. Februar bei schneidender Kälte, Sturm und Schneefall statt. In aller Eile hat man den Tumulus in der Wasserpyramide geöffnet und zu ihr eine Behelfsbrücke über den See gelegt. Auf ihr bewegt sich ein langer Trauerzug zur verschneiten Insel, voran die Landwehr, dann der von Gärtnern getragene Sarg, zwei Verwandte mit Urne und allen Orden auf Samtkissen. Den Branitzer Hausgenossen voran schreitet der kleine Billy Masser, aber es sind auch Deputierte aus Cottbus, Muskau und Berlin erschienen und sogar französische Offiziere, die Pücklers Gastfreundschaft noch auf Muskau erlebt haben. Blumen, Ansprachen, Trommelwirbel,

Ehrensalven, Glockengeläut. Dann schließt man den Stollen im Tumulus.

Ihn wird einige Jahre später Pücklers Neffe, Reichsgraf Heinrich von Pückler, der Majoratsnachfolger und Erbe von Schloß und Park Branitz, noch einmal öffnen lassen, um Lucies Sarg stillschweigend dem ihres Lou beizugesellen. Die von diesem für seine Schnucke bestimmte kleine Insel in Ufernähe hat, obwohl sie einen Gedenkstein trägt, nie als Grabstätte gedient. Der ebenso merkwürdige wie würdige Tumulus enthält zwei Gräber.

Sie werden von der Landpyramide überragt. Die Eisengitterkrone auf ihrem Gipfel trägt als Inschrift einen Spruch aus dem Koran, der lautet: „Gräber sind die Bergspitzen einer fernen neuen Welt."

Epilog

Wie eine Nation ihre historischen Einzelgängerpersönlichkeiten behandelt, läßt Rückschlüsse auf diese Nation zu. Die Deutschen haben poetische Erscheinungen wie Pückler nie besonders hochgeschätzt. Zu seinen Lebzeiten war er ein umstrittener Mann – der selbst das größte Vergnügen daran hatte, seine Zeitgenossen herauszufordern. Man schüttelte den Kopf über ihn, verspottete ihn – und schätzte ihn dennoch. Er paßte in keine Kategorie, zu keiner Ideologie, in kein Schubfach hinein, den einen zu reich, den anderen zu arm, zu links, zu rechts, zu wandelbar, zu tolerant – pfui Teufel –, ein Individualist!

Pücklers literarisches Werk ist schon bald nach seinen Bestsellererfolgen vergessen, das heißt: bewußt übersehen worden. Nach dem Sieg über Napoleon trat Europa, mit Ausnahme Englands, in eine säbelklirrende, nationalistische, kleinpatriotische und reaktionäre Phase. Stieß sein Werk bei Erscheinen noch auf fortschrittlichen, also demokratischen Geist in breiten Bevölkerungsschichten, so mußte er in dieser späteren Zeit falsch am Platze sein. Denn Pückler war als bewußter Deutscher auch einer der ersten bewußten Europäer.

Hält man bei uns eher die Mitläufer in Ehren? Es hat lange genug gedauert, bis nach dem Krieg wenigstens die „Briefe eines

Verstorbenen", sein Hauptwerk, wieder komplett vorlag, im Westen bis 1986, im Osten bis 1987, und bezeichnenderweise sind die meisten seiner Briefe und Reisetagebücher in der Schweiz neu verlegt worden. Die bisher ungeschriebene Geschichte des Nonkonformismus in Deutschland müßte Pückler jedenfalls ein langes und aufschlußreiches Kapitel widmen.

Pückler rutscht aus jedem Vergleich heraus. Er ist Träumer, Utopist und doch der bessere Realist als die meisten Materialisten. Er hat seine Schwächen, ein Heiligenleben haben wir weiß Gott nicht erzählt.

Nicht vergessen worden ist der unkompliziertere Pückler, der seinen Namen für ein Eiskrempotpourri hergab, und der Gartengestalter.

Freilich wird sein Hauptwerk, der Park von Muskau, wohl nicht wieder so hergestellt werden können wie der zu Branitz. Durch Muskau verläuft die inzwischen entsetzlich verschmutzte Neiße, die deutsch-polnische Grenze. Der größere Teil des Landschaftsparks liegt drüben und wird, unter drei Behörden aufgeteilt, als Forst, Acker, einiges sogar als Industriestandort genutzt. Nur die von Pückler in den Park einbezogene, schon damals angeblich 1000jährige Rieseneiche steht unter polnischem Naturschutz. Das meiste liegt als Ödland da mit verfallenen oder gesprengten Monumenten und wild überwucherten Wegen – und hat dennoch einen romantischen Zauber wie die verfallenden Parks in Eichendorffs Novellen.

In Branitz fühlt man sich Pückler am nächsten. Der Park breitet sich um das hübsche Schlößchen wie ein natürliches Bühnenbild, ob zum „Sommernachtstraum", zum „Freischütz" oder zum „Wintermärchen" hängt von der Jahreszeit ab.

Das Ideal eines Landschaftsgartens hat Pückler prosaisch und doch romantisch engagiert in seinen „Briefen eines Verstorbenen" mit dem Park bei Glengariff in Irland beschrieben; es ist so etwas wie sein Credo. Das Parkkunstwerk, läßt er uns wissen, sei vollendet, wenn „kein Baum noch Busch mehr wie absichtslos hingepflanzt sich zeigt; die Aussichten nur nach und nach, mit weiser Ökonomie benutzt, sich wie notwendig darbieten; jeder Weg so geführt ist, daß er gar keine andere Richtung, ohne Zwang, nehmen zu können scheint; der herrlichste Effekt von

Wald und Pflanzungen durch geschickte Behandlung, durch Kontrastieren der Massen, durch Abhauen einiger, Lichten anderer, Aufputzen oder Niedrighaltung der Äste erlangt worden ist – so daß der Blick bald tief in das Waldesdunkel hinein, bald unter, bald über den Zweigen hingezogen und jede mögliche Varietät im Gebiet des Schönen hervorgebracht wird, aber ohne doch irgendwo diese Schönheit nackt vorzulegen, sondern immer verschleiert genug, um der Einbildungskraft ihren nötigen Spielraum zu lassen – denn ein vollkommener Park oder, mit anderen Worten, eine durch Kunst idealisierte Gegend soll gleich einem guten Buch wenigstens ebensoviel neue Gedanken und Gefühle erwecken, als es ausspricht."

Durchwandert man den langgestreckten Park, Hügel, Haine, Bäume, Seen, Teiche, bis hin zur Pyramide, in deren Tumulus der Schöpfer dieser durch Kunst idealisierten Gegend zu ihrem Bestandteil geworden ist, entdeckt man bald, daß zu dieser Art von Schönheit eine eigene Form von Disziplin gehört.

Ihr hat sich auch der ungestüme Fürst unterworfen, freiwillig, selbstgewählt, ohne Zwang. Dies gilt auch für sein Leben, das zwei Dingen gegolten hat, die Bestand haben: Park und Brief. Aus beiden läßt sich unschwer so etwas wie Pücklers Hinterlassenschaft herauslesen. Natur muß man – zunächst wenigstens – wuchern lassen, Spielraum, Freiheit geben, was auch für den Menschen gilt. Manchmal gilt es, ein Chaos zu ertragen, auch in sich selbst, denn das Schöpferische beginnt allemal chaotisch.

Am Ende ist von ihm mehr geblieben als von vielen Staatsmännern, Verwaltungsreformern, Diplomaten, Generälen und Volkshelden, auf die Preußen im Laufe seiner Geschichte so stolz gewesen ist, auf die Prinzipienverfechter, die es aufgebaut und dann verloren haben. Pückler zog den Prinzipien die Freiheit vor.

Wenn sich der Abend auf Branitz niedersenkt, glaubt man ihn zu sehen in der Dämmerung, wie er, begleitet von Billy Masser und in türkischer Tracht, über die Brücke mit dem Holzgitterwerk reitet, vorbei am Pergolagarten und der Büste Henriette Sontags in Richtung Hermannsberg, wo er sich im Schatten einer Fichtengruppe auflöst.

Seine Welt gibt es nicht mehr. Sie ist vergangen. Geblieben ist sein Lebenswerk, sind Parks und Briefe. In das spätere

Deutschland hat er nicht gepaßt. Den damals Unbequemen hat man unterschätzt, übersehen, vergessen, in die Sparte Eiskrem abgeschoben.

Sollte Pückler immer noch nicht zu seinen Deutschen passen? Unter ihnen verkörpert der aristokratische Demokrat etwas, das doch oft übersehen, unterschätzt und vergessen worden ist. Obwohl es auch in Deutschland eine Traditionslinie hat: das Europäische, Kosmopolitische, das Ganz-einfach-Menschliche.

Ein deutscher Melancholiker, der das Leben zu genießen verstand. Der preußische Taugenichts als Weltbürger.

1785	30. Oktober: Hermann Ludwig Heinrich Graf von Pückler wird auf Muskau geboren.
1801	Jurastudium in Leipzig
1802	Pückler tritt als Leutnant in die Gardes du Corps in Dresden ein.
1806	Flucht aus Wien, danach Fußreise durch die Schweiz, Frankreich, Italien
1810	Rückkehr nach Muskau
1811	10. Januar: Tod des Vaters Pückler wird Standesherr.
1814	Erster Englandaufenthalt
1815	Pückler beginnt den Park des Guts Muskau zu einem Landschaftspark nach englischem Vorbild umzugestalten.
1817	Heirat mit Lucie Reichsgräfin von Pappenheim geb. von Hardenberg
1822	Juni: Ernennung zum Fürsten
1823	Eröffnung von Park und Bad Muskau
1826	Pro-forma-Scheidung von Lucie
1826–29	„Brautreise" nach England, Wales und Irland
1830/31	Veröffentlichung der „Briefe eines Verstorbenen" in vier Bänden

1834	Veröffentlichung von „Andeutungen über Landschaftsgärtnerei" und „Tutti-frutti"
1835–40	Ausgedehnte Reisen durch die Mittelmeerländer, vor allem durch Algerien, Tunesien und Ägypten Februar 1837: Pückler kauft in Kairo auf einem Sklavenmarkt die junge Äthiopierin Machbuba. In Deutschland erscheinen während Pücklers Abwesenheit mehrere seiner Reisebeschreibungen.
1840	8. September: Rückkehr nach Muskau 27. Oktober: Tod Machbubas auf Muskau
1845	Verkauf des Guts Muskau und Übersiedlung nach Branitz
1846	Pückler beginnt Schloß und Park Branitz umzugestalten.
1854	Lucie stirbt 78jährig auf Branitz.
1854–71	Arbeit am Branitzer Park. Pückler erkrankt häufig, unternimmt aber trotzdem unzählige Reisen durch Deutschland, die Schweiz, Italien, Frankreich und Österreich.
1871	4. Februar: Fürst Hermann von Pückler-Muskau stirbt 85jährig auf Schloß Branitz.